KBS 한국어

능력시험

단번에 끝내기

KBS 한국어능력시험 단번에 끝내기

지은이 우리말연구회 · 서종석
펴낸이 안용백
펴낸곳 (주)넥서스

초판 1쇄 발행 2015년 9월 20일
초판 2쇄 발행 2015년 9월 25일

출판신고 1992년 4월 3일 제311-2002-2호
04044 서울시 마포구 양화로 8길 24
Tel (02)330-5500 Fax (02)330-5555
ISBN 979-11-5752-528-7 13710

www.nexusbook.com

KBS 한국어

단번에 끝내기

우리말연구회 · 서종석 지음

넥서스

한국어 공부,
어울림과 조화로움을 바탕으로

국어는 한때 모국어로서의 위상을 위협받으며 위기론까지 대두된 적도 있었으나, 몇 해 전에는 국회에서 국어 기본법이 통과되는 등 모국어에 대한 인식이 새롭게 바뀌고 있습니다. 이제 각 분야의 공무원 시험이나 대입 수능 시험, 대기업 입사 시험 등에서 국어 사용 능력의 검증이 필수 불가결하다는 사회적 인식 속에서, KBS한국어능력시험을 채택하거나 활용하는 기관, 학교, 기업체가 나날이 늘고 있습니다. 이에 따라 많은 학생들과 취업 준비생, 직장인들이 KBS한국어능력시험을 준비하면서, 보다 쉽고 정확하게 국어 이론을 습득하고 시험에 대비할 수 있는 교재에 대한 요구도 높아지고 있습니다. 이 책은 바로 이러한 수험생의 요구에 부응하기 위해 집필되었습니다.

KBS한국어능력시험은 크게 국어 이해 능력(듣기·말하기), 어휘·어법, 쓰기·읽기, 추리력(창안·상상력), 종합적 사고력(국어 문화 능력)의 항목으로 대별됩니다. 출제 유형은 비교적 안정적인 편으로, 매회 급격한 유형의 변화는 없습니다. 그러나 최근 출제 경향을 면밀히 분석해 보면 단위 문제당 난도의 상승으로 수험생들의 학습량이 점차 증가하고 있는 것이 사실입니다. 단순 암기나 반복적 문제 풀이만으로는 성취도를 높일 수 없고, 국어에 대한 이론적 이해와 응용 능력이 요구된다는 뜻입니다. 예를 들어 어휘·어법 영역에서 맞춤법, 띄어쓰기, 표준 어법, 어휘의 활용 등 이론적인 기초를 쌓지 않고 문제집만 푸는 것으로 일관함은 마치 모래밭에 집 짓기와 같음을 잊어서는 안 됩니다.

이 책은 KBS한국어능력시험의 출제 경향을 면밀히 분석하여 각 항목의 핵심 이론을 정리하였을 뿐만 아니라, 기존 유형과 신유형의 문제를 적절히 배분하여 수험생들이 문제 해결 능력을 배양시킬 수 있도록 하였습니다. 주어진 문제를 빠르고 정확히 풀이하기 위해서 무엇보다도 요구되는 것은 'Skill(단위 문제를 푸는 요령)', 'Schema(출제된 문제를 해결해 낼 수 있는 배경 지식)', 'Speed(속도)'입니다. 이를 통칭하여 '문제 풀이의 3S 법칙'이라고 명명하여 보았습니다. 이 책의 구성은 수험생이 최소의 시간으로 시험에 꼭 나올 핵심 이론을 중점적으로 익힐 수 있도록 방대한 국어 지식을 압축하고 (Schema), 다양한 유형의 문제를 통해 출제자의 의도를 정확하게 판단하여(Skill) 최단시간에 답을 이끌어 내는 능력을 배양할 수 있도록(Speed) 최적화되었습니다.

다만 아무리 심혈을 기울여 만들어진 교재라도 수험생 자신의 부단한 노력과 연습이 있어야 제 역할을 할 수 있습니다. 어찌 보면 정직한 땀과 시간만이 좋은 성적을 획득하는 결정적 요소임을 간과해서는 안 됩니다. '산은 강을 넘지 못하고 강은 산을 건너지 않는다.'라고 했습니다. 모든 것에는 어울림과 조화로움이 있어야 좋은 성과로 맺어지리라 여겨집니다. 간절히 원하고 최선을 다하면 반드시 이루어집니다. 수험생 여러분 모두 자신의 삶에 최선을 다하는 날들이 이어지기를 간절히 기원합니다.

지은이

KBS한국어능력시험 안내

시험 개요

KBS한국어능력시험은 올바른 한국어 사용의 능력을 갖추고 있는지 측정하는 시험입니다. 국어를 정확하고 교양 있게 사용하여 국어를 아름답게 가꾸어 보전해야 할 선도적 사명과 책임이 있는 KBS가 궁극적으로는 국민의 국어 사용 능력을 높이고 국어 문화를 발전시키는 데 기여하기 위해 시행하는 시험입니다.

국가 공인 자격

KBS한국방송공사의 KBS한국어능력시험은 2015년 1월 23일 문화체육관광부 공인 제2015-02호로 국가 공인 자격을 인정받았습니다.

출제 방향

(1) 출제 기준

· 출제 방식: 객관식 5지선다형 80~100문항 예상
· 출제 배점: 문항당 균일 배점이 원칙이나 필요 시 차등 배점
· 출제 수준: 한국의 고교 수준의 국어 교육을 정상적으로 받은 사람이 풀 수 있는 수준

(2) 출제 영역과 문항 배분

· 문법 능력(어휘, 어법)

① 모든 국어 능력의 기초는 어휘력과 문법(어법)능력

이 능력은 언어의 4대 기능이라고 하는 말하기, 듣기, 읽기, 쓰기 능력의 기초가 되는 능력입니다. 풍부한 어휘를 정확하게 사용하는 능력과 문법을 정확하게 구사하는 능력이 뛰어나면 바르고 교양 있게 말하고 듣고 읽고 쓸 수 있습니다.

② 어휘력

고유어, 한자어, 외래어에 대한 이해 및 표현 능력을 측정하며, 4대 어문 규정, 즉 ㉠한글 맞춤법, ㉡표준어 규정, ㉢외래어 표기법, ㉣로마자 표기법에 대한 이해 능력을 측정합니다. 또한 외국어가 범람하고 어려운 전문 용어가 그대로 사용되는 오늘날의 언어 현실을 반영하여 순화어 관련 문항을 포함하고 있습니다. 이와 더불어 한자(漢字)에 대한 이해 및 사용 능력도 측정하고 있습니다.

· 이해 능력(듣기, 읽기)

① 듣기 능력

듣기 능력은 인간의 의사소통에 가장 기본이 되는 영역입니다. 교양인은 자기 말을 앞세우기보다 상대방의 말을 주의 깊게 잘 경청하는 사람입니다. 이 영역은 강의, 강연, 뉴스, 토론, 대화, 인터뷰 자료 등 다양한 구어 담화를 듣고 문제를 해결하는 방식으로 구성되어 있습니다.

② 읽기 능력

읽기 능력은 다양한 텍스트를 주고 글에 대한 사실적 이해, 추론적 이해, 비판적 이해 능력을 측정합니다. 텍스트는 문예 텍스트, 학술 텍스트, 실용 텍스트로 구성되어 있습니다.

문예 텍스트	학술 텍스트	실용 텍스트
문학, 정서 표현의 글	인문, 사회, 과학, 예술 등	기사문, 보고서, 설명서, 편지글, 다매체 텍스트
추리·상상적 이해력	논리·비판적 이해력	사실·분석적 이해력

· 표현 능력(쓰기, 말하기)

① 쓰기 능력

논술 방식처럼 글쓰기를 통해 주관식으로 평가하여야 하고, 말하기 능력도 직접 말하는 것을 평가하여야 합니다. 그러나 현재는 대규모 인원이 응시하여 시험 운영과 관리의 제약 때문에 객관식으로 쓰기와 말하기 능력을 측정하고 있습니다. 쓰기 능력은 다양한 글을 쓸 때 거치는 '주제 선정 → 자료 수집 → 개요(outline) 작성 → 집필 → 퇴고'의 일련의 과정을 잘 이해하고 실습해 본 사람이면 누구나 풀 수 있도록 쓰기 과정별로 문항이 구성되어 있습니다.

② 말하기 능력

발표, 토론, 협상, 설득, 논증, 표준 화법(언어 예절, 호칭어와 지칭어 사용 등) 등의 다양한 말하기 상황과 관련된 능력입니다. 정확한 발음과 관련하여 표준 발음법 관련 문항도 포함되어 있습니다. 이는 국민의 발표 능력, 토론 능력, 설득 및 협상 능력이 매우 부족하다는 지적을 반영한 것입니다.

· 창안 능력(창의적 언어 능력)

창안 능력은 넓게 보면 쓰기나 말하기 능력에서 창의적, 독창적 아이디어를 만들어 내는 능력을 말합니다. 즉 언어를 창의적으로 사용하는 능력을 측정하는 것입니다. 창의적인 표어를 제작하거나, 글을 읽고 감동적이거나 인상적인 제목을 만들거나 추출할 수 있는 능력, 기타 창의적 사고력을 기반으로 각종 언어 사용에서 아이디어를 창안하는 능력, 비유법과 관련한 창의적 수사법, 고사성어(故事成語)와 속담(俗談) 등을 활용한 표현 능력 등을 측정할 것입니다.

· 국어 문화 능력(국어 교과의 교양적 지식)

국어 문화 능력은 기존 국어 시험들에서 배제되어 온 국어와 관련된 교양 상식에 대한 이해 능력입니다. 기존 국어 시험들은 듣기, 읽기 기능 중심의 평가로 이해력, 사고력 평가에 치우치고 국어 교과상의 지식들은 배제해 왔습니다. 그러나 본 시험에서는 국어학이나 국문학에 대한 지식들도 국어 능력의 고급 문화 능력으로 함양되어야 할 것으로 보아 이를 측정하고 있습니다.

영역	문항 번호	문항 비중	검정 방법
듣기 · 말하기	1~15	15%	
어휘	16~30	15%	필기 시험
어법	31~45	15%	객관식 100문항
쓰기	46~50	5%	총점 990점
창안	51~60	10%	시험 시간 120분 (듣기·말하기 25분 포함)
읽기	61~90	30%	
국어 문화	91~100	10%	

성적 및 등급

등급	검정 기준	비고
1급	전문가 수준의 뛰어난 한국어 사용 능력을 가지고 있음. 창조적인 언어 사용 능력의 소유자로서 언론인, 방송인, 저술가, 작가, 국어 관련 교육자, 기획 및 홍보 업무 책임자로서 갖추어야 할 언어 능력 을 충분히 갖추고 있음.	
2$^+$급	일반인으로서 매우 뛰어난 수준의 한국어 사용 능력을 가지고 있음. 언론인, 방송인, 저술가, 작가, 국어 관련 교육자, 기획 및 홍보 업무를 수행할 언어 사용 능력을 갖추고 있음.	
2$^-$급	일반인으로서 뛰어난 수준의 한국어 사용능력을 가지고 있음. 언론인, 방송인, 저술가, 작가, 국어 관련 교육자, 기획 및 홍보 업무를 수행할 기본적인 언어 사용 능력을 갖추고 있음.	
3$^+$급	일반인으로서 보통 수준 이상의 한국어 사용 능력을 가지고 있음. 일반 업무를 수행할 수 있는 언어 사용 능력을 갖추고 있음.	합격 기준은 절대 평가가 아닌 KBS가 특허 등록한 등급 부여 시스템으로 산정함. (특허 제10-0834208호)
3$^-$급	국어 교육을 정상적으로 이수한 일정 수준 이상의 한국어 사용 능력을 가지고 있음. 일정 범위 내에서 일반 업무를 수행할 수 있는 언어 사용 능력을 갖추고 있음.	
4$^+$급	국어 교육을 정상적으로 이수한 수준의 한국어 사용 능력을 가지고 있음. 일정 범위 내에서 일반 업무를 수행할 수 있는 기초적인 언어 사용 능력 을 갖추고 있음.	
4$^-$급	고교 교육을 이수한 수준의 한국어 사용 능력을 가지고 있음. 일정 범위 내에서 기본 업무를 수행할 수 있는 기초적인 언어 사용 능력 을 갖추고 있음.	
무급	국어 사용 능력을 위해 노력해야 합니다.	

※ 국가 공인 자격증은 1급에서 4$^+$급까지 발급

· KBS한국어능력시험의 활용 범위

응시 영역	대상	활용
공무 영역	공사 지원자 및 종사자	자기 점검, 임용, 승진
군인·경찰 영역	경찰, 군 간부 지원자 및 종사자	자기 점검, 임용, 승진
교사·강사 영역	교원 및 강사	자기 점검, 채용
청소년 영역	중·고등학교 학생	자기 점검, 특목고 진학 및 대입 면접
언론 영역	언론사 지원자 및 종사자	자기 점검, 채용 및 승진
직무 영역	일반 회사 지원자 및 종사자	자기 점검, 채용 및 승진
외국어 영역	국내 거주 외국인	자기 점검, 외국인 근로자 채용

· 채택 기관

채택 기관 분류	채택 기관
기관	GS홈쇼핑, KBS, 경찰청, 국민건강보험공단, 국민체육진흥공단, 국악방송, 근로복지공단, 농수산홈쇼핑, 농심기획, 도로교통공단, 동작구청, 마포구청, 머니투데이, 서울신문사, 세계일보, 스포츠서울, 우리은행, 전주방송JTV, 파워킹시스템, 한겨레, 한국고전번역원, 한국공항공사, 한국교육방송공사, 한국남동발전, 한국농촌경제연구원, 한국농촌공사, 한국생산성본부, 한국석유관리원, 한국수자원공사, 한국일보, 한국자산공사, 한국전력, 한국지도자육성장학, 한국지역난방공사, 한국토지주택공사, 해외한국어방송인턴십
국방부	간부사관, 민간부사관, 여군부사관, 헌병부사관, 법무부사관, 군종부사관, 군악부사관, 현역부사관, 학사사관, 여군사관, 육군부사관, 국군기무사령부 부사관 선발
대학교	경기대, 경인교대, 경희대, 공주영상대, 군산대, 대구가톨릭대, 대구대, 대진대, 덕성여대 법학과, 동신대, 동아대, 서울대, 성균관대, 순천향대, 신라대, 아주대 대학원, 안양대, 위덕대, 전북대, 전주대, 청주대, 총신대 신학대학원, 춘천교육대, 한국예술종합학교, 한국외대, 한양대

이 책의 구성과 특징

1 꼭 필요한 핵심 이론

시험에 나오는 주요 문제들을 풀이하는 데
꼭 필요한 핵심 이론을 정리하였다.

☑ 중요 아이콘

핵심 이론 중에서도 출제 빈도가 높고, 수험생
들이 어려워하는 부분을 표시해 두었다.

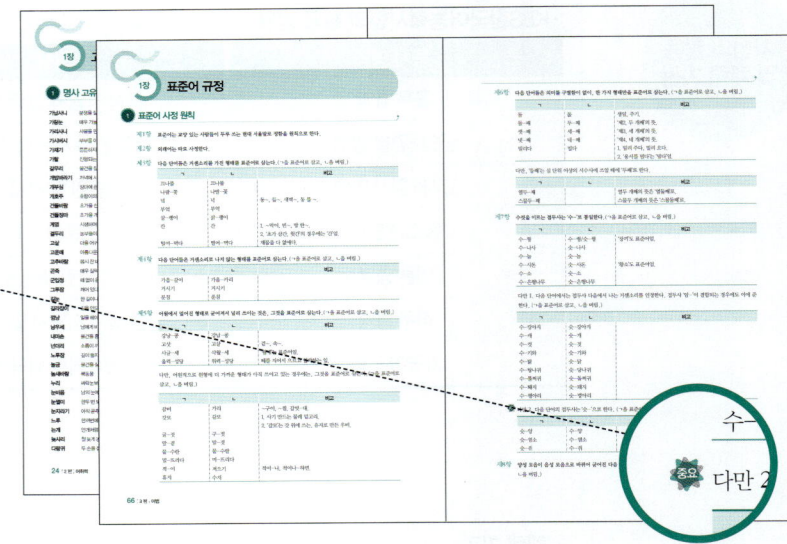

2 최신 출제 경향의 문제

핵심 이론을 반영한 문제들로 구성하였
다. 최신 기출 패턴을 반영한 문제를 풀어
보면서 실전 감각을 높일 수 있다.

☑ 신(新)유형 아이콘

기출 패턴을 활용한 새로운 유형의 문제이
다. 자신의 진짜 실력을 점검해 보는 것과 동
시에, 어느 유형이든 완벽히 대비할 수 있도
록 하였다.

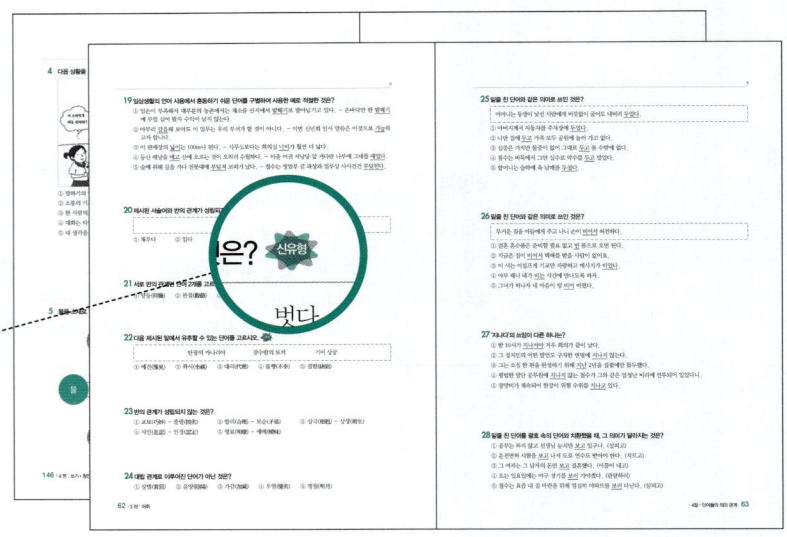

3 실전 모의고사

시험 직전 마무리를 위해 실전 모의고사 2회분을 마련했다. 실제 시험을 보는 것처럼 정해진 시간 내에 풀어 보자.

4 듣기 대본과 정답 및 해설

문제 풀이에 필요한 핵심 이론과 빈출 어휘를 함께 제시하여, 정답 및 해설을 읽는 것만으로도 또 한 번의 공부가 될 수 있도록 구성하였다.

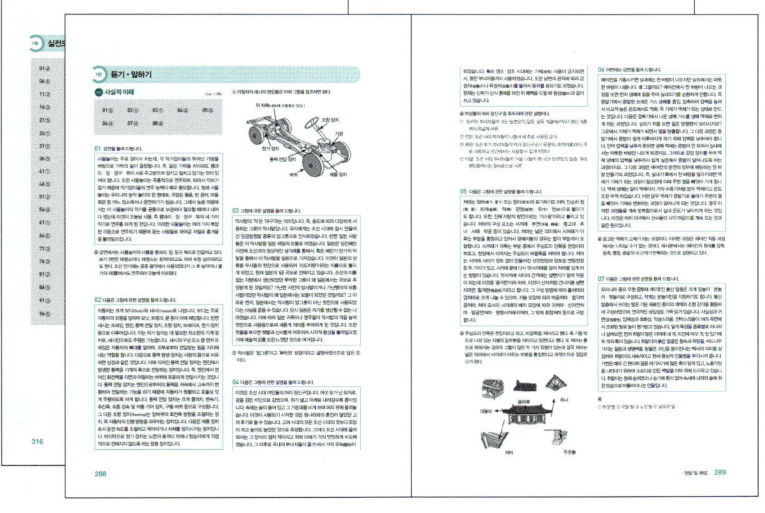

5 별책 부록: 한 손에 쏙, 핵심 어휘집

한 손에 쏙 들어오는 핵심 어휘집으로 언제, 어디서나 시험에 꼭 나오는 어휘, 어법을 습득할 수 있도록 하자.

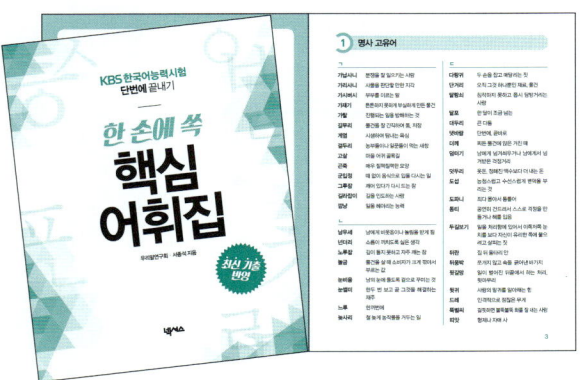

차례

1편

듣기 · 말하기

 실전 문제

1 강연에서 설명한 악기가 아닌 것은?

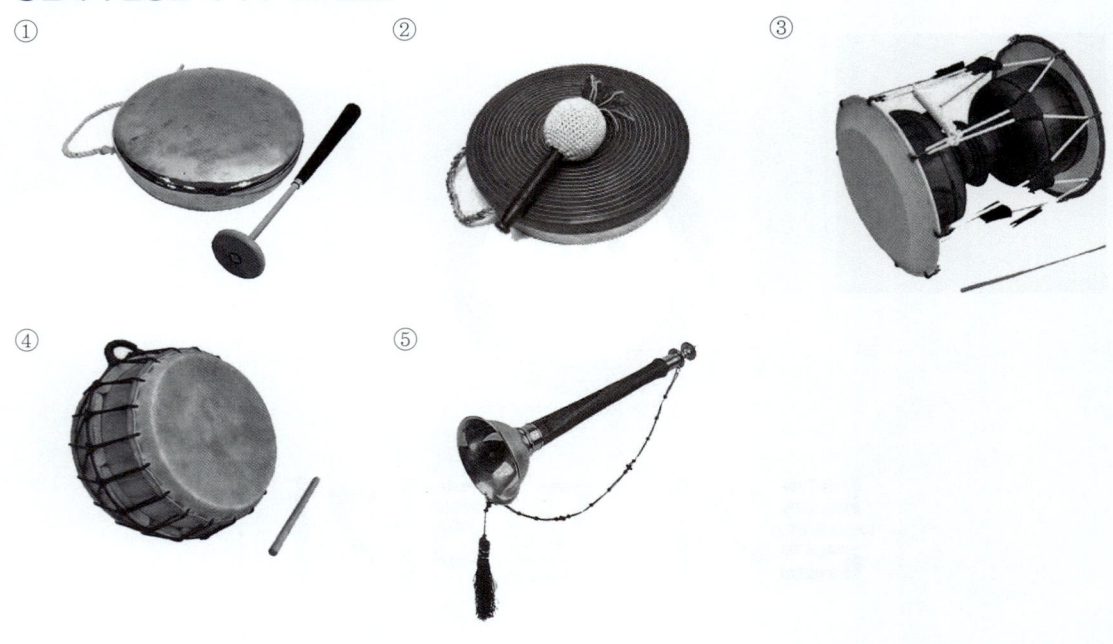

① ② ③

④ ⑤

2 다음 중 '조향 장치'에 해당하는 것은?

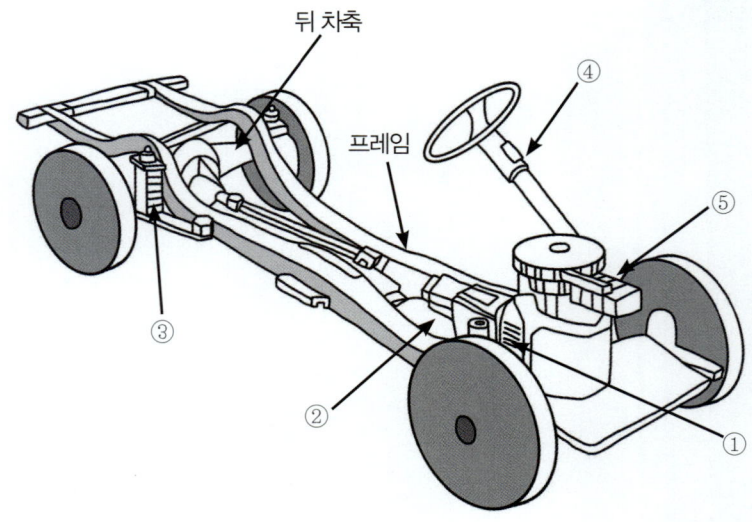

뒤 차축

프레임

④

⑤

③

②

①

3 설명에서 언급한 그릇으로 적절한 것은?

4 설명에서 언급한 장신구로 적절한 것은?

5 다음 중 '처마'가 위치하는 곳은?

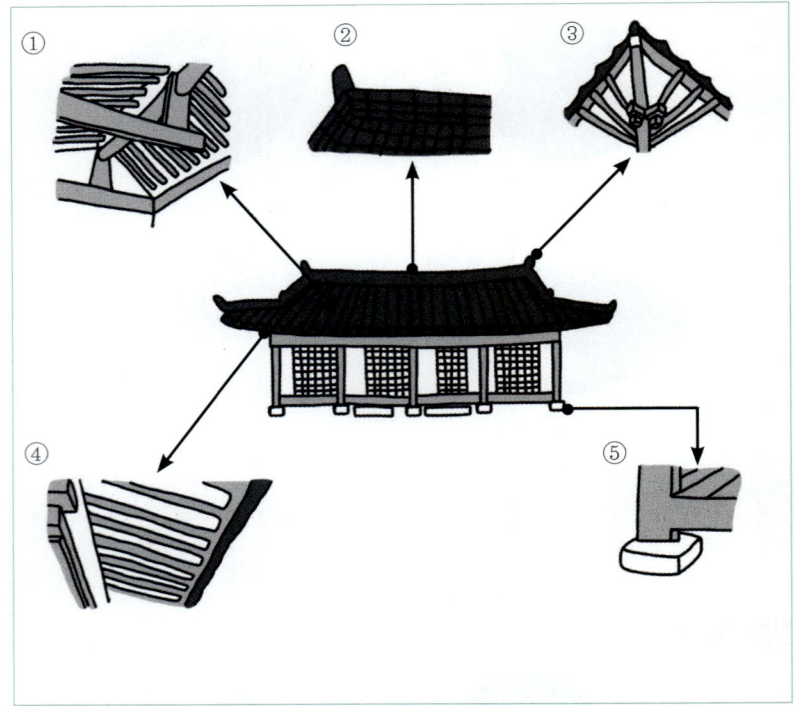

6 강연에서 언급한 내용이 아닌 것은?

① 압축 과정　　　　　② 응축 과정　　　　　③ 팽창 과정

④ 응고 과정　　　　　⑤ 증발 과정

7 설명에서 언급한 탈로 적절한 것은?

8 강연에서 언급한 내용이 아닌 것은?
① 방패연과 바람과의 관계
② 방패연 제작 과정
③ 방패연 띄우는 방법
④ 방패연을 멀리 날리는 방법
⑤ 방패연이 날지 못하는 원인

 실전 문제

1 이야기 내용을 바탕으로 우리 주변의 삶의 모습을 비판할 때, 적절하지 않은 것은?

① 곡학아세(曲學阿世)하는 세상사

② 교언영색(巧言令色)하고 아부나 일삼는 자가 성공하는 세상사

③ 표리부동(表裏不同)하는 정치권의 세태

④ 조삼모사(朝三暮四)하는 기업 총수의 행태

⑤ 옥용화태(玉容花態)만 좇는 연예계의 현실

2 이 대화의 주제로 적절한 것은?

① 측은지심(惻隱之心)은 꾸며서 만들어지는 것이 아닌 인간의 본성이다.

② 불행한 이웃을 돕는 것은 그 사람의 경제적인 측면과 상통하지 않는다.

③ 진리에 이르는 혜안(慧眼)은 누군가의 깨우침에서 비롯된다.

④ 부자가 빈자의 처지를 외면하는 것은 인지상정(人之常情)이다.

⑤ 모든 것을 재물로 평가하면 자기도 그 재물로 평가받는다.

3 이 시에서 비판하고자 하는 것은?

① 남을 배려하지 않는 이기적인 현대 사회

② 강자에게 굴복할 수밖에 없는 약자들의 애환

③ 독재 정권이 저지르는 폭력적 탄압

④ 저항 의지를 상실한 나약한 현대인의 소시민적 태도

⑤ 위선과 허위 의식으로 가득한 현대인들의 삶의 태도

4 이 대화를 통해 '청소년들의 연예계 진출'에 대하여 찬성의 논거로 타당하지 않은 것은?

① 누구나 할 수 있다는 성취욕과 자신감을 길러 준다.

② 재능을 가진 청소년들에게 이상을 품는 계기가 될 수 있다.

③ 어린 나이에도 경제적 부와 성공을 거둘 수 있다.

④ 잠재력을 최대한 발휘하게 한다.

⑤ 대리 만족 또는 깊은 공감대를 형성하게 한다.

5 내용을 바르게 이해하지 못한 것은?

① 채용 목표제는 노동 시장에서 여성을 보호하기 위한 조치이다.

② 여성이라는 이유 하나로 노동 시장에서 부당하게 차별받는 경우가 많다.

③ 보육 시설의 확충과 근로 여건의 개선이 따르지 않으면 이 정책은 허울 좋은 허울타리가 된다.

④ 이 제도는 자칫 역차별의 문제를 야기시킬 수 있으므로, 시행 과정에서 다소 신중해야 한다.

⑤ 여성의 고용 확대를 위해서는 법적·제도적 방안의 마련이 무엇보다 중요하다.

 실전 문제

1 마지막 남자의 의견을 뒷받침하는 내용으로 가장 적절하지 않은 것은?

① 우선 시간 위주의 봉사 활동 평가 방식에서 탈피해야 합니다.

② 봉사 활동의 장소를 더 늘려야 할 필요가 있습니다.

③ 지금 하고 있는 봉사 활동의 가치를 깨닫게 해야 합니다.

④ 봉사 활동의 유용성과 그 효용성을 알리는 캠페인을 펼쳐야 합니다.

⑤ 지역 사회의 봉사 단체와 연계할 수 있는 방안을 모색해야 합니다.

2 계속해서 이어질 여자의 의견으로 타당하지 않은 것은?

① 제도를 무조건 반대하는 것은 기우라고 생각해.

② 구더기 무서워 장 못 담그는 것도 아니고 어떤 제도도 100% 완벽한 것은 없어.

③ 자라 보고 놀란 가슴 솥뚜껑 보고도 놀란다더니 제대로 시행해 보기도 전에…….

④ 돌다리도 두드려 보고 건너라고 했잖아. 제대로 정착만 되면…….

⑤ 핑계 없는 무덤 없다고 무조건 문제가 있다고 해서는 안 돼.

3 계속해서 이어질 강연의 내용으로 가장 적절한 것은?

① 통과 의례 중 가장 으뜸이라 관혼상제 중에서 '관'을 제일 앞에 둔 것이다.

② 성인이 됨은 물론 권리와 책임을 함께 깨우치라는 취지에서 행해졌다.

③ 당시 사회적으로 결혼식보다 오히려 성인식이 더 중요한 통과 의례였다고 할 수 있다.

④ 오늘날 성인식인 관례가 그 취지를 상실한 것은 혼인식 속에 녹아들었기 때문이다.

⑤ 당시 사대주의는 통과 의례는 물론 우리의 의식 전반에 뿌리 깊게 작용하고 있었다.

4 이 이야기의 주제로 가장 적절한 것은?

① 깨달음이 없는 무지한 삶은 마치 물 위에 떠 있는 것처럼 언제나 위험에 노출되어 있는 것이다.

② 마음의 평정심을 잃으면 그것은 마치 바다에서 태풍을 만나는 것과 같다.

③ 사물을 판단하고 분석하는 관점은 언제나 가치 중립적 태도에서 출발하여야 한다.

④ 어느 한쪽으로 치우치지 않는 중요의 도는 탐욕을 버리는 데서부터 비롯된다.

⑤ 안락한 삶에 빠져 위태함을 망각하고 사는 것은 어리석은 일이다.

5 이 대화에서 남성의 주장에 대한 근거로 그 타당성이 부족한 것은?

① 어느 누가 군대를 가고 싶어 하겠어. 그만큼 보상이 필요해.

② 점점 증가하고 있는 여성 군 복무자도 가산점 혜택을 받아야 해.

③ 타인의 점수를 깎자는 것이 아니라 해당자의 점수를 보정해 주자는 거야.

④ 이 제도는 결국 특정 계층의 희생을 담보로 얻어지는 거야.

⑤ 모병제를 실시하는 미국에서도 군 가산점제는 운영되고 있어.

6 이 대화에서 세 사람이 공통적으로 인식하고 있는 것으로 적절한 것은?

① 노인 관련 산업의 증가, 노인 부양을 둘러싼 세대 간의 갈등이 초래될 것이다.

② 고령화로 인한 사회적 파장은 어느 한 분야에 국한되는 것이 아니다.

③ 공적 부조의 증가, 의료비 상승, 보험료 인상 등 전반적인 세수 부담이 증가할 것이다.

④ 기업의 투자 위축으로 생산성 저하, 이로 인한 물가 상승, 소비 위축이 동시다발적으로 일어날 것이다.

⑤ 노동 감소로 인한 저축성 자산이 급격히 줄어들어 경제적으로 취약 계층이 증가할 것이다.

7 이 대화에서 두 사람이 공감하고 있는 사항으로 적절하지 않은 것은?

① 세금이 취지에 맞게 사용되지 않는 점은 결국 조세에 대한 국민들의 불신을 만들어 낼 뿐이다.

② 정부의 담뱃값 인상은 전적으로 금연 정책을 시행하기 위한 조치이다.

③ 정부는 조세 원칙에 부합하지 않는 세금을 거두어서는 안 된다.

④ 정부는 향후 간접세보다는 직접세의 부담을 늘여 서민 가계에 도움을 주어야 한다.

⑤ 정부는 담뱃값 인상으로 발생한 수익을 다시 서민들에게 환원하여야 한다.

MP3 Track 04 유형 혼합

 실전 문제

1 두 학자가 공감하고 있는 사항으로 가장 적절한 것은?

① 특정 지역이나 공공장소에서는 누구나 휴대 전화의 사용을 규제해야 한다.

② 휴대 전화 사용을 제한할 때는 반드시 엄격한 규정하에서 실시해야 한다.

③ 무분별한 휴대 전화 사용은 타인의 권리를 침해할 수 있다.

④ 휴대 전화의 필요성은 인정되지만 그에 다른 부작용이 있는 것도 사실이다.

⑤ 휴대 전화의 사용은 지극히 개인적인 선택의 사안이므로 누구든 쉽게 관여해서는 안 된다.

2 수업 내용을 통해 알 수 있는 내용이 아닌 것은?

① 국어에서 받침 발음으로 사용되는 7개의 자음을 대표음이라고 한다.

② 어떤 받침은 제 소릿값을 가지지 못하고 대표음으로 소리 난다.

③ 받침 규칙은 단독으로 발음되는 경우와 조사가 결합되어 발음되는 경우 음운의 변화가 다르게 일어난다.

④ 음절의 끝소리 규칙에서 겹받침일 경우 무조건 앞의 자음을 소릿값으로 취한다.

⑤ 연음법칙으로 소리를 낼 때는 조사가 모음이면 앞말의 받침을 그대로 이어서 읽는다.

3 대담에서 드러난 두 사람의 견해를 바르게 설명한 것은?

① 제도를 만드는 것도 중요하지만 제대로 운용하는 것이 더 중요하다.

② 아무리 훌륭한 제도나 법적 장치라도 그것을 제대로 실행하는 것은 결국 개개인의 윤리성에 있다.

③ 현 제도의 문제점은 두 사람 모두 인정하나 새로운 제도적 도입은 신중해야 한다.

④ 현 상황의 문제 인식은 비슷하나 그 개선 방안은 양립한다.

⑤ 문제에 대한 인식을 이성적인 시각으로 접근하느냐, 감성적인 가치로 바라보느냐의 차이를 보인다.

4 남자의 견해를 정리한 내용으로 적절하지 않은 것은?

① 소수의 일탈을 문제 삼아 인터넷 실명제를 도입하는 것은 위헌적인 발상이다.

② 법적 장치가 마련되어 있다 해도 표현의 자유를 무제한 보장하기는 힘들다.

③ 온라인에서의 범죄나 불법 사실 또한 오프라인에서의 범죄처럼 법적 절차에 따라 조치하면 된다.

④ 익명성이 전제되지 않았다면 우리의 인터넷 문화는 지금처럼 발전할 수 없었을 것이다.

⑤ 최소한의 네티켓을 지키는 것은 개인들의 인격의 문제이지 법적 구성 요건이 아니다.

5 이 대담에 대한 반응으로 적절하지 않은 것은?

① 다문화 가정의 문제는 이제 간과할 수 없는 중요한 사회적 이슈가 되었어.

② 편견과 무관심은 우리 사회의 건전성을 해치는 요소가 될 수 있겠어.

③ 문제점을 바르게 지적하였으나 대안 제시가 없어 미흡해.

④ 다문화 가정 문제의 시발점인 국제 결혼에 대해 분석해야겠어.

⑤ 사회적 현상의 부정적인 면만 지나치게 부각시키는 것 같아.

6 두 사람이 분석한 현안에 대한 해결 방안으로 가장 적절하지 않은 것은?

① 외국인 배우자를 위한 안내 책자와 한국어 강좌를 많이 늘려야겠어.

② 한국 문화에 익숙해지도록 다문화 가정에 대한 각종 행사나 정보를 교류할 수 있는 자리를 만들면 좋겠어.

③ 어릴 때부터 다른 문화의 편견을 없애는 교육을 실시해야겠어. 그것이 바로 진정한 글로벌 교육이지.

④ 다문화 가정 여성들의 취업을 위한 프로그램이 많이 개설되면 좋을 것 같아.

⑤ 모범적인 다문화 가족의 사례를 발굴하고 그 원인이 어디에 있는가를 알아보아야겠어.

7 여성의 주장을 뒷받침하는 근거로 적절하지 않은 것은?

① 몸을 건강하게 유지시키는 원동력이다.

② 아름다워지려는 것은 인간의 오랜 본능이다.

③ 자신의 정신 건강을 위해서라도 다이어트는 필요하다.

④ 내적 욕망을 절제하며 이뤄지는 다이어트는 높이 평가해야 한다.

⑤ 아름다운 몸 만들기는 긍정적 사고와 자신감의 원천이다.

8 이 대담에서 드러나는 남녀의 입장을 바르게 파악한 것은?

① 서로 미의 기준이 다르다.

② 현상의 인식에는 분명한 차이를 보이나 특정 의견에 대한 태도는 일치한다.

③ 가치의 기준이 달라 의견의 합치점을 찾지 못하고 있다.

④ 남자는 현실적 기준에 따라, 여자는 이상적 기준에 따라 대안을 다르게 제시하고 있다.

⑤ 남녀 모두 매체가 가져다주는 부정적인 현상에는 공감하나 대안은 다르게 제시하고 있다.

2편

어휘

1장 고유어

1 명사 고유어

가납사니	분쟁을 잘 일으키는 사람
가랑눈	매우 가늘게 내리는 눈
가리사니	사물을 판단할 만한 지각
가시버시	부부를 이르는 말
가재기	튼튼하지 못하게 부실하게 만든 물건
가탈	진행되는 일을 방해하는 것
갈무리	물건을 잘 간직하여 둠, 저장
개밥바라기	저녁에 서쪽 하늘에서 빛나는 샛별
개부심	장마에 큰물이 난 뒤 잠시 쉬었다가 몰아서 내리는 비
개호주	호랑이의 새끼
건들바람	초가을 선들선들 부는 바람
건들장마	초가을 개었다가 다시 비가 오고 다시 개는 장마
게염	시샘하여 탐내는 욕심
곁두리	농부들이나 일꾼들이 먹는 새참
고샅	마을 어귀 골목길
고운매	아름다운 여인
고추바람	몹시 찬 바람
곤죽	매우 질퍽질퍽한 모양
군입정	때 없이 음식으로 입을 다시는 일
그루잠	깨어 있다가 다시 드는 잠
길눈	한 길이나 될 만큼 많이 오는 눈
길라잡이	길을 인도하는 사람
깜냥	일을 헤아리는 능력
남우세	남에게 비웃음이나 놀림을 받게 됨
내미손	물건을 흥정하러 온 만만하고 어리숙하게 생긴 사람
넌더리	소름이 끼치도록 싫은 생각
노루잠	깊이 들지 못하고 자주 깨는 잠
놀금	물건을 살 때 소비자가 크게 깎아서 부르는 값
높새바람	북동풍
누리	싸락눈보다 크고 단단한 덩어리로 내리는 눈
눈비음	남의 눈에 들도록 겉으로 꾸미는 것
눈썰미	한두 번 보고 곧 그것을 해결하는 재주
눈자라기	아직 곧추 앉지 못하는 어린아이
느루	한꺼번에
는개	안개처럼 내리는 뿌연 비
늦사리	철 늦게 농작물을 거두는 일
다랑귀	두 손을 잡고 매달리는 짓

단거리	오직 그것 하나뿐인 재료, 물건
달랑쇠	침착하지 못하고 몹시 담방거리는 사람
달포	한 달이 조금 넘는 기간
대두리	큰 다툼
댓바람	단번에, 곧바로
더께	찌든 물건에 앉은 거친 때
덤터기	남에게 넘겨씌우거나 남에게서 넘겨받은 걱정거리
덧게비	이미 있는 것에 덧보탬
덧두리	웃돈, 정해진 액수보다 더 내는 돈
도둑눈	밤사이에 사람 모르게 내리는 눈
도르리	여러 사람이 차례로 음식을 돌려 가며 먹는 일
도린곁	사람이 별로 가지 않는 외딴 곳
도섭	능청스럽고 수선스럽게 변덕을 부리는 것
도파니	죄다 몰아서 통틀어
동아리	목적을 같이하는 사람들이 한데 모이는 조직
동티	공연히 건드려서 스스로 걱정을 만들거나 해를 입음
되모시	이혼하고 처녀 행세를 하는 여자
된바람	북풍
된서리	늦가을 아주 많이 내리는 서리
두길보기	일을 처리함에 있어서 이쪽저쪽 눈치를 보다 자신이 유리한 쪽에 붙으려고 살피는 짓
둔치	물이 있는 곳의 가장자리
뒤란	집 뒤 울타리 안
뒤웅박	쪼개지 않고 속을 긁어낸 바가지
뒷갈망	일이 벌어진 뒤끝에서 하는 처리, 뒷마무리
뒷귀	사람의 말귀를 알아채는 힘
드레	인격적으로 점잖은 무게
드팀전	옷감을 파는 가게
들때밑	권세 있는 집안의 고약한 하인
들마	문을 닫을 무렵
들메	신을 동여매는 일
딴죽	씨름 따위에서 발로 상대방을 넘어뜨리는 기술
떠세	돈이나 세력을 믿고 잘난 체하며 억지를 쓰는 것
떨이	다 떨어서 싸게 파는 나머지 물건
뚝벌씨	걸핏하면 불뚝불뚝 화를 잘 내는 사람
뜨개질	남의 속마음을 떠 보는 것
뜸베질	소가 뿔로 마구 들이받음

띠앗	형제나 자매 사이	반지기	잡것이 섞여 순수하지 못한 것
마름질	옷감이나 목재 등의 치수에 맞추어 자르는 것	발림	판소리에서 노래하는 광대의 몸짓. 너름새라고도 함
마마	천연두	발쇠	남의 비밀을 알아내어 다른 사람에게 일러 주는 일
마중물	펌프에서 물이 안 나올 때 물을 이끌어 내기 위하여 위에서 붓는 물	배내	남의 가축을 길러서 다 자라거나 새끼를 친 뒤 주인과 나누어 가지는 일
마파람	남풍	배냇버릇	날 때부터 가지고 있는 버릇
막서리	남의 집에 막일을 해 주며 사는 사람	배메기	지주와 소작인이 수확한 것을 똑같이 나누는 제도
만수받이	온갖 말로 귀찮게 굴어도 다 받아 주는 것	버금	으뜸 또는 첫째의 다음
맏물	그해 처음으로 나온 과일	벌충	모자라는 것을 다른 것으로 대신 채움
말재기	쓸데없는 말을 꾸며 내는 사람	벗바리	뒤를 보아 주는 사람
매개	일이 되어 가는 형편	벼름질	여러 몫으로 골고루 나누어 주는 일
맨망	요망스럽게 까부는 것	벼리	일이나 글의 가장 중심이 되는 줄거리
머드러기	많이 있는 생선이나 과일 중 굵은 것	변죽	그릇의 가장자리
먼지잼	먼지가 날리지 않을 정도로 적게 오는 비	볏가리	차곡차곡 쌓아 놓은 볏단
메지	일의 한 가지가 끝나는 단락	보람줄	책 따위에 표식을 하도록 박아 넣은 줄
모르쇠	덮어놓고 모른다고 잡아떼는 것	보리누름	보리가 누렇게 익어 갈 무렵
모주망태	술을 늘 대중없이 많이 먹는 사람	볼가심	아주 적은 음식으로 시장기를 우선 면하는 것
모지랑이	오래 써서 끝이 닳아 떨어진 물건	볼모	약속을 이행하지 않을 것을 대비하여 상대편에 잡혀 두는 물건이나 사람
목비	모내기철에 오는 단비	부아	노엽거나 분한 마음
몽니	심술궂게 욕심을 부리는 성질	북새	아주 소란스럽게 야단을 떠는 일
몽짜	음흉하게 몽니를 부리는 짓이나 그런 행위를 하는 사람	불목하니	절에서 밥을 맡아서 짓는 사람
무꾸리	무당이 점을 치는 행위	비접	병자가 장소를 옮겨서 요양함
무녀리	한 태에 낳은 새끼 중 맨 먼저 낳은 새끼	빌미	재앙이나 불행한 일이 생기는 원인
무릎맞춤	두 사람의 말이 어긋날 때 제삼자 앞에서 대면하여 따짐	빚물이	남의 빚을 대신 갚는 일
무서리	그해 처음 내리는 묽은 서리	빚지시	빚을 주고 쓰는 일을 중간에서 소개하는 거간꾼
무싯날	장이 서지 않는 날	사그랑이	다 삭아서 못 쓰게 된 물건
무자맥질	물속에 떴다 잠겼다 하며 팔다리를 놀리는 것	사람멀미	사람 많은 곳에서 느끼는 어지러운 증세
물안개	비 오듯 끼는 안개	사북	부채의 아랫머리나 교차되는 부분에 박아서 돌쩌귀처럼 쓰는 물건
미르	용(龍)		
미립	경험을 통하여 얻게 된 이치나 요령 따위	사재기	필요 이상으로 물건을 사서 쟁여 두는 것
미투리	삼으로 삼은 신	사품	겨를, 기회
민낯	화장하지 않은 여자의 얼굴	살바람	좁은 틈새로 들어오는 바람
민패	아무 꾸밈이 없는 물건	살붙이	가까운 친척
바닥나기	토박이	살사리꽃	코스모스
바라지	음식이나 옷을 대어 주는 일	살피	물건과 물건의 경계를 표시하는 것
바사기	아는 것이 없고 똑똑하지 못한 사람	삼태기	대나무나 헝겊으로 엮어 거름이나 흙 따위를 나르는 농기구
박우물	바가지로 물을 뜰 수 있을 정도의 얕은 우물		
반거들충이	무엇을 배우다 중간에 그만두어 다 이루지 못한 사람	상고대	나무나 풀에 내려 눈처럼 된 서리
반기	잔치나 제사 때 동네 사람들에게 나누어 주려고 작은 목판에 담은 음식	새경	농가에 일 년 동안 일해 준 대가로 주인에게 받는 곡물
		샛바람	동풍
반살미	갓 결혼한 부부를 친척 집에서 처음으로 초대하는 일	생무지	일에 익숙하지 못하고 서툰 사람
반색	몹시 반가워하는 모양	생인손	손가락 끝에 나는 종기

생채기	손톱 따위로 할퀴어지거나 긁히어서 생긴 작은 상처
생청	시치미를 떼는 말
선불	급소를 빗나간 총알
선웃음	꾸며서 웃는 거짓 웃음
성금	말하는 것이나 일한 것의 보람
소드락질	남의 물건을 마구 빼앗는 짓
속종	마음속에 품고 있는 소견
손대기	잔심부름을 할 만한 아이
손떠퀴	무슨 일에 손을 대는 데 따르는 운수
손방	할 줄 모르는 솜씨
손사래	남의 말을 부인할 때 손을 펴서 내젓는 것
손씻이	남의 수고에 대하여 주는 작은 물건
쇠구들	불을 때도 따뜻하지 않은 방
수발	시중들며 보살피는 일
수지니	사람의 손에 길들여진 매
숫눈	아무도 지나간 흔적이 없는 눈
시앗	남편의 첩
시역	힘이 드는 일
시위	홍수(洪水)
실랑이	서로 옥신각신하는 짓
심마니	산삼을 캐는 사람
싸개통	여러 사람이 둘러싸고 승강이를 벌이는 일
싹수	앞으로 잘 트일 만한 낌새나 징조
쌩이질	한창 바쁠 때 쓸데없이 남의 일에 참견하는 것
쏘개질	있는 일 없는 일 만들어서 몰래 고자질하는 짓
씨도둑	씨를 훔친다는 뜻으로, 한 집안에서 대대로 내려오는 버릇, 모습, 전통에서 벗어나게 함을 이르는 말
아름드리	한 아름이 넘는 큰 나무나 물건
악도리	모질게 덤비기 잘하는 사람이나 짐승
알심	은근히 동정하는 마음
알짬	여럿 중 가장 중요한 내용
알천	물건 가운데 가장 값이 나가는 것
암상	남을 미워하고 시샘하는 심술
앙달머리	어른스러운 체하면서 야망을 가지고 있는 것
애물	몹시 속을 태우는 물건이나 사람
앤생이	간교한 사람이나 하찮은 물건을 얕잡아 이르는 말
야바위	그럴듯한 방법으로 남을 속여 따먹는 노름
야발	야살스럽고 되바라진 태도
야비다리	별것도 아닌 사람이 허세를 부리고 거드름을 피우는 것
얌생이	남의 물건을 조금씩 훔쳐 내는 것
어름	물건과 물건 사이 간극
언걸	남 때문에 당하는 괴로움이나 해

언구럭	말을 교묘하게 하여 남을 농락하는 것
언턱거리	남에게 억지로 떼를 쓸 만한 핑계
업시름	업신여겨서 하는 구박
엇셈	주고받는 것을 맞비겨 없애는 셈
엉너리	남의 환심을 사려고 능청스러운 수단을 쓰는 짓
엉세판	몹시 가난한 상태
여우비	볕이 나는 날 잠깐 뿌리는 비
여탐	무슨 일을 할 때 웃어른의 뜻을 살피는 일
역성	시시비비를 따지지 않고 무조건 한쪽 편만 드는 것
옥셈	생각을 잘못하여 자신에게 불리하게 하는 셈
옴나위	꼼짝할 만큼의 작은 움직임
옹추	자기가 늘 미워하고 싫어하는 사람
옹춘마니	마음이 좁고 심하게 꼬여 있는 사람
욕지기	토할 것 같은 메슥거리는 느낌
용심	남을 시기하고 질투하는 심술
용춤	남이 칭찬을 함에 좋아서 자신도 모르게 하라는 대로 행동하는 것
용트림	거드름을 피우며 크게 힘주어 하는 트림
우렁잇속	내용이 복잡하여 헤아리기 어려운 일
우세	남에게 놀림이나 비웃음을 받음. 남우세
우수리	물건을 제하고 거슬러 받는 잔돈
울력	여러 사람이 함께 어울려 하는 일
웃기	접시에 떡을 담고 그 위에 모양을 내기 위해 얹은 떡
워낭	마소의 턱 아래 늘어뜨린 쇠고리
은사죽음	마땅히 보람으로 결과가 나타나야 함에도 그렇게 되지 않는 일
입매	음식을 조금 먹어 시장기를 면함
입씻이	비밀이 새지 않도록 주는 일종의 뇌물
입찬말	자기의 지위나 능력을 믿고 장담하는 일
자국눈	겨우 발자국이 생길 정도로 적게 내리는 눈
자리끼	밤에 마시려고 잠자리 머리맡에 준비해 두는 물
자리보전	병이 들어 자리를 깔고 누워서 지냄
자투리	팔거나 쓰다가 남은 천 조각
작달비	굵고 거세게 퍼붓는 비
잡도리	잘못되지 않도록 엄하게 다룸
잡을손	일을 다잡아 하는 솜씨
재넘이	산에서부터 불어 오는 바람
적바림	나중에 보려고 내용을 간단히 적어 두는 일
조치개	어떤 일에 당연히 딸려 나와야 하는 물건
주럽	피곤하고 고단함
주접	옷차림이 초라하고 보잘것없는 것
줏대잡이	중심이 되는 사람
지다위	자기의 잘못을 남에게 전가시킴

지위	목수(木手)	한풀	어느 정도의 끈기와 형세
지청구	남을 원망하고 탓하는 것	할경	남의 단점을 폭로하는 것
진솔	한 번도 빨지 않은 옷	핫어미	유부녀
찜부럭	몸이나 마음이 불편할 때 수시로 내는 짜증	핫옷	솜을 넣은 옷
차반	맛있게 차려진 반찬	해거름	해가 거의 넘어갈 석양 무렵
천둥벌거숭이	세상물정을 모르고 함부로 행동하는 사람	해미	바다 위의 짙은 안개
체금	풀피리	행짜	심술을 부려 남의 해치려는 수작
치사랑	손윗사람에 대한 사랑	허구리	허리 아래 잘록한 부분
코숭이	산줄기의 끝	허드레	함부로 쓸 수 있는 물건
코푸렁이	줏대 없이 흐리멍덩하고 어리석은 사람	허릅숭이	언행이 경솔하고 미덥지 못한 사람
토색질	돈이나 물건을 억지로 달라고 하는 것	허발	몹시 궁핍하여 함부로 먹거나 덤비는 일
트레바리	까닭 없이 반대하기를 좋아하는 성미	헛장	큰소리로 허풍을 떠는 것
틀거지	듬직하고 위엄 있는 모습	헤살	짓궂게 방해하는 것
파니	아무 일도 없이 노는 것	화수분	재물이 계속 나오는 보물단지
팔밀이	자기가 할 일을 남에게 미룸	희나리	덜 마른 장작
하늬바람	서풍	회두리	여럿 중에서 맨 끝

② 형용사 · 동사 고유어 ^{중요}

가년스럽다	몹시 궁상스럽게 보이다.	곰상스럽다	성격이 빈틈없이 꼼꼼하다.
가늠하다	목표나 기준에 맞고 안 맞고를 판단하여 보다.	곱살끼다	몹시 짓궂게 굴다.
가리틀다	잘 되어 가는 일을 안 되도록 방해하다.	공변되다	공평하게 치우침이 없다.
가멸다	재산이 많고 살림이 넉넉하다.	공칙하다	공교롭게도 잘못되다.
가무리다	몰래 훔쳐서 혼자 독차지하다.	구쁘다	먹고 싶은 생각이 나다.
가뭇없다	흔적도 없이 사라지다.	구성없다	격에 맞지 않다.
가직하다	거리가 조금 가깝다.	구순하다	의좋게 지내다.
각다분하다	일을 행하기가 몹시 힘들고 어렵다.	구어박다	사람의 활동을 자유롭지 못하게 구속하다.
간동하다	잘 정리되어 단출하다.	굼닐다	몸을 구부렸다 일으켰다 하다.
갈마보다	양쪽을 번갈아 보다.	궁따다	시치미를 떼고 딴소리를 하다.
갈음하다	무엇을 대신하다.	귀살쩍다	일이 복잡하게 되어 마음이 산란하다.
감때사납다	억세고 사납다.	그느르다	보살피고 보호하다.
감잡히다	상대에게 약점을 잡히다.	그악하다	장난이 지나치게 심하다.
강짜를 부리다	샘이 나서 심술을 부리다.	기이다	드러내지 않고 숨기다.
객쩍다	언행이 쓸데없이 실없고 싱겁다.	깐보다	마음속으로 가늠하여 보다.
겉뜨다	물 표면에 뜨지 않고 중간에 뜨다.	깝살거리다	재물을 흐지부지 다 없애다.
겅성드뭇하다	듬성듬성 흩어져 있다.	깨단하다	기억이 잘 나지 않다가 어떤 실마리로 인해 환하게 알게 되다.
결곡하다	생김새나 외모가 야무져서 빈틈이 없다.	꼲다	시시비비를 따져서 평가하다.
겯고틀다	서로 지지 않으려고 맞서다.	끌끌하다	마음이 바르며 깨끗하다.
곧추다	굽은 것을 바르게 하다.	끌끔하다	깨끗하고 미끈하다.
곰삭다	옷 따위가 오래되어 품질이 약해지다.	나부대다	조신하지 못하고 철없이 날뛰다.
곰살궂다	성격이 부드럽고 다정하다.		

낫잡다	수량, 금액 따위를 넉넉하게 치다.	**무람없다**	예의와 버릇이 없다.
농치다	좋은 말로써 화난 것을 풀어지게 하다.	**물색없다**	말과 행동이 조리에 닿지 않다.
느껍다	어떤 느낌이 생겨나다.	**미쁘다**	믿음직스럽다.
능갈치다	능청스럽게 둘러대는 재주가 있다.	**밀막다**	핑계를 대고 거절하다.
능준하다	표준에 차고 남아 넉넉하다.	**바자위다**	성격이 너그러운 맛이 없다.
다락같다	물건이 매우 비싸다.	**바장이다**	쓸데없이 왔다 갔다 하다.
닦아세우다	남을 꼼짝 못하게 호되게 나무라다.	**반지빠르다**	교만하여 얄밉다.
단물나다	옷 같은 것이 오래되어 바탕이 해지다.	**배때벗다**	언행이 매우 거만하고 약삭빠르다.
달구치다	꼼짝 못하게 마구 몰아치다.	**버겁다**	매우 다루기 벅차다.
대서다	대들어 맞서다.	**버르집다**	숨겨진 비밀을 들추어내다.
더느다	끈이나 실을 두 가닥 내어 겹으로 꼬다.	**벋대다**	복종하지 않고 저항하다.
더덜뭇하다	주저주저하며 결단을 내리지 못하다.	**벼리다**	연장의 무딘 날을 날카롭게 하다.
더위잡다	높은 데로 오르려 무엇을 끌어 잡다.	**보깨다**	소화가 잘 되지 않아 뱃속이 거북하다.
던적스럽다	하는 일이 보기에 치사스럽고 더럽다.	**부닐다**	친밀하게 굴다.
덜퍽지다	푸지고 탐스럽다.	**부전부전하다**	남의 사정은 생각하지 않고 자기 일만 하다.
덧들다	선잠에서 깨어나 다시 잠들지 못하다.	**부접하다**	남에게 의지하다.
도담하다	야무지고 탐스럽다.	**빗듣다**	말을 잘못 알아듣다.
도섭스럽다	수선스럽게 변덕을 부리다.	**빙충맞다**	바보처럼 어리숙하다.
돈바르다	성미가 까다롭다.	**빼치다**	빠져나오게 하다.
동곳빼다	잘못을 인정하고 굴복하다.	**사위스럽다**	마음에 불길한 생각이 들어 꺼림칙하다.
동동촉촉하다	매우 조심하여 행하다.	**살갑다**	마음씨가 부드럽고 다정다감하다.
동뜨다	다른 것보다 훨씬 뛰어나다.	**새금하다**	조금 시다.
되알지다	힘주는 맛이 제법 세다.	**서름하다**	남과 가깝지 않다.
되퉁스럽다	조신하지 못하고 실수를 자주하다	**섯삭다**	의심하거나 화난 마음이 풀리다.
될성부르다	잘될 가망이 있다.	**선겁다**	놀랍다.
두남두다	편들다.	**설면하다**	자주 보지 못하여 낯설다.
둥개다	일이 벅차서 쩔쩔매다.	**성기다**	물건 사이가 뜨다.
뒤두다	나중을 생각하여 여유를 두다.	**소담하다**	음식이 넉넉하고 먹음직스럽다.
드티다	날짜, 기한 등이 조금씩 연기되다.	**숫되다**	순진하고 어리숙하다.
들레다	야단스럽게 떠들다.	**스스럽다**	부끄러운 느낌이 있다.
듬쑥하다	사람됨이 가볍지 않고 속이 깊다.	**시름없다**	아무런 생각이 없다.
뚱기치다	몸을 세차게 움직이다.	**시먹다**	성격이 못되어 남의 말을 듣지 않는다.
뜨악하다	마음이 선뜻 내키지 않다.	**시쁘다**	마음에 흡족하게 여겨지지 않다.
마뜩하다	제법 마음에 들다.	**시적거리다**	마음에 내키지 않은 것을 억지로 하다.
마수걸다	장사를 시작해 처음으로 물건을 팔다.	**신망스럽다**	말이나 행동이 경망스럽다.
맵자하다	모양이 체격에 어울려 맞다.	**실큼하다**	마음에 싫은 생각이 생기다.
머줍다	동작이 느리고 굼뜨다.	**실팍하다**	몸집이 크고 매우 튼튼하다.
메꽂다	고집이 세고 심술궂다.	**쓿다**	곡식을 찧어 껍질을 벗기다.
모집다	타인의 허물이나 과실을 명백히 지적하다.	**아귀차다**	뜻이 굳고 하는 일이 야무지다.
몰강스럽다	인정이 없고 억세고 모질다.	**아퀴짓다**	일을 끝맺다.
몽종하다	새침하고 냉정하다.	**안다미하다**	남이 져야 할 책임을 맡아 대신 지다.
몽태치다	남의 물건을 몰래 훔치다.	**안동하다**	사람을 데리고 가거나 물건을 지니고 가다.

안차다	겁 없고 당돌하다.	종요롭다	요긴하다. 중요하다.
암팡지다	몸은 작아도 힘차고 다부지다.	좌뜨다	생각이 남보다 월등히 뛰어나다.
앙바틈하다	짤막하고 딱 바라지다.	줄나다	생산물이 표준 수량보다 덜 나다.
앵돌아지다	불만이 많아 토라지다.	지정거리다	가다가 머뭇거리다.
약비나다	정도가 너무 지나쳐 싫증이 나다.	직수굿하다	기운이 꺾여 대들지 않고 다소곳하다.
어줍다	손에 익지 않아 서툴다.	천세나다	귀하게 되다.
얼뜨다	어리석어 보이다.	청처짐하다	조금 느슨하다.
얼레살풀다	난봉꾼이 재물을 마구 낭비하다.	추레하다	겉모양이 허술하여 보잘것없다.
엄전하다	하는 짓이 엄중하고 점잖다.	켕기다	팽팽하게 되다.
엇먹다	사리에 맞지 않게 비꼬다.	타끈하다	인색하여 욕심이 많다.
에끼다	서로 주고받을 물건이나 일 따위를 서로 비겨 없애다.	탐탁하다	믿음직스럽다.
여낙낙하다	성미가 곱고 상냥하다.	태가다	그릇이 깨져 금이 가다.
여정하다	별로 틀린 것이 없다.	투미하다	어리석고 둔하다.
여투다	물건을 아껴 쓰고 나머지를 모으다.	파임내다	다 된 일을 나중에 딴소리를 하여 그르치다.
열없다	조금 부끄럽다.	팔초하다	얼굴이 좁고 턱이 뾰족하다.
오달지다	야무지고 실속이 있다.	퍼더버리다	팔다리를 편하게 뻗다.
오롯하다	부족함이 없이 온전하다.	푸접없다	붙임성이 없고 쌀쌀하기만 하다.
왕청하다	차이가 많이 나다.	푼더분하다	생김새가 두툼하여 탐스럽다.
왜자하다	소문이 자자하게 퍼지다.	푼푼하다	살림살이가 넉넉하다.
우꾼하다	여러 사람이 한꺼번에 소리치며 기세를 올리다.	풀치다	마음을 돌려 용서하다.
우두망찰하다	갑자기 어려운 일에 놓여 어찌할 바를 모르다.	하리다	마음껏 사치를 부리다.
우련하다	희미하게 겨우 보이다.	하릴없다	어찌할 도리가 없다.
우접다	남보다 뛰어나게 되다.	하비다	남의 약점을 들추어내다.
울가망하다	마음이 편하지 못하다.	함초롬하다	가지런하고 곱다.
은결들다	내부에 상처가 나다.	함함하다	털이 가늘고 윤기가 있다.
음전하다	말이나 행동이 우아하고 점잖다.	해동갑하다	일을 해가 질 때까지 계속하다.
의뭉스럽다	겉으로는 착한척 하나 속으로는 엉큼한 데가 있다.	해찰하다	일에 집중하지 않고 딴 곳에 마음을 두다.
이르집다	없는 일을 만들어 말썽을 일으키다.	허룩하다	줄어들거나 없어지다.
이아치다	자연의 힘에 의해 손해를 입다.	허방치다	바라던 바가 실패로 돌아가다.
이악하다	자기의 사리사욕에만 마음이 있다.	허벅지다	탐스럽고 부드럽다.
이울다	꽃이 시들다.	허출하다	허기가 져서 배가 고프다.
자발없다	참을성이 없고 경솔하다.	헛물켜다	노력한 보람도 없이 헛일이 되다.
잔질다	마음이 굳세지 못하고 약하다.	헤먹다	공간이 넓어서 꽉 차지 않다.
잦추다	동작을 빠르게 하여 연달아 재촉하다.	헤식다	단단하지 못하여 헤지기 쉽다.
재우치다	빨리 일이 마무리 되도록 재촉하다.	호젓하다	아주 고요하다.
저어하다	두려워하다.	환치다	되는대로 그림을 그리다.
정가하다	지나간 허물을 들추어 흉보다.	흐드러지다	아주 잘 익어서 무르녹다.
제키다	살갗이 조금 다쳐서 벗겨지다.	흥감스럽다	실지보다 떠벌리는 태도가 있다.
조리차하다	물건을 알뜰하게 아껴 쓰다.	희떱다	속은 비었으나 겉으로는 화려하다.
조쌀하다	늙어도 얼굴이 깨끗하고 맵시가 있다.		
조촐하다	깨끗하다.		
족대기다	함부로 마구 우겨대다.		

3 부사 고유어 중요

가닥가닥	물기가 거의 없어 빳빳한 상태	삼박	칼에 잘 베어진 모양
간대로	그리 쉽사리	시거에	우선 급한 대로
강동강동	침착하지 못하고 가볍게 채신없이 행동하는 모양	시나브로	알 듯 모를 듯 어느새
곰비임비	물건이 거듭 쌓이거나 일이 겹쳐지는 모양	시난고난	병이 깊지는 않지만 오래 앓는 모양
국으로	생긴 그대로	시적시적	힘들이지 않고 느릿느릿 행동하는 것
깜냥깜냥	자신의 힘을 다하여	안다미로	그릇에 넘치게 많이
나우	조금 많게	어름어름	말이나 행동이 분명치 않음
내남없이	나나 다른 사람이나 모두 다 마찬가지로	애오라지	겨우, 오로지
노량으로	어정거리며 천천히	얼김에	자기도 모르는 사이 얼떨결에
노상	항상	외우	외지게 멀리
다따가	중간에 별안간	육장	늘, 언제나
다직	기껏해야	이드거니	분량이 많아 흐뭇하게
대고	계속해서	이죽이죽	쓸데없이 말을 밉살스럽게 하는 모양
더금더금	원래의 양이나 길이에서 조금씩 계속 더하는 것	재우	매우 빠르게
동그마니	외따로 오뚝하게 있는 모양	저춤저춤	약간 절룩거리며 걷는 모양
되우	매우 심하게	존조리	조리 있고 친절하게
들입다	무리하게	지금지금	음식에 모래 따위가 들어가 씹히는 모양
매나니로	맨손으로	지며리	차분하고 꾸준히
모개로	있는 대로 모두 다	짐짓	일부러 아닌 척
무장	갈수록 더	천산지산	여러 가지 핑계를 대는 모양
바이	전혀	콩팔칠팔	갈피를 종잡을 수 없게 마구 지껄임
바지로이	공교롭게	통밀어	이것저것 가릴 것 없이
바투	두 물체 사이에 썩 가깝게	한소끔	한 번 심하게 끓어 넘친 뒤
반둥건둥	일을 마무리 짓지 못하고 중도에 그만둠	함치르르	곱고 윤이 나는 모습
발바투	발 앞에 바짝	헤실바실	자신도 모르는 사이에 없어짐
벼름벼름	무슨 일이든 실행하려고 마음속에서 기회를 엿보고 있는 모양	훗훗이	훈훈하게 조금 덥게
보짱	속으로 꿋꿋하게	흔전만전	재물을 아낌없이 쓰는 것
사뭇	거리낌 없이 마구	흥이야항이야	남의 일에 마구 참견하는 모양

01 밑줄 친 단어의 뜻풀이로 옳지 않은 것은?

① 학생들이 모두 수업에 열중하다 보니 <u>시나브로</u> 어두워지고 있었다. → 모르는 사이에 조금씩, 어느새

② 아리땁던 그 <u>아미</u> 높게 흔들리우며 그 석류 속 같은 입술 → 누에나방 모양처럼 아름다운 미인의 눈썹

③ 오늘은 어떤 일이 있어도 <u>아퀴</u>를 좀 지어 주셔야겠습니다. → 어수선한 일을 정돈하여 마무리함.

④ 아직 <u>새때</u>인데 벌써부터 밥 타령이야. → 끼니와 끼니 사이의 중간

⑤ 그는 이유 없이 이번 일에 <u>몽니</u>를 부리고 있다. → 타인들을 선동하여 앞장서다.

02 밑줄 친 고유어의 설명이 틀린 것은?

① 이번 모임의 행사 준비는 서로 <u>겨끔내기</u>로 하도록 하자. → 서로 번갈아 하기

② 그는 언제나 다른 사람에게 <u>곰살궂게</u> 군다. → 다정하고 싹싹하게

③ 그 친구는 지금 <u>그루잠</u>이 들어서 아무리 깨어도 다시 일어나지 못하고 있다. → 깨어 있다 다시 든 잠

④ 영우는 우리 친척들에게 <u>푸네기</u>로 알려져 있다. → 하는 일이 아주 서툰 사람

⑤ OO시의 K 시장은 이번 청문회에서 <u>모르쇠</u>로 일관했다. → 아는 것을 모른다고 잡아떼는 것

03 고유어의 설명이 틀린 것은?

① 품바: 장터를 떠돌며 동냥하는 사람

② 눈자라기: 아직 곧추앉지 못하는 어린아이

③ 동티: 동쪽에 떠오르는 햇살

④ 마중물: 펌프에 물이 안 나올 때 물을 이끌어 내기 위하여 위로 붓는 물

⑤ 가리사니: 사물을 판단할 만한 지각

04 밑줄 친 단어의 설명이 틀린 것은?

① 그는 어디를 가나 <u>너스레</u>를 잘 떨고 비위가 좋다. → 수다스럽게 떠벌려 늘어놓는 말

② 이번 일은 결국 그가 <u>가탈</u>을 부려 망치고 말았다. → 잘 진행되는 일을 방해하는 것

③ 괴[1]죽 쑤어 줄 것도 없고 생쥐 <u>볼가심</u> 할 것도 없다. → 아주 적은 음식으로 시장기를 우선 면하게 하는 것

④ 요사이는 하는 일이 제대로 안 되어 <u>귀살쩍다.</u> → 일이 복잡하게 되어 마음이 산란하다.

⑤ 그 어떤 것보다도 이 제품이 품질 면에서 <u>동뜨다.</u> → 품질이 보잘것없고 불결하다.

※1) 괴: 고양이를 말함

05 밑줄 친 단어의 설명이 틀린 것은?

① 어떤 경우라도 남에게 <u>덤터기</u>를 씌우는 것은 경우가 아니지.
　　→ 남에게 넘겨씌우거나, 남에게서 넘겨 맡은 걱정거리
② 그는 지금 인생의 <u>사북자리</u>까지 와 있다.
　　→ 부채의 아랫머리나 교차되는 부분에 박아서 돌쩌귀처럼 쓰는 물건
③ 황소가 고집을 부리고 <u>벋대다</u> 결국 주인에게 얻어맞았다. → 복종하지 않고 저항하다.
④ 그는 어릴 적부터 몸집이 <u>앙바틈하다.</u> → 몹시 마르고 왜소한 몸집을 가지다.
⑤ 아무리 최선을 다하여도 결국 <u>하릴없이</u> 되고 말았다. → 어쩔 도리가 없이 일이 진행되다.

06 밑줄 친 단어의 설명이 틀린 것은?

① 신이나 삼아 줄걸 슬픈 사연의 올올이 아로새긴 육날 <u>미투리</u> → 삼으로 삼은 신
② 남 한창 일하는데 <u>쌩이질</u>만 하는구나. → 한창 바쁠 때 쓸데없이 남의 일에 참견하는 것
③ 그렇게 <u>잡도리</u>만 해서야 아이가 옳은 판단을 할 수 있을까? → 잔소리를 마구 늘어놓는 것
④ 이번 일이 거의 마무리되어 가는 마당에 철수가 <u>파임</u>을 내었다. → 다 된 일을 나중에 딴소리하여 그르치다.
⑤ 영희는 초등학교 동창회에 다녀온 뒤, 자신이 <u>희떱게</u> 군 것은 아닌지 걱정하였다.
　　→ 속은 비었으나 겉으로는 화려하다.

07 밑줄 친 단어의 설명이 틀린 것은?

① 이번 중간고사 시험 범위는 <u>깔축없이</u> 교과서 전체가 범위이다. → 조금도 모자라거나 버리는 것 없이
② 경사스러운 일이 <u>곰비임비</u> 일어난다. → 물건이 거듭 쌓이거나 일이 자꾸 계속되는 모양
③ 요사이 정치인들은 너나없이 <u>두길보기</u>를 하고 있다.
　　→ 일을 처리함에 있어서 여기저기 눈치를 보다 자신에게 유리한 쪽에 붙으려고 살피는 것
④ <u>무싯날</u>이라 그런지 사람들이 많이 모여 있다. → 무당의 굿판이 열리는 날
⑤ 척추 수술이 잘 되어 이제 몸이 <u>굼닐</u> 수 있게 되었다. → 몸을 구부렸다 일으켰다 하다.

08 밑줄 친 단어의 설명이 틀린 것은?

① 그는 외모와 다르게 성격이 몹시 <u>몰강스럽다.</u> → 성격이 부드럽고 이해심이 많다.
② 그 사람은 살림살이가 무척 <u>오달지다.</u> → 야무지고 실속이 있다.
③ 우리는 이번 여행을 마치고 곧바로 <u>곤죽</u>이 되어 버렸다. → 매우 질퍽질퍽한 모양
④ 겨울을 대비하여 무, 채소 등을 <u>갈무리</u>해 두었다. → 물건을 잘 간직하여 둠
⑤ 정치인들의 언행은 가끔은 도무지 <u>미쁘게</u> 보이지 않는다. → 믿음직스럽다.

09 밑줄 친 단어의 설명이 틀린 것은?

① 그는 동호회 회원들이 자신에게 <u>푸접없이</u> 대하는 것을 보고 그 모임에 나가지 않았다.
→ 붙임성이 없고 쌀쌀하고 정이 없다.

② <u>조촐하게</u> 핀 국화꽃이 향기 또한 은은하구나. → 꽤 아담하고 깨끗하다.

③ 그들은 모두 나름 <u>깜냥깜냥</u> 그 일을 해 내었다. → 자신의 힘을 다하다.

④ 찌개를 <u>한소끔</u> 끓인 후 양념을 넣어야 한다. → 한 번 끓어오르는 모양

⑤ 그렇게 <u>막서리</u>로 살아서는 안 된다. → 윤리 의식과 도덕관이 결여된 사람

10 밑줄 친 단어의 설명이 틀린 것은?

① 그는 언제나 <u>뚝벌씨</u>처럼 언제나 타인에게 공격적이다. → 걸핏하면 불뚝불뚝 화를 잘 내는 사람

② 그는 벌어들인 돈의 대부분을 아들의 <u>빚물이</u>로 사용한다. → 남의 빚을 대신하여 갚는 일

③ 네가 아무리 우리에게 <u>지다위</u>를 해도 우리는 결코 물러서지 않는다. → 자신의 잘못을 남에게 전가시키다.

④ 철수는 자기 전에 늘 부모님의 <u>자리끼</u>를 준비한다.
→ 밤에 자다가 마시기 위해 잠자리의 머리맡에 준비해 두는 물

⑤ 두 사람은 고등학교 때까지만 해도 서로 <u>결고틀고</u> 하던 사이였다. → 앙숙, 원수지간

11 밑줄 친 단어의 사용이 옳지 않은 것은?

① 그 친구는 언제나 남의 말에 <u>말장단</u>을 잘한다.

② 군인들은 언제나 과녁을 <u>가늠</u>해 본 뒤에 방아쇠를 당긴다.

③ 나이 서른이면 이제 <u>한창</u> 일할 나이이다.

④ 이번 달 월급이 어느새 <u>헤실바실</u> 모두 사라졌다.

⑤ 그는 평소 <u>언구럭</u>을 잘 부려서 언제나 신뢰할 수 있다.

12 괄호 안에 공통으로 들어갈 단어로 가장 적절한 것은?

| 가. 방송 중에 그 아나운서는 (　　　) 분위기를 바꾸려고 화제를 돌렸다. |
| 나. 그와 좋았던 관계가 금전적인 문제로 인해 그만 (　　　) 사이가 되어 버렸다. |

① 자발없는　　　② 버성긴　　　③ 듬쑥한　　　④ 미욱한　　　⑤ 게저분한

13 밑줄 친 단어의 쓰임이 적절한 것은?

① 사업이 실패를 거듭하는 이유는 결국 그의 곁매질 때문이다.

② 그는 가납사니처럼 매사에 남을 괴롭히고 골탕먹인다.

③ 그는 두터운 조바위를 입고 추운 겨울을 지냈다.

④ 철수는 옥셈을 하는 바람에 엄청난 손해를 입고 말았다.

⑤ 그는 동아리에서 쏘개질을 자주 해 친구들로부터 환대를 받고 있다.

14 밑줄 친 단어의 뜻풀이로 옳은 것은?

① 그는 항상 군입정을 심하게 하는 편이다. → 쓸데없이 불평불만을 늘어놓음

② 오늘 아침 밥은 물을 잘못 조절하여 반지기 상태가 되어 버렸다. → 아주 질게

③ 그는 선불 맞은 멧돼지 마냥 화가 나서 날뛰고 있다. → 급소를 맞지 않고 설맞은 총알

④ 그는 친구에게 어떻게든 언턱거리를 잡아 돈을 빌렸다. → 남의 약점을 잡아 협박하다.

⑤ 그는 자신의 잘못을 능갈치게 둘러대고 있었다. → 치밀하고 꼼꼼하게

15 밑줄 친 고유어의 쓰임이 옳은 것은?

① 철수는 하는 일마다 가년스럽고 염치가 없어 보인다.

② 그는 철수에게 그 일은 나중으로 미루라고 재우쳤다.

③ 그는 여탐이 많아 그 누구도 배려하지 않는 경향이 있다.

④ 그녀는 언제나 나를 낫잡는 것 같아 몹시 불쾌하다.

⑤ 내가 기억하지 못하는 일을 잘 이르집어 주는 영희를 늘 고맙게 생각하고 있다.

16 밑줄 친 고유어의 쓰임이 옳은 것은?

① 철수는 그에게 단단히 화가 나서 벼름질하고 있다.

② 그의 기타 연주 솜씨가 투미하여 우리 모두는 감동하였다.

③ 담장의 벽돌을 쌓을 때는 반드시 어긋매끼로 쌓아야 한다.

④ 그 국회의원은 부정한 정치 자금을 손씻이하기 위해 사무실에 비밀 금고를 설치했다.

⑤ 철수는 선생님의 지청구에 기분이 좋아져서 집으로 돌아갔다.

17 밑줄 친 고유어의 쓰임이 옳지 않은 것은?

① 이때까지 마수걸이를 못해서 기분이 언짢다.

② 지금까지 살아오면서 그 의미도 깨단하지 못하고 있었단 말인가.

③ 조직 내에서 발쇠를 하는 사람은 반드시 퇴출시켜야 한다.

④ 이런 중요한 업무를 생무지인 신입 사원에게 맡기다니 어이가 없군.

⑤ 공부에 열중하다 밖을 보니 어느새 저녁노을이 희붐하게 다가오고 있다.

18 밑줄 친 고유어의 쓰임이 옳지 않은 것은?

① 집수리를 반둥건둥해서 지붕에 비가 오면 물이 새고 있다.

② 영희 아버지는 시난고난 병이 깊어 이제 30년이 넘어가고 있다.

③ 사람들은 정치권 이야기만 나오면 콩팔칠팔 정치인들을 마구 욕을 해 댄다.

④ 가족들은 철수의 잘못을 흥이야항이야 덮어 두기에 급급하다.

⑤ 병수는 지난번 교통사고로 인해 저춤저춤 걷는다.

19 밑줄 친 고유어의 쓰임이 옳지 않은 것은?

① 그는 지난번 도움에 대하여 인사치레도 없이 매나니로 지나가고 있다.

② 철수 가족들은 의초가 좋아 아무 옷이나 입어도 잘 어울린다.

③ 빚을 갚으라는 채권자의 독촉이 매우 심하여 영희는 울가망한 상태이다.

④ 자식이란 것은 부모의 마음속에는 언제나 생인손 같은 존재이다.

⑤ 그는 대다수 무지렁이[1]들과 다르게 제법 먹물 티가 나는 구석이 있다.

＊1) 무지렁이: 일이나 이치에 어둡고 어리석은 사람

20 밑줄 친 부사어의 쓰임이 옳지 않은 것은?

① 그는 애오라지 이번 시험에서 좋은 점수를 획득하는 것이 목표이다.

② 그는 이번 시험에 꼭 합격하기 위하여 벼름벼름 노리고 있다.

③ 이번 일은 바지로이 우리가 목표한 대로 되어 버렸다.

④ 검찰은 이번 사건의 수사를 순식간에 존조리 넘겨 버렸다.

⑤ 그는 이번 사건을 접하고 난 뒤 스멀스멀 두려움이 밀려왔다.

21 밑줄 친 말의 의미로 옳은 것은?

> 그녀는 날이 갈수록 점점 음전해진다.

① 살이 점점 찐다   ② 키나 몸집이 커진다

③ 얌전하고 점잖다   ④ 성격이 활발하다

⑤ 부끄러움을 탄다

22 괄호 안에 공통으로 들어갈 서술어의 기본형으로 적절한 것은?

> 가. 그는 남보다 (   ) 성공하였으나 주위의 평판은 그다지 좋지 않다.
> 나. 철수는 (   ) 못하여 늘 궁핍한 생활을 하고 있다.

① 이악하다   ② 허출하다   ③ 천세나다   ④ 에끼다   ⑤ 풀치다

1 한자어

각축(角逐)   서로 이기려 다투어 싸움

간과(看過)   깊이 유의하지 않고 예사로 보아 넘김
　　　　　　　예 이번 사안은 매우 중대하여 간과할 수가 없다.

간주(看做)   그렇다고 침, 그런 양으로 여김

간파(看破)   보아서 속내를 알아차림

감쇄(減殺)   덜어서 없앰, 줄어 없어짐 예 이번 정부의 감쇄 정책은
　　　　　　　실효성에 많은 의문이 있다.

개악(改惡)   고쳐서 도리어 나빠지게 함 ↔ 개선(改善)

거시(擧示)   구체적으로 예를 들어 보임

견지(見地)   사물을 관찰하는 입장

결렬(決裂)   회담이나 협상이 의견이 맞지 않아 각각 헤어짐
　　　　　　　예 남북 회담 결렬

경질(更迭)   어떤 직위에 있는 사람을 다른 사람으로 바꿈
　　　　　　　예 국무총리 경질

계발(啓發)   슬기와 재능을 널리 열어 깨우쳐 줌

고무(鼓舞)   격려하여 기세를 돋움

고수(固守)   굳게 지킴

고조(高調)   음 따위의 가락을 높임, 어떤 분위기나 감정 같은 것이
　　　　　　　한창 높아진 상태

공생(共生)   서로 도우며 함께 삶

관조(觀照)   고요한 마음으로 사물이나 현상을 관찰하거나 비추어 봄

괴리(乖離)   서로 등져 떨어짐
　　　　　　　예 이 정책은 현실과 너무 괴리되어 있다.

교사(敎唆)   남을 꾀어서 부추겨서 나쁜 짓을 하게 함
　　　　　　　예 살인 교사죄

구현(具現 · 具顯)   구체적으로 나타냄

궤변(詭辯)   상대방의 사고나 논리를 혼란스럽게 하여 거짓을 참
　　　　　　　인 것처럼 꾸며 대는 논법

규명(糾明)   자세히 캐고 따져 사실을 밝힘
　　　　　　　예 사건의 원인을 규명하다.

남발(濫發)   법령이나 지폐, 증서 등을 마구 발행함

남상(濫觴)   중국 양쯔 강 같은 대하(大河)도 근원은 작은 잔을 띄
　　　　　　　울 만한 세류(細流)에서 비롯되었다는 뜻으로, 사물의
　　　　　　　처음, 시작을 이르는 말 = 효시(嚆矢)

당착(撞着)   앞뒤가 서로 맞지 않음 예 자가당착

도래(到來)   닥쳐옴 예 아파트 전세 만기 날짜가 도래하다.

도모(圖謀)   어떤 일을 이루려고 수단과 방법을 꾀함
　　　　　　　예 우의를 도모하다.

도야(陶冶)   심신을 닦아 기름

도외시(度外視)   가외의 것으로 봄, 안중에 두지 않고 무시함 ↔ 문
　　　　　　　제시

도출(導出)   어떤 생각이나 판단, 결론 따위를 이끌어 냄
　　　　　　　예 이 안건의 결론을 도출하다.

만난(萬難)   온갖 어려움

만연(蔓延)   전염병이나 나쁜 현상이 널리 퍼짐
　　　　　　　예 우리 사회 전체로 불신 풍조가 만연해 있다.

매진(邁進)   힘차게 나아감 예 목표 달성을 위해 매진하다.

모색(摸索)   더듬어 찾음

모호(模糊)   흐리어 분명하지 못함
　　　　　　　예 바로 와 닿지 않는 모호한 답변

몽매(蒙昧)   어리석고 어두움

묵과(默過)   말없이 지나쳐 버림
　　　　　　　예 이번 시험에 부정행위가 발각되면 절대로 묵과하
　　　　　　　지는 않겠다.

문외한(門外漢)   그 일에 전문가가 아닌 사람, 직접 관계가 없는 사람

미답(未踏)   아직 아무도 밟지 않음 예 전인(前人)미답의 땅

반영(反映)   다른 것에 영향을 받아 어떤 현상이 나타남
　　　　　　　예 이번 정부의 시책은 충실히 민의를 반영했다.

반향(反響)   어떤 사건이나 발표 따위가 세상에 영향을 미치어 일
　　　　　　　어나는 반응
　　　　　　　예 그 여배우의 부적절한 언행은 사회적으로 반향을
　　　　　　　불러일으켰다.

방관(傍觀)   어떤 일에 관계하지 않고 추이(推移)를 보고만 있음

배격(排擊)   남의 의견, 사상, 물건 따위를 물리침

배치(背馳)   서로 반대가 되어 어긋남
　　　　　　　예 이번 한미 군사 협정은 우리의 의사와 정면으로 배
　　　　　　　치된다.

백안시(白眼視)   나쁘게 여기거나 냉대하여 봄

봉착(逢着)   서로 맞닥뜨려 만남
　　　　　　　예 우리 정부는 새로운 국면에 봉착해 있다.

부각(浮刻)   사물의 특징을 두드러지게 나타냄

부합(符合)   둘이 서로 꼭 들어맞음
　　　　　　　예 본 사건은 민주주의 실현에 부합한다.

비견(比肩)   어깨를 나란히 한다는 뜻으로, 낫고 못함이 없이 서로
　　　　　　　비슷함을 이르는 말 예 그의 기량은 프로 선수에 비견
　　　　　　　할 만하다.

비준(批准)   조약을 헌법상의 조약 체결권자가 최종 확인하고 동
　　　　　　　의하는 절차

비호(庇護)   감싸 보호함

빈축(嚬蹙)	눈살을 찌푸리고 얼굴을 찡그림. 남을 비난하거나 미워함

빈축(嚬蹙)　눈살을 찌푸리고 얼굴을 찡그림. 남을 비난하거나 미워함

빙자(憑藉)　말막음을 위하여 핑계로 내세움

사면(赦免)　죄를 용서하여 벌을 면제함

사주(使嗾)　남을 부추기어 시킴

사장(死藏)　활용하지 않고 간직하여 둠 **예** 천편일률적인 교육이 우리 청소년들의 능력을 사장시킨다.

상쇄(相殺)　상반되는 것이 서로 영향을 주어 효과가 없어짐

상충(相衝)　맞지 않고 서로 어긋남

선린(善隣)　이웃과 사이좋게 지냄

섭렵(涉獵)　여러 종류의 책을 널리 읽거나 여기저기 찾아다니며 경험함

소강(小康)　병이 조금 나아진 기색이 있음. 소란이나 분란이 그치고 조금 잠잠함

소급(遡及)　지나간 일에까지 거슬러 올라가서 미침

소요(騷擾)　여러 사람이 떠들썩하게 들고 일어남

시사(示唆)　미리 암시하여 알려 줌 **예** 이번 일은 우리에게 시사하는 바가 크다.

신랄(辛辣)　사물의 분석이나 비평이 매우 날카롭고 예리함

십상(十常)　열 가운데 여덟이나 아홉이 됨. 거의 다 됨을 가리키는 말 **예** 그렇게 급하게 먹다가는 체하기가 십상이다.

알력(軋轢)　수레바퀴가 삐걱거린다는 뜻으로, 서로의 의견이 맞지 않아 충돌하는 것을 이르는 말

야기(惹起)　끌어 일으킴

양도(讓渡)　물건이나 권리, 재산 및 법률상의 지위 등을 타인에게 넘겨줌

양양(洋洋)하다　사람의 앞길이 한없이 넓어 발전할 여지가 매우 많고 큼

역설(逆說)　어떤 주의나 주장에 반대되는 이론이나 말

연체(延滯)　늦추어 지체함

예기(豫期)　앞으로 닥칠 일을 미리 기대하거나 예상함 **예** 미처 예기하지 못한 사건

와전(訛傳)　잘못되게 전함

와중(渦中)　흐르는 물의 소용돌이치는 가운데

왜곡(歪曲)　비틀어 곱새김

외경(畏敬)　공경하고 두려워함

요람(要覽)　중요한 것만 뽑아서 간추린 책

유리(遊離)　다른 것과 떨어져 존재함

유예(猶豫)　망설여 일을 결행하지 않음

유추(類推)　유사한 점에 의해 다른 사물을 미루어 추측함

인지(認知)　어떠한 사실을 분명히 인정함 **예** 잘잘못을 이제야 인지하게 되었다.

일가견(一家見)　어떤 문제에 대하여 독자적인 경지나 체계를 이룬 견해

잉여(剩餘)　다 쓰고 난 나머지

전가(轉嫁)　자기의 허물이나 책임 따위를 남에게 덮어씌움

전도(顚倒)　엎어져서 넘어짐. 위와 아래를 바꾸어서 거꾸로 됨 **예** 주객전도

전락(轉落)　나쁜 상태나 처지에 빠짐 **예** 하루아침에 노숙자로 전락하고 말았다.

전제(前提)　어떤 사물을 의논할 때 먼저 내세우는 기본이 되는 것

전형(銓衡)　인물의 됨됨이나 재능을 시험하여 뽑음

제재(制裁)　도덕·관습 또는 규정에 어그러짐이 있을 때 사회가 금지하기도 하고 도의상 나무라기도 하는 일

조예(造詣)　학문, 예술, 기술 따위의 분야에 대한 지식이나 경험이 깊은 경지에 이른 정도

조응(照應)　서로 비추어 대응함. 원인에 따라 결과가 생김

좌시(坐視)　옆에 앉아 보기만 하고 참견하지 않음 **예** 이번 일은 결코 그냥 좌시할 수는 없다.

지엽(枝葉)　중요하지 않은 부분

지향(指向)　정해지거나 작정한 방향으로 나가는 것. 또는 그 방향

질시(嫉視)　시기하여 봄

창궐(猖獗)　전염병 따위가 세차게 일어나 걷잡을 수 없이 퍼짐

척결(剔抉)　살을 도려내고 뼈를 발라냄. 나쁜 요소를 깨끗이 없애 버림

초연(超然)하다　세속(世俗)에서 벗어나 있어 속사(俗事)에 구애되지 않다.

촉진(促進)　재촉하여 빨리 나아가게 함

촌탁(忖度)　남의 마음을 미루어 헤아림

추론(推論)　미루어 생각하여 논함

추문(醜聞)　추잡하고 좋지 못한 소문

추세(趨勢)　일이나 형편의 전반적인 형세 **예** 이런 현상은 어쩔 수 없는 우리 시대의 추세이다.

추이(推移)　일이나 형편이 변하여 옮김. 또는 그 모습 **예** 앞으로 전개될 일의 추이를 지켜보자.

취지(趣旨)　근본이 되는 종요로운 뜻

타개(打開)　얽히고 막힌 일을 잘 처리하여 나아갈 길을 엶

타파(打破)　규정이나 관습 같은 것을 깨뜨려 버림

탄핵(彈劾)　죄상을 들어서 책망함 **예** 대통령 탄핵 심판

탐닉(耽溺)　어떤 일을 몹시 즐겨서 거기에 빠짐

토로(吐露)　속마음을 모두 드러내어 말함

파급(波及)　어떤 일의 여파나 영향이 차차 다른 데로 미침

편파(偏頗)　공정하지 못하고 어느 한쪽으로 치우침

폄하(貶下)　가치를 깎아내림

폄훼(貶毁)　헐뜯고 깎아내림

풍미(風靡)　어떤 사회적 현상이나 사조가 널리 퍼짐

피력(披瀝)　심중의 생각을 털어놓고 말함 **예** 토론회에서 자신의 견해를 힘껏 피력했다.

함양(涵養)　학문과 식견을 넓혀서 심성을 닦음

향응(饗應)	특별히 융숭하게 대접함	회자(膾炙)	널리 사람의 입에 오르내림
호도(糊塗)	근본적인 조치를 하지 않고 일시적으로 얼버무려 넘김	효시(嚆矢)	어떤 사물이나 현상의 시작, 맨 처음
혼돈(混沌)	사물의 구별이 확실하지 않은 상태	훼손(毁損)	체면, 명예를 손상함, 헐거나 깨뜨려 못 쓰게 만듦
회의(懷疑)	의심을 품음, 마음속에 품고 있는 의심		

2 한자의 동자이음어(同字異音語)

降 내릴 강 예 下降(하강)
　　 항복할 항 예 降伏(항복)
更 다시 갱 예 更新(갱신)
　　 고칠 경 예 變更(갱신)
車 수레 거 예 車馬(거마)
　　 수레 차 예 車票(차표)
見 볼 견 예 見聞(견문)
　　 드러날 현 예 謁見(알현)
龜 땅이름 구 예 龜浦(구포)
　　 거북 귀 예 龜甲(귀갑)
　　 터질 균 예 龜裂(균열)
寺 절 사 예 寺院(사원)
　　 내시 시 예 寺人(시인)

殺 죽일 살 예 殺生(살생)
　　 감할 쇄 예 相殺(상쇄)
狀 모양 상 예 形狀(형상)
　　 문서 장 예 上狀(상장)
塞 변방 새 예 要塞(요새)
　　 막을 색 예 塞源(색원)
索 찾을 색 예 搜索(수색)
　　 쓸쓸할 삭 예 索寞(삭막)
說 말씀 설 예 說明(설명)
　　 달랠 세 예 有說(유세)
　　 기뻐할 열 예 說樂(열락)
度 법도 도 예 制度(제도)
　　 헤아릴 탁 예 度支(탁지)

讀 읽을 독 예 讀書(독서)
　　 구절 두 예 句讀(구두)
樂 즐길 락 예 娛樂(오락)
　　 풍류 악 예 音樂(음악)
　　 좋아할 요 예 樂山(요산)
率 비율 률 예 能率(능률)
　　 거느릴 솔 예 統率(통솔)
復 회복할 복 예 回復(회복)
　　 다시 부 예 復活(부활)
省 살필 성 예 反省(반성)
　　 덜 생 예 省略(생략)
數 셈 수 예 數學(수학)
　　 자주 삭 예 頻數(빈삭)

食 먹을 식 예 食事(식사)
　　 밥 사 예 簞食(단사)
惡 악할 악 예 惡漢(악한)
　　 미워할 오 예 嫌惡(혐오)
厭 싫어할 염 예 厭世(염세)
　　 누를 엽 예 厭勝(엽승)
咽 목구멍 인 예 咽喉(인후)
　　 목멜 열 예 嗚咽(오열)
炙 구울 자 예 膾炙(회자)
　　 고기 구울 적
　　 예 散炙(산적)

3 사자성어

가렴주구(苛斂誅求)	조세를 가혹하게 징수하여 백성을 못살게 구는 일
가정맹어호(苛政猛於虎)	가혹한 정치가 범보다도 더 맹렬한 해독을 끼친다는 말
각골난망(刻骨難忘)	은덕을 입은 고마운 마음이 깊이 새겨져 잊히지 않음
각자무치(角者無齒)	뿔이 있는 놈은 이가 없다. 한 사람이 모든 복을 겸하지는 못한다
각주구검(刻舟求劍)	융통성 없이 현실에 맞지 않는 낡은 생각을 고집하는 어리석음
간담상조(肝膽相照)	서로 속마음을 털어놓고 친하게 사귐
감언이설(甘言利說)	남의 비위에 맞게 달콤한 말로 꾀는 말
감탄고토(甘吞苦吐)	달면 삼키고 쓰면 뱉는다. 제 비위에 맞으면 좋아하고 틀리면 싫어하는 인정의 간사함
개과천선(改過遷善)	지난날의 잘못을 뉘우치고 착한 사람이 됨
건곤일척(乾坤一擲)	흥망을 걸고 전력을 다하여 승부를 겨룸
격물치지(格物致知)	사물의 이치를 구명하여 지식을 완전하게 하는 것
격화소양(隔靴搔痒)	신을 신은 채 가려운 발바닥을 긁음과 같이 일의 효과를 나타내지 못함
견강부회(牽强附會)	이치에 맞지도 않는 말을 억지로 끌어다가 자기의 주장이나 조건에 맞춤
견마지로(犬馬之勞)	자기의 노력을 낮추어 하는 말
견문발검(見蚊拔劍)	보잘것없는 작은 일에 지나치게 큰 대책을 세움
견물생심(見物生心)	물건을 보면 갖고 싶은 마음이 생김
견원지간(犬猿之間)	서로 사이가 나쁜 두 사람의 관계를 이르는 말
결자해지(結者解之)	자기가 저지른 일은 자기가 해결해야 함
결초보은(結草報恩)	죽어 혼령이 되어도 은혜를 잊지 않고 갚음
경국지색(傾國之色)	한 나라를 위기에 빠뜨릴 정도의 미인
계군일학(鷄群一鶴)	여러 평범한 사람들 가운데 뛰어난 한 사람이 섞여 있음
고립무원(孤立無援)	외톨이가 되어 도움을 받을 데가 없음
고성낙일(孤城落日)	세력이 다하여 의지할 데가 없는 외로운 처지
고식지계(姑息之計)	우선 당장 편한 것만을 택하는 꾀나 방법
곡학아세(曲學阿世)	정도에 벗어난 학문으로 세상 사람들에게 아첨함
과유불급(過猶不及)	지나친 것은 그 정도에 미치지 못한 것과 같음
괄목상대(刮目相對)	눈을 비비고 상대편을 본다는 뜻으로, 남의 학식이나 재주가 놀랄 만큼 부쩍 늚을 이르는 말

교언영색(巧言令色)	다른 사람에게 아첨하기 위하여 꾸민 말과 얼굴빛
교왕과직(矯枉過直)	잘못을 바로잡으려다가 오히려 더 나쁘게 됨
구밀복검(口蜜腹劍)	말로는 친한 체하지만 속으로는 은근(慇懃)히 해칠 생각을 품고 있음을 비유하여 이르는 말
구사일생(九死一生)	꼭 죽을 고비에서 살아남
구우일모(九牛一毛)	많은 것 중에 가장 적은 것의 비유
군계일학(群鷄一鶴)	여러 사람들 중에서 특히 뛰어난 사람
권토중래(捲土重來)	한 번 패한 자가 힘을 돌이켜 전력을 다해 쳐들어옴
귤화위지(橘和爲枳)	귤이 회수를 건너면 탱자가 된다는 뜻으로, 환경에 따라 사람이나 사물의 성질이 변함을 이르는 말
금과옥조(金科玉條)	금과 옥같이 귀한 법칙
금상첨화(錦上添花)	좋은 상태에 또 좋은 것이 더해짐
기호지세(騎虎之勢)	도중에서 그만두거나 물러서거나 할 수 없는 형세
남부여대(男負女戴)	가난한 사람이 이리저리 떠돌아다니면서 사는 것
낭중지추(囊中之錐)	주머니 속에 든 송곳과 같이 재주가 많은 사람은 숨어 있어도 저절로 사람들이 알게 됨
다기망양(多岐亡羊)	학문의 길이 다방면으로 갈려 진리를 찾기 어려움
다다익선(多多益善)	많을수록 좋음
단사표음(簞食瓢飮)	도시락에 담은 밥과 표주박 물이 전부인 변변치 못한 살림
당랑거철(螳螂拒轍)	미약한 제 분수도 모르고 강적에게 항거하거나 덤벼드는 무모한 행동
대기만성(大器晩成)	크게 될 사람은 성공이 늦다는 말
대동소이(大同小異)	거의 같고 조금 다름
도청도설(塗聽塗說)	길거리를 떠돌아다니는 뜬소문
도탄지고(塗炭之苦)	진구렁이나 숯불에 빠졌다는 뜻으로 몹시 고생스러움을 이르는 말
동병상련(同病相憐)	처지가 서로 비슷한 사람끼리 서로 동정함
동상이몽(同床異夢)	몸은 비록 같이 있으나, 서로 다른 생각을 가짐
마부작침(磨斧作針)	노력을 거듭해서 목적을 달성함
마이동풍(馬耳東風)	남의 말을 귀담아듣지 않고 흘려버림
막역지우(莫逆之友)	허물이 없이 아주 친한 친구
만시지탄(晩時之歎)	기회를 잃은 한탄
망양보뢰(亡羊補牢)	이미 어떤 일을 실패한 뒤에 뉘우쳐도 아무 소용이 없음
맥수지탄(麥秀之嘆)	고국의 멸망을 한탄함
면종복배(面從腹背)	겉으로는 복종하는 척하지만 내심으로는 딴마음을 먹거나 배반하는 것
명재경각(命在頃刻)	목숨이 경각에 있음, 거의 죽음의 직전에 놓여 있음
문경지교(刎頸之交)	서로를 위해서라면 목이 잘려도 한이 없을 만큼 친한 벗
문일지십(聞一知十)	한 가지를 들으면 열을 안다
물실호기(勿失好機)	좋은 기회를 놓치지 않음
물아일체(物我一體)	사물과 자아가 하나가 됨
박이부정(博而不精)	널리 알기는 하나 정확하게 알지 못함
백년하청(百年河淸)	오랜 세월이 흘러도 가망이 없다는 뜻
백면서생(白面書生)	글만 읽고 세상 물정에는 어두운 사람
백아절현(伯牙絕絃)	자기를 알아주는 절친한 벗의 죽음을 슬퍼함
백척간두(百尺竿頭)	위태롭고 어려운 지경에 이름
부화뇌동(附和雷同)	줏대 없이 남의 의견에 따라 움직임
불문가지(不問可知)	묻지 않아도 능히 알 수 있음
불치하문(不恥下問)	아랫사람에게 묻는 것을 부끄러워하지 않음
비분강개(悲憤慷慨)	슬프고 분해 마음이 북받침
빙탄지간(氷炭之間)	둘이 서로 어긋나 맞지 않는 사이
사고무친(四顧無親)	의지할 사람이 아주 없음
사면초가(四面楚歌)	아무에게도 도움을 받지 못하는, 외롭고 곤란한 지경에 빠진 형편
사상누각(砂上樓閣)	기초가 튼튼하지 못하여 오래 견딜 수 없는 일이나 물건
사필귀정(事必歸正)	모든 일은 반드시 바른 대로 돌아감
살신성인(殺身成仁)	목숨을 버려 어진 일을 이룸
삼고초려(三顧草廬)	인재를 구하기 위하여 끈기 있게 노력함
삼순구식(三旬九食)	한 달에 아홉 끼를 먹을 정도로 매우 빈궁하게 생활함
삼천지교(三遷之敎)	맹자의 어머니가 아들 교육을 위하여 세 번 이사하였다는 뜻으로, 생활 환경이 교육에 영향을 많이 미침을 이르는 말
상전벽해(桑田碧海)	세상의 변천이 심하여 사물이 판이하게 바뀜
새옹지마(塞翁之馬)	인간의 길흉화복은 예측하기가 어려움
설상가상(雪上加霜)	눈 위에 서리가 더함, 엎친 데 덮친 격
섬섬옥수(纖纖玉手)	가냘프고 고운 여자의 손
성동격서(聲東擊西)	동쪽을 치는 듯이 하면서 실제로는 서쪽을 친다는 뜻으로, 상대를 기만하여 공격함을 이르는 말
소탐대실(小貪大失)	작은 것을 탐하다가 오히려 큰 것을 잃음
속수무책(束手無策)	손을 묶인 듯이 어찌할 방책이 없는 상태
수구초심(首丘初心)	고향을 그리워하는 마음을 일컫는 말
수불석권(手不釋卷)	손에서 책을 놓지 않음, 늘 공부하는 사람을 가리킴
수어지교(水魚之交)	물고기가 물을 떠나서 살 수 없듯이 떨어질 수 없는 퍽 가까운 사이
수주대토(守株待兔)	노력 없이 성공을 원함

순망치한(脣亡齒寒)	서로 돕던 이가 망하면 다른 한쪽 사람도 함께 위험함
식자우환(識字憂患)	학식이 있는 것이 도리어 근심이 됨
십벌지목(十伐之木)	열 번 찍어 안 넘어가는 나무 없음
십시일반(十匙一飯)	열 사람이 한 술 보태면 한 사람 먹을 분량이 된다는 뜻으로, 여러 사람이 힘을 합하면 한 사람을 돕기 쉬움을 이르는 말
아전인수(我田引水)	자기에게 유리하도록 행동함
안빈낙도(安貧樂道)	가난하지만 마음을 편히 하고 걱정하지 않으며 도를 즐김
안하무인(眼下無人)	눈 아래에 사람이 없다는 뜻으로, 사람됨이 교만하여 남을 업신여김을 이르는 말
양두구육(羊頭狗肉)	양의 머리를 걸어 놓고 개고기를 판다는 뜻으로, 겉과 속이 다름을 이르는 말
어부지리(漁父之利)	두 사람이 이해관계로 싸우는 사이에 엉뚱한 사람이 애쓰지 않고 가로챈 이익
어불성설(語不成說)	하는 말이 조금도 사리에 맞지 아니함
언어도단(言語道斷)	너무 이치에 어긋나 말로 나타낼 수 없음
역지사지(易地思之)	처지나 경우를 바꾸어 생각함
연목구어(緣木求魚)	나무에 올라가 물고기를 구한다는 뜻으로, 당치 않은 일을 무리하게 하려 함을 이르는 말
염량세태(炎凉世態)	권세가 있을 때는 아부하고, 세력이 없어지면 푸대접하는 세상인심
오리무중(五里霧中)	무슨 일에 대하여 알 길이 없음
오매불망(寤寐不忘)	밤낮으로 자나 깨나 잊지 못함
오월동주(吳越同舟)	서로 사이가 좋지 못한 사람이 같은 일을 하게 되었을 경우를 일컫는 말
오합지졸(烏合之卒)	까마귀가 모여 있는 것처럼 질서가 없이 모여 있는 일
우공이산(愚公移山)	끊임없이 노력함, 열심히 노력하여 목적을 달성함
우이독경(牛耳讀經)	쇠귀에 경 읽기, 아무 보람이 없는 헛된 일
원화소복(遠禍召福)	화를 멀리하고 복을 불러들임
위편삼절(韋編三絶)	공자가 읽던 책 끈이 세 번이나 끊어졌다는 것에서 유래한 말로, 열심히 공부한다는 뜻
유구무언(有口無言)	입은 있으나 말이 없다는 뜻으로, 변명을 할 여지가 없음을 이르는 말
유유상종(類類相從)	같은 무리끼리 서로 사귐
유유자적(悠悠自適)	속세를 떠나 아무것도 속박되지 않고 편안히 살아감
이관규천(以管窺天)	대롱을 통해 하늘을 봄, 우물 안 개구리
일거양득(一擧兩得)	한 가지 일로 두 가지의 이득을 봄
일어탁수(一魚濁水)	한 사람의 잘못이 여러 사람에게 해가 됨
일언지하(一言之下)	한 마디로 잘라 말함
일일삼추(一日三秋)	하루가 삼 년 같다, 몹시 지루함

일장춘몽(一場春夢)	한바탕 헛된 꿈, 헛된 영화나 덧없는 일
일조일석(一朝一夕)	하루 아침과 저녁이라는 뜻으로, 아주 짧은 시간을 이르는 말
일취월장(日就月將)	나날이 발전함
임기응변(臨機應變)	일을 당하여 그때그때 맞도록 처리함
임전무퇴(臨戰無退)	전쟁에 나아가 물러나지 않음
자가당착(自家撞着)	같은 사람의 말이나 행동이 앞뒤가 서로 맞지 않고 모순됨
자격지심(自激之心)	자기가 한 일에 대하여 스스로 미흡하게 여김
자포자기(自暴自棄)	절망 상태에 빠져서 자신을 버리고 돌보지 않음
자화자찬(自畵自讚)	자기가 한 일이나 행동을 스스로 추켜 칭찬하고 자랑함
장삼이사(張三李四)	평범한 인물들, 아무개
적반하장(賊反荷杖)	잘못한 사람이 아무 잘못도 없는 사람을 나무람
적수공권(赤手空拳)	맨손, 아무것도 가진 것이 없음
전전긍긍(戰戰兢兢)	매우 두려워하고 겁내는 모양
전화위복(轉禍爲福)	화가 바뀌어 오히려 복이 됨
절차탁마(切磋琢磨)	끊임없이 노력하여 자기의 역량이나 소질을 닦음
점입가경(漸入佳境)	가면 갈수록 경치가 더해진다는 뜻으로, 일이 점점 더 재미있는 지경으로 돌아감을 이르는 말
정문일침(頂門一鍼)	정수리에 침 하나를 꽂는다는 뜻으로, 따끔한 충고나 교훈을 이르는 말
조령모개(朝令暮改)	아침과 저녁으로 법과 제도를 고침
조변석개(朝變夕改)	일을 자주 뜯어고침
조삼모사(朝三暮四)	간사한 꾀를 써서 남을 속임
주객전도(主客顚倒)	사물의 경중, 선후, 완급 따위가 서로 뒤바뀜
주경야독(晝耕夜讀)	바쁜 틈을 타서 책을 읽어 어렵게 공부함
주마가편(走馬加鞭)	달리는 말에 채찍질하기, 잘하고 있는 것을 더욱더 잘하라고 독려함
주마간산(走馬看山)	바빠서 자세히 보지 못하고 지나침, 수박 겉 핥기
죽마고우(竹馬故友)	어릴 때 같이 놀던 친한 친구
죽장망혜(竹杖芒鞋)	가장 간단한 보행이나 여행의 차림
중과부적(衆寡不敵)	적은 수로써 많은 수를 대적할 수 없음
중구난방(衆口難防)	여러 사람의 입을 막기는 어렵다는 뜻
지록위마(指鹿爲馬)	윗사람을 농락하여 권세를 마음대로 함을 가리킴
진퇴양난(進退兩難)	나아갈 수도 물러설 수도 없는 궁지에 빠짐
창해일속(滄海一粟)	아주 큰 물건 속에 있는 아주 작은 물건
천려일실(千慮一失)	여러 번 생각하여 신중하고 조심스럽게 한 일에도 때로는 한 가지 실수가 있음
천우신조(天佑神助)	하늘과 신이 함께 도움
천의무봉(天衣無縫)	일부러 꾸민 데 없이 자연스럽고 아름다우면서

	완전함
천재일우(千載一遇)	좀처럼 만나기 어려운 절호의 기회
청출어람(靑出於藍)	쪽에서 뽑아낸 푸른 물감이 쪽보다 더 푸르다는 뜻으로, 제자가 스승보다 더 나음을 이르는 말
초미지급(焦眉之急)	눈썹에 불이 붙는 것과 같이 매우 위급함
촌철살인(寸鐵殺人)	짧은 경구로 사람의 급소를 찌름
타산지석(他山之石)	본이 되지 않는 남의 말이나 행동도 자신의 지식과 인격을 수양하는 데에 도움이 될 수 있음
토사구팽(兎死狗烹)	요긴한 때는 소중히 여기다가도 쓸모가 없게 되면 천대하고 쉽게 버림
파사현정(破邪顯正)	그릇된 것을 깨뜨리고 올바르게 바로잡음
파죽지세(波竹之勢)	세력이 강하여 걷잡을 수 없이 나아가는 모양
풍수지탄(風樹之嘆)	부모에게 효도할 기회를 잃은 것을 한탄함
풍전등화(風前燈火)	매우 위급한 경우에 놓여 있음
학수고대(鶴首苦待)	학의 목처럼 목을 길게 늘여 몹시 기다림
허장성세(虛張聲勢)	실력은 없으면서 허세만 부림
호가호위(狐假虎威)	남의 세력을 빌어 위세를 부림
호연지기(浩然之氣)	굽히지 않고 흔들리지 않는 바르고 큰 마음
혼정신성(昏定晨省)	밤에는 부모의 잠자리를 보아 드리고 이른 아침에는 부모의 밤새 안부를 묻는다는 뜻으로, 부모를 잘 섬기고 효성을 다함을 이르는 말
환골탈태(換骨奪胎)	고인의 글에서 형식이나 내용을 모방하여 자기의 작품으로 꾸미는 일. 보다 나은 방향으로 변하여 전혀 딴사람이 됨

④ 유사한 뜻을 지닌 사자성어들 중요

가난	삼순구식(三旬九食) = 적수공권(赤手空拳) = 가도벽립(家徒壁立) = 적빈여세(赤貧如洗)
가혹한 정치(세금 수탈)	가렴주구(苛斂誅求) = 포락지형(炮烙之刑) = 도탄지고(塗炭之苦) = 가정맹어호(苛政猛於虎)
독서(讀書)	한우충동(汗牛充棟) = 위편삼절(韋編三絕) = 수불석권(手不釋卷)
때늦음을 한탄	망양보뢰(亡羊補牢) = 만시지탄(晚時之歎) = 우후송산(雨後送傘) = 사후약방문(死後藥方文)
마음과 마음이 서로 통함	불립문자(不立文字) = 심심상인(心心相印) = 이심전심(以心傳心) = 교외별전(敎外別傳)
무식함	목불식정(目不識丁) = 어로불변(魚魯不辨) = 맹자단청(盲者丹靑) = 숙맥불변(菽麥不辨)
미인(美人)	경국지색(傾國之色) = 단순호치(丹脣皓齒) = 침어낙안(沈魚落雁) = 화용월태(花容月態) = 옥용화태(玉容花態)
배신(음흉함)	면종복배(面從腹背) = 양두구육(羊頭狗肉) = 구밀복검(口蜜腹劍) = 표리부동(表裏不同) = 권상요목(勸上搖木) = 경이원지(敬而遠之)
불행에 불행이 더한 경우	설상가상(雪上加霜) = 낙정하석(落穽下石) = 하정투석(下穽投石) = 거익태산(去益泰山)
서로의 기량을 구별할 수 없는 경우	난형난제(難兄難弟) = 막상막하(莫上莫下) = 백중지세(伯仲之勢) = 대동소이(大同小異)
아주 뛰어남	철중쟁쟁(鐵中錚錚) = 군계일학(群鷄一鶴) = 낭중지추(囊中之錐) = 백미(白眉)
어리석음(융통성 없음)	수주대토(守株待兎) = 미생지신(尾生之信) = 각주구검(刻舟求劍) = 연목구어(緣木求魚) = 교주고슬(膠柱鼓瑟)
우물 안 개구리	이관규천(以管窺天) = 정저지와(井底之蛙) = 좌정관천(坐井觀天) = 정중관천(井中觀天)
우정(友情)	죽마고우(竹馬故友) = 백아절현(伯牙絕絃) = 지기지우(知己之友) = 지음(知音) = 간담상조(肝膽相照) = 수어지교(水魚之交) = 문경지교(刎頸之交) = 금란지교(金蘭之交)
원수지간	견원지간(犬猿之間) = 불구대천(不俱戴天) = 빙탄지간(氷炭之間)
위태로운 모습	누란지위(累卵之危) = 명재경각(命在頃刻) = 초미지급(焦眉之急) = 백척간두(百尺竿頭) = 풍전등화(風前燈火) = 위기일발(危機一髮)
인생무상(人生無常)	남가일몽(南柯一夢) = 노생지몽(盧生之夢) = 한단지몽(邯鄲之夢) = 일취지몽(一炊之夢) = 일장춘몽(一場春夢)
임시방편	고식지계(姑息之計) = 임기응변(臨機應變) = 하석상대(下石上臺) = 상하탱석(上下撑石) = 동족방뇨(凍足放尿) = 미봉책(彌縫策)
지나침은 모자람보다 못함	과유불급(過猶不及) = 교왕과직(矯枉過直) = 교각살우(矯角殺牛)
평범한 사람	갑남을녀(甲男乙女) = 범부범부(凡夫凡婦) = 장삼이사(張三李四) = 초동급부(樵童汲婦) = 필부필부(匹夫匹婦)
학문이 나날이 발전함	일취월장(日就月將) = 일진월보(日進月步) = 괄목상대(刮目相對)
향수(鄕愁)	망운지정(望雲之情) = 사향지심(思鄕之心) = 간운보월(看雲步月) = 수구초심(首丘初心) = 호사수구(狐死首丘)
효도	반의지희(班衣之戲) = 풍수지탄(風樹之嘆) = 반포지효(反哺之孝) = 출고반면(出告反面) = 혼정신성(昏定晨省)

01 밑줄 친 한자어의 쓰임이 적절하지 않은 것은?

① 이번 사건은 언론의 보도와 같이 미증유(未曾有)의 일이다.

② 그 여자는 끼가 다분히 있어 남자만 보면 추파(秋波)를 던진다.

③ 작품 '바람이 전하는 말'은 그 시인의 작품 중 압권(壓卷)이다.

④ 그 친구는 호사가(好事家)라 남의 말을 즐겨 한다.

⑤ 그의 선행은 주변 사람들로부터 많은 빈축(嚬蹙)을 샀다.

02 밑줄 친 한자어의 축자적 의미와 뜻풀이가 적절하지 않은 것은?

① 이번 일은 그 친구가 산통(算筒)을 다 깨 버린 셈이다

→ 소경이나 점쟁이가 점을 치는 데 쓰는 통으로, '산통(을) 깨다'는 '다 되어 가는 일을 이루지 못하고 망치다'라는 뜻

② 그와 나는 오래전부터 아삼륙(二三六)이다.

→ 골패의 쌍진아, 쌍장삼, 쌍준륙의 세 쌍을 이르는 말로, 서로 꼭 맞는 짝을 비유적으로 이르는 말

③ 우리 사회는 곳곳에 집단 이기주의가 팽배(澎湃/彭湃)해 있다.

→ 큰 물결이 맞부딪쳐 솟구친다는 뜻으로, 어떤 기운이나 사조 따위가 거세게 일어남을 이르는 말

④ 꿈만 있고 실력이 없으면 이번 시험은 백일몽(白日夢)이라고 볼 수 있다.

→ 아주 밝은 대낮의 꿈이란 뜻으로, 뚜렷한 목표 의식을 이르는 말

⑤ 이 소설의 백미(白眉)는 후반부에 전개되는 주인공의 복수 장면이다.

→ 작품 중에서 가장 뛰어난 부분을 비유적으로 이르는 말

03 밑줄 친 한자어의 뜻풀이로 적절하지 않은 것은?

① 최근 열린 모터 쇼 현장은 전 세계 자동차들의 디자인과 기술력의 각축(角逐)장이다.

→ 동물들이 서로 뿔을 맞대고 싸운다는 뜻으로, 서로 이기려고 다투는 싸움을 이르는 말

② 주요한의 '불놀이'는 우리나라 자유시의 효시(嚆矢)이다.

→ 전쟁의 시작을 알리는 신호로 화살을 쏜 것에서 유래한 것으로, 사물이 비롯된 맨 처음을 이르는 말

③ 이번 인사 이동에서 이 과장의 부장 승진은 따 놓은 당상(堂上)이다.

→ 조선 시대 당상관 벼슬을 뜻하며, '따 놓은 당상'은 일이 확실하여 조금도 틀림이 없음을 이르는 말

④ 요사이 우리 사회는 고부간의 알력(軋轢)이 끊이지 않고 있다.

→ 수레바퀴가 삐걱거린다는 뜻으로, 서로의 의견이 맞지 않아 충돌한다는 뜻

⑤ 이번 대회에서 그 선수가 이룩한 성과는 파천황(破天荒)의 일이다.

→ 기존의 성과나 결과를 깨뜨린다는 의미로, 새로운 신기록을 수립한다는 뜻

04 밑줄 친 한자어의 뜻풀이로 적절하지 않은 것은?

① 한때 우리의 모국어인 국어의 가치가 폄하(貶下)된 적이 있었다.
→ 무엇에 대한 수준이나 가치를 깎아내려 평가하다.

② 오라는 눈은 안 오고 궁상(窮狀)맞게 겨울비가 추적추적 내린다. → 차림새나 모양이 초라하고 꾀죄죄하다.

③ 그 작가의 문체는 너무 난삽(難澁)하여 이해하기 힘들다. → 필요 이상으로 어렵고 산만하다.

④ 이 증거 자료가 바로 그가 범인이 아니라는 방증(傍證)이다. → 어떤 사실의 진상을 간접적으로 증명하는 것

⑤ 정부는 이번 사건의 본질을 호도(糊塗)하고 있다.
→ 실체가 드러나지 않은 사실을 밝히어 널리 알리다.

05 밑줄 친 한자어의 뜻풀이로 적절하지 않은 것은?

① 강남은 서울의 중심지답게 마천루(摩天樓)가 숲을 이루고 있다.
→ 하늘을 찌를 듯이 솟은 아주 높은 건물

② 검찰의 무능과 증거 부족으로 인해 이번 정치 자금 수사는 미궁(迷宮)에 빠질 가능성이 크다.
→ 들어가면 나올 길을 쉽게 찾을 수 없게 되어 있는 곳으로, 사건이나 문제 따위가 복잡하게 얽히어서 해결되지 못한 상태를 이르는 말

③ 철수는 현대시 작법과 관련된 서적을 섭렵(涉獵)했다.
→ 물을 건너다니며 찾는다는 뜻으로 많은 양의 독서를 하거나 여러 곳을 다니며 견문을 넓히는 것을 이르는 말

④ 더운 여름철 식중독이 급속히 확산될 것이라고 전망한 보건 당국의 예상은 기우(杞憂)였다.
→ 천재지변이 일어날 것을 예측함, 어떤 결과가 예상한 것에 준하여 나타나는 것을 이르는 말

⑤ 갑자기 요사이 날씨가 여름철답지 않게 을씨년스럽다.
→ 보기에 날씨나 분위기가 몹시 스산하고 쓸쓸한 데가 있음을 이르는 말

06 밑줄 친 한자어의 뜻풀이로 적절하지 않은 것은?

① 초등학교 동창을 만나자 어릴 적 추억이 주마등(走馬燈)처럼 스치고 지나갔다.
→ 대나무와 종이로 만든 등불로, 사물이 존재하는 일정한 방향과 위치를 알려 주는 일종의 방향 표시를 이르는 말

② 이번 정치 자금 비리 사건은 결국 해당 장관의 사퇴로 종지부(終止符)를 찍었다.
→ 마침표를 찍는 것을 이르는 말로, '종지부(를) 찍다'는 끝이 났음을 뜻하는 말

③ 조용하던 마을이 멧돼지가 출몰하여 난장(亂場)판이 되었다.
→ 예전 선비들이 질서 없이 떠들어 대던 과거 시험장에서 유래된 말로, 여럿이 함부로 떠들거나 덤벼 뒤죽박죽이 된 곳을 이르는 말

④ 최근 개봉된 외화(外畵)를 보기 위해 극장마다 장사진(長蛇陣)을 치고 있다.
→ 뱀처럼 길게 늘어선 군대 행렬이라는 뜻으로, 사람들이 길게 늘어서 있는 모양을 이르는 말

⑤ 사람들 사이의 대화에 끼어들지 못하고 숙맥(菽麥)처럼 서 있다.
→ 보리와 콩을 분간하지 못하는 사람이라는 뜻으로, 어리석은 사람을 비하하여 이르는 말

07 나머지와 그 의미가 다른 하나는?

① 권상요목(勸上搖木)　　② 구밀복검(口蜜腹劍)　　③ 표리부동(表裏不同)

④ 경이원지(敬而遠之)　　⑤ 미생지신(尾生之信)

08 사자성어와 속담과의 연결이 옳지 않은 것은?

① 당구풍월(堂狗風月) – 삼밭에 쑥대

② 득롱망촉(得隴望蜀) – 말 타면 경마 잡히고 싶다.

③ 후생가외(後生可畏) – 나중 난 뿔이 우뚝하다.

④ 고성낙일(孤城落日) – 무 밑동 같다.

⑤ 주마간산(走馬看山) – 갓바치 내일 모레

09 괄호 안에 차례대로 들어갈 한자어를 알맞게 짝지은 것은?

> 가. 정부에서는 여기저기 (　　　　)되어 있는 문화재를 발굴하고 있다.
> 나. 관악구에 (　　　　)하는 도서관은 모두 세 곳이다.
> 다. 부(富)라는 것이 일부 부유층에만 (　　　　)되어 있는 것이 문제이다.

① 散在 – 偏在 – 所在　　② 偏在 – 散在 – 所在　　③ 散在 – 所在 – 偏在

④ 所在 – 散在 – 偏在　　⑤ 偏在 – 所在 – 散在

10 밑줄 친 단어의 한자 병기가 옳지 않은 것은?

① 이번 선거에는 길거리 유세(遊說)가 거의 없어졌다.

② 우리 문학에서 오랫동안 회자(膾炙)되는 불멸의 주제는 사랑과 이별이다.

③ 다음 달 미국 여행을 위하여 미리 여권을 갱신(更新)하여야 한다.

④ 부장님의 결제(決濟)만 끝나면 이 프로젝트는 드디어 완성된다.

⑤ 의사의 처방 없이 함부로 약물을 남용(濫用)하지 말아야 한다.

11 밑줄 친 부분의 한자가 서로 다른 것은?

① 선금 – 선창　② 순탄 – 기탄　③ 이전 – 전가　④ 집착 – 착복　⑤ 조야 – 야권

12 밑줄 친 한자어의 쓰임이 적절하지 않은 것은?

① 형사가 도둑에게 지은 죄를 끈질기게 <u>추문(醜聞)</u>하고 있다.

② 그동안 법 조항만 있었지 실질적 단속은 <u>도외시(度外視)</u>되어 왔었다.

③ 그 정치인은 잘못된 발언으로 사회적으로 큰 <u>반향(反響)</u>을 불러일으키고 있다.

④ 지금 벌어지고 있는 <u>소요(騷擾)</u>는 모두 정부의 안일한 대처 때문이다.

⑤ 가축 전염병이 일부 지방에서 시작되어 이제 전국적으로 <u>창궐(猖獗)</u>하고 있다.

13 밑줄 친 한자어의 쓰임이 옳은 것은?

① 우리 문화를 <u>개발(開發)</u>하고 보존하는 일은 무엇보다 중요하다.

② 그가 행한 비리를 아무리 <u>엄폐(掩蔽)</u>하려고 해도 언젠가는 드러나게 마련이다.

③ 친족이란 나를 중심으로 한 <u>방계(傍系)</u> 혈족까지 포함하여 이르는 말이다.

④ 그가 지금까지 베푼 선행은 누구도 <u>힐난(詰難)</u>을 하지 않을 수 없다.

⑤ 그는 이번 대형 참사를 일으킨 바로 그 <u>주인공(主人公)</u>이다.

14 밑줄 친 단어의 한자 병기가 옳지 않은 것은?

① 이번 일은 우리 사회 전반에 <u>시사(示唆)</u>하는 바가 크다.

② 그분은 우리 지역구 국회 의원 출마 권유를 <u>고사(固辭)</u>하였다.

③ 현 시점에서 무엇보다 중요한 것은 한일 당국 간의 신뢰 <u>구축(構築)</u>이다.

④ 요즈음은 정규 <u>과정(過程)</u>을 이수하지 않고 독학으로도 학위를 취득할 수 있다.

⑤ 내가 그녀를 사랑했던 것은 <u>사실(事實)</u>이다.

15 괄호 안에 들어갈 한자어로 옳은 것은?

耳順 – 回甲 – 從心 – 望八 – (   ) – 傘壽 – 米壽 – 望百

① 白壽　　② 喜壽　　③ 上壽　　④ 中壽　　⑤ 下壽

16 밑줄 친 단어의 한자 병기가 옳은 것은?

① 그 정치인은 검찰의 일방적 <u>신문(新聞)</u>을 거부하였다.

② 철수는 언행이 <u>용렬(勇烈)</u>하다고 주위 사람들로부터 비난을 받는다.

③ 이 땅의 국회의원들은 자신의 선거 공략을 제대로 <u>이행(移行)</u>하고 있는가?

④ 고난과 <u>위기(違期)</u>, 두려움을 벗어나게 하는 열쇠는 바로 희망이다.

⑤ 승부를 <u>조작(造作)</u>하고 그것을 묵인한 관계자들은 진정한 스포츠맨이 아니다.

17 괄호 안에 차례대로 들어갈 한자어를 알맞게 짝지은 것은?

> 가. 지금 우리는 우울하고 슬픈 (　　　)에 젖어 있을 수만은 없다.
> 나. 이번 행사를 마치고 느낀 (　　　)을 말씀해 주십시오.
> 다. 예술 작품을 바르게 (　　　)하기 위해서는 무엇보다도 고정관념과 선입견을 버려야 한다.

① 感想 – 感傷 – 鑑賞　　　② 感傷 – 感想 – 鑑賞　　　③ 感想 – 感傷 – 感賞

④ 感傷 – 鑑賞 – 感賞　　　⑤ 感賞 – 感想 – 鑑賞

18 괄호 안에 차례대로 들어갈 한자어를 알맞게 짝지은 것은?

> 가. 중국이 세계의 중심으로 부상하고 있음은 (　　　)의 사실이다.
> 나. 해인사는 법보 사찰로서는 우리나라 최대 규모의 (　　　)이다.
> 다. 가구당 근로 장려금의 액수는 (　　　) 가족의 수에 따라 차등 책정된다.

① 周知 – 道場 – 扶養　　　② 主旨 – 度量 – 浮揚　　　③ 主知 – 跳梁 – 扶養

④ 周知 – 度量 – 扶養　　　⑤ 主知 – 道場 – 浮揚

19 밑줄 친 부분의 한자가 서로 같은 것은?

① 여부 – 부패　　　② 연습 – 습윤　　　③ 좌시 – 시험

④ 징역 – 역할　　　⑤ 추세 – 세파

20 나머지와 그 의미가 다른 하나는?

① 고식지계(姑息之計)　　　② 동족방뇨(凍足放尿)　　　③ 하석상대(下石上臺)

④ 좌정관천(坐井觀天)　　　⑤ 임기응변(臨機應變)

21 나머지와 그 의미가 다른 하나는?

① 혼정신성(昏定晨省)　　　② 풍수지탄(風樹之嘆)　　　③ 호천망극(昊天罔極)

④ 동온하청(冬溫夏淸)　　　⑤ 금슬지락(琴瑟之樂)

22 나머지와 그 의미가 다른 하나는?

① 누란지위(累卵之危)   ② 격화소양(隔靴搔癢)   ③ 초미지급(焦眉之急)

④ 백척간두(百尺竿頭)   ⑤ 명재경각(命在頃刻)

23 '가난'과 관련이 없는 사자성어는?

① 삼순구식(三旬九食)   ② 적빈여세(赤貧如洗)   ③ 가도벽립(家徒壁立)

④ 조령모개(朝令暮改)   ⑤ 적수공권(赤手空拳)

24 사자성어와 속담의 의미가 유사하지 않은 것은?

① 부화뇌동(附和雷同) − 남이 장에 간다고 하니 거름 지고 나선다.

② 마부위침(磨斧爲針) − 열 번 찍어 안 넘어가는 나무 없다.

③ 빈계사신(牝鷄司晨) − 암탉이 울면 집안이 망한다.

④ 허장성세(虛張聲勢) − 냉수 먹고 이 쑤시기

⑤ 망양보뢰(亡羊補牢) − 배 주고 속 빌어 먹는다.

25 '독서'와 관련이 없는 사자성어는?

① 한우충동(汗牛充棟)   ② 박이부정(博而不精)   ③ 위편삼절(韋編三絶)

④ 낭중지추(囊中之錐)   ⑤ 주경야독(晝耕夜讀)

26 사자성어와 속담의 의미가 유사하지 않은 것은?

① 등고자비(登高自卑) − 천 리 길도 한 걸음부터

② 타산지석(他山之石) − 수박 겉 핥기

③ 당랑거철(螳螂拒轍) − 하룻강아지 범 무서운 줄 모른다

④ 호가호위(狐假虎威) − 원님 덕에 나발 분다

⑤ 함흥차사(咸興差使) − 강원도 포수

1 속담

가게 기둥에 입춘 제격에 맞지 아니함을 비유

가는 말이 고와야 오는 말이 곱다. 내가 남에게 먼저 고운 말을 해야 남도 나에게 고운 말을 하게 된다는 말

가는 방망이, 오는 홍두깨 섣불리 남을 해치려다 도리어 큰 화를 입는 것을 두고 하는 말

가던 날이 장날이다. 뜻하지 않은 일을 공교롭게 당하게 된 경우를 일컫는 말

가루는 칠수록 고와지고 말은 할수록 거칠어진다. 말을 삼가야 한다는 뜻

가자니 태산이요, 돌아서자니 숭산이라. 앞으로 가지도 못하고 뒤로 돌아갈 수도 없어 난처한 지경에 빠졌다는 뜻

가지 따 먹고 외수한다. 남의 눈을 피하여 나쁜 짓을 하고 시치미를 뗀다는 뜻, 외수는 남을 속이는 꾀

간에 가 붙고 쓸개에 가 붙는다. 윗사람에게 지나치게 아부한다

갈치가 갈치 꼬리 문다. 친근한 사이에 서로 모함한다

강아지 메주 먹듯 한다. 강아지가 좋아하는 메주를 먹듯이 음식을 매우 맛있게 먹는다는 말

강원도 포수(砲手) 일 보러 밖에 간 사람이 오래오래 오지 않을 때 하는 말

개구리 낯짝에 물 퍼붓기 개구리에게 물을 퍼부어도 놀라지 않듯이 당황하지 않는 경우를 말함

개 머루 먹듯 한다. 내용은 모르고 건성으로 아는 체를 한다는 뜻

개미가 절구통을 물어 간다. 개미들도 서로 힘을 합치면 절구통을 운반할 수 있듯이, 사람들도 협동하여 일을 하면 불가능한 일이 없음을 이르는 말

개 발에 편자 옷차림이나 지닌 물건이 제격에 맞지 않음

개밥에 도토리 따돌림을 당해 함께 섞이지 못하고 고립됨

개 보름 쇠듯 한다. 명절날 맛 좋은 음식도 해 먹지 못하고 그냥 넘긴다는 뜻

거적문에 돌쩌귀 단다. 격에 맞지 않음

건너다보니 절터 미리부터 체념할 때 쓰는 말, 남의 것을 자기 것으로 만들려고 해도 할 수 없다는 뜻

검둥개 멱 감긴 격이다. 검정개를 목욕시킨다고 하얗게 될 리가 없듯이 본바탕이 나쁘고 고약한 사람은 고칠 수가 없다는 뜻

고래 싸움에 새우 등 터진다. 힘센 사람끼리 싸우는데 약한 사람이 그 사이에 끼어 피해를 입는다는 말

고뿔도 남을 안 준다. 감기까지도 안 줄 정도로 인색함

고슴도치도 제 새끼가 예쁘다면 좋아한다. 칭찬받지 못할 일이나 행동이라도 좋다고 추켜 주면 좋아함

고추밭에 말 달리기 매우 심술이 사나움

공작은 깃을 아끼고 범은 발톱을 아낀다. 짐승들도 저에게 소중한 것은 아끼듯이 인간은 명예를 아껴야 한다는 뜻

구더기 무서워 장 못 담글까 다소 방해물이 있더라도 마땅히 일을 해야 함

구슬이 서 말이라도 꿰어야 보배다. 아무리 좋은 솜씨와 훌륭한 일이라도 끝을 마쳐야 쓸모가 있음

군불에 밥 짓기다. 남의 일을 해 주는 김에 자기 일도 하다, 밑천도 들이지 않고 쉽게 한다는 뜻

굽은 나무가 선산을 지킨다. 쓸모없는 것이 도리어 소용이 됨

귀신 씻나락 까먹는 소리 보이지 않는 곳에서 몇 사람이 무엇이라 수군거리는 소리, 이치에 닿지 않는 엉뚱하고 쓸데없는 말

금강산도 식후경이다. 아무리 좋은 일이라도 배가 부르고 난 다음에야 좋은 줄 알지 배고프면 좋은 것도 경황이 없다는 말

기름 엎지르고 깨 줍는다. 많은 손해를 보고 조그만 이익을 추구한다는 말

긴병에 효자 없다. 아무리 효심이 두터워도 오랜 병구완을 하노라면 자연히 정성이 한결같지 않게 된다는 말

까마귀 날자 배 떨어진다. 아무 관계없이 한 일이 공교롭게도 때를 같이 하여 다른 일이 생겼기 때문에, 억울하게도 양자 사이에 무슨 관계라도 있는 것같이 혐의를 받음

깨진 그릇 이 맞추기 이미 그릇된 일은 후회해야 소용없음

꽁지 빠진 새 같다. 차림새가 볼품없고 어색함을 가리키는 말

꿀 먹은 벙어리 마음속에 지닌 말을 발표하지 못하는 사람을 조롱하는 말

나귀는 제 귀 큰 줄을 모른다. 누구나 남의 허물은 잘 알아도 자기 자신의 결함은 알기 어렵다는 의미

나루 건너 배 타기 일의 순서가 뒤바뀌었다는 말

나중 난 뿔이 우뚝하다. 후배가 선배보다 나을 때 하는 말

남의 다리 긁는다. 엉뚱한 짓을 함, 공연히 헛수고를 한다는 말

남의 떡에 설 쇤다. 남의 덕에 일이 이루어졌을 때 하는 말

남이 장 간다고 하니 거름 지고 나선다. 멋도 모르고 주견 없이 남이 하는 대로 따라 한다

내 칼도 남의 칼집에 들면 찾기 어렵다. 자기의 물건이라도 남의 손에 들어가면 다시 찾기가 어렵다는 뜻

내 코가 석 자다. 자신이 궁지에 몰렸기 때문에 남을 도와줄 여유를 가지고 있지 않음

냉수 마시고 이 쑤신다. 실속은 없으면서도 겉으로는 있는 체를 함

노적가리에 불 지르고 싸라기 주워 먹는다. 큰 것을 잃고 작은 것을 얻음

누운 소 똥 누듯 한다. 무슨 일을 아무런 힘을 들이지 않고 쉽게 해내는 것

눈 가리고 아웅   얕은 꾀를 써서 속이려고 함

눈은 있어도 망울이 없다.   세상일의 옳고 그름을 판단할 줄 모른다는 뜻

눈치 빠르기는 도갓집 강아지다.   눈치가 아주 빠른 사람을 비유함

다시 보니 수원 손님이다.   가까이 가서 다시 보니 과연 그 사람이라는 뜻

달걀로 바위 치기   맞서서 도저히 이기지 못한다는 뜻

달 보고 짖는 개   어리석은 사람의 말이나 행동을 비유해서 하는 말

달도 차면 기운다.   모든 것이 한 번 번성하면 다시 쇠퇴한다는 말

닭 소 보듯, 소 닭 보듯   서로 아무런 관심도 두지 않는 사이임

당나귀 귀 치레   어울리지 않게 쓸데없는 데에 장식하고 꾸미는 것

당장 먹기엔 곶감이 달다.   당장에 좋은 것은 한순간뿐이고 참으로 좋고 이로운 것이 못됨

대가리 삶으면 귀까지 익는다.   제일 중요한 것만 처리하면 다른 것은 자연히 해결됨

대장장이 식칼이 논다.   마땅히 있음직한 곳에 오히려 없는 경우를 비유하여 쓰는 말

도깨비 대동강 건너듯 하다.   일의 진행이 눈에 잘 띄지는 않지만, 그 결과가 빨리 나타나는 것

도둑놈 개 꾸짖듯   남에게 들리지 않게 입속으로 중얼거림

도랑 치고 가재 잡는다.   한 가지 일에 두 가지의 이득이 생김

도마에 오른 고기   어찌할 수 없는 운명을 일컫는 말

돋우고 뛰어야 복사뼈라   날뛰어 보아야 별것이 아니라는 뜻

돌다리도 두들겨 보고 건너라.   모든 일에 안전한 길을 택하여 후환이 없도록 한다는 말

돌절구도 밑 빠질 날이 있다.   아무리 단단한 것도 결딴이 날 때가 있다는 말

두꺼비 씨름하듯 한다.   서로 힘이 비슷하여 아무리 싸우더라도 승부가 나지 않는 것처럼 피차 매일반이라는 뜻

두부 먹다 이 빠진다.   방심하는 데서 뜻밖의 실수를 한다는 말

뒤웅박 차고 바람 잡는다.   맹랑하고 허황된 짓을 하는 사람을 이름

등잔 밑이 어둡다.   잘 알고 있을 법한 가까운 일을 모르고 있음

떠들기는 천안(天安) 삼거리 같다.   늘 끊이지 않고 떠들썩한 것

뚝배기보다 장맛이 좋다.   겉모양보다 내용이 훨씬 나음

뜨고도 못 보는 당달봉사   무식하여 전혀 글을 못 본다는 뜻

뜨물 먹고 주정한다.   술도 먹지 않고 공연히 취한 체하면서 주정을 한다는 말

마른나무에 물 내기   억지를 쓰고 일을 하지마는 도저히 불가능함

말 가는 데 소도 간다.   능력이 부족하더라도 부지런히 노력하면 어느 정도 능력 있는 사람을 따라갈 수 있게 됨

말 많은 집이 장맛도 쓰다.   말 많은 집안은 살림이 잘 안 된다는 뜻

말 타면 경마 잡히고 싶다.   사람의 욕심이란 한이 없음

망건 쓰자 파장   일이 늦어져 소기의 목적을 이루지 못함

맥도 모르고 침통 흔든다.   사리나 내용도 모르고 무턱대고 덤빈다

는 말

모기 다리에서 피 뺀다.   교묘한 수단으로 없는 데서도 긁어내거나 빈약한 사람을 착취한다는 말

모기 보고 칼 빼기   시시한 일에 소란을 피움

모난 돌이 정 맞는다.   말과 행동에 모가 나면 미움을 받음

모진 놈 옆에 있다가 벼락 맞는다.   모진 사람하고 같이 있다가 그 사람에게 내린 화를 같이 입음

목구멍이 포도청이다.   먹는 일 때문에 해서는 안 될 일까지 함

못 먹는 감 찔러나 본다.   일이 제게 불리할 때에 심술을 부려 훼방함

물 본 기러기 꽃 본 나비   바라던 바를 이루어 득의양양함을 이르는 말

믿는 도끼에 발등 찍힌다.   아무 염려 없다고 믿고 있던 일이 뜻밖에 실패한다는 뜻

바늘 구멍으로 하늘 보기   견문이 좁은 소견이나 관찰

밤 간 원수 없고 날 샌 은혜 없다.   원수나 은혜는 세월이 가면 다 잊어버리게 됨

배 주고 속 빌어먹는다.   큰 이익이 되는 것은 남에게 빼앗기고 그로부터 겨우 적은 것을 얻음

백짓장도 맞들면 낫다.   아무리 쉬운 일이라도 여럿이 하면 더 쉬움

벌거벗고 환도 찬다.   그것이 그 격에 어울리지 않음

벙어리 발등 앓는 소리   맥없이 지리하고 듣기 싫게 흥얼거림

벙어리 재판   아주 곤란한 일을 두고 하는 말

벼룩도 낯짝이 있다.   매우 작은 벼룩도 낯짝이 있는데 사람이 체면이 없어서야 되겠냐는 말

변죽을 치면 복판이 울린다.   슬며시 귀띔만 해 주어도 눈치가 빠른 사람은 곧 알아듣는다는 의미

보리 누름에 선 늙은이 얼어 죽는다.   따뜻해야 할 계절에 도리어 춥게 느껴지는 때에 쓰는 말

봉사 문고리 잡기   소경이 문고리 잡기 어렵듯 아주 어려운 일을 두고 하는 말

부뚜막의 소금도 집어넣어야 짜다.   쉽고 좋은 기회나 형편도 이용하지 않으면 소용이 없음

부엌에서 숟가락을 얻는다.   누구나 쉽게 얻을 수 있는 것을 얻어 자랑함

부처님 가운데 토막   마음이 어질고 조용한 사람

북어 뜯고 손가락 빤다.   작은 이익을 당치도 않은 데서 보려고 하니 아무런 소득도 없음

비단옷 입고 밤길 가기   애써도 보람이 없음을 비유하는 말

빛 좋은 개살구다.   겉만 좋고 실속은 없음을 일컫는 말

사공이 많으면 배가 산으로 올라간다.   무슨 일을 할 때 간섭하는 사람이 많으면 일이 잘 안 된다는 뜻

사나운 개 콧등 아물 날이 없다.   성질이 사나운 사람은 늘 싸움만 하여 상처가 미처 나을 사이가 없음을 비유적으로 이르는 말

사자 어금니 같다.   사자의 어금니는 가장 요긴한 것이니 반드시 있어야만 하는 것을 말함

산 개가 죽은 정승보다 낫다.   아무리 구차하고 천한 신세라도 죽는

것보다는 사는 것이 낫다는 말

산 밑 집에 방앗공이가 논다. 그 고장 산물이 오히려 그곳에서 희귀하다는 말

산 호랑이 눈썹 도저히 얻을 수 없는 것을 얻으려 하는 것

살강 밑에서 숟가락 줍는다. 횡재한 것 같으나 사실은 물건 임자가 분명하다는 뜻으로, 아주 쉬운 일을 하고 자랑함을 이름

새도 가지를 가려서 앉는다. 친구를 사귀거나 사업을 함에 있어 잘 가리고 골라야만 한다는 뜻

새벽달 보자고 초저녁부터 기다린다. 일을 너무 서두른다는 뜻

섶을 지고 불로 들어가려 한다. 자기가 짐짓 그릇된 짓을 하여 화를 더 당하려 함

소경 제 닭 잡아먹기 이득을 보려고 한 일이 결과적으로 자기에게 손해를 초래함

소매 긴 김에 춤춘다. 별로 생각이 없던 일이라도 그 일을 할 조건이 갖추어졌기 때문에 하게 될 때 쓰는 말

속 빈 강정이다. 속이 텅 비어 아무 실속이 없다는 말. 수중에 돈이 한푼도 없다는 뜻

손톱 밑에 가시 드는 줄은 알아도 염통 밑에 쉬 쓰는 줄은 모른다. 눈에 보이는 작은 일은 알면서 눈에 보이지 않는 큰 손해는 모르고 있다는 뜻

쇠뿔도 단김에 빼랬다. 무슨 일이든지 기회가 있을 때 바로 해치워야 한다는 말

쇠털 뽑아 제 구멍에 박는다. 고지식하여 조금도 융통성이 없다는 말

수박 먹다 이 빠진다. 운이 나쁘면 대단치 않은 일을 하다가도 큰 해를 당한다는 뜻

숯이 검정 나무란다. 자기 흠이 더 큰 사람이 도리어 흠이 적은 사람을 흉봄

신 신고 발바닥 긁기. 일하기는 해도 시원치 않다는 말

십 년 세도 없고 열흘 붉은 꽃 없다. 부귀영화는 오래 계속되지 못한다는 뜻

싼 것이 비지떡 값이 싸면 품질이 좋지 못하다는 말

쌀독에 앉은 쥐 부족함이 없고 만족한 처지를 말함

씻어 놓은 흰 죽사발 같다. 생김새가 허여멀건한 사람을 가리키는 말

아랫돌 빼어 웃돌 괴기 임시변통으로 한 곳에서 빼어 다른 곳을 막는다는 말

아이 말 듣고 배 딴다. 철없는 아이 말을 곧잘 듣는다는 뜻

앓느니 죽지 남을 시켜서 시원치 않게 일을 하느니보다 당장에 힘이 들더라도 자기가 직접 해치우는 편이 낫겠다는 말

약방에 감초 어떤 일에나 빠짐없이 끼어드는 사람 또는 꼭 있어야 할 물건

얕은 내도 깊게 건너라. 모든 일을 언제나 조심성 있게 해야 함을 일컫는 말

어둔 밤에 주먹질하기다. 상대방이 보지 않는 데서 화를 내는 것은 아무 소용이 없다는 뜻

어르고 뺨 치기 그럴듯한 말로 남을 해롭게 한다는 뜻

억지 춘향이 사리에 맞지 않아 안 될 일을 억지로 한다는 뜻

얻은 떡이 두레 반 여기저기서 조금씩 얻은 것이 남이 애써 만든 것보다 많다는 말

오래 앉으며 새도 살을 맞는다. 좋은 자리라고 오래 버티고 있다가는 화를 당하게 된다는 뜻

오소리 감투가 둘이다. 한 가지 일에 책임질 사람은 두 명이 있어서 서로 다툰다는 뜻

우물에 가서 숭늉 찾는다. 성미가 매우 급함

우선 먹기는 곶감이 달다. 당장 좋은 것에 반하여 장래에 해가 될 것을 모르고 골몰하게 됨

울며 겨자 먹기 마지못해 싫은 일을 좋은 척하고 억지로 하다

이불 안에서 활개 친다. 남이 안 보는 곳에서 큰소리치는 사람을 두고 이르는 말

입추의 여지가 없다. 빈틈이 없음. 발 들여 놓을 틈도 없음

자는 범 코침 주기 그대로 가만두었으면 아무 일도 없었을 것을 공연히 건드려서 일을 저질러 위태롭게 된다는 말

자루 속의 송곳 남들이 알지 못하도록 아무리 은폐하려 해도 탄로 날 것은 저절로 탄로가 난다는 뜻

잔고기가 가시는 세다. 몸집이 자그마한 사람이 속은 꽉 차고 야무지며 단단할 때 이르는 말

잠결에 남의 다리 긁는다. 자기를 위하며 한 일이 뜻밖에 남을 위한 일이 되어 버림. 얼떨결에 남의 일을 제 일로 알고 함

장님 코끼리 말하듯 사물의 일부분만 알고 그것을 사물 전체의 것으로 여기는 어리석음

장대 끝에서 삼 년 난다. 몹시 어려운 환경에서 오랫동안 고생을 했다는 뜻

절룩 말이 천 리 간다. 약한 사람이라도 꾸준히 열심히 노력하면 무슨 일이라도 할 수 있다는 말

접시 밥도 담을 탓이다. 수단이나 성의를 다하면 어려운 일이라도 좋은 성과를 이룰 수 있다는 말

정승 날 때 강아지 난다. 잘난 사람이나 못난 사람이나 크게 다를 것이 없다는 말

제 논에 물 대기 자기의 이익만 생각한다는 뜻

제 도끼에 제 발등 찍힌다. 자기가 한 일이 자기에게 해가 됨

제 털 뽑아 제 구멍에 막기 성미가 너무 고지식하여 융통성이 없다는 말

종로에서 뺨 맞고 한강에 가서 눈 흘긴다. 욕을 당한 그 자리에서는 아무 말도 못하고 화풀이를 딴 곳에 가서 한다는 뜻

주린 개 뒷간 넘겨다보듯 한다. 누구나 배가 몹시 고플 때는 먹을 것을 찾기 위해 여기저기를 기웃거린다는 말

죽은 자식 나이 세기 이왕 그릇된 일을 생각하여도 쓸데없다는 말

쥐구멍에 홍살문 세우겠다. 마땅치 않은 일을 주책없이 하려 한다는 뜻

지네 발에 신 신기기 발이 많은 지네 발에 일일이 신을 신기려면 힘

이 드는 것과 마찬가지로 자식을 많이 거느리는 어버이는 모두를 돌보느라고 애를 많이 쓴다는 말

짚신도 제 짝이 있다. 보잘것없는 사람도 배필은 있음

찬 이슬을 맞는 놈. 밤에만 돌아다니며 도둑질을 하느라고 이슬을 맞은 사람이라는 뜻

참깨 들깨 노는데 아주까리가 못 놀까. 남들이 다하는 일을 나라고 못 하겠느냐는 뜻, 나도 한몫 끼어 하자고 나설 때 쓰는 말

참외 장수는 사촌이 지나가도 못 본 척 한다. 장사하는 사람은 인색하다는 뜻

처갓집에 송곳 차고 간다. 처갓집 밥은 꼭꼭 눌러 담았기 때문에 송곳으로 파야 먹을 수 있다는 말로, 처갓집에서 사위 대접을 극진히 한다는 뜻

처삼촌 뫼에 벌초하듯 일에 정성을 들이지 않고 건성건성 해치워 버리는 것

초가삼간 다 타도 빈대 죽는 것만 시원하다. 비록 큰 손해를 보더라도 마음에 들지 않는 것이 없어진 것만 흐뭇하게 생각한다는 뜻

초록은 동색이다. 끼리끼리 모인다는 뜻

초상술에 권주가 부른다. 때와 장소를 분별하지 못하고 행동함

촌놈은 밥그릇 큰 것만 찾는다. 무식한 사람은 어떠한 물건의 질은 무시하고 그저 양이 많은 것만 요구한다는 뜻

코끼리는 이만 봐도 소보다 크다는 것을 안다. 일부분만 봐도 그 전체를 짐작할 수 있다는 말

콩 볶아 먹을 집안 가족끼리 서로 다투고 싸워 형편이 없다는 뜻

탕약에 감초가 빠질까. 여기저기 끼어들지 않는 데가 없는 사람을 비웃는 말

태산을 넘으면 평지를 본다. 고생을 하게 되면 그 다음에는 즐거움이 온다는 말

터진 꽈리 보듯 한다. 터져서 쓸데없는 꽈리를 보듯이 어느 누구도 탐탁지 않게 여기고 중요시하지 않는다는 말

팔이 들이굽지 내굽나. 자기에게 가까운 사람에게 더 마음이 쏠리게 된다는 뜻

포도청 문고리도 빼겠다. 겁이 없고 대담한 사람을 두고 하는 말

풀 방구리에 쥐 드나들듯 풀을 담아 놓은 그릇의 풀을 먹으려고 드나드는 쥐처럼 자주 드나드는 모양을 두고 이르는 말

하늘 보고 주먹질한다. 아무 소용없는 일을 한다는 뜻

하늘을 쓰고 도리질한다. 세상이 무서운 줄을 모르고 마구 권력을 휘두른다는 뜻

한강에 돌 던지기 지나치게 작아 전혀 효과가 없다는 말

한 다리가 천 리다. 촌수가 가까울수록 정에 더 이끌린다는 말

항우도 댕댕이덩굴에 넘어진다. 항우와 같은 장사라도 보잘것없는 덩굴에 걸려 낙상할 때가 있다는 말. 아무리 작은 일도 무시하면 실패하기 쉽다는 뜻

허허해도 빚이 열닷 냥이다. 겉으로는 호기 있게 보이나 속으로는 근심이 가득하다는 뜻

호미로 막을 것을 가래로 막는다. 적은 힘으로 될 일을 기회를 놓쳐 큰 힘을 들이게 됨

호박에 침주기 아무 반응이 없다는 뜻

혹을 붙이고 등창을 마련한다. 일을 잘한다는 것이 점점 못되게만 만든다는 뜻

2 관용어구

의식주에 관한 관용어구

굶기를 밥 먹듯 하다. 예사로 자주 함

밥 구경도 못하다. 밥을 전혀 먹지 못함

밥 선 것은 사람 살려도 의원 선 것은 사람 죽인다. 밥이 선 것은 먹어도 관계없지만 의사는 서투르면 사람의 목숨이 위태롭다는 뜻

밥 위에 떡 좋은 일에 좋은 것이 겹치는 것

밥을 벌다. 일정한 노동을 하여 먹을 것을 얻음

밥이 얼굴에 붙었다. 얼굴이 복이 있게 생겼음을 이르는 말

옷은 나이로 입는다. 옷을 입을 때는 나이에 맞게 입어야 한다는 뜻

집에 꿀단지를 파묻었나. 집에 빨리 가고 싶어 하는 사람을 조롱하여 하는 말

집을 사면 이웃을 본다. 집을 구입할 때는 무엇보다도 이웃과 주변 환경을 고려해야 한다는 뜻

집이 망하면 지관 탓만 한다. 일이 잘못되면 자신의 문제로 여기지 않고 남의 탓만 한다는 뜻

신체와 관련된 관용어구 [중요]

귀가 여리다. 남의 말을 의심 없이 믿는 경향이 있다.

귀를 재우다. 문제점을 해결하여 평온하게 만들다.

귀에 익다. 과거 그 소리를 들은 기억이 있다.

눈 가리고 아웅 얕은 수로 남을 속이려 함

눈 밖에 나다. 믿음을 잃고 상대에게 미움을 사다.

눈에 밟히다. 잊히지 않고 자꾸 눈에 떠오르다.

눈에 차다. 흡족하게 여겨지다.

눈에 풀칠하다. 사물의 실체를 잘못 보다.

눈 위에 혹 몹시 미워 보기에 싫은 사람

눈을 감다. 남의 잘못을 보고도 모르는 척하다.

눈을 뒤집다. 주로 좋지 못한 일에 열중하여 정신을 빼앗기다.

눈을 붙이다. 잠을 자다.

눈을 틔워 주다. 글자를 가르쳐 알게 해 주다.

눈이 삐다. 뻔한 것을 잘못 보고 판단할 때 상대방을 조롱하듯 하는 말

눈 익고 손 설다.　막상 익숙한 일도 하려고 하면 제대로 되지 않을 때

머리가 굳다.　사고나 관념이 고루하다.

머리가 세다.　하나의 생각에 너무 골몰하여 걱정하다.

머리가 젖다.　어떤 사고나 관념, 제도에 젖어 들어 벗어나지 못하다.

머리를 굴리다.　문제에 관하여 해결책을 모색하여 보다.

머리를 깎다.　교도소에 가다.

머리를 숙이다.　굴복하다. 항복하다. 경의를 표하다.

머리를 흔들다.　거부감을 표시하다.

발 벗고 나서다.　일을 해결하고자 노력하다.

발을 동동 구르다.　다급한 상황에서 안타까워하다.

발을 타다.　어린 강아지가 걸음걸이를 시작하다.

발이 뜸하다.　한동안 왕래를 하지 않다.

발이 짧다.　먹을 복이 없어서 남들이 다 먹은 뒤에 나타나다.

손에 잡히다.　마음이 편안해져 일할 기분이 나다.

손을 거치다.　어떤 사람이 손질하다, 수리하다.

손을 끊다.　관계나 거래를 중단하다.

손을 놓다.　하던 일을 일시적으로 중단하다.

손을 빼다.　현재 하고 있는 일에서 빠져 나오다.

손을 적시다.　부정한 일에 참여하다.

손을 주다.　덩굴 식물이 타고 오를 수 있도록 막대기를 대어 주다.

손이 거칠다.　도벽이 있다.

손이 걸다.　씀씀이가 푸지고 후하다.

손이 닿다.　자기의 능력이 그것에 미치다.

손이 비다.　수중에 돈이 없다.

손이 여물다.　일하는 솜씨가 빈틈이 없고 야무지다.

손이 잠기다.　어떤 일에 연루가 되어 벗어나지 못하게 되다.

입 아래 코　일의 순서가 바뀜

입 안의 소리　남이 알아들을 수 없는 혼잣말하다.

입에 대다.　술, 담배를 시작하다. 음식을 먹거나 마시다.

입을 놀리다.　경솔하게 함부로 말하다.

입을 떼다.　말을 하기 시작하다.

입을 씻다.　이익을 혼자 가로채고서 시치미를 떼다.

입이 높다.　맛있고 좋은 음식만 먹는 버릇이 있다.

입이 뜨다.　입이 무거워 말수가 적다.

입이 쓰다.　어떤 일이 못마땅하여 언짢다.

입에 붙은 밥풀　어느 때고 떨어져야 할 것

코가 빠지다.　근심에 싸여 맥이 빠지다.

코가 세다.　남의 말을 무시하고 고집이 세다.

코를 떼다.　무안을 당하다.

코를 세우다.　자신의 권위나 위신을 세우다.

코 아래 입　매우 가까운 것

코에 걸다.　무엇을 자랑하다.

코 큰 소리　잘난 척하는 행동

자주 등장하는 관용어구 중요

가방끈이 짧다.　배움이 많지 않다. 학력이 부족하다.

구미가 당기다.　그 분야에 관심이 생기다.

국물도 없다.　자신에게 돌아오는 아무런 이득이 없다.

꼬리가 길다.　잘못된 행동을 계속해서 행하다.

눈에 흙이 들어가다.　죽어 땅속에 묻히다.

미역국을 먹다.　시험에 떨어지다. 아기를 출산하다.

시치미를 떼다.　자기가 한 일을 모른 척하다.

심금을 울리다.　마음으로 감동받다.

오지랖이 넓다.　쓸데없이 여기저기 참견하다.

초를 치다.　한창 잘되어 가는 일에 방해를 놓아서 잘못되게 하다.

학을 떼다.　거북하고 어려운 일에 곤혹을 치르다.

01 밑줄 친 속담의 활용이 적절하지 않은 것은?

① 장사를 오랫동안 해온 그는 눈치 빠르기가 도갓집 강아지 같다.

② 이 일을 30년째 하다 보니 이제는 묵은 낚지 꿰듯 한다.

③ 그는 요즘 과제가 많아 궁둥이에 비파 소리가 난다.

④ 세상에! 철수가 복권에 당첨되다니 장님 코끼리 만진 격이군.

⑤ 입술이 없으면 이가 시린 법, 누구든 독불장군은 없지.

02 밑줄 친 속담의 활용이 적절하지 않은 것은?

① 요즘 내 재정 상태를 보니 한심하게도 고추장이 밥보다 많은 격이다.

② 정부는 연일 서민들을 위한 부동산 정책을 쏟아 내지만 허울 좋은 하눌타리다.

③ 바람 부는 날에 가루 팔러 간다고, 이번이 정말 좋은 기회이다.

④ 북어 뜯고 손가락 빤다고, 우리 부서의 업무 실적이 다소 부풀려져 있다.

⑤ 그는 주변의 그 누구도 달갑게 여기지 않는 일을 혼자서 송장메뚜기같이 날뛰고 있다.

03 〈보기〉의 속담을 통해 공통적으로 연상할 수 있는 단어는?

> **보기**　가. 호박에 침주기
> 　　　　나. 개구리 낯짝에 물 붓기

① 뻔뻔함　　② 태연함　　③ 강인함　　④ 비굴함　　⑤ 인색함

04 제시문을 바탕으로 이끌어 낼 수 있는 속담으로 적절한 것은?

> 방휼지쟁(蚌鷸之爭)이란 말이 있다. 도요새가 조개를 쪼아 먹으려고 부리로 조개의 살을 쪼자 조개도 부리를 물고 놓지 않고 서로 다투니 지나가는 사람이 도요새와 조개를 함께 잡았다는 이야기에서 나온 말이다.

① 게 등에 소금 치기　　　　　② 나루 건너 배 타기

③ 배 먹고 이 닦기　　　　　　④ 물 본 기러기 꽃 본 나비

⑤ 어혈 진 도깨비 개천 물 마시듯

05 괄호 안에 들어갈 속담으로 적절한 것은?

첫인상은 참으로 중요하다. 특히 영업직에 종사하는 사람들은 고객을 대할 때 인상으로 인해 반사 이익을 얻거나 반대로 불이익을 당하는 경우도 있다. '산이 커야 골이 깊지'라든가 (   ) 이런 말들은 그 사람을 판단하는 데 첫인상이 작용한 대표적인 예이다.

① 꼴뚜기가 뛰니 망둥이도 뛴다
② 작은 고추가 맵다
③ 얼굴보다 코가 더 크다
④ 바늘뼈에 두부살
⑤ 국수 먹은 배

06 속담 및 관용어의 풀이가 옳지 않은 것은?

① 곰 발바닥 같다 – 버티는 힘이나 고집이 매우 세다.
② 송장 먹은 까마귀 소리 – 질이 몹시 나쁜 사람의 입에서 나오는 못된 소리
③ 시치미를 떼다 – 자기가 하고도 짐짓 하지 않은 체하다.
④ 머리 없는 놈이 댕기 치레한다 – 본바탕이 보잘것없는 사람이 겉치레를 더 한다.
⑤ 된장에 풋고추 박히듯 한다 – 자신의 일도 아니면서 여기저기 참견하다.

07 '부엉이 셈하다'라는 속담을 사용하기에 가장 적절한 경우는?

① 빌려 간 물건이나 돈을 정확히 돌려주지 않는 경우
② 매번 하는 말이 달라 신빙성이 없는 경우
③ 물건을 하나하나 수집하여 보관만 하고 사용하지 않는 경우
④ 자기의 물건을 지나치게 애지중지 아끼는 경우
⑤ 일의 차례나 순서를 모르고 덤비는 경우

08 '살강 밑에서 숟가락 줍는다'라는 속담을 사용하기에 가장 적절한 경우는?

① 작은 일을 해 놓고 큰 성공이나 한 듯 내세울 때
② 횡재를 한 듯하지만 실상은 손해가 된 경우
③ 타인이 모르게 한 선행이 자연스럽게 알려진 경우
④ 가족들 모르게 자기 집의 사소한 물건을 몰래 훔친 경우
⑤ 의도하지 않은 일이 저절로 이루어진 경우

09 괄호 안에 차례대로 들어갈 단어를 알맞게 짝지은 것은?

> 가. 아직은 익숙하지 않아서 (　　　)에 설다.
> 나. 순조롭게 되던 일이 뜻밖에 (　　　)을 만나 고전하고 있다.
> 다. 너무 지나친 (　　　)에 발린 소리는 오히려 상대방에게 불쾌감이 들게 한다.

① 귀 – 난적 – 혀　　　② 눈 – 복병 – 입　　　③ 눈 – 경쟁자 – 귀

④ 손 – 천적 – 입　　　⑤ 귀 – 강적 – 혀

10 어감으로 그 의미를 판단했을 때, 그것을 지칭하는 양이나 존재감이 가장 적은 것은?

① 국물도 없다　② 국물만 있다　③ 국물은 있다　④ 국물은 없다　⑤ 국물이 없다

11 '얼굴이 꽹과리 같다'를 사용하기에 가장 적절한 상황은?

① 사람이 도덕적으로 몹시 파렴치할 때
② 그 사람의 외모가 남들과 달리 몹시 못생겼을 때
③ 남들 앞에서 발언권을 독점하여 말하고 있을 때
④ 타인을 무시하거나 얕잡아 볼 때
⑤ 자신의 피붙이를 심하게 홀대할 때

12 밑줄 친 관용어의 쓰임이 적절하지 않은 것은?

① 그는 입이 짧아서 언제나 모임 뒤에 나타난다.
② 아들이 중학교에 입학해 사춘기가 되니 하는 일마다 내 눈이 시다.
③ 끝내 기다려 비로소 꼭지가 물렀다.
④ 철수의 보증을 잘못 서는 바람에 내 등이 터졌다.
⑤ 그녀는 지난해에 드디어 머리를 얹었다.

13 밑줄 친 관용어의 쓰임이 적절하지 않은 것은?

① 그는 이제 객지에서 끈 떨어진 망석중이가 되었다.

② 정부 당국자는 이번 사태를 방관하며 귀를 재우고 있다.

③ 국회는 이번 법안을 초라니 대상 물리듯 하고 있다.

④ 그 식당은 음식 솜씨와 위생 관념 또한 최고라고 코에 걸고 있다.

⑤ 철수는 세월이 나서 요즘 장사가 참 잘된다.

14 밑줄 친 관용어의 쓰임이 적절하지 않은 것은?

① 그 사람은 하는 일마다 메기를 잡는다.

② 그 국회 의원은 의정 활동을 하는 동안 툭하면 머리를 깎는 고통을 치러야만 했다.

③ 그의 말은 누구나 머루 먹은 속으로 가늠할 수 있을 것이다.

④ 김 과장은 오래전부터 이미 부정 대출에 손을 적시고 있었던 것 같다.

⑤ 나는 어제 너무 방이 더워서 모처럼 소금을 구웠다.

15 밑줄 친 관용어의 쓰임이 적절하지 않은 것은?

① 그는 이제 과거의 잘못된 일과는 입을 씻고 개과천선했다.

② 그는 한번 자기가 정한 일에는 소 죽은 귀신같이 고집불통이다.

③ 철수는 그림에는 손방이라 그림들이 모두 닭발을 그린 듯하다.

④ 요즘 청년들은 취업 문제로 머리가 세고 있다.

⑤ 그는 아주 후덕한 인상으로 밥이 얼굴에 붙었다.

16 밑줄 친 관용어의 쓰임이 적절하지 않은 것은?

① 철수는 어찌된 영문인지 영희 앞에서만은 오금을 못 쓴다.

② 그 정치인의 발언이 이번에는 크게 도마에 올랐다.

③ 이제 얼굴이 팔려 더 이상 바깥출입을 할 수 없게 되었다.

④ 그는 이제 막 해외 출장에서 돌아온 길이라 귀가 절벽이다.

⑤ 억울하게 절도죄를 뒤집어쓴 그를 주변 사람들은 청안시했다.

4장 단어들의 의미 관계

1 단어의 종류

동의어(同義語/同意語)

단어의 형태는 다르나 같은 의미 구조를 가진 2개 이상의 단어를 동의어라 하며 특히 한 단어가 문맥 속에서 다른 단어로 대치될 수 있을 때, 이를 동의어라고 정의한다. 국어의 어휘는 일반적으로 고유어, 외래어, 한자어의 3중 계열을 가지며, 이 단어들이 문장 속 부려 쓰기 속에서 주로 동의어로 대치 사용된다. (예 생각(고유어) - 사고(思考), 사색(思索)(한자어)) 통상적으로 한자어는 전문 용어와 학술 용어에 주로 사용된다. 최근에는 외래어의 유입으로 3중의 동의어로 분화되고 있다.

유의어(類義語)

서로 비슷한 의미를 가진 말을 이르며 의미상 혼동하기가 쉬운 단어이다. 국어의 어휘에는 유의어가 다수를 차지하는데 이는 한자어가 많은 부분을 차지하는 우리말의 특성에서 기인한 것이다. 주로 유의어는 고유어 - 한자어 또는 한자어 - 한자어의 쌍으로 발달되어 있다. 이 중 고유어는 포괄적이고 일반적인 의미를 가지는 반면 한자어는 제한적이고 한정적인 의미를 가진다. 또 다른 유의어의 특징은 문맥에 따라서 교체가 불가능할 수 있다는 것이다. (예 그녀의 눈은 샛별 같다. 만약 샛별 대신 '금성'으로 문장에서 단어를 대체하면 교체가 불가능함을 알 수 있다.)

참고 유의어는 문맥에서 쓰임에 따라 미묘한 느낌의 차이를 보인다. 예 화장실 : 변소 · 뒷간 · 해우소 · 작은집 : 먼데 등으로 분화하는데 이는 문맥에 따라 교체가 불가능한 경우이다.

반의어(反義語/反意語)

뜻이 서로 반대되는 관계에 있는 것으로 상호 모순되거나 대립적 관계에 있는 단어를 이른다. 즉, 두 낱말이 의미 성분은 공유하고 나머지 한 성분만 대립될 때 이를 반의어라고 한다. 예를 들어 남자 - 여자처럼 하나의 쌍으로 두 단어 모두 사람이라는 공동 의미를 가지나 성별에서 대립된다. 또한 부정의 접사를 붙여서 반의어를 만들기도 한다. (예 도덕 - 부도덕, 상식 - 몰상식) 반의어는 다시 모순 관계와 대립 관계로 나누어설명할 수 있다. 모순 관계란 1쌍의 단어가 중간 항이 존재하지 않는 경우로 삶 - 죽음, 남자 - 여자의 경우가 이에 해당하며, 대립 관계란 1쌍의 단어가 중간 항이 존재하는 경우로 보수 - 진보, 검정 - 흰색의 경우가 이에 해당한다.

다의어(多義語) 중요

하나의 단어가 여러 가지 뜻으로 분화되며 국어에서 가장 생산적인 활용의 한 방법으로 다의어가 사용된다. 즉, 한 단어에서 분화되고 또한 그 단어가 지닌 의미적 연관성이 있어야 한다. 이는 주로 중심 의미와 주변 의미로 나누어지며 중심 의미는 사전적 의미로서 단어의 일차적 의미를 이르며 주변 의미는 중심 의미에서 다양하게 파생된 의미를 이른다. 예 손은 신체의 일부를 뜻하는 중심 의미로 쓰이지만 '손을 보다 - 수리하다', '손을 끊다 - 관계를 청산하다', '손에 익다 - 익숙하다', '손을 모으다 - 여럿이 타인을 도와주다'의 의미로 확대 사용된다는 것을 알 수 있다. 결론적으로 말하면 하나의 단어가 본래적 의미를 잃지 않으면서 새로운 의미를 생성해 낼 때 이를 다의어라고 한다.

동음이의어(同音異議語) 중요

우연히 발음은 같으나 어원이나 뜻이 전혀 다른 말을 동음이의어(同音異議語)라 한다. 즉, 동음이의어는 단어들 사이에 아무런 연관성을 찾을 수 없다. 주로 단음절어(單音節語)에서 나타나며 특히 한자를 기원으로 하는 단어는 한자의 단음성으로 많은 동음이의어를 가진다. 동음이의어를 쉽게 구별하기 위해서는 첫째, 문맥에 의지하여 그 의미를 파악해야 한다. (예 나는 초를 먹었다.(초 - 식초) 둘째, 소리의 장단에 의해 그 의미를 옳게 파악해야 한다. (예 눈(目) - 눈 : (雪), 밤(夜) - 밤 : (栗) / 말(馬) - 말 : (言))그러나 장음(長音)으로 나는 단어라도 2음절부터는 단음(短音)으로 발음되기 때문에 의미를 구별하기가 쉽지 않다.

2 의미 관계

상하(上下) 관계

상의어는 일반적이고 포괄적 의미 구조를 지니며 하의어는 부분적이고 세부적인 의미 구조를 지닌다. 즉, 상의어는 하의어를 포함하며 계층적 구조를 형성한다. 문장의 의미를 상세화하기 위해서는 하의어를 주로 사용한다. 예 생물 - 동물 - 포유류 - 사자

참고 하의어를 분류할 시 그 계층에 반드시 일관성이 있어야 한다.

유추(類推) 관계 중요

유추란 하나의 사실을 바탕으로 다른 하나의 사실도 그러하리라 미루어 짐작하는 추론 방식으로, 두 사물의 성질이나 특성을 공통된 특징들로 이끌어 내는 사고 과정이다. 즉, 유사성의 비교로써 이미 알고 있는 정보를 바탕으로 모르는 대상의 실체를 짐작하는 간접 추론 과정이다. 그러나 논리적 타당성이 결여되는 한계가 있다. 예 한강 대교를 건너서 상도 터널 입구는 항상 교통이 정체된다. 오늘 아침 출근길 역시 상도 터널 입구가 정체되었다. 따라서 내일도 틀림없이 출근길에 상도 터널은 정체될 것이다.

참고 이와 같은 유추에 의한 추론 방식은 타당성이 결여될 수 있고 예외가 발생할 수 있다.

1. 인과 관계

두 개념이 하나가 원인이면 다른 하나는 결과로 이루어지는 것을 이른다. 이때 반드시 두 대상 사이에는 연관성과 타당성이 존재해야 한다. 예 폭설 – 교통 두절, 비만 – 고혈압

2. 용도 관계

두 단어의 관계에서 하나의 사물이 어떤 목적이나 용도로 사용되는지를 가치 평가하는 유형을 이른다.
예 선풍기 – 피서, 아파트 – 주거, 댐–치수

3. 원료 관계

두 단어의 관계에서 특정 사물을 만들거나 구성하는 질료나 재료를 파악하는 유형을 이른다. 예 빵 – 밀가루, 가구 – 목재, 막걸리 – 누룩

4. 행위 관계

두 단어의 관계에서 어떤 특정 대상이 하는 역할이나 업무를 파악하는 유형을 이른다. 예 교수 – 강의, 형사 – 수사, 부모–양육

5. 보완 관계

둘 이상의 재화가 서로 상호 보완하여 한 용도를 이루어 동시에 소비되어 하나의 재화로서 만족을 얻을 수 있는 유형을 이른다.
예 바늘 – 실, 커피 – 프림, 색종이 – 가위

6. 장소 관계

구성원과 그 구성원이 속한 장소나 단체와의 관계를 파악하는 유형을 이른다. 예 군인 – 부대, 사서 – 도서관, 학생 – 교실

7. 공생 관계

두 대상이 서로 이익을 주며 함께 공존하는 것을 이른다.
예 악어 – 악어새, 꽃 – 나비

8. 불가분의 관계

두 대상을 분리시켜 판단하거나 평가할 수 없는 것을 파악하는 유형을 이른다. 예 문화 – 사고, 동전의 앞면 – 뒷면

실전 문제

01 괄호 안에 들어갈 말의 기본형으로 알맞은 것은?

가. 요즘 나는 혈압이 (   )서 약을 복용하고 있다.
나. 그는 보는 안목이 (   ) 앞일을 잘 예측한다.
다. 그분은 사회적으로 명성이 (   ) 모두에게 존경받는다.

① 오르다   ② 기르다   ③ 높다   ④ 크다   ⑤ 두텁다

02 단어의 관계가 다른 것은?

① 눌변(訥辯) – 달변(達辯)   ② 백중(伯仲) – 호각(互角)   ③ 긴밀(緊密) – 소원(疏遠)

④ 수렴(收斂) – 발산(發散)   ⑤ 간헐(間歇) – 면연(綿延)

03 밑줄 친 의미가 다른 하나는?

① 오늘은 여기까지 공부하고 내일 다시 만나서 하자.

② 침체기로 접어든 경기가 이번 해에는 다시 살아났으면 좋겠다.

③ 아무리 공부해도 맞춤법은 잘 이해가 되지 않으니 다시 설명해 주세요.

④ 나는 이번 시험에 떨어지더라도 내년에 다시 도전할 것이다.

⑤ 과장님 이번 일을 다시 한번 생각해 주셨으면 합니다.

04 괄호 안에 공통으로 들어갈 서술어는?

> 가. 얼마나 오랫동안 이 일을 했는지 이제는 이골(이/을) (   ).
> 나. 너무 불분별한 투자로 인하여 회사가 손해(가/를) (   ).
> 다. 이번 홍수로 강 주변 동네가 물난리(가/를) (   ).

① 당하다　　② 나다　　③ 생기다　　④ 터지다　　⑤ 입다

05 괄호 안에 들어갈 말의 기본형으로 알맞은 것은?

> 가. 철수는 요사이 취미로 난을 (   ) 있다.
> 나. 시골에 살면서 닭을 (   ) 사는 것은 평범한 일상이다.
> 다. 그 친구는 정이 많아 언제나 잔이 넘치도록 술을 (   ).

① 기르다　　② 잡다　　③ 치다　　④ 따르다　　⑤ 버리다

06 괄호 안에 들어갈 말의 기본형으로 알맞은 것은?

> 가. 그는 범행 현장에 있었다는 이유 하나만으로 누명을 (   )
> 나. 가발을 (   ) 그의 모습이 평소와는 판이하게 달라 보였다.
> 다. 안경을 (   ) 겨우 책을 볼 수 있을 만큼 아버지의 건강이 나빠지셨다.

① 벗다　　② 끼다　　③ 쓰다　　④ 입다　　⑤ 가리다

07 괄호 안에 들어갈 말의 기본형으로 알맞은 것은?

> 가. 그 정치인은 언론의 계속되는 추궁에 얼굴을 (   )
> 나. 예정된 이별이라지만 그와의 헤어짐에 눈물이 앞을 (   )
> 다. 영희가 살이 잘 안 찌는 걸 보니 (   ) 음식이 많은 것 같다.

① 돌리다　　② 버리다　　③ 덜다　　④ 가리다　　⑤ 차리다

08 괄호 안에 들어갈 말의 기본형으로 알맞은 것은?

> 가. 구경꾼 사이를 (   ) 들어가서 기어이 그 공연을 보았다.
> 나. 등산 도중 너무 땀이 나서 옷자락을 풀어 (   ) 잠시 쉬어 갔다.
> 다. 할머니는 모닥불을 (   ) 나에게 고구마를 꺼내 주셨다.

① 비집다　　② 헤치다　　③ 밀치다　　④ 가르다　　⑤ 헤집다

09 〈보기〉의 말을 모두 목적어로 취할 수 있는 서술어로 알맞은 것은?

보기	신문(新聞)	굿판	논조(論調)	보자기	돛

① 달다　　② 열다　　③ 읽다　　④ 펼치다　　⑤ 묶다

10 괄호 안에 차례대로 들어갈 말의 기본형을 알맞게 짝지은 것은?

> 가. 종이가 부실하니 책받침을 (　　　) 글씨를 써라.
> 나. 해마다 6월이면 나라를 위해 목숨을 (　　　) 호국 영령들의 높은 뜻이 다시금 생각난다.
> 다. 사나운 소뿔에 사정없이 (　　　)
> 라. 막걸리를 거를 때는 되도록 가는 체에 (　　　) 한다.

① 받치다 – 밭치다 – 바치다 – 받히다　　② 받치다 – 바치다 – 받히다 – 밭치다
③ 받히다 – 밭치다 – 바치다 – 받치다　　④ 바치다 – 받히다 – 밭치다 – 받치다
⑤ 밭치다 – 바치다 – 받히다 – 받치다

11 밑줄 친 단어의 쓰임이 적절하지 않은 것은?

① 김장을 할 때는 배추를 소금물에 충분히 절여야 한다. – 오랫동안 같은 자세로 있다 보니 다리가 무척 저리다.
② 이번 종목에 동생이 출전하여 마음을 졸이며 경기를 보고 있다. – 퇴근 무렵 골목길의 생선 조리는 냄새는 식욕을 더 돋운다.
③ 수출을 늘려야 내수 경기도 함께 회복될 것이다. – 고무줄이 늘어나서 바지가 자꾸 흘러내린다.
④ 생활비를 줄이든지 가계 대출을 받든지 해야겠다. – 일거리가 끊겨 수입이 없어 여러 날을 주리고 있다.
⑤ 이 공사는 걷잡아 보아도 중장비로 닷새는 걸릴 것 같다. – 어느새 불길이 걷잡을 수 없이 번져 나가고 있다.

12 밑줄 친 단어의 쓰임이 적절하지 않은 것은?

① 철수의 수학 성적이 저조하여 과외 선생님을 붙여 주었다.
② 나는 요사이 등산에 새롭게 취미를 붙이고 있다.
③ 그는 어디서든지 머리만 부치면 곧바로 잠이 든다.
④ 이번 일은 어떠한 일이 있어도 비밀에 부쳐야 한다.
⑤ 영수는 회사 근처 식당에 밥을 부쳐 먹고 있다.

13 괄호 안에 차례대로 들어갈 단어를 알맞게 짝지은 것은?

> 가. 그 가수는 잘못된 소문에 (　　　)을 느끼고 한동안 방송 활동을 중단했다.
> 나. 과거 독재 정권 시기에 지식인들은 심한 (　　　)을 당해야만 했다.
> 다. 그녀는 남편의 심한 구박과 (　　　)을 견디지 못해 끝내 이혼을 하고 말았다.

① 곤혹(困惑) – 곤욕(困辱) – 모욕(侮辱)　　② 곤욕(困辱) – 모욕(侮辱) – 곤혹(困惑)
③ 모욕(侮辱) – 곤혹(困惑) – 곤욕(困辱)　　④ 모욕(侮辱) – 곤욕(困辱) – 곤혹(困惑)
⑤ 곤혹(困惑) – 모욕(侮辱) – 곤욕(困辱)

14 괄호 안에 차례대로 들어갈 단어를 알맞게 짝지은 것은?

> 가. 폭력성이 강한 영화는 결국 사회적 폭력을 (　　　)해 낸다.
> 나. 군 내부의 비리를 감시할 수 있는 인력을 (　　　)해 내어야 하는 것이 과제이다.
> 다. 장학 사업 기금 (　　　)을 위한 방안을 강구해야 한다.
> 라. 방송이 도리어 잘못된 소비 심리를 (　　　)하는 측면이 있다.

① 양성(養成) – 양산(量産) – 조장(助長) – 조성(造成)
② 양산(量産) – 조성(造成) – 양성(養成) – 조장(助長)
③ 조장(助長) – 양산(量産) – 조성(造成) – 양성(養成)
④ 양산(量産) – 양성(養成) – 조성(造成) – 조장(助長)
⑤ 조성(造成) – 조장(助長) – 양성(養成) – 양산(量産)

15 괄호 안에 차례대로 들어갈 단어를 알맞게 짝지은 것은?

> 가. 언제나 당신 곁에 신의 (　　　)가 함께 하기를 기원합니다.
> 나. 근대사의 격동기에 우리나라 기업들 중 몇몇은 권력의 (　　　) 아래 급성장한 것 또한 사실이다.
> 다. 지하철 대형 화재(火災) 발생 시 구체적인 (　　　) 대책은 무엇입니까?

① 가호(加護) – 수호(守護) – 보호(保護)
② 가호(加護) – 비호(庇護) – 방호(防護)
③ 비호(庇護) – 방호(防護) – 보호(保護)
④ 보호(保護) – 옹호(擁護) – 수호(守護)
⑤ 수호(守護) – 보호(保護) – 옹호(擁護)

16 제시된 단어의 관계가 다른 하나는?

① 협착(狹窄)하다 – 좁다
② 질박(質朴)하다 – 수수하다
③ 매도(罵倒)하다 – 팔다
④ 교사(敎唆)하다 – 부추기다
⑤ 활발(活潑)하다 – 습습하다

17 〈보기〉에 제시된 단어의 관계와 다른 하나는?

> **보기** 　멍텅구리 : 머저리

① 간혹 : 왕왕
② 수시로 : 빈번히
③ 빈궁 : 궁색
④ 도리질 : 거절
⑤ 반색 : 질시

18 괄호 안에 들어갈 말로 적절한 것은?

> 아파트 : 거주 = 비행기 : (　　　)

① 편리　　　② 이동　　　③ 안락　　　④ 속도　　　⑤ 공중

19 일상생활의 언어 사용에서 혼동하기 쉬운 단어를 구별하여 사용한 예로 적절한 것은?

① 일손이 부족해서 대부분의 농촌에서는 채소를 산지에서 <u>밭떼기</u>로 팔아넘기고 있다. – 손바닥만 한 <u>밭떼기</u>에 무얼 심어 봤자 수익이 남지 않는다.

② 아무리 <u>갈음</u>해 보아도 이 업무는 우리 부서가 할 것이 아니다. – 이번 신년회 인사 말씀은 이것으로 <u>가늠</u>하고자 합니다.

③ 이 판매장의 <u>넓이</u>는 100m나 된다. – 사무실보다는 회의실 <u>너비</u>가 훨씬 더 넓다.

④ 등산 배낭을 <u>메고</u> 산에 오르는 것이 오히려 수월하다. – 마을 어귀 서낭당 앞 커다란 나무에 그네를 <u>매었다</u>.

⑤ 술에 취해 길을 가다 전봇대에 <u>부딪쳐</u> 코피가 났다. – 철수는 영업부 김 과장과 업무상 사사건건 <u>부딪힌다</u>.

20 제시된 서술어와 반의 관계가 성립되지 않는 것은? 신유형

벗다

① 채우다   ② 입다   ③ 신다   ④ 쓰다   ⑤ 끼다

21 서로 반의 관계인 단어 2개를 고르시오. 신유형

① 앙등(仰騰)   ② 관철(觀徹)   ③ 퇴영(退嬰)   ④ 폭등(暴騰)   ⑤ 하락(下落)

22 다음 제시된 말에서 유추할 수 있는 단어를 고르시오. 신유형

탄광의 카나리아   잠수함의 토끼   기미 상궁

① 예견(豫見)   ② 좌시(坐視)   ③ 대리(代理)   ④ 불행(不幸)   ⑤ 결함(缺陷)

23 반의 관계가 성립되지 않는 것은?

① 교묘(巧妙) – 졸렬(拙劣)   ② 합리(合理) – 모순(矛盾)   ③ 상극(相剋) – 상생(相生)

④ 시인(是認) – 인정(認定)   ⑤ 명료(明瞭) – 애매(曖昧)

24 대립 관계로 이루어진 단어가 아닌 것은?

① 상벌(賞罰)   ② 음양(陰陽)   ③ 가감(加減)   ④ 우열(優劣)   ⑤ 명월(明月)

25 밑줄 친 단어와 같은 의미로 쓰인 것은?

> 어머니는 동생이 낯선 사람에게 버릇없이 굴어도 내버려 두었다.

① 아버지께서 자동차를 주차장에 두었다.
② 나만 집에 두고 가족 모두 공원에 놀러 가고 없다.
③ 심증은 가지만 물증이 없어 그대로 두고 볼 수밖에 없다.
④ 철수는 바둑에서 그만 실수로 악수를 두고 말았다.
⑤ 할머니는 슬하에 육 남매를 두셨다.

26 밑줄 친 단어와 같은 의미로 쓰인 것은?

> 무거운 짐을 아들에게 주고 나니 손이 비어서 허전하다.

① 결혼 혼수품은 준비할 필요 없고 빈 몸으로 오면 된다.
② 지금은 집이 비어서 택배를 받을 사람이 없어요.
③ 이 시는 어설프게 기교만 자랑하고 메시지가 비었다.
④ 아무 때나 네가 비는 시간에 만나도록 하자.
⑤ 그녀가 떠나자 내 마음이 텅 비어 버렸다.

27 '지나다'의 쓰임이 다른 하나는?
① 밤 10시가 지나서야 겨우 회의가 끝이 났다.
② 그 정치인의 어떤 발언도 구차한 변명에 지나지 않는다.
③ 그는 소설 한 편을 완성하기 위해 지난 2년을 집필에만 몰두했다.
④ 평범한 말단 공무원에 지나지 않는 철수가 그와 같은 엄청난 비리에 연루되어 있었다니.
⑤ 장맛비가 계속되어 한강이 위험 수위를 지나고 있다.

28 밑줄 친 단어를 괄호 속의 단어와 치환했을 때, 그 의미가 달라지는 것은?
① 공부는 하지 않고 선생님 눈치만 보고 있구나. (살피고)
② 운전면허 시험을 보고 나서 도로 연수도 받아야 한다. (치르고)
③ 그 여자는 그 남자의 돈만 보고 결혼했다. (이끌어 내고)
④ 오는 일요일에는 야구 경기를 보러 가야겠다. (관람하러)
⑤ 철수는 요즘 내 집 마련을 위해 열심히 아파트를 보러 다닌다. (살피고)

29 〈보기〉의 문장에서 밑줄 친 단어와 바꾸어 쓸 수 없는 단어는?

> **보기** 장마가 끝난 뒤끝인데도 고추가 <u>옹골차다</u>.

① 알토란 같다　　　　② 여물다　　　　③ 듬쑥하다

④ 사위스럽다　　　　⑤ 아귀차다

30 제시된 동사의 활용과 그 의미가 적절하지 않은 것은?

먹다

① 나이를 <u>먹으니</u> 하루하루가 다르게 느껴진다. → 사람의 나이를 지금에서 더하여 보태다.

② 동료들끼리 <u>먹은</u> 음식 값을 나누어 내는 것을 더치페이라고 한다. → 음식물을 입으로 씹어 뱃속으로 들여 보내다.

③ 철수는 겁을 잔뜩 <u>먹은</u> 듯하다. → 사람이 문화 따위를 경험하여 몸에 배다.

④ 나라의 녹봉을 <u>먹는</u> 자가 부패하면 그 국가는 희망이 없다. → 봉급을 받아 가다.

⑤ 물을 <u>먹은</u> 나무는 쉽게 타지 않고 연기만 많이 난다. → 사물이 액체 따위를 빨아들여 품고 있는 상태로 되다.

31 제시된 동사의 활용과 그 의미가 적절하지 않은 것은?

놀리다

① 친구들이 노래방에서 음치인 철수를 <u>놀리고</u> 있다. – 장난스럽게 대하여 상대를 웃음거리로 만든다.

② 그 친구는 운동 신경이 발달해서 몸을 재빠르게 <u>놀린다</u>. – 신체의 일부를 이리저리 자유롭게 움직이다.

③ 자동차를 사용하지 않고 <u>놀리면</u> 오히려 수명이 단축된다. – 기계를 쓰지 않고 그대로 두다.

④ 사실이 아닌 일을 입으로 <u>놀리다</u>가는 낭패를 볼 수 있다. – 깊이 생각하지 않고 마구 말하다.

⑤ 여유 자금을 아깝게 <u>놀리지</u> 말고 펀드에 투자해봐. – 용도에 맞지 않게 다른 곳에 투자하다.

32 괄호 안에 공통으로 들어갈 서술어의 기본형으로 적절한 것은?

> 가. 범인들이 서로 입을 (　　　) 진술을 반복하고 있다.
> 나. 군인들이 행진하면서 발을 (　　　) 앞으로 전진하고 있다.
> 다. 두 사람은 어느새 눈을 (　　　) 연인이 되었다.

① 모으다　　② 구르다　　③ 맞추다　　④ 주다　　⑤ 열다

33 두 단어의 의미 관계가 다른 하나는?

① 값 : 대금　　　　② 착용 : 입다　　　　③ 바꾸다 : 교환하다

④ 가다 : 이동하다　　⑤ 나누다 : 분배하다

어법

1장 표준어 규정

1 표준어 사정 원칙

제1항 표준어는 교양 있는 사람들이 두루 쓰는 현대 서울말로 정함을 원칙으로 한다.

제2항 외래어는 따로 사정한다.

제3항 다음 단어들은 거센소리를 가진 형태를 표준어로 삼는다.(ㄱ을 표준어로 삼고, ㄴ을 버림.)

ㄱ	ㄴ	비고
끄나풀	끄나불	
나팔-꽃	나발-꽃	
녘	녁	동~, 들~, 새벽~, 동 틀 ~.
부엌	부억	
살-쾡이	삵-괭이	
칸	간	1. ~막이, 빈~, 방 한~.
		2. '초가 삼간, 윗간'의 경우에는 '간'임.
털어-먹다	떨어-먹다	재물을 다 없애다.

제4항 다음 단어들은 거센소리로 나지 않는 형태를 표준어로 삼는다.(ㄱ을 표준어로 삼고, ㄴ을 버림.)

ㄱ	ㄴ	비고
가을-갈이	가을-카리	
거시기	거시키	
분침	푼침	

제5항 어원에서 멀어진 형태로 굳어져서 널리 쓰이는 것은, 그것을 표준어로 삼는다.(ㄱ을 표준어로 삼고, ㄴ을 버림.)

ㄱ	ㄴ	비고
강낭-콩	강남-콩	
고삿	고샅	겉~, 속~.
사글-세	삭월-세	'월세'는 표준어임.
울력-성당	위력-성당	떼를 지어서 으르고 협박하는 일.

다만, 어원적으로 원형에 더 가까운 형태가 아직 쓰이고 있는 경우에는, 그것을 표준어로 삼는다.(ㄱ을 표준어로 삼고, ㄴ을 버림.)

ㄱ	ㄴ	비고
갈비	가리	~구이, ~찜, 갈빗-대.
갓모	갈모	1. 사기 만드는 물레 밑고리.
		2. '갈모'는 갓 위에 쓰는, 유지로 만든 우비.
굴-젓	구-젓	
말-곁	말-겻	
물-수란	물-수랄	
밀-뜨리다	미-뜨리다	
적-이	저으기	적이-나, 적이나-하면.
휴지	수지	

제6항 다음 단어들은 의미를 구별함이 없이, 한 가지 형태만을 표준어로 삼는다. (ㄱ을 표준어로 삼고, ㄴ을 버림.)

ㄱ	ㄴ	비고
돌	돐	생일, 주기.
둘–째	두–째	'제2, 두 개째'의 뜻.
셋–째	세–째	'제3, 세 개째'의 뜻.
넷–째	네–째	'제4, 네 개째'의 뜻.
빌리다	빌다	1. 빌려 주다, 빌려 오다.
		2. '용서를 빌다'는 '빌다'임.

다만, '둘째'는 십 단위 이상의 서수사에 쓰일 때에 '두째'로 한다.

ㄱ	ㄴ	비고
열두–째		열두 개째의 뜻은 '열둘째'로.
스물두–째		스물두 개째의 뜻은 '스물둘째'로.

제7항 수컷을 이르는 접두사는 '수-'로 통일한다. (ㄱ을 표준어로 삼고, ㄴ을 버림.)

ㄱ	ㄴ	비고
수–꿩	수–퀑/숫–꿩	'장끼'도 표준어임.
수–나사	숫–나사	
수–놈	숫–놈	
수–사돈	숫–사돈	'황소'도 표준어임.
수–소	숫–소	
수–은행나무	숫–은행나무	

다만 1. 다음 단어에서는 접두사 다음에서 나는 거센소리를 인정한다. 접두사 '암-'이 결합되는 경우에도 이에 준한다. (ㄱ을 표준어로 삼고, ㄴ을 버림.)

ㄱ	ㄴ	비고
수–캉아지	숫–강아지	
수–캐	숫–개	
수–컷	숫–것	
수–키와	숫–기와	
수–탉	숫–닭	
수–탕나귀	숫–당나귀	
수–톨쩌귀	숫–돌쩌귀	
수–퇘지	숫–돼지	
수–평아리	숫–병아리	

중요 다만 2. 다음 단어의 접두사는 '숫-'으로 한다. (ㄱ을 표준어로 삼고, ㄴ을 버림.)

ㄱ	ㄴ	비고
숫–양	수–양	
숫–염소	수–염소	
숫–쥐	수–쥐	

제8항 양성 모음이 음성 모음으로 바뀌어 굳어진 다음 단어는 음성 모음 형태를 표준어로 삼는다. (ㄱ을 표준어로 삼고, ㄴ을 버림.)

ㄱ	ㄴ	비고
깡충–깡충	깡총–깡총	큰말은 '껑충껑충'임.
–둥이	–동이	← 童–이. 귀–, 막–, 선–, 쌍–, 검–, 바람–, 흰–.
발가–숭이	발가–송이	센말은 '빨가숭이', 큰말은 '벌거숭이, 뻘거숭이'임.
보퉁이	보통이	
봉죽	봉족	← 奉足. ~꾼, ~ 들다.
뻗정–다리	뻗장–다리	
아서, 아서라	앗아, 앗아라	하지 말라고 금지하는 말.
오뚝–이	오똑–이	부사도 '오뚝–이'임.
주추	주초	← 柱礎. 주춧–돌.

다만, 어원 의식이 강하게 작용하는 다음 단어에서는 양성 모음 형태를 그대로 표준어로 삼는다. (ㄱ을 표준어로 삼고, ㄴ을 버림.)

ㄱ	ㄴ	비고
부조(扶助)	부주	~금, 부좃–술.
사돈(査頓)	사둔	밭~, 안~.
삼촌(三寸)	삼춘	시~, 외~, 처~.

제9항 'ㅣ' 역행 동화 현상에 의한 발음은 원칙적으로 표준 발음으로 인정하지 아니하되, 다만 다음 단어들은 그러한 동화가 적용된 형태를 표준어로 삼는다. (ㄱ을 표준어로 삼고, ㄴ을 버림.)

ㄱ	ㄴ	비고
–내기	–나기	서울–, 시골–, 신출–, 풋–.
냄비	남비	
동댕이–치다	동당이–치다	

 붙임1 다음 단어는 'ㅣ' 역행 동화가 일어나지 아니한 형태를 표준어로 삼는다. (ㄱ을 표준어로 삼고, ㄴ을 버림.)

ㄱ	ㄴ	비고
아지랑이	아지랭이	

 붙임2 기술자에게는 '–장이', 그 외에는 '–쟁이'가 붙는 형태를 표준어로 삼는다. (ㄱ을 표준어로 삼고, ㄴ을 버림.)

ㄱ	ㄴ	비고
미장이	미쟁이	
유기장이	유기쟁이	
멋쟁이	멋장이	
소금쟁이	소금장이	
담쟁이–덩굴	담장이–덩굴	
골목쟁이	골목장이	
발목쟁이	발목장이	

제10항 다음 단어는 모음이 단순화한 형태를 표준어로 삼는다. (ㄱ을 표준어로 삼고, ㄴ을 버림.)

ㄱ	ㄴ	비고
괴팍–하다	괴퍅–하다/괴팩–하다	
–구먼	–구면	

미루–나무	미류–나무	← 美柳~.
미륵	미력	← 彌勒. ~ 보살, ~불, 돌~.
여느	여늬	
온–달	왼–달	만 한 달.
으레	으례	
케케–묵다	켸켸–묵다	
허우대	허위대	
허우적–허우적	허위적–허위적	허우적–거리다.

제11항 다음 단어에서는 모음의 발음 변화를 인정하여, 발음이 바뀌어 굳어진 형태를 표준어로 삼는다.(ㄱ을 표준어로 삼고, ㄴ을 버림.)

ㄱ	ㄴ	비고
–구려	–구료	
깍쟁이	깍정이	1. 서울 ~, 알~, 찰~.
		2. 도토리, 상수리 등의 받침은 '깍정이'임.
나무라다	나무래다	
미수	미시	미숫–가루.
바라다	바래다	'바램[所望]'은 비표준어임.
상추	상치	~쌈.
시러베–아들	실업의–아들	
주책	주착	← 主着. ~망나니, ~없다.
지루–하다	지리–하다	← 支離.
튀기	트기	
허드레	허드래	허드렛–물, 허드렛–일.
호루라기	호루루기	

제12항 '웃–' 및 '윗–'은 명사 '위'에 맞추어 '윗–'으로 통일한다.(ㄱ을 표준어로 삼고, ㄴ을 버림.)

ㄱ	ㄴ	비고
윗–넓이	웃–넓이	
윗–눈썹	웃–눈썹	
윗–니	웃–니	
윗–당줄	웃–당줄	
윗–덧줄	웃–덧줄	
윗–도리	웃–도리	
윗–동아리	웃–동아리	준말은 '윗동'임.
윗–막이	웃–막이	
윗–머리	웃–머리	
윗–목	웃–목	
윗–몸	웃–몸	~운동.
윗–바람	웃–바람	
윗–배	웃–배	
윗–벌	웃–벌	
윗–변	웃–변	수학 용어.
윗–사랑	웃–사랑	
윗–세장	웃–세장	

ㄱ	ㄴ	비고
윗-수염	웃-수염	
윗-입술	웃-입술	
윗-잇몸	웃-잇몸	
윗-자리	웃-자리	
윗-중방	웃-중방	

다만 1. 된소리나 거센소리 앞에서는 '위-'로 한다. (ㄱ을 표준어로 삼고, ㄴ을 버림.)

ㄱ	ㄴ	비고
위-짝	웃-짝	
위-쪽	웃-쪽	
위-채	웃-채	
위-층	웃-층	
위-치마	웃-치마	
위-턱	웃-턱	~ 구름[上層雲].
위-팔	웃-팔	

다만 2. '아래, 위'의 대립이 없는 단어는 '웃-'으로 발음되는 형태를 표준어로 삼는다. (ㄱ을 표준어로 삼고, ㄴ을 버림.)

ㄱ	ㄴ	비고
웃-국	윗-국	
웃-기	윗-기	
웃-돈	윗-돈	
웃-비	윗-비	~ 걷다.
웃-어른	윗-어른	
웃-옷	윗-옷	

제13항 한자 '구(句)'가 붙어서 이루어진 단어는 '귀'로 읽는 것을 인정하지 아니하고, '구'로 통일한다. (ㄱ을 표준어로 삼고, ㄴ을 버림.)

ㄱ	ㄴ	비고
구법(句法)	귀법	
구절(句節)	귀절	
구점(句點)	귀점	
결구(結句)	결귀	
경구(警句)	경귀	
경인구(警人句)	경인귀	
난구(難句)	난귀	
단구(短句)	단귀	
단명구(短命句)	단명귀	
대구(對句)	대귀	~법(對句法).
문구(文句)	문귀	
성구(成句)	성귀	~어(成句語).
시구(詩句)	시귀	
어구(語句)	어귀	
연구(聯句)	연귀	
인용구(引用句)	인용귀	

절구(絕句)	절귀	

다만, 다음 단어는 '귀'로 발음되는 형태를 표준어로 삼는다.(ㄱ을 표준어로 삼고, ㄴ을 버림.)

ㄱ	ㄴ	비고
귀-글	구-글	
글-귀	글-구	

제14항 준말이 널리 쓰이고 본말이 잘 쓰이지 않는 경우에는, 준말만을 표준어로 삼는다.(ㄱ을 표준어로 삼고, ㄴ을 버림.)

ㄱ	ㄴ	비고
귀찮다	귀치 않다	
김	기음	~매다.
똬리	또아리	
무	무우	~강즙, ~말랭이, ~생채, 가랑~, 갓~, 왜~, 총각~.
미다	무이다	1. 털이 빠져 살이 드러나다. 2. 찢어지다.
뱀	배암	
뱀-장어	배암-장어	
빔	비음	설~, 생일~.
샘	새암	~바르다, ~바리.
생-쥐	새앙-쥐	
솔개	소리개	
온-갖	온-가지	
장사-치	장사-아치	

제15항 준말이 쓰이고 있더라도, 본말이 널리 쓰이고 있으면 본말을 표준어로 삼는다.(ㄱ을 표준어로 삼고, ㄴ을 버림.)

ㄱ	ㄴ	비고
경황-없다	경-없다	
궁상-떨다	궁-떨다	
귀이-개	귀-개	
낌새	낌	
낙인-찍다	낙-하다/낙-치다	
내왕-꾼	냉-꾼	
돗-자리	돗	
뒤웅-박	뒝-박	
뒷물-대야	뒷-대야	
마구-잡이	막-잡이	
맵자-하다	맵자다	모양이 제격에 어울리다.
모이	모	
벽-돌	벽	
부스럼	부럼	정월 보름에 쓰는 '부럼'은 표준어임.
살얼음-판	살-판	
수두룩-하다	수둑-하다	
암-죽	암	
어음	엄	
일구다	일다	

ㄱ	ㄴ	비고
죽─살이	죽─살	
퇴박─맞다	퇴─맞다	
한통─치다	통─치다	

[붙임] 다음과 같이 명사에 조사가 붙은 경우에도 이 원칙을 적용한다. (ㄱ을 표준어로 삼고, ㄴ을 버림.)

ㄱ	ㄴ	비고
아래─로	알─로	

제16항 준말과 본말이 다 같이 널리 쓰이면서 준말의 효용이 뚜렷이 인정되는 것은, 두 가지를 다 표준어로 삼는다.(ㄱ은 본말이며, ㄴ은 준말임.)

ㄱ	ㄴ	비고
거짓─부리	거짓─불	작은말은 '가짓부리, 가짓불'임.
노을	놀	저녁~.
막대기	막대	
망태기	망태	
머무르다	머물다	모음 어미가 연결될 때에는 준말의 활용형을 인정하지 않음.
서두르다	서둘다	
서투르다	서툴다	
석새─삼베	석새─베	
시─누이	시─뉘/시─누	
오─누이	오─뉘/오─누	
외우다	외다	외우며, 외워 : 외며, 외어.
이기죽─거리다	이죽─거리다	
찌꺼기	찌끼	'찌꺽지'는 비표준어임.

제17항 비슷한 발음의 몇 형태가 쓰일 경우, 그 의미에 아무런 차이가 없고, 그 중 하나가 더 널리 쓰이면, 그 한 형태만을 표준어로 삼는다.(ㄱ을 표준어로 삼고, ㄴ을 버림.)

ㄱ	ㄴ	비고
거든─그리다	거둥─그리다	1. 거든하게 거두어 싸다. 2. 작은말은 '가든─그리다'임.
구어─박다	구워─박다	사람이 한 군데에서만 지내다.
귀─고리	귀엣─고리	
귀─띔	귀─틤	
귀─지	귀에─지	
까딱─하면	까땍─하면	
꼭두─각시	꼭둑─각시	
내색	나색	감정이 나타나는 얼굴빛.
내숭─스럽다	내흉─스럽다	
냠냠─거리다	얌냠─거리다	냠냠─하다.
냠냠─이	얌냠─이	
너[四]	네	~ 돈, ~ 말, ~ 발, ~ 푼.
넉[四]	너/네	~ 냥, ~ 되, ~ 섬, ~ 자.
다다르다	다닫다	
댑─싸리	대─싸리	

더부룩-하다	더뿌룩-하다/듬뿌룩-하다	
-던	-든	선택, 무관의 뜻을 나타내는 어미는 '-든'임.
-던가	-든가	가-든(지) 말-든(지), 보-든(가) 말-든(가).
-던걸	-든걸	
-던고	-든고	
-던데	-든데	
-던지	-든지	
-(으)려고	-(으)ㄹ려고/-(으)ㄹ라고	
-(으)려야	-(으)ㄹ려야/-(으)ㄹ래야	
망가-뜨리다	망그-뜨리다	
멸치	며루치/메리치	
반빗-아치	반비-아치	'반빗' 노릇을 하는 사람. 찬비(饌婢).
		'반비'는 밥 짓는 일을 맡은 계집종.
보습	보십/보섭	
본새	뽄새	
봉숭아	봉숭화	'봉선화'도 표준어임.
뺨-따귀	뺨-따귀/뺨-따구니	'뺨'의 비속어임.
뻐개다[斫]	뻐기다	두 조각으로 가르다.
뻐기다[誇]	뻐개다	뽐내다.
사자-탈	사지-탈	
상-판대기	쌍-판대기	
서[三]	세/석	~ 돈, ~ 말, ~ 발, ~ 푼.
석[三]	세	~ 냥, ~ 되, ~ 섬, ~ 자.
설령(設令)	서령	
-습니다	-읍니다	먹습니다, 갔습니다, 없습니다, 있습니다, 좋습니다.
		모음 뒤에는 '-ㅂ니다'임.
시름-시름	시늠-시늠	
씀벅-씀벅	썸벅-썸벅	
아궁이	아궁지	
아내	안해	
어-중간	어지-중간	
오금-팽이	오금-탱이	
오래-오래	도래-도래	돼지 부르는 소리.
-올시다	-올습니다	
옹골-차다	공골-차다	
우두커니	우두머니	작은말은 '오도카니'임.
잠-투정	잠-투세/잠-주정	
재봉-틀	자봉-틀	발~, 손~.
짓-무르다	짓-물다	
짚-북데기	짚-북세기	
쪽	짝	편(便). 이~, 그~, 저~.
		다만, '아무-짝'은 '짝'임.
천장(天障)	천정	'천정부지(天井不知)'는 '천정'임.
코-맹맹이	코-맹녕이	
흥-업다	흥-헙다	

제18항 다음 단어는 ㄱ을 원칙으로 하고, ㄴ도 허용한다.

ㄱ	ㄴ	비고
네	예	
쇠-	소-	-가죽, -고기, -기름, -머리, -뼈.
괴다	고이다	물이 ~, 밑을 ~.
꾀다	꼬이다	어린애를 ~, 벌레가 ~.
쐬다	쏘이다	바람을 ~.
죄다	조이다	나사를 ~.
쬐다	쪼이다	볕을 ~.

제19항 어감의 차이를 나타내는 단어 또는 발음이 비슷한 단어들이 다 같이 널리 쓰이는 경우에는, 그 모두를 표준어로 삼는다.(ㄱ, ㄴ을 모두 표준어로 삼음.)

ㄱ	ㄴ	비고
거슴츠레-하다	게슴츠레-하다	
고까	꼬까	~신, ~옷.
고린-내	코린-내	
교기(驕氣)	갸기	교만한 태도.
구린-내	쿠린-내	
꺼림-하다	께름-하다	
나부랭이	너부렁이	

제20항 사어(死語)가 되어 쓰이지 않게 된 단어는 고어로 처리하고, 현재 널리 사용되는 단어를 표준어로 삼는다.(ㄱ을 표준어로 삼고, ㄴ을 버림.)

ㄱ	ㄴ	비고
난봉	봉	
낭떠러지	낭	
설거지-하다	설겆다	
애달프다	애닯다	
오동-나무	머귀-나무	
자두	오얏	

제21항 고유어 계열의 단어가 널리 쓰이고 그에 대응되는 한자어 계열의 단어가 용도를 잃게 된 것은, 고유어 계열의 단어만을 표준어로 삼는다.(ㄱ을 표준어로 삼고, ㄴ을 버림.)

ㄱ	ㄴ	비고
가루-약	말-약	
구들-장	방-돌	
길품-삯	보행-삯	
까막-눈	맹-눈	
꼭지-미역	총각-미역	
나뭇-갓	시장-갓	
늙-다리	노닥-다리	
두껍-닫이	두껍-창	
떡-암죽	병-암죽	

마른–갈이	건–갈이	
마른–빨래	건–빨래	
메–찰떡	반–찰떡	
박달–나무	배달–나무	
밥–소라	식–소라	큰 놋그릇.
사래–논	사래–답	묘지기나 마름이 부쳐 먹는 땅.
사래–밭	사래–전	
삯–말	삯–마	
성냥	화–곽	
솟을–무늬	솟을–문(~紋)	
외–지다	벽–지다	
움–파	동–파	
잎–담배	잎–초	
잔–돈	잔–전	
조–당수	조–당죽	
죽데기	피–죽	'죽더기'도 비표준어임.
지겟–다리	목–발	지게 동발의 양쪽 다리.
짐–꾼	부지–군(負持–)	
푼–돈	분–전/푼–전	
흰–말	백–말/부루–말	'백마'는 표준어임.
흰–죽	백–죽	

제22항 고유어 계열의 단어가 생명력을 잃고 그에 대응되는 한자어 계열의 단어가 널리 쓰이면, 한자어 계열의 단어를 표준어로 삼는다. (ㄱ을 표준어로 삼고, ㄴ을 버림.)

ㄱ	ㄴ	비고
개다리–소반	개다리–밥상	
겸–상	맞–상	
고봉–밥	높은–밥	
단–벌	홑–벌	
마방–집	마바리–집	馬房~.
민망–스럽다/면구–스럽다	민주–스럽다	
방–고래	구들–고래	
부항–단지	뜸–단지	
산–누에	멧–누에	
산–줄기	멧–줄기/멧–발	
수–삼	무–삼	
심–돋우개	불–돋우개	
양–파	둥근–파	
어질–병	어질–머리	
윤–달	군–달	
장력–세다	장성–세다	
제석	젯–돗	
총각–무	알–무/알타리–무	
칫–솔	잇–솔	
포수	총–댕이	

제23항 방언이던 단어가 표준어보다 더 널리 쓰이게 된 것은, 그것을 표준어로 삼는다. 이 경우, 원래의 표준어는 그대로 표준어로 남겨 두는 것을 원칙으로 한다.(ㄱ을 표준어로 삼고, ㄴ도 표준어로 남겨 둠.)

ㄱ	ㄴ	비고
멍게	우렁쉥이	
물-방개	선두리	
애-순	어린-순	

제24항 방언이던 단어가 널리 쓰이게 됨에 따라 표준어이던 단어가 안 쓰이게 된 것은, 방언이던 단어를 표준어로 삼는다. (ㄱ을 표준어로 삼고, ㄴ을 버림.)

ㄱ	ㄴ	비고
귀밑-머리	귓-머리	
까-뭉개다	까-무느다	
막상	마기	
빈대-떡	빈자-떡	
생인-손	생안-손	준말은 '생-손'임.
역-겹다	역-스럽다	
코-주부	코-보	

제25항 의미가 똑같은 형태가 몇 가지 있을 경우, 그 중 어느 하나가 압도적으로 널리 쓰이면, 그 단어만을 표준어로 삼는다.(ㄱ을 표준어로 삼고, ㄴ을 버림.)

ㄱ	ㄴ	비고
-게끔	-게시리	
겸사-겸사	겸지-겸지/겸두-겸두	
고구마	참-감자	
고치다	낫우다	병을 ~.
골목-쟁이	골목-자기	
광주리	광우리	
괴통	호구	자루를 박는 부분.
국-물	멀-국/말-국	
군-표	군용-어음	
길-잡이	길-앞잡이	'길라잡이'도 표준어임.
까다롭다	까닭-스럽다/까탈-스럽다	
까치-발	까치-다리	선반 따위를 받치는 물건.
꼬창-모	말뚝-모	꼬챙이로 구멍을 뚫으면서 심는 모.
나룻-배	나루	'나루[津]'는 표준어임.
납-도리	민-도리	
농-지거리	기롱-지거리	다른 의미의 '기롱지거리'는 표준어임.
다사-스럽다	다사-하다	간섭을 잘 하다.
다오	다구	이리 ~.
담배-꽁초	담배-꼬투리/담배-꽁치/담배-꽁추	
담배-설대	대-설대	
대장-일	성냥-일	
뒤져-내다	뒤어-내다	

뒤통수-치다	뒤꼭지-치다	
등-나무	등-칡	
등-때기	등-떠리	'등'의 낮은말.
등잔-걸이	등경-걸이	
떡-보	떡-충이	
똑딱-단추	딸꼭-단추	
매-만지다	우미다	
먼-발치	먼-발치기	
며느리-발톱	뒷-발톱	
명주-붙이	주-사니	
목-메다	목-맺히다	
밀짚-모자	보릿짚-모자	
바가지	열-바가지/열-박	
바람-꼭지	바람-고다리	튜브의 바람을 넣는 구멍에 붙은, 쇠로 만든 꼭지.
반-나절	나절-가웃	
반두	독대	그물의 한 가지.
버젓-이	뉘연-히	
본-받다	법-받다	
부각	다시마-자반	
부끄러워-하다	부끄리다	
부스러기	부스럭지	
부지깽이	부지팽이	
부항-단지	부항-항아리	부스럼에서 피고름을 빨아내기 위하여 부항을 붙이는 데 쓰는, 자그마한 단지.
붉으락-푸르락	푸르락-붉으락	
비켜-덩이	옆-사리미	김맬 때에 흙덩이를 옆으로 빼내는 일, 또는 그 흙덩이.
빙충-이	빙충-맞이	작은말은 '뱅충이'.
빠-뜨리다	빠-치다	'빠트리다'도 표준어임.
뻣뻣-하다	왜긋다	
뽐-내다	느물다	
사로-잠그다	사로-채우다	자물쇠나 빗장 따위를 반 정도만 걸어 놓다.
살-풀이	살-막이	
상투-쟁이	상투-꼬부랑이	상투 튼 이를 놀리는 말.
새앙-손이	생강-손이	
샛-별	새벽-별	
선-머슴	풋-머슴	
섭섭-하다	애운-하다	
속-말	속-소리	국악 용어 '속소리'는 표준어임.
손목-시계	팔목-시계/팔뚝-시계	
손-수레	손-구루미	'구루마'는 일본어임.
쇠-고랑	고랑-쇠	
수도-꼭지	수도-고동	
숙성-하다	숙-지다	
순대	골-집	
술-고래	술-꾸러기/술-부대/술-보/술-푸대	

식은–땀	찬–땀	
신기–롭다	신기–스럽다	'신기하다'도 표준어임.
쌍동–밤	쪽–밤	
쏜살–같이	쏜살–로	
아주	영판	
안–걸이	안–낚시	씨름 용어.
안다미–씌우다	안다미–시키다	제가 담당할 책임을 남에게 넘기다.
안쓰럽다	안–슬프다	
안절부절–못하다	안절부절–하다	
앉은뱅이–저울	앉은–저울	
알–사탕	구슬–사탕	
암–내	곁땀–내	
앞–지르다	따라–먹다	
애–벌레	어린–벌레	
얕은–꾀	물탄–꾀	
언뜻	펀뜻	
언제나	노다지	
얼룩–말	워라–말	
–에는	–엘랑	
열심–히	열심–으로	
입–담	말–담	
자배기	너벅지	
전봇–대	전선–대	
주책–없다	주책–이다	'주착 → 주책'은 제11항 참조.
쥐락–펴락	펴락–쥐락	
–지만	–지만서도	← –지마는.
짓고–땡	지어–땡/짓고–땡이	
짧은–작	짜른–작	
찹–쌀	이–찹쌀	
청대–콩	푸른–콩	
칡–범	갈–범	

제26항   한 가지 의미를 나타내는 형태 몇 가지가 널리 쓰이며 표준어 규정에 맞으면, 그 모두를 표준어로 삼는다.

복수 표준어	비고
가는–허리/잔–허리	
가락–엿/가래–엿	
가뭄/가물	
가엾다/가엽다	가엾어/가여워, 가엾은/가여운.
감감–무소식/감감–소식	
개수–통/설거지–통	'설겆다'는 '설거지하다'로.
개숫–물/설거지–물	
갱–엿/검은–엿	
–거리다/–대다	가물~, 출렁~.
거위–배/횟–배	
것/해	내 ~, 네 ~, 뉘 ~.

게을러-빠지다/게을러-터지다	
고깃-간/푸줏-간	'고깃-관, 푸줏-관, 다림-방'은 비표준어임.
곰곰/곰곰-이	
관계-없다/상관-없다	
교정-보다/준-보다	
구들-재/구재	
귀퉁-머리/귀퉁-배기	'귀퉁이'의 비어임.
극성-떨다/극성-부리다	
기세-부리다/기세-피우다	
기승-떨다/기승-부리다	
깃-저고리/배내-옷/배냇-저고리	
꼬까/때때/고까	~신, ~옷.
꼬리-별/살-별	
꽃-도미/붉-돔	
나귀/당-나귀	
날-걸/세-뿔	윷판의 쨀밭 다음의 셋째 밭.
내리-글씨/세로-글씨	
넝쿨/덩굴	'덩쿨'은 비표준어임.
녘/쪽	동~, 서~.
눈-대중/눈-어림/눈-짐작	
느리-광이/느림-보/늘-보	
늦-모/마냥-모	← 만이앙-모.
다기-지다/다기-차다	
다달-이/매-달	
-다마다/-고말고	
다박-나룻/다박-수염	
닭의-장/닭-장	
댓-돌/툇-돌	
덧-창/겉-창	
독장-치다/독판-치다	
동자-기둥/쪼구미	
돼지-감자/뚱딴지	
되우/된통/되게	
두동-무니/두동-사니	윷놀이에서, 두 동이 한데 어울려 가는 말.
뒷-갈망/뒷-감당	
뒷-말/뒷-소리	
들락-거리다/들랑-거리다	
들락-날락/들랑-날랑	
딴-전/딴-청	
땅-콩/호-콩	
땔-감/땔-거리	
-뜨리다/-트리다	깨-, 떨어-, 쏟-.
뜬-것/뜬-귀신	
마룻-줄/용총-줄	돛대에 매어 놓은 줄. '이어줄'은 비표준어임.
마-파람/앞-바람	
만장-판/만장-중(滿場中)	

만큼/만치	
말–동무/말–벗	
매–갈이/매–조미	
매–통/목–매	
먹–새/먹음–새	'먹음–먹이'는 비표준어임.
멀찌감치/멀찌가니/멀찍이	
멱통/산–멱/산–멱통	
면–치레/외면–치레	
모–내다/모–심다	모–내기, 모–심기.
모쪼록/아무쪼록	
목판–되/모–되	
목화–씨/면화–씨	
무심–결/무심–중	
물–봉숭아/물–봉선화	
물–부리/빨–부리	
물–심부름/물–시중	
물추리–나무/물추리–막대	
물–타작/진–타작	
민둥–산/벌거숭이–산	
밑–층/아래–층	
바깥–벽/밭–벽	
바른/오른[右]	~손, ~쪽, ~편.
발–모가지/발–목쟁이	'발목'의 비속어임.
버들–강아지/버들–개지	
벌레/버러지	'벌거지, 벌러지'는 비표준어임.
변덕–스럽다/변덕–맞다	
보–조개/볼–우물	
보통–내기/여간–내기/예사–내기	'행–내기'는 비표준어임.
볼–따구니/볼–퉁이/볼–때기	'볼'의 비속어임.
부침개–질/부침–질/지짐–질	'부치개–질'은 비표준어임.
불똥–앉다/등화–지다/등화–앉다	
불–사르다/사르다	
비발/비용(費用)	
뾰두라지/뾰루지	
살–쾡이/삵	삵–피.
삽살–개/삽사리	'상도–꾼, 향도–꾼'은 비표준어임.
상두–꾼/상여–꾼	
상–씨름/소–걸이	
생/새앙/생강	
생–뿔/새앙–뿔/생강–뿔	'쇠뿔'의 형용.
생–철/양–철	1. '서양철'은 비표준어임.
	2. '生鐵'은 '무쇠'임.
서럽다/섧다	'설다'는 비표준어임.
서방–질/화냥–질	
성글다/성기다	
–(으)세요/–(으)셔요	

송이/송이-버섯
수수-깡/수숫-대
술-안주/안주
-스레하다/-스름하다   거무-, 발그-.
시늉-말/흉내-말
시새/세사(細沙)
신/신발
신주-보/독보(櫝褓)
심술-꾸러기/심술-쟁이
쌉쓰레-하다/쌉쓰름-하다
아귀-세다/아귀-차다
아래-위/위-아래
아무튼/어떻든/어쨌든/하여튼/여하튼
앉음-새/앉음-앉음
알은-척/알은-체
애-갈이/애벌-갈이
애꾸눈-이/외눈-박이   '외대-박이, 외눈-퉁이'는 비표준어임.
양념-감/양념-거리
어금버금-하다/어금지금-하다
어기여차/어여차
어림-잡다/어림-치다
어이-없다/어처구니-없다
어저께/어제
언덕-바지/언덕-배기
얼렁-뚱땅/엄벙-뗑
여왕-벌/장수-벌
여쭈다/여쭙다
여태/입때   '여직'은 비표준어임.
여태-껏/이제-껏/입때-껏   '여직-껏'은 비표준어임.
역성-들다/역성-하다   '편역-들다'는 비표준어임.
연-달다/잇-달다
엿-가락/엿-가래
엿-기름/엿-길금
엿-반대기/엿-자박
오사리-잡놈/오색-잡놈   '오합-잡놈'은 비표준어임.
옥수수/강냉이   ~떡, ~묵, ~밥, ~튀김.
왕골-기직/왕골-자리   '홑겹-실, 올-실'은 비표준어임.
외겹-실/외올-실/홑-실
외손-잡이/한손-잡이
욕심-꾸러기/욕심-쟁이   우렛-소리, 천둥-소리.
우레/천둥
우지/울-보
을러-대다/을러-메다   학질의 일종임.
의심-스럽다/의심-쩍다
-이에요/-이어요
이틀-거리/당-고금

일일-이/하나-하나
일찌감치/일찌거니
입찬-말/입찬-소리
자리-옷/잠-옷
자물-쇠/자물-통
장가-가다/장가-들다   '서방-가다'는 비표준어임.
재롱-떨다/재롱-부리다
제-가끔/제-각기
좀-처럼/좀-체   '좀-체로, 좀-해선, 좀-해'는 비표준어임.
줄-꾼/줄-잡이
중신/중매
짚-단/짚-뭇
쪽/편   오른~, 왼~.
차차/차츰
책-씻이/책-거리
척/체   모르는 ~, 잘난 ~.
천연덕-스럽다/천연-스럽다
철-따구니/철-딱서니/철-딱지   '철-때기'는 비표준어임.
추어-올리다/추어-주다   '추켜-올리다'는 비표준어임.
축-가다/축-나다
침-놓다/침-주다
통-꼭지/통-젖   통에 붙은 손잡이.
파자-쟁이/해자-쟁이   점치는 이.
편지-투/편지-틀
한턱-내다/한턱-하다
해웃-값/해웃-돈   '해우-차'는 비표준어임.
혼자-되다/홀로-되다
흠-가다/흠-나다/흠-지다

② 표준 발음법

국어의 표준 발음은 1988년에 제정, 지금까지 부분 수정을 거쳐 사용하고 있다. 표준어는 소리 나는 대로 적되 어형을 밝혀 적는 것을 원칙으로 한다. 이 항목에서는 실제로 발음되는 것과 문법적 현상이 상이할 수 있으므로 주의해야 한다. 특히 음절의 끝소리 규칙에 유의해야 한다.

제1항   표준 발음법은 표준어의 실제 발음을 따르되, 국어의 전통성과 합리성을 고려하여 정함을 원칙으로 한다.

제2항   표준어의 자음은 다음 19개로 한다.

> ㄱ, ㄲ, ㄴ, ㄷ, ㄸ, ㄹ, ㅁ, ㅂ, ㅃ, ㅅ, ㅆ, ㅇ, ㅈ, ㅉ, ㅊ, ㅋ, ㅌ, ㅍ, ㅎ

제3항   표준어의 모음은 다음 21개로 한다.

> ㅏ, ㅐ, ㅑ, ㅒ, ㅓ, ㅔ, ㅕ, ㅖ, ㅗ, ㅘ, ㅙ, ㅚ, ㅛ, ㅜ, ㅝ, ㅞ, ㅟ, ㅠ, ㅡ, ㅢ, ㅣ

제4항   'ㅏ, ㅐ, ㅓ, ㅔ, ㅗ, ㅚ, ㅜ, ㅟ, ㅡ, ㅣ'는 단모음(單母音)으로 발음한다.

제5항 '야, 얘, 여, 예, 와, 왜, 요, 워, 웨, 유, 의'는 이중 모음으로 발음한다.

　다만 1. 용언의 활용형에 나타나는 '져, 쪄, 쳐'는 [저, 쩌, 처]로 발음한다. 예 가지어→가져[가저] / 찌어→쪄[쩌]

　다만 2. 예, 례' 이외의 'ㅖ'는 [ㅔ]로도 발음한다. 예 계집[계ː집/게ː집] / 시계[시계/시게](時計) / 연계[연계/연게]
(連繫) / 개폐[개폐/개페](開閉) / 지혜[지혜/지혜](智慧)

　다만 3. 자음을 첫소리로 가지고 있는 음절의 'ㅢ'는 [ㅣ]로 발음한다. 예 닝큼 / 무늬 / 띄어쓰기 / 틔어 / 희어 /
희망

　다만 4. 단어의 첫음절 이외의 '의'는 [ㅣ]로, 조사 '의'는 [ㅔ]로 발음함도 허용한다. 예 주의[주의/주이] / 협의[혀
븨/혀비] / 우리의[우리의/우리에]

제6항 모음의 장단을 구별하여 발음하되, 단어의 첫음절에서만 긴소리가 나타나는 것을 원칙으로 한다. 예 (1) 눈보라
[눈ː보라] / 밤나무[밤ː나무] / 많다[만ː타] 멀리[멀ː리] (2) 첫눈[천눈] / 쌍동밤[쌍동밤] / 수많이[수ː마니]

　다만, 합성어의 경우에는 둘째 음절 이하에서도 분명한 긴소리를 인정한다. 예 반신반의[반ː신바ː늬/반ː신바ː니]

　붙임 용언의 단음절 어간에 어미 '-아/-어'가 결합되어 한 음절로 축약되는 경우에도 긴소리로 발음한다. 예 보
아 → 봐[봐ː] / 기어 → 겨[겨ː] / 하여 → 해[해ː]

　다만, '오아 → 와, 지어 → 져, 찌어 → 쪄, 치어 → 쳐' 등은 긴소리로 발음하지 않는다.

제7항 긴소리를 가진 음절이라도, 다음과 같은 경우에는 짧게 발음한다.

　1. 단음절인 용언 어간에 모음으로 시작된 어미가 결합되는 경우 예 감다[감ː따] ― 감으니[가므니] / 밟다[밥ː따]
― 밟으면[발브면] / 알다[알ː다] ― 알아[아라]

　다만, 다음과 같은 경우에는 예외적이다. 예 끌다[끌ː다] ― 끌어[끄ː러] / 떫다[떨ː따] ― 떫은[떨ː븐]

　2. 용언 어간에 피동, 사동의 접미사가 결합되는 경우 예 감다[감ː따] ― 감기다[감기다] / 밟다[밥ː따] ― 밟히다
[발피다]

　다만, 다음과 같은 경우에는 예외적이다. 예 끌리다[끌ː리다]/없애다[업ː쌔다]

　붙임 다음과 같은 복합어에서는 본디의 길이에 관계없이 짧게 발음한다. 예 밀-물 썰-물 쏜-살-같이 작은-아
버지

제8항 받침소리로는 'ㄱ, ㄴ, ㄷ, ㄹ, ㅁ, ㅂ, ㅇ'의 7개 자음만 발음한다.

제9항 받침 'ㄲ, ㅋ', 'ㅅ, ㅆ, ㅈ, ㅊ, ㅌ', 'ㅍ'은 어말 또는 자음 앞에서 각각 대표음 [ㄱ, ㄷ, ㅂ]으로 발음한다. 예 닦다
[닥따] / 키읔[키윽] / 키읔과[키윽꽈] / 옷[옫] / 웃다[욷ː따] / 있다[읻따] / 젖[젇] / 빚다[빋따] / 꽃[꼳] / 쫓다[쫃
따] / 솥[솓] / 뱉다[밷ː따] / 앞[압] / 덮다[덥따]

제10항 겹받침 'ㄳ', 'ㄵ', 'ㄼ, ㄽ, ㄾ', 'ㅄ'은 어말 또는 자음 앞에서 각각 [ㄱ, ㄴ, ㄹ, ㅂ]으로 발음한다. 예 넋[넉] / 넋과
[넉꽈] / 앉다[안따] / 여덟[여덜] / 넓다[널따] / 외곬[외골] / 핥다[할따] / 값[갑] / 없다[업ː따]

　다만, '밟-'은 자음 앞에서 [밥]으로 발음하고, '넓-'은 다음과 같은 경우에 [넙]으로 발음한다. 예 (1) 밟다[밥ː따]
/ 밟소[밥ː쏘] / 밟지[밥ː찌] / 밟는[밥ː는→밤ː는] / 밟게[밥ː께] / 밟고[밥ː꼬] (2) 넓-죽하다[넙쭈카다] / 넓-둥글
다[넙뚱글다]

제11항 겹받침 'ㄺ, ㄻ, ㄿ'은 어말 또는 자음 앞에서 각각 [ㄱ, ㅁ, ㅂ]으로 발음한다. 예 닭[닥] / 흙과[흑꽈] / 맑다[막따]
/ 늙지[늑찌] / 삶[삼ː] / 젊다[점ː따] / 읊고[읍꼬] / 읊다[읍따]

　다만, 용언의 어간 말음 'ㄺ'은 'ㄱ' 앞에서 [ㄹ]로 발음한다. 예 맑게[말께] / 묽고[물꼬] / 얽거나[얼꺼나]

제12항 받침 'ㅎ'의 발음은 다음과 같다.

1. 'ㅎ(ㄶ, ㅀ)' 뒤에 'ㄱ, ㄷ, ㅈ'이 결합되는 경우에는, 뒤 음절 첫소리와 합쳐서 [ㅋ, ㅌ, ㅊ]으로 발음한다. 예 놓고[노코] / 좋던[조:턴] / 많고[만:코] / 닳지[달치]

붙임1 받침 'ㄱ(ㄹㄱ), ㄷ, ㅂ(ㄹㅂ), ㅈ(ㄴㅈ)'이 뒤 음절 첫소리 'ㅎ'과 결합되는 경우에도, 역시 두 음을 합쳐서 [ㅋ, ㅌ, ㅍ, ㅊ]으로 발음한다. 예 각하[가카] / 밝히다[발키다] / 맏형[마텽] / 넓히다[널피다]

붙임2 규정에 따라 'ㄷ'으로 발음되는 'ㅅ, ㅈ, ㅊ, ㅌ'의 경우에도 이에 준한다. 예 옷 한 벌[오탄벌] / 꽃 한 송이 [꼬탄송이]

2. 'ㅎ(ㄶ, ㅀ)' 뒤에 'ㅅ'이 결합되는 경우에는, 'ㅅ'을 [ㅆ]으로 발음한다. 예 닿소[다쏘] / 많소[만:쏘]

3. 'ㅎ' 뒤에 'ㄴ'이 결합되는 경우에는, [ㄴ]으로 발음한다. 예 쌓네[싼네]

붙임3 'ㄶ, ㅀ' 뒤에 'ㄴ'이 결합되는 경우에는, 'ㅎ'을 발음하지 않는다. 예 않네[안네] *'뚫네[뚤네 → 뚤레]'에 대해서 는 제20항 참조.

4. 'ㅎ(ㄶ, ㅀ)' 뒤에 모음으로 시작된 어미나 접미사가 결합되는 경우에는, 'ㅎ'을 발음하지 않는다. 예 낳은[나은] / 쌓이다[싸이다] / 많아[마:나] / 싫어도[시러도]

第13항 　홑받침이나 쌍받침이 모음으로 시작된 조사나 어미, 접미사와 결합되는 경우에는, 제 음가대로 뒤 음절 첫소리로 옮겨 발음한다. 예 깎아[까까] / 옷이[오시] / 낮이[나지] / 꽃을[꼬츨] / 밭에[바테]

第14항 　겹받침이 모음으로 시작된 조사나 어미, 접미사와 결합되는 경우에는, 뒤엣것만을 뒤 음절 첫소리로 옮겨 발음한 다.(이 경우, 'ㅅ'은 된소리로 발음함.) 예 넋이[넉씨] / 앉아[안자] / 닭을[달글] / 젊어[절머] / 곬이[골씨] / 핥아[할타] / 읊어[을퍼] / 값을[갑쓸]

第15항 　받침 뒤에 모음 'ㅏ, ㅓ, ㅗ, ㅜ, ㅟ'들로 시작되는 실질 형태소가 연결되는 경우에는, 대표음으로 바꾸어서 뒤 음 절 첫소리로 옮겨 발음한다. 예 밭 아래[바다래] / 늪 앞[느밥] / 겉옷[거돋] / 헛웃음[허두슴] / 꽃 위[꼬뒤]

다만, '맛있다, 멋있다'는 [마싣따], [머싣따]로도 발음할 수 있다.

붙임 　겹받침의 경우에는, 그 중 하나만을 옮겨 발음한다. 예 닭앞에[다가페] / 값어치[가버치]

第16항 　한글 자모의 이름은 그 받침소리를 연음하되, 'ㄷ, ㅈ, ㅊ, ㅋ, ㅌ, ㅍ, ㅎ'의 경우에는 특별히 다음과 같이 발음한 다. 예 디귿이[디그시] / 디귿에[디그세] /지읒이[지으시] / 지읒을[지으슬] / 지읒에[지으세] / 치읓이[치으시] / 치읓에[치으세] / 키읔이[키으기] / 키읔에[키으게] / 티읕이[티으시] / 티읕에[티으세] / 피읖이[피으비] / 피읖에 [피으베] / 히읗이[히으시] / 히읗에[히으세]

第17항 　받침 'ㄷ, ㅌ(ㄾ)'이 조사나 접미사의 모음 'ㅣ'와 결합되는 경우에는, [ㅈ, ㅊ]으로 바꾸어서 뒤 음절 첫소리로 옮겨 발음한다. 예 곧이듣다[고지듣따] / 땀받이[땀바지] / 벼훑이[벼훌치]

붙임 　'ㄷ' 뒤에 접미사 '히'가 결합되어 '티'를 이루는 것은 [치]로 발음한다. 예 굳히다[구치다]

第18항 　받침 'ㄱ(ㄲ, ㅋ, ㄳ, ㄺ), ㄷ(ㅅ, ㅆ, ㅈ, ㅊ, ㅌ, ㅎ), ㅂ(ㅍ, ㄼ, ㄿ, ㅄ)'은 'ㄴ, ㅁ' 앞에서 [ㅇ, ㄴ, ㅁ]으로 발음 한다. 예 국물[궁물] / 키읔만[키응만] / 몫몫이[몽목씨] / 흙만[흥만] / 짓는[진:는] / 있는[인는] / 젖멍울[전멍울] / 꽃망울[꼰망울] / 밥물[밤물] / 밟는[밤:는] / 값매다[감매다]

붙임 　두 단어를 이어서 한 마디로 발음하는 경우에도 이와 같다. 예 책 넣는다[챙넌는다] / 흙 말리다[흥말리다] / 값 매기다[감매기다]

第19항 　받침 'ㅁ, ㅇ' 뒤에 연결되는 'ㄹ'은 [ㄴ]으로 발음한다. 예 담력[담:녁] / 강릉[강능] / 항로[항:노]

붙임 　받침 'ㄱ, ㅂ' 뒤에 연결되는 'ㄹ'도 [ㄴ]으로 발음한다. 예 막론[막논 → 망논] / 백리[백니 → 뱅니] / 협력 [협녁 → 혐녁] / 십리[십니 → 심니]

제20항 'ㄴ'은 'ㄹ'의 앞이나 뒤에서 [ㄹ]로 발음한다. 예 (1) 난로[날:로] / 광한루[광:할루] / 대관령[대:괄령] (2) 칼날[칼랄] / 할는지[할른지]

붙임 첫소리 'ㄴ'이 'ㅀ', 'ㄾ' 뒤에 연결되는 경우에도 이에 준한다. 예 닳는[달른] / 핥네[할레]

다만, 다음과 같은 단어들은 'ㄹ'을 [ㄴ]으로 발음한다. 예 의견란[의:견난] / 생산량[생산냥] / 결단력[결딴녁] / 동원령[동:원녕] / 상견례[상견녜] / 이원론[이:원논] / 입원료[이붠뇨]

제21항 위에서 지적한 이외의 자음 동화는 인정하지 않는다. 예 감기[감:기](×[강:기]) / 꽃길[꼳낄](×[꼭낄]) / 젖먹이[전머기](×[점머기]) / 문법[문뻡](×[뭄뻡])

제22항 다음과 같은 용언의 어미는 [어]로 발음함을 원칙으로 하되, [여]로 발음함도 허용한다. 예 되어[되어/되여] / 피어[피어/피여]

붙임 '이오, 아니오'도 이에 준하여 [이요, 아니요]로 발음함을 허용한다.

제23항 받침 'ㄱ(ㄲ, ㅋ, ㄳ, ㄺ), ㄷ(ㅅ, ㅆ, ㅈ, ㅊ, ㅌ), ㅂ(ㅍ, ㄼ, ㄿ, ㅄ)' 뒤에 연결되는 'ㄱ, ㄷ, ㅂ, ㅅ, ㅈ'은 된소리로 발음한다. 예 국밥[국빱] / 넋받이[넉빠지] / 칡범[칙뺌] / 옷고름[온꼬름] / 밭갈이[받까리] / 솥전[솓쩐] / 곱돌[곱똘] / 넓죽하다[넙쭈카다]

제24항 어간 받침 'ㄴ(ㄵ), ㅁ(ㄻ)' 뒤에 결합되는 어미의 첫소리 'ㄱ, ㄷ, ㅅ, ㅈ'은 된소리로 발음한다. 예 신고[신:꼬] / 앉고[안꼬] / 삼고[삼:꼬] / 더듬지[더듬찌] / 젊지[점:찌]

다만, 피동, 사동의 접미사 '-기-'는 된소리로 발음하지 않는다. 예 안기다 / 감기다

제25항 어간 받침 'ㄼ, ㄾ' 뒤에 결합되는 어미의 첫소리 'ㄱ, ㄷ, ㅅ, ㅈ'은 된소리로 발음한다. 예 넓게[널께] / 떫지[떨:찌]

제26항 한자어에서, 'ㄹ' 받침 뒤에 연결되는 'ㄷ, ㅅ, ㅈ'은 된소리로 발음한다. 예 갈등[갈뜽] / 절도[절또] / 말살[말쌀] / 갈증[갈쯩] / 몰상식[몰쌍식]

다만, 같은 한자가 겹쳐진 단어의 경우에는 된소리로 발음하지 않는다. 예 허허실실[허허실실](虛虛實實) / 절절-하다[절절하다](切切-)

제27항 관형사형 '-(으)ㄹ' 뒤에 연결되는 'ㄱ, ㄷ, ㅂ, ㅅ, ㅈ'은 된소리로 발음한다. 예 할 것을[할꺼슬] / 할 수는[할쑤는] / 갈 곳[갈꼳]

다만, 끊어서 말할 적에는 예사소리로 발음한다.

붙임 '-(으)ㄹ'로 시작되는 어미의 경우에도 이에 준한다. 예 할걸[할껄] / 할세라[할쎄라] / 할지언정[할찌언정]

제28항 표기상으로는 사이시옷이 없더라도, 관형격 기능을 지니는 사이시옷이 있어야 할(휴지가 성립되는) 합성어의 경우에는, 뒤 단어의 첫소리 'ㄱ, ㄷ, ㅂ, ㅅ, ㅈ'을 된소리로 발음한다. 예 눈-동자[눈똥자] / 산-새[산쌔] / 손-재주[손째주] / 발-바닥[발빠닥] / 술-잔[술짠] / 그믐-달[그믐딸] / 잠-자리[잠짜리] / 초승-달[초승딸]

제29항 합성어 및 파생어에서, 앞 단어나 접두사의 끝이 자음이고 뒤 단어나 접미사의 첫음절이 '이, 야, 여, 요, 유'인 경우에는, 'ㄴ' 음을 첨가하여 [니, 냐, 녀, 뇨, 뉴]로 발음한다. 예 솜-이불[솜:니불] / 막-일[망닐] / 맨-입[맨닙] / 한-여름[한녀름] / 신-여성[신녀성] / 색-연필[생년필] / 직행-열차[지캥녈차] / 늑막-염[능망념]

다만, 다음과 같은 말들은 'ㄴ' 음을 첨가하여 발음하되, 표기대로 발음할 수 있다. 예 이죽-이죽[이중니죽/이주기죽] / 야금-야금[야금냐금/야그먀금] / 검열[검:녈/거:멸] / 금융[금늉/그뮹]

붙임1 'ㄹ' 받침 뒤에 첨가되는 'ㄴ' 음은 [ㄹ]로 발음한다. 예 들-일[들:릴] / 설-익다[설릭따] / 서울-역[서울력] / 유들-유들[유들류들]

붙임2 두 단어를 이어서 한 마디로 발음하는 경우에도 이에 준한다. 예 한 일[한닐] / 3 연대[삼년대] / 할 일[할릴] / 잘 입다[잘립따]

다만, 다음과 같은 단어에서는 'ㄴ(ㄹ)' 음을 첨가하여 발음하지 않는다. 예 6·25[유기오] / 송별-연[송:벼련]

제30항 사이시옷이 붙은 단어는 다음과 같이 발음한다.

1. 'ㄱ, ㄷ, ㅂ, ㅅ, ㅈ'으로 시작하는 단어 앞에 사이시옷이 올 때는 이들 자음만을 된소리로 발음하는 것을 원칙으로 하되, 사이시옷을 [ㄷ]으로 발음하는 것도 허용한다. 예 냇가[내:까/낻:까] / 콧등[코뜽/콛뜽] / 햇살[해쌀/핻쌀] / 고갯짓[고개찓/고갣찓]

2. 사이시옷 뒤에 'ㄴ, ㅁ'이 결합되는 경우에는 [ㄴ]으로 발음한다. 예 콧날[콛날 → 콘날] / 툇마루[퇻:마루 → 퇸:마루]

3. 사이시옷 뒤에 '이' 음이 결합되는 경우에는 [ㄴㄴ]으로 발음한다. 예 베갯잇[베갣닏 → 베갠닏] / 도리깻열[도리깯녈 → 도리깬녈]

실전 문제

01 밑줄 친 부분의 표기가 어법에 맞지 않는 것은?
① 이것으로 <u>인삿말</u>에 갈음하고자 합니다.
② 평소에 <u>존댓말</u>을 쓰는 습관을 붙여 두어야 한다.
③ 가을이 깊어 가는데 <u>장맛비</u>가 내리고 있다.
④ <u>고깃배</u>를 타고 낚시를 하는 것은 참 신바람 나는 일이다.
⑤ <u>뱃속</u>에 무엇이 들어 있는지 먹기만 하면 금방 소화가 되고 만다.

02 밑줄 친 부분의 표기가 어법에 맞지 않는 것은?
① 무정아, 우리 동창 중에 <u>거시기</u>는 지금 어디 살지?
② 돈벌이가 시원찮아 아직도 <u>사글세</u>를 못 면하고 있다.
③ <u>빈자떡</u>은 녹두를 원료로 하여 기름에 구워내는 녹두전이다.
④ 그 사람은 <u>허우대</u>는 멀쩡한데 말에 신빙성이 없다.
⑤ 영희는 키가 작아서 사람들 사이에서는 언제나 <u>까치발</u>을 해야만 한다.

03 밑줄 친 부분의 표기가 어법에 맞지 않는 것은?
① <u>수소</u>는 사나워서 키우기가 무척 힘이 든다.
② <u>수사돈</u>이란 사위 쪽의 사돈, 즉 사위의 부모를 이르는 말이다.
③ 부화장에서 사온 병아리가 자라고 나서 보니 모두 <u>수놈</u>들이라 실망스러웠다.
④ 바람난 <u>수캐</u>마냥 이리저리 싸돌아다니기에 바쁘다.
⑤ 암양은 순하지만 <u>수양</u>은 몹시 사납고 거칠다.

04 밑줄 친 부분의 표기가 어법에 맞지 않는 것은?

① <u>미장이</u>는 건축 공사 현장에서 건물 벽에 흙, 시멘트 따위를 바르는 기술자를 이른다.

② 건물의 외벽을 타고 오르는 <u>담쟁이덩굴</u>이 아주 일품이다.

③ 부동산 투기 광풍(狂風)이 불어닥쳐 <u>웃돈</u>을 주고서라도 집을 사려고 야단법석이다.

④ 양은 <u>냄비</u>에 라면을 끓이면 특히 더 맛있다.

⑤ 무조건 때리고 <u>나무랜다고</u> 아이가 철이 드는 것은 아니다.

05 밑줄 친 부분의 표기가 어법에 맞지 않는 것은?

① <u>미루나무</u> 꼭대기에 조각구름이 걸려 있네.

② 가난했던 시절 너나없이 남의 집 <u>허드렛일</u>로 겨우 연명해 나갔다.

③ 손톱에 <u>봉숭화</u> 꽃물이 지워지지 않으면 첫사랑은 이루어진다고 했다.

④ 동생의 결혼식에 <u>부조</u>가 생각보다 많이 들어왔다.

⑤ 아이들이 냇가에서 하루 종일 물놀이를 하며 <u>발가숭이</u>가 되어 놀고 있다.

06 밑줄 친 부분의 표기가 어법에 맞지 않는 것은?

① 정육면체의 <u>윗넓이</u>를 구하라.

② 흥부는 두통이 나도록 <u>윗당줄</u>을 졸라매고 길을 나섰다.

③ 할아버지께서는 언제나 당신의 <u>윗수염</u>을 소중히 여기신다.

④ 동생은 <u>웃니</u>가 잘못 나와서 교정을 위해 매주 치과에 간다.

⑤ 아버지는 운동을 안 하셔서 <u>윗배</u>가 너무 많이 나오셨다.

07 밑줄 친 부분의 표기가 어법에 맞지 않는 것은?

① 철수는 <u>위채</u>에 세 들어 살고 있다.

② <u>윗돈</u>을 주고서라도 그 아파트를 사려고 한다.

③ 날씨가 너무 더워서 <u>웃옷</u>을 벗었다.

④ <u>윗눈썹</u>이 그린 듯이 매력적이다.

⑤ <u>웃비</u>가 내리고 나니 신기하게도 무지개가 생겼다.

08 밑줄 친 부분의 표기가 어법에 맞지 않는 것은?

① 이 <u>경구(警句)</u>는 내 평생 가슴에 새겨 두어야겠다.

② 신경림의 '목계 장터'는 <u>대구(對句)</u>가 아주 절창(絕唱)인 시이다.

③ 적절한 곳에 가장 적절한 <u>인용구(引用句)</u>를 배치하는 것, 이것이 작문의 기본이다.

④ <u>구법(句法)</u>의 실패는 곧 작문의 실패이다.

⑤ 명문(名文)이란 바로 훌륭한 <u>글구(-句)</u>에서 비롯되는 것이다.

09 밑줄 친 부분의 표기가 어법에 맞지 않는 것은?

① <u>생쥐</u> 한 마리가 곳간의 곡식을 모두 거덜내고 있다.

② <u>돗자리</u>를 준비해 오지 않아서 그냥 풀밭에 앉아야 한다.

③ <u>귀이개</u>로 함부로 귀지를 파는 것은 감염의 위험이 있다.

④ 어린 시절 고향 아이들은 너나없이 <u>부스럼</u>을 달고 다녔다.

⑤ 추운 겨울 <u>소리개</u>가 하늘에 보이면 곧바로 병아리 한두 마리가 없어지곤 했다.

10 밑줄 친 부분의 표기가 어법에 맞지 않는 것은?

① 그는 음식을 먹을 때마다 <u>얌냠거리고</u> 먹는다.

② 컴퓨터를 수리한다고 하더니 오히려 <u>망가뜨리고</u> 말았다.

③ 그는 이번 시험 성적이 좋다고 친구들에게 <u>뻐긴다</u>.

④ 자리에 오래 앉아 있었더니 다리가 굳어서 <u>오금팽이</u>에 쥐가 난다.

⑤ 그는 느닷없이 내 <u>뺨따귀</u>를 때렸다.

11 밑줄 친 부분의 표기가 어법에 맞지 않는 것은?

① 방 안에서 담배를 얼마나 피웠는지 <u>천정</u>에 담배 연기가 자욱하다.

② 그가 이 양복을 입고 있으니 <u>맵자하게</u> 잘 어울린다.

③ 인터넷에는 여러 기삿거리가 <u>수두룩한데</u> 정작 내가 관심 가는 내용은 없다.

④ 너무 웃어서 <u>위턱</u>이 빠질 것 같다.

⑤ 더운 여름에는 <u>미숫가루</u>를 얼음물에 타서 먹으면 제격이다.

12 **밑줄 친 부분의 표기가 어법에 맞지 않는 것은?**

① 봄날 한창 졸릴 시간이라 그런지 다들 눈이 거슴츠레하다.
② 요사이 장마가 계속되다 보니 방 안에 코린내가 무척 심하게 난다.
③ 얼굴에 뾰두라지가 심하게 나서 외출을 할 수 없다.
④ 이번 일은 왠지 꺼림하여 손에 일이 잡히지 않는다.
⑤ 담배꽁추를 함부로 버리면 벌금을 물어야 한다.

13 **밑줄 친 부분의 표기가 어법에 맞지 않는 것은?**

① 옷감에 솟을무늬가 있어서 고급스러워 보인다.
② 풍란은 주로 절벽이나 낭떨어지 같은 곳에서 자생한다.
③ 방문이 두껍닫이로 되어 있어 보온에 좋겠다.
④ 과자 나부랭이로 동심을 유혹하던 시대는 지났다.
⑤ 그는 잘 알려지지 않은 밥소라를 만드는 장인이다.

14 **밑줄 친 부분의 표기가 어법에 맞지 않는 것은?**

① 옛날 머슴들은 고봉밥을 먹고 힘든 노동을 감당해 내었다.
② 고향의 어머니를 제대로 모시지 못해 늘 면구스러울 따름이다.
③ 6월 초에 연휴가 있어 겸사겸사 고향에 한번 다녀와야겠다.
④ 철수는 마을 이장 일을 맡아서 매우 다사롭다.
⑤ 경상남도 마산 지방은 우렁쉥이 주산지로 유명하다.

15 **다음 중 모두 표준어인 것은?**

① 빙충이, 등때기, 안스럽다, 칡범
② 부지깽이, 쌍동밤, 자배기, 상판대기
③ 깡충깡충, 끄나불, 세째, 수꿩
④ 수톨쩌귀, 뻗장다리, 삼촌, 소금쟁이
⑤ 괴팍하다, 호루루기, 꼭두각시, 망가트리다

16 다음 중 모두 표준어인 것은?

　① 딱따구리, 살쾡이, 겉고삿, 케케묵다　　② 깍쟁이, 알타리무, 코주부, 까막눈

　③ 강낭콩, 숫키와, 넷째　　④ 바가지, 놀, 새벽별, 괴팍하다

　⑤ 부조금, 언덕빼기, 덩쿨, 되우

17 다음 중 복수 표준어가 아닌 것은?

　① 여태 – 입때, 책씻이 – 책거리　　② 오른 손 – 바른손, 살쾡이 – 삵

　③ 땅콩 – 호콩, 돼지감자 – 뚱딴지　　④ 뒷갈망 – 뒷마무리, 딴전 – 딴짓

　⑤ 무심결 – 무심중, 멀찌감치 – 멀찍이

18 다음 중 복수 표준어가 아닌 것은?

　① 가엽다 – 가엾다, 댓돌 – 툇돌　　② 보조개 – 볼우물, 까까중이 – 중대가리

　③ 우레 – 천둥, 쌉쓰레하다 – 쌉쓰름하다　　④ 철딱서니 – 철따구니, 남우세스럽다 – 남사스럽다

　⑤ 허섭스레기 – 허접쓰레기, 택견 – 태껸

19 밑줄 친 말의 발음이 옳지 않은 것은?

　① 국가의 공권력[공꿘녁]은 민주주의의 근간이 되는 것이다.

　② 봄이 오고 있는데도 방 안에서만 지내니 갑갑하다[각까파다].

　③ 여의도 벚꽃 길을 밟고[밥:꼬] 걸어가면 얼마나 좋을까?

　④ 봄이 오니 여기저기서 꽃들이 꽃망울[꼰망울]을 터뜨리고 있다.

　⑤ 봄이 짙어 가고 있으니 곧 광한루[광할루]를 다녀와야겠다.

20 밑줄 친 말의 발음이 옳지 않은 것은?

　① 아버지께서 닭을[달글] 잡으려다 그만 놓치고 말았다.

　② 찬 바람이 매섭게 내 온몸을 핥고[할꼬] 지나갔다.

　③ 후손들에게 잘못된 역사의 전철(前轍)을 다시는 밟게[밥:께] 해서는 안 된다.

　④ 이것이 바로 우리가 후손에게 물려줄 값진[갑찐] 교훈이 될 것이다.

　⑤ 가슴을 넓게[넙께] 펴고 당당하게 시련에 맞서 나가야 한다.

21 밑줄 친 말의 발음이 옳지 않은 것은?

① 지식은 있되 지혜[지혜]가 없는 경우 교만해지기 십상이다.

② 팔을 다쳐[다처] 운동을 할 수 없으니 좀이 쑤신다.

③ 우리의[우리에] 소원은 통일을 이루어 하나 되는 것이다.

④ 그는 말씨[말:씨]로 보아 새터민으로 보인다.

⑤ 그가 폭력을 행사하는 것을 수많이[수만히] 보아 왔다.

22 밑줄 친 말의 발음이 옳지 않은 것은?

① 앞에서 끌어[끄:러] 주고 뒤에서 민다.

② 감을 익기 전에 따서 먹으면 떫은[떨:븐] 맛이 난다.

③ 이 항아리는 주둥이가 넓죽하다[넙쭈카다].

④ 그는 나이보다 많이 젊어[절머] 보인다.

⑤ 이번 업무는 하기 싫어도[실러도] 어쩔 수 없이 우리가 해야 한다.

23 밑줄 친 말의 발음이 옳지 않은 것은?

① 하수도가 막혀 그것을 뚫는[뚤른] 기계가 있어야겠다.

② 이 타이어는 재질이 우수해서 쉽게 닳지[달찌] 않는다.

③ 오늘 날씨는 낮 한때[나탄때] 36도까지 치솟아 오를 전망이다.

④ 어느 집안이든 맏형[마텽] 노릇 하기는 무척 힘들다.

⑤ 오늘 낳은[나은] 강아지는 모두 온몸에 검은 반점이 선명하다.

24 밑줄 친 말의 발음이 옳지 않은 것은?

① 티읕을[티으슬] 티끝으로 발음하는 학생들이 의외로 많다.

② 날씨가 더워지니 더 이상 겉옷[거돋]을 입을 필요가 없어졌다.

③ 부모의 재산은 자녀 모두에게 몫몫이[몽목씨] 나누어 주어야 한다.

④ 백 리[백리]를 보지 말고 천 리를 바라보아야 한다.

⑤ 비행기가 항로[항:노]를 벗어나 운항하면 바로 사고로 이어질 수 있다.

25 밑줄 친 말의 발음이 옳지 않은 것은?

① 그는 군인 시절 담력[담녁]의 세기가 타의 추종을 불허했다.

② 우리는 속리산[송니산]에서 일박하고 설악산을 종주할 계획이다.

③ 급류[금뉴]로 인하여 살던 집과 전답이 모두 유실되었다.

④ 과거 조상들이 사용하던 농기구 중에 벼훑이[벼훌치]라는 것이 있다.

⑤ 앞마당[안마당]이 좁아서 꽃나무 한 그루도 심을 수가 없다.

26 밑줄 친 말의 발음이 옳지 않은 것은?

① 몸이 불편하여 며칠 병원에 있었더니 입원료[이번료]가 너무 많이 나왔다.

② 어린이는 줄넘기[줄럼끼]를 많이 해야 키가 쑥쑥 잘 자란다.

③ 요사이 국어 시험에서는 문법[문뻡] 문제가 많이 출제되어 난도(難度)가 높아졌다.

④ 참새가 텃새라고는 해도 가끔은 서식지를 옮긴다[옴긴다].

⑤ 젊지[점:찌] 않은 나이에 새로 사업을 시작한다는 것은 대단한 용기가 필요하다.

27 밑줄 친 말의 발음이 옳지 않은 것은?

① 그는 시간만 있으면 언제나 시조를 읊조린다[읍쪼린다].

② 이건 숫제 시거든 떫지[떨:찌]라도 말아야지.

③ 그 사람은 무척 몰상식[몰쌍식]해서 아예 상대를 하지 말아야겠다.

④ 어여머리를 얹고[언꼬], 또 그 위에 봉잠과 밀화잠으로 머리를 장식한다.

⑤ 젖먹이[점머기]가 있는 집에서는 으레 빨래를 삶아 빨았다.

28 밑줄 친 말의 발음이 옳지 않은 것은?

① 아주 어려운 일을 요행으로 해결했을 때 이를 일러 봉사 문고리[문꼬리] 잡기라고 한다.

② 청탁 문화는 근절되어야 한다지만 모든 걸 맨입[맨닙]으로만 해결하려고 하다니.

③ 일제 치하 검열[검:렬]이 심했던 그 시절 대다수의 문인들은 붓을 꺾고 말았다.

④ 요사이 휘발유[휘발류]값이 치솟아 차를 타고 다니기가 걱정된다.

⑤ 보영은 오늘 일이 끝나는 대로 직행열차[지캥녈차]를 타고 서울에 갈 예정이다.

29 밑줄 친 말의 발음이 옳지 않은 것은?

① 좋은 집이란 비싼 집이 아니라 <u>햇살[핻쌀]</u> 가득한 따뜻한 집을 말한다.

② 사나운 개 <u>콧등[코뜽]</u> 아물 날 없다고 그는 툭하면 싸움이다.

③ <u>영업용[영엄뇽]</u> 차량의 번호판은 자가용 차량과 다르다.

④ 무더운 여름 한낮 소나기 내린 뒤 <u>툇마루[퇸:마루]</u>에 앉으면 참으로 시원하다.

⑤ 높은 산에서 밥을 하니 쌀이 <u>설익었다[설이걷따]</u>.

30 밑줄 친 말의 발음이 옳지 않은 것은?

① 어린아이들은 가루약보다는 <u>물약[물략]</u>을 잘 먹는다.

② 대부분은 결핵균의 감염으로 인해 <u>늑막염[능망염]</u>이 발생한다.

③ 아무리 무더운 여름이라도 밤이 되면 <u>바람결[바람껼]</u>이 그나마 시원하다.

④ 요즘은 겨울철 실내 난방이 잘 되어 두꺼운 <u>솜이불[솜:니불]</u>을 덮고 자는 경우는 없다.

⑤ 오늘 밤에는 졸업하는 같은 과 선배들의 <u>송별연[송:벼련]</u>이 있다.

31 밑줄 친 말의 발음이 옳지 않은 것은?

① 여름철에는 땀이 많이 나 <u>베갯잇[베갣닏]</u>을 자주 빨아야 한다.

② 충남 금산 추부는 <u>깻잎[깬닙]</u> 주산지로 유명하다.

③ <u>식용유[시굥뉴]</u>의 원료는 콩과 옥수수이다.

④ 도시보다 오히려 시골이 <u>삯일[상닐]</u>이 더 많다.

⑤ 너무 세게 내리쳐 <u>도리깻열[도리깬녈]</u>이 부러져 타작을 할 수 없었다.

32 겹받침의 소리가 첫째 자음으로만 나는 것으로 옳게 묶인 것은?

① 닭, 않다, 외곬

② 핥다, 맑다, 얽거나

③ 앎, 늙지, 흙과

④ 넓다, 없다, 넋과

⑤ 값을, 밟고, 삶

2장 한글 맞춤법

1 맞춤법의 뜻

말을 글자로 적을 때에 지켜야 할 약속을 맞춤법이라고 한다. 맞춤법 규정에 맞게 글을 써야 읽는 이가 그 글을 쉽고 정확하게 읽을 수 있다. 우리말의 표기 원칙은 소리 나는 대로 적되, 낱말의 형태를 밝혀 적는다. 즉, 소리 나는 대로 적는 연철법(이어 적기)과 각각의 형태소를 분철하여 적는 분철법(끊어 적기) 모두를 이용하여 적고 있다.

2 총칙

제1항 한글 맞춤법은 표준어를 소리대로 적되, 어법에 맞도록 함을 원칙으로 한다.
※ 표음주의(表音主義)를 원칙으로 하되 어근과 접사 또는 어근과 어근의 결합 혹은 어미에 조사가 더해질 때 표음주의를 채택하면 그 단어의 의미를 정확하게 파악하기가 어렵기에, 그 단어를 구성하고 있는 형태소의 본질을 분명히 밝혀 두기 위하여 형태소의 본 모양인 원형을 밝혀서 적는 형태주의(形態主義)를 부가하여 적는다는 말이다. 예를 들어 '짤막하다'는 '짧+막하다'로 적지 아니하고 '막하다'의 형태로 소리 나는 대로 적은 경우이므로 표음주의 표기법이다. 반면 '집이'는 '집+이: 명사+조사'의 형태로 구분하여 적는 경우이므로 형태주의 표기법이다.

제2항 문장에 사용된 각 단어는 띄어 씀을 원칙으로 한다.
※ 여기서 단어라 함은 명사, 대명사, 수사, 관형사, 부사, 형용사, 동사, 감탄사, 조사를 이르며 이 중 조사만은 앞말에 기대어 쓴다.

제3항 외래어는 외래어 표기법에 따른다.

제4항 한글 자모의 수는 스물넉 자로 하고, 그 순서와 이름은 다음과 같이 정한다.

자음	ㄱ(기역), ㄴ(니은), ㄷ(디귿), ㄹ(리을), ㅁ(미음), ㅂ(비읍), ㅅ(시옷), ㅇ(이응), ㅈ(지읒), ㅊ(치읓), ㅋ(키읔), ㅌ(티읕), ㅍ(피읖), ㅎ(히읗)
단모음	ㅏ(아), ㅑ(야), ㅓ(어), ㅕ(여), ㅗ(오), ㅛ(요), ㅜ(우), ㅠ(유), ㅡ(으), ㅣ(이)

붙임1 위의 자모로써 적을 수 없는 소리는 두 개 이상의 자모를 어울러서 적되, 그 순서와 이름은 다음과 같이 정한다.

된소리	ㄲ(쌍기역), ㄸ(쌍디귿), ㅃ(쌍비읍), ㅆ(쌍시옷), ㅉ(쌍지읒)
두 개 이상의 모음이 어울려 나는 소리	ㅐ(애), ㅒ(얘), ㅔ(에), ㅖ(예), ㅘ(와), ㅙ(왜), ㅚ(외), ㅝ(워), ㅞ(웨), ㅟ(위), ㅢ(의)

붙임2 사전에 올릴 적의 자모 순서는 다음과 같이 정한다.

된소리	ㄱ, ㄲ, ㄴ, ㄷ, ㄸ, ㄹ, ㅁ, ㅂ, ㅃ, ㅅ, ㅆ, ㅇ, ㅈ, ㅉ, ㅊ, ㅋ, ㅌ, ㅍ, ㅎ
모음	ㅏ, ㅐ, ㅑ, ㅒ, ㅓ, ㅔ, ㅕ, ㅖ, ㅗ, ㅘ, ㅙ, ㅚ, ㅛ, ㅜ, ㅝ, ㅞ, ㅟ, ㅠ, ㅡ, ㅢ, ㅣ

3 소리에 관한 규칙

제5항 한 단어 안에서 뚜렷한 까닭 없이 나는 된소리는 다음 음절의 첫소리를 된소리로 적는다.

1. 두 모음 사이에서 나는 된소리 예 소쩍새 / 으뜸 / 아끼다 / 기쁘다 / 깨끗하다 / 부썩 / 어찌 / 이따금

2. 'ㄴ, ㄹ, ㅁ, ㅇ' 받침 뒤에서 나는 된소리 예 산뜻하다 / 잔뜩 /살짝 / 훨씬 / 엉뚱하다

다만, 'ㄱ, ㅂ' 받침 뒤에서 나는 된소리는, 같은 음절이나 비슷한 음절이 겹쳐 나는 경우가 아니면 된소리로 적지

아니한다. **예** 국수 / 깍두기 / 딱지 / 갑자기

제6항 'ㄷ, ㅌ' 받침 뒤에 종속적 관계를 가진 '-이(-)'나 '-히-'가 올 적에는, 그 'ㄷ, ㅌ'이 'ㅈ, ㅊ'으로 소리 나더라도 'ㄷ, ㅌ'으로 적는다.(ㄱ을 취하고, ㄴ을 버림.)

ㄱ	ㄴ
맏이	마지
핥이다	할치다
해돋이	해도지
걷히다	거치다

제7항 'ㄷ' 소리로 나는 받침 중에서 'ㄷ'으로 적을 근거가 없는 것은 'ㅅ'으로 적는다. **예** 덧저고리 / 돗자리 / 핫옷 / 자칫 하면 / 뭇[衆] / 옛 / 첫

제8항 '계, 례, 몌, 폐, 혜'의 'ㅖ'는 'ㅔ'로 소리 나는 경우가 있더라도 'ㅖ'로 적는다.(ㄱ을 취하고, ㄴ을 버림.)

ㄱ	ㄴ
계수(桂樹)	게수
혜택(惠澤)	혜택
사례(謝禮)	사레
계집	게집
연몌(連袂)	연메

다만, 다음 말은 본음대로 적는다. **예** 게송(偈頌) / 게시판(揭示板)

제9항 '의'나, 자음을 첫소리로 가지고 있는 음절의 'ㅢ'는 'ㅣ'로 소리 나는 경우가 있더라도 'ㅢ'로 적는다.(ㄱ을 취하고, ㄴ을 버림.)

ㄱ	ㄴ
의의(意義)	의이
닝큼	닁큼
본의(本義)	본이
띄어쓰기	띠어쓰기
무늬[紋]	무니

제10항 한자음 '녀, 뇨, 뉴, 니'가 단어 첫머리에 올 적에는, 두음 법칙에 따라 '여, 요, 유, 이'로 적는다.(ㄱ을 취하고, ㄴ을 버림.)

ㄱ	ㄴ
여자(女子)	녀자
유대(紐帶)	뉴대
연세(年歲)	년세
이토(泥土)	니토
요소(尿素)	뇨소

다만, 다음과 같은 의존 명사에서는 '냐, 녀' 음을 인정한다. **예** 냥(兩) / 냥쭝(兩-) / 년(年)(몇 년)

[붙임 1] '단어의 첫머리 이외의 경우에는 본음대로 적는다. **예** 남녀(男女) / 당뇨(糖尿)

[붙임 2] '접두사처럼 쓰이는 한자가 붙어서 된 말이나 합성어에서, 뒷말의 첫소리가 'ㄴ' 소리로 나더라도 두음 법칙 에 따라 적는다. **예** 신여성(新女性) / 공염불(空念佛)

'둘 이상의 단어로 이루어진 고유 명사를 붙여 쓰는 경우에도 붙임 2에 준하여 적는다. 예 한국여자대학 / 대한요소비료회사

제11항 한자음 '랴, 려, 례, 료, 류, 리'가 단어의 첫머리에 올 적에는, 두음 법칙에 따라 '야, 여, 예, 요, 유, 이'로 적는다.(ㄱ을 취하고, ㄴ을 버림.)

ㄱ	ㄴ
양심(良心)	량심
용궁(龍宮)	룡궁
역사(歷史)	력사

다만, 다음과 같은 의존 명사는 본음대로 적는다. 예 리(里): 몇 리냐? / 리(理): 그럴 리가 없다.

붙임1 '단어의 첫머리 이외의 경우에는 본음대로 적는다. 예 개량(改良) / 선량(善良) / 혼례(婚禮) / 와룡(臥龍) / 쌍룡(雙龍)

다만, 모음이나 'ㄴ' 받침 뒤에 이어지는 '렬, 률'은 '열, 율'로 적는다.(ㄱ을 취하고, ㄴ을 버림.)

ㄱ	ㄴ
나열(羅列)	나렬
분열(分裂)	분렬
치열(齒列)	치렬
선열(先烈)	선렬
비열(卑劣)	비렬

붙임2 '외자로 된 이름을 성에 붙여 쓸 경우에도 본음대로 적을 수 있다. 예 신립(申砬) / 최린(崔麟)

붙임3 '준말에서 본음으로 소리 나는 것은 본음대로 적는다. 예 국련(국제연합) / 대한교련(대한교육연회)

붙임4 '접두사처럼 쓰이는 한자가 붙어서 된 말이나 합성어에서, 뒷말의 첫소리가 'ㄴ' 또는 'ㄹ' 소리로 나더라도 두음 법칙에 따라 적는다. 예 역이용(逆利用) / 연이율(年利率)

붙임5 '둘 이상의 단어로 이루어진 고유 명사를 붙여 쓰는 경우나 십진법에 따라 쓰는 수(數)도 붙임 4에 준하여 적는다. 예 서울여관 / 육천육백육십육(六千六百六十六)

제12항 한자음 '라, 래, 로, 뢰, 루, 르'가 단어의 첫머리에 올 적에는, 두음 법칙에 따라 '나, 내, 노, 뇌, 누, 느'로 적는다.(ㄱ을 취하고, ㄴ을 버림.)

ㄱ	ㄴ
낙원(樂園)	락원
뇌성(雷聲)	뢰성
내일(來日)	래일

붙임1 '단어의 첫머리 이외의 경우에는 본음대로 적는다. 예 쾌락(快樂) / 극락(極樂) / 거래(去來) / 광한루(廣寒樓) / 동구릉(東九陵) / 가정란(家庭欄)

붙임2 '접두사처럼 쓰이는 한자가 붙어서 된 단어는 뒷말을 두음 법칙에 따라 적는다. 예 내내월(來來月) / 상노인(上老人) / 중노동(重勞動)

제13항 한 단어 안에서 같은 음절이나 비슷한 음절이 겹쳐 나는 부분은 같은 글자로 적는다.(ㄱ을 취하고, ㄴ을 버림.)

ㄱ	ㄴ
딱딱	딱닥

꼿꼿하다	꼿곳하다
쌕쌕	쌕색
씩씩	씩식
쌉쌀하다	쌉살하다

④ 형태에 관한 규칙

제14항 체언은 조사와 구별하여 적는다.
※체언이란 명사, 대명사, 수사를 이르는 말이다. 현행 국어의 조사는 7격 조사(주격: 은/는, 이/가, 서술격: 이다, 보격: 되다/아니다 앞의 이/가, 관형격: 의, 목적격: 을/를, 부사격: 에서/ 와, 호격:야)가 있다. 참고로, 격조사를 보면 그 문장의 성분을 알 수 있다. 예 떡이, 떡을, 떡에, 떡도, 떡만 / 손이, 손을, 손에, 손도, 손만

제15항 용언의 어간과 어미는 구별하여 적는다. 예 먹다. 먹고. 먹어. 먹으니 / 찾다. 찾고. 찾아. 찾으니 / 좇다. 좇고. 좇아. 좇으니

붙임1 두 개의 용언이 어울려 한 개의 용언이 될 적에, 앞말의 본뜻이 유지되고 있는 것은 그 원형을 밝히어 적고, 그 본뜻에서 멀어진 것은 밝히어 적지 아니한다.

1. 앞말의 본뜻이 유지되고 있는 것 예 넘어지다 / 늘어나다 / 늘어지다 / 벌어지다

2. 본뜻에서 멀어진 것 예 드러나다 / 사라지다 / 쓰러지다

붙임2 종결형에서 사용되는 어미 '-오'는 '요'로 소리 나는 경우가 있더라도 그 원형을 밝혀 '오'로 적는다. (ㄱ을 취하고, ㄴ을 버림.)

ㄱ	ㄴ
이것은 책이오.	이것은 책이요.
이리로 오시오.	이리로 오시요.

붙임3 연결형에서 사용되는 '이요'는 '이요'로 적는다. (ㄱ을 취하고, ㄴ을 버림)

ㄱ	ㄴ
이것은 책이요, 저것은 붓이요, 또 저것은 먹이다.	이것은 책이오, 저것은 붓이오, 또 저것은 먹이다.

제16항 어간의 끝음절 모음이 'ㅏ, ㅗ'일 때에는 어미를 '-아'로 적고, 그 밖의 모음일 때에는 '-어'로 적는다.

1. '-아'로 적는 경우 예 나아. 나아도. 나아서 / 막아. 아도. 막아서

2. '-어'로 적는 경우 예 개어. 개어도. 개어서 / 겪어. 겪어도. 겪어서

제17항 어미 뒤에 덧붙는 조사 '-요'는 '-요'로 적는다. 예 읽어, 읽어요 / 참으리, 참으리요

제18항 다음과 같은 용언들은 어미가 바뀔 경우, 그 어간이나 어미가 원칙에 벗어나면 벗어나는 대로 적는다.

1. **어간의 끝 'ㄹ'이 줄어질 경우** 예 갈다: 가니, 간, 갑니다, 가시다, 가오 / 불다: 부니, 분, 붑니다, 부시다, 부오 / 어질다: 어지니, 어진, 어집니다, 어지시다, 어지오

붙임 다음과 같은 말에 'ㄹ'이 준 대로 적는다. 예 마지못하다 / 마지않다 / (하)다마다 / (하)자마자 / (하)지 마라 / (하)지 마(아)

2. **어간의 끝 'ㅅ'이 줄어질 경우** 예 긋다: 그어, 그으니, 그었다 / 낫다: 나아, 나으니, 나았다 / 짓다: 지어, 지으니, 지었다

3. **어간의 'ㅎ'이 줄어질 경우** 예 그렇다: 그러니, 그럴, 그러면, 그러오 / 퍼렇다: 퍼러니, 퍼럴, 퍼러면, 퍼러오 / 하얗다: 하야니, 하얄, 하야면, 하야오

4. 어간의 끝 'ㅜ, ㅡ'가 줄어질 경우 **예** 푸다: 퍼, 펐다 / 뜨다: 떠, 떴다 / 끄다: 꺼, 껐다 / 담그다: 담가, 담갔다 / 따르다: 따라, 따랐다

5. 어간의 끝 'ㄷ'이 'ㄹ'로 바뀔 경우 **예** 걷다[步]: 걸어, 걸으니, 걸었다 / 듣다[聽]: 들어, 들으니, 들었다 / 묻다[問]: 물어, 물으니, 물었다

6. 어간의 끝 'ㅂ'이 'ㅜ'로 바뀔 경우 **예** 굽다[炙]: 구워, 구우니, 구웠다 / 가깝다: 가까워, 가까우니, 가까웠다 / 맵다: 매워, 매우니, 매웠다 / 밉다: 미워, 미우니, 미웠다

다만, '돕-, 곱-'과 같은 단음절 어간에 어미 '-아'가 결합되어 '와'로 소리 나는 것은 '-와'로 적는다. **예** 돕다[助]: 도와, 도와서, 도와도, 도왔다

7. '하다'의 활용에서 어미 '-아'가 '-여'로 바뀔 경우 **예** 하다: 하여, 하여서, 하여도, 하여라, 하였다

8. 어간의 끝음절 '르' 뒤에 오는 어미 '-어'가 '러'로 바뀔 경우 **예** 이르다[至]: 이르러, 이르렀다 / 누르다: 누르러, 누르렀다

9. 어간의 끝음절 '르'의 'ㅡ'가 줄고, 그 뒤에 오는 어미 '-아/-어'가 '-라/-러'로 바뀔 경우 **예** 가르다: 갈라, 갈랐다 / 거르다: 걸러, 걸렀다 / 구르다: 굴러, 굴렀다 / 이르다: 일러, 일렀다

제19항 어간에 '-이'나 '-음/-ㅁ'이 붙어서 명사로 된 것과 '-이'나 '-히'가 붙어서 부사로 된 것은 그 어간의 원형을 밝히어 적는다.

1. '-이'가 붙어서 명사로 된 경우 **예** 길이 / 깊이 / 먹이 / 미닫이 / 쇠붙이

2. '-음/-ㅁ'이 붙어서 명사로 된 경우 **예** 걸음 / 믿음 / 얼음 / 울음 / 죽음 / 앎 / 만듦

3. '-이'가 붙어서 부사로 된 경우 **예** 같이 / 길이 / 높이 / 많이 / 좋이 / 짓궂이

4. '-히'가 붙어서 부사로 된 경우 **예** 밝히 / 익히 / 작히

다만, 어간에 '-이'나 '-음'이 붙어서 명사로 바뀐 것이라도 그 어간의 뜻과 멀어진 것은 원형을 밝히어 적지 아니한다. **예** 목거리(목병) / 코끼리 / 거름(비료) / 노름(도박)

붙임 어간에 '-이'나 '-음' 이외의 모음으로 시작된 접미사가 붙어서 다른 품사로 바뀐 것은 그 어간의 원형을 밝히어 적지 아니한다.
1. 명사로 바뀐 것 **예** 까마귀 / 너머 / 마개 / 마중 / 무덤 / 올가미 / 주검
2. 부사로 바뀐 경우 **예** 거뭇거뭇 / 너무 / 도로 / 바투 / 불긋불긋 / 자주 / 차마
3. 조사로 바뀌어 뜻이 달라진 것 **예** 나마 / 부터 / 조차

제20항 명사 뒤에 '-이'가 붙어서 된 말은 그 명사의 원형을 밝히어 적는다.

1. 부사로 된 경우 **예** 곳곳이 / 낱낱이 / 몫몫이 / 집집이

2. 명사로 된 경우 **예** 곰배팔이 / 바둑이 / 삼발이 / 절뚝발이

붙임 '-이' 이외의 모음으로 시작된 접미사가 붙어서 된 말은 그 명사의 원형을 밝히어 적지 아니한다. **예** 모가치 / 바가지 / 사타구니 / 싸라기 / 이파리 / 지붕

제21항 접미사 붙는 규정: 명사나 혹은 용언의 어간 뒤에 자음으로 시작된 접미사가 붙어서 된 말은 그 명사나 어간의 원형을 밝히어 적는다.

1. 명사 뒤에 자음으로 시작된 접미사가 붙어서 된 경우 **예** 넋두리 / 빛깔 / 옆댕이 / 잎사귀

2. 어간 뒤에 자음으로 시작된 접미사가 붙어서 된 경우 **예** 낚시 / 늙정이 / 덮개 / 갉작갉작하다 / 뜯적뜯적하다 / 굵직하다 / 깊숙하다 / 늙수그레하다

다만, 다음과 같은 말은 소리대로 적는다.

1. 겹받침의 끝소리가 드러나지 아니하는 경우 **예** 할짝거리다 / 널따랗다 / 말끔하다 실쭉하다 / 얄따랗다 / 얄팍

하다 / 짤따랗다

2. 어원이 분명하지 아니하거나 본뜻에서 멀어진 것 **예** 넙치 / 올무 / 납작하다

제22항 용언의 어간에 다음과 같은 접미사들이 붙어서 이루어진 말들은 그 어간을 밝히어 적는다.

1. 피동 또는 사동 접미사 '-기-, -리-, -이-, -히-, -구-, -우-, -추-, -으키-, -이키-, -애-' 가 붙는 경우 **예** 맡기다 / 뚫리다 / 울리다 / 핥이다 / 굽히다 / 잡히다 / 돋우다 / 갖추다 / 맞추다 / 없애다

다만, '-이-, -히-, -우-'가 붙어서 된 말이라도 본뜻에서 멀어진 것은 소리대로 적는다. **예** 도리다(칼로~) / 드리다(용돈을~) / 바치다(세금을~) / 부치다(편지를~) / 거두다 / 이루다

2. '-치-, -뜨리-, -트리-'가 붙는 경우 **예** 놓치다 / 덮치다 / 밭치다 / 부딪치다 / 부딪뜨리다, 부딪트리다 / 쏟뜨리다, 쏟트리다 / 흩뜨리다, 흩트리다

[붙임] '-업-, -읍-, -브-'가 붙어서 된 말은 소리대로 적는다. **예** 미덥다, 미쁘다

제23항 '-하다'나 '-거리다'가 붙는 어근에 '-이'가 붙어서 명사가 된 것은 그 원형을 밝히어 적는다.(ㄱ을 취하고, ㄴ을 버림.)

ㄱ	ㄴ
깔쭉이	깔쭈기
살살이	살사리
꿀꿀이	꿀꾸리
쌕쌕이	쌕쌔기
눈깜짝이	눈깜짜기
코납작이	코납자기
배불뚝이	배불뚜기
푸석이	푸서기
삐죽이	삐주기

[붙임] '-하다'나 '-거리다'가 붙을 수 없는 어근에 '-이'나 또는 다른 모음으로 시작되는 접미사가 붙어서 명사가 된 것은 그 원형을 밝히어 적지 아니한다. **예** 개구리 / 기러기 / 깍두기 / 꽹과리 / 동그라미 / 매미 / 부스러기 / 뻐꾸기

제24항 '-거리다'가 붙을 수 있는 시늉말 어근에 '-이다'가 붙어서 된 용언은 그 어근을 밝히어 적는다.(ㄱ을 취하고, ㄴ을 버림.)

ㄱ	ㄴ
깜짝이다	깜짜기다
속삭이다	속사기다
꾸벅이다	꾸버기다
숙덕이다	숙더기다

제25항 '-하다'가 붙는 어근에 '-히'나 '-이'가 붙어서 부사가 되거나, 부사에 '-이'가 붙어서 뜻을 더하는 경우에는 그 어근이나 부사의 원형을 밝히어 적는다.

1. '-하다'가 붙는 어근에 '-히'나 '-이'가 붙는 경우 **예** 급히 / 꾸준히 / 도저히 / 딱히

[붙임] '-하다'가 붙지 않는 경우에는 소리대로 적는다. **예** 갑자기 / 반드시(꼭) / 슬며시

2. 부사에 '-이'가 붙어서 역시 부사가 되는 경우 **예** 곰곰이 / 더욱이 / 생긋이 / 오뚝이

제26항 '-하다'나 '-없다'가 붙어서 된 용언은 그 '-하다'나 '-없다'를 밝히어 적는다.

1. '-하다'가 붙어서 용언이 된 경우 **예** 딱하다 / 숱하다 / 착하다

2. '-없다'가 붙어서 용언이 된 경우 예 부질없다 / 상없다 / 하염없다

제27항 둘 이상의 단어가 어울리거나 접두사가 붙어서 이루어진 말은 각각 그 원형을 밝히어 적는다. 예 국말이 / 꺾꽂이 / 물난리 / 밑천 / 웃옷 / 첫아들 / 칼날 / 헛웃음 / 값없다 / 굶주리다 / 맞먹다 / 빗나가다 / 샛노랗다 / 시꺼멓다 / 엎누르다 / 엿듣다

붙임1 어원은 분명하나 소리만 특이하게 변한 것은 변한 대로 적는다. 예 할아버지 / 할아범

붙임2 어원이 분명하지 아니한 것은 원형을 밝히어 적지 아니한다. 예 골병 / 골탕 / 끌탕 / 며칠 / 아재비 / 오라비 / 업신여기다 / 부리나케

붙임3 '이[齒, 虱]'가 합성어나 이에 준하는 말에서 '니' 또는 '리'로 소리날 때에는 '니'로 적는다. 예 덧니 / 윗니 / 젖니 / 톱니 / 머릿니

제28항 '끝소리가 'ㄹ'인 말과 딴 말이 어울릴 적에 'ㄹ' 소리가 나지 아니하는 것은 아니 나는 대로 적는다. 예 다달이(달-달-이) / 따님(딸-님) / 마소(말-소) / 바느질(바늘-질) / 소나무(솔-나무) / 싸전(쌀-전) / 화살(활-살)

제29항 끝소리가 'ㄹ'인 말과 딴 말이 어울릴 적에 'ㄹ' 소리가 'ㄷ' 소리로 나는 것은 'ㄷ'으로 적는다.
예 반짇고리(바느질~) / 삼짇날(삼질~) / 섣달(설~) / 이튿날(이틀~) / 섣부르다 / 잗다랗다(잘~)

중요
제30항 사이시옷은 다음과 같은 경우에 받치어 적는다.
1. 순 우리말로 된 합성어로서 앞말이 모음으로 끝난 경우
① 뒷말의 첫소리가 된소리로 나는 경우 예 고랫재 / 귓밥 / 나룻배 / 냇가 / 댓가지 / 맷돌 / 머릿기름 / 모깃불 / 바닷가 / 뱃길 / 볏가리 / 부싯돌 / 우렁잇속 / 잇자국 / 잿더미 / 찻집 / 킷값 / 핏대/햇볕 / 혓바늘
② 뒷말의 첫소리 'ㄴ, ㅁ' 앞에서 'ㄴ' 소리가 덧나는 경우 예 아랫니 / 텃마당 / 아랫마을 / 잇몸 / 냇물
③ 뒷말의 첫소리 모음 앞에서 'ㄴㄴ' 소리가 덧나는 경우 예 두렛일 / 뒷일 / 베갯잇 / 깻잎 / 댓잎
2. 순 우리말과 한자어로 된 합성어로서 앞말이 모음으로 끝난 경우
① 뒷말의 첫소리가 된소리로 나는 경우 예 머릿방 / 뱃병 / 샛강 / 아랫방 / 전셋집 / 찻잔 / 콧병 / 텃세 / 핏기
② 뒷말의 첫소리 'ㄴ, ㅁ' 앞에서 'ㄴ' 소리가 덧나는 경우 예 곗날 / 제삿날 / 훗날
③ 뒷말의 첫소리 모음 앞에서 'ㄴㄴ' 소리가 덧나는 경우 예 사삿일 / 예삿일
3. 두 음절로 된 다음 한자어 예 곳간(庫間) / 셋방(貰房) / 숫자(數字) / 찻간(車間) / 툇간(退間) / 횟수(回數)

제31항 두 말이 어울릴 적에 'ㅂ' 소리나 'ㅎ' 소리가 덧나는 것은 소리대로 적는다.
1. 'ㅂ'소리가 덧나는 경우 예 멥쌀(메ㅂ쌀) / 볍씨(벼ㅂ씨) / 입쌀(이ㅂ쌀) / 좁쌀(조ㅂ쌀) / 햅쌀(해ㅂ쌀)
2. 'ㅎ' 소리가 덧나는 경우 예 머리카락(머리ㅎ가락) / 살코기(살ㅎ고기) / 수캐(수ㅎ개) / 수탉(수ㅎ닭) / 안팎(안ㅎ밖) / 암캐(암ㅎ개) / 암탉(암ㅎ닭)

제32항 단어의 끝 모음이 줄어지고 자음만 남은 것은 그 앞의 음절에 받침으로 적는다.

본말	준말
기러기야	기럭아
어제그저께	엊그저께
어제저녁	엊저녁
가지고, 가지지	갖고, 갖지

제33항 체언과 조사가 어울려 줄어지는 경우에는 준 대로 적는다.

본말	준말
그것은	그건
그것이	그게
그것으로	그걸로
나는	난
나를	날
너는	넌

제34항 모음 'ㅏ, ㅓ'로 끝난 어간에 '-아/-어, -았-/-었-'이 어울릴 적에는 준 대로 적는다.

본말	준말
가아	가
가았다	갔다
나아	나
나았다	났다
타아	타
타았다	탔다

[붙임1] 'ㅐ, ㅔ' 뒤에 '-어, -었-'이 어울려 줄 적에는 준 대로 적는다.

본말	준말
개어	가
개었다	갰다
내어	내
내었다	냈다
베어	베

[붙임2] '하여'가 한 음절로 줄어서 '해'로 될 적에는 준 대로 적는다.

본말	준말
하여	해
하였다	했다
더하여	더해
더하였다	더했다
흔하여	흔해

제35항 모음 'ㅗ, ㅜ'로 끝난 어간에 '-아/-어, -았-/-었-'이 어울려 'ㅘ/ㅝ, 왔/웠'으로 될 적에는 준 대로 적는다.

본말	준말
꼬아	꽈
꼬았다	꽜다
보아	봐
보았다	봤다
쏘아	쏴
두어	둬

[붙임1] '놓아'가 '놔'로 줄 적에는 준 대로 적는다.

'ㅚ' 뒤에 '-어, -었-'이 어울려 'ㅙ, ㅙㅆ'으로 될 적에도 준 대로 적는다.

본말	준말
괴어	괘
괴었다	괬다
되어	돼
되었다	됐다
뵈어	봬
뵈었다	뵀다

제36항 'ㅣ' 뒤에 '-어'가 와서 'ㅕ'로 줄 적에는 준 대로 적는다.

본말	준말
가지어	가져
가지었다	가졌다
견디어	견뎌
견디었다	견뎠다
다니어	다녀

제37항 'ㅏ, ㅕ, ㅗ, ㅜ, ㅡ'로 끝난 어간에 '-이-'가 와서 각각 'ㅐ, ㅖ, ㅚ, ㅟ, ㅢ'로 줄 적에는 준 대로 적는다.

본말	준말
싸이다	쌔다
누이다	뉘다
펴이다	폐다
뜨이다	띄다
보이다	뵈다

제38항 'ㅏ, ㅗ, ㅜ, ㅡ' 뒤에 '-이어'가 어울려 줄어질 적에는 준 대로 적는다.

본말	준말
싸이어	쌔어 / 싸여
뜨이어	띄어
보이어	뵈어 / 보여
쓰이어	씌어 / 쓰여

제39항 어미 '-지' 뒤에 '않-'이 어울려 '-잖-'이 될 적과 '-하지' 뒤에 '않-'이 어울려 '-찮-'이 될 적에는 준 대로 적는다.

본말	준말
그렇지 않은	그렇잖은
만만하지 않다	만만찮다
적지 않은	적잖은

제40항 어간의 첫음절 하의 'ㅏ'가 줄고 'ㅎ'이 다음 음절의 첫소리와 어울려 거센소리로 될 적에는 거센소리로 적는다.

본말	준말
간편하게	간편케
다정하다	다정타
연구하도록	연구토록

| 정결하다 | 정결타 |

[붙임1] 'ㅎ'이 어간의 끝소리로 굳어진 것은 받침으로 적는다. **예** 않다: 않고, 않지, 않든지 / 그렇다: 그렇고, 그렇지, 그렇든지 / 아무렇다: 아무렇고, 아무렇지, 아무렇든지

[붙임2] 어간의 끝음절 '하'가 아주 줄 적에는 준 대로 적는다.

본말	준말
거북하지	거북지
넉넉하지 않다	넉넉지 않다
생각하건대	생각건대
못하지 않다	못지않다

[붙임3] 다음과 같은 부사는 소리대로 적는다. **예** 결단코 / 결코 / 기필코 / 무심코 / 아무튼

⑤ 띄어쓰기 규칙

띄어쓰기의 일반적 원칙은 문장의 각 단어를 띄어 쓰는 것이다. 여기서 단어라 함은 현행 국어의 9품사를 이르는 것이라고 쉽게 이해하면 될 것이다.

제41항 **조사는 그 앞말에 기대어 쓴다.** **예** 꽃이, 꽃마저, 꽃밖에, 꽃에서부터, 꽃으로만, 꽃이나마, 꽃이다, 꽃입니다

제42항 **의존 명사는 띄어 쓴다.** **예** 아는 것이 힘이다. / 나도 할 수 있다. / 먹을 만큼 먹어라. / 아는 이를 만났다. / 네가 뜻한 바를 알겠다. / 그가 떠난 지가 오래다.

> **중요** ※ 의존 명사란 문장 안에서 단독으로 사용될 수 없고 반드시 관형사나 그 밖의 수식어가 선행되어야 쓰일 수 있다. '-것', '-뿐', '-척', '-양', '-따름', '-체' 등이 그것이다. 국어 관련 시험에 이 항목이 출제될 경우 반드시 '-대로와 '-만큼'의 쓰임에 관하여 출제하고 있다. 즉 '-대로', '-만큼'은 앞말이 체언일 경우는 붙여 쓰고 앞말이 용언일 경우는 띄어 써야 한다. **예** 나만큼 너도 하는구나.('만큼' 앞이 명사이므로 만큼은 조사의 기능을 한다.) 나 하는 만큼 너도 해라.(앞말이 관형사이므로 '만큼'은 의존 명사의 기능을 한다.)

제43항 **단위를 나타내는 명사는 띄어 쓴다.** **예** 한 개 / 금 서 돈 / 열 살 / 조기 한 손/ 버선 한 죽 / 북어 한 쾌

다만, 순서를 나타내는 경우나 숫자와 어울리어 쓰이는 경우에는 붙여 쓸 수 있다. **예** 두시 /제일과 / 삼학년 / 16동 502호 / 80원

제44항 **수(數)는 만(萬) 단위로 띄어 쓴다.** **예** 이십일억 오천사백칠십오만 삼천칠백육십이

제45항 **두 말을 이어 주거나 열거할 적에 쓰이는 다음의 말들은 띄어 쓴다.** **예** 국장 겸 과장 / 열 내지 스물 / 이사장 및 이사들 / 사과, 배, 귤 등등

제46항 **단음절로 된 단어가 연이어 나타날 적에는 붙여 쓸 수 있다.** **예** 좀더 큰것 / 이말 저말

제47항 **보조 용언은 띄어 씀을 원칙으로 하되, 경우에 따라 붙여 씀도 허용한다.** (ㄱ을 원칙으로 하고, ㄴ을 허용함.)

ㄱ	ㄴ
불이 꺼져 간다.	불이 꺼져간다.
내 힘으로 막아 낸다.	내 힘으로 막아낸다.
어머니를 도와 드린다.	어머니를 도와드린다.
그릇을 깨뜨려 버렸다.	그릇을 깨뜨려버렸다.
비가 올 듯하다.	비가 올듯하다.

| 그 일은 할 만하다. | 그 일은 할만하다. |
| 일이 될 법하다. | 일이 될법하다. |

다만, 앞말에 조사가 붙거나 앞말이 합성 동사인 경우, 그리고 중간에 조사가 들어갈 적에는 그 뒤에 오는 보조 용언은 띄어 쓴다. **예** 잘도 놀아만 나는구나! / 강물에 떠내려가 버렸다. / 잘난 체를 한다.

중요 ※본용언은 주로 문장의 주체를 서술하는 용언을 말하며, 보조 용언은 앞의 본용언에 의지하여 쓰이면서 용언의 의미를 더해 주는 용언이다. 보조 용언은 단독으로 주체를 서술할 수 없고 단독으로 서술어가 된다고 하더라도 본디 보조 용언의 뜻과는 다르게 변질되어 사용된다.

제48항 성과 이름, 성과 호 등은 붙여 쓰고, 이에 덧붙는 호칭어, 관직명 등은 띄어 쓴다. **예** 김양수(金良洙) / 채영신 씨 / 최치원 선생 / 박동식 박사 / 충무공 이순신 장군

다만, 성과 이름, 성과 호를 분명히 구분할 필요가 있을 경우에는 띄어 쓸 수 있다. **예** 남궁억, 남궁 억 / 독고준, 독고 준

제49항 성명 이외의 고유 명사는 단어별로 띄어 씀을 원칙으로 하되, 단위별로 띄어 쓸 수 있다.(ㄱ을 원칙으로 하고, ㄴ을 허용함.)

ㄱ	ㄴ
대한 중학교	대한중학교
한국 대학교 사범 대학	한국대학교 사범대학

제50항 전문 용어는 단어별로 띄어 씀을 원칙으로 하되, 붙여 쓸 수 있다.(ㄱ을 원칙으로 하고, ㄴ을 허용함.)

ㄱ	ㄴ
만성 골수성 백혈병	만성골수성백혈병
중거리 탄도 유도탄	중거리탄도유도탄

제51항 부사의 끝음절이 분명히 '이'로만 나는 것은 '-이'로 적고, '히'로만 나거나 '이'나 '히'로 나는 것은 '-히'로 적는다.

1. '이'로만 나는 경우 **예** 깨끗이 / 느긋이 / 따뜻이 / 반듯이 / 버젓이 / 가까이 / 고이 / 틈틈이

2. '히'로만 나는 경우 **예** 극히 / 급히 / 딱히 / 속히 / 엄격히 / 정확히

3. '이, 히'로 나는 경우 **예** 솔직히 / 가만히 / 간편히 / 무단히 / 각별히 / 쓸쓸히 / 정결히 / 과감히 / 꼼꼼히 / 열심히 / 섭섭히 / 능히 / 당당히 / 분명히 / 조용히

제52항 한자어에서 본음으로도 나고 속음으로도 나는 것은 각각 그 소리에 따라 적는다.

본음으로 나는 것	속음으로 나는 것
승낙(承諾)	수락(受諾), 쾌락(快諾), 허락(許諾)
만난(萬難)	곤란(困難), 논란(論難)
안녕(安寧)	의령(宜寧), 회령(會寧)
분노(忿怒)	대로(大怒), 희로애락(喜怒哀樂)

제53항 다음과 같은 어미는 예사소리로 적는다.(ㄱ을 취하고, ㄴ을 버림.)

ㄱ	ㄴ
-(으)ㄹ거나	-(으)ㄹ꺼나
-(으)ㄹ걸	-(으)ㄹ껄
-(으)ㄹ게	-(으)ㄹ께
-(으)ㄹ세	-(으)ㄹ쎄

ㄱ	ㄴ
−(으)ㄹ세라	−(으)ㄹ쎄라
−(으)ㄹ수록	−(으)ㄹ쑤록

다만, 의문을 나타내는 다음 어미들은 된소리로 적는다. **예** −(으)ㄹ까? / −(으)ㄹ꼬? / −(스)ㅂ니까? / −(으)리까? / −(으)ㄹ쏘냐?

제54항 다음과 같은 접미사는 된소리로 적는다.(ㄱ을 취하고, ㄴ을 버림.)

ㄱ	ㄴ
심부름꾼	심부름군
귀때기	귓대기
익살꾼	익살군
볼때기	볼대기
일꾼	일군
판자때기	판잣대기
장꾼	장군
뒤꿈치	뒷굼치
장난꾼	장난군
팔꿈치	팔굼치

제55항 두 가지로 구별하여 적던 다음 말들은 한 가지로 적는다.(ㄱ을 취하고, ㄴ을 버림.)

ㄱ	ㄴ
맞추다(입을 맞춘다. 양복을 맞춘다.)	마추다
뻗치다(다리를 뻗친다. 멀리 뻗친다.)	뻐치다

제56항 '−더라, −던'과 '−든지'는 다음과 같이 적는다. **참고** 든지: 선택형, 던지: 회상형

1. 지난 일을 나타내는 어미는 '−더라, −던'으로 적는다.(ㄱ을 취하고, ㄴ을 버림.)

ㄱ	ㄴ
지난 겨울은 몹시 춥더라.	지난 겨울은 몹시 춥드라.
깊던 물이 얕아졌다.	깊든 물이 얕아졌다.
그렇게 좋던가?	그렇게 좋든가?

2. 물건이나 일의 내용을 가리지 아니하는 뜻을 나타내는 조사와 어미는 '(−)든지'로 적는다.(ㄱ을 취하고, ㄴ을 버림.)

ㄱ	ㄴ
배든지 사과든지 마음대로 먹어라	배던지 사과던지 마음대로 먹어라

⚜중요 제57항 다음 말들은 각각 구별하여 적는다.

구별할 단어	사례	구별할 단어	사례
가름	둘로 가름	붙인다	우표를 붙인다, 책상을 벽에 붙였다, 흥정을 붙인다, 불을 붙인다. 감시원을 붙인다, 조건을 붙인다, 취미를 붙인다, 별명을 붙인다
갈음	새 책상으로 갈음하였다		
거름	풀을 썩인 거름		
걸음	빠른 걸음		
거치다	영월을 거쳐 왔다	시키다	일을 시킨다

걷히다	외상값이 잘 걷힌다	식히다	끓인 물을 식힌다
걷잡다	걷잡을 수 없는 상태	아름	세 아름 되는 둘레
겉잡다	겉잡아서 이틀 걸릴 일	알음	전부터 알음이 있는 사이
그러므로(그러니까)	그는 부지런하다. 그러므로 잘 산다	앎	앎이 힘이다
그럼으로(써) (그렇게 하는 것으로)	그는 열심히 공부한다. 그럼으로 은혜에 보답한다	안치다	밥을 안친다
		앉히다	윗자리에 앉힌다
노름	노름판이 벌어졌다	어름	두 물건의 어름에서 일어난 현상
놀음(놀이)	즐거운 놀음	얼음	얼음이 얼었다
느리다	진도가 너무 느리다	이따가	이따가 오너라
늘이다	고무줄을 늘인다	있다가	돈은 있다가도 없다
늘리다	수출량을 더 늘린다	저리다	다친 다리가 저린다
다리다	옷을 다린다	절이다	김장 배추를 절인다
달이다	약을 달인다	조리다	생선을 조린다. 통조림, 병조림
다치다	부주의로 손을 다쳤다	졸이다	마음을 졸인다
닫히다	문이 저절로 닫혔다	주리다	여러 날을 주렸다
닫치다	문을 힘껏 닫쳤다	줄이다	비용을 줄인다
마치다	벌써 일을 마쳤다	하노라고	하노라고 한 것이 이 모양이다
맞히다	여러 문제를 더 맞혔다	하느라고	공부하느라고 밤을 새웠다
목거리	목거리가 덧났다	-느니보다(어미)	나를 찾아오느니보다 집에 있거라
목걸이	금 목걸이, 은 목걸이	-는 이보다(의존명사)	오는 이가 가는 이보다 많다
바치다	나라를 위해 목숨을 바쳤다	-(으)리만큼(어미)	나를 미워하리만큼 그에게 잘못한 것이 없다.
받치다	우산을 받치고 간다, 책받침을 받친다		
받히다	쇠뿔에 받혔다	-(으)ㄹ 이만큼(의존명사)	찬성할 이도 반대할 이만큼나 많을 것이다.
밭치다	술을 체에 밭친다		
반드시	약속은 반드시 지켜라	-(으)러(목적)	공부하러 간다
반듯이	고개를 반듯이 들어라	-(으)려(의도)	서울을 가려 한다
부딪치다	차와 차가 마주 부딪쳤다	-(으)로서(자격)	사람으로서 그럴 수는 없다
부딪히다	마차가 화물차에 부딪혔다	-(으)로써(수단)	닭으로써 꿩을 대신했다
부치다	이 부치는 일이다, 편지를 부친다, 논밭을 부친다, 빈대떡을 부친다, 식 목일에 부치는 글, 회의에 부치는 안 건, 인쇄에 부치는 원고, 삼촌 집에 숙식을 부친다	-(으)므로(어미)	그가 나를 믿으므로 나도 그를 믿는다
		(-ㅁ, -음)으로(써) (조사)	그는 믿음으로(써) 산 보람을 느꼈다

참고 그러므로: 앞말 원인에 대한 뒷말 결과의 관계, '그러하기 때문에'를 나타낸다. 그럼으로: 앞말과 뒷말이 수단, '그렇게 함으로써'의 의미이다.

참고 '붙이다'의 반대 개념이 '떼다'로 보았을 때 이와 같이 반대 개념을 성립시키려면 '붙이다'로 쓰고, 그렇지 않으면 '부치다'로 쓰면 된다.

01 사전에서 단어를 찾았을 때 가장 먼저 나오는 단어는?

① 두유　　　② 다랑어　　　③ 드난살이　　　④ 대통령　　　⑤ 도요새

02 자음의 이름으로 잘못된 것은?

① 비읍　　　② 디귿　　　③ 치읓　　　④ 티귿　　　⑤ 시옷

03 밑줄 친 단어의 표기가 옳지 않은 것은?

① 동생이 형의 교과서를 찢어 <u>딱지</u>를 접어 버렸다.
② 요사이 비가 알맞게 내려서 푸성귀가 <u>부썩</u> 많이 자랐다.
③ 철수는 감기로 며칠 앓고 나더니 얼굴이 <u>해슥해졌다.</u>
④ 정을 <u>담뿍</u> 담아 고마운 분들께 선물했다.
⑤ 순댓국을 먹을 때는 <u>깍두기</u> 국물을 곁들여야 제맛이다.

04 밑줄 친 단어의 표기가 옳지 않은 것은?

① 한반도의 <u>해돋이</u>로 유명한 명소는 포항 호미곶이다.
② 창문이 바람에 <u>닫히면서</u> 곧바로 유리창이 깨져 버렸다.
③ 서쪽에서 부는 바람을 고유어로 <u>하늬바람</u>이라고 한다.
④ 산 정상에 오르자 답답했던 가슴이 확 <u>틔었다.</u>
⑤ 겨울 한철 강원도는 온전히 눈 속에 <u>무쳐 있다.</u>

05 밑줄 친 단어의 표기가 옳지 않은 것은?

① 구청 <u>계시판</u>의 공고문을 함부로 찢는 행위는 엄연한 범죄입니다.
② 결혼식에 참석한 하객들에게 <u>사례</u>하는 것은 당연한 도리이다.
③ 호모루덴스. 즉, 인간은 누구나 <u>유희</u>를 즐길 줄 안다.
④ <u>띄어쓰기</u>는 붙여 쓰고 붙여쓰기도 붙여 쓴다.
⑤ 일은 항상 <u>끝이</u> 좋아야 하고 사람은 언제나 말년이 좋아야 한다.

06 밑줄 친 단어의 표기가 옳지 않은 것은?

① 아직도 낡은 <u>남존여비</u> 사상에 젖어 있다니 안타깝다.

② 그 정치인은 결국 <u>은익한</u> 정치자금이 발각되어 재판에 넘겨졌다.

③ 우리 할머니는 <u>연세</u>가 있으셔도 아직은 젊은이 못지않다.

④ 혜진이는 <u>한국여자대학교</u> 국문학과에 다닌다.

⑤ 정치인의 공약은 대부분 <u>공염불</u>에 불과한 경우가 많다.

07 밑줄 친 단어의 표기가 옳지 않은 것은?

① 지금의 정치권은 여러 갈래로 <u>분열</u>되어 난장판이 되었다.

② 최근 우리 사회에서 신규 자영업자의 창업 <u>실패율</u>이 50%를 넘어서고 있다.

③ 탄금대(彈琴臺)는 임진왜란 때 <u>신립</u> 장군의 한이 서린 곳이다.

④ 표기상 <u>쌍용</u> 아파트가 맞을까, 쌍룡 아파트가 맞을까?

⑤ 강 <u>하류</u>의 농토가 비옥한 것은 유기 퇴적물이 많이 쌓여 있기 때문이다.

08 밑줄 친 단어의 표기가 옳지 않은 것은?

① <u>협력</u> 업체의 도움 없이는 대기업도 성장할 수 없다.

② 요즘 은행에 저금하면 <u>연이율</u>이 얼마나 될까?

③ 아파트 구입을 위해 <u>육천육백만 원</u>을 대출 받았다.

④ 구리시에 위치한 <u>동구릉</u>은 조선 왕조 최대의 왕릉이다.

⑤ 최전방 비무장 지대에는 곳곳에 <u>지뢰</u>가 매설되어 있다고 한다.

09 밑줄 친 단어의 표기가 옳지 않은 것은?

① <u>내래월</u>에 시골에 한번 내려갔다 와야겠다.

② 불가(佛家)에서 말하는 <u>극락</u>은 '행복이 있는 곳'이라는 뜻이다.

③ 분노에 찬 그의 눈빛이 너무 강렬하여 온몸에 <u>전율</u>을 느꼈다.

④ 여름철 <u>낙뢰</u>로 인하여 인명 사고가 나곤 한다.

⑤ 매장에 <u>진열</u>했던 상품을 아주 저렴하게 판매한다.

10 밑줄 친 단어의 표기가 옳지 않은 것은?

① <u>누누이</u> 일렀건만 아직도 듣는 둥 마는 둥 한다.

② 남들이 보기에는 상권이 좋지 않아 보여도 여기서 <u>짭잘한</u> 재미를 보고 있다.

③ 시골 할머니께서는 많이 <u>연로</u>하셔서 거동이 힘드시다.

④ 요즘 세태를 생각하면 참으로 <u>쓸쓸한</u> 기분이 든다.

⑤ 아무런 장식도 없이 <u>밋밋한</u> 것이 이 양복의 특징이다.

11 밑줄 친 단어의 표기가 옳지 않은 것은?

① 아무리 되짚어 보아도 지난날 영희와의 일이 생각나지 않는다.

② 아무리 감추려고 해도 비밀은 들어나는 법이다.

③ 이는 역사적 사명이요, 우리 겨레의 숙명이다.

④ 잔디밭에 들어가지 마시오.

⑤ 태풍 루사가 한반도를 거세게 훑고 지나갔다.

12 밑줄 친 단어의 표기가 옳지 않은 것은?

① 이 건물의 지붕은 생각보다 많이 둥그오.

② 보영은 영희의 부탁을 마지못해 들어주었다.

③ 운동장에 선을 그으니 아쉬운 대로 배구장이 되었다.

④ 열매의 색깔이 까마면 그것이 바로 까마중이다.

⑤ 공회전을 하고 있으면 매연이 많이 나오므로 정차 후 곧바로 시동을 끄 버려야 한다.

13 밑줄 친 단어의 표기가 옳지 않은 것은?

① 옷이 많이 낡아서 기워 입어야겠다.

② 돌판에 고기를 구워 먹어야 제맛이다.

③ 꽃이 아름다와 가던 발길을 멈추고 바라보았다.

④ 집에서 학교까지는 가까워 걸어서 가도 된다.

⑤ 이 돌은 무거워 두 사람으로는 도저히 운반할 수 없다.

14 밑줄 친 단어의 표기가 옳지 않은 것은?

① 생선의 배를 갈라 내장을 제거했다.

② 산 정상에 이르러 잠시 쉬어가야겠다.

③ 불순물을 걸러 내야 제대로 된 천일염이 된다.

④ 아직 기차가 도착하기에는 일러 천천히 역으로 향했다.

⑤ 소리를 아무리 질러 보아야 메아리도 들리지 않는다.

15 밑줄 친 단어의 표기가 옳지 않은 것은?

① 목거리가 너무 심해서 오늘은 학교를 쉬고 병원에 갔다.

② 범죄 사실을 낱낱이 밝혀 일벌백계해야 한다.

③ 그의 주검은 우리 모두를 비탄에 잠기게 했다.

④ 참기름 병마개를 제대로 잠그지 않으면 기름 향이 모두 날아간다.

⑤ 아기가 더워서 땀을 많이 흘려 땀받이를 해 주었다.

16 밑줄 친 단어의 표기가 옳지 않은 것은?

① 상처가 난 부위를 자꾸 뜯적거려 오히려 덧나게 하고 있다.

② 보영은 말쑥한 정장 차림으로 결혼식 하객으로 참석했다.

③ 영희는 나를 보자마자 실쭉해서 자리를 떠나 버렸다.

④ 말짱한 제 집을 두고 남의 집 더부살이가 웬 말이냐.

⑤ 얄팍한 속임수로 몇몇 사람들을 속일 수는 있어도 우리 모두를 속일 수는 없다.

17 밑줄 친 단어의 표기가 옳지 않은 것은?

① 배불뚝이라고 놀림 당하기 싫으면 이제부터 운동을 열심히 해라.

② 귀뚜라미 소리는 가을이 우리 곁에 왔다는 첫 신호이다.

③ 우리 속담에 뻐꾸기 알 들어내듯 한다는 말이 있다.

④ 몸에 얼룩얼룩한 무늬가 있는 짐승을 일러 얼룩이라고 한다.

⑤ 과자 부스러기를 거실에 흘리지 마라.

18 밑줄 친 단어의 표기가 옳지 않은 것은?

① 꾸준히 매일 일정량을 운동해야 살이 빠진다.

② 반드시 복습을 하고 또 예습을 해야 학습 성취도가 배가된다.

③ 그는 일찌기 부모를 잃고 홀로 자수성가하였다.

④ 급히 집을 나서다 보니 지갑을 깜박 잊고 나와 버렸다.

⑤ 곰곰이 생각해 보니 그 일은 내가 실수한 것 같다.

19 밑줄 친 단어의 표기가 옳지 않은 것은?

① <u>더욱이</u> 이번 시험은 최대 10학점까지 인정해 주고 있다.

② <u>숱하게</u> 당해 보았지만 이번만큼 혹독하게 당하기는 처음이다.

③ <u>열없이</u> 붙어 서서 입김을 흐리우니.

④ <u>어렴푸시</u> 그때의 일이 떠올라 가만히 입가에 미소를 짓게 된다.

⑤ 아무리 열심히 일해도 <u>도저히</u> 그 빚을 갚을 수가 없다 .

20 밑줄 친 단어의 표기가 옳지 않은 것은?

① 요즘은 위생 관념이 높아져서 <u>머릿니</u>가 완전히 사라졌다.

② 이번 농성은 <u>며칠</u>이 갈지 알 수가 없다.

③ 영희는 <u>홀몸</u>도 아닌데 불볕더위에 밭을 매고 있다.

④ <u>꺾꽂이</u>를 한다고 모든 나무가 번식하는 것은 아니다.

⑤ 지진으로 건물이 흔들리자 사람들이 <u>부리나케</u> 건물 밖으로 도망쳐 나왔다.

21 밑줄 친 단어의 표기가 옳지 않은 것은?

① <u>다달이</u> 납부하는 공과금은 물론 다른 용처에도 생활비가 많이 든다.

② <u>미닫이문</u>은 한옥에 참 잘 어울리는 문이다.

③ 요즘 젊은이들 중에는 <u>반짇고리</u>가 무엇인지 모르는 사람들이 더러 있다 .

④ 쌀은 <u>쌀전</u>에 가서 살 때도, 팔 때도 모두 쌀을 팔러 간다고 말한다 .

⑤ 잔디가 <u>잗다랗게</u> 깔린 정원이 아주 고급스러워 보인다.

22 밑줄 친 단어의 표기가 옳지 않은 것은?

① 다람쥐 <u>체바퀴</u> 돌 듯하는 일상이 참 단조롭고 식상하다.

② 그 친구는 <u>우렁잇속</u>이라 속내를 좀처럼 알 수가 없다.

③ 입안에 <u>혓바늘</u>이 돋아 음식을 먹을 수가 없다.

④ <u>아랫니</u>가 흔들려서 치과에 가서 뽑아 버렸다.

⑤ 너무 신 것을 먹었더니 <u>뒷입맛</u>이 아직도 시큼하다.

23 밑줄 친 단어의 표기가 옳지 않은 것은?

① <u>찻종</u>은 그 종류도 많고 다양하여 취미로 수집하는 사람들도 더러 있다

② 얼마나 오랫동안 발효되었는지 완전히 <u>촛국</u>이다.

③ <u>양칫물</u>은 사용할 만큼만 컵에 받아서 사용해야 물 낭비를 줄일 수 있다.

④ 곡식을 보관하기 위해 올가을에는 <u>퇴간</u>을 만들어야겠다.

⑤ 회사 업무보다 <u>가욋일</u>이 더 많다.

24 밑줄 친 단어의 표기가 옳지 않은 것은?

① 지금도 시골에서는 <u>댑싸리</u>로 빗자루를 만들어 사용한다.

② <u>살고기</u>만 먹고 살을 빼는 것이 한때 유행한 적이 있었다.

③ <u>수탉</u>은 사나워서 가까이 다가가면 위험하다.

④ <u>접때</u> 선생님이 말씀하신 그 교재이다.

⑤ <u>엊그저께</u> 할머니께서 시골에서 우리 집으로 올라오셨다.

25 밑줄 친 단어의 표기가 옳지 않은 것은?

① 죽 <u>쒀</u> 개 준다는 속담이 있다.

② 담벼락이 무너질 듯하여 쇠막대기를 <u>괘</u> 놓았다.

③ 너 그렇게 하면 <u>돼</u>, 안 돼?

④ 창문을 열어 놓고 맑은 공기를 맘껏 <u>쐤다.</u>

⑤ 철이 지나 산나물과 고사리가 이미 <u>쇘다</u>.

26 밑줄 친 단어의 표기가 옳지 않은 것은?

① <u>변변찮은</u> 제 작품에 과분한 평가를 내리시니 영광입니다.

② 고객님들께서 <u>간편케</u> 사용할 수 있도록 배려했습니다.

③ 이런 일이 <u>흔다고</u>는 하지만 저는 금시초문입니다.

④ 어쨌든 <u>아무렇지도</u> 않고 문제될 것도 없습니다.

⑤ 아무튼 이 사안은 깊이 <u>연구토록</u> 해 보겠습니다.

27 밑줄 친 단어의 표기가 옳지 않은 것은?

① 그분은 <u>넉넉지 않은</u> 살림에 아들 셋을 모두 대학에 보냈다.

② 처음 만나는 자리지만 <u>거북지 않고</u> 편안하다.

③ <u>생각건대</u> 이는 필시 무슨 곡절이 있는 것이 분명하다.

④ 설거지를 마쳤는데도 그릇들이 <u>깨끗치 않다.</u>

⑤ 떠나는 그분에게 <u>섭섭지 않게</u> 대접해 드려야겠다.

28 〈보기〉의 용례에 해당하는 한글 맞춤법 규정은?

보기	나아	나아도	나아서	/	막아	막아도	막아서
	겪어	겪어도	겪어서	/	되어	되어도	되어서

① 두 개의 용언이 어울려 한 개의 용언이 될 적에 앞말이 본뜻을 유지하면 그 원형을 밝혀 적는다.

② 체언과 조사는 각각 구분하여 적는다.

③ 한 단어에서 같은 음절이 겹쳐나는 부분은 같은 글자로 적는다.

④ 어간의 끝음절 모음이 'ㅏ, ㅗ'일 때에는 어미를 '-아'로 적고 그 밖의 모음일 때는 '-어'로 적는다.

⑤ 한 단어 안에서 뚜렷한 이유 없이 나는 된소리는 다음 음절의 첫소리를 된소리로 적는다.

29 밑줄 친 단어의 표기가 옳지 않은 것은

① 국군의 날 <u>늠름한</u> 군인들이 행진을 하고 있다.

② 이번 시험 성적의 결과를 보니 기대에 못 미쳐 <u>씁쓸하다.</u>

③ 이 옷은 이제 낡아서 <u>땟깔이</u> 제대로 나지 않는다.

④ 어린 시절 동네 아이들과 <u>소꿉놀이</u>를 하던 생각이 난다.

⑤ 숲 속에서 토끼가 <u>깡충깡충</u> 뛰면서 도망을 간다.

30 밑줄 친 부분의 띄어쓰기가 잘못된 것은?

① 이 문제는 네가 <u>아는대로</u> 풀어라.

② <u>이만큼</u> 부를 쌓았으면 이제는 누릴 때도 되었다.

③ 이 정도는 나도 <u>할 수</u> 있겠다.

④ 철수가 <u>떠난 지</u>가 너무 오래되었다.

⑤ 아는 것이 힘이고, <u>모르는 것이</u> 약이다.

31 밑줄 친 부분의 띄어쓰기가 옳은 것은?

① 내가 요즘 밥을 먹어 <u>본지가</u> 꽤 오래되었다.

② 일 년 사이에 체중이 <u>부쩍 는 것을</u> 알 수 있었다.

③ 나는 집이 가난해서 공부로 <u>성공 할 수 밖에</u> 없다.

④ 부모님은 우리를 위해 <u>아낌 없는 사랑을</u> 베풀어 주신다.

⑤ 학교 도서관은 학생들에게 자기 계발의 장을 <u>제공하는데</u> 목적이 있다.

32 밑줄 친 부분의 띄어쓰기가 잘못된 것은?

① 여름철 과일의 종류에는 <u>수박, 복숭아, 참외 등이</u> 있다.

② <u>정보영씨는</u> 이번 선거에 자기 지역구 시의원에 출마할 뜻을 밝혔다.

③ 곧 어두워지면 눈이 많이 <u>내릴 성싶다.</u>

④ 그는 남들 앞에서 너무 <u>아는 척을 한다.</u>

⑤ 아무리 힘들어도 보수가 넉넉해서 <u>그 일은 할 만하다.</u>

33 밑줄 친 부분의 띄어쓰기가 잘못된 것은?

① 그는 <u>감성적이라기보다는</u> 이성적이다.

② 이 원고를 끝내려면 앞으로 <u>한 달 내지 두 달</u> 더 걸린다.

③ 인연이란 게 있는 건지, 만난 지 <u>한 달 만에</u> 결혼했어요.

④ 언제 <u>도착할지</u> 알려 줘.

⑤ <u>그 수 밖에</u> 없어 맨 먼저 온 사람에게 상을 주었다.

34 밑줄 친 단어의 표기가 옳지 않은 것은?

① 그는 열심히 공부한다. <u>그러므로</u> 그는 합격할 것이다.

② 잘못하여 그만 손가락을 <u>다치고</u> 말았다.

③ 대부분 영업직에 입사하면 처음에는 <u>알음알음</u>으로 소개받아 실적을 높여 간다.

④ 한글날에 <u>부치는</u> 글을 한번 읽어 보기를 권한다.

⑤ <u>학생으로써</u> 공부하고 스승으로서 가르친다.

외래어 표기법

외래어 표기법은 외국인들이 아닌 우리말 사용자들을 위한 것으로 외국에서 들어와 이제는 우리말처럼 널리 쓰이는 외래어나 귀화어를 우리말로 표기할 때 표준이 되는 표기법이다. 이는 언어 사용자들이 외래어를 적을 때 언어마다 다르게 적는 혼을 방지하기 위하여 제정되었다.

1 표기의 원칙

제1항 현행 국어의 24자모(자음 14개, 모음10개)만을 적는다.

제2항 하나의 음운은 하나의 기호로만 표기함을 원칙으로 한다.

제3항 외래어 받침에는 7가지 기호 (ㄱ, ㄴ, ㄹ, ㅁ, ㅂ, ㅅ, ㅇ)로만 적는다. **예** 커피숍, 케이크, 핫라인, 초콜릿

제4항 파열음 표기에는 된소리를 쓰지 않는 것을 원칙으로 한다.

제5항 이미 굳어진 외래어는 관용을 존중하되 그 범위와 용례는 따로 정한다. **예** 캐머러 → 카메라, 핏자 → 피자

2 표기 일람표

자음			반모음		모음	
국제 음성 기호	한글		국제 음성 기호	한글	국제 음성 기호	한글
	모음 앞	자음 앞 또는 어말				
p	ㅍ	ㅂ, 프	j	이*	i	이
b	ㅂ	브	ɥ	위	y	위
t	ㅌ	ㅅ, 트	w	오, 우*	e	에
d	ㄷ	드			ø	외
k	ㅋ	ㄱ, 크			ɛ	에
g	ㄱ	그			ɛ̃	앵
f	ㅍ	프			œ	외
v	ㅂ	브			œ̃	욍
θ	ㅅ	스			æ	애
ð	ㄷ	드			a	아
s	ㅅ	스			ɑ	아
z	ㅈ	즈			ã	앙
ʃ	시	슈, 시			ʌ	어
ʒ	ㅈ	지			ɔ	오
ts	ㅊ	츠			ɔ̃	옹
dz	ㅈ	즈			o	오
tʃ	ㅊ	치			u	우
dʒ	ㅈ	지			ə**	어
m	ㅁ	ㅁ			?	어
n	ㄴ	ㄴ				
ɲ	니*	뉴				
ŋ	ㅇ	ㅇ				
l	ㄹ, ㄹㄹ	ㄹ				

r	ㄹ	르
h	ㅎ	흐
ç	ㅎ	히
x	ㅎ	흐

참고 [j], [w]의 '이'와 '오, 우', 그리고 [n]의 '니'는 모음과 결합할 때 제3장 표기 세칙에 따른다.

참고 독일어의 경우에는 '에', 프랑스 어의 경우에는 '으'로 적는다.

③ 표기 세칙

第1항 무성 파열음([p], [t], [k])

1. 짧은 모음 다음의 어말 무성 파열음([p], [t], [k])은 받침으로 적는다. 예 gap[gæp] 갭 / cat[kæt] 캣/ book[buk] 북

2. 짧은 모음과 유음·비음([l], [r], [m], [n]) 이외의 자음 사이에 오는 무성 파열음([p], [t], [k])은 받침으로 적는다. 예 apt[æpt] 앱트 / setback[setbæk] 셋백 / act[ækt] 액트

3. 위 경우 이외의 어말과 자음 앞의 [p], [t], [k]는 '으'를 붙여 적는다. 예 cape[keip] 케이프 / desk[desk] 데스크 / apple[æpl] 애플

第2항 유성 파열음([b], [d], [g])
어말과 모든 자음 앞에 오는 유성 파열음은 '으'를 붙여 적는다. 예 lobster[lɔbstə] 로브스터 / kidnap[kidnæp] 키드냅 / signal[signəl] 시그널

第3항 마찰음([s], [z], [f], [v], [θ], [ð], [ʃ], [ʒ])

1. 어말 또는 자음 앞의 [s], [z], [f], [v], [θ], [ð]는 '으'를 붙여 적는다. 예 mask[mɑ:sk] 마스크 / jazz[dʒæz] 재즈 / olive[ɔliv] 올리브

2. 어말의 [ʃ]는 '시'로 적고, 자음 앞의 [ʃ]는 '슈'로, 모음 앞의 [ʃ]는 뒤따르는 모음에 따라 '샤', '섀', '셔', '셰', '쇼', '슈', '시'로 적는다. 예 flash[flæʃ] 플래시 / shrub[ʃrʌb] 슈러브 / fashion[fæʃən] 패션 / shopping[ʃɔpiŋ] 쇼핑

3. 어말 또는 자음 앞의 [ʒ]는 '지'로 적고, 모음 앞의 [ʒ]는 'ㅈ'으로 적는다. 예 mirage[mirɑ:ʒ] 미라지 / vision[víʒən] 비전

第4항 파찰음([ts], [dz], [tʃ], [dʒ])

1. 어말 또는 자음 앞의 [ts], [dz]는 '츠', '즈'로 적고, [tʃ], [dʒ]는 '치', '지'로 적는다. 예 Keats[ki:ts] 키츠 / switch[switʃ] 스위치 / Pittsburgh[pitsbə:g] 피츠버그

2. 모음 앞의 [tʃ], [dʒ]는 'ㅊ', 'ㅈ'으로 적는다. 예 chart[tʃɑ:t] 차트 / virgin[və:dʒin] 버진

第5항 비음([m], [n], [ŋ])

1. 어말 또는 자음 앞의 비음은 모두 받침으로 적는다. 예 corn[kɔ:n] 콘 / hint[hint] 힌트 / ink[iŋk] 잉크

2. 모음과 모음 사이의 [ŋ]은 앞 음절의 받침 'ㅇ'으로 적는다. 예 hanging[hæŋiŋ] 행잉 / longing[lɔŋiŋ] 롱잉

第6항 유음([l])

1. 어말 또는 자음 앞의 [l]은 받침으로 적는다. 예 hotel[houtel] 호텔 / pulp[pʌlp] 펄프

2. 어중의 [l]이 모음 앞에 오거나, 모음이 따르지 않는 비음([m], [n]) 앞에 올 때에는 'ㄹㄹ'로 적는다. 다만,

비음([m], [n]) 뒤의 [l]은 모음 앞에 오더라도 'ㄹ'로 적는다. 예 slide[slaid] 슬라이드 / film[film] 필름 / Henley[henli] 헨리

제7항 장모음

장모음의 장음은 따로 표기하지 않는다. 예 team[ti:m] 팀 / route[ru:t] 루트

제8항 중모음([ai], [au], [ei], [ɔi], [ou], [auə]): 중모음은 각 단모음의 음가를 살려서 적되, [ou]는 '오'로, [auə]는 '아워'로 적는다. 예 time[taim] 타임 / skate[skeit] 스케이트 / boat[bout] 보트

제9항 반모음([w], [j])

1. [w]는 뒤따르는 모음에 따라 [wə], [wɔ], [wou]는 '워', [wɑ]는 '와', [wæ]는 '왜', [we]는 '웨', [wi]는 '위', [wu]는 '우'로 적는다. 예 word[wə:d] 워드 / want[wɔnt] 원트 / west[west] 웨스트

2. 자음 뒤에 [w]가 올 때에는 두 음절로 갈라 적되, [gw], [hw], [kw]는 한 음절로 붙여 적는다. 예 twist[twist] 트위스트 / penguin[peŋgwin] 펭귄 / quarter[kwɔ:tə] 쿼터

3. 반모음 [j]는 뒤따르는 모음과 합쳐 '야', '얘', '여', '예', '요', '유', '이'로 적는다. 다만 [d], [l], [n] 다음에 [jə]가 올 때에는 각각 '디어', '리어', '니어'로 적는다. 예 yellow[jelou] 옐로 / year[jiə] 이어 / Indian[indjən] 인디언 / union[ju:njən] 유니언

제10항 복합어

1. 따로 설 수 있는 말의 합성으로 이루어진 복합어는 그것을 구성하고 있는 말이 단독으로 쓰일 때의 표기대로 적는다. 예 cuplike[kʌplaik] 컵라이크 / bookend[bukend] 북엔드 / headlight[hedlait] 헤드라이트

2. 원어에서 띄어 쓴 말은 띄어 쓴 대로 한글 표기를 하되, 붙여 쓸 수도 있다. 예 Los Alamos[lɔs æləmous] 로스 앨러모스/로스앨러모스 / top class[tɔpklæs] 톱 클래스/톱클래스

④ 인명, 지명 표기의 원칙

1. 표기의 원칙

제1항 외국의 인명, 지명의 표기는 제1장, 제2장, 제3장의 규정을 따르는 것을 원칙으로 한다.

제2항 제3장에 포함되어 있지 않은 언어권의 인명, 지명은 원지음을 따르는 것을 원칙으로 한다. 예 Ankara 앙카라 / Gandhi 간디

제3항 원지음이 아닌 제3국의 발음으로 통용되고 있는 것은 관용을 따른다. 예 Hague 헤이그 / Caesar 시저

제4항 고유 명사의 번역명이 통용되는 경우 관용을 따른다. 예 Pacific Ocean 태평양 / Black Sea 흑해

2. 동양인의 인명, 지명 표기

제1항 중국 인명은 과거인과 현대인을 구분하여 과거인은 종전의 한자음대로 표기하고, 현대인은 원칙적으로 중국어 표기법에 따라 표기하되, 필요한 경우 한자를 병기한다.

제2항 중국의 역사 지명으로서 현재 쓰이지 않는 것은 우리 한자음대로 하고, 현재 지명과 동일한 것은 중국어 표기법에 따라 표기하되, 필요한 경우 한자를 병기한다.

제3항 일본의 인명과 지명은 과거와 현대의 구분 없이 일본어 표기법에 따라 표기하는 것을 원칙으로 하되, 필요한 경우 한자를 병기한다.

제4항 중국 및 일본의 지명 가운데 한국 한자음으로 읽는 관용이 있는 것은 이를 허용한다.

東京	臺灣	京都	黃河	上海
도쿄, 동경	타이완, 대만	교토, 경도	황허, 황하	상하이, 상해

3. 바다, 섬, 강, 산 등의 표기 세칙

제1항 '해', '섬', '강', '산' 등이 외래어에 붙을 때에는 띄어 쓰고, 우리말에 붙을 때에는 붙여 쓴다. 예 카리브 해 / 발리 섬

제2항 바다는 '해(海)'로 통일한다.

제3항 우리나라를 제외하고 섬은 모두 '섬'으로 통일한다. 예 타이완 섬 / 코르시카 섬 (우리나라: 제주도, 울릉도)

제4항 한자 사용 지역(일본, 중국)의 지명이 하나의 한자로 되어 있을 경우, '강', '산', '호', '섬' 등은 겹쳐 적는다. 예 주장 강(珠江) / 도시마 섬(利島) / 위산 산(玉山)

제5항 지명이 산맥, 산, 강 등의 뜻이 들어 있는 것은 '산맥', '산', '강' 등을 겹쳐 적는다. 예 Mont Blanc 몽블랑 산 / Sierra Madre 시에라마드레 산맥

실전 문제

01 외래어 표기가 틀린 것은?

① 스템프(stamp) ② 셋백(setback) ③ 라이센스(license)

④ 키드냅(kidnap) ⑤ 커리큘럼 (curriculum)

02 외래어 표기가 틀린 것은?

① 깁스(gips) ② 난센스(nonsense) ③ 다이내믹(dynamic)

④ 레스토랑(restaurant) ⑤ 레카차(wrecker車)

03 외래어 표기가 틀린 것은?

① 몽타쥬(montage) ② 블라우스(blouse) ③ 버킷(bucket)

④ 슬롯머신(slot machine) ⑤ 색소폰(saxophone)

04 외래어 표기가 틀린 것은?

① 애드벌룬(adbaloon)　　② 초콜렛(chocolate)　　③ 커미션(commission)
④ 코미디(comedy)　　⑤ 컨테이너(container)

05 외래어 표기가 틀린 것은?

① 크래커(cracker)　　② 프로듀서(producer)　　③ 해드 트릭(hat trick)
④ 톱뉴스(top news)　　⑤ 클랙슨(klaxon)

06 외래어 표기가 틀린 것은?

① 로봇(robot)　　② 도넛(doughnut)　　③ 바디(body)
④ 악센트(accent)　　⑤ 워크숍(workshop)

07 다음 중 외래어 표기로 바르지 않은 것은?

① 케이크(cake)　　② 컨닝(cunning)　　③ 프레젠테이션(presentation)
④ 재즈(jazz)　　⑤ 소파(sopa)

08 외래어 표기가 틀린 것은?

① 리포트(report)　　　　② 비스킷(biscuit)　　　　③ 시츄에이션(situation)

④ 액세서리(accessory)　　⑤ 커튼(curtain)

09 외래어 표기가 틀린 것은?

① 할리우드(Hollywood)　　② 메시지(message)　　　③ 비즈니스(business)

④ 다큐멘트(document)　　　⑤ 심벌(symbol)

10 외래어 표기가 틀린 것은?

① 컨셉(concept)　　　　② 불도그(bulldog)　　　③ 바비큐(barbecue)

④ 스탠더드(standard)　　⑤ 케이크(cake)

11 외래어 표기가 틀린 것은?

① 커피 숍(coffee shop)　　② 재킷(jacket)　　　③ 컨디션(condition)

④ 오프세트(offset)　　　　⑤ 파일럿(pilot)

12 외래어 표기가 틀린 것은?

① 프리미엄(premium)　　　② 탈렌트(talent)　　　③ 플래시(flash)

④ 크리스천(christian)　　　⑤ 헤드라이트(headlight)

13 외래어 표기가 틀린 것은?

① 포크레인(poclain)　　　② 훌라후프(hula-hoop)　　　③ 캐주얼(casual)

④ 에스컬레이터(escalator)　　　⑤ 지프(jeep)

14 외래어 표기가 틀린 것은?

① 뷔페(buffet)　　　② 스트로(straw)　　　③ 보이코트(boycott)

④ 제스처(gesture)　　　⑤ 레인보(rainbow)

15 외래어 표기가 틀린 것은?

① 로켓(rocket)　　　② 리더십(leadership)　　　③ 머플러(muffler)

④ 캐리커처(caricature)　　　⑤ 벨로드롬(velodrome)

4장 국어의 로마자 표기법

1 표기의 기본 원칙

제1항 국어의 로마자 표기는 표준 발음법에 따라 그대로 적는다.

※전사법(轉寫法)을 원칙으로 하되 일부는 표기대로 적는 전자법(轉字法)을 병행한다. 참고로, 전사법은 국어에서 발음하는 그대로를 로마자로 표기하는 방식이다. 그러므로 전음법(轉音法)이라고도 한다. (예) 신라 Silla) 한편 전자법은 다른 나라 말을 철자대로 자기 나라 글자로 전환하여 표기하는 방법이다. (예) 월곶[월곧] Wolgot)

제2항 로마자 이외의 부호는 되도록 적지 아니한다.

※그 이유는 특수 부호는 그 의미를 알기 어렵고 인터넷이 널리 보급되어 전자 문서 입력이 많아지고 있는 현 시점에서 널리 쓰기 번거로울 뿐 아니라 사용자 개개인이 부려 쓰는 과정에서 혼동할 우려가 있기 때문이다.

2 표기 일람

제1항 모음은 다음 각 호와 같이 적는다.

1. 단모음

ㅏ	ㅓ	ㅗ	ㅜ	ㅡ	ㅣ	ㅐ	ㅔ	ㅚ	ㅟ
a	eo	o	u	eu	i	ae	e	oe	wi

2. 이중 모음

ㅑ	ㅕ	ㅛ	ㅠ	ㅒ	ㅖ	ㅘ	ㅙ	ㅞ	ㅢ
ya	yeo	yo	yu	yae	ye	wa	wae	we	ui

붙임1 'ㅢ'는 'ㅣ'로 소리 나더라도 'ui'로 적는다. 예 광희문 Gwanghuimun

붙임2 장모음의 표기는 따로 하지 않는다.

제2항 자음은 다음 각호와 같이 적는다.

1. 파열음

ㄱ	ㄲ	ㅋ	ㄷ	ㄸ	ㅌ	ㅂ	ㅃ	ㅍ
g, k	kk	k	d,t	tt	t	b, p	pp	p

2. 파찰음

ㅈ	ㅉ	ㅊ
j	jj	ch

3. 마찰음

ㅅ	ㅆ	ㅎ
s	ss	h

4. 비음

ㄴ	ㅁ	ㅇ
n	m	ng

5. 유음

ㄹ
r, l

붙임1 'ㄱ, ㄷ, ㅂ'은 모음 앞에서는 'g, d, b'로, 자음 앞이나 어말에서는 'k, t, p'로 적는다.([ ] 안의 발음에 따라 표기함.) 예 영동[Yeongdong], 호법[Hobeop]

붙임1 'ㄹ'은 모음 앞에서는 'r'로, 자음 앞이나 어말에서는 'l'로 적는다. 단, 'ㄹㄹ'은 'll'로 적는다. 예 칠곡 [Chilgok], 임실 [Imsil]

3 표기상의 유의점

제1항 음운 변화가 일어날 때에는 변화의 결과에 따라 다음 각호와 같이 적는다.

1. 자음 사이에서 동화 작용이 일어나는 경우 예 신문로[신문노] Sinmunno / 별내[별래] Byeollae

2. 'ㄴ, ㄹ'이 덧나는 경우 예 학여울[항녀울] Hangnyeoul / 알약[알략] allyak

3. 구개음화가 되는 경우 예 해돋이[해도지] haedoji

4. 'ㄱ, ㄷ, ㅂ, ㅈ'이 'ㅎ'과 합하여 거센소리로 소리 나는 경우 예 놓다[노타] nota / 낳지[나치] nachi

다만, 체언에서 'ㄱ, ㄷ, ㅂ' 뒤에 'ㅎ'이 따를 때에는 'ㅎ'을 밝혀 적는다. 예 묵호 Mukho / 집현전 Jiphyeonjeon

붙임 된소리되기는 표기에 반영하지 않는다. 예 압구정 Apgujeong / 팔당 Paldang

제2항 발음상 혼동의 우려가 있을 때에는 음절 사이에 붙임표(-)를 쓸 수 있다. 예 중앙 Jung-ang / 반구대 Ban-gudae / 세운 Se-un / 해운대 Hae-undae

제3항 고유 명사는 첫 글자를 대문자로 적는다. 예 부산 Busan, 세종 Sejong

제4항 인명은 성과 이름의 순서로 띄어 쓴다. 이름은 붙여 쓰는 것을 원칙으로 하되 음절 사이에 붙임표(-)를 쓰는 것을 허용한다.(( ) 안의 표기를 허용함.) 예 민용하 Min Yongha(Min Yong-ha) / 송나리 Song Nari(Song Na-ri)

1. 이름에서 일어나는 음운 변화는 표기에 반영하지 않는다. 예 한복남 Han Boknam(Han Bok-nam)

2. 성의 표기는 따로 정한다.

제5항 '도, 시, 군, 구, 읍, 면, 리, 동'의 행정 구역 단위와 '-가'는 각각 'do, si, gun, gu, eup, myeon, ri, dong, ga'로 적고, 그 앞에는 붙임표(-)를 넣는다. 붙임표(-) 앞뒤에서 일어나는 음운 변화는 표기에 반영하지 않는다. 예 의정부시 Uijeongbu-si / 도봉구 Dobong-gu / 삼죽면 Samjuk-myeon / 봉천 1동 Bongcheon 1(il)-dong

붙임 '시, 군, 읍'의 행정 구역 단위는 생략할 수 있다. 예 함평군 Hampyeong / 순창읍 Sunchang

제6항 자연 지물명, 문화재명, 인공 축조물명은 붙임표(-) 없이 붙여 쓴다. 예 금강 Geumgang / 독도 Dokdo / 극락전 Geungnakjeon / 현충사 Hyeonchungsa / 촉석루 Chokseongnu

제7항 인명, 회사명, 단체명 등은 그동안 써 온 표기를 쓸 수 있다.

제8항 학술 연구 논문 등 특수 분야에서 한글 복원을 전제로 표기할 경우에는 한글 표기를 대상으로 적는다. 이때 글자 대응은 제2장을 따르되 'ㄱ, ㄷ, ㅂ, ㄹ'은 'g, d, b, l'로만 적는다. 음가 없는 'ㅇ'은 붙임표(-)로 표기하되 어두에서는 생략하는 것을 원칙으로 한다. 기타 분절의 필요가 있을 때에도 붙임표(-)를 쓴다. 예 붓꽃 buskkoch / 문리 munli / 가곡 gagog / 조랑말 jolangmal

1 로마자 표기가 틀린 것은?

① 역삼 Yeoksam ② 구파발 Kupabal ③ 압구정 Apgujeong

④ 왕십리 Wangsimni ⑤ 구리 Guri

2 로마자 표기가 틀린 것은?

① 불고기 Pulgogi ② 김밥 Gimbap ③ 돼지국밥 Dwaeji-kukbap

④ 빈대떡 Bindetteuk ⑤ 비빔밥 Pibimbap

3 로마자 표기가 틀린 것은?

① 낙성대 Nakseongdae ② 칠곡 Chilgok ③ 팔당 Paldang

④ 별내 Byeollae ⑤ 수원 Sueon

4 국어의 로마자 표기법에 대한 설명과 그 예로 바르지 않은 것은?

① 자연 지물명, 문화재명, 인공 축조물명은 붙임표(-) 없이 붙여 쓴다. - 속리산 Songnisan

② 자음 사이에 동화 작용이 일어나면 일어나는 대로 적는다. - 신문로 Sinmunno

③ 체언의 'ㄱ, ㄷ, ㅂ' 뒤에 'ㅎ'이 따를 때는 'ㅎ'을 밝혀 적는다. - 집현전 Jiphyeonjeon

④ 이름에서 일어나는 음운 변화는 표기에 반영하지 않는다. - 홍빛나 Hong Bitna

⑤ 구개음화는 표기에 반영하지 않는다. - 해돋이 haedoti

5 철수는 외국인 친구와 해운대를 여행하던 중, 외국인 친구가 도로 안내 표지판에 적힌 'Haeundae'를 [하은대]로 읽는 것을 보았다. 이를 계기로 철수는 외국인도 모르는 이러한 로마자 표기법은 문제가 많다고 생각하게 되었다. 철수의 입장에서 이와 같은 로마자 표기법의 문제점을 지적할 수 있는 예로 적절하지 않은 것은?

① 중앙로 Jungangro ② 세운상가 Seunsangga ③ 반구대 Bangudae

④ 독립문 Doklibmun ⑤ 구산동 Gusandong

6 행정 구역의 로마자 표기가 틀린 것은?

① 주내면 Junae-myeon ② 봉천동 Bongcheon-dong ③ 의정부시 Uijeongbu-si

④ 순창읍 Sunchang ⑤ 충청북도 Chungchongbuk-do

4편

쓰기 · 창안

쓰기

1 쓰기

좋은 글이란 내용이 독창적이고 뜻이 분명하게 나타나는 글이다. 이를 달리 말하면, 글을 얼마나 논리적이고 정확하게 내용을 전개하느냐가 주요 평가 요소라는 의미이기도 하다. 이 항목에서는 글쓰기의 일반적 절차와 글의 배치, 즉 개요 작성의 전반적인 내용을 묻는 문제로 출제하고 있다. 또한 개요 작성에서 전개 방식, 자료 해석과 그 활용 등을 묻는 문제가 출제된다. 이를 바탕으로 주제문을 찾는 문제가 출제되고 있으므로, 수험생들은 여기에 초점을 맞추어 학습해야 한다.

2 글쓰기 절차

첫째, 계획하기

1. 글을 통해 무엇을 전달하고자 하는가를 계획하는 단계이다.
2. 글의 종류와 글을 쓰는 목적 등이 이 단계에서 나타난다.
3. 무엇을 어떻게 쓸 것인가를 결정하는 단계이다.
   *정보 전달을 목적으로 할 경우: 안내문, 기사문, 전기문, 기행문
   *설득을 목적으로 할 경우: 논설문, 연설문, 광고문, 신문 사설
4. 글에서 전달하고자 하는 주제가 피상적으로나마 나타나는 단계이다.
5. 예상되는 독자를 파악할 수 있다.
6. 글의 전체적인 분량을 가늠할 수 있는 단계이다.

둘째, 내용 생성하기

1. 자료를 수집하고 소재를 선택하는 단계이다.
2. 생각의 발견, 자료의 수집, 자료의 선정 순으로 내용을 전개한다.
3. 확산적 사고를 통해 주제와 소재 간의 연관 짓기, 연상하기 등 글의 내용을 이끄는 단계이다.
4. 전문적 식견이나 통계 자료 등 자료나 글감을 글의 주제에 맞게 선정하는 단계이다.
   참고 연상하기: 대상과 관련되는 이미지를 이끌어 내는 과정, 메모하기: 주제와 관련된 자신의 경험들을 기록하는 것, 브레인 스토밍: 참석자들의 다양한 생각을 바탕으로 창조적인 생각을 이끌어 내는 것, 마인드맵: 생각 그물. 대상과 관련된 아이디어를 연관성에 따라 마음속 그림으로 나타내는 것.

셋째, 내용 조직하기 중요

1. 주제를 효과적으로 나타내기 위해 소재를 알맞게 배치하고 뼈대를 짜는 단계, 즉 개요를 작성하는 단계이다. 개요는 일종의 글의 설계도로, 구상한 내용을 체계적으로 만드는 메모라고 할 수 있다.
2. 시간적 구성과 공간적 구성 혹은 3단, 4단, 5단 구성으로 개요를 작성한다. 일반적인 말을 앞에 제시하고 특수한 사례를 뒤따르게 하는 연역적 구성과 특수한 사례를 앞세우고 일반적인 말을 뒤따르게 하는 귀납적 구성으로 나누어 볼 수 있다.

넷째. 표현하기 중요

1. 내용의 창안, 내용의 구성 과정에서 이루어진 작가의 생각이 글로 나타나는 단계이다.

2. 단어의 적확한 사용, 어법에 맞는 표현, 맞춤법과 띄어쓰기 사용의 적합성이 요구되는 단계이다.

3. 표현의 원리를 최대한 이용하여 전개하는 단계이다.

4. 주요 표현법

(1) 비유법: 표현 대상을 다른 대상에 빗대어 표현하는 수사법

① 직유법: 원관념과 보조 관념을 직접 연결시키는 비유법 예 봄비처럼 달콤한

② 은유법: 원관념 A를 보조 관념 B로 나타냄 예 내 마음은 호수다.

③ 풍유법: 격언이나 속담을 인용해 비유적으로 나타냄 예 침 먹은 지네 같군!

④ 대유법: 부분의 특징을 들어서 전체를 표현하는 방법

- 제유법: 같은 종류의 사물 중에서 어느 한 부분을 들어 전체를 나타내는 방법 예 적이 총칼을 들고 쳐들어왔다.
- 환유법: 어떤 사물을, 그것의 속성과 밀접한 관계가 있는 다른 낱말을 빌려서 표현하는 수사법 예 무궁화 = 우리나라

⑤ 의인법: 사물의 인격화 예 성난 파도가 우리를 공격해 왔다.

⑥ 활유법: 무생물이 생물로 표현됨 예 소리 내며 달리는 시냇물

⑦ 상징법: 보조 관념을 암시적으로 표현 예 비둘기 = 평화

(2) 강조법: 표현 대상을 강하게 감각적으로 표현하는 수사법

① 과장법: 사물이나 수량을 더 높이거나 줄이는 표현법 예 병아리 눈물만큼 준다.

② 영탄법: 슬픔, 놀라움 등의 감정을 표현하는 방법 예 아! 얼마나 아름다운가.

③ 대조법: 반대되는 단어나 구절을 대립시켜 표현 예 여름은 덥고, 겨울은 춥다.

④ 반복법: 같은 말이나 유사어를 반복하여 표현 예 가시리 가시리잇고

⑤ 점층법: 비유가 점점 고조되는 것 예 개인이, 나라가, 아니 인류 전체가……

⑥ 점강법: 점층법의 반대 개념

⑦ 열거법: 연관성 있는 단어를 열거하여 강조 예 과일에는 사과, 배, 복숭아, 딸기 등이 있다.

⑧ 미화법: 평범하거나 추한 것을 아름답게 표현 예 양상군자(도둑)

⑨ 억양법: 칭찬 후 낮춤, 낮춤 후 칭찬 예 그는 돈은 많지만 못생겼다.

⑩ 연쇄법: 말을 반복적으로 계속하여 이어 가는 표현 예 다리 건너 마을, 마을 건너 노을

(3) 변화법: 말의 변화를 주어서 주위를 환기시키는 수사법

① 도치법: 문장의 순서가 바뀜 예 사랑한다, 그대를

② 인용법: 유명인의 말, 속담, 격언, 경전 구절 등을 인용

③ 대구법: 비슷한 가락의 문장 대립 예 콩 심은 데 콩 나고, 팥 심은 데 팥 난다.

④ 설의법: 의문문 형식 예 이야말로 얼마나 멋진 모습이던가.

⑤ 생략법: 특징만을 남겨 두고 간결하게 줄이거나 빼 버려서 독자에게 여운이나 암시 전달

⑥ 돈호법: 사물이나 사람을 부름으로써 독자를 환기시킴 예 국민 여러분! 이번 대선에서 저를 꼭 선택해 주십시오.

⑦ 반어법: 말과 뜻하는 것이 정반대로, 주로 풍자나 비꼬기의 유형으로 활용 예 놀고 있네! 참 잘하고 있다.

⑧ 역설법: 표현되는 문장이나 의미가 논리적으로는 모순되나, 그 속에 진리를 내포하고 있는 것 예 소리 없는 아우성, 찬란한 슬픔

다섯째, 고쳐쓰기

글 전체 수준의 고쳐쓰기와 아울러 어법과 문장 성분 간의 호응 관계, 어휘의 선택 등 글 전반에 걸친 다듬기가 이루어지는 단계이다. 주제를 벗어난 내용은 없는지, 주제와 소재는 긴밀하게 연결되어 있는지, 내용의 전개는 논리적인지 등은 물론 문단과의 관계, 맞춤법, 어휘의 선택 등을 검토하는 글쓰기의 최종 단계이다. [참고] 고쳐쓰기의 원리: 삭제의 원리, 부가의 원리, 재구성의 원리 등

3 글의 주제 파악하는 방법

글의 주제를 파악하기 위한 선결 요건은 바로 글을 단락별로 요약하여 읽고(단락 읽기), 글의 전체적 개요를 파악해야 한다(문단 수준의 읽기). 그 다음 그러한 전체 개요 속에서 중심 내용과 주변 내용(설명문)을 구분하거나, 핵심 주장과 주장을 뒷받침하는 근거가 되는 내용(논설문)으로 구분하여 파악한다. 문학 작품의 경우에는 주제가 명시적으로 드러나는 경우는 거의 없고 대부분 암시적으로 나타내는 경우가 많으므로 작가의 집필 의도와 관련하여 전달하고자 하는 내용을 수험생 스스로 이끌어 내야 한다.

🗂 실전 문제

[01~02] '건전한 소비 생활'이라는 주제로 글을 작성하려고 한다. 제시된 물음에 답하시오.

01 기사문 작성을 위해 계획한 내용으로 적절하지 않은 것은?

연구 목적	현대인의 잘못된 소비를 지양하고, 합리적이고 건전한 소비 생활을 모색한다.
연구 내용	• 현대인들의 소비 양상과 소비에 관한 태도를 분석한다. • 현대인들의 소비 양상이 갖는 순기능과 역기능을 조사한다.
연구 방법	• 소비자들의 의식 구조를 분석한다. ·············· (ㄱ) • 소비자들의 소비 양상을 조사한다. ·············· (ㄴ) • 국내 가계 소비 형태와 외국의 가계 소비 형태를 비교한다. ·············· (ㄷ) • 잘못된 소비를 일으키는 요인은 무엇인지 조사한다. ·············· (ㄹ) • 소비가 가계와 기업에 미치는 영향을 조사한다. ·············· (ㅁ)

① ㄱ ② ㄴ ③ ㄷ ④ ㄹ ⑤ ㅁ

02 위 자료를 바탕으로 개요를 작성하였다. 그 내용으로 적절하지 않은 것은?

제목 : 현대 사회의 소비 양식과 소비자들의 윤리 의식

Ⅰ. 서론

　1. 현대 사회의 일상적 소비 실태

　　가. 건전한 소비는 곧 건전한 생산이다

　　나. 다량의 정보와 소비에 있어 첨단 기술의 의존성 ································ (ㄱ)

　　다. 소비의 시·공간의 확대성과 초월성 ·································· (ㄴ)

Ⅱ. 본론

　1. 소비 형태에 나타난 현대인들의 소비 양상

　　가. 자아를 확립하여 소비하는 주체적인 소비 ································ (ㄷ)

　　나. 주체가 아닌 객체로서의 소비

　2. 주체로서의 인격적 소비

　　가. 생산성 향상을 위해 능동적으로 소비하는 유형 ························ (ㄹ)

　　나. 절약을 위해 적극적으로 소비를 억제하는 유형

　3. 객체로서의 비인격적 소비

　　가. 충동적인 소비로 자기 통제를 못하는 유형

　　나. 허영심, 과시욕으로 인해 소비 통제를 못하는 유형 ················ (ㅁ)

Ⅲ. 결론

　주체적인 소비를 통한 건전한 소비 철학을 확립하자

---

① ㄱ　　　　　② ㄴ　　　　　③ ㄷ　　　　　④ ㄹ　　　　　⑤ ㅁ

---

03 〈보기〉는 '청소년들의 정치인에 대한 의식 조사' 결과이다. 이 자료의 활용 방안으로 적절하지 않은 것은?

보기　(가) 정치인의 국가 경제 발전에 대한 기여 여부

구분	매우 그렇다	어느 정도 그렇다	별로 그렇지 않다	전혀 그렇지 않다
비율(%)	4.3	6.1	40.7	48.9

　(나) 정치인에 대한 존경 여부

구분	매우 존경스럽다	대체로 존경스럽다	별로 존경스럽지 않다	전혀 존경스럽지 않다
비율(%)	4.3	6.1	40.7	48.9

　(다) 정치인의 국민 중시 여부

구분	매우 그렇다	어느 정도 그렇다	별로 그렇지 않다	전혀 그렇지 않다
비율(%)	12.9	27.1	21.4	38.6

① 청소년들 중 다수는 우리 경제 발전에 있어서 정치인들의 가치를 인정하지 않고 있다.

② 청소년들은 정치인을 이상적인 직업으로 인식하지 않는다.

③ 청소년 상당수는 정치인들이 국민을 무시한다고 여기고 있다.

④ 청소년들은 정치인들이 좀 더 국민들을 생각해 주어야 사회적으로 존경을 받을 수 있을 것이라 여기고 있다.

⑤ 청소년들은 정치인들이 사회적 책임이나 의무를 다하고 있는가에 대해서는 불신하고 있다.

04 다음은 기사문의 일부이다. 글의 내용에 비추어 볼 때 괄호 안에 들어갈 내용으로 가장 적절한 것은?

> 요사이 TV를 보면 온통 오락 프로그램 위주로 편성되어 있다. 연예인 몇몇이 자신의 사생활을 늘어놓는 토크 쇼에서부터 개그, 운동회, 군 체험, 여행 등 분야도 다양하고 소재도 풍부한 듯하나, 실상은 모두 비슷비슷한 소재와 내용들 일색이다. 물론 방송이 오락 프로그램의 양산을 선호하는 것은 어찌 보면 당연한 것으로 받아들일 수밖에 없다. 우선 시청률에 의해 프로그램이 결정되는 TV의 특성 때문이라고 여겨진다. 속 편하게 터놓고 말하자면 시청률은 곧 광고 수입과 직결되기 때문이니 그 유혹을 뿌리친다는 것은 쉽지 않을 것이 자명하다. 따라서 대부분의 방송사들은 시청률이 높은 프로그램을 위주로 방송을 편성하게 마련이고 그러한 맥락에서 오락 프로그램이 여기에 손쉽게 선택될 수밖에 없다. 필자의 어린 시절 저 궁벽한 경상도 산골 마을에서는 볼거리, 즐길 거리가 미비하여 TV의 의존도가 상당했으나 지금의 현실은 결코 그렇지만은 않다. −중략− 이제 더 이상 손쉬운 방식으로 시청자들의 시선을 끌기에는 시청자들은 많이 똑똑해졌고 문화는 다기 복잡해지고 있다. 이제 방송이 어떤 소재를 발굴하고 어떻게 소비자인 시청자에게 다가가야 하는지를 다시 한번 진지하게 고민해 볼 때이다. 이제 (_____)

① 방송사는 낡은 권위주의에서 벗어나야 한다.
② 방송사는 질 높은 프로그램 개발에 노력해야 한다.
③ 방송사는 손쉬운 오락 프로그램보다는 교양 프로그램 개발에 노력해야 한다.
④ 방송사는 광고 수입에만 의존하기보다는 시청자의 눈높이에 맞게 다가가야 한다.
⑤ 방송사는 시청자들의 수요보다는 공익을 먼저 생각해야 한다.

[05~07] 다음은 우리나라 청·장년층의 흡연율을 조사한 결과이다. 제시된 물음에 답하시오.

05 보고서를 작성하기 위해 계획한 내용으로 적절하지 않은 것은?

연구 목적	우리나라 청·장년층의 흡연 폐해의 심각성을 알리고자 한다.
연구 내용	• 청·장년층의 흡연 실태를 조사한다. • 흡연이 인체에 미치는 영향을 다양하게 분석한다.
연구 방법	• 우리나라 청·장년층 흡연율의 남녀 간, 지역 간 차이를 조사한다. ·························· (ㄱ) • 다른 나라의 청·장년층의 흡연율을 조사해 비교 분석한다. ·························· (ㄴ) • 흡연을 하게 되는 원인을 조사한다. ·························· (ㄷ) • 흡연이 질병이나 사망으로 이어지는 사례들을 조사한다. ·························· (ㄹ) • 금연에 실패한 이유를 면밀히 조사한다. ·························· (ㅁ)

① ㄱ   ② ㄴ   ③ ㄷ   ④ ㄹ   ⑤ ㅁ

06 제시된 자료의 활용 방안으로 적절하지 않은 것은?

[자료 1] 아시아 주요 국가 성인 흡연율 (세계 금연 총회 2008년 10월)

성별 ＼ 국가	태국	중국	일본	한국	필리핀
남자	13.6	37.4	26.2	37.8	21.4
여자	0.5	7.8	3.2	9.2	0.8

[자료 2] 흡연자를 대상으로 한 설문조사

(가) 담배를 피우게 된 동기

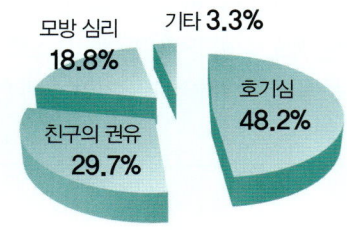

모방 심리 18.8%
기타 3.3%
호기심 48.2%
친구의 권유 29.7%

(나) 담배 구입의 용이성

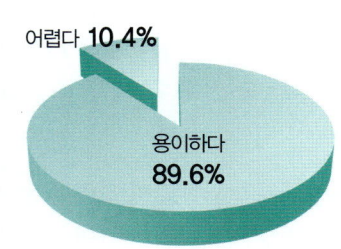

어렵다 10.4%
용이하다 89.6%

(다) 담배의 폐해에 대해 어느 정도 아는가?

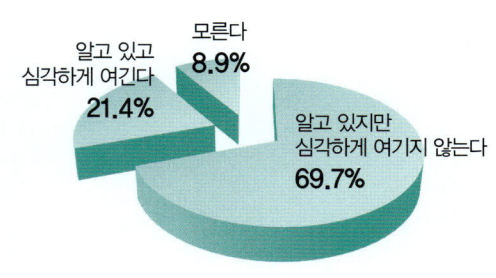

알고 있고 심각하게 여긴다 21.4%
모른다 8.9%
알고 있지만 심각하게 여기지 않는다 69.7%

(라) 담배를 끊지 못하는 이유

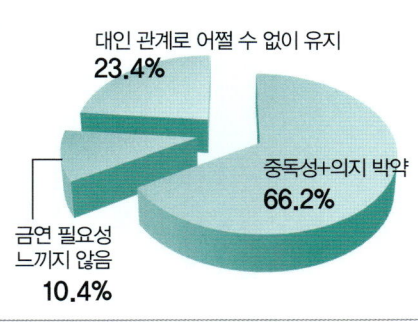

대인 관계로 어쩔 수 없이 유지 23.4%
중독성＋의지 박약 66.2%
금연 필요성 느끼지 않음 10.4%

① 각종 홍보 자료와 방송 매체를 통해 흡연 폐해에 대한 경각심을 고취시켜야 한다.

② 방송이나 영화 속 흡연 장면을 삭제하거나 모자이크 처리를 해서 흡연 장면을 미화하는 걸 막아야 한다.

③ 사회생활에서 오는 과도한 스트레스와 업무 과중으로 오는 스트레스를 줄일 수 있는 방안을 모색해야 한다.

④ 바람직한 인간 관계를 형성할 수 있는 문화 풍토를 조성하고 정부가 주축이 되어 금연 프로그램을 보급해야 한다.

⑤ 금연의 문제를 개인에게만 맡기지 말고 지자체, 학교, 회사, 지역사회가 모두 나서 금연 교육 시설을 확충해야 한다.

07 위 자료를 토대로 작성한 기사문의 일부이다. 괄호 안에 들어갈 내용으로 가장 알맞은 것은?

> 아시아 주요 국가들 중 왜 우리나라 청·장년층의 흡연율이 유독 높은 것일까? 최근 조사 자료에 따르면 대다수 청·장년층들은 흡연의 폐해에 대해서는 알고 있거나 심각하게 여기고 있다. 그러나 중독성과 개인적 의지, 대인 관계를 위해 금연을 단행하지 못하고 있다고 조사되었다. 특히 주목할 것은 태국과 필리핀이 우리보다 훨씬 청·장년층 흡연율이 낮다는 사실이다. (   ) 즉, 담뱃갑 표지에 흡연의 폐해를 알리는 무시무시한 경고문과 함께 흡연으로 인한 질병으로 사망에 이르게 된 환자들의 사진을 넣어 적극적으로 금연 정책을 계도한 결과라고 할 수 있다. 그러면 우리의 금연 정책은 어디까지 와 있는가? 담뱃갑에 흡연 경고 그림을 의무적으로 넣도록 한 법안의 상정조차 무산되고 있는 것이 우리의 금연 정책의 현주소이다. 따라서 태국과 필리핀보다 우리의 금연 정책이 뒤떨어졌다는 비난의 목소리를 벗어날 수 없게 된 것이다. −중략− 또한 담뱃값의 인상 또한 금연을 성공적으로 이끌어내는 한 요소로 여겨지고 있다. 이제 정부는 국민 대다수의 건강을 생각해서라도 더 이상 이 문제를 좌시하거나 방기할 수만은 없을 것이다.

① 이 국가들은 정부가 담뱃갑에 강력한 문구를 수록했다.
② 이 국가들은 정부가 적극적인 금연 정책을 수립했다.
③ 이 국가들은 정부가 담뱃값을 인상했다.
④ 이 국가들의 청·장년층 개개인이 높은 금연 의리를 바탕으로 이뤄 낸 결과이다.
⑤ 이 국가들은 정부가 대중 매체를 통해 적극적으로 홍보했다.

[08~10] '물 부족'을 주제로 기사문을 작성하려고 한다. 제시된 물음에 답하시오.

08 기사문 작성을 위해 계획한 내용으로 적절하지 않은 것은?

연구 목적	물 부족 해소를 위한 국가 차원의 대책 마련
연구 내용	• 연간 물 공급 현황에 대해 조사한다. • 물 부족의 원인에 대해 조사한다. • 물 절약 방안에 대해 조사한다.
연구 방법	• 국민 1인당 연간 물 소비량을 조사한다. ⋯⋯⋯⋯⋯⋯⋯⋯⋯⋯⋯⋯⋯⋯⋯⋯⋯⋯⋯⋯⋯ (ㄱ) • 1인당 물 소비량의 증가 원인을 조사한다. ⋯⋯⋯⋯⋯⋯⋯⋯⋯⋯⋯⋯⋯⋯⋯⋯⋯⋯⋯ (ㄴ) • 농업 및 공업용수의 증가 원인을 조사한다. ⋯⋯⋯⋯⋯⋯⋯⋯⋯⋯⋯⋯⋯⋯⋯⋯⋯⋯ (ㄷ) • 물 절약을 위한 구체적인 방안을 조사한다. ⋯⋯⋯⋯⋯⋯⋯⋯⋯⋯⋯⋯⋯⋯⋯⋯⋯⋯ (ㄹ) • 댐과 발전소 건설을 통한 수자원 확보의 방안을 조사한다. ⋯⋯⋯⋯⋯⋯⋯⋯⋯ (ㅁ)

① ㄱ   ② ㄴ   ③ ㄷ   ④ ㄹ   ⑤ ㅁ

09 아래 자료를 분석한 내용으로 적절하지 않은 것은?

(가) 우리나라 1인당 물 사용 비중 (자료:한국수자원공사)

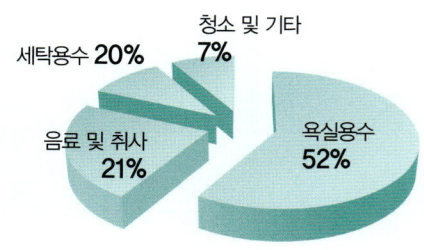

세탁용수 20%
청소 및 기타 7%
음료 및 취사 21%
욕실용수 52%

(나) 국민 1인당 1일 물 소비량 (단위:ℓ)

연도	1일 물 사용량
2010	217
2011	229
2012	284
2013	315
2014	395

(다) 물 사용량의 증가 원인

순위	내용	비율
1	생활 수준 향상으로 수요량 증가	46.8
2	산업용수	21.6
3	수도관 노후화로 인한 유실	12.5
4	도시 인구의 증가	10.4
5	기타	8.7

(라)

국가별 1인당 물 사용량(단위:l)

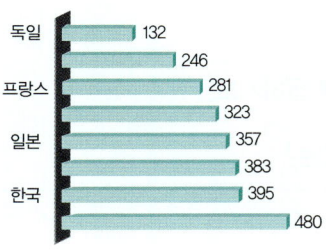

독일 132
246
프랑스 281
323
일본 357
383
한국 395
480

각국 가정용 t당 수돗물값 (단위:원)

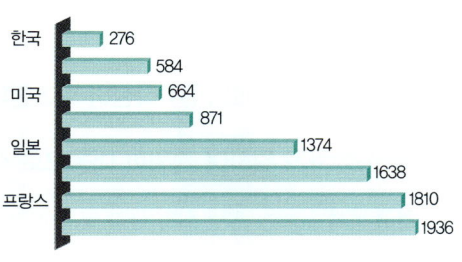

한국 276
584
미국 664
871
일본 1374
1638
프랑스 1810
1936

① 갈수록 물 사용량이 증가하는 것은 생활용수의 사용이 늘어나기 때문이다.
② 도시 인구의 증가는 물 사용량을 폭발적으로 늘어나게 하는 변수이다.
③ 노후 수도관 정비로 버려지는 물을 막아야 한다.
④ 수돗물값이 다른 나라에 비해 낮은데 이 또한 물 낭비를 불러오는 요인이 될 수 있다.
⑤ 욕실에서 사용하는 물의 양이 많은 것으로 보아 욕실에서부터 물 절약을 실천해야 한다.

10 위 자료를 바탕으로 개요를 작성하였다. 이를 구체화한 내용으로 적절하지 않은 것은?

> I. 서론
>
> II. 본론
>   1. 물 부족의 실태 및 현황
>   가. 전 세계적인 물 부족의 문제
>   나. 우리나라 수자원 확보와 물 사용의 현황 ·························· (ㄱ)
>   2. 물 부족의 원인
>   가. 생활 수준의 향상으로 물 수요량 증가 ························· (ㄴ)
>   나. 생활용수의 부분별한 낭비
>   다. 무분별한 수자원 개발 ································· (ㄷ)
>   라. 이상 기후 현상과 연간 강수량의 부족
>   3. 문제 해결을 위한 대책
>   가. 물 절약을 위한 대국민 캠페인
>   나. 물 보관과 수질 오염 방지를 위한 대책 마련 ················ (ㄹ)
>   다. 상수도 보급 확대와 관로 누수 방지를 위한 정비 ········· (ㅁ)
>
> III. 결론
>   물 부족을 해결하기 위한 우리 모두의 관심과 노력의 필요성

① ㄱ : 우리나라는 그동안 물 부족을 극복하기 위한 노력보다는 홍수 예방 등 치수(治水)의 개념으로 물을 관리해 왔으며 1인당 물 소비도 다른 나라에 비해 과도하다.

② ㄴ : 최근 전반적으로 삶의 질이 향상되어 이로 인해 물 사용량 또한 급격히 늘어나고 있다.

③ ㄷ : 정확한 예측과 분석 없이 여기저기 댐이 건설되어 오히려 다른 주변 지역의 수자원이 부족하게 되었다.

④ ㄹ : 정부는 더 많은 댐을 건설하고 상수원 보호 구역을 해제해서 주민 불편을 덜어 주어야 한다.

⑤ ㅁ : 정부는 기존의 노후화된 관로를 재정비하고 낙후 지역의 상수도 보급에 힘써야 한다. ·

[11~14] '청년 실업'을 주제로 글을 작성하려고 한다. 제시된 물음에 답하시오.

11 보고서를 작성하기 위하여 계획한 내용으로 적절하지 않은 것은?

연구 목적	청년 실업 극복 및 일자리 창출 방안 모색
연구 내용	• 청년 실업의 실태에 대해 조사한다. • 전체 노동 시장의 실업률에 대해 조사한다. • 실업 극복을 위한 정부와 기업, 대학의 역할에 대해 조사한다. ············· (ㄱ)
연구 방법	• 대졸 실업자의 연도별 현황을 조사한다. • 청년 실업의 주요 원인에 대해 조사한다. ····························· (ㄴ) • 청년 실업을 극복하기 위한 기업의 역할에 대해 조사한다. ············· (ㄷ) • 노동 시장의 수요에 대해 조사한다. ·························· (ㄹ) • 청년 실업과 복지 정책에 대한 인식을 조사한다. ··············· (ㅁ)

① ㄱ   ② ㄴ   ③ ㄷ   ④ ㄹ   ⑤ ㅁ

12 제시된 자료를 이해한 내용으로 적절하지 않은 것은?

(가) 2014년 청년 실업률, 1999년 이후 최고 기록 기록(단위: %)

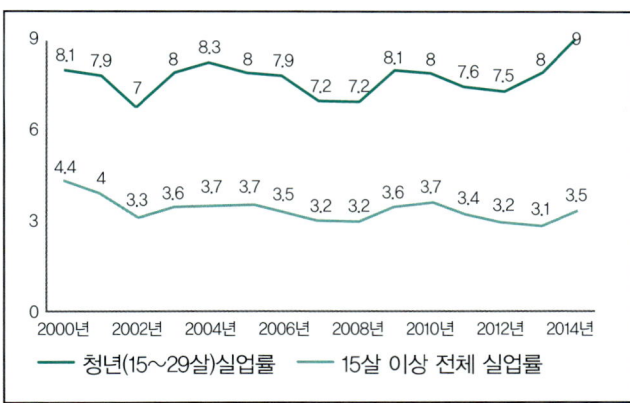

※ 자료: 통계청 경제 활동 인구 조사

지난해 연령대별 실업률

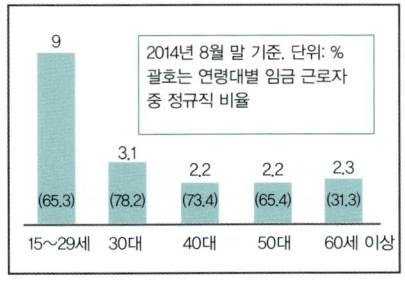

지난 5년간 청년층(15~29세) 성별 실업률(단위:%)

(나) 대졸 실업자 추이(단위:만 명)

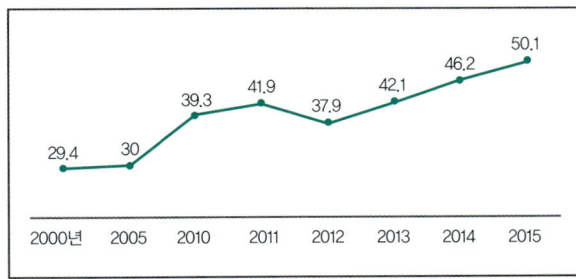

※ 자료: 통계청 매년 3월 기준

(다) 실업률과 고용 보조 지표3(실질 실업률) 비교

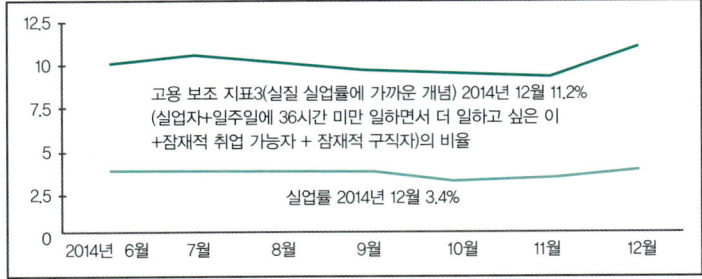

※ 자료: 통계청 경제 활동 인구 조사

(라) 청년 실업의 주요 원인과 가능한 정책 개입

　　청년 실업의 주요 원인은 첫째, 경제 침체와 국제 경쟁력 훼손으로 인한 일자리의 부족, 둘째, 기존 일자리가 요구하는 숙련과 교육 제도가 제공하는 숙련 간의 불일치, 셋째, 임금과 노동 시장의 경직성, 보편적 복지 또는 차별로 인한 높은 비임금 비용, 세 가지로 집약할 수 있으며 이들은 상호 연관되어 있다.

① 청년 실업률이 2014년에 최고점을 갱신한 것으로 보아 고용 한파가 더욱 거세졌다.

② 전체 실업률은 예전 수준인데 비해 청년 실업률은 급격히 상승하는 것으로 보아 청년들을 위한 신규 일자리 창출이 안 되고 있다.

③ 청년 실업률을 낮추는 방안의 하나로 무엇보다 중요한 것은 청년 개개인들이 눈높이에 맞는 일자리 찾기를 찾는 것이다.

④ 대졸 실업자의 수가 특히 가파르게 증가하고 있어 이들을 위한 양질의 일자리 창출이 시급하다.

⑤ 성별 실업률을 보면 청년 여성보다는 청년 남성이 노동시장에서 일자리 찾기가 더 힘들다.

13 위 자료를 바탕으로 개요를 작성하였다. 이를 구체화한 내용으로 적절하지 않은 것은?

> I. 서론
>   1. 청년 실업이 급증하는 현실
>   가. 전체 실업률에서 청년 실업률이 2배를 초과하고 있다. ·············· (ㄱ)
>   나. 이로 인한 사회적 여파가 매우 심각해지고 있다.
> II. 본론
>   1. 청년 실업의 원인
>   가. 고용이 보장되지 않는 성장이 계속됨 ·············· (ㄴ)
>   나. 대학 교육이 노동 시장의 요구에 따르지 못하는 현실 ·············· (ㄷ)
>   다. 대기업 위주의 일자리만 선호하는 구직 실태
>   2. 청년 실업의 극복 방안
>   가. 일자리를 늘리기 위한 정부의 노력 ·············· (ㄹ)
>   나. 노동 현장에서의 일자리 나누기 운동
>   다. 대학 교육과 노동 시장의 연계성 강화 ·············· (ㅁ)
> III. 결론
>   청년 일자리 확보를 위한 정부, 기업, 사회적 역할이 요구된다.

① ㄱ: 해가 거듭될수록 청년 실업률이 차지하는 비중이 급속히 증가하고 있어 사회적 문제로 대두되고 있다.

② ㄴ: 산업의 트렌드가 바뀌어 정보화, 자동화로 인해 고용이 발생하지 않는 경제 성장이 가속화되어 일자리가 창출되지 않고 있다.

③ ㄷ: 대학 교육이 본래의 역할과 기능을 다하지 못해 기업의 요구에 부응하지 못하는 양상으로 변질되고 있다.

④ ㄹ: 정부는 청년 일자리 창출을 위해 5개 분야, 33개의 추진 전략을 시행 중에 있고, 청년 창업을 통한 능동적 일자리 창출에도 노력하고 있다.

⑤ ㅁ: 대학도 이제 노동 시장의 요구를 이해하고 노동 시장과 연계 가능한 다양한 형태의 교육 과정을 개발하여 인재를 육성해야 한다.

14 제시된 자료를 바탕으로 글을 작성할 때, 괄호 안에 들어갈 내용으로 가장 적절한 것은?

> 요사이 들어 청년 실업률이 급증하고 있다. 전체 실업률에서 청년 실업률이 차지하는 비중이 전체 실업률의 2배 이상 육박하고 있다고 보도된 바 있다. 이것은 단순히 청년 실업 그 자체의 문제만이 아니라 우리 사회 전반에 미칠 파장이 커 심히 우려되고 있다. – 중략 – 먼저 청년 실업이 급증하는 이유는 정보화로 인한 고용이 없는 경제 성장, 그리고 대학 교육과 노동 시장의 수요 불균형에서 그 원인을 찾을 수 있다. 또 지나친 대기업 선호로 인한 노동 시장의 양극화에서도 그 원인을 찾을 수 있다. – 중략 –
> 다음으로는 (   ) 즉, 설사 취업이 되었다 하더라도 양질의 일자리가 아닌 비정규직화로 인해 고용이 불안정하거나 지속적인 구조 조정으로 인하여 실업의 두려움을 언제나 안고 있어야 한다는 것이다. 그럼 지금의 청년 실업을 극복하기 위한 방안은 무엇일까? 무엇보다도 먼저 양질의 일자리를 늘리기 위한 정부와 우리 사회의 부단한 노력이 요구되고 있다. 이를 위해 먼저 정보 사회에 필요한 새로운 일자리를 만들어 내어야 한다. 또한 기업과 노동자가 합의점을 찾아 노동 시간 단축을 통한 일자리 나누기를 하는 것도 하나의 해법이 될 수 있다. 또한 대학과 노동 시장의 연계성을 강화해 산업 현장에서 실질적으로 도움이 되는 인재를 육성하여야 한다. 이를 위해 가장 먼저 우리의 대학 교육이 변해야 한다.

① 노동 시장의 유연화로 인한 문제이다.
② 복지 국가의 트릴레마의 문제이다.
③ 공적 부조를 통한 복지 국가의 기틀 마련이다.
④ 한국 노동 시장의 생산성 향상의 문제이다.
⑤ 과도한 노동력을 투입해야만 하는 구조적 문제이다.

[15~17] '사회 통합을 위해 갈등은 해소되어야 한다.'라는 주제로 글을 작성하려고 한다. 제시된 물음에 답하시오.

15 보고서를 작성하기 위하여 계획한 내용으로 적절하지 않은 것은?

연구 목적	우리 사회의 건전한 통합을 위하여 갈등 해소 방안을 모색하여 본다.
연구 내용	• 우리 사회의 갈등 양상을 조사한다. • 갈등을 유형별로 심층 분석한다. • 국가별 갈등 지수를 분석한다.
연구 방법	• 갈등의 원인을 조사한다. ······································ (ㄱ) • 사회적 갈등이 우리 생활에 미치는 영향을 조사한다. ············· (ㄴ) • 계층 간, 지역 간 갈등 지표를 조사한다. ······················· (ㄷ) • 사회적 갈등을 극복할 방안을 조사한다. ······················· (ㄹ) • 정부가 주도하는 통합적 갈등 관리 시스템을 조사한다. ··········· (ㅁ)

① ㄱ   ② ㄴ   ③ ㄷ   ④ ㄹ   ⑤ ㅁ

16 자료의 활용 방안으로 적절하지 않은 것은?

(가) 국가별 사회 갈등 지수

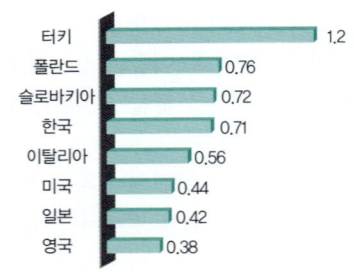

국가	지수
터키	1.2
폴란드	0.76
슬로바키아	0.72
한국	0.71
이탈리아	0.56
미국	0.44
일본	0.42
영국	0.38

(나) 갈등의 원인 분석

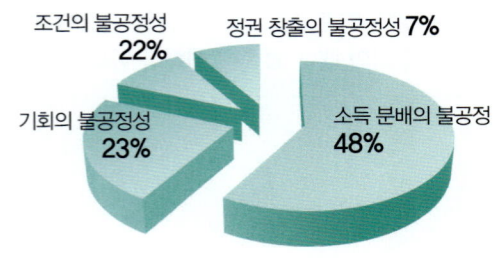

조건의 불공정성 22%
정권 창출의 불공정성 7%
기회의 불공정성 23%
소득 분배의 불공정 48%

(다) 사회적 갈등의 유형별 지표(100%)

순위	비율
1	계층 간의 갈등(87.5%)
2	이념 갈등(87.4%)
3	노사 갈등(81.5%)
4	지역 갈등(69%)
5	세대 갈등(64.7%)
6	남녀 갈등(47.1%)

① (가)를 바탕으로 우리나라의 갈등 지수가 선진국에 비해 높다는 사실을 설명한다.

② (나)를 바탕으로 갈등의 원인으로 분배와 기회의 불공정성이 가장 큰 요소라는 사실을 설명한다.

③ (다)를 바탕으로 우리 사회에 뿌리 깊은 갈등은 바로 계층 간의 갈등과 이념적 갈등이라는 사실을 설명한다.

④ (나)와 (다)를 바탕으로 소득 분배의 불공정성으로 인한 계층 간의 갈등을 해소하는 것이 바로 사회 통합의 핵심 요체라는 사실을 설명한다.

⑤ (가)와 (다)를 바탕으로 우리 사회의 갈등 구조는 다른 나라에는 존재하지 않는 이념적 대립의 결과라는 점을 밝혀낸다.

17 위 자료를 바탕으로 개요를 작성하였다. 이를 구체화한 내용으로 적절하지 않은 것은?

> I. 서론
>
> II. 본론
> 　1. 갈등의 유형화 분류
> 　　가. 개인과 개인
> 　　나. 개인과 사회 ·· (ㄱ)
> 　　다. 계층과 계층
> 　2. 갈등 심화의 양상
> 　　가. 극도로 빈번하게 발생 ······································ (ㄴ)
> 　　나. 갈등이 군집 형태로 나타남
> 　　다. 갈등이 과격하고 극단적으로 나타남 ············ (ㄷ)
> 　3. 갈등이 심화되는 원인
> 　　가. 빈부 격차 심화 ·· (ㄹ)
> 　　나. 각 집단의 이기적 욕망 추구
> 　　다. 개인과 개인, 집단과 집단 상호 간 이해 부족
> 　　라. 불공정성의 고착화 ·· (ㅁ)
>
> III. 결론
> 　사회적 갈등 해소를 통한 국가 경쟁력 확보

① ㄱ: 과거 우리 사회는 언제나 개인적 욕망의 실현이 사회라는 거대한 장벽 앞에 좌절되곤 했다.

② ㄴ: 사소한 갈등조차도 대화와 타협보다는 행동으로 표출하여 나타내고 그 빈도수도 급격히 증가하였다.

③ ㄷ: 자신들의 의지가 관철되지 않으면 집단적 행동은 물론 폭력까지도 스스럼없이 행한다.

④ ㄹ: 자본주의 사회의 한 단면이며 주로 가지지 못한 자들의 분노와 소외 의식 때문에 심화되고 있다.

⑤ ㅁ: 우리 사회의 곳곳에 이미 불공정의 현상들이 고착화되어 가고 있다. 이런 사회를 정글형 사회라고 한다.

[18~19] '청소년들의 과도한 통신비 지출의 문제점'을 주제로 글을 작성하려고 한다. 제시된 물음에 답하시오.

18 보고서 작성을 위하여 계획한 내용으로 적절하지 않은 것은?

연구 목적	청소년들의 통신비 과다 지출로 인한 문제점을 분석한다.
연구 내용	• 청소년들의 월 평균 통신 요금 사용 실태를 조사한다. • 청소년들의 건전한 여가 선용을 위한 다양한 프로그램을 조사한다.
연구 방법	• 청소년들의 월 평균 통신비를 조사한다. ······························ (ㄱ) • 각 가정의 가계 소비 중 청소년이 사용하는 통신비 비중을 조사한다. ······ (ㄴ) • 건전한 소비 습관 함양을 위한 교내 경제 교육 실태를 조사한다. ······ (ㄷ) • 올바른 소비 습관을 기르기 위한 청소년 대상 사회적 프로그램을 조사한다. ······ (ㄹ) • 각 통신사의 휴대 전화 및 초고속 통신망 사용 요금을 비교 분석한다. ······ (ㅁ)

① ㄱ　　　　② ㄴ　　　　③ ㄷ　　　　④ ㄹ　　　　⑤ ㅁ

19 주제와 위 자료를 바탕으로 개요를 작성하였다. 괄호 안에 들어갈 내용으로 적절하지 않은 것은?

I. 서론

청소년들의 통신 요금 과다 지출로 가정불화가 발생하고 있다.

II. 본론

1. 실태

   가. 각 가정마다 청소년들이 사용하는 휴대 전화와 초고속 통신 이용 요금 등으로 인해 가계의 통신비 지출이 과도하게 증가하고 있다.

   나. 이로 인해 청소년들과 부모 간의 갈등과 불화가 잦아지고 있다는 뉴스가 보도되고 있다.

2. 원인

   가. 청소년들이 통신 기기를 단순한 통화 수단이 아닌 각종 정보를 이용하는 매체로 활용함으로써 통신 요금 지출이 급격히 증가하고 있다.

3. 향후 청소년들에게 미칠 영향

   가. 정보 통신 요금의 과도한 지출로 인하여 드러나는 청소년들의 무분별한 소비 행태는 앞으로 청소년들이 건전한 소비 습관을 기르는 데 방해가 될 수 있다.

III. 결론

   (   )

---

① 청소년들의 건전한 소비 습관을 기르기 위하여 학교에서도 올바른 경제 교육을 강화해야 한다.

② 청소년 자녀를 둔 부모에게 청소년들에게 건전한 통신 기기 사용을 위한 교육의 주체로서 역할이 요구되고 있다.

③ 각 통신사에서는 청소년들의 건전한 통신 기기 사용을 위하여 정액제 요금을 별도로 출시하여 소비자가 선택할 수 있도록 해야 한다.

④ 청소년을 둔 가정에서는 외식비나 문화비 등의 소비 비중을 줄여 가계 소비의 균형을 맞추어야 한다.

⑤ 각 자치 단체는 청소년들의 정서 함양과 건전한 여가 선용을 위한 다양한 프로그램을 개발, 이를 청소년들에게 제공해야 한다.

[20~21] 'CCTV 관리 개선 방안'을 주제로 글을 작성하려고 한다. 다음 물음에 답하시오.

20 자료를 바탕으로 개요를 작성하였다. 이를 구체화한 내용으로 적절하지 않은 것은?

I. 서론

　　CCTV 설치의 문제점과 관리 개선 방안

II. 본론

　1. CCTV 설치 목적

　　가. 국민들의 범죄 예방과 민생 안정

　　나. 학교 폭력 예방 ·· (ㄱ)

　　다. 치안의 사각지대의 상시 감시 ·· (ㄴ)

　2. CCTV 설치에 관한 찬·반 입장

　　가. 찬성 측 입장: 범죄 예방, 민생 안정, 수사의 효율성 증대 ······················ (ㄷ)

　　나. 반대 측 입장: 사생활 침해 우려, 감시를 받는 듯한 불쾌감, 범죄의 풍선 효과 ········· (ㄹ)

III. 결론

　　특수 목적으로 설치한 CCTV는 인정하나, 국민 대다수의 인권과 자유를 누릴 권리를 침해하지 않는
　　범위 내에서 설치 운용되어야 한다. ··· (ㅁ)

---

① ㄱ: 학교 내에 CCTV를 설치, 운용하는 것은 감시의 기능보다는 사전 예방적 효과를 고려한 조치이다.

② ㄴ: CCTV의 상시 감시 기능은 어떤 치안 시스템보다 효율적이라고 볼 수 있다.

③ ㄷ: 경찰 인력을 효율적으로 운용할 수 있고, 범죄의 사전 예방 효과도 고려한 조치이다.

④ ㄹ: 아무리 훌륭한 제도나 장치라 하더라도 개인의 사생활을 침해하면서까지 운용할 근거는 어디에도 없다.

⑤ ㅁ: 범죄 예방이나 수사의 효율성 등을 고려하더라도 결단코 국민의 자유를 침해하지 않는 범위 내에서 운용되어야 마땅하다.

21 〈보기〉의 자료를 모두 활용하여 이끌어 낼 수 있는 논지로 적절한 것은?

보기 (가) 우리 주변 곳곳에는 CCTV가 설치되어 있고 자신의 영상 정보 노출로 원하지 않는 감시를 당하고 있다. 조사에 따르면 전국에 설치된 CCTV는 250만 대로 추산되며 개인들은 하루 평균 20~25회 CCTV에 노출되는 것으로 나타났다.

(나) 설문조사 (○○시 주민 600명 대상)

① 우리 시에 범죄 예방용 CCTV 설치에 찬성하는가? (단위: %)

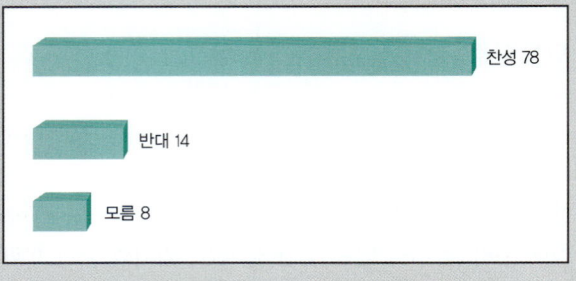

② 찬성하는 이유? (단위: %)

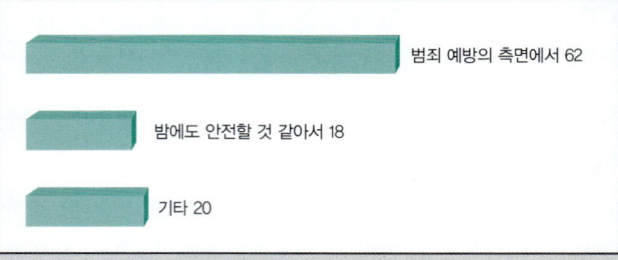

③ 반대하는 이유? (단위: %)

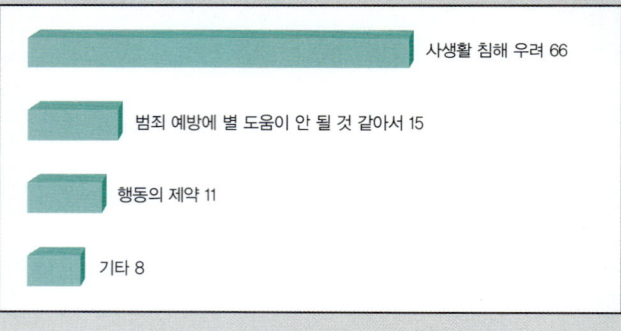

① 범죄가 날로 흉포해지고 지능화되어 가는데 CCTV보다 더 강력한 대책을 마련해야 한다.

② 인권 침해의 문제가 심각하게 대두되고 있으므로 CCTV 설치는 적극적으로 막아야 한다.

③ 학교나 공원 등 특정 장소에만 극히 제한적으로 설치하고 운영하여 청소년을 보호하고 일탈 행위를 방지하는데 목적을 두어야 한다.

④ CCTV의 순기능은 살리고 역기능은 막을 수 있도록 설치와 운영에 관한 법규를 시급히 마련해야 한다.

⑤ CCTV로 촬영된 개인 영상 정보를 효과적으로 이용하기 위한 관련 소프트웨어 개발에 한층 노력해야 한다.

2장 창안

1 자유 연상법

프로이트가 정신분석에서 사용한 기법으로 어떤 대상과 관련하여 마음에 떠오르는 생각, 감정, 기억들을 수정하지 않고 이야기하듯 나열하는 것을 이른다. 각 단어들의 공통된 특질을 바탕으로 자유롭게 사고하거나 연상해 가는 정신 활동이다. 이는 가장 초보적이고 원시적인 방법이다. **예** 가을: 낙엽, 은행잎, 찬 바람, 괴테, 잔디……

2 연관 짓기

1단계 자유 연상법으로 나열된 단어들 중에 특정 단어들과의 관계나 속성을 공통된 특징이나 연관성을 바탕으로 관련지어 문제 해결에 접근하는 과정이다. 주어진 단어와 관련된 배경 지식을 총동원하여 사고하는 과정을 이른다. 창안 영역에서는 보기나 조건을 활용한 문제가 출제되는데, 이를 풀기 위해 주제와 관련있는 내용들을 긴밀히 연관 짓는 연습을 해야 한다. **예** 가을의 쓸쓸함 → 을씨년스럽다, 이별, 눈물, 슬픈 추억……

3 추리·상상하기

가장 고차원적이며 고난도의 사고 과정으로서 문제를 해결하는 가장 핵심이 되는 사고 과정이다. '추리'란 이미 알고 있는 사실을 바탕으로 미지의 사실을 미루어 헤아리는 사고 과정을 이르며, '상상하기'란 현재 일어나지 않은 일이나 존재하지 않은 대상을 머릿속으로 그려 보는 것을 이른다. 즉, 현재 존재하지 않는 표상을 만들어 내는 사고 과정이다. 가장 중요한 것은 단어들 간의 관련된 공통적 특성을 밝혀내는 것이다. 이 또한 '연관 짓기'와 더불어 창안 영역 문제를 해결하는 핵심 요소이다.

[예시 문제] 다음 보기에서 이끌어 낼 수 있는 단어는?

> **보기** 미르   기린   가루라   가릉빈가

① 길조   ② 상징   ③ 상상   ④ 죽음   ⑤ 지옥

정답 ③

- 미르: 용의 고유어
- 기린: 성인이 이 세상에 나올 징조로 나타난다고 하는 상상 속의 짐승
- 가루라: 불경에 나오는 상상 속의 큰 새
- 가릉빈가: 사람 머리를 한 상상 속의 새

---

4 사물의 속성을 통한 연상 작용

현대시나 한시 등에서 표현되는 내적 의미의 단어들을 보고, 구체적인 개념의 단어를 추상적인 개념으로 연상하는 사고 과정을 이른다.

예 雨歇長堤草色多   비 갠 언덕에 풀빛 더욱 푸른데
送君南浦動悲歌   남포로 임 보내며 슬픈 노래 부르네
大同江水何時盡   대동강 물이야 언제 마르리
別淚年年添綠波   해마다 이별 눈물 푸른 물결에 더하는 것을
　　　　　　　　　－정지상, '송인(送人)' 중에서

- 이 한시는 대동강 물을 통해, 연인과의 이별로 인해 흘렸을 여인의 눈물을 연상하고 다시 남겨진 여인의 이별의 아픔을 유추해 내는 과정을 시 전편에 걸쳐 전개하고 있다.

01 다음 만화를 바탕으로 하여 이끌어 낼 수 있는 제목으로 적절한 것은?

갈음이 화합이라면
다름은 조화입니다.

① 용서와 관용의 정신은 어디에
② 양심과 정의가 살아 있는 세상을 꿈꾸며
③ 부화뇌동하지 않는 삶을 위하여
④ 조화와 양보, 그 아름다움을 위하여
⑤ 획일주의! 그리고 통합

02 다음 괄호 안에 차례로 들어갈 말로 적절한 것은?

> 청명 한식에 나무 심으러 가자. / 무슨 나무 심을래. / 십 리 절반 (   )나무 / 열의 갑절 스무나무 / 대낮
> 에도 밤나무 / 방귀 뀌어 뽕나무 / 오자마자 (   )나무 / 깔고 앉아 구기자나무/ 거짓 없어 참나무 / 그렇
> 다고 (   )나무 / 칼로 베어 피나무 / 네 편 내 편 양편나무 / 입 맞추어 쪽나무 / 너하고 나하고 (   )
> 나무 / 이 나무 저 나무 내 밭두렁에 내 나무
> 　　– 나무타령

① 반디 – 옴 – 전 – 자귀　　② 오리 – 가래 – 치자 – 살구　　③ 가죽 – 피 – 참 – 뽕
④ 박달 – 서 – 전 – 구상　　⑤ 이팝 – 생강 – 구상 – 자작

03 '무절제한 스마트폰 사용이 청소년들의 학습에 미치는 악영향'이라는 주제로 글을 작성하려고 한다. 이를 바탕으로 (가) 안에 들어갈 글의 전개 방향으로 적절한 것은?

오늘날 스마트폰이 청소년들 생활 속에 깊이 자리 잡고 있다.

⇩

가족 간의 소통이 단절되고, 사고력에 제약을 받는다. 또한 학습 의욕의 상실로 성적이 하락하고 있다.

⇩

스마트폰 제조사의 상업적 광고와 청소년들의 지나친 의존성으로 스마트폰 본래의 기능을 상실하고 있다.

⇩

(가)

① 스마트폰 사용이 갖는 부정적 기능을 고찰한 후 바람직한 스마트폰 사용 방안을 궁구한다.
② 스마트폰의 특성을 다각도로 분석하고 순기능적 요소를 찾아 이를 보완한다.
③ 의사소통 수단으로서의 본래적 의미를 지닐 수 있도록 제도적 장치를 마련한다.
④ 기기를 사용하는 주체인 청소년들의 각성을 촉구하고 정책적 뒷받침을 위한 제도를 마련한다.
⑤ 우리 사회 전반의 각성과 제조사 및 통신사들의 자성의 노력을 촉구한다.

04 다음 상황을 소재로 글을 쓸 때 주제로 가장 적절한 것은?

① 말하기의 힘은 상대의 관심을 유도하는 것에서 비롯됩니다.

② 소통의 기본은 남의 말을 잘 듣는 것에서 출발합니다.

③ 한 사람의 의견보다는 다수의 의견을 존중해야 합니다.

④ 대화는 타인을 향한 관심과 배려에서 출발합니다.

⑤ 내 생각을 먼저 표현하기보다는 남의 마음을 먼저 읽어야 합니다.

05 물을 소재로 '바람직한 삶의 태도'에 대하여 글을 쓰려고 구상한 것이다. 적절하지 않은 것은?

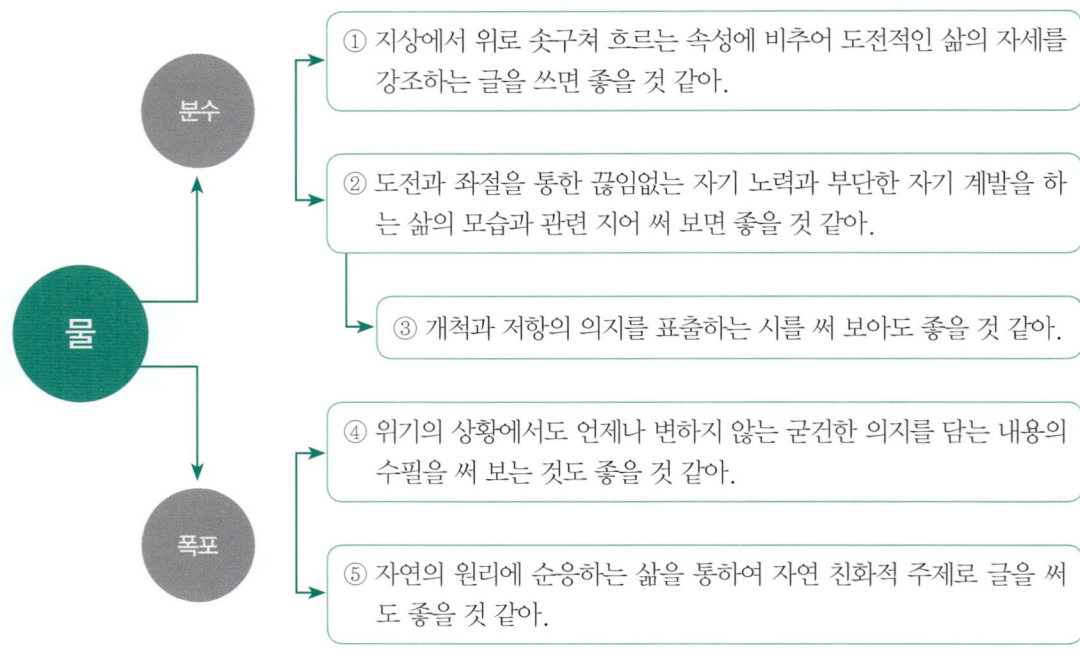

① 지상에서 위로 솟구쳐 흐르는 속성에 비추어 도전적인 삶의 자세를 강조하는 글을 쓰면 좋을 것 같아.

② 도전과 좌절을 통한 끊임없는 자기 노력과 부단한 자기 계발을 하는 삶의 모습과 관련 지어 써 보면 좋을 것 같아.

③ 개척과 저항의 의지를 표출하는 시를 써 보아도 좋을 것 같아.

④ 위기의 상황에서도 언제나 변하지 않는 군건한 의지를 담는 내용의 수필을 써 보는 것도 좋을 것 같아.

⑤ 자연의 원리에 순응하는 삶을 통하여 자연 친화적 주제로 글을 써도 좋을 것 같아.

06 자원 절약과 환경 보호에 관하여 다음 두 그림을 활용하여 연상할 수 있는 광고 문구가 아닌 것은?

① 버리면 낭비지만 뽑으면 절약입니다.
② 꽂으면 형통이지만 빼면 불통입니다.
③ 버리면 쓰레기지만 모으면 자원이 됩니다.
④ 환경 파괴 이기심, 자원 절약 이타심
⑤ 버리는 양심, 찌그러진 마음, 아끼는 마음, 대비하는 마음

07 다음은 어느 주부의 일상에 관한 만화이다. (가)에 들어갈 아내의 독백으로 가장 적절한 것은?

① 열 길 물속은 알아도 한 길 사람 속은 모른다더니.
② 그럼 나는 누구에게 하소연하지?
③ 그래도 믿을 사람은 남편밖에 없는데……
④ 엄마는 같은 여자라서 내 마음 이해할까?
⑤ 팔은 안으로 굽는다고 가족밖에 없어.

08 그림이 의도하는 바가 가장 적절한 것은?

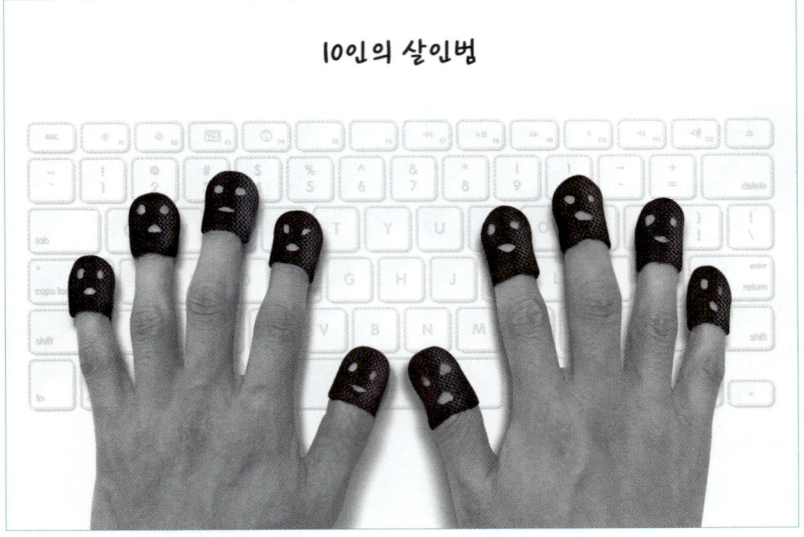

① 고자질쟁이가 먼저 죽는다.　　② 익은 밥 먹고 선소리한다.
③ 녹비에 가로 왈자라.　　④ 황소 제 이불 뜯어 먹기.
⑤ 글 속에 글이 있고 말 속에 말이 있다.

09 그림을 보고 자유롭게 연상한 어휘들이다. 이와 인간의 삶과 연결시켜 설정한 주제로 가장 적절한 것은?

① 낯섦을 극복하는 정신적 성숙　　② 끝없는 도전과 미지를 향한 동경
③ 고난과 시련에 맞서 싸우는 지혜와 용기　　④ 미지의 세계를 향한 무한한 기대
⑤ 현실을 벗어나고자 하는 인간의 끝없는 욕망

10 〈보기〉는 '자동차 디자인의 변화를 통해 본 30년'이라는 제목으로 글을 쓰기 위해 정리한 내용이다. 〈보기〉의 활용 방안으로 적절하지 않은 것은?

보기

| 1980년대 초기 모델 | 1990년대 모델 | 2000년대 후반 모델 |

ㄱ. 자동차의 디자인은 세계적인 추세에 맞추어 발전해 온 것 같다.

ㄴ. 예나 지금이나 자동차는 신분 상승과 부를 상징하는 것으로 보는 측면도 있는 것 같다.

ㄷ. 1990년대 이후 본격적으로 자동차 디자인이 획기적으로 발전하기 시작했구나.

ㄹ. 2000년대를 지나면서부터 자동차는 기능적 측면과 심미적 요소가 함께 발전하여 온 것 같구나.

ㅁ. 소비자의 경제적 요구에 부응하기 위하여 자동차의 디자인과 기능이 함께 발전해 온 것 같구나.

① ㄱ   ② ㄴ   ③ ㄷ   ④ ㄹ   ⑤ ㅁ

11 다음은 '독서 토론 동호회'에서 회원을 모집하기 위해 만든 홍보 문구이다. 전체 흐름상 적절하지 않은 것은?

> 한 권의 책이 나를 바꾸고 세상을 바꿉니다.
> – 우리의 인생을 밥 대신 책으로 채우자

① 혼자만의 인생을 꿈꾸십니까? 타인과의 소통을 원하십니까?

② 다른 동아리에서는 경험할 수 없는 새로운 세상! 눈으로 말하고 마음으로 읽는 토론 동호회.

③ 다양한 글 읽기를 통해 소통하는 세상의 흐름을 읽을 수 있는 우리만의 공간.

④ '구슬이 서 말이라도 꿰어야 보배다.'라는 말이 있지 않습니까?

⑤ 우리 시대는 글보다는 말의 중요성이 요구되고 있습니다.

12 그림을 보고 떠오른 생각을 정리하여 각 수신자에게 스마트폰으로 그림과 함께 문자를 보내려고 한다. 그 내용으로 적절하지 않은 것은?

 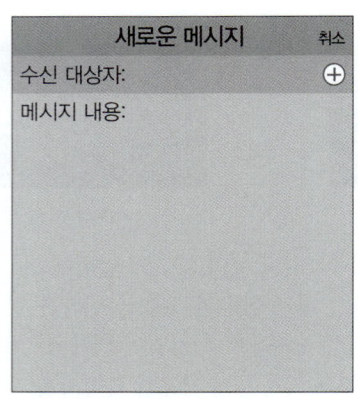

① 수신 대상자: 구의원 입후보를 망설이는 선배에게
메시지 내용: 지역구를 위해 봉사하는 일이 쉽지는 않겠지만 용기 내어 도전해 보십시오. 누구나 할 수 있는 일이 아니니 선배님이 나서 주셔야 합니다.

② 수신 대상자: 해외 유학을 떠난 친구에게
메시지 내용: 비록 타국에서의 학업이 힘들고 어렵겠지만 먼 훗날을 위해 잘 참고 이겨 내리라 믿어.

③ 수신 대상자: 사업에 실패한 삼촌께
메시지 내용: 지금은 비록 실패했지만 다시 도전하시면 삼촌은 꼭 재기할 수 있을 거예요.

④ 수신 대상자: 졸업을 앞둔 후배에게
메시지 내용: 목표를 이루어 내는 방법도 중요하지만 목표의 성취 시기도 중요하다고 봐.

⑤ 수신 대상자: 기업 입사 시험에 낙방한 친구에게
메시지 내용: 긴 인생에서 이번 시험은 단 한 번의 실패일 뿐, 다시 도전하면 다음에는 꼭 합격할 수 있을 거야.

13 (가)에 들어갈 말로 가장 적절하지 않은 것은?

① 저것 봐, 입학이나 취업이나 지옥문이 따로 없군.
② 입시나 취업이나 낙타가 바늘구멍 통과하기군.
③ 입시나 취업이나 정보가 곧 열쇠야.
④ 저것 봐, 졸업과 동시에 또 4%에 들기 위한 경쟁이군.
⑤ 대학만 나온다고 다 되는 세상이 아니라니까.

14 그림을 바탕으로 오늘의 세태를 풍자하는 글을 작성하려고 한다. 풍자의 대상으로 적절하지 않은 것은?

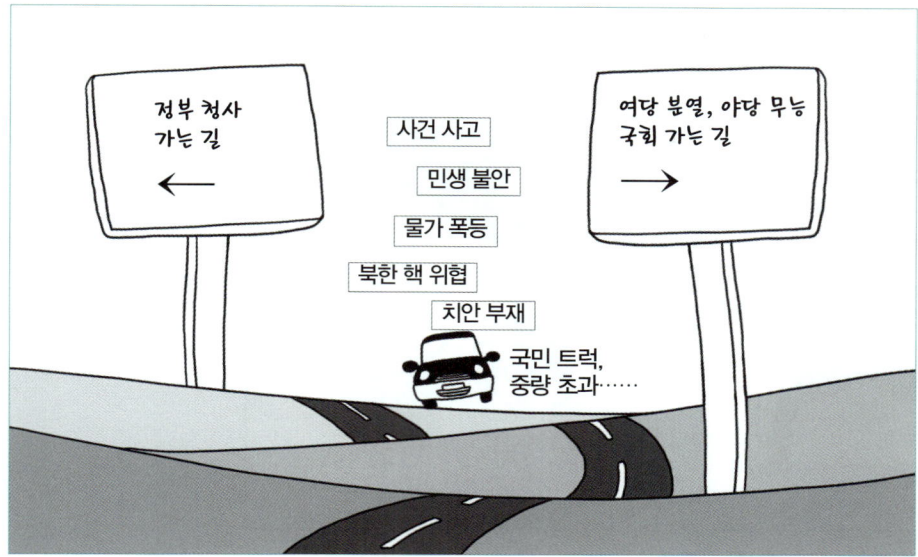

① 이전투구 정치권의 모습을 반영한 현실
② 정부가 제 역할을 다하지 못하는 현실
③ 기업이 자신의 이익에만 눈이 먼 현실
④ 정당이 자기 역할을 다하지 못하는 현실
⑤ 모든 비용을 국민들이 부담해야 하는 현실

15 〈보기〉를 통해 이끌어 낼 수 있는 주장이나 사실로 적절하지 않은 것은?

> **보기**
> • 우리나라 소비자는 자동차를 7년마다, 냉장고는 8.1년마다 새것으로 바꾸고, 일본 소비자는 각각 14년, 16년을 사용한다.
> • 특히 일부 젊은 층은 값비싼 외제차를 선호하며, 100만 원을 호가하는 고급 의류를 구입하는 여대 생도 적지 않다.
> • 2010~2014년 사이에 일본의 도시 가구의 외식비는 연평균 0.9%, 우리나라는 21.1% 증가했다.
> • 우리나라는 전체 소비재 수입에서 사치성 소비재 수입이 차지하는 비중이 2010년 이후 18.5%에서 2014년 7월 현재 37.8%로 증가했다.
> • 공보처가 실시한 '소비 생활에 대한 국민 의식 전화 조사' 결과에 따르면 우리나라 20대 이상 성인 남녀의 83%가 과소비를 우려했지만, 스스로 과소비한다고 생각한 사람은 19%에 불과했다.

① 대다수 국민을 상대로 바람직한 소비에 대하여 교육을 실시해야 한다.
② 과소비 자체를 제대로 인지하지 못하는 사람들이 있다.
③ 국민 소득의 증가에 비례하여 사치성 소비 또한 늘어난다.
④ 자기의 소득이 많다고 해도 과소비는 결코 미덕이 아니다.
⑤ 우리 사회 전반에 과소비가 만연해 있다.

16 만화를 바탕으로 이끌어 낼 수 있는 내용으로 가장 적절하지 않은 것은?

① 화장실 가기 전과 후의 마음이 다를 수 있군.
② 양두구육이라더니 과연 정치인들의 진실은 무엇일까.
③ 표리부동도 분수가 있지. 선거 전후의 차이가 너무 많이 나는군.
④ 공은 공이고 사는 사라더니 공과 사를 분명히 구분하고 있군.
⑤ 선거 전 마음과 선거 후의 마음 어느 것이 정치하는 마음일까.

17 두 광고를 활용하여 글을 작성하려고 한다. 주제로 설정하기에 가장 적절한 것은?

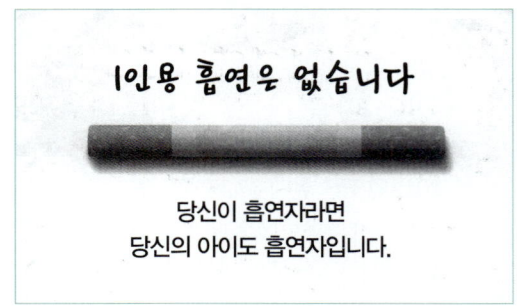

① 금연은 나를 위한 선택이 아니라 타인을 향한 배려입니다.
② 혼자서 하는 금연보다 함께 하는 금연이 중요합니다.
③ 지금 당장 행하지 않으면 나중에 불행해집니다.
④ 나를 위한 선택은 용기와 결단력을 필요로 합니다.
⑤ 당신은 스스로에게 금연할 권리를 주어야 합니다.

18 '사형 제도를 반대한다.'라는 주제로 글을 작성하려고 한다. 〈보기〉에서 주장의 논거가 될 수 있는 것으로 가장 적절한 것은?

보기	ㄱ. 강력 범죄의 재범률이 점점 증가하고 있는 추세이다.
	ㄴ. 꼭 사형이 아니더라도 다른 형벌로도 죄인을 처벌할 수 있다.
	ㄷ. 살인을 저지른 이들을 사형한다 해도 아무런 이득이 없다.
	ㄹ. 사형수를 죽인다면 사형수를 죽인 사람들도 사형해야 한다.
	ㅁ. 사형 제도의 존재만으로도 국민에게 안정감을 주고, 모방 범죄를 예방할 수 있다.
	ㅂ. 사전 예방은 범죄의 희생양을 줄여 준다.
	ㅅ. 다른 범죄 집행에 악용될 소지가 있다.

① ㄱ, ㄴ, ㅅ   ② ㄴ, ㄷ, ㅁ   ③ ㄴ, ㄷ, ㄹ, ㅅ

④ ㄱ, ㄴ, ㅁ, ㅅ   ⑤ ㄱ, ㄴ, ㄹ, ㅁ, ㅂ

19 (가)에 들어갈 말로 알맞은 것은?

① 선무당이 사람 잡는다더니 우리말을 제대로 알고 사용해야 해.

② 언어 순화가 필요하구나. 말을 좀 부드럽게 할 수 없겠니?

③ 아 다르고 어 다르다고, 네 말은 자칫 오해할 소지가 있구나.

④ 낮말은 새가 듣고 밤말은 쥐가 듣는다고 말조심해라.

⑤ 덜된 목수 연장 탓한다고, 넌 왜 만날 남의 탓만 하니.

20 그림을 통해 연상한 내용으로 글을 작성하려고 한다. 연상의 과정과 그 주제로 가장 적절한 것은?

① 사막의 열기 → 구름: 고난과 시련 뒤의 휴식

② 사막 → 고사된 나무: 인정이 메말라 버린 현대 사회

③ 모래 언덕 → 고사된 나무: 앞으로 닥칠 삶의 시련

④ 구름 → 하늘: 시련 극복 후의 희망찬 미래

⑤ 모래 언덕 → 구름: 언덕 너머에 있을 것 같은 오아시스

21 '기부 문화를 활성화하자.'라는 주제로 글을 작성하려고 한다. (가)에 들어갈 내용으로 적절하지 않은 것은?

논지 전개 과정	• 주요 내용
무엇이 문제인가?	• 우리 사회에서 기부 문화가 몇몇 단체나 기업의 형식적 논리나 생색내기용으로만 이루어지고 있다.
문제의 원인은?	• 기부 문화에 대한 인식이 부족하다. • 기부에 대한 효용성을 잘 알지 못한다. • 기부에 대한 성숙된 의식이 결여되어 있다.
문제 해결을 위한 방향은?	• 국민 각자가 기부의 소중함을 깨닫도록 한다. • 방송과 홍보를 통한 기부의 소중함을 일깨운다. • 각자 자신의 능력에 알맞은 기부 문화를 찾도록 유도한다.
구체적인 방안은?	(가)

① 기업의 기부를 유도하기 위하여 세제 혜택을 강화한다.

② 기부하는 사람들에게 적극적인 인센티브를 주고 세제 혜택 또한 주어야 한다.

③ 비영리 단체를 조직하여 기부 문화가 활성화되도록 분위기를 조성한다.

④ 기부금을 상시 운영·관리할 수 있는 단체를 만들어 이를 투명하게 운영한다.

⑤ 국가가 적극적으로 기부 문화를 독려하고 발전시키는 주체가 되어 기부를 활성화한다.

5편

읽기

1장 시

1 시의 정의

자연이나 인생에 대해 나타나는 감흥, 사상 등을 함축적이고 운율적인 언어로 표현한 문학의 한 장르이다. 형식에 따라 정형시, 자유시, 산문시로 나눈다. 내용에 따라서는 서정시, 서사시, 극시로 나눈다. 시의 매력은 다양하지만 시어의 함축성, 다의성, 환기성을 그 정수(精髓)로 꼽을 수 있다.

1. **함축성(含蓄性)**: 시어는 사전적, 지시적 의미가 아닌 문맥 속에 형성되는 비유적, 상징적, 암시적 의미, 주로 함의적 의미를 내포하고 있다. 시가 어려운 가장 큰 이유가 여기에 있다. 함의적 의미는 외연(外延)과 내포(內包)로 나누어 생각할 수 있다.
2. **다의성(多義性)**: 일상어나 과학어는 일물일어설(한 가지 사물에 한 가지 의미)를 갖지만 시어는 일 대 다(多)의 의미를 갖는다. 예를 들어 '임'이라고 하면 '사랑하는 님, 임금, 조국, 소중한 것들' 등 여러 가지 의미로 해석이 가능한데 이러한 다의성은 시를 감상하고 이해하는 데 장애가 되기도 하지만 다양한 정서를 표현하고 느낄 수 있게끔 하는 요소로 작용한다.
3. **환기성(喚起性)**: 시어는 궁극적으로 단순한 사물의 의미나 정보 전달이 그 목적이 아니라 특정한 정서를 환기시키는 기능을 가지고 있다.

2 시의 요소

1 시의 3요소

1. **음악적 요소**: 운율(리듬). 시어에서 발견되는 말의 가락이다. 내재율(자유시)과 외형률(정형시)로 나눌 수 있다.
2. **회화적 요소**: 심상(이미지). 작품으로 형상화되는 과정에서 나타나는 영상 및 느낌을 이른다. 한 편의 시를 읽었을 때 마음으로 떠오르는 느낌으로, 시각, 청각, 촉각, 미각, 후각, 공감각적 심상 등이 있다. 참고 공감각적 심상: 한 시행에서 둘 이상의 감각이 동시에 사용되어 하나의 감각이 다른 하나의 감각으로 전이되는 것 예 분수처럼 흩어지는 푸른 종소리 (청각의 시각화), 피부 바깥에 스미는 어둠(시각의 촉각화)
3. **의미적 요소**: 주제와 정서. 작가가 시에서 표현하고자 하는 정서와 사상을 이른다.

2 시의 형식적 · 내용적 요소

1. **형식적 요소**
   - **시어**: 일상어와 구별되는 것으로 함축적이고 다의적이다.
   - **음보**: 율격과 의미의 단위로, 주로 낭송할 때 호흡의 기준이 되기도 한다. 예 3음보: 고려 가요, 경기체가 / 4음보: 시조, 가사
   - **행(行)**: 시에서 한 줄을 가리키는 것으로 최초로 완성된 율격을 의미한다.
   - **연(聯)**: 시적 내용과 의미를 결정짓는 단위로 여러 개의 행이 모여 이뤄진다.
2. **내용적 요소**
   - **소재**: 주제를 나타내기 위해 작품 속에 사용된 모든 글감을 이른다.
   - **주제**: 시 속에서 말하는 이의 중심 생각을 이른다.
   - **심상**: 시어에 의해 그려지는 이미지로서, 언어에 재구성된 감각적 요소를 이른다.

③ 시의 표현

시의 본질적 요소는 비유(比喩)에 있으며 이는 일상성과 고정 관념에 대한 거부이기도 하다. 언어 사용의 '낯설게 하기'에서 출발하여 신선하고 참신하게 표현하여 대상과 사물의 본질에 접근하고자 한다.

1. **비유(比喩)**: 원관념에 대하여 다른 대상을 보조 관념으로 하여 표현하는 것으로 두 대상 사이의 속성의 유사성을 근거로 하여 표현하는 것이다.

   • **은유(隱喩)**: 원관념 A에 대하여 보조 관념 B로 나타내는 것이다. 예 사랑하는 나의 하느님, 당신은 늙은 비애다
   • **직유(直喩)**: 'A is like B'의 형식으로 나타내는 방법이다. 예 내 누님같이 생긴 꽃이여
   • **의인(擬人)**: 무생물이나 생물을 사람으로 인격화하여 표현하는 것이다. 예 산이 아침마다 세수하러 나오는 여름
   • **대유(代喩)**: 사물의 부분의 특성을 들어서 전체를 표현하는 것이다.
      -제유법: 속성이 같은 종류의 사물 중에서 부분을 들어 전체를 알아보게 하는 것이다. 예 별을 노래하는 마음으로 모든 죽어 가는 것을 사랑해야지('별'은 광복을 의미한다.)
      -환유법: 표현하고자 하는 대상과 관계있는 사물을 일 대 일로 나타내는 것이다. 예 그대는 백의의 천사(간호사를 의미한다.)

2. **상징(象徵)**: 표현 대상의 추상적 관념을 구체적인 사물로 대신해 나타내는 방법이다. 원관념을 내세우지 않고 보조 관념으로만 나타내는 것이다. 예 그 어느 언덕 꽃덤불에 아늑히 안겨 보리라

3. **반어(反語)**: 표현하는 것과 의미하는 것이 정반대로 나타나는 표현법이다. 진술의 상이성(相異性)에서 오는 묘미를 느낄 수 있다. 예 현진건의 작품 제목인 '운수 좋은 날'은 사실은 운수가 몹시 안 좋은 날을 의미한다.

4. **역설(逆說)**: 논리적으로 모순되나 사실은 진실을 말하는 표현법이다. 예 소리 없는 아우성, 찬란한 슬픔, 작은 거인, 황홀한 재앙

④ 시의 심상

❶ 심상의 종류

1. **시각적 심상**: 모양, 색깔, 동작, 명암 등을 통해 환기되는 심상 예 무지갯빛 찬란한 오후
2. **청각적 심상**: 소리에 의해서 환기되는 심상 예 빗소리 쏴아하게 내리는 밤
3. **미각적 심상**: 맛에 의해 환기되는 심상 예 집집 끼니마다 봄을 씹고 사는 마을
4. **후각적 심상**: 냄새에 의해 환기되는 심상 예 사과꽃 향기 코를 찌르고
5. **촉각적 심상**: 피부의 감각에 의해 환기되는 심상 예 내 볼에 와 닿던 내 입술의 뜨거움
6. **공감각적 심상**: 하나의 감각이 다른 하나의 감각으로 전이되어 나타나는 심상 예 종소리의 동그라미, 금으로 타는 태양의 즐거운 울림

❷ 심상의 시적 기능

1. **의미를 전달하는 기능**: 관념이 아니라 머릿속의 영상으로 환기시키는 것으로 예술의 효과와 더불어 의미를 전달한다.
2. **정서 환기의 기능**: 어떤 정서나 분위기를 불러일으키며 시어의 함축성과 긴장감을 높여 준다. 독자의 반응을 이끌어 내어 시 감상의 의미와 정서를 고양시킨다.
3. **대상을 생동감 있게 표현하는 기능**: 다양한 표현 기법을 사용하여 구체적으로 작품을 표현함으로써 보다 강한 느낌을 전달하며 사물의 인상을 분명하게 드러낸다.

5 시적 화자(서정적 자아)

시 속에서 말하는 사람으로, 1인칭으로 표현되는 '나'이다. 시적 화자는 언제나 작가일 수는 없고, 자각의 대용물일 가능성이 더 강하다. 예를 들어 한용운의 '님의 침묵'의 시적 화자는 누가 보아도 여성이나 실제로 작가는 여성이 아니다. 이처럼 시적 화자는 시 속에서 말하는 이로, 작가와는 구별되는 것이다. 이를 일러 '제2의 자아' 또는 '극적 자아'라고 한다. 시적 화자는 시의 제재나 독자에 대하여 일정한 목소리나 태도를 취하도록 창조된 허구의 자아이다.

6 시의 어조

작품 속에서 말하는 시적 화자의 목소리나 태도를 총칭하여 이르는 말이다. 시가 어떤 목소리로 말하느냐에 따라 남성적 어조, 여성적 어조, 비판적 어조, 동조적 어조 등으로 나뉜다. 어조는 시적 정서나 분위기와 관련이 있으며 시적 화자의 정서의 변화에 따라 어조의 변화가 나타난다. 여성적 어조의 경우 이는 우리 민족의 보편적 정서인 한(恨)의 정서와 맥을 같이하는 경우가 많다. 이는 남성적 어조에 비해 여성적 어조가 이런 정서를 담아내기에 더 유용하기 때문이다.

2장 소설

1 소설의 정의

현실 세계의 어딘가에 있을 것 같은 일들을 작가가 무한한 상상력을 동원하여 꾸며 낸 허구의 이야기이다. 개연성 있는 허구를 통해, 특히 자아와 세계와의 대립과 갈등 양상을 그 핵심 내용으로 하는 문학의 장르이다.
- 자아(自我): 소설 속의 인식의 주체. 자신의 내면 세계를 포함하는 의식의 총체.
- 세계(世界): 자아의 주변적 요소. 자아를 둘러싸고 있는 시간적·공간적 환경의 총체.

2 소설의 특성

1. **허구성(虛構性)**: 현실에서 존재할 듯한 인물이나 사건을 소재로 취하지만 작가의 상상력에 의해 꾸며 낸 이야기이다. 즉, 실제와는 다른 가공의 사건과 허구의 인물이 소설 속에 등장한다.
2. **산문성(散文性)**: 구성 방식이 논리성과 추리력을 요구하는 것으로써 산문 정신의 산물이다. 이는 주로 서술, 대화, 묘사 등을 통하여 다양하게 실현된다.
3. **진실성(眞實性)**: 가공의 이야기이지만 현실 세계 어딘가에는 분명히 있을 것 같은 우리 인생의 참모습을 조명한다.
4. **개연성(蓋然性)**: '그럴듯한 가짜'를 의미한다. 꾸며 쓴 글이 최대한 사실적으로 느껴지게 하는 것을 이른다.
5. **서사성(敍事性)**: 인물, 사건, 배경의 일반적 형식을 갖추고 있으며 일정한 시간의 흐름에 따라 이야기가 전개된다.
6. **예술성(藝術性)**: 소설은 예술의 한 갈래로서 형식미와 예술미, 창조미를 갖추고 있는 문학의 양식이다. 참고 •사실(事實): 실제 존재하는 그대로의 세계 •허구(虛構): 현실을 바탕으로 작가가 상상하여 꾸며 낸 세계 •진실(眞實): 소설 속에서 작가가 추구하는 바람직하고 의미 있는 참된 가능성의 존재

3 소설의 구성

구성이란 사건과 사건을 인과 관계에 의해 배열하는 것을 이른다. 사건의 중요도나 원인과 결과를 기준으로 선택적으로 일관성과 체계성을 가지고 조직한 이야기의 틀이다.

1. **단성 구성**: 하나의 사건, 하나의 구성 방식을 나타낸다. 주로 단편 소설에서 취하는 구성 방식이다.
2. **복합 구성**: 둘 이상의 사건을 나타내며, 장편 소설에서 취하는 구성 방식이다.
3. **피카레스크식 구성**: 동일 인물의 서로 다른 이야기를 나타낸다. 예 박태원의 '천변풍경', 보카치오의 '데카메론'
4. **옴니버스식 구성**: 동일 주제의 독립적인 에피소드를 한데 묶어 나타낸다. 예 봉산 탈춤
5. **액자식 구성**: 이야기 속의 이야기를 전개한다. 소설 속에 또 소설이 있으며 외화와 내화로 나누어져 있다. 예 김동인의 '등신불', 이청준의 '매잡이'
6. **평면적 구성(순행 구성)**: 시간의 순서대로 사건이 전개되는 방식이다.
7. **입체적 구성(역순행 구성)**: 시간의 순서에 따르지 않고 진행되는 방식이다. 시간의 역전이 일어난다.

4 소설의 문체

문체란 작가가 작품의 주제와 내용을 나타내기 위하여 사용하는 개성적이고 독창적인 표현 방식을 이른다. 서술, 묘사, 대사로 구성된다.

1. **서술**: 등장인물, 사건, 배경 등을 직접 말하는 방식으로 이야기를 진행하는 것으로, 해설적이고 요약적으로 진술한다.
2. **묘사**: 소설 속의 인물, 배경 등을 그림 그리듯이 보여 주는 것으로, 서술자는 객관적인 입장에서 대상을 묘사하는 것이 일반적이다.
3. **대화**: 등장인물들이 소설 속에서 주고받는 말로, 사건을 세부적으로 전개하고 인물의 심리를 표출하는 데 그 목적이 있다.

5 시점(視點)과의 거리

1 시점

시점이란 서술자가 어떤 위치에서 사건을 관찰하여 이야기하는가를 의미하는 것으로, 서술자의 위치와 시각을 통칭하여 이르는 말이다.

1. **1인칭 주인공 시점**: 주인공 '나'가 자신의 이야기를 서술하는 방식이다. 주인공의 내면 세계를 표현하기에 용이하며 등장인물과 서술 사이의 초점이 일치한다. 주관적이다.
2. **1인칭 관찰자 시점**: '나'가 부수적 인물인 관찰자인 입장에서 주인공에 대해 이야기하는 시점이다. 주인공의 내면 심리를 감추어 진술함으로써 긴장감을 불러일으킨다. 주관적 견해와 객관적 진술이 병행되며 이야기의 일부는 '나'가 관찰할 수 있는 것에 한계가 있으므로 제한적일 수 있다.
3. **전지적 작가 시점**: 소설 속에 '나'가 등장하지 않는 것이 1인칭 시점과의 가장 큰 차이이다. 주인공을 특정 이름으로 부르거나 3인칭 호칭인 '그'나 '그녀' 등으로 지칭한다. 서술자는 전지전능한 신의 입장에서 등장인물의 내면 심리는 물론 감정 등 모든 것을 알고 있는 것처럼 진술한다. 작품 속에서 편집자적인 논평을 하기도 한다.
4. **3인칭 작가 관찰자 시점**: 오직 관찰자적 입장에서만 등장인물들의 행동을 서술하는 방식이다. 외부적이며 극적이고 객관적인 입장에서만 서술한다. 서술자의 서술의 관점이 제한적이기 때문에 독자의 상상력이 확대 재생산될 수 있다.

2 거리

거리란 작가와 서술자, 서술자와 등장인물, 서술자와 독자 등의 관계에서 나타나는 심리적 거리감을 이른다. 원칙적으로 등장인물과 서술자와의 거리가 가까우면 독자와 등장인물과의 거리는 멀게 느껴지고, 서술자와 등장인물과의 거리가 멀면 독자와 등장인물과의 거리는 가깝게 느껴진다.

6 소설의 등장인물

1 등장인물의 개념

1. 인물의 역할에 따른 분류

- 주동(主動) 인물: 작품 속의 주인공이다. 긍정적 인물로 묘사되는 경우가 대부분이다.
- 반동(反動) 인물: 주인공과 언제나 대립하는 주인공의 적대자이다. 단순히 부정적 인물로 작용할 뿐만 아니라 주인공을 더 강하게 부각시키는 인물이다.

2. 인물의 성격에 따른 분류

- 평면적(平面的) 인물: 작품 속에서 주로 판에 박힌 듯 일정한 성격으로 고정화된 인물이다. 주로 고전 소설에 등장하는 인물들이 이에 속하며, 정적(靜的) 인물이자 주로 주인공으로 등장한다.
- 입체적(立體的) 인물: 사건이 새롭게 전개될 때마다 성격이 변화되는 인물이다. 동적(動的) 인물로 주로 현대 소설에 등장하는 인물들이 이에 속한다.

3. 인물의 특성에 따른 분류

- 전형적(典型的) 인물: 일정한 연령층이나 직업군, 성별 등 그 계층을 대표하는 인물이다. 예 흥부, 놀부
- 개성적(個性的) 인물: 독특한 캐릭터를 가지는 인물의 유형으로 주로 현대 소설에 등장하는 인물이다.

2 인물의 성격 제시 방법 ^{중요}

1. 직접 제시: 서술자가 등장인물의 성격이나 상황에 대하여 직접적으로 설명하는 방식이다. 분석적 방법, 말하기(telling)라고 한다. 서술자가 모든 내용을 직접 독자에게 말하는 방식으로, 요약 제시라고도 한다.

2. 간접 제시: 등장인물의 행동이나 대화를 통하여 성격을 나타낸다. 독자는 인물을 간접적으로나마 접할 수 있기 때문에 간접 제시라고 한다. 극적 방법(연극에서 사용하는 방법), 보여 주기(showing)라고도 한다. 이 간접 제시는 등장인물의 성격을 생생하게 전달할 수 있다는 장점을 가지고 있다.

7 갈등 구조

갈등이란 소설이나 희곡에서 등장인물의 심리나 인물 간에 서로 의견이 대립하거나 얽히는 것을 이른다. 소설에서의 사건 전개는 결국 인물들 간의 갈등과 대립을 통하여 전개되고 심화된다. 갈등의 종류에는 개인과 개인, 개인과 사회, 개인과 운명, 내적 갈등으로 나누어 볼 수 있으며 이것이 결국 사건 전개의 필연성을 부여한다.

1 외적 갈등

1. 개인과 개인 간의 갈등: 가장 대표적인 것이 주동 인물과 반동 인물의 대립과 갈등이다.

2. 개인과 사회 간의 갈등: 개인이 사회적 환경 속에서 살아가면서 겪게 되는 사회적 윤리나 제도에 의해 갈등이 양산되는 것을 의미한다. 예 홍길동전

3. 개인과 운명 간의 갈등: 개인의 의지와 상관없이 운명에 의해 개인의 삶이 결정되어 버리는 양상을 나타낸다.

4. 인간과 자연과의 갈등: 인간이 자연을 정복의 대상으로 인식함으로써 일어나는 인간과 자연과의 갈등 양상을 나타낸다. 예 모비 딕

2 내적 갈등

한 개인의 내면 세계에서 양산되는 갈등이다. 예 사랑과 증오, 만남과 이별, 선과 악 등의 갈등 양상

8 소설 배경의 기능

1. 작품 전반의 분위기를 형성한다.
2. 인물의 행위나 사건의 진행에 사실성과 신빙성을 부여한다.
3. 주제를 나타내는 주요한 요소 중 하나이다.
4. 인물의 심리나 미래의 사건을 암시하기도 한다.
5. 배경 자체가 상징적 의미를 가진다.

3장 수필

1 수필의 개념

일상생활에서 느끼는 바를 정해진 형식 없이 붓 가는 대로 쓴 글이다. 인생에 대한 성찰과 관조의 세계를 솔직하고 진솔하게 표현한 문학의 한 장르이다.

2 수필의 특성

1. **무형식의 문학**: 개방적이고 어떤 형식적 요소에도 구애됨이 없이 느낀 대로 생각나는 대로 쓴 글이다. 이는 형식이 전무하다는 뜻이 아니라 나름의 형식적 요소를 충족한 교술적 갈래이다.
2. **자기 고백의 문학**: 수필에서 '나'는 바로 지은이 자신이다. 작가의 자기 체험과 성격, 가치관, 인생관 등을 솔직하게 나타낸 주관적이고 자기 고백적인 글이다.
3. **비전문적인 문학**: 일반적으로 문학의 창작이란 어떤 장르라도 그 분야의 전문적인 소양과 식견이 없이는 창작이 불가능하나 수필만은 특별한 재능이 요구되지 않는 누구나 쓸 수 있는 대중적인 장르이다. 일기, 편지, 기행문 등 우리 일상에서 표현되는 모든 문종(文種)이 수필이다.
4. **개성의 문학**: 작가 나름의 독특하고 개성적인 관점과 필치, 가치관을 엿볼 수 있는 문학의 장르이다.
5. **다양한 제재의 문학**: 수필에서는 글감의 제한이 없으므로 어떤 내용과 소재도 모두 수필의 제재가 될 수 있다.
6. **멋과 운치의 문학**: 수필은 번뜩이는 위트와 유머를 가미하여 독자들로 하여금 잔잔한 감동, 웃음, 여유를 제공하는 문학의 한 갈래이다. 위트는 보통 사람들이 생각할 수 없는 날카로운 비판과 지혜를 말하며 유머는 잔잔한 웃음을 촉발시키는 품위 있는 언어 표현이다.
7. **관조와 사색의 문학**: 수필은 인생에 대한 깊은 통찰과 사색을 통하여 우리 삶을 성찰하고 되돌아보는 여유를 주는 문학이다. 우리 일상생활에서의 소중한 경험과 깨달음을 제공하여 주는 격조 높은 문학의 한 장르이다.

3 수필의 요소

1. **주제(主題)**: 작가가 작품 속에서 나타내고자 하는 핵심적인 사상이나 중심 내용을 이른다. 수필에서 주제는 작가가 취한 소재에서 나타나므로 제재에 대한 작가 나름의 해석과 평가가 의미 부여이자 주제 의식이라고 할 수 있다.
2. **제재(題材)**: 작가가 주제를 나타내기 위하여 선택한 중심 소재를 제재라 이른다. 제재는 결국 작가가 직·간접적으로 삶을 통하여 체험한 글의 재료이다.
3. **구성(構成)**: 주제를 제대로 표현하기 위하여 소재를 적절하게 배열하고 결합하는 모든 과정을 이른다. 주제를 효과적으로 구현하기 위하여 각 요소들 간의 긴밀한 연결 관계를 구성이라 할 수 있다.
4. **문체(文體)**: 작가 나름의 독특한 문장의 특색을 문체라 한다.

4 수필의 갈래

1. **경수필(輕隨筆)**: 'informal essays' 또는 'miscellany'라고도 한다. 주로 감성적이며 주관적 성격의 수필이다. 딱딱한 주제보다는 주로 가벼운 신변잡기를 다루며 사색과 감동을 제공하는 서정적 수필이다.
2. **중수필(重隨筆)**: 'formal essays' 또는 'essays'라고도 하며 주로 무거운 느낌의 수필이다. 지성적, 객관적이며 논리적이고 지적인 수필이다.
3. **교훈적(敎訓的) 수필**: 지은이의 오랜 경험과 깊은 성찰을 통한 삶의 교훈적인 면을 담은 수필이다. 문체가 중후한 느낌이 나며 작가의 신념과 가치관이 담겨 있다.
4. **희곡적(戱曲的) 수필**: 작가가 아닌 제3자가 체험한 내용을 극적으로 전개하여 극적 긴장감을 조성하는 수필이다. 소설처럼 유기적이고 조직적인 글의 전개를 가진다. 극적인 효과를 거두기 위하여 현재화된 표현을 주로 사용한다.
5. **서정적(抒情的) 수필**: 자신의 삶 속에서 느끼는 감정을 솔직하게 표현하여 감동을 이끌어 내는 개성이 강한 수필이다. 작가의 내면 세계가 솔직하게 나타난다.
6. **서사적(敍事的) 수필**: 인간의 삶이나 자연 현상 등을 작가의 주관을 개입시키지 않고 객관적으로 서술하는 수필이다. 이야기의 전체 흐름을 그대로 따르는 형식으로, 주로 기행문이 이에 속한다고 볼 수 있다.

4장　희곡

1 희곡의 개념

무대 상연을 전제로, 공연을 목적으로 작가가 허구적으로 창조하여 만든 대본이다. 대화와 배우의 행동을 통해 이야기나 사건을 관객에게 보여 주는 문학의 한 장르이다.

2 희곡의 특성

1. **무대 상연의 문학**: 무대 상연을 전제로 한 연극의 대본이다. 시간과 공간의 제약, 등장인물의 제약 등이 따른다.
   - 레제 드라마(Lese drama): 무대 상연이 목적이 아니라 읽히기 위한 연극의 대본이다. 연극성보다는 문학성이 높다.
   - 극적 관습(convention): 희곡은 시간과 공간의 제약이 필수적으로 따르는데, 이러한 제약을 극복하기 위하여 배우와 관객들 사이에 일정한 묵계적 약속이 이루어진다. 그 대표적인 것이 바로 배우들의 대사 중 방백(傍白)이다. 방백이란 배우와 관객들만 알아듣고 무대의 다른 배우들은 못 알아듣는 것으로 가정한 대사이다.
2. **대사의 문학**: 서술자의 개입이나 직접 묘사 해설 등이 절대 불가능하므로 오직 등장인물의 대사에 의해 이루어진다.
3. **행동의 문학**: 희곡의 표현 수단은 인간 행위의 현재화이다. 이 행위는 압축과 생략, 집중과 통일이라는 특성을 지닌다.
4. **현재 진행형의 문학**: 무대의 배우들은 관객들의 눈앞에서 오직 행동으로 현재 일어나고 있는 상황을 보여줄 수 밖에 없다. 따라서 모든 지시문들은 현재 시제를 사용한다.
5. **갈등의 문학**: 희곡에서 인물들의 성격을 제시하기 위해서 인물들의 의지와 성격이 빚어내는 극적 대립과 갈등, 분규를 주된 내용으로 한다.

3 희곡의 요소

1. **해설**: 희곡의 첫머리에 나오는 일종의 지시문이다. 연극의 시·공간적 배경, 등장인물, 무대 장치 등을 설명해 주는 부분이다. 전치 지문이라고 한다.
2. **지문(地文)**: 대화 사이에 들어가는 것으로 인물의 동작, 표정, 조명, 심리 상태 등을 지시한다.
3. **대사**: 등장인물의 말로, 인물의 성격과 사건 내용, 갈등 요인 등을 나타낸다.
   - 대화: 두 사람 이상이 주고받는 말
   - 독백: 혼자 하는 말
   - 방백: 무대 위의 다른 인물은 못 알아듣는 것으로 가정하고 등장인물이 관객에게 직접 하는 말

4 희곡의 구성 단위

1. **막(幕)**: 무대에서 막이 올랐다가 다시 내려오는 것으로 사건의 한 단위라고 볼 수 있다.
2. **장(場)**: 막의 하위 단위로 희곡 구성의 최소 단위이다. 배경의 변화, 인물의 등장과 퇴장으로 구별한다.

5 희곡의 갈래

1. **희극(喜劇)**: 사회적 현상과 병리 비판, 모순과 불합리 등을 풍자나 해학의 기법으로 표현하여 웃음을 유발하는 연극이다.
2. **비극(悲劇)**: 주인공의 실패, 좌절, 몰락 등 외부의 압력에 의해 그 결과가 죽음과 몰락으로 종결되는 연극이다. 그 속에서 관객들은 카타르시스를 경험한다.
3. **희비극(喜悲劇)**: 비극적 발단에서 출발하여 희극으로 마무리되든지 그 반대가 되는 경우이다. 극적 반전의 효과가 가장 큰 연극이다.

5장 | 시나리오

1 시나리오의 개념

영화 촬영을 목적으로 한 대본을 이르며 특수한 용어와 촬영 기법 등을 도입하여 사물과 인물들의 움직임을 촬영 스크린에 재현하는 종합 예술을 이른다.

2 시나리오의 특성

1. 주로 행동과 대사에 의해 표현되는 문학의 장르이다.
2. 스크린에 상영될 것을 전제로 하고, 일반인들이 접할 수 없는 특수한 용어를 사용한다.
3. 시간과 공간의 이동과 표현의 자유를 가진다.
4. 직접적인 묘사나 작가의 개입이 불가능하고 주로 간접적인 방법으로 묘사된다.
5. 등장인물의 수에 제약이 없으며 장소의 제약도 받지 않는다.
6. 촬영 후 편집 기법을 통하여 재편성되므로 수정이 가능하다.

3 시나리오의 구성 요소

1. 장면 표시: scene number, s#1, s#2 등으로 장면을 표시하며 사건 하나하나를 독립적으로 구성한다.
2. 대사: 인물들이 주고받는 말이다. 인물의 성격을 창출하고 주제를 나타내며 갈등을 표현한다.
3. 지문: 배우의 연기나 촬영을 지시하는 글이다. 희곡의 지문과 같은 역할을 하나 추가적으로 촬영 기법이나 음향, 음악, 조명에 관한 것까지 지시하며 이 경우 특수한 용어를 사용한다.
4. 해설(내레이션): 주로 등장인물과 배경을 소개하거나, 더 나아가 인물들의 심리까지 설명해 주기도 한다.
5. 신(scene): 장면. 영화의 최소 단위이다.
6. 시퀀스(sequence): 몇 개의 장면의 모여 이루는 소단위의 화면을 이른다.
7. 콘티(conti): 영화 제작상 촬영을 목적으로 하는 대본으로, 촬영에 필요한 세부적인 내용을 기록한 설계도이다.
8. 시놉시스(synopsis): 영화나 드라마의 개요 또는 간단한 줄거리이다.

4 주요 시나리오 용어

1. C.U. (Close Up): 어떤 대상이나 인물의 미묘한 표정 연기 하나하나를 집중적으로 화면에 확대시키는 것이다.
2. D.E. (Double. Exposure): 이중 노출로, 한 화면 위에 다른 화면을 겹쳐서 나타내는 합성 화면이다.
3. E. (Effect): 음향 효과로, 주로 화면 밖의 음향이나 대사에 의한 효과를 말한다.
4. F.I. (Fade In): 용명(溶明), 즉 화면이 점점 밝아지는 것을 나타낸다. 주로 장면이 새롭게 시작할 때 볼 수 있다.
5. F.O. (Fade Out): 용암(溶暗), 즉 화면이 점점 어두워지는 것이다. 주로 장면이 끝날 때 볼 수 있다.
6. Ins. (Insert): 장면 끼워 넣기로, 장면 사이사이에 신문이나 편지, 사진 등을 끼워 넣는 것이다. 주로 해설의 대체 효과를 거두기 위해 사용한다.
7. N.G. (No Good): 촬영 도중 잘못되어 못 쓰게 된 필름이다.
8. NAR. (Narration): 해설로, 등장인물이 아닌 사람에게 들려주는 설명적 대사이다.
9. O.L. (Over Lap): 앞 화면에 뒤 화면이 포개지면서 장면이 새롭게 바뀌는 것이다. 주로 과거를 회상할 때 사용한다.
10. PAN. (Panning): 카메라를 상하좌우로 이동하는 것.

5 시나리오의 갈래

1. **창작 시나리오(Original Scenario)**: 처음부터 오직 영화 촬영을 목적으로 하여 창작된 것이다.
2. **각색 시나리오**: 소설이나 희곡 등의 작품을 각색하여 영화 촬영을 목적으로 새롭게 만든 것이다.
3. **레제 시나리오(Lese Scenario)**: 독자에게 읽을거리로만 제공하기 위하여 만든 것이다.

 실전 문제

1 괄호 안에 들어갈 용어로 알맞은 것은?

> 우리는 문학 작품을 창작할 때 영원불멸의 주제 하나를 언제나 가지고 있다. 바로 사랑과 이별이다. 이 화두는 인류 역사를 통틀어 무수한 문인들의 최대 최고의 화두였다. 그러나 그 화두 속에서 글이 잉태되어 나오지만 단 한 번도 같은 내용, 같은 형식으로 모방하거나 흉내 내어 방불(彷彿)하게 한 적은 드물다. 같지만 결코 속까지 같지 않음, 이것이 바로 문학 창작의 묘미이다. 이를 일러 문학에서 말하는 (   )이/라고 한다.

① 획일성과 다양성　　② 낯설게 하기　　③ 그리지 않고 그리기
④ 문학의 개성　　　　⑤ 즐거운 오독

2 〈보기〉의 밑줄 친 시어 중 '화갯골'과 같은 의미의 시어는?

> 아버지를 찾아 강원도 쪽으로 가 볼 생각도 없다, 집에서 장가들어 살림을 할 생각도 없다, 하는 아들에게, 그러나 옥화는 이제 전과 같이 고지식한 미련을 두는 것도 아니었다.
> "그럼 어쩔라냐? 너 좋을 대로 해라." "……" 성기는 아무런 말도 없이 도로 자리에 누워 버렸다. 그리고 나서 한 달포나 넘어 지난 뒤였다. 성기가 좋아하는 여러 가지 산나물이 화갯골에서 연달아 자꾸 내려오는 이른 여름의 어느 장날 아침이었다. 두릅회에 막걸리 한 사발을 쭉 들이키고 난 성기가 옥화더러 "어머니, 나 엿판 하나만 맞춰 주." 하였다.
> *– 김동리, '역마' 중에서*

> **보기**　하늘은 날더러 구름이 되라 하고
> 　　　　땅은 날더러 바람이 되라 하네
>
> 　　　　청룡 흑룡 흩어져 비 개인 나루
> 　　　　잡초나 일깨우는 잔바람이 되라 하네
>
> 　　　　뱃길이라 서울 사흘 목계 나루에
> 　　　　아흐레 나흘 찾아 박가분 파는
>
> 　　　　가을볕도 서러운 방물장수 되라네.
> 　　　　　　　　　　　　　　　*– 신경림, '목계 장터'*

① 하늘　　② 바람　　③ 잡초　　④ 목계 나루　　⑤ 방물장수

3 다음 시에서 지칭하는 사물로 적절한 것은?

저격을 꿈꾼다
가장 편안한 자세로

앉거나 서서 또는 누워서
증오의 화상을 처치하는 꿈

잠시 숨을 멈추고
긴장을 풀고

일격필살을 노리는
복수의 버튼만 살짝 누르면

세상은 전혀 딴판으로 바뀌고
놈은 쥐도 새도 모르게

눈앞에서 썩 사라지겠지

① 청소기　　② 세탁기　　③ 리모콘　　④ 카메라　　⑤ 스마트폰

4 밑줄 친 부분과 같은 표현 기법이 사용된 것은?

사랑으로 괴로운 사람은
한 번쯤

겨울 들녘에 가 볼 일이다.

빈 공간의 충만

아낌없이 주는 자의 기쁨이
거기 있다.

가을걷이가 끝난 논에
떨어지는 낟알 몇 개.

이별을 슬퍼하는 사람은
한 번쯤

겨울 들녘에 가 볼 일이다.
지상의 만남을

하늘에서 영원케 하는 자의 안식이
거기 있다.

먼 별을 우러르는
둠벙의 눈빛.

그리움으로 아픈 사람은
한 번쯤

겨울 들녘에 가 볼 일이다.
너를 지킨다는 것은 곧 나를 지킨다는 것

홀로 있음으로 오히려 더불어 있게 된 자의 성찰이
거기 있다.

빈 들을 쓸쓸히 지키는 논둑
저 허수아비

― 오세영, '겨울 들녘'

① 지리산이 저문 강물에 얼굴을 씻고
　일어서서 껄껄 웃으며
　무등산을 바라보며 그렇지 않느냐고 물어보면
③ 아주 먼 데서 천천히 오고 있는 너를
　너를 기다리는 동안 나도 가고 있다
　남들이 열고 들어오는 문을 통해
⑤ 가끔 심심하면
　여편네와 아이들도
　한 며칠 눌렀다가 벽에 붙여 놓고
　하느님 보시기 어떻습니까?

② 나는 지금 위험한 상태다
　오렌지도 마찬가지 위험한 상태다
　시간이 똘똘
　배암의 또아리를 틀고 있다
④ 영화가 시작하기 전에 우리는
　일제히 일어나 애국가를 경청한다
　삼천리 화려 강산

5 〈보기〉의 ㉠~㉤ 중 밑줄 친 '강물'의 의미와 상응하는 것은?

누이야
가을산 그리메에 빠진 눈썹 두어 낱을
지금도 살아서 보는가
정정(淨淨)한 눈물 돌로 눌러 죽이고
그 눈물 끝을 따라 가면
즈믄 밤의 강이 일어서던 것을
그 강물 깊이깊이 가라앉은 고뇌의 말씀들
돌로 살아서 반짝여 오던 것을
더러는 물속에서 튀는 물고기같이
살아오던 것을
그리고 산다화(山茶花) 한 가지 꺾어 스스럼없이
건네이던 것을

누이야 지금도 살아서 보는가
가을산 그리매에 빠져 떠돌던,
그 눈썹 두어 낱을
기러기가 강물에 부리고 가는 것을
내 한 잔은 마시고 한 잔은 비워 두고
더러는 잎새에 살아서 튀는 물방울같이
그렇게 만나는 것을

— 송수권, '산문(山門)에 기대어'

보기 생사로(生死路)는
       ㉠예 이샤매 저히고
       나는 가느다 말ㅅ도
       몯다 닛고 가느닛고
       어느 ㉡ᄀᆞ술 이른 ᄇᆞᄅᆞ매
       이에 저에 ᄠᅥ딜 ㉢닙다이
       ᄒᆞᄃᆞᆫ ㉣가재 나고
       가논 곧 모ᄃᆞ온뎌
       아으 ㉤미타찰(彌陀刹)애 맛보올 내
       도(道) 닷가 기드리고다

— 월명사, '제망매가'

① 예   ② ᄀᆞ술   ③ 닙   ④ 가재   ⑤ 미타찰(彌陀刹)

6 〈보기〉는 제시된 시를 분석한 어느 비평가의 평이다. 이를 바탕으로 시의 농민들을 비판할 수 있는 말로 가장 적절한 것은?

> 징이 울린다 막이 내렸다
> 오동나무에 전등이 매어 달린 가설 무대
> 구경꾼이 돌아가고 난 텅빈 운동장
> 우리는 분이 얼룩진 얼굴로
> 학교 앞 소줏집에 몰려 술을 마신다.
> 답답하고 고달프게 사는 것이 원통하다
> 꽹과리를 앞장세워 장거리로 나서면
> 따라붙어 악을 쓰는 건 쪼무래기들뿐
> 처녀애들은 기름집 담벽에 붙어 서서
> 철없이 킬킬대는구나
> 보름달은 밝아 어떤 녀석은
> 꺽정이처럼 울부짖고 또 어떤 녀석은
> 서림이처럼 해해대지만 이까짓
> 산 구석에 처박혀 발버둥친들 무엇하랴
> 비료값도 안 나오는 농사 따위야
> 아예 여편네에게나 맡겨 두고
> 쇠전을 거쳐 도수장 앞에 와 돌 때
> 우리는 점점 신명이 난다
> 한 다리를 들고 날라리를 불거나
> 고갯짓을 하고 어깨를 흔들거나.
>
> – 신경림, '농무'

> **보기** 70년대를 거쳐 산업 사회로 이행되면서 농촌은 큰 변화를 겪게 되었다. 근대화라는 이름 아래 정부의 시책은 공업화·산업화로 돌아섰고, 그 결과 농촌 사회와 농민들은 주변으로 밀려날 수밖에 없었다. 생산비에도 미치지 못하는 농사, 곡물가의 폭락, 이를 견디지 못한 농민들은 도시로 이주하여 도시 빈민으로 전락하여 도시 노동자로서 힘겨운 삶을 살아가야만 했다. 농민들의 분노와 울분은 바로 이 때문이다.

① 당신은 농촌에 살면서도 너무 농촌의 실체를 모른 채 상투적으로 말하고 있군요.

② 맹목적으로 정부의 정책만을 믿고 따른 농민들에게도 문제가 있다고 생각하지는 않습니까?

③ 그 당시 산업화, 도시화는 비단 농촌만의 문제가 아닌 우리 사회 전반의 문제였다는 사실을 모르고 있군요.

④ 비록 정부의 정책이 그러했다는 것은 인정하지만 농민들 스스로가 변화의 흐름에 능동적으로 대처했어야 하는 측면도 있었다는 것을 간과하고 있군요.

⑤ 산업의 패러다임이 바뀐다고 농촌 지역만 그렇게 된 것일까요? 도시 역시 파급 효과가 컸습니다. 너무 농촌만 침소봉대하는군요.

7 밑줄 친 '눈물'의 의미와 유사한 내용으로 적절한 것은?

> 진영은 비탈길을 돌아 산으로 올라간다. 올라가면서 진영은 이리저리 기웃거린다. 어느 커다란 바위 뒤에 눈이 없는 마른 잔디 옆에 이르자 진영은 그 자리에 주저앉는다. 그리하여 문수의 사진과 위패를 놓고 물끄러미 한동안 쳐다본다. 한참 만에 그는 호주머니 속에서 성냥을 꺼내어 사진에다 불을 그어 댄다. 위패는 이내 살라졌다. 그러나 사진은 타다 말고 불꽃이 잦아진다. 진영은 호주머니 속에서 휴지를 꺼내어 타다 마는 사진 위에 찢어서 놓는다. 다시 불이 붙기 시작한다. 진영은 연기가 바람에 날려 없어지는 것을 언제까지나 쳐다보고 있었다. '내게는 다만 쓰라린 추억이 남아 있을 뿐이다. 무참히 죽어 버린 추억이 남아 있을 뿐이다!' 진영의 깎은 듯 고요한 얼굴 위에 두 줄기 눈물이 흘러내리고 있었다. 겨울 하늘은 매몰스럽게도 맑다. 참나무 가지에 얹힌 눈이 바람을 타고 진영의 외투 깃에 날아 내리고 있었다. '그렇지. 나는 아직 생명이 남아 있었지. 항거할 수 있는 생명이!' 진영은 중얼거리며 참나무를 휘어잡고 눈 쌓인 언덕을 내려오는 것이었다.
>
> – 박경리, '불신 시대' 중에서

① 하늘이 우러러
　울기는 하여도
　하늘이 그리워 울음이 아니다
　두 발을 못 뻗는 이 땅이 애닯아
　하늘을 흘기니
　울음이 터진다
　해야 웃지 마라
　달도 뜨지 마라

② 산그늘 길게 늘이며
　붉은 해는 넘어가고
　황혼과 함께
　이어 별과 밤은 오리니
　삶은 갈수록 쓸쓸하고 사랑은 한갓 괴로울 뿐

③ 세월이여!
　소금보다도 짜다는
　인생을 안주하여
　주막을 나서면
　노을 비낀 길은
　가없이 길고 가늘더라만
　내 입술이 닿는 그런 사발에
　누가 또한 닿으랴
　이런 무렵에

④ 오오 봄 아침에 구슬프게 우는 비둘기
　죽은 그 애가 퍽이나도 설게 듣던 비둘기
　그 애가 가는 날 아침에도 꼭 저렇게 울더니

⑤ 나 돌아가는 날
　너는 와서 살아라
　두고 가지 못할
　차마 소중한 사람
　나 돌아가는 날
　너는 와서 살아라

8 다음과 같은 결말 구조를 통하여 얻어지는 효과로 가장 적절한 것은?

> 그날 밤에도 몹시 추웠다. 우리는 문을 꼭꼭 닫고 문틈을 헝겊으로 막고 이불을 둘씩 덮고 꼭꼭 붙어서 일찍 잤다. 나는 자면서, 잘 갔나, 얼어 죽지나 않았나, 하는 생각이 났다. 화수분도 가고 어멈도 하나 남은 것을 업고 간 뒤에는 대문간은 깨끗해지고 시꺼먼 행랑방 방문은 닫혀 있었다. 그리고 우리 집에는 다시 행랑 사람도 안 들이고 식모도 아니 두었다. 그래서 몹시 추운 날, 아내는 손수 어린 것을 등에 지고 이웃집의 우물에 가서 배추와 무를 씻어서 김장을 대강 하였다. 아내는 혼자서 김장을 하면서 눈물을 흘리고 어멈 생각을 하였다. – 중략 – 화수분은 양평서 오정이 거의 되어서 떠나서 해 져 갈 즈음에서 백 리를 거의 와서 어떤 높은 고개에 올라섰다. 칼날 같은 바람이 뺨을 친다. 그는 고개를 숙여 앞을 내려다보다가 소나무 밑에 희끄무레한 사람의 모양을 보았다. 그것에 곧 달려가 보았다. 가 본즉 그것은 옥분과 그의 어머니다. 나무 밑 눈 위에 나뭇가지를 깔고, 어린 것 업은 헌 누더기를 쓰고 한끝으로 어린 것을 꼭 안아 가지고 웅크리고 떨고 있다. 화수분은 왁 달려들어 안았다. 어멈은 눈은 떴으나 말은 못한다. 화수분도 말을 못한다. 어린 것을 가운데 두고 그냥 껴안고 밤을 지낸 모양이다. 이튿날 아침에 나무장사가 지나다가 그 고개에 젊은 남녀의 껴안은 시체와, 그 가운데 아직 막 자다 깨인 어린애가 등에 따뜻한 햇볕을 받고 앉아서 시체를 툭툭 치고 있는 것을 발견하여 어린 것만 소에 싣고 갔다.
> – 전영택, '화수분' 중에서

① 독자의 호기심 자극 ② 비극적 상황의 극대화 ③ 객관적 정보 전달
④ 사건의 신속한 마무리 ⑤ 이면적 주제 표출

[09~10] 다음 글을 읽고 물음에 답하시오.

> 나는 아버지, 어머니, 영호, 영희, 그리고 나를 포함한 다섯 식구의 모든 것을 걸고 그들이 옳지 않다는 것을 언제나 말할 수 있다. 나의 '모든 것'이라는 표현에는 '다섯 식구의 목숨'이 포함되어 있다. 천국에 사는 사람들은 지옥을 생각할 필요가 없다. 그러나 우리 다섯 식구는 지옥에 살면서 천국을 생각했다. 단 하루라도 천국을 생각해 보지 않은 날이 없다. 하루하루의 생활이 지겨웠기 때문이다. 우리의 생활은 전쟁과 같았다. 우리는 그 전쟁에서 날마다 지기만 했다. 그런데도 어머니는 모든 것을 참았다. 그러나 그날 아침 일만은 참기 어려웠던 것 같다. "통장이 이걸 가지고 왔어요." 내가 말했다. 어머니는 조각 마루 끝에 앉아 아침 식사를 하고 있었다. "그게 뭐냐?" "철거 계고장에요." "……왔구나." 어머니가 말했다. "그러니까 집을 헐라는 거지? 우리가 꼭 받아야 할 것 중의 하나가 이제 나온 셈이구나!" 어머니는 식사를 중단했다. 나는 어머니의 밥상을 내려다보았다. 보리밥에 까만 된장, 그리고 시든 고추 두어 개와 조린 감자. 나는 어머니를 위해 철거 계고장을 천천히 읽었다. – 중략 – 어머니는 조각 마루 끝에 앉아 말이 없었다. 벽돌 공장의 높은 굴뚝 그림자가 시멘트 담에서 꺾이며 좁은 마당을 덮었다. 동네 사람들이 나와 뭐라고 소리치고 있었다. 통장은 그들 사이를 비집고 나와 방죽 쪽으로 걸음을 옮겼다. 어머니는 식사를 끝내지 않은 밥상을 들고 부엌으로 들어갔다. 어머니는 두 무릎을 곧추세우고 앉았다. 그리고 손을 들어 부엌 바닥을 한 번 치고 가슴을 한 번 쳤다.
> – 조세희, '난장이가 쏘아올린 작은 공' 중에서

9 윗글에 나타난 '어머니'의 처지를 나타내는 말로 가장 적절한 것은?

① 돌절구도 밑 빠질 날이 있다더니 ② 염통에 쉬 쓰는 줄 모른다더니
③ 태산을 넘으면 평지를 본다더니 ④ 가자니 태산이요 돌아서자니 숭산이라더니
⑤ 허울 좋은 하눌타리라더니

10 밑줄 친 '천국에 사는 사람들'에게 각성을 촉구하는 문자 메시지를 보내려고 한다. 적절하지 않은 시는?

① 엄동 혹한일수록
　선연히 피는 성에꽃
　어제 이 버스를 탔던 처녀 총각 아이 어른 미용사
　외판원 파출부 실업자의
　입김과 숨결이
　간밤에 은밀히 만나 피워낸
　번뜩이는 기막힌 아름다움
　－ 중략 －
　섬세하고도
　차가운 아름다움에 취한다

③ 누가 하늘을 보았다 하는가
　누가 구름 한 송이 없이 맑은
　하늘을 보았다 하는가
　네가 본 건, 먹구름
　그걸 하늘로 알고
　일생을 살아갔다.
　네가 본 건, 지붕 덮은
　쇠항아리,
　그걸 하늘로 알고
　일생을 살아갔다.

② 이제 너는 차를 몰고 달려가는구나.
　철 따라 달라지는 가로수를 보지 못하고
　길가의 과일 장수나 생선 장수를 보지 못하고
　아픈 애기를 업고 뛰어가는 여인을 보지 못하고
　교통순경과 신호등을 살피면서
　앞만 보고 달려가는구나.

④ － MENU －
　샤를르 보들레르 800원
　칼 샌드버그 800원
　프란츠 카프카 800원
　이브 본느와 1,000원
　－ 중략 －
　시를 공부하겠다는
　미친 제자와 앉아
　커피를 마신다
　제일 값싼
　프란츠 카프카

⑤ 돈 없으면 서울 가선
　용변도 못 본다

　오줌통이 퉁퉁 뿔어 가지고
　시골로 내려오자마자
　아무도 없는 들판에 서서
　그걸 냅다 꺼내들고
　서울 쪽에다 한바탕 싸댔다.
　－ 중략 －
　어떤 사람들은 앉아서 밥통만 탱탱 뿔린다.
　가끔씩 밥통이 터져나가는 소리에
　들판의 온갖 잡초들이 귀를 곤두세우곤 했다.

[11~12] 다음 글을 읽고 물음에 답하시오.

"㉠달밤이었으나 어떻게 해서 그렇게 됐는지 지금 생각해두 도무지 알 수 없어."
허 생원은 오늘 밤도 또 그 이야기를 끄집어내려는 것이다. 조 선달은 친구가 된 이래 귀에 못이 박히도록 들어 왔다. 그렇다고 싫증을 낼 수도 없었으나, 허 생원은 시침을 떼고 되풀이할 대로는 되풀이하고야 말았다. "달밤에는 그런 이야기가 격에 맞거든."
조 선달 편을 바라는 보았으나, 물론 미안해서가 아니라 달빛에 감동하여서였다. 이지러는 졌으나 보름을 갓 지난 달은 부드러운 빛을 흐뭇이 흘리고 있다. － 중략 －
산허리는 온통 메밀밭이어서 피기 시작한 꽃이 소금을 뿌린 듯이 흐뭇한 달빛에 숨이 막힐 지경이다. 붉은 대궁이 향기같이 애잔하고, 나귀들의 걸음도 시원하다. 길이 좁은 까닭에 세 사람은 나귀를 타고 외줄로 늘어섰다. ㉡방울 소리가 시원스럽게 딸랑딸랑 메밀밭께로 흘러간다. 앞장선 허 생원의 이야기 소리는 꽁무니에 선 동이에게는 확적히는 안 들렸으나, 그는 그대로 개운한 제멋에 적적하지는 않았다.

－ 이효석, '메밀꽃 필 무렵' 중에서

11 다음 중 밑줄 친 ⑦의 '달밤'의 의미로 적절하지 않은 것은?

① 과거 회상의 매개체이다.

② 소설의 주요 배경이다.

③ 서정적이고 환상적인 분위기를 조성한다.

④ 과거 사건과 현재의 상황을 연결하는 기능을 한다.

⑤ 갈등을 해소하고 결말을 암시하는 기능을 한다.

12 ⑥과 유사한 표현 방법이 사용되지 않은 것은?

① 부서지는 얼음 소리가 날카로운 호적(胡笛)같이 옷소매에 스며든다

② 어둠은 새를 낳고 돌을 낳고 꽃을 낳는다

③ 파아란 바람이 불고 가을이 있습니다

④ 먼 곳의 여인의 옷 벗는 소리

⑤ 나는 향기로운 님의 말소리에 귀먹고

13 밑줄 친 '사영운'에게 충고할 수 있는 내용의 시조로 가장 적절한 것은?

> 만일 누군가 당신의 목숨이 내일까지밖에 남아 있지 않았다고 알려 준다면, 오늘 해가 저물 때까지 당신은 무엇을 기대하며 무엇을 할 것인가. 우리가 살고 있는 오늘이라는 날도 내일이면 죽으리라는 그날과 별로 다를 게 없다. 게다가 우리는 하루 동안 밥 먹고 똥오줌을 가리며 잠자고 말하고 걷는 시간 등 어쩔 수 없이 해야 할 일로 많은 시간을 보낸다. 얼마 되지 않는 나머지 시간을 이롭지 않은 일을 하고 쓸데없는 말을 지껄이며 시시한 일을 생각하면서 한 시간을 흘려버리고 또 하루를 보내며 그것이 쌓여 한 달이 되고 마침내 일생을 헛되게 보내게 된다. 참으로 어리석은 일이 아닐 수 없다. 중국의 사영운(謝靈運)이란 사람은 '법화경(法華經)' 번역에 참여할 정도의 문장가였는데 세속적인 욕심을 버리지 못했기 때문에 혜원(惠遠) 스님은 그를 백련사(白蓮社)에 받아들이지 않았다고 한다. 한순간이라도 시간을 아끼는 마음이 없다면 죽은 자와 다를 게 없다. 그렇다면 시간을 아껴서 무엇을 해야 하는가. 마음속의 잡념을 쓸어 내고 주변의 번잡한 일에 얽매이지 않도록 노력해야 한다. 그렇게 해서 멈추고자 하는 자는 멈추고, 수행하고자 하는 자는 수행하는 것이 좋다.
>
> – 요시다 겐코, '도연초' 중에서

① 간밤의 부던 바람의 눈서리 치단 말가
　낙락장송(落落長松)이 다 기울어 가노매라.
　하물며 못 다 핀 꽃이야 일러 무삼하리오.
　　　　　　　　　　– 유응부

② 당시(當時)에 녀둔 길흘 몃 히를 버려 두고,
　어듸 가 둔니다가 이제야 도라온고?
　이제아 도라오나니 년 듸 무 옴 마로리.
　　　　　　　　　– 이황, '도산십이곡'

③ 사름 사름마다 이 말숨 드러스라
　이 말숨 아니면 사름 아니니
　이 말숨 닛디 말오 비호고야 마로리라
　　　　　　　　　　– 주세붕

④ 가마귀 검다 호고 백로(白鷺)야 웃지마라
　것치 거믄들 속조차 거믈소냐
　아마도 것 희고 속 검을손 너 쑨인가 호노라
　　　　　　　　　　　　– 이직

⑤ 청산리(靑山裏) 벽계수(碧溪水)야 수이 감을 자랑마라
　일도창해(一到滄海)호면 다시오기 어려우니
　명월(明月)이 만공산(滿空山)호니 수여 간들 엇더리
　　　　　　　　　– 황진이

이기심은 자기를 이롭게 하려는 마음가짐이나 태도를 말한다. 생존이 지상(至上) 가치인 모든 생명체는 이기심을 가지고 있다고 보아도 될 것이다. 이기심을 달리 말하면 욕망이랄 수 있다. 그렇다면 인간은 누구나 욕망을 가진 이기적 존재라고 해도 틀리지 않을 것이다. 성선설을 주장한 맹자나 성악설을 주장한 순자나 모두 교육(禮)을 중시했다는 점을 유의할 필요가 있다. 요약해서 말하면, 사람은 본래 선한 존재이나 방치하면 얼마든지 짐승 같은 악한 존재가 될 수 있으며, 반대로 사람은 본래 악한 존재이지만 교육을 통해서 얼마든지 선한 존재로 변화시킬 수 있다는 것이 맹자와 순자의 생각이었다. 여기서 주목되는 것은 이 두 사상가가 사회를 이루고 있는 사람에 대한 본성을 따지고 있다는 점이다. 선과 악이라는 개념이 이미 사회를 전제한 것이다. 오늘날 소위 선진국이라는 국가는 대부분 서양 국가다. 그리고 그런 국가는 이기적 존재로서의 인간이 사회에서는 어떤 규범을 지니고 지켜야 하는지를 법과 제도를 통해서 확립하고 있다. 이러한 서양의 전통은 인간을 이기적 존재로 파악한 마키아벨리나 홉스 이래로 근현대 서양 사회의 지탱 원리로 작용하고 있다고 생각된다. 동양의 맹자·순자가 생각한 사회 속의 인간이 어떠해야 함을 서양 사회가 실천하고 있는 셈이다. 우리는 현재 인간의 과도한 사회적 욕망과 악을 적나라하게 목도하고 있다. 그리고 은연중에 그것이 인간 사회에서는 으레 일어날 수 있는 것인 양 쉽게 보아 넘기고 있다. 사회와 무관하게 행할 수 있는 처신과 사회와 유관하게 할 수 있는 것을 분명하게 구분해서 행동하고 평가할 필요성에 대한 인식이 절실하게 요청되고 있다.

14 밑줄 친 부분을 바탕으로 이끌어 낼 수 있는 사자성어로 적절한 것은?

① 마중지봉(麻中之蓬) ② 간운보월(看雲步月) ③ 거안사위(居安思危)

④ 도청도설(道聽塗說) ⑤ 언어도단(言語道斷)

15 윗글을 바탕으로 현대 사회의 문제점을 가장 잘 지적한 것은?

① 님금과 백성과 사이 하늘과 따히로되
  내의 설은 일을 다 알오려 하시거든
  우린들 살진 미나리를 혼자 어찌 먹으리.

② 간나희 가는 길흘 사나희 에도듯이
  사나희 네는 길흘 계집이 치도듯이
  제 남진 제 계집 하니어든 일홈 묻디 마오려.

③ 마을 사람들아 옳은 일 하자스라
  사람이 되어나서 옳지옷 못하면
  마소를 갓 곳갈 싀워 밥 먹이나 다르랴.

④ 비록 못 입어도 남의 옷을 앗디 마라
  비록 못 먹어도 남의 밥을 비지 마라
  한적곳 때 실은 휘면 고쳐 씻기 어려우니.

⑤ 상륙(象陸) 장긔 하지 마라 송사 글월 하지 마라
  집 배야 무슴 하며 남의 원수될 줄 어찌
  나라히 법을 세우샤 죄 있는 줄 모르난다.

16 밑줄 친 '두꺼운 묘사'의 예로 적절하지 않은 작품은?

> 인류학적 기록들은 단순한 눈 깜박거림처럼 한 꺼풀 벗기고 나면 아무것도 남지 않는 '얇은 묘사'가 아니라, 현상적으로는 눈 깜박거림과 흡사하지만 그 속에 많은 의미의 층위를 담고 있는 '두꺼운 묘사'들이다. 따라서 인류학적 기록의 의미를 파악하기 위해서는 그 두꺼운 의미의 층위를 캐내고, 그 의미 체계를 이해하려고 하는 '두꺼운 읽기'가 필요하다. 왜냐하면 인류학자들의 묘사는 객관적 사실의 기록에 그치는 것이 아니라 이미 1단계의 해석을 내린 것이고 그로부터 비롯되는 인류학적 진술들은 2단계, 3단계의 해석을 더하여 기술한 것들이기 때문이다.
> – 조한욱, '문화로 보면 역사가 달라진다' 중에서

① 님은 갔습니다. 아아 사랑하는 나의 님은 갔습니다.
　푸른 산빛을 깨치고 단풍나무 숲을 향하여 난 작은 길을 걸어서 차마 떨치고 갔습니다.
　황금의 꽃같이 굳고 빛나던 옛 맹서(盟誓)는 차디찬 티끌이 되어서 한숨의 미풍에 날아갔습니다.
　날카로운 첫 키스의 추억은 나의 운명의 지침(指針)을 돌려놓고 뒷걸음쳐서 사라졌습니다.

③ 나의 지식이 독한 회의(懷疑)를 구(救)하지 못하고,
　내 또한 삶의 애증(愛憎)을 다 짊지지 못하여
　병든 나무처럼 생명이 부대낄 때,
　저 머나먼 아라비아의 사막(沙漠)으로 나는 가자.

② 나의 무덤 앞에는 그 차가운 비(碑)ㅅ돌을 세우지 말라.
　나의 무덤 주위에는 그 노오란 해바라기를 심어 달라.
　그리고 해바라기의 긴 줄거리 사이로 끝없는 보리밭을 보여 달라.

④ 매운 계절(季節)의 채찍에 갈겨
　마침내 북방(北方)으로 휩쓸려오다.
　하늘도 그만 지쳐 끝난 고원(高原)
　서릿발 칼날 진 그 위에 서다.

⑤ 천지개벽이야
　눈이 번쩍 뜨인다
　불덩이가 솟는구나
　가슴이 용솟음친다
　여보게
　저것 좀 보아
　후끈하지 않은가

17 밑줄 친 '언론의 태도'를 비판하는 속담으로 알맞은 것은?

> 오늘 하루 호외(號外)가 두 번이나 돌고 신문은 큼직한 활자로 '괴뢰군(傀儡軍)의 38 전선(三八全線)에 긍(亘)한 불법 남침'을 알리었다. 은은히 울려오는 대포 소리를 들으면서 괴뢰군에 대한 비방과 욕설로 가득 찬 지면(紙面)을 대하니 내일이나 모레쯤은 이 신문의 같은 지면이 괴뢰군에 대한 찬사와 아부로 가득 차지지 않을까 하는 생각이 문득 머리에 스치었다. 시시각각으로 더해 가는 주위의 혼란과 흥분과는 딴판으로 신문 보도는 자못 자신만만하게 '적의 전면적 패주'라느니 '국군의 일부 해주시(海州市)에 돌입'이라느니 '동해안 전선(戰線)에서 적의 2개 부대가 투항(投降)'이라느니 하는 낙관적인 소식을 전하여 주고 있다. 아직도 나이 스물이 될락 말락 한 강 군이 신문을 보다 말고, "적이 투항해 왔는지 국군이 투항해 갔는지 알 게 뭡니까?" 하고 그 애티 있는 입언저리에 쓴웃음을 머금는다. 나는 이 말을 듣고 한동안 가슴이 설레었다. 이는 단순히 신문 기사에 대한 경멸이라든가 국방부의 보도에 대한 불신이라든가 하는 것이 아니고, 강 군의 젊은 모습에 민족의 니힐을 역력히 읽을 수 있어서 나는 사뭇 슬프기만 하였다. 하도 시달리고 들볶이어서 민족의 얼은 이미 젊음의 순진을 잃어버리고, 모든 사물에 대한 비뚤어진 해석을 갖게 된 것이 아닐까. "우리는 새파랗게 젊은 나이에 지니지 않아도 좋을 많은 상념(想念)을 지니지 않을 수 없었다."라고 한 폴란드 시인의 슬픈 노래가 다시금 생각키운다.
> –김성칠, '역사 앞에서' 중에서

① 간에 붙었다 쓸개에 붙었다 하는 격이군
③ 나루 건너 배 타기는 격이군
⑤ 쇠털 뽑아 제 구멍에 박는 격이군

② 귀에 걸면 귀고리 코에 걸면 코걸이군
④ 떠들기는 천안 삼거리군

18 제시된 글의 핵심 내용으로 가장 적절한 것은?

> 이탈리아 출신의 알 카포네는 미국 시카고를 중심으로 조직 범죄단을 이끌었던 갱단 두목. 소년 시절부터 갱단에 들어가 범죄를 일삼았다. 21세 때 시카고로 이주해 독특한 범죄 감각과 조직 장악력으로 1920~1930년대 미국 마피아 조직의 암흑세계를 장악했다. 미국 내 수많은 폭력과 살인 사건의 배후 인물로 지목돼 8년 동안 옥살이를 했다. 이 시대는 미국의 대공황기여서 두려움의 대상이면서 한편으로는 선망의 대상이기도 했다. 알 카포네의 활동은 영화와 TV드라마로 제작돼 큰 인기를 끌었다. 그래서 배우들도 그의 역을 맡고 싶어했고 청소년들에게 은근히 폭력 세계를 동경하는 풍조를 조성했다. 이 같은 현상은 우리 사회도 예외가 아니다. 1995년 '모래시계'가 TV로 방영되면서 청소년뿐 아니라 어른들의 '귀가 시계'라는 신조어를 낳을 만큼 돌풍을 일으켰다. 이 드라마는 파쇼 정권과 정치 폭력에 대한 새로운 경각심과 교훈을 주었다. 그러나 정치 폭력을 지나치게 부각시키려다 보니 상대적으로 폭력배의 주먹과 칼, 몽둥이 싸움이 정당 방어 수단으로까지 미화되는 부작용을 낳았다. 그 후 조직폭력배의 세계를 다룬 영화 '친구', '신라의 달밤' 등이 인기를 끌자 폭력배를 미화하는 풍조가 청소년 사이에 퍼졌다. 이런 분위기 때문에 학교 폭력이 늘었다고 한다. 최근 주먹 세계를 그린 대하드라마 '○○○○'이 시청률을 올리면서 시청자들 사이에 드라마 주인공을 영웅시하는 경향까지 있다고 한다. — ○○일보 사설

① 드라마는 그 특성상 파급 효과가 크기 때문에 소재 선택에 신중해야 한다.
② 방송의 힘은 절대적이므로 드라마 시청에 선별적 제한을 두어야 한다.
③ 방송의 소재는 어디까지나 허구적인 요소이므로 그대로 믿어서는 안 된다.
④ 정치 문제와 폭력 등의 소재는 거대 담론이므로 소재 선택에 신중하여야 한다.
⑤ 방송은 본연의 역할에 충실해야 하며 사실에 입각한 소재를 채택해야 한다.

[19~20] 다음 글을 읽고 물음에 답하시오.

> 요즈음 읽은 책 중 가장 감명 깊은 것은 세계에서 가장 가난한 나라 방글라데시의 그라민 은행 총재 무하마드 유누스가 쓴 자서전으로 일본에서 번역된 '빈곤 없는 세상을 위하여'(早川書房, 1998)다. 이 책과의 인연은 1998년 현희강 주 스페인 대사께서 건네준 유누스 총재의 짧은 연설문이었다. 인상 깊게 읽은 이 연설문에 이어 구해 읽은 것이 그의 자서전이다. 치타곤 대학 경제학 교수였던 저자가 학교 주변의 가난한 마을 주부들에게 사비(私費)로 돈을 꿔주면서부터 시작해 소액 은행으로 발전하기까지, 기존 금융 관행과의 피나는 투쟁으로 오늘날 세계적으로 유명한 은행으로 발돋움한 전설 같은 이야기가 주 내용이다. 그는 고객 2백만 명 중 여성이 94%이고, 무담보 무보증의 순수 신용 융자로 대출 잔액 20억 달러에 부실 채권 2% 미만, 종업원 1만 2천 명, 1,079개 지점의 건실한 금융 기관을 만들어 냈다. 빌 클린턴 전 미 대통령이 주지사 시절 그를 지원, 미국에 진출해 뉴욕의 행려병자를 상대한 소액 금융도 예상치 않은 업적을 이루었다. 후진국만이 아니라 선진국에서도 성공할 수 있다는 것을 증명했다. 저자의 꿈은 전 세계에 빈곤 없는 사회를 만드는 것인데, 소액 신용 금융으로 이를 실현할 가능성을 보였다는 사실이 놀라운 것이다. <u>대학 주변 마을의 돗자리 만드는 주부들이 고리채에서 벗어날 수 없는 가난한 현실을 안 저자는 경제학이 현실에서는 아무 쓸모가 없다고 생각하게 됐고, 드디어 행동에 나섰다.</u> 금융을 통한 새마을 운동을 전개한 것이다. 저자는 말한다. "지금의 거대 은행은 부실 채권이 너무 많다. 그러므로 은행은 부자를 위한 자선 단체에 지나지 않는다. 담보는 도움이 되지 않으며, 가진 사람은 갚지 않아도, 없는 사람은 반드시 상환한다. 갚는다는 것 자체가 바로 그들의 귀중한 삶의 가치이기 때문이다." IMF 사태 이후 많은 금융 기관이 쓰러진 우리의 현실을 볼 때 그의 말은 우리의 심금을 울리며, 금융의 정도가 무엇인지를 깨닫게 한다. — 박종규, '책과 나', ○○일보 중에서

19 이 글의 밑줄 친 부분을 바탕으로 대학의 경제학자들을 비판하는 말로 옳은 것은?

① 벌거벗고 환도 찬다더니   ② 구슬이 서 말이라도 꿰어야 보배이지
③ 고양이 쥐 생각 하고 있군   ④ 변죽을 치면 복판이 울리는 줄 모르다니
⑤ 숯이 검정 나무란다더니

20 제시된 글을 바탕으로 우리의 은행권 대출 담당자들에게 충고할 수 있는 말로 적절하지 않은 것은?

① 땅 짚고 헤엄 치기식 장사만 하고 있군요.

② 변화를 거부하거나 스스로 변화하지 않으면 머지않아 도태됩니다.

③ 유누스의 '빈곤 없는 세상을 위하여'를 읽고 금과옥조로 삼으세요.

④ 금융을 통한 사회적 역할을 하고 있군요.

⑤ 변해 가는 세상에서 온실 속의 화초로 살아가고 있군요.

21 글에서 언급되지 않은 사실은?

> 독서에 너무 많은 시간을 보내면 그것은 나태가 되며, 장식을 위해 독서를 지나치게 이용하면 그 또한 허식이 되어 버리며, 그렇다고 독서에서 얻은 법칙만으로 사물을 판단하려 든다는 것도 융통성 없는 학자적 기질에 빠지게 한다. 환언하면 독서는 자연을 완성하고, 경험으로 독서는 완전무결하게 된다. 왜냐하면 인간의 타고난 재능이란 무턱대고 너무나도 많은 방향을 제시하므로 경험으로 묶어 두어야 하기 때문이다. 꾀가 많은 사람은 독서를 비난하고, 순진한 사람은 그것을 찬미하고, 현명한 사람은 독서를 이용한다. 왜냐하면 독서 속엔 그것을 이용하라는 말이 없고, 독서를 초월하여 지혜를 얻으라는 말이 있기 때문이다. 남의 말을 반박하고 남의 잘못을 논박하기 위하여 독서를 하지 말 것이며, 독서한 것을 그대로 믿거나 당연한 것으로 받아들이지 말 것이며, 또 담화를 하기 위한 독서도 금하고, 그저 독서하여 마음 속 깊이 심사숙고하여야 할 것이다. 눈으로만 보아야 할 책이 있는가 하면 꿀꺽 삼켜야 할 책도 있고, 또 극소수의 책은 씹어서 소화를 해야 한다. – 중략 – 다시 말하면 부분만 읽어야 할 책이 있는가 하면 다 읽되 주의를 기울이지 않고 읽어야 할 책도 있다. 그러나 극소수의 책은 전부 열심히, 주의 깊게 읽어야 한다는 뜻이다. 또 어떤 책은 대리인이 읽게 하여 그 책에 대한 발췌를 만들게 하여 읽을 수도 있다. 그것은 책의 내용이 비교적 중요하지 않은 경우에만 가능하다. 사실 발췌된 내용이란 증류수와 같이 외양만 번지르르한 법이다. 책을 읽으면 정신적으로 충실하게 되고, 협의회에 참가하면 준비성이 있게 되고, 글을 쓰면 사람이 꼼꼼해진다. 따라서 글을 쓰지 않는 사람은 비상한 기억력을 지니고 있어야 할 것이요, 다른 사람과 협의를 해 본 경험이 없는 사람은 기민한 기지가 있어야 할 것이요, 책을 읽지 않는 사람은 모르는 것도 아는 것처럼 보이려면 아주 꾀가 많아야 할 것이다.
>
> – 프랜시스 베이컨, '베이컨 수상록' 중에서

① 지식의 축적은 독서로 출발하여 경험으로 완성된다.

② 독서의 목적 중 하나는 삶의 지혜를 얻는 것이다.

③ 독서의 방법에는 정독, 통독, 발췌독 등 다양한 방법이 존재한다.

④ 독서의 효용성은 결국 사물을 인지하는 충실성과 준비성을 길러주는 데 있다.

⑤ 독서의 궁극적 목적은 내용을 객관적으로 수용하게 하고 담화를 원활하게 하는 것이다.

22 글의 제목으로 적절한 것은?

> 사용하는 원유의 100%를 수입에 의존하는 우리나라는 국제 유가의 등락에 직격탄을 맞을 수밖에 없다. 더구나 최근 공급 부족과 수요 증가의 상황을 종합해 볼 때 단기간에 큰 폭의 유가 하락을 기대하기는 매우 어려울 전망이어서 고유가에 대비한 보다 적극적인 에너지 절약 대책이 시급하다. 특히 우리나라의 1인당 원유 소비량은 세계 최고 수준이다. 전력 소비량 또한 석유 소비량 못지않게 높은 증가세를 보이고 있다. 최근 5년 동안 1인당 전력 소비량이 28% 가까이 늘어났다. 이러한 상황에서 고유가 충격을 최소화하기 위해 할 수 있는 쉬운 방법이 승용차 10부제 운행이다. 승용차 이용을 대중교통 수단 이용으로 유도함으로써 유류(油類)를 절약할 수 있다. 또한 백화점, 할인점, 놀이공원 등 조명을 과다하게 사용하는 업소는 영업시간 이후에 소등하여 전기 사용을 억제하는 것도 좋은 방법이 될 수 있다. 그렇지만 고유가 추세의 장기화가 예상된다는 점에서 볼 때 이러한 단기적인 처방만으로는 한계가 있다. 결국 자체적인 원유 공급 시장의 개발, 에너지 다소비 산업 구조의 전환, 대체 에너지 개발, 에너지 고효율 기기 사용의 권장 등 장기적인 대책을 마련하여야 한다.

① 에너지 사용에 있어서 국민들의 대오각성(大悟覺醒)이 절실하다.
② 에너지를 제대로 알고 사용하는 지혜가 필요하다.
③ 유가 급등에 따른 에너지 절약 대책이 시급하다.
④ 정부의 수입 일변도의 에너지 정책은 개선되어야 한다.
⑤ 우리 모두 대체 에너지 개발에 총력을 기울여야 한다.

[23~24] 다음 글을 읽고 물음에 답하시오.

> 사람은 태어나면서부터 사회로부터 주어진 일정한 역할에 따라 행동하고 생각하도록 훈련받는 과정을 거친다. 이때의 역할이란 사회가 사람에게 요구하는 기대 양식이다. 예를 들어 남자의 성별을 가진 아이가 여자처럼 행동하면 문제가 되며, 열 살 된 아이가 두서너 살 된 아이처럼 행동하면 문제가 된다. 왜냐하면 사회가 나이와 성별에 따라 지워 놓은 기대대로 행동하지 않았기 때문이다. 사회화 과정이란 역할 기대에 따라 적절히 행동하고 생각하는 방법을 익히는 과정이다. 인간은 이 과정을 거쳐서 이른바 성숙한 사람이 된다. "나는 역할을 적절히 연기한다. 고로 나는 존재한다."라는 것이 사람됨에 대한 사회학의 명제다. 사람은 자유인처럼 행동하는 것처럼 보이지만 따지고 보면 여러 갈래로 이미 얽혀 있는 기준의 역할 기대들에 의해 행동하는 연기자에 지나지 않는다. – 중략 – 따라서 한 시대를 살아가는 지식인들은 마땅히 역할 연기에 대해 회의를 가져야 한다. 특히 연기 행동 기준이 되는 각본의 정당성과 적합성에 대하여 끊임없이 비판적으로 회의하여야 하며 특히 한 시대의 지배 집단에 의해 부과되고 강요되는 정당성에 대하여 날카롭게 비판할 수 있어야 한다. 대체로 이미 얻은 이권을 누리는 지배 집단은 일상의 각본의 내용을 색칠해 놓고 그 각본에 따라 민중들이 충실하게 행동하도록 유인하는 교묘한 통치술을 갖고 있기 때문이다. 이렇게 볼 때 사회화를 통해 사람이 비로소 성숙한 존재가 되고 바람직한 존재가 된다고 하는 사회학적인 명제는 사회화를 통해 배우는 역할의 내용이 인간화에 도움을 주어야 한다는 내용을 덧붙여야 타당한 명제가 될 수 있다. 다시 말해 역할 기대의 원천이 되는 기존 규범이 좀 더 자유롭고 좀 더 정의로운 사회를 만들어 가는 데 길잡이가 되고, 그것이 민중의 평화로운 삶의 기준이 되며 모든 사람들이 객체가 아닌 주체로 사람답게 대접받고 살게 되는 데 커다란 힘이 될 때만 사회화는 곧 인간화가 된다. 그렇지 못할 때는 사회화는 비인간화를 불러일으키는 억압적인 장치가 되고 만다.

23 글의 주제로 가장 적절한 것은?
① 오늘날 우리 사회의 바람직한 사회화의 과정 　② 우리 시대 사회화의 문제점
③ 바람직한 사회화를 위한 기득권 세력의 각성 　④ 자유란 사회화를 위한 필수 선결 요건
⑤ 우리 시대의 지식인이 바라보는 사회화

24 밑줄 친 내용을 바탕으로 '이권을 누리는 지배 집단'들의 행태를 나타내기에 가장 적절한 말은?

① 콜럼버스의 달걀   ② 선의의 거짓말   ③ 악어의 눈물
④ 온실 속의 화초   ⑤ 트로이 목마

[25~27] 다음 글을 읽고 물음에 답하시오.

새말을 만드는 가장 보편적인 것은 파생법(派生法)이다. 이것은 이미 자립적으로 쓰이는 낱말의 앞이나 뒤에 접사가 붙어 일정한 뜻을 더해 주는 방법이다. 예를 들어 '늦-'이라는 접두사는 '늦잠, 늦여름, 늦깎이'와 같이 말을 만들어 정상적인 경우보다 늦게 이루어진 것이라는 뜻을 더 담아 주며, '신출내기, 여간내기, 풋내기'의 '-내기'는 그런 특성을 지닌 사람이라는 뜻을 더하는 접미사에 의해 파생된 단어이다. 이 방법은 절차가 비교적 단순해서 어느 언어에서나 많이 쓰이고 있다.

다음으로 이미 존재하는 자립적인 두 낱말을 합쳐서 하나의 낱말을 만드는 합성어를 꼽을 수 있다. '산'과 '불'이 결합하여 '산불', '비'와 '바람'이 결합하여 '비바람'이 되는 경우뿐만 아니라 '들이차다', '잡아먹다', '밀어붙이다'처럼 다양하고 풍부하게 만들어 낼 수 있다. 이러한 합성법으로 만든 새말은 그 종류가 훨씬 다양한 데다가 언어적 표현력에 있어서도 파생법보다 몇 배 앞선다. 이 때문에 어휘 조직의 규모를 확대시키고 언어 표현상의 창조성을 더 증진시키는 데 무엇보다도 중요한 역할을 담당하고 있다. 합성법은 ㉠통사적 합성법과 비통사적 합성법으로 나뉜다. 또 하나 비교적 풍부한 생산력이 있으면서도 많은 사람들의 ㉡이목을 끌지 못하는 방법이 우리말에 매우 다양하게 나타나는 의성어, 의태어를 이용하는 것이다. 예전에 노를 젓던 나룻배나 돛단배가 모터에 의해 추진되는 배로 바뀌고 규모도 커졌다. 이 배가 움직일 때에 내는 소리를 본떠서 '똑딱이, 똑딱선' 혹은 '통통배'라는 새말이 생겼다. 그리고 '반짝이, 흔들의자, 뾰족구두'처럼 의태어를 이용한 새말도 등장하였다. – 중략 – 끝으로 ㉢외국어로부터 들어온 말도 새말의 많은 부분을 차지한다. 특히 오늘날에 와서는 통신과 교통수단의 발달에 힘입어 서로 다른 문화들이 자주 접촉하고 교류하게 됨으로써 차용의 현상도 많이 일어나고 있다. 과거에는 주로 중국 문화의 영향으로 한자어를 차용하였지만 오늘날에는 주로 서구 쪽에서 들어온 외래어를 차용하여 사용하고 있다.

25 밑줄 친 ㉠의 '통사적 합성법과 비통사적 합성법' 중 조어법이 다른 것은?

① 첫사랑   ② 볼록거울   ③ 가로막다   ④ 볶음밥   ⑤ 작은아버지

26 밑줄 친 ㉡의 '이목을 끌다'와 바꾸어 쓰기에 적절하지 않은 말은?

① 주목을 받다   ② 집중을 받다   ③ 관심을 끌다
④ 주위를 환기시키다   ⑤ 도모하다

27 밑줄 친 ㉢의 예로 적절하지 않은 것은?

① 사랑 – 삽시간 – 별안간   ② 수라 – 말 – 매   ③ 호미 – 메주 – 가위
④ 디히 – 생각 – 불현듯   ⑤ 고구마 – 고무 – 담배

28 제시문의 주제로 알맞은 것은?

> 미디어 아트가 근본적으로 사진과 다른 점은 사진이 아날로그 기술로 생산되는 반면에 미디어 아트는 디지털 기술을 통해 생산된다는 것이다. 아날로그와 디지털 기술의 차이는 기계 매체에 의해 전달되는 정보의 내용이 전달되는 과정에서 손실되는가 아닌가의 차이로 설명할 수 있다. 아날로그는 복제를 거듭할수록 정보가 소실되지만 디지털의 생산물들은 아무리 많은 복제 과정을 거쳐도 정보의 손실이 발생하지 않는다. 프랑스의 철학자 보드리야르는 디지털의 특성을 시뮬레이션으로 규정하고 시뮬레이션을 '원본 없는 실재'라고 정의한다. 디지털 기술의 생산물은 원본과 복제의 차이가 없기 때문에 원본이 예전의 정통 미술 양식에서 가지고 있던 정보의 중요성을 가지지 않는다.

① 디지털 기술과 사진의 차이점 　　　　② 디지털 생산물의 특성
③ 미디어 아트의 성격 　　　　　　　　④ 아날로그와 디지털 기술의 차이
⑤ 디지털 기술에 있어서 매체의 특성

29 자료를 이해한 내용으로 가장 적절하지 않은 것은?

(가) 한국 가구주의 연간 소득 비교 (단위 : 십만 원)

	2005	2010	증가율(%)
고용주	946	1,617	71.9
자영업자	354	533	50.7
회사원	377	534	41.8
일용직	229	266	12.6

(나) 소득 분배의 변화 비교

국명	연도	하위 40%(A)	상위 20%(B)	분배율 (A/B)
한국	2005	19.6	41.6	0.47
	2008	19.7	42.2	0.47
미국	2004	21.0	41.0	0.51
	2007	26.4	31.7	0.83

① 직업별로 소득 격차가 큰 것으로 보아 한국 노동 시장의 분배 구조에 많은 문제가 있군.
② 우리나라의 소득 분배율이 미국보다 낮고 그 격차도 더 커지고 있군.
③ 계층 간 소득 차가 점점 줄어들고 있으므로 분배 구조 또한 서서히 개선될 것 같아.
④ 직업별 소득 차가 큰 이유는 국가마다 소득 분배의 차이 때문이야.
⑤ 이런 추세라면 일부 계층은 소득이 증가해도 상대적 빈곤에 빠지게 될 거야.

FTA(자유 무역 협정)는 특정 국가 간의 상호 무역 증진을 위해 관세를 비롯한 무역 장벽을 완화하거나 철폐하여 배타적인 무역 특혜를 서로 부여하는 협정을 말한다. FTA로 대표되는 지역주의는 세계화와 함께 오늘날 국제 경제를 특징짓는 뚜렷한 조류가 되고 있으며, WTO(세계 무역 기구) 출범 이후 확산 추세에 있다. 그렇다면 이와 같이 자유 무역 협정이 확산되고 있는 이유는 무엇일까? 학자들은 그 이유로 몇 가지를 제시하고 있다. 우선, FTA가 개방을 통해 경쟁을 심화시킴으로써 생산성 향상에 기여한다는 점이다. 또한 FTA로 인한 무역 및 외국인 직접 투자의 유입이 경제 성장의 원동력이 된 멕시코의 사례가 교훈으로 작용한다는 점이다. 그리고 WTO 다자 협상의 경우 장기간이 소요되고, 모든 회원국들을 만족시킬 수 있는 합의점을 이끌어 내기가 어렵다는 점에 비해, FTA는 협상에 소요되는 기간이 짧으며, 당사국 간의 배타적 호혜 조치로 실질적인 이익을 높여 주고, 관심 사항 반영에 보다 유리할 수 있다는 점이다. 마지막으로 지역주의가 확산되는 상황에서 특정 지역 경제 공동체에 가입하지 않은 국가로서 받는 반사적 피해에 대해 대응할 수 있다는 점도 이유로 제시되고 있다.

현재 세계 10위권의 경제 대국인 우리나라는 무역 의존도가 매우 높은 국가 중의 하나로, 수출이 국내 경제와 밀접한 관계를 갖고 있다. 그러나 세계적으로 통상 마찰이 심해지면서 우리나라의 대외 무역은 많은 어려움에 처해 있다. 그래서 정부는 미국을 비롯한 주요 무역 대상국과의 통상 마찰을 피하고 수출을 늘리기 위해 FTA 협상을 추진 중에 있으며, 그중에서 미국과의 협정은 2007년 상반기에 체결되었다. 그런데 협상이 시작된 이후로 체결이 된 지금까지 FTA가 우리나라에 가져올 영향에 대해 많은 논란이 있어 왔다. 미국과의 FTA 발효 후 15년간 국내 경제 각 분야의 이해득실을 분석한 전문 기관들의 자료를 보면 대체로 제조업 분야가 수출 증대로 인해 크게 성장하고 농수산 분야는 큰 타격을 받을 것으로 전망하고 있다. 제조업은 자동차 분야에서만 15년간 총 163억 달러의 수출액 증가가 예상된다. 자동차 생산액 증가는 15년간 총 43조 원에 이를 전망이다. 이에 반해 농업 분야에서 가장 큰 타격을 받을 분야는 역시 한우 농가로 나타났다. 현재 40%인 쇠고기 수입 관세는 15년간 같은 비율로 줄어 15년 후부터는 완전 철폐된다. 이에 따라 국내 쇠고기 생산은 1~5년에는 연평균 365억 원 감소했다가, 11~15년에는 한 해 3천억 원 이상 감소할 것으로 집계됐다. 양돈 농가의 피해도 한우 농가와 맞먹을 것으로 집계됐다. 농업 분야 중 축산 농가의 피해가 3분의 2가량을 차지할 것으로 나타났고, 축산·과수·곡물 등 전체 농업 분야의 생산 감소액은 15년간 10조 465억 원에 이를 것으로 분석됐다.

우리나라가 미국에 수출하는 자동차에 부과되는 관세가 철폐되면 수출이 더욱 늘어날 것이라는 기대감이 크다. 또한 우리나라에 수입되는 미국산 제품에 대한 관세가 낮아지므로 소비자 가격이 하락할 뿐만 아니라 소비자는 상품을 선택할 수 있는 폭이 넓어지는 부수적인 효과를 기대할 수 있다. 그러나 미국 농산물 앞에서 한국 농업인들이 '무장 해제' 당했다는 표현이 신문 보도에 실릴 정도로 농업 분야의 전망을 어둡게 보는 시각들이 많다. 이제는 농업을 비롯하여 큰 타격이 예상되는 분야들에 대한 대책을 구체화하는 데에 중지(衆志)를 모아야 한다.

30 윗글을 읽고 보인 반응으로 적절하지 않은 것은?

① FTA는 결국 한 분야가 이익이 되면 한 분야는 손해가 되는 협상이구나.

② 미국뿐만 아니라 다자간 FTA가 체결되면 앞으로 우리 농민들은 살 길이 더욱더 막막해지겠군.

③ 자유 무역 협정은 이제 세계적인 추세이니 우리나라도 피하기 힘든 선택이 되겠군.

④ FTA의 체결로 특히 농업 분야, 그중에서도 축산 분야의 타격이 심하겠군.

⑤ 미국산 제품이 수입되면 소비자의 선택의 폭도 넓어지고 제품 가격도 하락하니 무조건 일거양득이겠구나.

31 윗글의 특징으로 적절하지 않은 것은?

① FTA의 일반적 정의를 바탕으로 내용을 상세히 설명하고 있다.

② 자유 무역 협정이 우리 산업에 미칠 영향에 대하여 분석하고 있다.

③ 구체적인 수치나 자료를 들어 기사문이 가지는 사실성을 뒷받침하고 있다.

④ 기사문의 특성상 시사적인 문제를 진단하고 있다고 볼 수 있다.

⑤ 국내 산업에 미칠 파장을 다각도로 분석하여 현재 상황을 설명하고 있다.

32 다음 자료를 해석한 내용으로 적절하지 않은 것은?

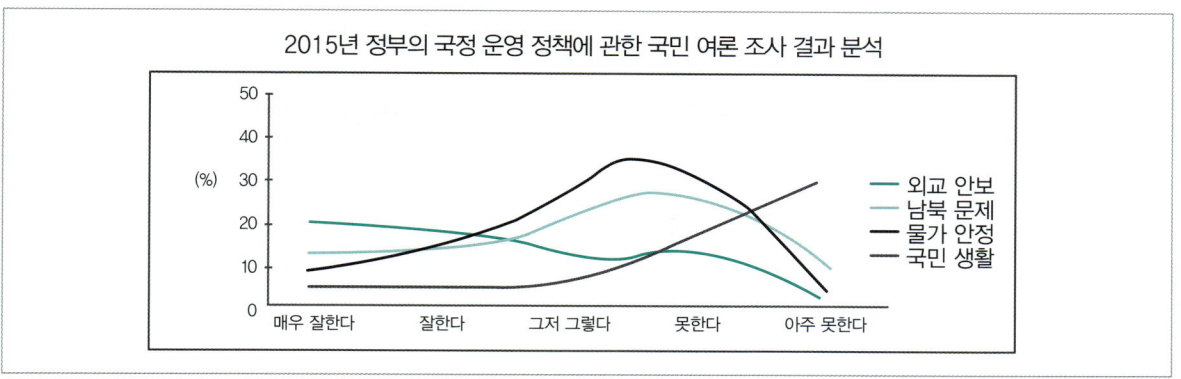

2015년 정부의 국정 운영 정책에 관한 국민 여론 조사 결과 분석

외교 안보
남북 문제
물가 안정
국민 생활

① 정부는 민생과 국민의 생명과 재산을 보호하는 것을 최우선 목표로 두어야겠군.

② 물가 안정과 국민들의 생활 안정에 정부의 역할이 무엇보다 중요하겠군.

③ 외교 안보 분야는 국민들로부터 압도적인 지지를 받는 것으로 보아 이 분야의 성과는 괄목할 만하군.

④ 국민 생활 분야에 부정적 평가가 높은 것으로 보아 최근의 사태와 무관하지 않군.

⑤ 남북 문제는 가치 중립적이고 중도적인 평가가 많군.

33 다음은 2013년도 ○○ 방송사의 설문 조사 결과이다. 이를 바탕으로 이끌어 낼 수 있는 결론으로 적절하지 않은 것은?

	작가	대표 작품명	득표수(명)
1	이광수	무정	4376
2	채만식	태평천하	3787
3	현진건	운수 좋은 날	3015
4	박완서	나목	1834
5	이문열	금시조	1278
6	김동인	감자	495
7	이청준	매잡이	459
8	이상	날개	287
9	박경리	토지	218
10	조정래	태백산맥	136

※ 청소년들의 한국 소설 작가의 선호도 조사이다.
※ 대상: 13세~18세까지 (중·고등학교 학생들)
※ 설문 참가 인원: 15,785명

① 평소 청소년들이 교과서에서 접해 본 작가와 작품들 위주로만 평가하고 있군.

② 주로 학교에서 수업 시간에 접한 소설과 작가 위주인 것으로 보아 교과서 밖의 소설은 접할 기회가 별로 없었던 것 같군.

③ 소설의 문학사적 위치와 시대 순으로 선호하는 측면도 있는 것 같군.

④ 현존하는 동시대 작가의 인지도가 낮은 것으로 보아 교과서에서 다루어지지 않은 소설들은 관심이 없는 것 같군.

⑤ 주로 선정된 작품들이 일제 치하나 독재 정권의 현실을 고발하는 작품들이 많은 것으로 보아 작품을 시대사적 맥락에서 평가하고 있군.

34 '원유 가격과 국내 휘발유 가격'에 관한 글을 쓰고자 한다. 다음 자료를 모두 활용하여 이끌어 낼 수 있는 결론으로 적절한 것은?

(가) 원유 가격과 국내 휘발유 가격의 변동

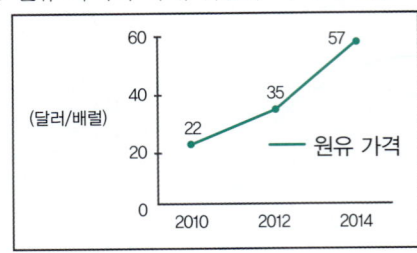
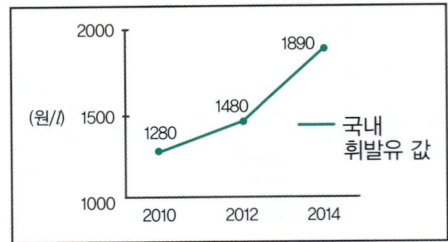

(나) 환율의 변화 흐름

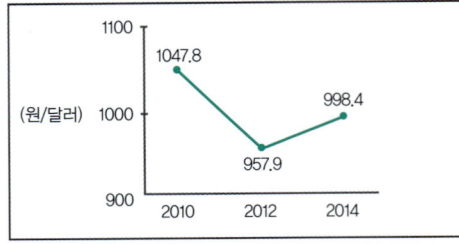

(다) 원유를 원산지에서 수입할 때 붙는 관세 외에 각종 세금(주행세, 교통세, 교육세, 부가가치세) 등이 붙는다. 즉, 우리가 휘발유를 살 때 내는 돈의 약 60%가량이 세금인 셈이다.

① 만약 환율이 갑자기 상승한다면 원유 가격도 함께 상승할 것이고 그 여파로 우리 가계나 기업에 치명적인 타격이 올 것이다.

② 정부는 원유 가격이 상승하면 휘발유 값의 안정화를 위해 휘발유에 붙는 세금의 비중을 낮추어야만 한다.

③ 휘발유에 붙는 세금 비율을 낮추면 곧 환율 하락을 막을 수 있고 국내 유가는 안정화된다.

④ 환율이 오를 것을 대비해 원유를 대량으로 수입하여 여기저기 비축해 두어야 한다.

⑤ 원유 가격이 2배 이상 상승했는데도 국내 휘발유 값이 그만큼 오르지 않는 것은 원유 가격 외에도 환율과 세금이 휘발유 값에 영향을 주기 때문이다.

6편

국어 문화

우리말의 역사

1 고대 국어(~통일 신라)

고대 국어는 통상 통일 신라 시대까지의 국어를 지칭한다. 이 시기의 국어 연구는 문헌 자료의 부족으로 구체적으로 밝힐 수는 없다. 다만 삼국의 언어가 대동소이하게 발전해 오다 신라가 삼국을 통일하면서 언어의 통일이 이루어졌고 결국 신라 중심의 언어로 발전하여 왔을 것이라 추측할 수 있다. 이 시기에 가장 대표적인 표기법은 향찰(鄕札)로, 주로 한자를 빌려 표기하는 차자(借字) 표기이다. 한자를 이용하여 우리말을 표기하는 방법으로 주로 명사나 단어를 기록할 때는 한자의 훈을, 조사나 어미를 기록할 때는 한자의 음을 차자하는 형식이다. 오늘날 우리말을 표기하는 것과 거의 일치하는 완벽한 표기법이다. 이는 주로 문학 작품에만 사용되었다. 이와 같은 표기 방식은 너무 어려워 서민들은 접근할 수 없었다.

1 신라의 노래 향가

1. **창작, 향유 계층**: 귀족과 승려들
2. **표기법**: 향찰(한자의 음과 뜻을 빌어서 표기)
3. **형식**: 4구체 예 서동요, 도솔가 / 8구체 예 처용가, 모죽지랑가 / 10구체 예 제망매가, 찬기파랑가, 원가
4. **문헌**: 삼국유사(14수), 균여전(11수)
5. **내용**: 대부분 불교적 내용이며 주술적 내용이다.
6. **의의**: 국문학 사상 최초 정형화된 시가이자 개인 창작 시가이다. 노랫말이 배경 설화와 함께 전승된다.

2 전기 중세 국어(고려의 건국~훈민정음 창제)

이 시기의 국어는 두 번의 왕조 교체로 인해 중앙어도 교체되었다. 신라의 왕조가 고려로 바뀌어 중앙어가 경주 중심의 언어에서 개성 중심의 언어로 교체되었다. 개성 중심의 언어는 고구려어와 신라어의 잔재가 결합된 언어라고 볼 수 있다. 다시 왕조가 고려에서 조선으로 교체되어 한양(서울) 중심의 언어가 중앙어로 등장한다. 그러나 개성과 한양의 방언권이 거의 같았기 때문에 언어의 변화는 그리 크지 않다.

1 고려 가요의 등장

1. 서민 중심의 노래로, 오늘날 대중가요와 비슷한 개념이다.
2. 구전되다가 한글 창제와 더불어 기록 문학으로 교체된다.
3. 서민들의 삶과 애환을 노래한 대표적인 서민 문학이다.
4. 3·3·2의 3음보로, 후렴구가 발달했다.
5. 분절체로, 노래가 오늘날과 같이 1절, 2절로 나누어져 있다.
6. 후대에 기록되는 과정에서 유교적 도덕에 어긋나는 내용은 '사리부재(詞俚不載, 내용이 너무 속되어 책에 수록하지 않는다)'하였다.
7. 전해지는 문헌으로는 〈악학궤범〉, 〈악장가사〉, 〈시용향악보〉가 있다.

2 경기체가의 등장

1. 대표적인 귀족 문학이다. 주로 한자를 교묘히 배열하여, 최상층 귀족 신분의 사람들이 자신의 삶을 과시하는 향락적, 퇴폐적 노래이다.
2. 분연체이며 3·3·4의 3음보이다.
3. 전 대절 후 소절(앞의 절은 분량이 많고, 뒤의 절은 후렴구의 형식으로 분량이 적은 후렴구) 형식이며 후렴구는 대부분 '경 긔 엇더ᄒ니잇고'의 형식을 가진다.

3 시조의 등장

1. 고려 중엽에 발생하여 말엽에 완성된 국문학 사상 최장수 문학이다.
2. 위로는 임금, 귀족에서부터 아래로는 평민, 서민, 기녀에 이르기까지 모두 창작하고 향유하였다.
3. 서민들의 삶과 애환을 담은 적층 문학(積層文學=구비 문학)이다.
4. 3·4조, 4·4조의 4음보 율격, 3장 6구 형식의 정형시이다.
5. 조선 후기 사설시조를 통해 서민 의식의 성장과 표현의 자유를 엿볼 수 있다.

4 가사의 등장

1. 고려 말엽에 발생하여 조선 말기까지 이어져 오면서 양반과 서민의 정서를 두루 반영하였던 문학의 장르이다.
2. 3·4조, 4·4조의 4음보의 연속체이다.
3. 형식은 운문(시)이며 내용은(산문)으로서 운문과 산문의 중간적 형태이다(교술적 갈래).
4. 정격 가사에서 변격 가사로 발전하였다.
5. 조선 후기에는 내방 가사(부녀자 창작)가 발달하였다.

3 후기 중세 국어(훈민정음 창제~임진왜란)

1 훈민정음 창제

1. 훈민정음 창제의 의의

- 문화 민족으로서의 자부심과 자긍심 고취
- 문자 생활이 불가능했던 당시 백성들에게 자유로운 문자 생활을 가능케 함
- 민족 문화의 기틀 마련
- 과학적이고 독창적인 우리만의 문자 발명(1997년 유네스코 세계 기록 유산 등재) 참고 훈민정음 자료: 용비어천가(최초의 한글 서사시, 한글 시험용으로 제작), 두시언해(한글 연구의 귀중한 자료, 당시 백성들의 윤리 의식을 고양하기 위해 제작), 월인천강지곡, 석보상절(불교의 경전 언해) 등

2. 훈민정음 표기상의 특징

- 모음 조화 현상이 철저히 지켜졌다.
- 'ㅸ', 'ㆍ' 등의 자음과 모음이 존재했다.
- 성조가 있었다. 성조란 소리의 높낮이를 표시하는 것으로 글자의 왼쪽에 점을 찍어 표시했다. 평성, 상성, 거성, 입성이 있었다.
- 주체 높임법, 상대 높임법, 객체 높임법 등이 모두 어미에 의해 실현되었다. 예 정흐샨, 듣줍게, ㅎㄴ이다
- 어두 자음군이 형성되었다. 예 ㅼ, 왕씌
- 받침으로는 8종성법을 사용하였다.(ㄱ, ㄴ, ㄷ, ㄹ, ㅁ, ㅂ, ㅅ, ㆁ)
- 동국정운식 한자음 표기가 쓰였다. 동국정운식 한자음이란 한자를 중국어의 원음에 최대한 가깝게 발음하기 위한 표기이다. 오늘날 영어를 원음에 가깝게 발음하려 노력하는 것과 유사한 경우이다. 예 世:솅, 御:엉, 中國:듕귁.

3. 훈민정음 3대 정신

- 자주 정신: 중국과 우리말의 차이를 밝히고 그런 취지에서 우리말의 필요성을 역설함
- 애민 정신: 문자 생활을 하지 못하는 백성들을 불쌍히 여겨 문자를 새로이 창제하게 됨
- 실용 정신: 새로이 개발된 문자를 누구나 쉽게 익히고 사용하게 하기 위함

4. 훈민정음 제자 원리

- 자음의 제자 원리
  - 아음(牙音): 기본 글자 'ㄱ', 혀뿌리가 목구멍을 막는 모양
  - 설음(舌音): 기본 글자 'ㄴ', 혀가 윗잇몸에 붙은 모양을 본떠 만든 것
  - 순음(脣音): 기본 글자 'ㅁ', 입의 모양을 본떠서 만든 것
  - 치음(齒音): 기본 글자 'ㅅ', 이가 잇몸에 붙은 모양을 본떠서 만든 것
  - 후음(喉音): 기본 글자 'ㅇ', 목구멍을 본떠서 만든 것
  - 반치음(半齒音): 반잇소리
  - 반설음(半舌音): 반혓소리
- 모음의 제자 원리: 천(天), 地(지), 人(인) 삼재를 상형하여 기본 글자를 만들었다.

❷ 문학의 발달

1. 소설 문학의 비약적 발달
2. 시조 가사의 형식적 변모(정격적 형식에서 변격적 형식으로 변함)
3. 판소리 및 민속극의 발전과 서민 의식의 성장
4. 실학 사상을 기반으로 한문 문학(漢文文學)의 발전과 위항(委巷) 문학의 새로운 변모

❹ 근대 국어

❶ 표기상의 특징

1. 'ㅸ', 'ㆍ' 등 중세 국어에서 보이던 음운들이 대부분 소실되었다.
2. 'ㆍ' 음이 완전히 소실되고 모음 조화가 파괴되었다.
3. 성조가 완전히 사라졌다.
4. 한글 사용이 대대적으로 확대되었다.
5. 개화기를 전후로 서구 문물의 유입과 어휘의 유입이 일어났다.
6. 어미와 조사로 높임법이 표현되었다. 예 고져, ᄒ오시다
7. 끊어 적기와 거듭 적기가 나타난다. 예 알아보니(끊어 적기), 쓴ᄂ(거듭 적기)
8. 7종성법을 사용하였다.('ㄷ' 받침 대신 'ㅅ' 받침을 사용하여, 'ㄱ, ㄴ, ㄹ, ㅁ, ㅂ, ㅅ, ㅇ'을 받침으로 사용함)
9. 주격 조사 '가'가 사용되었다.

❺ 현대 국어의 특징

1. 첫소리에 둘 이상의 자음(어두 자음군)이나 'ㄹ, ㄴ' 등의 소리가 쓰이지 않는다.(두음 법칙 적용)
2. 같은 모음끼리 어울림 현상(모음 조화 현상)이 있다.
3. 어휘나 조사, 어미 등을 사용하여 높임법을 나타낸다.
4. 조사나 어미가 특히 발달해 있으며 어미를 활용한다.
5. 문장 성분을 생략하는 일이 많다.
6. 해방 이후 우리말 찾기 운동이 전개되었다.
7. 표준어 사용과 정서법 사용에 노력을 꾀하였다.
8. 외래어의 무분별한 유입으로 국적 불명의 언어가 등장하고 있다.

2장 표준어의 특징

1 표준어의 기능

표준어란 한 나라 말의 표준, 기본이 되는 말이다. 1936년 조선어 학회가 사정한 '조선어 표준말 모음'이 그 시발점이 되고 있다. 시대적으로 현대, 지리적으로 서울, 계층적으로 교양 있는 사람들이 쓰는 한국어를 표준어로 규정하고 있다.

1. 통일(統一)의 기능

한 나라의 국민 모두를 하나로 뭉치게 하는 기능을 이른다. 이는 표준어의 대표적인 기능으로 특히 방언의 의미 차이가 심한 경우 일체감을 갖도록 돕는다.

2. 우월(優越)의 기능

표준어를 사용하는 사람이 표준어를 쓰지 않는 사람보다 우월한 사람임을 드러내는 것이다. 즉, 표준어를 사용하면 교육을 많이 받고 교양 있는 사람으로 인식하는 것을 이른다.

3. 준거(準據)의 기능

언어는 그 환경에 따라 끊임없이 변화한다. 그러나 그 변화를 표준어 문법으로 규제하여, 언어의 규범화를 꾀한다. 문법을 통한 언어의 규범화로 인해 현실적 언어 생활과 이상적인 언어 생활에 차이가 있다. 시험에서는 이 둘 사이의 간극을 줄이기 위해 마련된 예외 사항들이나, 흔히 잘못 알고 있는 문법 사항들을 묻는다.

3장 북한의 말과 글

1 발음

1 우리말의 일반적 특징

1. 우리말은 첨가어(교착어)로, 수식어+피수식어의 관계로 구성된다. 단어의 조합에서도 이는 그대로 적용된다.
2. 표음 문자로, 소리 나는 것을 그대로 기호로 표현한다. 이로 인해 어느 언어보다도 익히기와 생각과 감정을 표현하기가 용이하다.
3. 외래어의 차용이 많다. 특히 한자어의 차용이 많은데 우리말의 약 52.1%가 한자이다.
4. 명사에 성(性)의 구별이 없으며, 복수의 개념이 희박하고 관사, 전치사, 관계대명사가 없다.

2 문법

5. 높임법이 발달했는데, 이는 유교 문화권 속에서 자연스럽게 발달한 결과이다.
6. 감각어가 발달했는데, 이를 통해 정서를 아주 감각적으로 표현할 수 있는 언어로 평가받고 있다.

2 음운상의 특징

1. 단모음의 수가 많다. 이는 모음의 분화가 잘 발달하였음을 보여준다.
2. 예사소리, 된소리, 거센소리로 분화되어 발달하였다.
3. 음상(音相)의 차이가 어감은 물론 의미까지 분화시킨다.

4. 모음조화 현상을 지키고 있다. 이는 조화와 어울림의 언어라는 것이다.
1. 모음의 원순 모음화 형태로 발음 예 곡종옵따(걱정 없다)
2. 'ㅣ' 모음 역행 동화, 전설 모음화를 광범위하게 적용한다. 예 구뎅이(구덩이), 지팽이(지팡이)
3. 두음 법칙을 인정하지 않는다. 본음대로 표기하고 표기대로 발음한다. 예 로동신문, 녀자, 리해(이해), 래일(내일)
4. 된소리를 많이 사용한다. 현실음을 최대한 그대로 표기하려는 것이다. 예 원쑤(원수), 논뚜렁(논두렁)
5. 억양과 성조가 강하다. 이는 언어를 공산주의 선전 선동 수단으로 인식하고 있기 때문이며, 그에 따라 전투적이고 선동적

4 남북한 언어 이질화의 원인

인 억양과 발음을 사용한다.

1. 이미 있던 접미사 기능을 확대 사용한다. 남한에서 사용하는 피동과 사동 접미사(이, 히, 리, 기, 우, 구, 추)를 북한에서는 다른 용언에도 사용한다. 예 얇히다(얇게 하다), 잊히다(잊어지다), 자래우다(기르다)

5 남북한 자모의 순서

2. 보조 용언으로 사용되던 것들을 용언 파생을 위한 새로운 접사로 사용한다. 예 차례지다(자기 몫으로 차지되다), 부러워나다(부러워하다), 아름차다(힘에 벅차다)
3. 복수 개념의 단어들이 많다. 예 책들에 한자들을 넣었다.
4. 조사의 사용이 특이하다. 예 위대한 수령님께서와(위대한 수령님과)

1. 남한에서 사용하는 말과 표기는 같으나 의미가 다른 경우 예 동무, 인민, 아가씨(부정적 의미), 빨치산(혁명 영웅)
2. 고유어로 다듬은 경우 예 이닦이약(치약), 푸른차(녹차), 내민대(발코니)
3. 중국의 영향을 받은 단어 예 유보도(산책길), 군중가요(대중가요)
4. 공산주의 체제하에 생성된 단어 예 로동 교양소, 집체 담화, 속도전
5. 영어 외래어 경우라도 남한과 차이가 남 예 라지오, 프로그람

자연적이기보다는 인위적인 현상이다. 북한은 언어가 공산주의 혁명과 건설을 위한 힘 있는 무기로서 그 사회적 기능을 수행한다고 보고 있기 때문에 말과 글에 전투성과 호소성을 담는다. 남한 역시 급격한 사회적 변화로 말미암아 자연적으로 언어의 변화가 지속되고 있다.

	남한	남한
자음	ㄱ(기역), ㄲ(쌍기역), ㄴ, ㄷ(디귿), ㄸ, ㄹ, ㅁ, ㅂ, ㅃ, ㅅ(시옷), ㅆ, ㅇ, ㅈ, ㅉ, ㅊ, ㅋ, ㅌ, ㅍ, ㅎ	ㄱ(기윽), ㄴ, ㄷ(디은), ㄹ, ㅁ, ㅂ, ㅅ(시옷), ㅇ, ㅈ, ㅊ, ㅋ, ㅌ, ㅍ, ㅎ, ㄲ(된기윽), ㄸ(된디은), ㅃ(된비읍), ㅆ(된시옷), ㅉ(된지읏)
모음	ㅏ, ㅐ, ㅑ, ㅒ, ㅓ, ㅔ, ㅕ, ㅖ, ㅗ, ㅘ, ㅙ, ㅚ, ㅛ, ㅜ, ㅝ, ㅠ, ㅡ, ㅢ, ㅣ	ㅏ, ㅑ, ㅓ, ㅕ, ㅗ, ㅛ, ㅜ, ㅠ, ㅡ, ㅣ, ㅐ, ㅒ, ㅔ, ㅖ, ㅚ, ㅟ, ㅢ, ㅘ, ㅝ, ㅙ, ㅞ

01 밑줄 친 단어 중 표준어인 것은?

① 어제 봄비가 촉촉이 내린 뒤로 정구지가 무척 자라 있었다.

② 어리게만 보이던 계사니가 요즘 갑자기 커 보인다.

③ 그는 평소에도 어리바리해서 어디를 가도 환영을 받지 못한다.

④ 여름철에는 겨땀이 많이 나서 참 곤혹스럽다.

⑤ 설 명절에는 뺑돌이 놀이가 그래도 가장 재미있다.

02 다음은 우리의 언어 생활에서 나타나는 오류를 바로잡은 것이다. 바로잡은 문장과 그 설명이 타당하지 않은 것은?

> • 내 남자 친구는 다 좋은데 키가 너무 적은 것 같다. → 내 남자 친구는 다 좋은데 키가 작다.
> • 아버지에게서 입은 은혜를 그 자식이 앙갚음하는 것이 사람의 도리이다. → 아버지에게서 입은 은혜를 그 자식이 안갚음하는 것이 사람의 도리이다.
> • 흔히들 부부 사이는 금슬이 좋아야 한다고 말한다. → 흔히들 부부 사이는 금실이 좋아야 한다고 말한다.
> • 가끔 포장마차 골목을 지나가다 보면 주류 일체라고 적혀 있는 것을 볼 수 있다. → 가끔 포장마차 골목을 지나가다 보면 주류 일절라고 적혀 있는 걸 볼 수 있다.
> • 지진을 대비한 피란 훈련을 게을리해서는 안 된다. → 지진을 대비한 피난 훈련을 게을리해서는 안 된다.

① '적다'는 수량이나 그 양이 많지 않을 때 사용하는 말로, 여기서는 크기가 작은 것이므로 '작다'로 수정해야 한다. '-한 것 같다'는 일반적으로 추측을 나타낼 때 사용하는데, 여기서는 자기의 주관적 의견을 나타내고 있으므로, '키가 작다'로 표현해야 한다.

② '앙갚음'은 자기에게 해를 준 사람에게 되갚아 주는 행동이므로 안갚음, 즉 어버이의 은혜에 훗날 자식이 갚는 행동을 뜻하는 '안갚음'이 타당하다.

③ '금슬(琴瑟)'은 거문고와 비파를 이르는 말로, 부부간의 사랑을 이르는 말은 '금실'로 써야 한다.

④ 일체는 '전혀, 도무지', 일절은 '종류의 전부'를 의미한다. 따라서 '주류 일절'로 표기해야 타당하다.

⑤ '피난(避難)'은 '재난을 당함', '재난을 피해 있을 곳을 옮기다'라는 뜻이고, '피란(避亂)'은 '정쟁을 피함', '전쟁을 피해 다른 데로 옮기다'라는 의미이다. 여기서는 '피난'이 맞는 표현이다.

03 다음에서 설명하고 있는 문학의 유형은?

> • 대중성이 중시되며 서민들의 정서를 반영한 문학이다.
> • 비교적 쉬운 내용, 진솔하고 솔직하고 담백한 표현으로 이루어져 있다.
> • 주로 고려 가요, 설화, 민요 등이 이에 해당한다.
> • 문자로 기록되지 않았다가 후대에 문자 발명과 함께 기록 문학으로 정착되었다.

① 번안 문학   ② 패러디 문학   ③ 규방 문학
④ 유배 문학   ⑤ 구비 문학

04 〈보기〉를 바탕으로 문화어를 이해한 내용으로 적절한 것은?

> **보기** 표준어에서는 '여자'나, '노동'이라고 하지만, 문화어에서는 '녀자', '로동'이라고 표기한다. 또 표준어에서는 '심리', '항로'와 같이 받침 'ㅁ, ㅇ' 뒤의 'ㄹ'을 [ㄴ] 소리로 발음하는 데 비해, 문화어에서는 모든 모음 앞의 'ㄹ'을 한자음 본래 소리로 발음한다.

① 문화어는 주로 표음적 기능으로만 발음하고 표기하는구나.
② 말은 같지만 의미를 다르게 사용하는 것 같아.
③ 언어를 사상과 이념적 논리에 입각해 사용하는군.
④ 문화어는 두음 법칙과 자음 동화를 인정하지 않는구나.
⑤ 현실적 발음과 표기가 아닌 이상적 발음과 표기를 따르는구나.

05 〈보기〉를 바탕으로 문화어를 이해한 내용으로 적절하지 않은 것은?

> **보기** 손다침(핸들링), 꽂아넣기(덩크 슛), 반칙(무뢰한 동작), 돌풀이약(해독제), 가라앉힘약(진정제), 와플(구운 빵지짐), 팝업(튀어나오기), 멸균(균 깡그리 죽이기), 장인(가시 아버지)

① 우리말을 중심으로 언어 순화를 한 것은 높이 평가할 만하군.
② 다소 무리하게 외래어를 순화한 것 같아 의미가 바로 와 닿지 있는 경우도 있군.
③ 국제 경기 대회나 행사에서 남북한이 서로 간에 의사소통이 되지 않는 경우도 생길 듯해.
④ 빠른 시일 내에 전문 용어나 외래어를 하나로 통일해야 할 것 같아.
⑤ 외래어를 우리말로 바꾸어 사용함으로써 언어 경제 원칙에 맞게 사용하는 것 같아.

06 다음은 독립신문 창간사의 일부이다. 이를 바탕으로 도출한 내용으로 적절하지 않은 것은?

> 우리신문이 한문은 아니쓰고 다만 국문으로만 쓰는거슨 샹하귀쳔이 다보게 홈이라 또 국문을 이러케 귀졀을 쪄여 쓴즉 아모라도 이신문 보기가 쉽고 신문속에 잇는말을 자세이 알어 보게 홈이라 각국에셔는 사룸들이 남녀 무론호고 본국 국문을 몬저 비화 능통흔 후에야 외국 글을 비오는 법인디 죠션셔는 죠션 국문은 아니 비오드릭도 한문만 공부 호는 까둙에 국문을 잘아는 사룸이 드물미라.

① 띄어쓰기가 오늘날과 다르다.
② 아직도 어두 자음군이 남아 있다.
③ 여전히 ' ㆍ '(아래 아)를 표기하고 있다.
④ 당시의 언어 사용의 폐단을 꼬집고 있다.
⑤ 단모음화 현상이 나타나기 시작했다.

[07~08] '통신 언어의 특징'에 대한 글을 읽고 물음에 답하시오.

> 통신 언어란 일반적인 언어와 더불어 인터넷, 휴대 전화 문자 등에 주로 사용되고 있는 언어를 통칭하여 이르는 말이다. 그중 전자 통신상에서 사용하는 언어를 특히 통신 언어라고 칭하며 주로 시각적 영역을 중시하는 측면이 강하다. 이는 결국 언어를 사용함에 있어 발신과 수신의 동시성으로 즉시성이 돋보이는 언어라고 할 수 있다. 따라서 이러한 특징을 가장 잘 나타낼 수 있는 매체가 바로 인터넷이나 스마트폰에 주로 사용되는 언어이다. 필자는 이를 '매체 문어'라고 스스로 칭하여 보았다. 매체 문어에 나타나는 특징으로 가장 먼저 문법적 불완전성을 꼽을 수 있다. 즉, 소리 나는 대로 표기하는 경우이다. 이 경우의 예로는 ㉠추카함니다, 베려붓따 등을 들 수 있다. 다음으로 약어나 축약어를 사용하여 나타내는 경우이다 예를 들어 ㉡셤(시험), 멜(메일) 등이 이에 해당한다. 다음은 두 음절어로의 축약어이다. 주로 외래어와 모국어의 통합, 한자어와 모국어의 통합으로 만들어지는 경우이다. ㉢쪽8린다, 사랑한 Day 등이 이에 해당한다. 다음은 감각 전달의 기능으로 나타나는 언어 현상이다. 즉, 다소 딱딱한 가상 공간의 분위기를 부드럽게 전환하기 위한 것으로 예를 들면 ㉣안농, 지송 등이 이에 해당한다. 다음으로는 의성어나 의태어와 같은 음성 상징어를 사용하여 나타내는 방법이다. 그 예로는 ㉤허걱, 꾸벅 등이 이에 해당한다.

7 ㉠~㉤ 중 설명에 따른 예로 적절하지 않은 것은?

① ㉠   ② ㉡   ③ ㉢
④ ㉣   ⑤ ㉤

08 윗글을 이해한 내용으로 적절하지 않은 것은?

① 표준어가 존재하는데도 굳이 사용의 편리함만을 위해 이런 말을 사용한다는 것은 잘못된 거야.

② 언어 규범화에는 다소 문제가 있지만 언어 사용의 경제성과 편리성 측면만은 인정해야 하지 않을까.

③ 이런 식의 언어 생활이 계속된다면 20년 후에는 우리말이 우리도 알 수 없는 외계어가 될 수도 있겠군.

④ 언어는 그 사회의 구성원들에 의해 만들어진 것인데 굳이 규범화하는 것은 문제가 있다고 봐.

⑤ 지금은 인터넷이나 문자 전송에만 이런 언어를 사용하지만 점차 다른 영역으로 확대 사용된다면 의사소통에 문제가 있을 수도 있어.

09 〈보기〉는 '이화 현상'에 관한 어문 규정이다. 그 용례와 쓰임이 적절하지 않은 것은?

> **보기**　**제30항(사이시옷 규정):** 사이시옷은 다음과 같은 경우에 받치어 적는다.
>
> 　1. 순우리말로 된 합성어로서 앞말이 모음으로 끝난 경우
> 　　• 뒷말의 첫소리가 된소리로 나는 경우
> 　　• 뒷말의 첫소리 'ㄴ, ㅁ' 앞에서 'ㄴ' 소리가 덧나는 경우
> 　　• 뒷말의 첫소리 모음 앞에서 'ㄴㄴ' 소리가 덧나는 경우
> 　2. 순우리말과 한자어로 된 합성어로서 앞말이 모음으로 끝난 경우
> 　　• 뒷말의 첫소리가 된소리로 나는 경우
> 　　• 뒷말의 첫소리 'ㄴ, ㅁ' 앞에서 'ㄴ' 소리가 덧나는 경우
> 　　• 뒷말의 첫소리 모음 앞에서 'ㄴㄴ' 소리가 덧나는 경우
> 　3. 두 음절로 된 다음 한자어에는 사잇소리를 적는다

① '나룻배, 모깃불'의 경우, 순우리말 합성어에서 뒷말의 첫소리가 된소리로 나는 경우의 예이다.

② '뱃병, 텃세'의 경우, 순수어와 한자어의 결합에서 뒷말의 첫소리가 된소리로 나는 경우의 예이다.

③ '갯수, 촛점'의 경우, 한자어와 한자어 즉, 두 음절로 된 한자어의 결합에서 사잇시옷을 적는 경우의 예이다.

④ '텃마당, 아랫마을'의 경우, 순우리말로 된 합성어에서 뒷말의 첫소리 'ㄴ, ㅁ' 앞에서 'ㄴ' 소리가 덧나는 경우의 예이다.

⑤ '사삿일, 예삿일'의 경우, 순수어와 한자어의 결합에서 뒷말의 첫소리 모음 앞에서 'ㄴㄴ' 소리가 덧나는 경우의 예이다.

10 '아리랑 타령'을 이해한 내용으로 적절하지 않은 것은?

이씨의 사촌이 되지 말고
민씨의 팔촌이 되려무나.
아리랑 아리랑 아라리요
아리랑 배 띄여 노다 가세.

남산 밑에다 장춘단을 짓고
군악대 장단에 받들어총만 한다.
아리랑 아리랑 아라리요
아리랑 배 띄여라 노다 가세.

아리랑 고개다 정거장 짓고
전기차 오기만 기다린다.
아리랑 아리랑 아라리요
아리랑 배 띄여라 노다 가세.

문전의 옥토는 어찌 되고
쪽박의 신세가 웬 말인가.
아리랑 아리랑 아라리요
아리랑 배 띄여라 노다 가세.

밭은 헐려서 신작로 되고
집은 헐려서 정거장 되네.
아리랑 아리랑 아라리요
아리랑 배 띄여라 노다 가세.

말깨나 하는 놈은 재판소 가고
일깨나 하는 놈 공동산 간다.
아리랑 아리랑 아라리요
아리랑 배 띄여라 노다 가세.

ㄱ. 당시 시대적 현실과는 너무나 동떨어진 개화를 비판하고 있다.
ㄴ. 당시 외척들의 세도 정치로 나라가 혼란에 빠져들었음을 알 수 있다.
ㄷ. 당시 우리 군대는 무능하고 실속 없는 빛 좋은 개살구였다.
ㄹ. 주로 관념적인 말로 당시 암울했던 세태를 풍자하고 있다.
ㅁ. 일제의 가혹한 수탈 정책으로 민중들이 도탄에 빠져 있었다.
ㅂ. 주로 4음보의 민요적 운율을 지닌 대구 형식의 노래이다.

① ㄱ, ㄷ   ② ㄹ, ㅁ   ③ ㄹ, ㅂ   ④ ㅁ, ㅂ   ⑤ ㄷ, ㅁ

11 다음 근대 신문 광고에 대한 설명으로 적절하지 않은 것은?

① 어두 자음군이 형성되어 있다.

② 띄어쓰기 표기가 현대 국어와 많이 다름을 알 수 있다.

③ 'ㆍ'(아래 아) 표기가 아직도 남아 있다.

④ 끊어 적기가 많이 나타나 있다.

⑤ 단모음화 되기 전의 이중 모음이 혼재되어 있다.

12 〈보기〉는 우리말 속에 남아 있는 외래어를 우리말로 순화한 것이다. 다음 중 바르게 순화한 것이 아닌 것은?

보기	
	ㄱ. 티오 – 정원, 매뉴얼 – 안내서
	ㄴ. 백 데이터 – 최종 자료, 브로커 – 중개자
	ㄷ. 돈가스 – 돼지고기 튀김, 다대기 – 다진 양념
	ㄹ. 단도리 – 배려, 엥꼬 – 바닥
	ㅁ. 마스터 플랜 – 종합 계획, 시뮬레이션 – 모의 실험

① ㄱ, ㄷ　　　② ㄴ, ㅁ　　　③ ㄷ, ㄹ　　　④ ㄴ, ㄹ　　　⑤ ㄷ, ㅁ

13 〈보기〉에 해당하는 언어의 기능으로 적절한 것은?

> **보기**
> • 태영: 보영이 안녕! 어디 가?
>   보영: 응, 태영이로구나. 학원 가는 중.
> • 태영: 오늘 날씨 참 좋지?
>   보영: 그래 참 좋아.

① 지시적 기능　　　　② 친교적 기능　　　　③ 정서적 기능
④ 명령적 기능　　　　⑤ 미화적 기능

14 〈보기〉에서 설명하는 작가는?

> **보기**
> • 1919년 18세의 나이로 '서광' 창간호에 유일한 소설 '삼인' 발표
> • 1926년 '학조' 창간호에 '카페, 프란스'를 비롯한 동시 및 시조 발표
> • 문학 친목 단체 '구인회' 결성
> • '문장'지의 추천 위원이 되어 조지훈, 박두진, 박목월, 이한직, 박남수 등을 등단시킴
> • 전통과 근대, 동심과 구원 등을 주제로 특히 감정의 절제와 사물에 대한 정확한 묘사, 섬세한 언어 감각 등 한국 현대시의 성숙에 결정적 기틀을 마련함

① 김영랑　　② 김광균　　③ 서정주　　④ 정지용　　⑤ 유치환

15 〈보기〉에서 설명하고 있는 문헌은?

> **보기**
> • 초간본은 세종~성종 대에 걸쳐 왕명으로 번역하여 1481년(성종 12) 간행되었다.
> • 중간본은 목판본으로 150년 뒤인 1632년(인조 10)에 간행되었다.
> • 중간본은 초간본을 복각한 것이 아니라 교정한 것이므로, 중세 국어와 근대 국어를 연구하는 귀중한 자료이다.
> • 우리나라 최초의 한글 번역 시집이다.

① 용비어천가   ② 두시언해   ③ 노걸대언해
④ 소학언해   ⑤ 석보상절

16 〈보기〉의 두 사람의 대화 속에 나오는 행정 용어를 순화한 것으로 적절하지 않은 것은?

> **보기**
> • 광효: 시(市)에서 안내한 전언 통신문을 보니 여름 장마철을 대비해 관내 모든 도로의 우수 관로를 일제히 정비할 계획이라고 하는군.
> • 무정: 응, 그리고 출퇴근 첨두시에는 되도록이면 대중교통을 이용하라고 계도하고 있군.
> • 광효: 시에서는 우수 관로 정비에 관한 내용을 해당 각 시공 업체들과 수의 시담 중이라고 하는군.

① 전언 통신문 → 알림글   ② 우수 관로 → 빗물관   ③ 첨두시 → 갈아타기
④ 계도 → 일깨움   ⑤ 수의 시담 → 가격 협의

1회

실전 모의고사

듣기·말하기(1~15)

001 다음 중 언급되지 않은 농기구는?

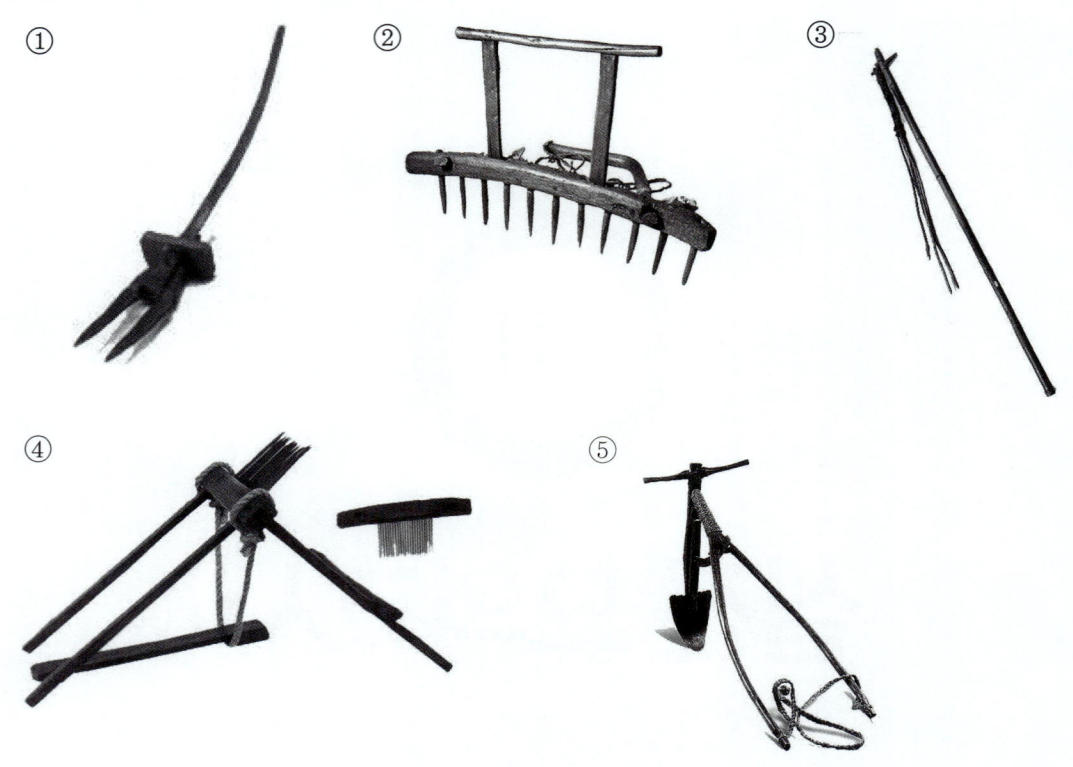

002 두 사람이 공통적으로 전제하고 있는 사실은?

① 예산의 부족으로 모처럼 좋은 교육 제도가 실행되지 못하는 것이 문제이다.
② 제도 자체가 가지는 취지는 훌륭하나 제도 운영상의 문제가 있다.
③ 대학과 고교 교육이 같은 방향으로 나아갈 때 비로소 문제를 해결할 수 있다.
④ 교육 재정의 확보 없이는 어떤 제도도 뿌리 내리기 어렵다.
⑤ 학생 스스로가 참여하지 않는 교육은 그 성과를 기대하기 어렵다.

003 다음 이어질 전문가의 의견으로 적절하지 않은 것은?

① 학업 성취도 향상보다 인성 교육을 강화할 필요가 있습니다.
② 창의적이고 다양한 교육을 통해 학생들 개개인의 잠재 능력을 개발해 주어야 합니다.
③ TV 등 대중 매체가 청소년 폭력을 조장하는 일을 감시하고 막아야 합니다.
④ 학생들이 학업 스트레스를 받지 않도록 다양한 교육 활동을 제공해야 합니다.
⑤ 교사는 교육의 주체이므로 자신의 능력을 발휘하여 학교 폭력 예방에 힘써야 합니다.

004 내용을 바르게 이해하지 못한 것은?

① 합성어는 아주 생산적인 조어법으로 대부분의 한자어들이 여기에 해당되겠구나.

② 통사적 합성법의 경우 대부분 단어의 조합이 수식어와 피수식어의 형태로 이루어졌겠군.

③ 융합 합성어의 경우는 기존 단어의 의미를 이해한다고 해서 새로이 형성된 단어의 의미를 이해할 수 있는 것이 아니겠구나.

④ 합성어와 파생어를 구별하는 가장 큰 차이는 분리시켰을 때 독립적 의미 기능을 가지느냐 아니냐의 차이구나.

⑤ 통사적 합성어의 경우는 우리말의 어순과 일치하는 경우로 뛰넘다, 오가다 등이 이에 해당하겠구나.

005 이어질 대화의 내용으로 적절한 것은?

① 비현실적인 행정 규제를 하루 빨리 풀어야 해요.

② 부패 방지에 관한 법률을 제정하고 또한 이를 강력하게 시행해야 해요.

③ 정치권의 반부패 의지와 자정 노력이 가장 필요해요.

④ 시민 사회와 국민 모두 부패 추방을 위한 강한 의지가 필요해요.

⑤ 부패에 연루된 사람들을 언론에 공개해야 해요.

006 이어질 대화의 내용으로 적절한 것은?

① 젊은이들이 변화를 두려워해서는 안 됩니다.

② 느리게 걸었던 어제와는 달리 오늘은 발 빠르게 뛰어야 합니다.

③ 정보, 사고, 판단력의 결핍을 버려야 합니다.

④ 젊은이들이 이기심을 버리고 이타심을 찾아야 합니다.

⑤ 젊은이들이 검색이 아닌 사색을 해야 합니다.

007 전문가의 말하기 방식으로 가장 알맞은 것은?

① 현상을 분석한 뒤 내용을 요약하여 말하고 있다.

② 과거의 사회적 현상과 비교하여 말하고 있다.

③ 단정적인 어투로 상대방에게 사고의 변화를 유도하고 있다.

④ 사회적 현상이 지니고 있는 양면성을 고찰하고 있다.

⑤ 잘못된 세태를 비판적 안목으로 성찰하고 있다.

008 강연자가 사용한 말하기 전략으로 가장 적절한 것은?

① 생소한 자연 현상을 비유를 들어 상세히 설명하고 있다.

② 전문적인 식견을 바탕으로 자신의 관점을 드러내고 있다.

③ 청중들의 수준을 고려하여 구체적인 자료를 제시하여 설명하고 있다.

④ 자문자답의 형식을 취하여 청중들의 주의를 환기시키고 있다.

⑤ 자연 현상을 공시적 관점에서 고찰하고 있다.

009 다음 중 '오로라'에 대한 설명으로 틀린 것은?

① 일종의 대규모 에너지 방전 현상이다.

② 북극권에만 집중되는 현상이다.

③ 우리나라에서도 오로라가 나타날 수 있다.

④ 오로라는 밤낮없이 발생한다.

⑤ 오로라의 위아래 밝기의 차이는 거의 없다.

010 내용을 잘못 이해한 것은?

① 우리가 추상화를 어렵게만 인식하는 것은 작품 감상법을 제대로 모르기 때문이다.

② 미술 작품을 색과 형태로만 표현하려는 것은 작가의 지나친 아집이다.

③ 미술 감상자들은 표현 그 자체보다는 무엇을 표현하였는지에 더 몰입하는 경향이 있다.

④ 추상화를 감상하는 올바른 태도는 바로 우리들의 일상생활에서 쉽게 이해할 수 있다.

⑤ 추상화에서 가장 중요한 것은 감상자의 심미적 요소이다.

011 대담에 대한 반응으로 가장 적절한 것은?

① 추상화는 소재의 선택에 연연해하는 미술의 장르가 아니구나.

② 우리의 감각이 사물을 올바르게 인식하는 데 오히려 걸림돌이 될 수도 있구나.

③ 추상화를 바르게 이해하기 위해서는 눈으로 보지 말고 마음으로 읽어야겠구나.

④ 구상화와 추상화를 나누는 기준은 표현이 아니라 오히려 소재의 선택에 있구나.

⑤ 우리의 현실에서는 추상화보다는 구상화가 더 강렬한 감흥을 불러오는구나.

012 이 대화의 중심 내용으로 적절한 것은?

① 한중 FTA를 임하는 우리의 자세

② 한중 FTA를 통해 바라본 중국의 시장성

③ 한중 FTA에 가져올 장밋빛 미래

④ 한중 FTA의 빛과 그림자

⑤ 한중 FTA에 나타난 문제점

013 선생님의 설명을 듣고 보일 수 있는 반응으로 적절하지 않은 것은?

① 무서운 중국의 힘을 안다면 우리 기업들은 분발해야 해.

② 차 떼고 포 떼고 나면 둘 장기가 없겠네.

③ 전화위복이라 우리에게는 좋은 기회일 수도 있겠군.

④ 서로 알맹이는 빼고 나머지만 주고받은 느낌이군.

⑤ 중국을 너무 강한 존재로만 보고 미리 위축되면 안 돼.

014 다음 중 대담의 내용을 바탕으로 두 사람의 공통된 견해에 대하여 바르게 이해한 사람은?

① 은섭: 안락사 문제는 환자 자신의 선택의 문제이므로 누구도 대신할 수 없다.

② 우섭: 환자에게 인위적으로 가해질 생명의 존엄성 훼손에 대하여 심히 우려하고 있다.

③ 승석: 현대 의학으로 치료가 불가능한 경우 생명 존엄성의 문제로만 사안을 판단하는 것에는 무리가 있다.

④ 정민: 안락사 문제를 법적으로 인정한 나라에서도 인권 문제 앞에서는 자유롭지 못하다.

⑤ 주현: 안락사 문제에 대하여 대부분의 사람들은 인정하고 있고 이를 시행하여야 한다고 여긴다.

015 남자의 주장에 대한 반론으로 적절하지 않은 것은?

① 환자의 생명 결정권을 보호자도 아닌 의사가 판단함이 옳은 것입니까?

② 아무리 사전에 동의했다고 하나 죽음의 순간 환자 본인의 의사를 어떻게 알 수 있습니까?

③ 만약 환자의 주변인들이 안락사 제도를 적극적으로 악용한다면 그 대안은 무엇입니까?

④ 현재는 치료가 불가능하여 안락사를 시행하였으나 얼마 후 치료제가 개발되었다면 그 책임은 누가 져야 합니까?

⑤ 치료를 중단하거나 소극적 치료로 전환하는 문제는 결국 환자보다는 보호자의 몫이 아닐까요?

어휘 · 어법(16~45)

016 밑줄 친 말의 뜻풀이로 옳지 않은 것은?

① 그는 단골손님들에게는 늘 <u>머드러기</u>만 골라 담아 주었다. → 과일이나 생선 따위의 많은 것 중에 다른 것에 비해 굵거나 큰 것

② 그는 평소에는 얌전하나 자신의 일에는 언제나 <u>부라퀴</u>가 된다. → 자기에게 이로운 일이면 기를 쓰고 덤비는 사람

③ 보영은 그림에는 아주 <u>손방</u>이라 보이는 것은 무엇이든 그릴 줄 안다. → 특정 분야에 재주나 끼가 넘침

④ 식사 후 <u>입씻이</u>로는 배가 가장 제격이다. → 무엇을 먹음으로써 입안을 개운하게 하는 음식

⑤ 담임 선생님께서는 철수가 다시는 그런 행동을 못하도록 심하게 <u>잡도리</u>하였다. → 잘못을 엄하게 다룸

017 밑줄 친 말의 뜻풀이로 옳지 않은 것은?

① 경수는 호기심이 많아 툭하면 <u>새잡고</u> 있다. → 다른 사람의 비밀을 몰래 엿듣다.

② 보영은 <u>귀잠</u>이 들어서 나무칼로 귀를 베어 가도 모를 정도다. → 아주 깊이 든 잠

③ <u>늘품</u>도 없는 깜냥으로 꿈만은 야무지게 크다. → 앞으로 좋게 발전할 가능성이 있는 품성이나 품질

④ 형은 언제나 싫든 좋든 <u>팔밀이</u>하는 버릇이 있다. → 자기의 일을 남에게 미루다.

⑤ 마당 한 귀퉁이에 채송화가 <u>함초롬히</u> 피어있다. → 생기를 잃고 축 늘어져 있는 모양

018 밑줄 친 한자어의 쓰임이 적절하지 않은 것은?

① 여름 한때 망중한(忙中閑)을 즐길 장소로는 산속 계곡이 최고다. → 바쁜 가운데 한가한 때라는 뜻으로 여유로운 휴식을 뜻한다.

② 이제 나이도 나이니 만큼 살아온 날들을 반추(反芻)할 때가 되었다. → 삼킨 음식을 게워 내어 다시 씹는다는 뜻으로 지난 일들을 되풀이하여 기억한다는 뜻이다.

③ 무정의 평소 좌우명(座右銘)은 유유자적이다. → 늘 자리 가까이 두고 반성의 재료로 삼는다는 뜻으로 삶의 지침이 되는 문구를 이른다.

④ 무정은 도시의 삶을 청산하고 고향으로 내려가 도원경(桃源境)에서 살고 있다. → 무릉도원과 같은 경치란 뜻으로 별천지 혹은 이상향을 이른다.

⑤ 남녀 간 혼례의 남상(濫觴)이 어디에서 기인되었는지 알 수는 없다. → 외모가 출중한 사람이란 뜻으로 으뜸이 되는 전통을 이른다.

019 단위어의 쓰임이 적절하지 않은 것은?

① 재래시장에서 김 한 톳을 사 왔다. → 톳은 김 100장을 이르는 말이다.

② 트럭에 과일을 한 바리 실었다. → 바리는 마소에 잔뜩 실은 짐을 세는 단위이다.

③ 싱싱한 청어 한 두름을 사 왔다. → 두름은 비웃 같은 생선을 세는 단위로, 생선 스무 마리를 이른다.

④ 장작 두 강다리를 패고 나니 이제 월동 준비는 다 된 듯하다. → 강다리는 장작 1,000개비를 이른다.

⑤ 기와 한 우리로는 집 지붕 전부를 수리할 수 없다. → 우리는 기와를 세는 단위로 2,000장을 이른다.

020 밑줄 친 단어의 쓰임이 적절하지 않은 것은?

① 그 선수는 발군(拔群)의 실력으로 경쟁 선수들을 물리쳤다.

② 형사가 아무리 추궁해도 범인은 한마디 발명(發明)조차 하지 않았다.

③ 한창 때 인기가 고공 행진하던 그가 이제는 추선(秋扇)이 되었다.

④ 어떤 문서든지 함부로 날조(捏造)하면 법에 저촉을 받는다.

⑤ 우리 모두 조금씩 갹출(醵出)하여 어려운 이웃을 돕도록 하자.

021 밑줄 친 말의 뜻풀이로 적절하지 않은 것은?

① 별안간(瞥眼間) 그가 운명했다는 소식을 듣고 눈물이 쏟아졌다. → 별(瞥)은 '잠깐 보다'의 뜻으로 별안간은 '눈 깜박할 사이에, 갑자기'라는 뜻이다.

② 그가 엉뚱한 행동을 하는 것이 창피(猖披)하다 → 창(猖)은 '미쳐 날뛴다'의 뜻이고 피(披)는 '헤치다', '입다'의 뜻이다. 창피는 '옷을 입고 띠를 매지 않았다'는 뜻으로 '부끄럽다'는 의미이다.

③ 그는 나이 40에 겨우 총각(總角) 신세를 면하였다. → 머리를 두 갈래로 뿔처럼 동여맨 사내란 뜻으로 상투를 틀지 않은 미혼의 청년을 이른다.

④ 흔히 술자리가 어지럽게 되었을 때 배반(杯盤)이 낭자(狼藉)하다고 한다. → 이리가 자고 난 뒤 자리처럼 매우 너저분하게 흩어져 널려 있는 상태를 이른다.

⑤ 그는 온갖 엽기적(獵奇的)인 행동을 서슴지 않고 하고 있다. → 반인륜적이고 비도덕적인 언행이나 사고를 이른다.

022 〈보기〉의 십자말 맞추기에서 ㉠, ㉡, ㉢에 차례대로 해당하는 낱말로 알맞은 것은?

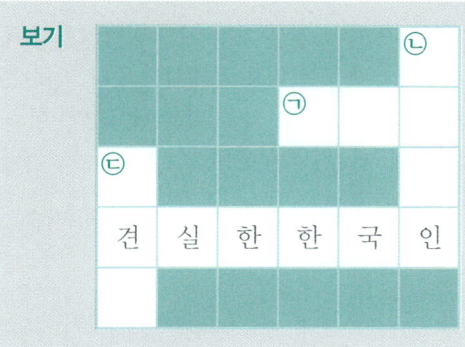

㉠ 남의 일에 대하여 지나친 염려
㉡ 서로의 마음에서 마음으로 뜻이 통함
㉢ 친권자가 없는 미성년자를 보호하는 법률 대리인

견 실 한 한 국 인

① 자괴심 – 방약무인 – 대리인   ② 의구심 – 안하무인 – 상속인
③ 노파심 – 심심상인 – 후견인   ④ 자굴심 – 방약무인 – 후견인
⑤ 의협심 – 심심상인 – 대리인

023 괄호 안에 공통으로 들어갈 말로 적절한 것은?

보기
가. (   )이 좋아져서 이제 궁벽한 시골에도 도로가 뚫려 있다.
나. 졸업하고 변변한 직장도 없이 집에서 (   )만 낚고 있다.
다. 아무리 젊게 보이려 해도 (   )은 어쩔 수 없는 것 같다.

① 시간   ② 운명   ③ 세월   ④ 문명   ⑤ 연륜

024 〈보기〉의 밑줄 친 말과 그 의미가 같은 것은?

보기   고통 균등의 법칙을 아는가? 인생에서 누구에게나 불행과 절망이라는 불청객이 다녀가기 마련이다. 젊은 한때 취업에 실패하여 좌절하거나, 사회적으로 한창 활동이 왕성한 시기에 하는 일이 실패로 돌아갔다고 쉽게 절망하기에는 젊음이 아깝지 않겠는가? 절망은 아직 <u>이르다</u>. 누구나 세상을 살다보면 실패를 할 수도, 그 후유증으로 잠시 좌절할 수도 있다. 필자 역시 그런 시간들이 몇 차례 다녀갔다. 그렇다. 언제까지나 그 소나기 같은 절망의 시간 앞에 길 잃은 어린아이처럼 울고만 있을 수는 없다. 소나기는 더운 여름 열기를 식히기 위해 잠시 지나가는 비일 뿐이다. 소나기로 젖은 옷쯤이야 해가 비치면 곧 마르지 않겠는가?

① 실향민들은 서로의 소식도 모른 채 오늘에 <u>이르렀다</u>.
② 철수가 방과 후 청소를 하지 않고 도망간 것을 선생님께 <u>일렀다</u>.
③ 아직 이 원고를 세상에 내어놓기에는 <u>이르다</u>.
④ 우리가 갑자기 직면한 문제에 당혹감을 느낄 때 이를 어처구니가 없다고 <u>이른다</u>.
⑤ 시험 전에는 무엇보다 복습이 중요하다고 <u>일렀건만</u> 아무 소용이 없다.

025 〈보기〉의 단어들을 모두 목적어로 취할 수 있는 서술어로 적절한 것은?

보기   부끄러움, 손, 어둠, 유행, 비파

① 느끼다   ② 타다   ③ 끊다   ④ 오다   ⑤ 돋우다

026 문맥을 고려하여 밑줄 친 단어와 바꾸어 쓰기에 가장 적절한 것은?

> 인간이 자신의 생존을 위하여 자원과 재화(財貨)를 얻고자 하는 것은 가장 기본적인 일차적 욕구에 해당
> 한다. 하지만 인간의 기술과 문화가 발달함에 따라 인간의 욕구는 더욱 확대되어 왔다. 인간은 기본적인
> 생존의 문제를 해결하고 난 다음에는 쾌락과 편리를 더해 줌으로써 삶을 더욱 풍요롭게 하려는 욕구를
> 지니게 된다. 이것을 일차적인 욕구와 구별하여 이차적인 욕구라고 부른다.

① 돈　　　　　② 원료　　　　　③ 노동　　　　　④ 공산품　　　　　⑤ 기술

027 괄호 안에 차례대로 들어갈 말로 적절한 것은?

> 가. 발주받은 (　　　)를 쓰는 과정은 피를 말리는 고통의 연속이다.
> 나. 단 한 번의 붓끝으로 글을 쓸 수 있다면 그는 재능이 뛰어난 불세출(不世出)의 작가이고 대부분은
> 　　　(　　　)의 과정을 거친다.
> 다. 글이란 몇 차례의 밀고 당기고 버리고 취하고를 거듭하여 마침내 (　　　)가 되는 것이다.

① 탈고 – 원고 – 퇴고　　　② 원고 – 퇴고 – 탈고　　　③ 탈고 – 퇴고 – 원고
④ 퇴고 – 탈고 – 원고　　　⑤ 원고 – 탈고 – 퇴고

028 〈보기〉의 밑줄 친 단어의 한자 표기로 적절한 것은?

> **보기**　가. 글을 쓰는 작가는 가상의 공간과 허구의 인물을 그 주된 대상으로 한다.
> 　　　　나. 할아버지께서 어린 손녀의 선행을 가상히 여기셨다.

① 假想–嘉祥　　　　② 假想–嘉尙　　　　③ 嘉尙–假相
④ 嘉尙–假想　　　　⑤ 嘉祥–假相

029 유사한 의미를 지닌 말을 짝지은 것으로 적절하지 않은 것은?

① 당랑거철(螳螂拒轍) – 하룻강아지 범 무서운 줄 모른다.
② 거익태산(去益泰山) – 엎친 데 덮친 격
③ 동족방뇨(凍足放尿) – 아랫돌 빼서 윗돌 괴기
④ 청출어람(靑出於藍) – 나중 난 뿔이 우뚝하다.
⑤ 교각살우(矯角殺牛) – 맥도 모르고 침통 흔든다.

030 밑줄 친 말을 순화한 것으로 적절하지 않은 것은?

① 이 요리는 레시피(→ 조리법)가 복잡하여 아무나 만들 수가 없다.
② 요즘 고급 승용차는 대부분 파노라마 선루프(→ 전면 지붕창)를 기본으로 장착하여 출시된다.
③ 요즘 기업 입사 시험은 스펙업(→ 깜냥쌓기)을 따지기보다는 개개인의 창의력을 중시한다.
④ 남북한이 일방적으로 자기주장만 한다면 결국 치킨게임(→ 단판 승부)이 될 수밖에 없다.
⑤ 자동차 회사들이 벌이는 자발적 리콜(→ 결함 보상)은 결과적으로는 자사의 신뢰도를 높이는 길이다.

031 밑줄 친 단어의 표기가 옳지 않은 것은?

① 보충 수업 시험지는 이따가 줄게.

② 그는 방송 퀴즈 프로그램에서 출제되는 우리말 관련 문제는 대부분 맞추는 실력파이다.

③ 더욱이 오뚝이를 오뚜기라고 표기해서는 안 된다.

④ 당신 없이 보낸 요 며칠 비가 내리고 있습니다.

⑤ 우리 민족의 오랜 바람은 남북의 통일이다.

032 밑줄 친 단어의 표기가 옳지 않은 것은?

① 보영은 술의 힘을 빌려 그녀에게 사랑을 고백했다.

② 주말에 등산을 가려고 배낭을 구입했다.

③ 출근길에 얌체같이 끼어들기를 하는 차를 보면 화가 난다.

④ 이번 시낭송회에는 국내의 내노라는 문인들이 다 모였다.

⑤ 이 그래프를 백분율로 나타내면 어떻게 됩니까?

033 다음 글에서 단어의 표기가 옳지 않은 곳은 몇 군데인가?

> 우리 가족은 청평에서 열리는 '얼음꽃 송어 축제'에 참가하기 위해 여행을 떠났다. 경춘선 전철을 타고 청평 축제 현장에 도착해 송어 낚시를 할려고 입장료를 내고 행사장에 드러가니, 넓은 축제장에 수많은 사람들이 빽빽히 들어차서 얼음 구멍 송어 낚시에 열중하고 있었다. 송어보다 사람이 더 많은 것 같았다. 그날 온종일 우리 가족은 단 한 마리의 송어도 만나지 못했다. 화려했던 송어의 꿈은 얼음장 밑에 묻어 둔 체 돌아올 때는 온몸이 대관령 황태처럼 뻣뻣하게 굳어 있었다.

① 1군데 　　　　 ② 2군데 　　　　 ③ 3군데 　　　　 ④ 4군데 　　　　 ⑤ 5군데

034 밑줄 친 말의 띄어쓰기가 옳지 않은 것은?

① 오늘 중으로 이 업무를 다 끝내 주십시오.

② 젖먹이 어린 아기가 입으로 옹알이를 하고 있다.

③ 명절이 되면 웃어른을 찾아뵙고 인사를 드려야 한다.

④ 네가 대학에 입학 한지도 벌써 3년이 넘었구나.

⑤ 내가 할 수 있는 일이라면 너도 할 수 있다.

035 밑줄 친 단어가 표준어가 아닌 것은?

① 우섭은 이번 교내 백일장에서 상을 받은 뒤로 툭하면 으스댄다.

② 이번 일로 여기저기서 모두 쑥덕공론이다.

③ 더운 날씨에 입맛을 잃었을 때 오이소박이가 제격이지.

④ 날씨가 점점 따뜻해져서 진달래꽃에 몽우리가 생기기 시작했다.

⑤ 날씨가 추워서 그런지 물고기들이 콧배기도 안 보인다.

036 밑줄 친 단어가 표준어가 아닌 것은?

① <u>아따</u>, 언제부터 동생을 그렇게 아꼈다고 동생 편만 들어.

② 요즘 애들은 까질 대로 <u>까져서</u> 도대체 마음에 들지 않는다.

③ 손님, 상품을 선택하시는 안목을 보니 아주 <u>고급지십니다</u>.

④ 내 자취방에 친구들이 찾아와서 무려 한나절을 <u>삐대고</u> 난 뒤 떠났다.

⑤ 그는 화를 이기지 못해 계속 욕을 하며 <u>씨부렁거렸다</u>.

037 다음 중 가장 자연스러운 표현은?

① 태영은 바야흐로 노래를 불렀다.

② 내가 너에게 하고 싶은 말은 사람은 언제나 성실해야 한다.

③ 영희가 머리를 짧게 자르니 과연 예쁘지 않다.

④ 정치인은 모름지기 인품이 올곧고 정직해야 한다.

⑤ 우리는 이번 안에 대하여 충분히 검토한다.

038 중의성 없이 의미가 분명한 문장은?

① 저것은 우리 아버지의 그림이고, 이것은 내 동생의 그림이다.

② 그동안 착실하게 실력을 닦은 민철은 이번 경기의 우승 후보인 병태를 이길 수도 있을 것이다.

③ 다른 나라의 침략은 국제적으로 바람직한 호응을 얻어 내기 어렵다.

④ 보영은 오랫동안 눈이 시리도록 푸른 하늘을 바라보았다.

⑤ 나는 신병 훈련소에서 철수와 길동을 배웅하고 돌아왔다.

039 〈보기〉의 밑줄 친 '접미 파생어'의 예로 적절한 것은?

> **보기** 국어에서 파생어는 크게 2가지로 나뉜다. 접사에 의한 것과 내적 변화에 의한 것이 그것이다. 접사에 의한 파생어는 다시 실질적인 접사, 곧 접두사·접미사에 의한 것과 영접사에 의한 것의 2가지로 구분된다. 내적 변화에 의한 파생어는 어간 내부의 음소가 바뀜으로써 만들어진 새로운 단어를 말한다. 실질적인 접사에 의한 파생어는 2가지가 있다. 접두사에 의한 파생어와 접미사에 의한 파생어가 그것이다. 예를 들어 '맨손, 짓밟다, 시퍼렇다' 등은 '맨-, 짓-, 시-'란 접두사가 붙은 접두 파생어들이다. 국어의 접두 파생어들은 파생되기 전의 단어와 그 품사가 같다. 그러나 <u>접미 파생어</u>는 원래 단어에 뜻만을 첨가한 것과 품사까지 바꾼 것의 2가지가 있다.

① 치솟다   ② 풋고추   ③ 베개   ④ 맨발   ⑤ 날음식

040 〈보기〉에 제시된 설명에 따른 표기가 아닌 것은?

> **제30항: 사이시옷은 다음과 같은 경우에 받치어 적는다.**
> 1. 순우리말로 된 합성어로서 앞말이 '이' 모음으로 끝난 경우
>   • 뒷말의 첫소리가 된소리로 나는 경우
>   • 뒷말의 첫소리 'ㄴ, ㅁ' 앞에서 'ㄴ' 소리가 덧나는 경우
>   • 뒷말의 첫소리 모음 앞에서 'ㄴㄴ' 소리가 덧나는 경우
> 2. 순우리말과 한자어로 된 합성어로서 앞말이 모음으로 끝난 경우
>   • 뒷말의 첫소리가 된소리로 나는 경우
>   • 뒷말의 첫소리 'ㄴ, ㅁ' 앞에서 'ㄴ' 소리가 덧나는 경우
>   • 뒷말의 첫소리 모음 앞에서 'ㄴㄴ' 소리가 덧나는 경우
> 3. 두 음절로 된 한자어의 경우는 사이시옷을 표기하지 않는다.
>   • 예외적으로 숫자, 곳간, 툇간, 찻간, 횟수에만 사이시옷을 붙여 표기한다.

① 요즘은 <u>머릿기름</u>을 바르는 사람들이 거의 없다.

② 어느 시인의 시구처럼 <u>샛강</u> 바닥 썩은 물에 달이 뜨는구나.

③ 오늘은 이가 아파서 <u>치과</u>에 들렀다.

④ 그는 <u>뒷일</u>을 생각 않고 무작정 일을 저지르는 나쁜 버릇이 있다.

⑤ <u>머릿카락</u>이 점점 자라 이제 잘라야 할 때가 된 것 같다.

041 밑줄 친 부분의 쓰임이 적절하지 않은 것은?

① 회사에 취직을 <u>하던지</u> 창업을 <u>하던지</u> 네 마음대로 해라.

② 이 일을 마치고 한동안 <u>휴식</u>을 가져야겠다.

③ 떡을 <u>안친</u> 시루에 김이 제대로 돌지 않아 떡이 설익었다.

④ 요사이 체중이 자꾸 불어나서 <u>운동하러</u> 나가야겠다.

⑤ 장마철에는 <u>강수량</u>을 수시로 측정하여 침수 피해에 대비해야 한다.

042 '한글 맞춤법'에 의거한 문장 부호의 사용으로 적절하지 않은 것은?

① 부디 군에 입대하더라도 몸조심하도록!

② 너는 도대체 일본인이냐? 한국인이냐?

③ 카레와 와인, 소고기와 고구마, 조개와 옥수수는 서로 상극인 음식이다.

④ "청소년 여러분! 힘 내세요. '고진감래'라는 말이 있습니다."

⑤ 모티프(Motif, Motive)는 문학 작품 속에서 자주 반복되어 나타나는 동일한 요소를 이른다.

043 다음 중 외래어 표기로 옳은 것은?

① 솔루션   ② 오엠알   ③ 나레이션   ④ 앙콜   ⑤ 맨해튼

044 지명의 로마자 표기로 적절하지 않은 것은?

① 경상남도 진주시 Gyeongsangnam-do Jinju-si

② 송파구 잠실동 Songpa-gu Jamsil-dong

③ 부산광역시 해운대 Busan Hae-undae

④ 학여울 Hagyeoul

⑤ 낙성대 Nakseongdae

045 밑줄 친 단어의 발음이 옳지 않은 것은?

① 고향에 남겨 두고 온 어린 자식이 눈에 밟힌다[발핀다].

② 그는 몸집도 큰 데다가 얼굴 또한 넓둥글다[넙뚱글다].

③ 요사이는 환절기라 날씨의 변화가 심해 겉옷[거돋]을 가지고 다녀야 한다.

④ 닭 앞에[다가페] 함부로 다가서면 닭이 갑자기 덤벼들어 위험할 수 있다.

⑤ 한복을 입을 때는 무엇보다도 옷고름[온꼬름]을 단정히 해야 한다.

쓰기(46~50)

[046~047] '아동 · 청소년의 스트레스 문제와 그 해결 방안'이라는 주제로 보고서를 작성하려고 한다. 제시된 물음에 답하시오.

046 보고서 작성을 위한 계획으로 적절하지 않은 것은?

연구 목적	아동 · 청소년들의 스트레스 해소 방안을 마련
연구 내용	우리나라 아동 · 청소년들의 스트레스 원인을 조사한다. 우리나라 아동 · 청소년들의 스트레스 유형을 분석 조사한다. ·························· (ㄱ) 아동 · 청소년의 스트레스가 학업에 미치는 영향을 조사한다. ·························· (ㄴ) 아동 · 청소년의 스트레스를 해소하기 위해 우리 사회가 해야 할 일을 조사한다. ·········· (ㄷ) 스트레스별 해소 방안을 조사한다. ·························· (ㄹ) 아동 · 청소년들의 스트레스로 인한 의료비 증가율을 조사한다. ·························· (ㅁ)

① ㄱ   ② ㄴ   ③ ㄷ   ④ ㄹ   ⑤ ㅁ

047 제시된 자료의 활용 방안으로 가장 적절하지 않은 것은?

(가) 스트레스 요인

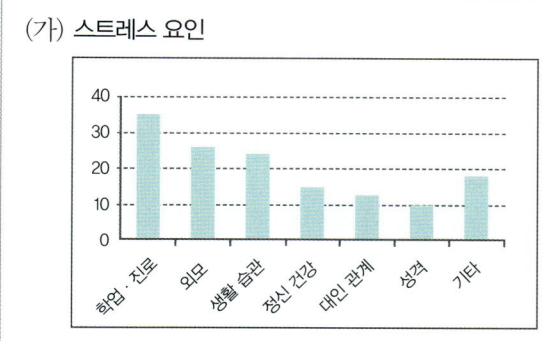

(나)

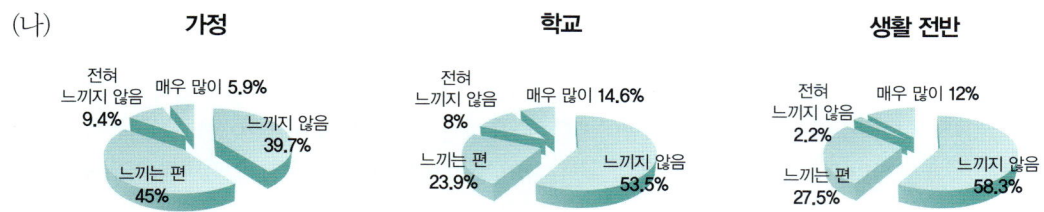

가정
- 전혀 느끼지 않음 9.4%
- 매우 많이 5.9%
- 느끼지 않음 39.7%
- 느끼는 편 45%

학교
- 전혀 느끼지 않음 8%
- 매우 많이 14.6%
- 느끼지 않음 53.5%
- 느끼는 편 23.9%

생활 전반
- 전혀 느끼지 않음 2.2%
- 매우 많이 12%
- 느끼지 않음 58.3%
- 느끼는 편 27.5%

(다) 사람들은 누구나 직접적 혹은 간접적으로 스트레스를 받으며 살아간다. 스트레스란, 일상생활에서 사람들이 느끼는 정신적 압박감을 총칭하는 말이다. 스트레스를 받게 되면 체내에서 스트레스 호르몬(adrenaline과 cortisol)이 증가하면서, 심장 박동이 빨라지고, 근육의 긴장이 증가되어 두통 등 여러 가지 증상이 나타난다. 특히, 미래에 대해 많은 생각을 하고 있는 청소년들에게 스트레스는 큰 문제가 아닐 수 없다.

그렇다면 청소년들은 스트레스를 왜 받는 것일까? 춘천시 청소년 100명을 상대로 조사한 결과, 성적 49%, 외모 23%, 교우 문제 17% 순으로 스트레스를 받는 것으로 나타났다. 이 외에도 가정 문제나 이성 교제도 스트레스의 원인으로 작용하였다.

이러한 청소년들이 스트레스를 해소할 수 있는 여러 가지 방법을 알아보았다. 기본적으로는, 성적 때문에 고민하고 있는 청소년들에게는 올바른 학습 방법을 가르쳐 주고 학습에 적절한 환경에 대한 정보를 제공해 준다. 만약 스트레스 원인 제거가 힘들다면, 일상생활에서 음식으로 해소를 하는 것도 나쁘지 않다. 스트레스 해소를 돕는 음식으로는 호박씨, 박하차, 다크 초콜릿, 바나나 등이 있는데, 그중 다크 초콜릿은 우리나라 학생들이 시험 기간에 즐겨 먹는 음식으로 그 효능이 좋다. 실제로 검증된 바로는, 초콜릿은 안 좋은 기분을 풀어 주는 페닐에틸아민 성분을 증가시킨다고 한다. 이를 통해 우울증과 스트레스를 없애거나 집중력을 높일 수 있다. 또, 개그 프로그램 등을 보면서 배가 아플 정도로 웃는 것도 스트레스 해소의 한 방법이다. 웃음은 심장 박동 수를 높여, 혈액 순환을 돕고, 혈액에 더 많은 산소를 공급한다. 발 마사지도 우리 몸의 혈액 순환을 촉진시키고 노폐물과 독소를 배출시켜 건강 유지에 도움을 준다.

스트레스는 사람이라면 누구나 안고 살아가야 한다. 따라서 저마다 자신에게 맞는 스트레스 해소법을 찾아 해결하는 것이 중요하다. 더 나아가 단순 스트레스가 아닌 자신의 마음을 다스릴 줄 아는 참된 사람이 됨으로써 정신적으로, 영적으로 더욱더 건강한 사회를 만들 것으로 기대한다.

– ○○신문 기사 중에서

(라) 청소년들 사이에서 '기절 놀이'가 다시 유행하고 있다. 다른 아이의 목을 조르거나 가슴을 강하게 압박하여 순간적으로 정신을 잃게 만드는 기절 놀이가 아이들 사이에서 번지고 있는 것이다.

청소년들의 위험한 장난은 이것에서 그치지 않는다. 지난달 한 중학생이 관심을 끌기 위해 아파트 13층에서 벽돌을 던져 지나가던 여중생에게 중상을 입히는 사고가 발생했으며, 재미 삼아 불을 저지른 청소년들이 경찰에 적발되는 등 위험한 장난이 도를 넘어 범죄가 되고 있다. 생명을 위협하는 청소년들의 위험한 장난의 심각성을 알아본다.

한국아동청소년심리상담센터의 이향숙 소장은 "벽돌을 떨어뜨린 사건의 경우 부모에게 관심을 받기 위해서 벽돌을 던졌다. 이는 가족 안에서의 애정 결핍, 학업과 친구들로부터 오는 스트레스 등에서 비롯되었다."라며 "또한 청소년들이 스트레스를 풀만한 적절한 놀이 문화가 없는 것도 문제로 지적할 수 있다."라고 말했다.

이 소장은 방화나 기절 놀이에 대해서는 현실 감각이 떨어져 생긴 문제라고 지적한다. 그는 "방화 사건이나 기절 놀이 등의 경우는 타인이나 생명에 대한 지각 능력이 부족한 것에서 발생한 문제"라며 "여러 가지 현실적인 관계 속에서 생명이나 타인에 대한 감각을 키워야 한다."라고 해석하고 있다.

이어 이 소장은 "각각의 원인이 약간 다르지만 청소년들이 위험한 장난을 하는 근본적인 이유는 비슷하다. 그것은 청소년들의 현실 감각이 떨어져 있다는 점이다. 인터넷과 게임 등 청소년들이 현실 세계가 아닌 판타지 세계에 익숙해져 있으며 그 속에는 현실과 달리 규범이 없고, 죽거나 다쳐도 금세 멀쩡해지는 등 타인의 생명에 대한 지각도 낮다."라고 지적하고 있다.

– ○○신문 기사 중에서

① (가)를 바탕으로 학업·진로와 대인 관계 등이 높게 나온 점을 들어 청소년들은 현실적인 문제를 고민하고 있음을 지적한다.

② (나)를 바탕으로 가정에서의 스트레스 지수가 높은 것을 들어 가정 내에서의 문제 해결이 중요함을 지적한다.

③ (다)를 바탕으로 스트레스 해소에 임하는 본인의 심리와 태도가 무엇보다 중요함을 지적한다.

④ (라)를 바탕으로 아동·청소년들의 스트레스를 방치한 것은 가정과 학교, 우리 사회 모두의 공동 책임이 있음을 지적한다.

⑤ (가), (나)를 바탕으로 이제 우리 사회가 아동·청소년들의 스트레스를 해소하기 위한 방안을 다양하게 강구해 보아야 한다.

048 밑줄 친 ⊙과 바꾸어 쓰기에 가장 적절한 것은?

성적 불평등을 야기하는 주요 기제인 가부장제는 인간의 보편적이고 다양한 기질과 특성을 획일적으로 규정하여 왜곡된 성 역할을 ⊙굳어지게 만든다. 여성에게는 아내와 어머니로서 역할을 규정하고 독립적이고 주체적인 존재로서의 자아 정체감이 없는 의존적인 존재로 여성을 규정짓는 반면, 남성은 일생 동안 가족을 부양해야 한다는 역할 규정을 통해 사회적인 존재 가치를 직업과 수입에 따라 평가받게 했다.

① 고립(孤立)시켰다　　　② 고양(高揚)시켰다　　　③ 말살(抹殺)시켰다

④ 고착(固着)시켰다　　　⑤ 와전(訛傳)시켰다

나는 '차이'가 비롯되는 곳에서 '의미'가 발생한다고 생각한다. 어쩌면 내가 (가)타인들과 모든 면에서 구분된다는 점에서 나 자신뿐만 아니라 타인들의 존재 이유와 가치가 있는 것은 아닐까? 그런데도 우리의 내면은 외모만큼도 다양하지 않은 것 같다. 획일성으로 상징되는 지금의 (   )은 (나)작가들의 책임도 있지만 상업주의의 책임 또한 큰 것 같다. 너무도 많은 작가들이 대중과의 타협이라는 안이한 선택을 하고 있는 것 같다. 하지만 (다)그들에게 보장된 것은 금새 사라져 버리는 각광 후의 영원한 도태일 뿐일 것이다. (라)다수의 사람들의 구미를 당기는 너무도 예쁘기만 한, 그래서 보기 흉한 작품, 또 희망만을 주입하는, 그래서 부담스럽고, 또한 의심스러운 글만 필요한 것은 아니다. 우리 사회의 그림자처럼 이 세계에 엄연히 공존하는, 인류가 존재하는 한 사라지지 않은 악에 대해, 어둠에 대해 말하는 작품, 선의 이름으로 예사롭게 재단될 수 없는, 많은 사람들이 좋아하리라는 기대를 처음부터 저버리고 들어가는 작품들 또한 있어야 하지 않을까? 그러한 작품과 글들이 수용되는, 소수 집단의 문화가 곳곳에서 설 자리를 찾아낼 수 있는 환경이 조성된 사회가 오히려 건강하고 이상적인 사회가 아닐까? (마)대중의 인습적 사고를 파괴하는 작품을 만들어 내는 것은 바람직하다. 더욱 바람직한 것은 작품을 만드는 데 대중을 미리 의식하지 않는 것이다. 대중의 몰이해를, 긍정적인 의미에서 구토를 일으킬 수도 있는 위험까지도 각오하는 그러한 작품들이 필요하다는 생각이 든다. – ○○신문 칼럼 중에서

049 글의 내용으로 미루어 보아 괄호 안에 들어갈 내용으로 가장 적절한 것은?

① 문화적 빈곤 현상
② 사회적 일탈 현상
③ 아노미 현상
④ 모럴 해저드 현상
⑤ 사고의 부재 현상

050 (가)~(마)를 고쳐 쓴 내용으로 적절하지 않은 것은?

① (가)의 경우 '구분'이 아니라 '차이에 따라 나누다'의 의미인 '구별'로 고쳐야 한다고 생각해.
② (나)의 경우 중심 내용을 선행 배치해야 하므로 '상업주의의 책임도 있지만 작가들의 책임도 크다'로 고쳐야 해.
③ (다)의 경우 '금새'는 맞춤법에 어긋나는 표현이야. '금시'로 고쳐야 해.
④ (라)의 경우 수식하는 내용이 잘 드러나도록 '너무나 예뻐서 다수의 구미를 당기는'으로 고쳐야겠어.
⑤ (마)의 경우 새로운 내용이 전개되고 있어 문장을 다음 문단으로 옮겨야 해.

051 다음 그림을 활용해 전달할 수 있는 내용으로 가장 적절한 것은?

등 돌린 자식

① 가정 교육과 학교 교육은 하나로 묶여있다.
② 효는 모든 언행의 근본이다.
③ 시대의 변화에 따라 효의 개념도 바뀌어 가고 있다.
④ 요즘은 부모 세대가 먼저 모범을 보여야 한다.
⑤ 교육의 부재가 행동의 부재를 낳았다.

052 다음 그림을 활용해 전달할 수 있는 내용으로 가장 적절한 것은?

무엇으로 보이십니까?

혹시 알파벳 'E'로 보시지 않으셨습니까?
많은 분들이 우리말의 'ㅌ'보다는 알파벳의 'E'라고 생각하셨을 것입니다.
지금 우리의 아이들은 우리말의 'ㅌ'보다 알파벳의 'E'를 먼저 배우고 있습니다.

① 사물은 보는 관점에 따라 다양하게 해석될 수도 있습니다.
② 현재의 마음이 어떠하냐에 따라 사물이 다르게 보일 수 있습니다.
③ 우리가 표현하는 것과 인식하는 것은 언제나 다릅니다.
④ 말과 글이 없으면 민족도 없고 나라도 없습니다.
⑤ 말보다는 글이, 글보다는 생각이 중요합니다.

053 다음 그림을 활용해 전달할 수 있는 내용으로 가장 적절하지 않은 것은?

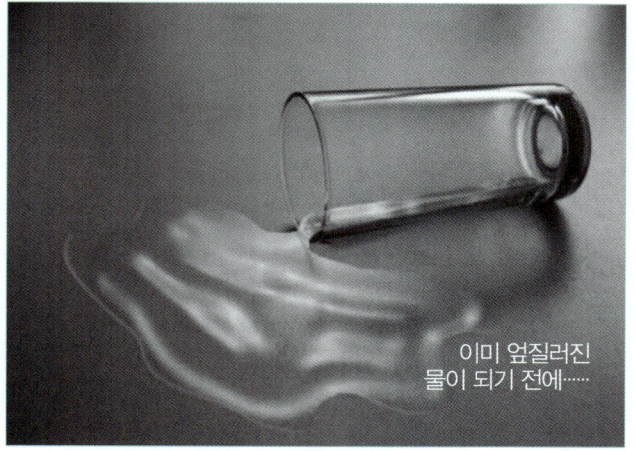

이미 엎질러진
물이 되기 전에⋯⋯

쓰레기는
죽지 않습니다.

① 죽은 자식 나이 세기라더니 후회는 언제나 늦게 온다.

② 한 번 실수는 경험의 스승이지만 두 번은 안 된다.

③ 사후약방문이라고 문제가 발생하고 난 뒤에는 이미 늦다.

④ 유비무환의 정신은 아무리 강조해도 지나치지 않다.

⑤ 망양보뢰라고 양을 잃고 뒤늦게 울타리를 수리하는 것은 어리석은 짓이다.

054 (가)에 들어갈 문구로 적절하지 않은 것은?

쓰는 것이 아니라
지우고 있습니다.

(가)

① 마구 쓴 만큼 지구는 마구 닳아집니다.
② 한번 쓴 자원은 영원히 재생되지 않습니다.
③ 필요한 만큼 쓰고 불필요한 만큼 남겨 놓습니다.
④ 쓰는 것은 가능하지만 채우는 것은 불가능합니다.
⑤ 오늘은 있지만 내일은 더 이상 없습니다.

058 〈보기〉의 그림에 어울리는 문구를 〈조건〉을 충족시켜 만들 때 가장 적절한 것은?

조건
• 현 세태를 풍자하는 내용을 내포할 것
• 설의법을 사용할 것

① 세상이 변해 간다고 노랫말도 세상의 흐름을 닮아 가야 한다는 말인가.
② 새로운 음악 장르에는 언제나 새로운 노랫말로 표현되는가.
③ 가사가 영어라고 과연 누가 새로운 장르라고 말해 줄 것인가.
④ 영어로 말하고 영어로 노래한다고 과연 그것이 세계화란 말인가.
⑤ 노래는 멜로디이지 가사가 무엇이 그리 중요하단 말인가.

056 〈보기〉를 통해 연상할 수 있는 내용으로 가장 적절한 것은?

보기

서로 크기도, 모양도 다르지만
잘~ 돌아갑니다!

① 자기의 역할에 최선을 다하는 삶이 아름답습니다.

② 약자를 위한 배려! 결국 나를 위한 배려입니다.

③ 다름을 인정하는 순간 편견은 사라집니다.

④ 모두가 같음은 통일이지만 서로 다름은 화합입니다.

⑤ 혼자서 만들어 내는 것은 경쟁과 분쟁뿐입니다.

057 '축구 경기'를 바탕으로 '인생'에 관하여 연상한 내용으로 적절하지 않은 것은?

① 자신의 재능과 친소에 따라 그 팀에 가입하거나 소속된다. → 자신의 주어진 환경과 여건에 따라 사회 구성원의 일원이 된다.

② 경기 중 반칙을 하면 벌점을 받거나 퇴장당한다. → 자신의 행동이 사회적 규범에서 벗어나면 법과 제도에 따라 처벌받는다.

③ 경기에 참가하는 정해진 인원, 선수들의 역할, 경기 규칙 등이 있다. → 사회 생활을 영위함에 있어 소속된 집단에 알맞은 역할과 규칙을 부여받는다.

④ 경기의 룰과 운영을 책임지는 심판자가 공정한 룰을 적용하여 승패를 가려 준다. → 우리 모두는 바로 성공과 실패를 결정하는 심판자들이다.

⑤ 일방적인 경기가 아니라 반드시 상대가 있다. → 개인이든 집단이든 경쟁을 해야 하는 상대방이 존재한다.

058 〈보기〉의 조건을 충족시킨 사행시로 적절한 것은?

> **보기** • 운: 최저 임금
> • 주제: 비정규직 노동자의 애환을 담을 것
> • 속담과 사자성어를 활용할 것

① 최: 최고 밑바닥 힘든 노동에 지친 우리들
   저: 저임금 하나 빼면 모두가 높을 고(高)자로 시작하지요. 고물가, 고실업……
   임: 임금 고(高), 통장 잔고 고(高), 희망 고(高)면
   금: 금상첨화겠죠?

② 최: 최저 임금이라도
   저: 저는 상관없어요.
   임: 임시직이라도 취직하고 싶어요.
   금: 금년 내로 취직해야 돼요.

③ 최: 최선을 다하고 있습니다.
   저: 저만 그러는 게 아닙니다.
   임: 임금 받는 노동자 모두 좋은 날 오기를 바라는
   금: 금쪽같은 마음일 겁니다.

④ 최: 최선을 다했습니다. 언제나
   저: 저는 비정규직입니다.
   임: 임금 인상도 비정규입니다.
   금: 금방이라도 해고 통지서 날아올까 봐 바늘방석입니다.

⑤ 최: 최고가 아니라며 우리보고 최선을 다하랍니다.
   저: 저는 운 좋게(?) 자주 채용되는 2년짜리 노동자입니다.
   임: 임시방편이라 임시직이지요.
   금: 금년에는 다시 신입 사원이 될지 그건 아무도 모릅니다.

059 제시된 글을 바탕으로 '경제학'을 정의한 것으로 가장 적절한 것은?

> 밥을 만드는 행위를 경제학에서는 '생산'이라고 합니다. 이 생산이 가능하기 위해서는 토지나 천연자원과 같은 '노동 대상'이 있어야 하고, 또한 이 대상을 가공할 수 있는 시설이나 기계와 같은 '노동 도구'가 필요합니다. 그러나 무엇보다도 중요한 요소는 생산 과정에서 이들을 조직하고 통제해 나가는 '노동력'의 역할입니다. 이렇게 생산의 최초 원인이 노동이라고 할 때 경제학은 "태초에 노동이 있었으니……" 라는 데에서 시작할 수밖에 없습니다. 언뜻 생각하면 토지와 같은 노동 대상은 자연에 의해 이미 '주어진 것'으로 인간의 노동과는 무관하게 보일지도 모릅니다. 그러나 모든 자연에는 인간의 노동이 부가되어야만 경제적으로 의미를 가집니다. 냉장고의 얼음 한 조각에는 신경을 쓰면서도 남극의 얼음 덩어리에 우리가 무관심한 — 적어도 경제적으로는 — 이유 역시 거기에는 인간의 노동이 포함되어 있지 않기 때문입니다. 또한 우리가 일상적으로 자본이라고 부르는 생산 설비와 같은 노동 도구도 곰곰이 생각해 보면 과거에 이루어진 노동의 집적이며 그 결과임을 알 수 있습니다. 다시 강조합니다만 노동력은 토지나 자본에 선행하는, 그들보다 더 본질적인 생산 요소입니다.

① 경제학은 생산과 분배에 있어 노동력의 가치를 연구하는 학문이다.
② 경제학은 생산과 노동력의 관계 법칙을 연구하는 학문이다.
③ 경제학은 재화의 그 가치와 미래의 효용성을 연구하는 학문이다.
④ 경제학은 최소의 비용으로 재화 생산성의 극대화를 연구하는 학문이다.
⑤ 경제학은 노동 대상과 그 효용성을 연구하는 학문이다.

060 그림을 활용하여 '아름다운 우리의 미래'를 주제로 시를 창작하고자 한다. 그 내용으로 가장 적절한 것은?

① 쉽게 좌절하고
　쉽사리 무너지기에는
　내 젊음이 너무 가여워
　다시 일어나 내일을 맞으리

③ 벼랑 끝에서 무너져 본 적이 있는가
　좌절해 본 적이 있는가
　비록 삶의 무게가 무거워도
　다시 일어나 뛰어야 하리

⑤ 땅 끝에 서 본 적 있는가
　폭풍우 앞에 무너져 내린 적 있는가
　삶에는 정답이 없고
　내 인생에는 좌절이 없다

② 삶의 처절한 절망 끝에서
　아픔으로 무너져 내린 적 있지만
　굴하지 않는 용기와 지혜 모아
　내일은 환한 무지개로 피어나리

④ 언제 아름다운 날이 있었던가
　언제나 절망과 동행했네
　때로는 고통에 몸부림쳤지만
　다시 일어나 도전하리

[061~062] 다음 글을 읽고 물음에 답하시오.

"그런데요, 저……." 하고 덕순이는 열적은 낮을 무얼로 가릴지 몰라 주뼛주뼛, "월급 같은 건 안 주나요?" "무슨 월급이오?" "왜, 여기서 병을 고치면 월급을 주는 수도 있다지요?" "제 병 고쳐 주는데 무슨 월급을 준단 말이오?" 하고 맨망스레 톡 쏘는 바람에 덕순이는 고만 얼굴이 벌개지고 말았다. 팔자를 고치려던 ㉠그 계획이 완전히 어그러졌음을 알자, 그의 주린 창자는 척 꺾이며 두꺼운 손으로 이마의 진땀이나 훑어 보는 밖에 별 도리가 없는 것이다. 허나 아내의 생명은 어차피 건져야 하겠기로 공손히 허리를 굽신하여, "그럼 낼 데리고 올게 어떻게 해 주십시오." 하고 되도록 빌붙어 보았던 것이, 그때까지 끔찍끔찍한 소리에 얼이 빠져서 멀뚱히 누웠던 아내가 별안간 기겁을 하여 일어나 살똥맞은 목성으로, "나는 죽으면 죽었지 배는 안 째요." 하고 얼굴이 노랗게 되는 데는 더 할 말이 없었다. 죽더라도 제 원대로나 죽게 하는 것이 혹은 남편 된 사람의 도릴지도 모른다. 아내의 꼴에 하도 어이가 없어, "죽는 거 보담야 수술을 하는 게 좀 낫겠지요!" 비소를 금치 못하고 섰는 간호부와 의사가 눈에 보이지 않도록 덕순이는 시선을 외면하여 뚱싯뚱싯 아내를 업고 나왔다. 지게 위에 올려놓은 다음 엎디어 다시 지고 일어나려니 이게 웬일일까, 아까 오던 때와는 갑절이나 무거웠다. 덕순이는 얼마 전에 희망이 가득 차 올라가던 길을 힘 풀린 걸음으로 터덜터덜 내려오고 있었다. 보지는 않아도 지게 위에서 소리를 죽여 훌쩍훌쩍 울고 있는 아내가 눈앞에 환한 것이다. 학식이 많은 의사는 일자무식인 덕순이 내외보다는 더 많이 알 것이다. 생명이 한 이레를 못 가리라면 그 말을 어찌 볼 도리가 없다. ─중략─ 덕순이는 이것이 마지막이라는 생각으로 나머지 돈으로 왜떡 세 개를 사다 주고는 그대로 눈물도 씻을 줄 모르고 그걸 오직오직 깨물고 있는 아내를 이윽히 바라보고 있었다. 그러나 아내가 무슨 생각을 하였는지 왜떡을 입에 문 채 훌쩍훌쩍 울며, "저, 사촌 형님께 쌀 두 되 꿔다 먹은 거 부디 잊지 말구 갚우." 하고 부탁할 제 이것이 필연 아내의 유언이라 깨닫고는, "그래, 그건 염려 말아!" "그리구 임자 옷은 영근 어머니더러 사정 얘길 하구 좀 빨아 달래우." 하고 이야기를 곧잘 하다가 다시 입을 일그리고 훌쩍훌쩍 우는 것이다. 덕순이는 그 유언이 너무 처량하여 눈에 눈물이 핑 돌아 가지고는 지게를 도로 지고 일어선다. 얼른 갖다 누이고 죽이라도 한 그릇 더 얻어 먹이는 것이 남편의 도릴 게다. 때는 중복허리의 쇠뿔도 녹이려는 뜨거운 ㉡땡볕이었다.
                                                      ─ 김유정, '땡볕' 중에서

061 윗글에서 '덕순'이 생각하고 있는 ㉠그 계획과 관계 깊은 사자성어는?

① 일거양득(一擧兩得)   ② 과유불급(過猶不及)   ③ 각주구검(刻舟求劍)
④ 지록위마(指鹿爲馬)   ⑤ 토사구팽(兎死狗烹)

062 윗글에서 밑줄 친 ㉡땡볕의 의미로 가장 적절한 것은?

① 일제 치하의 비참한 현실을 상징하고 있다.
② 덕순이 내외가 처한 고통스런 현실을 단적으로 보여 주는 소재이다.
③ 아내의 병이 점점 깊어가고 있음을 암시하고 있다.
④ 소설의 비극적 결말을 암시하고 있다.
⑤ 등장인물들의 암울한 심리를 대변하고 있다.

063 다음 시는 기형도 시인 자신의 유년의 기억을 노래한 자전적 시이다. 이 시를 바탕으로 작가와의 인터뷰 내용을 구성한 것으로 적절하지 않은 것은?

열무 삼십 단을 이고
시장에 간 우리 엄마
안 오시네, 해는 시든 지 오래
나는 찬밥처럼 방에 담겨
아무리 천천히 숙제를 해도
엄마 안 오시네, 배추잎 같은 발소리 타박타박
안 들리네, 어둡고 무서워
금간 창틈으로 고요히 빗소리
빈방에 혼자 엎드려 훌쩍거리던
아주 먼 옛날
지금도 내 눈시울을 뜨겁게 하는
그 시절, 내 유년의 윗목

– 기형도, '엄마 걱정'

사회자: 작가님께서는 어린 시절을 참 가난하게 보내신 것 같습니다.
작가: 네. 그 당시는 누구나 삶이 팍팍하고 힘겨웠지요. 저도 어머니가 가족의 생계를 이어 갈 정도로 가난한 가정에서 성장했습니다. ·· (가)
사회자: 어린 시절 작가님의 생활도 힘들고 어려웠겠지만 무엇보다도 어머님께서 어린 아들을 가난 속에서 키워 내셨을 것을 생각하니, 어머님의 삶이 힘겨웠을 것으로 짐작이 됩니다. ················ (나)
작가: 네, 어머니께서는 저를 키우기 위해 재래시장에서 채소를 팔아 생계를 이어 가셨습니다. ·········· (다)
사회자: 네, 이제 시의 내적 요소에 대하여 여쭈어 볼까 합니다. 선생님께서는 이 시에서 주로 행간 걸침을 사용하셨는데 그 이유가 무엇인지요?
작가: 아시다시피 시의 기법과 장치 중 한 요소라고 이해하시면 될 것입니다. 운율을 지니기 힘든 현대시에서 주로 사용하고 시어의 의미 강조를 위한 요소라고 보시면 되겠습니다. ····················· (라)
사회자: 그럼 이 시의 주제와 시대 상황과는 어떤 관련성을 있다고 이해해야 할까요?
작가: 잘 아시겠지만 당시는 암울했던 독재 정권의 막바지였고 따라서 저 역시 동시대의 지식인으로서 미약하나마 시대의 아픔을 작품에 담아내고 싶었습니다. ····························· (마)

① 가   ② 나   ③ 다   ④ 라   ⑤ 마

[064~065] 다음 글을 읽고 물음에 답하시오.

S# 95. 염전 길

(동호, 버스를 기다리며 서 있다.)

천가: (소리) 저 사람이 자네가 늘 기다리던 동생인가?

송화: (소리) 예. (가)제 소리가 저 사람의 북 장단을 만났을 때 대번에 동생인지 알아챘지요. 옛날 제 아비 솜씨 그 대로였어요.

S# 96. 염전 주막 안

천가: 어쩐지 심상치 않더라니. 헌디 그렇게도 기다리던 사람끼리 왜 서로 모른 척하고 헤어졌단 말인가?

송화: (나)한(恨)을 다치고 싶지 않아서였지요.

천가: 무슨 한이 그렇게도 깊게 맺혔간디 풀지도 못하고 허망하게 헤어졌단 말이여?

송화: 우리는 간밤에 한을 풀어냈어요.

천가: 어떻게?

송화: (다)제 소리허고 동생의 북으로요.

천가: 어쩐지 임자 소리가 예전하고 썩 다르다 했더니만은……. (버스 소리 들려온다.)

S# 97. 염전 길

(동호, 버스가 서자 차에 올라탄다. 차 떠난다.)

천가: (소리) 나도 밤새워 들었는디 자네 소리하고 저 사람 북 장단이 어우러졌을 때 서로 몸을 대지 않고도 상대편 을 희롱하고 어쩔 때는 서로 몸을 보듬고 운우지정을 나누는 것이 아닐까 하는 생각이 들기도 했네.

S# 98. 염전 주막 안

(버스 떠나는 소리 들린다.)

송화: 제가 여기 온 지 얼마나 되었지요?

천가: 한 삼 년 되었제. (송화 B.S.)

송화: 제 팔자를 생각해 보면 당치도 않게 편한 세월이 너무 길었나 봐요. 이제 그만 몸을 옮겨야 할 때가 된 것 같아요.

천가: 나도 그럴 것이라고 짐작을 했네만…… 다시 홀아비로 돌아가는구만. 정해진 곳은 있는가? (송화, 고개를 젓 는다.)

천가: (소리) 정해지거든 알려주소. 내 짐을 부쳐 줌세.

S# 99. 갈대밭

(여자아이의 손에 이끌려 길을 가는 송화)

(멀어져 가는 송화와 여자아이.)

(타이틀 오른다)

– '서편제' 중에서

---

064 밑줄 친 (가), (나), (다)와 같은 정서가 나타나 있지 않은 것은?

① 나 하늘로 돌아가리라 / 노을빛 함께 단 둘이서 / 기슭에서 놀다가 구름 손짓하면은 / 나 하늘로 돌아가 리라 / 아름다운 이 세상 소풍 끝내는 날 / 가서 아름다웠더라고 말하리라 — 천상병, '귀천'

② 스스로 깊어지는 강을 보며 / 쭈그려 앉아 담배나 피우고 / 나는 돌아갈 뿐이다 / 삽자루에 맡긴 한 생 애가 / 이렇게 저물고, 저물어서 / 샛강바닥 썩은 물에 달이 뜨는구나 / 우리가 저와 같아서 / 흐르는 물에 삽을 씻고 / 먹을 것 없는 사람들의 마을로 / 다시 어두워 돌아가야 한다

— 정희성, '저문 강에 삽을 씻고'

③ 이렇게 숨결이 꼭 맞아서만 이룬 일이란 / 인생에 흔치 않아 어려운 일 시원한 일 / 소리를 떠나서야 북은 오직 가죽일 뿐 / 헛 때리면 만갑(萬甲)이도 숨을 고쳐 쉴밖에 / 장단(長短)을 친다는 말이 모자라오. / 연창(演唱)을 살리는 반주(伴奏)쯤은 지나고 / 북은 오히려 컨덕터요 *— 김영랑, '북'*

④ 비료 값도 안 나오는 농사 따위야 / 아예 여편네에게나 맡겨 두고 / 쇠전을 거쳐 도수장 앞에 와 돌 때 / 우리는 점점 신명이 난다. / 한 다리를 들고 날나리를 불거나 / 고갯짓을 하고 어깨를 흔들거나. *— 신경림, '농무'*

⑤ 저것 봐, 저것 봐 / 네보담도 내보담도 / 그 기쁜 첫사랑 산골 물소리가 사라지고 / 그 다음 사랑 끝에 생긴 울음까지 녹아나고 / 이제는 미칠 일 하나로 바다에 다 와 가는 / 소리 죽은 가을 강을 처음 보것네. *— 박재삼, '울음이 타는 가을 강'*

065 **'S# 99'를 촬영할 때 카메라 기법으로 사용하기 가장 적절한 것은?**

① 등장인물의 생생한 표정만 포착하여 클로즈업(Close-Up)해서 촬영한다.

② 떠나가는 송화와 갈대밭 장면이 오버랩(Over-Lap)되도록 촬영한다.

③ 단순 배경은 생략하고 등장인물은 버스트숏(Bust Shot)으로 촬영한다.

④ 갈대밭 사이를 걸어가는 송화와 아이의 뒷모습을 롱숏(Long Shot)으로 촬영한다.

⑤ 카메라를 갈대밭에 고정한 후 카메라만 상하좌우로 움직이는 기법으로 촬영한다.

[066~067] 다음 글을 읽고 물음에 답하시오.

요즘은 휴대전화를 어떻게 사용하는지가 세대 구분의 기준이라고 한다. 40대 이상은 통화하는 데만 쓰고 30대는 여기다 문자 메시지를 주고받는 정도의 기능을 추가로 사용한다. 또 20대는 휴대전화로 사진을 찍고 동영상을 감상하며 게임을 즐긴다. 10대들은 이 모든 기능을 사용하는 것은 물론이고, 휴대전화를 한시도 떨어질 수 없는 절친한 친구로까지 여긴다. 10대들은 통화를 하고 문자 메시지를 보내고, 음악 파일을 다운받고 사진을 찍으면서 하루 종일 휴대전화를 가지고 논다. 이쯤 되면 10대들에게 휴대전화는 마치 분신(分身)과도 같은 존재라 할 수 있을 것이다.

세계 최고의 정보 통신 강국답게 우리나라의 휴대전화는 통신, 오락, 사진 촬영, 정보 서비스가 모두 가능한 통합 매체로 자리 잡았다. 이러한 기술적 잠재력을 근거로 휴대전화 문화는 새로운 개인을 탄생시켰는데 이들이 바로 엄지족이다. 예전에 엄지족은 엄지손가락으로 쉴 새 없이 휴대전화 번호판을 눌러 문자 메시지를 보내는 사람을 가리키는 말이었다. 하지만 지금은 단순히 '문자 메시지를 빨리 보내는 개인'을 넘어 '휴대전화 문화를 주도하는 집단'으로 평가받고 있다. 그렇다면 엄지족은 어떠한 특징을 지니고 있을까?

우선 엄지족은 자신의 의사를 문자 메시지로 즉각 전송한다는 점에서 정보 게릴라적인 성격을 지닌다. 전화나 인터넷 매체에 비해 정보를 주고받는 속도가 빠르고 불필요한 미사여구 대신 꼭 전달하고 싶은 사실만 축약해서 전달하기 때문이다. 다음으로 엄지족은 간단한 문자나 기호로 의사소통함으로써 신체적 교감이 배제된 쿨(cool)한 인간관계를 유지한다. 엄지족이 문자 메시지를 선호하는 이유는 그것이 빠르고 경제적이기 때문만은 아니다. 문자 메시지를 통한 의사소통은 목소리를 들으며 이야기하는 정서적인 의사소통과 달리, 감정이 자제된 채로 필요한 정보만을 전달하는 몰개성적 성향을 지닌다. 여기에다 문자 메시지는 상대방에게 메시지를 전달하고 그 반응을 기다리는 일종의 '도전과 응전'식의 특성이 있어서 하나의 놀이로 받아들여지기도 한다. 한편 엄지족의 문자 메시지는 신변잡기적인 대화가 주를 이루는 경우가 많다. 그러므로 엄지족은 메시지를 전달한다는 목적보다는 메시지를 전달하는 행위 자체를 더 즐긴다고 할 수 있다. 마지막으로 엄지족은 휴대전화의 모든 기능을 손가락으로 즐기는, 이른바 '원-스톱(one-stop) 소비 스타일'을 지닌다. 대량의 정보를 손가락만을 이용해 간단히 접근하는 행동은, 많은 양의 정보를 간결한 처리 과정으로 해결하는 디지털 소비문화의 전형적인 양식이라고 할 수 있다. 경제적 효율성을 강조하는 멀티미디어 문화의 특징은 신체의 극히 일부분만으로 엄청난 양의 정보를 처리하는 엄지족에게서 분명하게 드러난다.

엄지족은 고도의 디지털 소비문화가 유도하는 대로 정보와 문화 콘텐츠를 즐기는 단순한 '고객'으로 남을 것인가, 아니면 더 다양하고 신속하게 연대하는 '새로운 집단'이 될 것인가. 그것은 아직 알 수 없다. 하지만 엄지족이 엄지손가락을 쉴 새 없이 움직이는 사이 수많은 정보가 소비되고 전달된다는 점만은 분명하다. 이때의 정보는 영화나 음악 같은 값비싼 콘텐츠일 수도 있고 '너'와 '나' 사이의 비밀스러운 이야기일 수도 있으며, 더 나은 사회를 만들기 위해 공유해야 하는 새로운 소식일 수도 있다. 이들의 엄지손가락이 정보나 문화 콘텐츠의 강박증적인 소비를 위해서가 아니라 사회를 위해 움직일 때 그것이 사회의 가장 거대한 힘이 될 것임은 자명한 일이다.

– 이동연, '엄지족의 반란 – 휴대전화 전성시대' 중에서

066 **윗글의 내용과 일치하지 않는 것은?**
① 대부분의 기성세대들은 휴대전화의 다양한 기능을 제대로 사용하지 못하고 있다.
② 엄지족의 특징 중 하나는 매체의 특성을 이용해 필요한 정보를 서로 빠르게 공유한다는 점이다.
③ 엄지족들의 이러한 문화적 의사소통은 하나의 놀이로 변해 가고 있다.
④ 엄지족들은 대부분 쌍방향 시스템 의사소통을 통하여 신변잡기적 내용들을 주고받는다.
⑤ 엄지족들은 고도로 발달된 디지털 문화의 단순한 소비자가 아니라 새로운 문화 컨텐츠를 형성하는 주체로 급부상했다.

067 **윗글의 특징을 설명한 것으로 적절하지 않은 것은?**
① 사회적으로 일어나고 있는 문제나 정보를 전달하고자 했다.
② 사물의 현상을 바탕으로 유추를 통한 깨달음을 유도해 내고 있다.
③ 알기 쉽게 예를 들어 설명하여 독자의 이해를 돕고 있다.
④ 자문자답식 말하기를 통하여 독자의 호기심을 자극하고 있다.
⑤ 사회적 현상을 통시적 관점으로 고찰하여 주제를 부각시키고 있다.

068

글의 특성으로 적절하지 않은 것은?

고구려 시대(高句麗時代)의 고분 벽화(古墳壁畵)에는 중국 회화(中國繪畵)에서 보는 세련(洗練)된 선(線)이 없을는지 모른다. 나뭇잎이라고 하는 것이 사람의 손바닥 같고, 연봉(連峯) 잇닿은 산맥(山脈)이 사람이나 호랑이보다 작게 나온다. 그 선은 굵고, 색(色)은 어둡다. 그뿐 아니라, 이 고구려(高句麗)의 벽화(壁畵)에는 기교(技巧)가 없다. 유치원(幼稚園)이나 초등학교 아동들처럼 화면(畵面)에 그저 자기가 기도(企圖)하는 대상물(對象物)이나 장면(場面)을 재현(再現)하려고 할 뿐, 구도(構圖)나 배색(配色)에 아무런 생각이나 욕심이 없다. 그림을 부탁(付託)한 사람도, 부탁을 받고 그림을 그린 사람도, 그림이 결과한 효과(效果)에 대해서는 별로 관심이 없고, 그림의 내용(內容)이 주문(注文)한 대로 되었는지 안 되었는지가 문제인 것이다. 그것이 미술 작품(美術作品)이라야 한다는 생각도 없고, 미술 작품을 만든다고 자각(自覺)한 것도 아니다. 석공(石工)들이 묘실(墓室)을 쌓아 올리면 화공(畵工)이 들어가서 그림을 그렸을 뿐이다. 이것은 예술가(藝術家)로서의 화가(畵家)가 아니고, 기술 직업인(技術職業人)으로서의 화공, 화장(畵匠)이 그린 그림이다. 옛날, 골목길 구멍가게 간판(看版)에 그려 있던, 담배 피우는 호랑이같이, 이것은 예술가 기질(氣質) 이전의 순진무구(純眞無垢)한 작품이다. 이런 그림에 무슨 기질이 들면, 그 그림은 아예 망그러지고 만다. 고구려 벽화(壁畵)에서도 강서(江西)의 삼묘(三墓)나 퉁코우(通構)의 사신총(使臣塚)처럼 화공의 기술(技術)이 발달된 예에 있어서는, 전대(前代)의 순진(純眞)한 벽화에서 보고 느끼던 고구려의 세계는 많이 변하고 속화(俗化)되어 있다. 이것을 나는 중국의 영향(影響) 때문이라고 본다. 중국인(中國人)이 그린 중국화(中國畵)에서는 중국이 가지는 중국적(中國的)인 격(格)과 정신(精神)이 있으나, 외국에서 그 외형(外形)만을 빌려 가면, 외형과 내형(內形)과의 융화(融化)가 잘되지 않아 이상(異常)한 것으로 되고 만다. 고구려는, 말기(末期)에 새로 밀려 들어오는 중국 회화(中國繪畵)의 영향을 충분히 소화(消化)해서 다시 고구려 자체의 세계로 돌아갈 수 있는 시간적(時間的) 여유(餘裕)를 가지지 못한 채 망하고 말았다.　　　　　　　　　　　　　　　　　 – 김원룡, '한국의 미' 중에서

① 어떤 대상에 대한 정보나 지식, 원리 등을 쉽게 풀이하여 쓴 글이므로 독자는 글을 통한 정보 수집이 용이하다.

② 독자의 이해를 돕기 위함이 그 목적이므로 집필자는 그 분야에 대한 해박한 지식이 요구된다.

③ 되도록 간결하고 쉬운 문장으로 쓰되 예를 들거나 그림, 도표 등을 통하여 뜻이 명확히 전달되도록 써야 한다.

④ 서두에는 글을 쓰게 된 동기나 취지 등을 명확히 밝혀 독자의 관심을 유도한다.

⑤ 객관적 지식을 바탕으로 글을 전개하되 자기 생각을 서술할 때는 타당성 있는 근거를 제시해야 한다.

글의 내용과 일치하지 않는 것은?

현대의 한국인이 가지고 있는 민족적 자신의 상실은 현대의 한국이 처해 있는 역사적 위치에 기인한다고 해야 할 것이다. 한국이 겪은 역사적 고민을 때로는 지리적 조건에서 찾아보려는 지리적 결정론이 믿어지는 경우가 있다. 그러나 나는 역시 지리적 조건보다는 역사적 조건이 더 중요하고 또 결정적인 것이라고 생각한다. 다시 말하면 그것은 역사 악(歷史惡)의 소산이라고 해야 할 것이다. 이 점을 분명히 하는 것은 한국사의 올바른 이해를 위해서뿐만이 아니라, 한국인의 민족적 책임을 명백히 한다는 점에 있어서도 중요한 일이라고 생각한다. 그런데 과거의 한국 역사에서 빚어진 과오는 너무나 큰 것이기 때문에 이미 말한 바와 같이 대체로는 민족적인 비관 상태에 놓여 있는 것이다.

특히 한말의 부패와 무능, 일제의 강압, 해방 후의 혼돈 등이 이러한 민족적 감정을 북돋워 준 것이다. 춘원 이광수도 그의 '민족 개조론'의 한 구절에서 "나는 차라리 조선 민족의 운명을 비관하는 자외다."라고 고백하고 있다.

그에 의하면 이 비관할 수밖에 없는 상태를 구제하는 길은 민족의 개조가 있을 뿐이다. 그의 민족 개조
는 곧 민족성의 것이지만 이를 위한 방법을 개조 동맹과 같은 동맹 조직을 통해야 한다고 생각하였다.
'우선 나부터 개조하자.'라는 뜻을 가진 자들이 동맹을 지어 점차 동맹원을 늘려 가는 것이 가장 정확한
방법이라고 춘원은 생각하였다. 그리고 민족 개조의 실천 내용으로서 "정직하자, 근검 저축하자." 등등
의 여러 가지 조목을 제시하였다. 그러나 인간이란 자기가 확인하는 어떤 새로운 희망을 갖지 못한다면
그가 빠져 있는 비관 속에서 헤어나기란 지극히 힘든 일인 것 같다. 그리고 새로운 희망이란 단순히 정
신력만이라든가 훌륭한 도덕률의 제시라든가에 의해서 이룩되기는 힘든 일이다. 그것은 반드시 불가능
한 일이 아닐는지도 모르겠으나 또 어지간한 노력으로써 되는 일이 아님도 사실일 것이다. 춘원은 자기
의 민족 개조의 방법이 지극히 현실적인 것으로 생각하고 있었던 것 같으나, 역시 그것은 하나의 이상론
이라고 할 수밖에 없다. 보다 현실에 충실한 사람들은 결코 그렇게는 생각하지 않았던 것이다. 일진회에
서 한일 합방을 주장한 상주문을 보면 그들은 한국을 이미 목숨이 끊어진 지 오랜 병인(病人)에 비유하
고 있다. 이것을 "죽지 않았다."라고 하는 것은 시체를 살았다고 보는 것과 같다고 하였다. 죽은 시체를
붙들고 울 것이 아니라는 것이다. 현실주의에 입각한 절망감이 빚어 놓은 하나의 결론인 것이다. 민족을
개조해야겠다는 것은 이 민족을 어떻게 해서라도 살려 보자는 생각인 것이다. 그러나 민족은 이미 죽었
다고 하는 것은 발길로 차 버리는 자포자기의 심정인 것이다. 그러므로 그 마음을 쓰는 태도에 있어서는
크게 다른 바가 있다.

그러나 이 두 생각에는 같은 배경이 놓여 있다. 그것은 민족의 현실에 대해서 비관적이라는 것이다. 이
것은 자칫 잘못하면 민족 자체에 대한 비관으로 발전할 요소를 지니고 있는 것이다. 물론 민족이라는 것
은 역사적 산물이라는 것이다. 일부에서 생각하듯이 민족이란 지상의 것이 결코 아니다. 신석기 시대의
씨족 사회에서는 민족이란 찾아볼 수가 없었던 것이다. 또 장차 어느 시기에 가면 민족이란 개념이 지금
의 우리가 가지고 있는 것과는 훨씬 달라질 것임도 분명하다. 그러나 오늘의 역사적 현실에서 민족이 가
장 중요한 역사 발전의 단위가 되어 있는 것은 사실이다. 그러므로 현대인은 싫든 좋든 간에 자기가 속
해 있는 민족과 더불어 생활을 영위하고 있어야만 될 현실이다. 따라서 자기가 속해 있는 민족에 대해서
절망한다는 것은 커다란 비극이 아닐 수 없다.

그러나 민족에 대한 신념이라고 해서 그것이 무슨 신비로운 것은 결코 아니라고 생각한다. 민족에 대한
신념은 곧 인류에 대한 신념과 직결되는 것이라고 믿는다. 우리는 너무나 민족적인 차별에만 신경을 써
왔기 때문에 민족이 결국은 인류의 일부에 지나지 않는다는 지극히 평범한 진리를 흔히 잊어버리고 있었
던 것이 아닐까. 마치 모든 개인이 구원받을 수 있는 꼭 같은 인간인 것과 같이 모든 민족도 구원받을 수
있는 꼭 같은 인류인 것이다. 어느 한 민족에 대한 신념의 상실은 그것이 그 민족에 한한 문제가 아니라
곧 인류의 문제가 되는 것이다. 인간 자체에 대해서 신념을 잃었다면 모르겠지만, 그렇지 않고 어느 개인
이나 민족에 대해서 희망을 갖지 않는다는 것은 원칙적으로 있을 수 없는 일이다. 이런 의미에서 민족의
힘이니 민족의 정신이니 하는 것은 선천적이요, 영구불변한 어떤 특수한 것은 결코 아니라는 것이다. 그
러한 신비로운 베일을 씌우려고 하는 것은 나치스 독일이나 군국주의 일본에서와 같이 어떤 다른 목적이
숨어 있기 때문일 것이다. 민족적 에네르기라는 새로운 용어를 쓰고 싶어 하는 것도 그러한 신비성을 없
애 버리자는 뜻이 있는 것이 아닐까. 한국 민족의 힘이나 정신은 결국 인류가 지니는 힘이나 정신이 한국
민족의 구체적인 역사적 발전 과정에서 나타난 것이라고 보아야 할 것이다. 그러므로 우리가 인류에 대
해서 절망하지 않는 이상 한국인에 대해 절망할 까닭이 없는 것이다.

① 이광수는 민족의 운명을 비관하여 이를 극복하기 위한 일환으로 민족 개조론을 역설하였다.
② 일진회 역시 이광수와 같은 관점에서 민족의 운명을 인식하였다.
③ 이러한 민족 현실에 대한 비관론이 발전하면 민족 자체의 비관으로 발전될 우려가 있다.
④ 이러한 민족적 비관론은 지난날 우리 역사의 잘못으로 인해 기인된 것이다.
⑤ 이광수의 민족 개조론을 그 당시 사람들은 지극히 현실적이고 실질적인 것으로 받아들였다.

(가) 춤 잘 추는 사람이 환영을 받지 못하는 사회에서는 무용이 발달하기 어렵듯이, 따지는 소행이 환영받지 못하는 사회에서는 따지는 기능인 이지(理智)가 발달하기 어렵다.

(나) 어떤 생물학자가 식물의 세포를 관찰하다가 그 세포 안에 탄수화물이 물에 녹지 않은 형태로 보관되어 덩어리를 이루고 있다는 사실을 발견했다. 탄수화물은 생물의 필수 영양소이므로 물에 녹는 형태로만 존재할 경우에는 물과 함께 생명체의 밖으로 배출되므로 항상 새로이 공급받지 않으면 안 된다. 따라서 상당 기간 이 영양소를 공급받지 않아도 생명을 유지할 수 있기 위해서는 이 요소가 물에 녹지 않은 형태로 보관되어야 할 필요가 있다고 그는 생각했다. 그는 이러한 자신의 생각을 확인하기 위해 동물의 세포도 관찰해 보기로 했다. 그 결과 동물의 세포에서도 탄수화물이 물에 녹지 않은 형태로 보관되어 있다는 사실을 발견했다.

(다) 예로부터 버드나무를 삶아서 그 물을 먹으면 감기 치료에 효과가 있는 것으로 전해져 왔다. 의학자들은 이러한 사실에 착안하여 버드나무에서 여러 유효 성분을 추출해 내었다. 이 성분들 중 어느 것이 감기에 효능이 있는지 확인하기 위해 맨 처음 쥐를 대상으로 실험하기로 했다. 먼저 감기에 걸린 사람에게서 그 병균을 추출하여 여러 마리의 쥐에게 주사하여 감기에 걸리게 하였다. 그 다음 이 쥐들을 대상으로 버드나무에서 추출한 여러 성분들을 각각 주사해 보았다. 다른 유효 성분을 주사받은 쥐의 상태는 그대로였는데, 어느 한 유효 성분을 주사받은 쥐는 감기가 곧 치료되었다. 여기에 자신을 얻어 의학자들은 이 물질이 인간의 감기에도 효과가 있을 것으로 생각하였다. 여러 번에 걸친 주의 깊은 실험 결과, 의학자들은 쥐의 감기 치료에 효과가 있었던 이 성분이 인간의 감기에도 탁월한 치료 효과가 있는 것을 확인하였다. 이것이 바로 지금 대표적인 감기약으로 판매되고 있는 아스피린이다.

070 밑줄 친 진술 내용을 강화시키는 근거가 아닌 진술은?

① 무용의 발달 과정과 이지(理智)의 발달 과정이 같지 않을 수도 있다.

② 오직 자신의 노력만으로는 성공적인 삶을 이룰 수 없다.

③ 모든 결과물은 그 사회적 호응과 관심의 산물이다.

④ 온실을 벗어난 화분의 꽃은 가뭄이 들면 말라 죽는다.

⑤ 이무기가 승천하기 위해서는 개천이 꼭 필요한 법이다.

071 윗글의 전개 방식으로 가장 적절한 것은?

① 특정 독자층을 고려한 글로서 글의 이해를 위해서는 상당한 배경 지식이 요구되는 글이다.

② 일상생활에서 쉽게 접하게 되는 글감을 통하여 오직 객관적인 사실만을 기술한 글이다.

③ 하나의 사실이나 현상을 실험, 관찰 등을 통하여 결론을 도출하는 글이다.

④ 내용의 전달이나 사실의 고지를 목적으로 추상적 개념을 구체화하여 재구성한 글이다.

⑤ 일반적인 사실을 바탕으로 구체적인 이론을 이끌어 낸 글이다.

이와 같은 부당한 분배의 관행으로 나타난 사회적 갈등의 대표적인 예가 바로 우리가 겪고 있는 노사 간의 갈등이다. 또한, 재벌 중심의 자원 분배 정책은 재벌의 과도한 경제적 집중을 낳게 하였고, 이들에 의해 자행되어 온 거래의 불공정 행위는 중소기업들의 경쟁력을 희생시켰고 이들의 생존을 위협하는 결과들을 초래하였다. 도농 간, 지역 간, 직종 간의 소득 격차로 빚어지는 상대적 빈곤감이나, 상대적 박탈감의 체험은 노동자와 농민 계층의 근로 의욕을 감퇴시켜 온 요인으로 작용하고 있다. 이와 같은 사회적 갈등의 모든 문제들이 근본적으로 분배 문제에 대한 논의를 금기시하거나 배제해 온 데서 비롯된 것이라는 주장은 설득력 있는 것으로 여겨진다.

기업 활동과 관련된 현상을 이해하고 설명하는 경영학의 영역에 분배와 관련된 문제는 거의 논외로 되어 온 것이 우리의 현실이다. 기업은 생산의 주체이며, 분배 문제는 기업 활동의 본질적 영역이 아니라는 주장이 있을 수도 있다. 기업은 주어진 인적, 물적 가용 자원을 가장 효과적으로 활용하여 생산을 최적화하거나 비용을 최소화하고, 기업의 이윤을 극대화하여야 한다는 경제적 합리성의 원칙에 따라 운영되는 사회적 실체로 간주되어 왔다. 따라서 경영학은 극대화된 이윤을 어떻게 나눌 것인가 하는 분배의 영역보다는 극대 이윤을 위한 효율과 합리의 원칙에 따라 생산과 유통 과정에 큰 비중을 두고 이에 관련된 이론과 연구 및 실천 방안들의 탐구에 더 많은 관심을 기울여 온 학문이라 하겠다. 물론, 생산 활동에 참여한 주주의 배당, 경영진의 몫, 종업원의 임금 등 성과 배분의 문제를 다루는 분야도 있다. 그러나 이러한 분야들이 생산과 유통, 그리고 자본의 축적과 기업 규모의 성장 등에 대한 연구 영역에 비하면 상당히 소홀하게 다루어져 왔다고 하겠다. 특히, 주주의 배당이나 경영진의 성과 배분은 '사자의 몫'으로 떼어 놓은 후 종업원들에게 나누어 주는 임금은 (   ) 시혜적인 은총(?)으로 내려 주거나 더욱 열심히 성과를 낼 수 있도록 "채찍과 당근의 원리"에 입각한 보상 체계를 설계하고 운영하는 데 많은 관심을 두어 왔다.

072 괄호 안에 들어갈 말로 가장 적절하지 않은 것은?

① 병아리 모이 주듯   ② 고양이 쥐 생각하듯

③ 등치고 간 내어 먹듯   ④ 우는 아이 젖 주듯

⑤ 마른 논에 물 대듯

073 윗글의 내용으로 가장 적절하지 않은 것은?

① 우리 사회가 안고 있는 노동과 분배의 문제에서 노동자는 언제나 약자의 입장에 놓여야 했다.

② 오늘날 경영학의 연구 분야는 생산성 향상의 문제를 넘어서 분배와 관련된 문제까지 연구 대상으로 삼고 있다.

③ 우리 사회 전체로 보면 절대적 빈곤보다는 상대적 빈곤이 점점 심화되어 가고 있는 실정이다.

④ 잘못된 분배 문제의 실천이 결국 우리 사회 전반에 걸쳐 갈등을 양산해 낼 위험성을 안고 있다.

⑤ 노사 간의 갈등, 직종 간의 갈등은 결국 우리 모두가 조금씩 서로 양보와 타협을 바탕으로 슬기롭게 풀어 나가야 한다.

중세 아리스토텔레스 과학이 제시한 자연관은 중세의 사회 구조와 밀접하게 관련되어 있었다. 중세의 우주가 지상계, 천상계, 신의 세계로 조화롭게 삼분되어 있었듯이 인간 세계의 각 부문도 마찬가지였다. 즉, 인간 사회는 인간-교회-신, 왕-교황-신, 평민-귀족-왕 등의 3분 구조로 이루어져 인간 개개인은 이 구조 속에서 자기 삶의 적절한 위치를 알 수 있었다. 만물이 우주의 위계질서 속에서 자기 고유의 위치와 운동 방식을 가지고 있는 것처럼 인간도 마찬가지였다. 농부들은 자기들의 세속의 지배자인 영주에게 복속되어 노동하였으며 교회는 지상에 있는 신의 대리자로서 농부들의 생활을 통제하였다.

그런데 이렇게 조화롭게 조직된 중세 사회는 14세기 이후 점차 붕괴하기 시작하였다. 중세 사회의 가장 밑바닥에 있던 농민들은 사회의 지배 구조에 반발하여 빈번히 농민 반란을 일으켰다. 가내 수공업과 상업의 성장으로 중세 신분제 사회를 타파하고 미래의 자본주의 사회를 건설하게 될 새로운 계층이 성장하였다. 이와 같은 중세 사회 구조의 붕괴와 더불어 그 사회의 정신적 단일성을 보장해 주던 기독교의 통일성에도 균열이 나타났다.

이제 중세 교회는 점차 부패하였고, 각국의 국왕들은 로마 교황청으로부터 차츰 독립하기 시작했다. 새로운 국민 국가의 등장, 로마 교황청의 약화와 더불어 중세 정신 사회에 결정적 균열을 가져온 것이 바로 종교 개혁이었다. 대다수 종교 개혁가들은 교회가 신의 대리자로서 지녔던 절대적인 권위를 부정하고, 모든 개인이 사제의 중재 없이 신과 직접 교류할 수 있다고 주장하였다. 종교 개혁은 신앙에 대한 개인의 자유를 주창하는 것이었으나, 그와 동시에 가톨릭 교회의 보편적 권위를 부정함으로써 사회에 정신적 혼란을 불러일으켰다. 이제 아리스토텔레스의 사상은 권위를 가지지 못했지만, 이를 대체할 새로운 권위는 아직 나타나지 않았다. 17세기 초까지 중세의 사회 구조와 함께 모든 지식과 권위가 철저히 해체되었는데, 이들을 대체할 새로운 사회 체제와 새로운 지식은 나타나지 않았다.

근대 과학은 바로 이러한 사회 전반의 위기 및 그와 관련된 지식의 위기 상황에서 나타났다. 천문학, 역학 등의 자연 과학 연구자들은 중세의 아리스토텔레스주의를 대체할 새로운 과학과 새로운 연구 방법론을 모색하였다. 이러한 모색은 매우 성공적이었다. 갈릴레이, 케플러, 뉴턴은 아리스토텔레스주의의 천문학과 역학을 대신하는 새로운 고전 천문학을 정립하였다.

베이컨, 데카르트 등은 새로운 연구 방법론과 아울러 과학의 새로운 사회적 임무와 윤리를 제시하였다. 또한 아리스토텔레스의 자연 철학을 대신하여 근대 과학의 자연 철학으로 '기계적 철학'이 등장하였다. 사회 전체가 위기를 겪고 있고 모든 것이 혼란스러운 상황에서, 오직 과학 분야만이 17세기 말에 성공적으로 위기를 극복했던 것으로 보였던 것이다.

그 결과, 과학의 사회적 지위는 매우 높아지게 되었다. 근대 과학이란 곧 서구인들이 지적, 사회적 혼돈 상태에서 찾아낸 유일하게 확실하고 안정된 지식이었다. 과학은 이제 다른 모든 분야가 본받아야 할 대상이 되었다. 위기를 뚫고 나타난 근대 과학에서 많은 지식인들이 사회 전체의 위기 극복, 또는 진보의 도구를 발견하려 하였다. 그 때까지 과학은 철학과 신학의 하위에 있었지만, 이제는 철학과 신학이 무시할 수 없게 되었을 뿐 아니라 오히려 과학을 자신의 기초로 삼지 않으면 그 신빙성을 인정받지 못하게까지 되었다. 이제 '과학적'이란 단어는 좋은 것, 확실한 것을 대표하는 용어로, 반대로 '비과학적'이란 단어는 불합리, 어리석음, 나쁜 것과 동의어로 사용되기에 이르렀다.

074 윗글의 내용과 일치하지 않는 것은?

① 중세 사회 구조를 지배하던 아리스토텔레스주의는 수공업과 상업의 발달로 붕괴되기 시작하였다.

② 종교 개혁 이후 신에 대한 신성성이 해체되어 결국 새로운 국가 건설과 새로운 가치관이 나타났다.

③ 중세 아리스토텔레스 자연관의 권위와 낡은 지식의 해체 위에 새롭게 등장한 것이 바로 근대 과학이었다.

④ 근대 과학의 등장은 기존의 사회적 패러다임과 다른 새로운 연구 방법론과 과학의 사회적 임무와 새로운 윤리를 제시하였다.

⑤ 과학은 위기 극복과 진보의 도구로서 그 역할을 다함으로써 철학과 신학을 증명하는 도구로서의 기능도 함께 지니게 되었다.

075 제시된 글의 제목으로 가장 적절한 것은?

① 근대 과학의 탄생 배경과 그 의의　② 중세 과학이 가지는 한계와 문제점
③ 중세 자연 과학과 근대 과학의 차이점　④ 근대 과학의 성장 배경과 그 한계
⑤ 중세 가톨릭의 붕괴와 종교 개혁

076 본문의 밑줄 친 내용과 어울리지 않는 사자성어는?

① 환골탈태(換骨奪胎)　② 점입가경(漸入佳境)　③ 읍참마속(泣斬馬謖)
④ 일취월장(日就月將)　⑤ 객반위주(客反爲主)

[077~078] 다음 글을 읽고 물음에 답하시오.

그들은 장터 모퉁이에서 아직도 따뜻한 온기가 남아 있는 (가)팥시루떡을 사 먹었다. 백화가 자기 몫에서 절반을 떼어 영달에게 내밀었다. "더 드세요. 날 업구 왔으니 기운이 배나 들었을 텐데." 역으로 가면서 백화가 말했다. "어차피 갈 곳이 정해지지 않았다면 우리 고향에 함께 가요. 내 일자리를 주선해 드릴께." "내야 삼포루 가는 길이지만, 그렇게 하지?"
정 씨도 영달이에게 권유했다. 영달이는 흙이 덕지덕지 달라붙은 신발 끝을 내려다보며 아무 말이 없었다. 대합실에서 정 씨가 영달이를 한쪽으로 끌고 가서 속삭였다.
"여비 있소?" "빠듯이 됩니다. 비상금이 한 천 원쯤 있으니까." "어디루 가려우?" "일자리 있는 데면 어디든지……" 스피커에서 안내하는 소리가 웅얼대고 있었다. 정씨는 대합실 나무 의자에 피곤하게 기대어 앉은 백화 쪽을 힐끗 보고 나서 말했다. "같이 가시지. 내 보기엔 좋은 여자 같군." "그런 거 같아요." "또 알우? 인연이 닿아서 말뚝 박구 살게 될지. 이런 때 아주 뜨내기 신셀 청산해야지." 영달이는 시무룩해져서 역사 밖을 멍하니 내다보았다. 백화는 뭔가 쑤군대고 있는 두 사내를 불안한 듯이 지켜보고 있었다. 영달이가 말했다. "어디 능력이 있어야죠." "삼포엘 같이 가실라우?" "어쨌든……" 영달이가 뒷주머니에서 꼬깃꼬깃한 오백 원짜리 두 장을 꺼냈다. "저 여잘 보냅시다." 영달이는 표를 사고 (나)삼립빵 두 개와 찐 달걀을 샀다. 백화에게 그는 말했다. "우린 뒤차를 탈 텐데…… 잘 가슈." 영달이가 내민 것들을 받아 쥔 백화의 눈이 붉게 충혈되었다. 그 여자는 더듬거리며 물었다. "아무도…… 안 가나요." "우린 (다)삼포루 갑니다. 거긴 내 고향이오."
영달이 대신 정 씨가 말했다. 사람들이 개찰구로 나가고 있었다. 백화가 보퉁이를 들고 일어섰다. "정말, 잊어버리지…… 않을께요." 백화는 개찰구로 가다가 다시 돌아왔다. 돌아온 백화는 눈이 젖은 채 웃고 있었다. "내 이름 백화가 아니예요. 본명은요…… (라)이점례예요."
여자는 개찰구로 뛰어나갔다. 잠시 후에 기차가 떠났다. 그들은 나무 의자에 기대어 한 시간쯤 잤다. 깨어 보니 대합실 바깥에 다시 눈발이 흩날리고 있었다. 기차는 연착이었다. 밤차를 타려는 시골 사람들이 의자마다 가득차 있었다. 두 사람은 말없이 담배를 나눠 피웠다. 먼 길을 걷고 나서 잠깐 눈을 붙였더니 더욱 피로해졌던 것이다. 영달이가 혼잣말로 "쳇, 며칠이나 견디나……" "뭐라구?" "아뇨, 백화란 여자 말요. 저런 애들…… 한 사날두 시골 생활 못 배겨 나요." "사람 나름이지만 하긴 그럴 거요. 요즘 세상에 일이 년 안으루 인정이 휙 변해 가는 판인데……" 정 씨 옆에 앉았던 노인이 두 사람의 행색과 무릎 위의 배낭을 눈여겨 살피더니 말을 걸어 왔다. "어디 일들 가슈?" "아뇨, 고향에 갑니다."
"고향이 어딘데……" "삼포라구 아십니까?" "어 알지, 우리 아들놈이 거기서 도자를 끄는데……" "삼포에서요? 거 어디 공사 벌릴 데나 됩니까. 고작해야 고기잡이나 하구 감자나 매는데요." "어허! 몇 년 만에 가는 거요?" "십 년." 노인은 그렇겠다며 고개를 끄덕였다.

"말두 말우 거긴 지금 육지야. 바다에 방둑을 쌓아 놓구, 추럭이 수십 대씩 돌을 실어 나른다구."뭣 땜에요?" "낸들 아나, 뭐 (마)관광호텔을 여러 채 짓는담서 복잡하기가 말할 수 없데." "동네는 그대루 있을까요?" "그대루가 뭐요. 맨 천지에 공사판 사람들에다 장까지 들어섰는 걸." "그럼 나룻배두 없어졌겠네요." "바다 위로 신작로가 났는데, 나룻배는 뭐에 쓰오. 허허 사람이 많아지니 변고지, 사람이 많아지면 하늘을 잊는 법이거든."

작정하고 벼르다가 찾아가는 고향이었으나, 정 씨에게는 풍문마저 낯설었다. 옆에서 잠자코 듣고 있던 영달이가 말했다. "잘됐군. 우리 거기서 공사판 일이나 잡읍시다."

그때에 기차가 도착했다.

— 황석영, '삼포 가는 길' 중에서

077 다음 (가)~(마) 중 상징적 의미가 같은 것으로 묶인 것은?

① (가), (다)   ② (가), (나)   ③ (나), (라)
④ (다), (마)   ⑤ (다), (라)

078 이 소설에 등장하는 세 인물을 특성을 말한 것으로 옳지 않은 것은?

① 백화는 영달에게 인간적인 면을 느끼고 호감을 가지고 있다.
② 세 인물 모두 각자 자신의 안식처를 찾아 떠나고 있다.
③ 영달은 백화를 따라 함께 갈 수 없는 처지를 안타까워하고 있다.
④ 세 인물 모두 떠돌이의 삶을 사는 처지에 놓여 있다.
⑤ 영달은 행동과 말은 다소 거칠지만 따뜻한 마음씨를 가진 인물이다.

[079~081] 다음 글을 읽고 물음에 답하시오.

독서는 실로 기억하여 외워 읽는 것을 귀중하게 여기는 것은 아니지만, 초학자(初學者)로서는 이렇게 하지 않으면 더욱 의거할 데가 없어진다. 그러므로 매일 배운 것을 먼저 정확하게 외고 음독(音讀)에 착오가 없이 한 뒤에 비로소 서산(書算)을 세우고, 먼저 한 번 읽고 나서 다음에는 한 번 외고, (가)다음에는 한 번 보며, 한 번 보고 나서는 다시 읽어 모두 3, 40번 되풀이한 뒤에 그친다. 매양 한 권이나 혹은 반 권을 다 배웠을 때에는 전에 배운 것도 아울러 또한 먼저 읽고, 그 다음에 외고, 그 다음에는 보되, 각각 서너댓 번 반복한 뒤에 그친다. 글을 읽을 때에는 소리로 읽어서는 안 된다. 소리가 높으면 기운이 떨어진다. 눈을 돌려서는 안 된다. 눈을 돌리면 마음이 달아난다. 몸을 흔들어서도 안 된다. 몸이 흔들리면 정신이 흩어진다. 글을 욀 때에는 틀려서는 안 되고, 중복되어도 안 되고, 너무 빨라도 안 된다. 너무 빠르면 조급하고 사나워서 음미함이 짧으며, 그렇다고 너무 느려도 안 된다. 너무 느리면 정신이 해이하고 방탕해져서 생각이 들뜬다. 책을 볼 때에는 마음속으로 그 문장을 외면서 그 뜻을 곰곰이 생각하여 찾되, (나)주석(註釋)을 참고하고 마음을 가라앉혀 궁구(窮究)해야 한다. 만일, 한갓 눈만 책에 붙이고 마음을 두지 않으면 또한 이득이 없다.

이상의 세 조목은 나누어 말하면 비록 다르나, 요컨대 마음을 한곳에 집중하여 체득해야 하는 점에서 동일하다. 모름지기 몸을 거두어 단정히 앉고, 눈은 똑바로 보고, 귀는 거두어들이며, 수족은 함부로 놀리지 말며, 정신을 모아 책에 집중해야 한다. 계속 이처럼 해 나가면 의미가 날로 새로워 자연히 무궁한 묘미가 쌓여 있음을 알게 된다.

처음 공부할 때에 회의(懷疑)를 품지 못하는 것은 사람들의 공통된 병통이다. 그러나 그 병의 근원을 따져 보면, 뜬생각에 따라 좇다가 뜻을 책에 전념하지 못하기 때문이다. 그러므로 뜬생각을 제거하지 않고 억지로 배제하려고 하면 이로 인해 도리어 한 생각을 더 첨가시켜 마침내 정신적인 교란만을 더하게 된다. 어깨와 등을 꼿꼿이 세우고, 뜻을 높여 한 글자 한 구절에 마음과 입이 상응하게 되면, 뜬생각이 자신도 모르는 사이에 없어지게 된다.

뜬생각이란, 하루아침에 깨끗이 없어질 수는 없다. 오직 수시로 정신을 맑게 하는 방법을 잊어버리지 않은 것이 중요하다. 혹 심기가 불편하여 꽉 얽매여 없어지지 않으면, 묵묵히 앉아서 눈을 감고 마음을 배꼽 근처에 집중시킬 때 신명(정신 의식과 두루 생각하는 활동)이 제자리로 돌아오고, 뜬생각은 사라지게 된다. 과연 이러한 방법을 잘 실행한다면, 얼마 안 가서 공부하는 것이 점점 익숙해지고 효험이 점차 늘어나 오직 학식만이 날로 진척될 뿐 아니라, 마음이 편안하고 기운이 화평하여 일을 함에 있어서 오로지 하나에만 힘쓰고 정밀하게 된다. 위로 이치에 통달하는 학문도 이에서 벗어나지 않는다.

(다) 의리(義理)는 무궁한 것이니, 함부로 스스로 만족하게 여겨서는 안 된다. 문자를 거칠게 통한 사람은 반드시 의문이 없게 마련인데, 이는 의문이 없는 것이 아니라 철저하게 궁구하지 못했기 때문이다. 의문이 없는 데서 의문이 생기고, 맛이 없는 데서 맛이 생긴 뒤라야 능히 글을 읽었다고 말할 수 있다 독서는 결코 의문을 품으려고만 해서는 안 된다. 마음을 가라앉히고 뜻을 오로지 하나에만 집중하여 읽고, 읽어 가되 의문이 없는 것을 걱정하지 말고, 의문이 생기면 반복해서 참고하고 연구해야 한다. 반드시 문자에만 집착하지 말고 혹 일을 당했을 때는 (라) 시험도 해 보고, 혹 노는 가운데서도 구하기도 하며, 무릇 걸어갈 때나 앉고 누울 때에도 수시로 궁구하고 탐색하여야 한다. 이와 같이 하기를 끊이지 않고 계속하면 통하지 못할 것이 거의 없고, 설사 통하지 못한 것이 있다 하더라도 먼저 이처럼 궁구하고 탐색한 다음에 남에게 물으면 마침내 말이 떨어지기가 무섭게 깨달을 수가 있다. – 중략 – 초학자의 독서에 있어서 누구인들 그 어려움을 괴롭게 여기지 않겠는가? 그러나 그 괴롭고 어려운 것은 그대로 두고 편의함만 찾아 구차스럽게 편안히 지내려고 한다면, 이는 쓸모없는 재주로 끝날 따름이다. 만약, 조금만 스스로가 굳게 참고 반성하며 점검하기를 잊지 않는다면, (마) 십여 일 내에 반드시 소식이 있어 고난은 점차 사라지고, 취미는 날로 새로워져서 점차 손이 저절로 춤추고, 발이 저절로 뛰는 지경에 이르리니 무한한 즐거움을 느끼게 될 것이다. 인생 백 년간에 근심과 괴로움이 쉴 새 없이 찾아들어 편히 앉아 독서할 시간이 거의 얼마 안 되는 것이다. 진실로 일찍 스스로 깨달아 노력하지 않고, 구차스럽게 살아가다가는 쓸모없는 재주로 끝나고 말 것이니, 만년에 가서 궁박한 처지에 놓였을 때 누구를 원망할 것인가?

– 홍대용, '매헌에게 주는 글' 중에서

079 글을 바탕으로 이끌어 낼 수 있는 가장 바람직한 독서 태도로 가장 적절한 것은?

① 제목, 저자, 각주 등을 세밀히 살피면서 천천히 통독해야겠군.
② 시나 한시를 읽을 때에는 음악성을 고려해 운율을 살려 낭독해야겠군.
③ 앞으로 영어 공부를 할 때는 상대방을 정해 큰 소리로 대화하며 공부해야겠군.
④ 글을 읽는 도중에 모르는 단어나 내용이 나오면 자료를 찾고, 깊이 생각하며 정독해야겠군.
⑤ 글이 가지는 외부적 요소에 국한하지 말고 책의 내용에 치중하며 묵독해야겠군.

080 (가)~(마)에 대한 설명으로 적절하지 않은 것은?

① (가): 무한 반복이란 의미로 얼음에 박 밀듯이 마구 왼다는 뜻이다.
② (나): 묵독의 효과적인 방법에 대하여 설명하고 있다.
③ (다): 글의 이치나 의미는 끝이 없는 것으로 가벼이 만족해서는 안 된다는 뜻이다.
④ (라): 뜬생각을 제거하는 방법에 대하여 설명하고 있다.
⑤ (마): 잘못된 독서 습관을 바르게 교정함으로써 얻는 기쁨을 이른다.

081 필자의 주장에 대한 반론으로 가장 적절한 것은?

① 글 읽기의 방법은 연령대에 따라서도 달라질 수 있는데 그 점을 간과하고 있지 않은가.

② 다양한 종류의 서적이 쏟아지는 오늘날에도 과연 이런 독서 방법이 천편일률적으로 적용될 수 있는가.

③ 독서의 병폐나 독서 양식은 개인에 따라 다양한데 그 점을 고려했는가.

④ 독서 초심자와 독서 심화자의 기준은 무엇이며 서적의 내용의 깊이는 무엇으로 구분하는가.

⑤ 이와 같은 독서 방법이 자칫 지나친 독서의 기능화로 빠질 수 있다고는 생각하지 않는가.

[082~083] 다음 안내문을 읽고 물음에 답하시오

기초 생활 수급자(차상위, 한부모, 장애인) 신청 안내

오는 7월부터 모든 복지 정책이 기존의 최저생계비에서 중위 소득을 기준으로 그 기준이 바뀝니다.

중위 소득이란 모든 가구를 소득 순서대로 산정했을 때 정확히 중간에 놓이는 가구의 소득을 말하는 것으로 기초 생활수급자는 기존의 혜택을 받기 위해서는 중위 소득 28% 이하여야 합니다.

기초 수급자 선정 기준 '중위 소득'

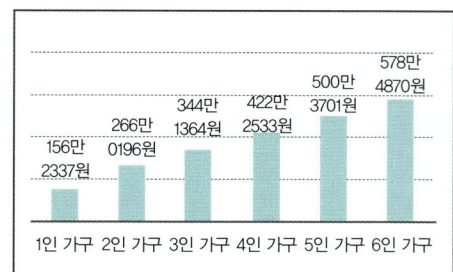

기초 생활 보장 제도 급여 항목별 기준
(4인 가구 기준)

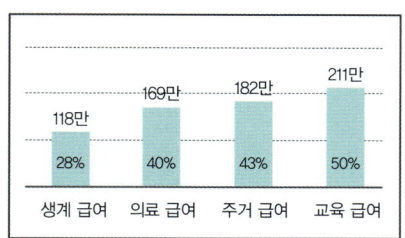

가구원 수	1인	2인	3인	4인	5인	6인
중위 소득	1,562,337	2,660,196	3,441,364	4,222,533	5,003,702	5,784,870
50%	781,169	1,330,098	1,720,682	2,111,267	2,501,851	2,892,435
43%	671,805	1,143,884	1,479,787	1,815,689	2,151,592	2,487,494
40%	624,934	1,064,078	1,376,548	1,689,013	2,001,481	2,313,948
28%	437,454	744,855	963,582	1,182,309	1,401,037	1,619,764

*임차 가구의 지원 기준
(소득 인정액 ≤ 생계 급여 선정 기준) 기준 임대료(실제 임차료) 전액 지원
(소득 인정액 〉 생계 급여 선정 기준) 기준 임대료(실제 임차료) − 자기 부담분 지원
자기 부담분 = (소득 인정액 − 생계 급여 선정 기준)×1/2

• **자격요건:** 기초 생활 수급자 자격 요건인 소득 인정액, 부양 의무자 기준을 동시에 충족해야 하며 소득 인정액의 경우 기초 최저 생계비 이하에서 2015년 7월부터는 2015년 중위 소득 확정 기준으로 변경.

• **신청장소:** 읍·면·동 주민센터

• **신청시기:** 2015년 6월

• **시행시기:** 2015년 7월

• **구비서류:** 1. 신분증(주민등록증, 자동차운전면허증, 장애인등록증, 여권 등)
　　　　　　2. 임대차 계약서
　　　　　　3. 통장 사본(주거 급여를 지급받을 본인 계좌)

082 안내문을 바르게 이해한 내용으로 가장 적절한 것은?

① 자녀가 없는 외벌이 가정은 월 급여가 150만 원이므로 주거 급여를 받을 수 있겠군.

② 한 명의 자녀를 둔 외벌이 부부의 월 합산 급여는 150만 원이므로 주거 급여와 교육 급여 모두를 수령할 수 있겠군.

③ 4인 가구로 월 급여가 200만 원에 미치지 못하는 가정은 의료, 주거, 교육 급여를 모두 받을 수 있겠군.

④ 가족이 4명이고, 월 급여로 180만 원을 수령하고 있는 가정은 주거 급여와 교육 급여를 받을 수 있겠군.

⑤ 아르바이트로 발생하는 수입이 월 75만 원인 미혼 남성은 주거와 교육 급여 모두를 수령할 수 있겠군.

083 안내문을 읽고 보일 수 있는 반응으로 적절하지 않은 것은?

① 생계 급여를 수령한다는 것은 기초 생활 수급자를 의미하는 것이구나.

② 소득이 적고, 자녀의 수가 적을수록 교육 급여를 받기가 유리하겠군.

③ 그래도 교육 급여는 다른 급여에 비해서 혜택의 폭이 넓구나.

④ 주거 급여는 소득에 비해 월 임대료가 높은 경우 혜택을 볼 수 있겠구나.

⑤ 의료 급여는 주거 급여와 비슷한 수준의 혜택을 저소득층에게 줄 수 있겠구나.

[084~086] 다음 글을 읽고 물음에 답하시오.

얼마 전 한 TV 프로그램에서 세계 각국의 스타벅스 매장에서 팔리는 커피 가격을 비교했다. 그랬더니 한국에서 팔리는 스타벅스 커피 가격이 가장 비쌌다. 카페라테 작은 사이즈 가격은 한국이 3,800원, 영국은 2,900원, 일본이 2,800원, 싱가포르는 2,600원, 그리고 미국은 2,200원 정도였다. 최근 환율이 변해 원화의 가치가 오른 영향도 있겠지만, 이런 요소를 고려하더라도 한국의 커피값은 우리보다 선진국인 영국, 일본, 싱가포르, 미국보다 높은 셈이다. 어찌하여 우리가 잘사는 나라 사람들보다도 더 비싼 커피값을 내야 하는지 억울하다 아니할 수 없다. 한 걸음 더 나아가 경제적으로 부유한 나라 사람들에게는 커피를 싸게 팔고, 그보다 소득 수준이 낮은 우리나라에서는 훨씬 비싸게 커피를 파는 스타벅스의 판매 전략이 과연 옳은 것인지 궁금하다.

이 같은 스타벅스의 판매 전략에는 이윤을 극대화하려는 경제적 동기가 숨겨져 있다. 우리보다 소득 수준이 높은 나라에는 아주 잘사는 사람들뿐 아니라 어느 정도 여유가 있는 중산층이 우리나라에 비해 많다. 이런 중산층 사람들은 3,000원대의 스타벅스 커피가 너무 비싸기 때문에 마시지 않겠지만 2,000원대로 가격이 내려가면 스타벅스 커피를 마실 사람들이라고 볼 수 있다. 스타벅스 입장에서는 가격을 2,000원대로 내리면 중산층들이 커피를 마시기 시작해서 매출이 늘어날 것이므로 가격을 낮추는 것이 이익이다. 반면 한국의 경우 잘사는 계층은 있지만, 이에 비해 중산층이 적어서 가격을 3,000원대에서 2,000원대로 내려 보아야 괜히 가격만 내려가고 소비는 늘지 않아 매출이 줄어들 것이므로 차라리 가격을 높게 책정한 것이다. (가)박리다매(薄利多賣)라는 말이 있지만 가격을 내려서 박리를 해도 다매가 되지 않을 것 같으면 차라리 적은 숫자의 사람들에게 높은 이윤에 파는 후리소매(厚利小賣) 전략이 나을 것이기 때문이다.

상품의 가격은 그것을 올리고 내릴 때 판매의 감소와 증가의 양이 어떻게 달라지는가에 따라 결정된다. 당연히 가격을 올리면 판매가 줄고 가격을 내리면 판매가 늘 것이다. 가격에 판매량을 곱한 것이 매출액이므로 기업 입장에서는 가격과 판매량의 관계에 관심을 가질수 밖에 없다. 예를 들어, 가격을 내렸을 때 판매가 크게 증가한다면 가격을 내리는 것이 매출을 증대시킬 것이므로 기업은 가격을 내리게 된다. 반면, 가격을 내려도 판매가 늘지 않고 오히려 가격을 상당히 올려도 판매가 별로 줄지 않는 경우에는 가격을 올려서 매출액을 늘리게 된다. 경제학에서 가격과 판매의 관계를 나타내는 것이 탄력성이다. 어려운 용어로 탄력성이라고 부르지만 실제로 이 탄력성라는 단어가 뜻하는 바는 '민감도'이다. 이는 가격의 변화에 판매량이 얼마나 민감하게 반응하는지 그 민감도를 측정한 수치를 말한다. 가격 변화에 따른 판매량의 민감도, 즉 탄력성을 계산하는 방법은 다음과 같다.

탄력성 = 가격 변화에 따른 판매량의 % 변화 / 가격의 % 변화

즉, 예를 들어 자동차의 탄력성이 3이라는 것은 자동차 가격이 1% 올랐을 때 자동차 판매가 3% 줄어든다는 뜻이다. 탄력성은 어떤 상품이 필수품이냐 아니냐를 판가름하는 하나의 판단 기준으로도 쓰인다.

084   윗글의 내용과 일치하지 않은 것은?

① 스타벅스의 차별화된 가격 전략은 제품의 생산, 소비, 유통의 모든 과정을 고려해 결정한 판매 전략이다.

② 스타벅스는 우리나라의 중산층이 늘어나지 않는 한 고가의 가격 전략을 고수할 것이다.

③ 가격 탄력성이란 가격의 폭이 오르고 내리는 것과 판매량과의 관계를 수치화한 것을 이른다.

④ 미국의 경우 커피 가격이 내려가면 수요가 현재보다 더 많이 늘어날 것이다.

⑤ 자본주의의 경제 논리에 따라 기업은 어떤 경우라도 이윤을 극대화하는 판매 전략을 시행할 것이다.

085   윗글의 구성 방식과 특징으로 적절한 것은?

① 현실에서 일어나고 있는 사실을 바탕으로 경제적 현상을 알기 쉽게 설명하고 있다.

② 어려운 경제 용어를 자신의 지식을 바탕으로 설명한 후 대안을 제시하고 있다.

③ 우리 사회가 당면하고 있는 현안의 문제점을 특정 기업을 예를 들어 설명하고 있다.

④ 생경한 경제 문제에 대해 타당성 있는 근거를 제시하며 자신의 주장을 강화하고 있다.

⑤ 기업의 판매 전략이 우리 사회 전반에 미치는 파급 효과를 예를 들어 설명하고 있다.

086   밑줄 친 (가)와 같은 판매 전략을 펼쳐야 하는 소비자 계층은?

① 손바닥으로 하늘을 가리려는 사람

② 자기 논에 먼저 물을 끌어대려는 사람

③ 털도 안 뽑고 먹으려고 하는 사람

④ 장모 떡도 싸야 사 먹는다고 하는 사람

⑤ 싼 게 비지떡이라 여기는 사람

087 자료를 보고 추론한 내용으로 가장 적절하지 않은 것은?

(가) 교통사고 발생 현황(사망, 부상)

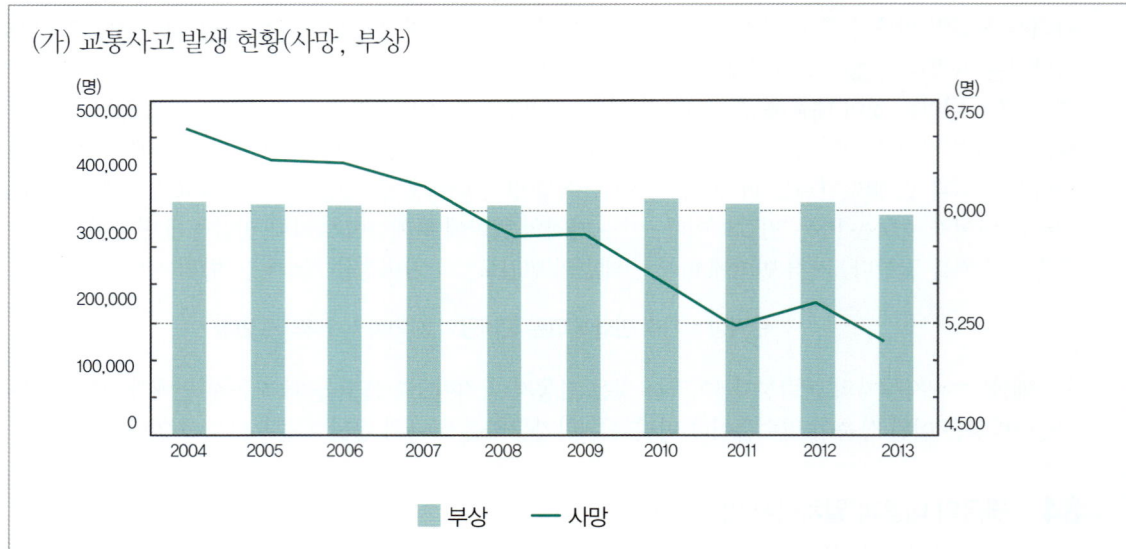

(나) 교통사고 현황(단위 : 건, 명)

	2005	2006	2007	2008	2009	2010	2011	2012	2013
사고	214,171	213,745	211,662	215,822	231,990	226,878	221,711	223,656	215,354
사망	6,376	6,327	6,166	5,870	5,838	5,505	5,229	5,392	5,092
부상	342,233	340,229	335,906	338,962	361,875	352,458	341,391	344,565	328,711
자동차 1만 대당 교통사고	3.4	3.3	3.1	2.9	2.8	2.6	2.4	2.4	2.2
인구 10만 명 당 교통사고 사망자 수	13.2	13	12.7	12.1	12	11.3	10.7	10.8	10.1
보행자 교통 사고 사망자 구성비(%)	40	38.6	37.4	36.4	36.6	37.8	39.1	37.6	38.9

① 교통사고 사망자 수가 계속해서 감소하고 있는 것으로 보아 사고 후 긴급 조치가 잘 이루어지고 있구나.

② 보행자 사망 사고는 변화의 폭이 없는 것으로 보아 보행자의 경우 사망 사고의 위험이 매우 높구나.

③ 자동차 1만 대당 교통사고 발생 건수가 감소하고 있는 것으로 보아 운전자들의 준법정신이 고양되었다고 볼 수 있겠군.

④ 사망 사고는 감소했어도 부상 사고는 그대로인 것으로 보아 차량이 인체 공학적으로 안전을 고려하여 설계된 것 같군.

⑤ 보행자 사고가 크게 감소하지 않는 것으로 보아 운전자와 보행자 모두가 앞으로 교통질서를 더 철저히 준수해야 될 것 같군.

088 '자전거 이용을 활성화하자'는 취지의 글을 쓰려고 한다. 이 글을 바탕으로 창안한 것 중 적절하지 않은 것은?

(가) 자전거 이용의 이점은 일일이 열거하지 않아도 알 것이다. 우리의 건강 증진은 물론 교통비 절감, 에너지 절약, 교통난 해소, 대기 오염 억제, 정감 있는 거리 조성 등 아주 수없이 많다. 그러나 현실적으로는 자전거를 그리 많이 이용하지 않는다. 왜 그럴까? 우선 자전거 전용 도로의 문제를 생각해 볼 수 있다. 전용 도로가 부족할 뿐만 아니라 설사 있다 하더라도 관리 자체가 매우 허술하다는 것이다. 또 말이 좋아 자전거 전용 도로이지 어떤 구간은 자동차와 보행자가 함께 도로를 사용하는 경우도 있고, 농로를 그대로 자전거 도로로 이용하는 경우도 있다. 이로 인해 뜻밖의 위험에 직면하게 되고 심지어 교통사고로까지 이어지는 일도 왕왕 발생한다. 물론 몇몇 지자체에서는 아주 모범적으로 자전거 도로를 관리 운영하는 경우도 있다. 그 대표적인 지역이 상주, 제주 등의 지역으로 이 지역은 시민, 지자체, 그리고 관련 단체들의 호응과 제도적 지원에 힘입어 자전거 이용이 성공적으로 정착되고 있다.

(나) 관련 보도 자료

공릉천 자전거 도로, 자전거 타고 씽씽~

조선 시대 예종 원비의 능인 공릉(恭陵)에서 명칭이 유래된 공릉천은 장곡리의 경계에서 봉일천리를 지나 금촌동을 거쳐 교하동을 지나 송촌동에서 한강과 합류한다. 그동안 하천을 정비해 수질 개선도 이루었고 주변 환경 보호로 철새들이 날아다니는 모습도 심심치 않게 볼 수 있다. 또한 그들 사이로 자연 그대로의 풍경을 벗 삼아 라이딩하는 사람들이 눈에 띈다.

파주 출판도시를 자전거로 출퇴근하는 정관수 씨(39·운정2동)는 "자전거 동호회에 가입하지는 않았지만 자전거 라이딩을 즐긴다."라고 한다. 수험생 박상현 씨(21)는 "오늘 공부하다가 형 자전거를 가지고 나왔다."라며 "혼자 자전거를 타다가 지인을 만나서 함께 타기도 하고 멋진 자연 속에서 자전거를 탈 수 있다는 것이 매력인 것 같다."라는 말을 했다.

공릉천 자전거 도로 파주 구간은 고양시 지영동과 파주시 조리읍의 경계에서 시작된다. 파주 구간 출발점인 조리읍 하나로 마트와 자전거 도로 종착역인 교하교 다리 밑(영천 배수 갑문)까지 연결된 자전거 전용 도로에는 이용객 편익을 위해 야간 전조등, 자전거 보관소, 휴식소, 음료대 등이 곳곳에 설치돼 있다.

가족과 함께 나온 안도윤 양(7)의 어머니는 "차를 타고 멀리 나가지 않고 풍경도 멋있고 아이들과 함께 시원하게 즐길 수 있어서 좋다."라고 했다. 그는 "최근에는 여기저기 안전 장치도 새롭게 만들어 놓은 흔적이 보이는데 아이를 키우는 입장에서는 굉장히 고맙게 느껴진다."라며 "시민의 재산인 만큼 많이 이용했으면 한다."라고 말했다.

지난해 10월에는 운정 신도시 소리천과 공릉천을 연결한 자전거 도로가 개설됐고, 자전거 도로 주변에는 배드민턴 전용 구장까지 건립되기도 했다. 최근에 파주시는 시민들의 의견을 반영해 검산동 성원, 대방, 유승 아파트에서 자전거 도로까지 쉽게 접근할 수 있도록 하기 위해 오는 6월 중 연결로를 만들기로 했다. 파주시는 이번 자전거 도로의 연결로 사업으로 지역 주민이 공릉천의 수려한 자연경관과 맑은 공기 속에서 라이딩을 즐길 것으로 기대하고 있다.

① 자전거 타기는 단순한 여가 선용만이 아니라 다양한 유용성을 제공한다는 취지로 글을 써야겠어.

② 자전거 이용 인구가 최근 많이 늘어난 것은 사실이지만 그만큼 안전사고 또한 빈번하게 일어나고 있음을 주지시켜야겠어.

③ 자전거 이용에 대한 홍보도 중요하지만 안전시설 확충이나 자전거 도로의 정비 또한 이루어져야 함을 강조해야겠어.

④ 자전거로 출근하는 사람들을 위한 정부나 지자체, 기업의 지원이 있어야 함을 말해야겠어.

⑤ 자전거와 대중교통과의 원활한 연계나 이를 효과적으로 운용하는 것에 대해서도 다루어야겠어.

다음 공고문을 이해한 내용으로 적절하지 않은 것은?

강남OO재단 직원 공개 채용 모집 공고

강남구민의 문화 욕구 갈증을 해소하고, 강남의 고유한 문화를 발굴 육성하기 위해 강남구가 출연하여 설립한 강남OO재단에서 근무할 참신하고 유능한 인재를 다음과 같이 공모합니다.

1. 채용 직종, 분야 및 인원

채용 직종 (급)	근로 형태	채용 분야	채용 인원	직무 내용	비고
일반 (계약)직 7급 (경력직)	기간제 1년 후 정규직 재임용 심의	일반 행정 (문화 축제 기획)	1	• 패션 페스티벌 및 지역 문화축제 관리 • 공연 기획 및 예술단 • 기타 문화재단 추진 사업 이행 등	• 임용일로부터 1년 후 근무 평가(인성, 업무능력 평가 후 정규직 전환) • 보수 : 연봉제(관계 규정에 의함, 정규직과 동일) • 보수 수준 −총액 연봉 약 23,000천 원 이상 (법정 수당 등 포함, 세전) • 기타 급여 산정 내역 −기본 연봉 18,000천 원 (급식비 포함) (재단 보수 규정 변동 시 변동 기준 적용) −수습(3개월) 후 연봉 가산률 적용 −경력에 따라 최고 15% 가산(연봉 20,700천 원) −시간 외 근무 및 각종 법정 수당 등 별도 −통역 수당, 가족 수당 적용 등
		일반 행정 (영어 담당)	1	• 관광 정보 센터 운영 관리 및 고객 영어 응대 등 • 기타 문화재단 추진 사업 이행 등	

2. 응시 자격

O다음 자격 요건에 적합한 자

채용 직종(급)	채용 분야	직무 내용
일반(계약)직 7급 ※경력직 채용 각 1명	일반 사무 (문화 축제 기획)	• 지역 문화 축제 기획(홍보 및 관리 종합) 경력 3년 이상 • 공연 기획 및 패션 관련 분야 전공자 우대 • 축제 및 패션 분야 관련 자격증 및 프로젝트 유경험자 우대
	일반 사무 (영어 담당)	• 영어 구사 업무 분야 전공자 • 영어 활용 관련 업무 경력 1년 이상자 • 영어 관련 자격 시험 80점/100만점(80%) 이상 득점자 • 기타 외국어 가능자 우대(가점 부여 등−서류 및 면접 시)

3. 전형 방법

O1차 : 서류 심사
O2차 : 인적성 검사
O3차 : 면접심사 (※서류 심사 합격자에 한하여 실시)
O최종 합격자 발표 : 개별 통지 및 재단 홈페이지에 게재
 (단, 지원자는 임용 예정일에 근무 가능자여야 하며 근무 불가 시 합격이 취소될 수 있습니다.)

4. 제출 서류 및 접수 방법

O입사 지원서 및 자기 소개서 각 1부(온라인 사이트 지정 양식)

① 3개월 수습 과정을 반드시 거쳐야 하는군.

② 1년 뒤 정규직으로 재임용을 받기 위해서는 근무하는 동안 성실히 임해야겠군.

③ 3차에 걸쳐 전형이 진행되므로 전형 하나하나마다 최선을 다해야겠군.

④ 시간 외 근무 수당과 별도의 업무 수당이 주어지는군.

⑤ 일반(계약)직 7급의 경우 관련 업무 3년 이상의 경력을 요구하고 있군.

090 글을 읽고 보인 반응으로 적절하지 않은 것은?

또 다시 연료 효율이 도마에 올랐다. 지난해 OO차가 미국에서 표시 연비가 과장됐다며 소비자에게 5,000억 원을 보상한 후 이번에는 △△차가 논란이다. △△ 하이브리드를 구입한 국내 소비자가 자신이 실제 운행해 본 결과 표시 연비가 나오지 않는다며 과장 광고 손해 배상을 제기했고, 법원은 제조사 손을 들어 줬다. 제조사가 실주행 연비와 차이날 수 있다는 점을 광고에 표시했고, 일반 소비자라면 체감 효율과 표시 효율의 차이가 있음을 알고 있다는 게 근거였다. 이를 두고 국내에서 미국과 한국 소비자 차별 논란이 일어나고 있다.

하지만 이번 논란은 다분히 감정적인 측면이 적지 않다. 소비자 입장에선 차별(?)로 받아들일 수 있지만 엄정한 잣대를 적용하면 미국과 한국의 표시 연비 기준의 해석 차이에서 비롯됐기 때문이다. 지난해 미국 정부는 OO차의 미국 내 표시 연비에 일부 오류가 있음을 지적했다. 자동차 연비를 측정할 때 입력하는 도로 저항값 산출 조건 적용에 이견이 있었다는 게 그 이유다. 미국 내 주요 도로가 시멘트 재질임을 감안했어야 하지만 OO차의 시험은 표면이 매끄러운 아스팔트였다는 점이 문제 됐다. 이에 따라 미국은 시멘트 도로 조건의 재시험을 요구했고, 그 결과 일부 차종의 표시 연비가 하락했다. OO차는 표시 연비의 차이만큼 미국 소비자에게 보상을 했다.

반면 지난해 미국 내 연비 표시 문제가 논란이 되자 한국 정부도 대책을 마련했다. 표시 연비와 체험 효율 사이의 간극을 좁히는 게 요지였다. 이에 따라 올해부터 표시 연비와 시중에 판매되는 신차 효율을 임의 측정했을 때 오차 범위를 3%로 낮추고, 연료 내 탄소 함량도 현실에 맞게 조정했다.

통상 체험과 표시 연비의 차이는 언제나 논란거리다. 지난 2010년 에너지관리공단은 운전자의 69.4%가 표시 및 체감 연비 사이에 괴리감이 존재한다는 점을 들어 연비 측정 제도를 미국과 비슷하게 변경했다. 현재 활용되는 '복합, 도심, 고속도로' 구분법이 도입된 배경이다.

이렇게 바꾸니 이전보다 표시 연비는 20%가량 하락했다. 그것도 모자라 지난 2012년 지식경제부는 '공인 연비'라는 단어를 '표시 연비'로 바꾸고, 지난해 1월부터는 표시 연비 1등급 기준을 ℓ당 15km에서 16km(복합 기준)로 상향 조정하는 등 자동차 표시 연비는 제도가 변경될 때마다 끊임없이 조금씩 하향 조정되며 불만을 낮추는 데 초점이 맞춰졌다.

그럼에도 표시 연비에 대한 불만은 여전하다. 이유는 효율이라는 게 교통 상황, 도로 조건, 운전자 습관에 따라 최대 편차율이 30%를 넘나들기 때문이다. 실제 지난해 11월 환경부 후원으로 열린 '연비왕 선발 대회' 최종 우승자 효율은 ℓ당 24.2㎞였다. 배기량 1,600㏄미만 준중형차로 200㎞를 달린 결과다. 해당 차종의 정부 표시 연비 14㎞를 훌쩍 넘는 기록이며, 고속도로 기준의 16.6㎞보다 7.6㎞ 높았다. 또한 같은 해 크라이슬러코리아가 대형 세단 300C의 연비왕 선발 대회를 펼친 결과 가솔린 부문의 최고 기록은 18.34㎞에 달했다. 정부 복합 기준의 13.8㎞와 비교해 104%가 높았고, 고속도로 기준 12.1㎞와 비교해도 ℓ당 6㎞ 이상 길었다.

하지만 표시 연비 대비 하락하는 경우도 부지기수다. 시내에서 가다 서다를 반복하거나 언덕을 자주 오를 때, 또는 급가속을 많이 하면 효율은 표시 연비 아래로 떨어지기 마련이다. 이처럼 수많은 변수가 작용된다는 점에서 정부도 연비는 참고일 뿐이라고 힘주어 설명한다.

물론 이번 논란의 발화점은 표시 연비 차이를 두고 미국은 보상하되 한국은 하지 않았다는 점이다. 그러나 미국 내 보상은 미국 정부가 미국 내에서 판매되는 일부 한국 승용차의 연비가 조건 부적합으로 기준을 넘었다고 지적한 데서 비롯됐다. 따라서 한국도 미국처럼 보상을 받으려면 공식적인 근거가 마련돼야 하지만 정부 조사 결과 문제가 없는 것으로 결론이 모아졌다. 이런 점을 들어 미국의 연비 보상과 국내 법원의 판결을 연결, '국내 소비자 역차별'로 보는 시각은 감정적인 측면이 다분했던 셈이다.

그렇다면 국내 소비자들의 이 같은 감정적 대응의 근본 이유는 무엇일까? 한마디로 제조사에 대한 불신이다. 지금은 아니라 하더라도 그간 해외 시장 개척을 위해 △△차가 도입했던 각종 제품 전략, 마케팅, 가격 정책 등이 불신의 씨앗을 제공했다는 점이다. 뒤늦게 아니라고 강변하지만 한번 자리 잡은 불신이 사라지려면 상당한 시일이 걸릴 수밖에 없다.

그래서일까? 최근 OO△△차가 소통 프로그램 확대에 주력하고 있다. 젊은 대학생은 물론 주 구매층인 30~40대 소비층을 겨냥한 다양한 서비스 방안도 내놓는 중이다. 이를 통해 △△차로부터 멀어져 가는 소비자 마음을 다시 끌어들인다는 의지다. 그러자면 진정성이 우선이다. △△차의 노력에 진정성을 담는 것, 이제 그런 진정성이 절실히 필요할 때가 아닌가 한다.

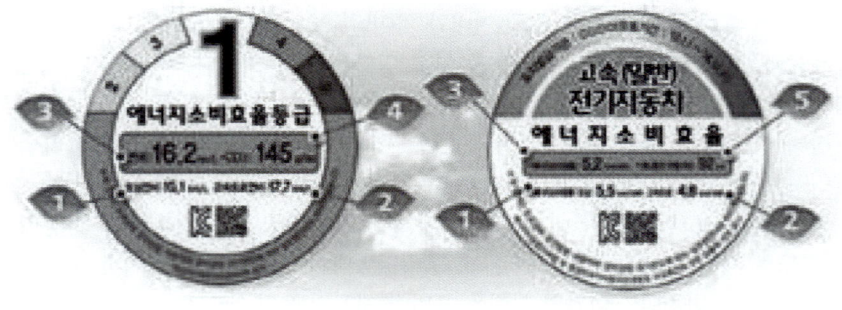

① 눈 가리고 아웅이라더니 더 이상 제조사가 소비자를 우롱하는 일은 없게 해야겠어.
② 표시 연비와 주행 연비는 나라마다 규정이 다르고 상황에 따라 다른 것은 인정해야 해.
③ 표시 연비가 현실을 반영하지 못하고 그 법적 장치가 미흡하다면 마땅히 보완해야 해.
④ 속칭 뻥 연비를 사용하는 제조사에게는 소비자 피해 보상과 함께 무거운 벌금을 부과해야겠어.
⑤ 제조사는 하루빨리 소비자들의 신뢰를 회복할 수 있는 방안을 모색해야 해.

091 〈보기〉의 설명에 해당하는 인물은?

> **보기** 1936년 단편 '졸곡제'가 동아일보 신춘문예에 당선되고 이듬해에 '성황당'이 조선일보 신춘문예에 당선되어 문단에 등단하였다. 매일신문 기자로 근무하다 해방 이후 소설 창작에만 전념했다. 1954년 서울신문에 연재되었던 대중 소설 '자유 부인'은 여성의 애정 윤리를 다룬 소설로서 당시로서는 보기 드물게 남녀 간의 애정 윤리를 대범하게 다루어 사회적으로 큰 반향을 불러일으킨 것으로 너무나 유명하다. 한 생애를 모두 소설 창작에만 전념했으며 하루도 빠짐없이 원고를 쓰는 투철한 장인 정신의 소유자였다.

① 이기영　　　② 나도향　　　③ 정비석　　　④ 한설야　　　⑤ 유진오

092 〈보기〉의 설명에 해당하는 것으로 적절한 것은?

> **보기** 18세기 김천택이 한글 노래를 묶어 놓은 것이다. 한글은 그저 무지한 서민의 언어로 취급되어 멸시받던 그 시절, 한글 노래를 모아 연구하고 그것을 다시 책으로 엮어 냈다는 것은 그만큼 가치가 높다 할 수 있다. 특히 기득권을 가진 양반이 한글 노래에 관심을 가지고, 이를 부른 서민들의 재능에 귀 기울여 연구했다는 점은 그 의미가 크다. 문인 중심의 문화와 비주류인 서민 문화가 어떻게 만나서 변화하고 조화를 이루는가를 보여 주고 있는 것이다. 문인의 정돈되고 간결한 작품은 물론, 서민들의 삶의 애환을 담은 작품까지, 두루 담아내고 있어 선조들의 정서와 풍류를 한껏 느낄 수 있도록 하였다.

① 해동역사　　　② 용재총화　　　③ 시용향악보　　　④ 청구영언　　　⑤ 해동가요

093 자료에 대한 설명으로 적절하지 않은 것은?

> 일정이 막바지로 가고 있는 국회 '중동호흡기증후군 대책 특별위원회'(이하 특위)가 보건복지부 개편 등 제도 개선에 대한 입장을 정리할 수 있을지 귀추가 주목된다. 특위는 최근 22일 오전 애초에 계획에 없는 일정을 추가할 방침이다. 제도 개선을 위해 전문가 간담회를 갖기로 한 것. 아직 간담회에 참석할 전문가가 확정되지는 않았지만 감염병 전문가를 비롯해 행정 조직 전문가, 시민 사회 단체 측 전문가 등의 참가를 예상한다. 특위 한 관계자는 "전문가 간담회가 추가된 것은 제도 개선을 논의하기 위한 자리로 복지부 개편을 포함한 감염병 예방 역량 확대를 위한 사항이 이야기될 것"이라고 밝혔다. 이날 오후에는 메르스 관련 종합 점검 질의가 이어지며 복지부, 질병관리본부, 국민안전처, 교육부 등 관계 부처와 김우주 민관합동대책반 공동 대표 등이 참가한다. 종합 점검에서는 오전의 전문가 간담회 내용과 오후의 관계 기관 계획을 종합해 제도 개선 방향을 정리할 것으로 예상돼 복지부 개편 등이 어떻게 제시될지 주목된다.
> － ○○신문 기사 중에서

① 어려운 한자어가 사용되었다.
② 문장의 필수 성분이 생략되어 있다.
③ 주어에 대한 서술어의 호응이 자연스럽지 못한 문장이 있다.
④ 시제 사용이 잘못된 문장이 있다.
⑤ 이중 피동이 사용된 문장이 있다.

094 〈보기〉에서 다음 〈조건〉을 충족시키는 문장을 모두 고르시오

> **조건**
> • 접사로 형성된 단어를 사용할 것
> • 한 문장이 다른 문장에 안겨 있을 것
> • 청자를 높이는 합쇼체를 사용할 것

> **보기**
> 가. 지우개로 칠판을 지우니 칠판이 아주 깨끗하군요.
> 나. 개나리가 핀 들길을 걸어가는 사람은 나의 아버지입니다.
> 다. 어머니께서 아기에게 밥을 먹이십니다.
> 라. 잔디밭에 들어가는 사람은 엄벌에 처한다고 말하였습니다.
> 마. 높이 나는 새는 몸집이 작습니다.

① 가, 다   ② 나, 라   ③ 라, 마   ④ 나, 마   ⑤ 다, 라

095 간판의 '명명법'을 설명한 것 중 적절하지 않은 것은?

	간판 이름	설명
①	닭큐멘타리	다큐멘터리와 발음의 유사성을 이용한 명명법. '닭+바비큐'를 연상할 수 있는 명명법이다.
②	마니머거도 돼지	단어의 발음 그대로 소리 나는 대로 이어적기를 한 것이다. '돼지'의 단어는 그대로 두어 업종의 특성을 부각시키고 말의 배치를 도치시킨 일종의 언어유희이다.
③	타이어 파는 생선 가게	독창적인 아이디어로 대중의 시선을 끌기 위해 전혀 관련성이 없어 보이는 단어의 조합을 이용, 지적 호기심과 신선함을 유발시키는 일종의 낯설게 하기이다.
④	소주병 휘날리며	영화의 제목을 모방, 패러디한 경우 대중들은 쉽게 기억할 수 있다. 소주병을 통하여 업종을 연상할 수 있다.
⑤	찜	하나의 단어를 통하여 여러 가지 의미를 연상할 수 있다. 즉, 단어를 중의적으로 사용하여 대중에게 각인의 효과를 준다.

096 〈보기〉와 같은 단어들에 대한 설명으로 적절하지 않은 것은?

보기	억	아!	머꼬?	아이구야	에

① 지역에 따라 개인에 따라 발화의 형태나 표현이 다양하다.
② 의도된 의사소통 수단으로서의 기능을 가지지 못할 수도 있다.
③ 주로 지시적 기능보다는 언어의 표출적 기능으로 존재한다.
④ 발화자 자신도 모르는 사이에 갑자기 발화로 실현될 수도 있다.
⑤ 발화자가 발화 상황에서 시간적 여유가 없을 때, 부지불식간에만 실현된다.

097 〈보기〉에서 최대흥 부장의 업무 지시에 대한 이 대리의 대답으로 적절한 것은?

> 보기 이 대리! 나는 지금 대전 출장을 끝내고 회사로 복귀하는 중인데 지금 차량들이 정체되어 오후 4시나 되어야 회사로 갈 수 있을 것 같아. 3시에 협력 업체 박 부장님이 회사로 오실 거야. 내가 부탁한 견적서 가지고 오실 거니까 그것 받아서 내 책상 위에 두고, 그리고 내일 상무님께 업무 보고 드리는 거 알지. 그때 이사님께도 함께 보고드리는 거니까 보고서 한 부 더 작성해서 준비해 줘. 그리고 내 책상 오른쪽에 OO상품 설명서 있는데 그것도 한 부 복사해서 내 책상에 놓아 줘. 3시 30분에 거래처에서 나를 찾는 전화가 오면 받아서 메모하여 내 자리에 놓아 주고 회사 복귀 후 전화드리겠다고 해 줘!

① 내일 업무 보고서를 두 부 작성하여 놓겠습니다.

② OO상품 설명서를 박 과장님께 전해 드리겠습니다.

③ 거래처에서 전화가 오면 메모 남긴 후 내일 전화드린다고 하겠습니다.

④ 박 부장님께 받은 견적서를 부장님 책상에 두겠습니다.

⑤ 회사에 들어오시는 대로 박 부장님께 전화드린다고 하겠습니다.

098 남북한의 언어적 차이를 설명한 것으로 옳지 않은 것은?

	항목	남한(표준어)	북한(문화어)
①	발음	두음 법칙, 자음 동화 인정	두음 법칙, 자음 동화 인정하지 않음
②	억양, 어조	낮은 억양, 부드럽게	낮은 데서 높은 데로, 단어를 끊어서 발음
③	외래어 수용	가급적 원어 그대로 사용	대체로 우리말로 순화해서 사용
④	서로의 말을 어려워하는 이유	북한의 발음과 억양을 이해하기 힘들어함	남한의 생소한 단어를 이해하기 힘들어함
⑤	언어관	언중의 약속과 언어 환경에 따라 자연 발생적으로	공산주의 사상에 입각하여 강제적으로

099

다음은 개화기 신문에 실린 광고이다. 이에 대한 설명으로 틀린 것은?

이러케까지할쎄무엇잇소!

요새행길에서흔히 보는구경꺼리다. 멋부려야할텐데 어쩌케해서 맥고모자는하나 사썻지만 힌바지가업스니 신사체면에어쩌케나갈수가잇나 이러케 힌바지를거려서들고들고단이기라도해야지!

① '이러케까지할쎄무엇잇소!'에서 보듯 'ㅅ' 계열의 합용 병서가 사용되었다.
② '신사체면에'서 보듯 구개음화가 일어났음을 알 수 있다.
③ '업스니'에서 보듯 이어적기를 하고 있다.
④ 띄어쓰기가 오늘날의 것과 많이 다르다.
⑤ '나갈수가잇나'에서 보듯 당시는 7종성법을 사용했다.

내용 중 밑줄 친 사례를 통해 비판하고자 하는 내용이 아닌 것은?

최근 몇 년간 제주도에 중국 부자들이 부동산에 들러서 땅을 사 간다는 말을 들은 적이 있다. 중국인들이 이런 식으로 제주도를 사서 지금은 제주도의 30%가 넘는 부분이 중국인에게 넘어갔다고 한다. 중국이 점점 커지면서 우리나라의 제주도뿐만 아니라 지역 곳곳에 관광을 하러 온다. 그러면서 중국 관광객을 부르는 단어가 다양해져서 '요커', '요우커', '유우커' 등등 여러 가지로 불렸다. 그러자 국립국어원이 한국신문방송편집인협회와 함께 중국어 표기법에 따라 '유커'라고 정했다. 그러나 중국인 관광객 중 한 명이 '유커'란 '관광객'이라는 뜻이며 한국 사람이 중국을 관광하러 가도 '유커'라고 말한다며 항의를 했다. 여기서 드는 생각은 국립국어원과 한국신문방송편집인협회가 최소한의 사전 조사도 안하고 중국인 관광객을 '유커'라고 정의 내린 것이 아닌가하는 것이다. <u>중국인 관광객은 그냥 중국인 관광객이라고 부르면 될 것을 군이 외래어로 표기하려 한 것 자체가 국립국어원이 지향하는 합리적인 국어 정책 추진과는 거리가 조금 멀어 보인다.</u> 국립국어원 자체도 한글로 표현할 수 있는 것을 외래어로 표기하려고 하는 자세가 있으니 아직도 우리나라 국민들이 한글을 소중히 쓰지 않고 외래어와 외국어를 섞어서 사용하는 것이 아닌가 싶다. 안타까운 현실이다.

① 배 주고 속 빌어 먹겠구나.
② 과유불급(過猶不及)이란 말을 이럴 때 쓰는 것이구나.
③ 후진적 문화일수록 자문화 천시주의에 빠지기 쉽지.
④ 머리를 삶으니 귀까지 익는구나.
⑤ 교왕과직(矯枉過直)이라더니.

2회

실전 모의고사

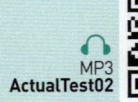

2회 실전 모의고사

듣기 · 말하기(1~15)

001 설명에서 언급한 구름떡은?

①

②

③

④

⑤

002 두 사람이 공통적으로 인식하고 있는 것은?
① 정부는 정책을 제대로 시행하지 않고 있다.
② 외국인 노동자의 인권은 반드시 법으로 명시되어야 한다.
③ 법이 현실을 따르지 못하고 있다.
④ 국내 외국인 노동자들의 처우는 열악하다.
⑤ 중소기업의 인력난은 잘못된 인력 송출에 기인한 것이다.

003 내용을 바탕으로 한 문제의식으로 가장 잘 적절한 것은?
① 외래어의 문화 전파력이 너무 강력하여 막기 어렵군.
② 기존의 단어조차 잃어 가고 있어 한심한 생각이 드는군.
③ 생산적 조어가 이루어지지 않는다면 언어는 그 기능을 상실한 것이군.
④ 고급의 언어를 지향하기 위해 반드시 필요로 하는 것이 신조어 개발이군.
⑤ 필요하다면 타 언어 역시 주체적으로 수용하여야겠군.

004 강연의 내용을 바르게 이해하지 못한 것은?
① 벌새는 일반 조류들과 다른 독특한 비행 능력을 가지고 있다.
② 벌새는 열악한 환경에서 진화한 조류라고 할 수 있다.
③ 벌새는 에너지원을 쉽게 구하는 최적의 신체 구조를 지니고 있다.
④ 벌새의 생체 구조는 많은 에너지를 필요로 하는 구조이다.
⑤ 벌새는 단기간 내에 에너지를 축적하고 노폐물을 방출한다.

005 대담의 내용을 바르게 이해하지 못한 것은?

① 중국의 급속한 경제 성장은 우리에게 물실호기(勿失好機)로구나.
② 신한류는 다방면에 새로운 변화의 바람을 몰고 오고 있구나.
③ 신한류의 흐름을 이어 가기 위해서는 정부의 지원이 절대적이겠구나.
④ 중국 시장에서 신한류는 상당히 매력적인 문화 상품임에 틀림없구나.
⑤ 신한류는 결국 서구 문화에 우리의 문화를 독창적으로 접맥한 것이 주효했구나.

006 인터뷰 내용을 바르게 이해한 것은?

① 모든 음악은 자신의 고유성보다는 대중성을 선택한다.
② 대중성이 결여된 음악은 그 지속성이 요원하다.
③ 전통 음악도 다양한 방법으로 대중성을 모색해야 한다.
④ 학교 교육을 바로 세워야 전통 음악의 고유성을 획득할 수 있다.
⑤ 장르를 넘나드는 다양한 시도, 이것이 전통 음악이 풀어야할 과제이다.

007 인터뷰 내용을 반박하는 논지로 가장 적절한 것은?

① 전통 음악을 수용하는 관객의 수준을 너무 과소평가하는 것은 아닐까요?
② 학교 교육에 대한 문제 인식이 너무 부정적이군요?
③ 외국에서 전통 음악이 극찬을 받는 이유는 무엇일까요?
④ 우리 것만 고집한다고 과연 세계화가 될 수 있을까요?
⑤ 퓨전 음악이라는 시도 하나로 과연 세계화라고 할 수 있을까요?

008 내용을 제대로 이해하지 못한 사람은?

① 정민: 그랜드 캐니언은 차별 침식으로 형성된 거대한 계곡이구나.
② 보영: 그랜드 캐니언 국립 공원 중심부는 계곡이 깊게 형성된 곳에 있구나.
③ 승석: 공원의 일부는 겨울에는 눈으로 통행이 통제되는구나.
④ 우섭: 계곡에 형성된 암석층은 다양한 성분으로 이루어져 있구나.
⑤ 은섭: 지질학자들의 200여 년의 연구, 노력에도 아직 밝혀진 것이 별로 없구나.

009 이 다큐멘터리의 설명 방법으로 적절하지 않은 것은?

① 대자연의 오묘한 현상을 알기 쉽게 풀이하여 설명하고 있다.
② 정확한 수치를 제시하여 글의 신빙성을 높이고 있다.
③ 비유와 예시의 방식으로 체계적으로 서술하고 있다.
④ 자연 현상을 체계적이고 상세하게 묘사하고 있다.
⑤ 지층이 형성된 내력을 통시적 관점에서 서술하고 있다.

010 남자의 주장에 대하여 반론을 제기한 것으로 가장 적절한 것은?

① 바지랑대로 하늘 재기군.

② 구더기 무서워 장 못 담그겠군.

③ 잘 쓰면 약이지만 못 쓰면 독이 될걸.

④ 고양이 목에 방울 달기군.

⑤ 긁어 부스럼을 만드는군.

011 여자의 입장을 바르게 이해한 경우는?

① 내가 아니어도 누군가는 하겠지 하는 그 안일함이 인권의 사각지대를 만든다.

② 북한은 더 이상 인권 문제에 있어서는 대화와 타협의 상대가 아니다.

③ 같은 동포로서 북한의 인권을 감시하고 압박하는 것은 당연한 조치이다.

④ 북한 사회 인권의 중요성을 일깨우기 위한 최소한의 장치가 바로 입법이다.

⑤ 아무리 법적 장치가 마련되어 있어도 감시와 견제가 없으면 무용지물이다.

012 전문가의 말하기 방식으로 가장 적절한 것은?

① 대상에 대한 자신의 생각을 상대방에게 설득시키고 있다.

② 적절한 비유를 들어 내용을 상세화하고 있다.

③ 다양한 사례들을 들어 자신의 주장을 강화하고 있다.

④ 추상적인 개념을 알기 쉽게 구체화하고 있다.

⑤ 자신의 주장에 대한 근거와 아울러 대안을 제시하고 있다.

013 전문가의 입장을 바르게 이해하지 못한 것은?

① 한국 정치권력의 부패는 아픈 역사의 산물이다.

② 정치권력이 속성상 모두 비윤리적이라고 평가하는 것은 잘못이다.

③ 정치인들을 백안시하는 데에는 그럴 만한 이유가 있다.

④ 정치권력의 부조리 뒤에는 민중들의 암묵적 동조가 있었다.

⑤ 정치권력이 바로 서야 나라가 바로 설 수 있다.

014 이 대담에서 두 사람이 공통적으로 인식하고 있는 것으로 적절한 것은?

① 아무리 베이비 박스를 늘린다 해도 문제 해결은 요원해.

② 국가가 해야 할 일을 민간 차원에서 하고 있군.

③ 선진국의 모범적 사례를 반면교사로 삼아야겠군.

④ 생명의 존엄한 가치는 어떤 경우라도 지켜야 해.

⑤ 최소한의 양심과 윤리 의식은 가져야겠군.

015 이 대담의 내용을 바르게 이해하지 못한 것은?

① 이 제도가 제대로 정착되기 위해서는 뜻있는 독지가의 지원이 필요하겠다.

② 어린 생명을 함부로 방치하거나 유기하는 것은 심각한 범죄이다.

③ 우리 사회에 생명 경시 풍조가 만연한 것 같아서 씁쓸하다.

④ 부모로서 지녀야 할 책임과 도덕률이 무엇인지 반드시 깨달아야 한다.

⑤ 정부가 앞장서서 이 문제를 해결하고 예산을 편성하여야 한다.

어휘 · 어법(16∼45)

016 밑줄 친 단어의 뜻풀이로 적절하지 않은 것은?

① 부숭부숭하게 잘 말라서 보관하기가 아주 좋다. → 물기가 없이 잘 말라서 부드러운 모양

② 철수는 나이에 맞지 않게 언행이 듬직하고 나볏하다. → 반듯하고 의젓함

③ 명수는 사업 수완이 뛰어나 거래처 사람들과도 오사바사하며 잘 지낸다. → 성격이 착하고 싹싹하여 두루 잘 지냄

④ 갑자기 이름도 생소한 메르스 독감이 창궐(猖獗)하여 생게망게하다. → 뜻밖의 일로 갑작스럽고 어이가 없음

⑤ 늦은 밤 골목길을 지나는데 감때사나운 사람들이 서 있다. → 외모나 행동 따위가 험상궂고 사나움

017 밑줄 친 단어의 뜻풀이로 바르지 않은 것은?

① 연말 정산은 서민들에게는 자칫 계륵(鷄肋)으로 인식될 수 있다. → 닭의 갈비뼈란 뜻으로 먹자니 먹을 게 없고 버리자니 아까운 상태를 이른다.

② 선조는 난을 피해 함경도로 몽진(蒙塵)을 떠났었다. → 머리에 먼지를 쓴다는 뜻으로 임금이 난을 피해 안전한 곳으로 간다는 뜻이다.

③ 이제 모든 걸 걸고 농성(籠城)할 준비를 하고 있다. → 성문을 굳게 닫고 지킨다는 뜻으로 어떤 목적을 위하여 투쟁함을 이른다.

④ 이번 사태 조기해결의 관건(關鍵)은 국민들의 자발적 참여에 달려 있다. → 빗장과 자물쇠란 의미로 사물의 가장 핵심적인 요소를 말한다.

⑤ 이 일은 누가 언제 하더라도 여반장(如反掌)이다. → 손바닥과 손등이란 뜻으로 누가 하여도 두 가지 경우의 수만 존재한다는 뜻이다. 즉, 이것이 아니면 저것이라는 뜻이다.

018 밑줄 친 한자어의 쓰임이 적절하지 않은 것은?

① 약 2주 정도 경과한 이즈음 전염병이 소강(小康) 상태로 접어들고 있다.

② 그는 평소에도 느리고 해태(懈怠)한 구석이 있다.

③ 모든 채무가 이 시점에서 반제(返濟) 처리되었다.

④ 그 청년은 방년(芳年) 스무 살로 푸릇푸릇한 젊음을 자랑하는 한창 때이다.

⑤ 우리 팀은 최고의 기량을 뽐내는 선수들을 엄선(嚴選)해 꾸린 팀이다.

019 밑줄 친 한자어의 활용이 적절하지 않은 것은?

① 누구나 가끔은 세속적 삶보다는 고답적(高踏的)인 삶을 꿈꾸기도 한다.

② 그 연예인이 결혼했다는 소문은 알고 보니 낭설(浪說)이었다.

③ 우리는 일상생활에서 편각(片刻)과 수유(須臾)를 같은 뜻으로 사용한다.

④ 이 책은 수필가 피천득 선생의 특별한 일화(逸話)를 한데 묶은 책이다.

⑤ 너는 이번 일에 관여할 게재(揭載)가 못 된다.

020 밑줄 친 고유어의 쓰임이 적절하지 않은 것은?

① 다정했던 두 사람 사이가 이번 일로 인해 갑자기 설면해졌다.

② 이 무렵이면 옛날 시골에서 모내기 때 먹던 결두리 생각이 난다.

③ 무릎맞춤이라도 해서 내 결백을 밝혀야겠다.

④ 전시장에 관람객들이 한꺼번에 몰리는 사품에 정신이 하나도 없다.

⑤ 낭떠러지에 떨어졌으나 운이 좋게도 소나무를 더위잡을 수 있어서 천만다행이다.

021 괄호 안에 공통적으로 들어갈 서술어의 기본형으로 옳은 것은?

가. 어딘지 눈에 (　　　).
나. 솜씨가 없어서 밥이 (　　　).
다. 이 이야기는 귀에 (　　　).
라. 여름밤은 짧아서 잠이 (　　　).

① 익다 　　　② 열리다 　　　③ 설다 　　　④ 먹다 　　　⑤ 시리다

022 괄호 안에 공통적으로 들어갈 서술어의 기본형으로 옳은 것은?

가. 5년 만에 대리 딱지를 (　　　).
나. 아기가 이제 막 발걸음을 (　　　).
다. 그에게 학을 (　　　).
라. 범인이 천천히 입을 (　　　).

① 열다 　　　② 놓다 　　　③ 버리다 　　　④ 떼다 　　　⑤ 모으다

023 괄호 안에 들어갈 단어로 적절한 것은?

가. 이 제안이 만약 받아들여지지 않는다면 차후에 일어날 모든 사태의 책임은 귀측에 있음을 (　　　)하여 밝혀 두는 바입니다.
나. 종교에서 " 인류는 이미 타락하였다."라고 할 때, 그것은 우리 모두에게 인간성의 (　　　)을 예고한 것이다.

① 정언(定言) - 유언(流言)　　　② 증언(證言) - 발언(發言)　　　③ 부언(附言) - 정언(定言)

④ 부언(附言) - 종언(終焉)　　　⑤ 제언(提言) - 발언(發言)

024 괄호 안에 들어갈 단어로 적절하지 않은 것은?

> 무정과 나는 어려서부터 줄곧 함께 자란 죽마고우(竹馬故友)이다. 주위 사람들은 이런 우리의 모습을 언제나 부러워한다. 우리는 형제에 버금가는 (   ) 사이이다.

① 막연한　　　　② 친밀한　　　　③ 돈독한　　　　④ 자별한　　　　⑤ 막역한

025 밑줄 친 한자어의 병기가 잘못된 것은?

① 면연(綿延)히 이어져 내려오는 우리 민족의 찬란한 역사
② 방안 형광등이 단속(團束)적으로 깜박거린다.
③ 은행 보관 창고에 우리 집 귀물(貴物)을 잘 보관해 두었다.
④ 6·25 때 삼촌이 전사 했다는 연통(連通)을 접하고 온 가족이 비통함에 잠겼다.
⑤ 독재 정권하에서 문인들을 상대로 대대적인 검열(檢閱)이 이루어졌다.

026 괄호 안에 차례대로 들어갈 단어로 적절한 것은?

> 가. 그녀를 떠나보내고 영원히 잊은 줄 알았는데 (   ) 그녀와의 지난날 추억이 생각난다.
> 나. 내가 너처럼 그런 짓을 할 수 있지만 양심상 (   ) 않고 있어.
> 다. 너는 웃는 모습이 네 어머니를 (   ) 닮았구나.

① 모두 – 군이 – 꼭　　　② 때때로 – 괜히 – 똑　　　③ 더러 – 부러 – 똑
④ 종종 – 필히 – 꼭　　　⑤ 군이 – 하필 – 꼭

027 괄호 안에 차례대로 들어갈 단어로 적절한 것은?

> 가. 그분은 우리 겨레의 정신에 훌륭한 (   )가 되었다.
> 나. 친권자가 없는 미성년자나 금치산자를 보호하기 위하여 (   ) 제도가 있다.
> 다. 이 문장은 이 문집 전체를 통틀어 가장 멋진 비유로 단연 (   )이다.
> 라. 상춘곡은 우리 가사 문학의 (   )이다.

① 본보기 – 조력자 – 명문 – 파천황　　　② 시금석 – 대리인 – 지표 – 효시
③ 본보기 – 보호자 – 총아 – 남상　　　④ 전형 – 집행인 – 총체 – 파천황
⑤ 사표 – 후견인 – 압권 – 효시

028 괄호 안에 차례대로 들어갈 한자어로 적절한 것은?

> 이 시점에서 여야 모두 이제 정치적 대립은 가급적 (   )하고 화합과 상생의 정치를 (   )해야 한다.

① 止揚 – 止揚　　② 止揚 – 志向　　③ 指向 – 止揚　　④ 志向 – 指向　　⑤ 止揚 – 指向

029 속담과 한자성어의 의미가 서로 관련성이 적은 것은?

① 강원도 포수 – 함흥차사(咸興差使)

② 고양이 목에 방울 달기 – 탁상공론(卓上空論)

③ 등 치고 간 내기 – 권상요목(勸上搖木)

④ 시앗 싸움에 요강 장수 – 설상가상(雪上加霜)

⑤ 원님 덕에 나팔 분다 – 호가호위(狐假虎威)

030 밑줄 친 '맵다'와 같은 의미로 쓰인 것은?

> 형님 형님 사촌 형님 시집살이 어떱데까
> 이애 이애 그 말 마라. 시집살이 개집살이
> 앞밭에는 당초 심고 뒷밭에는 고추 심고
> 고추, 당초 맵다 해도 시집살이 더 맵더라.

① 아직도 바람결이 매운 걸 보니 봄은 아직 멀었나 보다.

② 철수는 체구는 작지만 손이 아주 맵다.

③ 고추의 매운맛은 캡사이신 성분 때문이다.

④ 아무리 매운 시련이 닥쳐도 우리는 이겨 낼 준비가 되어 있다.

⑤ 매운탕이 너무 매워 땀이 비 오듯 한다.

031 밑줄 친 말을 순화한 것으로 적절하지 않은 것은?

① 요사이는 동창회 모임에서 더치페이(→ 각자내기)가 보편적이다.

② 일본 음식점에 가면 항상 스키다시(→ 곁들이 찬)가 먼저 나온다.

③ 지금 백화점마다 바겐세일(→ 싸게 팔기)이 한창이다.

④ 요즘 출시되는 자동차들은 메이커(→ 유명 브랜드)마다 연비 경쟁이 치열하다.

⑤ 당연히 경기 관람이 목적이지만 덤으로 각 팀 소속 치어리더(→ 흥돋움이)들의 응원전도 볼 만하다.

032 다음 밑줄 친 단어의 표기가 잘못된 것은?

① 유치원 아이들이 공원에서 깡충깡충 뛰어다니며 놀고 있다.

② 그는 평소 하는 행동도 특이하지만 성격 또한 괴팍하여 주위에 친한 사람이 거의 없다.

③ 여름철 풀밭에 뱀이 또아리를 틀고 있는 걸 보면 등골이 오싹해진다.

④ 모델이 그 옷을 입으니 몸에 맵자하게 잘 맞는구나.

⑤ 6월 농번기에는 부지깽이도 일어나 제 한몫을 거든다고 했다.

033 밑줄 친 단어의 표기가 잘못된 것은?

① 치아(齒牙)와 치렬(齒列)이 가지런해야 미인이다.

② 신문의 해외 토픽난에 난 기사는 너무나도 충격적이었다.

③ 모든 실험은 무엇보다도 실패율을 줄이는 것이 관건이다.

④ 그리워 그리워 잊지 못한다는 뜻을 한자로 연연불망(戀戀不忘)이라고 한다.

⑤ 주택으로 이사 온 후 마당이 널찍해서 너무 좋다.

034 밑줄 친 말의 띄어쓰기가 틀린 것은?

① 내가 눈으로 직접 확인해 <u>본바</u> 그것은 사실이 아니었다.

② 평소에 사물을 다하고 <u>느낀 바</u>를 잔잔하게 적어 나가는 글, 그것이 곧 수필이다.

③ 업무가 <u>많은지 적은지</u>는 회사에 가 보아야 알 것 같다.

④ 그녀가 내 곁을 <u>떠난 지</u> 벌써 일 년이 지났다.

⑤ <u>형 만한</u> 아우가 없다더니 그 말이 사실이구나.

035 밑줄 친 말의 띄어쓰기가 틀린 것은?

① <u>너만큼</u> 그도 열심히 공부할 것이다.

② 너 <u>하는 대로</u> 나도 열심히 할 생각이다.

③ 그는 우리 회사의 <u>사장 겸</u> 이사이다.

④ 나는 그녀가 <u>떠나는걸</u> 끝내 보지 못했다.

⑤ 어린 시절 <u>그때 그곳</u>을 다시 한 번 가 보고 싶다.

036 의미가 바르고 가장 자연스러운 문장은?

① 얼굴이 까만 연탄장수의 아들이 잠을 자고 있다.

② 용감한 국군이 소리를 지르면서 도망가는 적군을 추적하고 있다.

③ 그 가수를 좋아하는 팬들이 다 오지 않았다.

④ 내가 좋아하는 사과와 포도를 마음껏 먹었다.

⑤ 동생은 나보다 게임을 더 좋아한다.

037 의미가 바르고 가장 자연스러운 문장은?

① 운전 중에는 잡담을 하거나 과속을 금지합니다.

② 그는 노래나 운동을 하면서 주말을 즐긴다.

③ 여기가 바로 과천 서울 대공원이 되겠습니다.

④ 지난번 다녀온 유럽 여행은 나에게 소중한 경험이 되었다.

⑤ 본 전시물에 손을 대거나 파손하는 행위를 금합니다.

038 중의성 없이 의미가 바르게 전달되는 문장은?

① 요사이 정부는 정치, 경제의 여러 가지 제반 문제로 어렵고 난처한 지경에 놓여 있다.

② 얼어붙은 내수 경기가 새로이 다시 회복되기 위해서는 기업의 역할이 무엇보다 중요한 상황이다.

③ 이제 내 남은 여생은 어릴 적 정든 고향에서 보낼 생각이다.

④ 최승호의 '북어'는 오늘을 살아가는 우리들에게 일침을 가하고 있는 작품이다.

⑤ 요즘 같이 전염병이 창궐할 때는 나쁜 공기를 자주 환기시켜 주어야 한다.

039 〈보기〉의 내용에 해당하지 않는 표현은?

> **보기** 어미란 활용어의 어간에 붙어 다른 품사의 자격으로 바꾸어 주는 것을 이른다. 즉, 어간 뒤에 붙어서 여러 가지 의미를 더해 주는 요소이다. 주로 형용사, 동사(용언)는 품사의 특성상 다른 품사로 전성(바꿈)하려는 성질이 강하다. 이 중 명사형 전성 어미는 주체에 대한 서술어가 되면서 다음 말에 대하여 체언의 기능을 가지는 것을 이른다. 즉, 단어의 성질을 명사형으로 바꾸어 버린다는 것이다. 다음으로 관형사형 전성 어미는 주체에 대하여 서술어가 되면서 다음 말에 대하여 관형사의 기능을 가지는 것을 이른다. 마지막으로 부사형 전성 어미는 용언의 어간에 결합하여 용언으로 하여금 부사와 같은 기능을 하게 하는 것을 이른다. 결국 이 전성 어미는 기존의 품사를 명사나 관형사나 부사로 전성시킨다는 의미에서 전성 어미라고 이름한 것이다.

① 목감기가 너무 심해 밥을 먹기가 곤란하다.
② 그는 서울에서 십 년이 넘게 살았다
③ 요즘 세대들은 부모 세대의 어려움을 잘 알지 못한다.
④ 지난달에 산 차는 사고로 그만 폐차를 시키고 말았다.
⑤ 일단 숙제를 끝내고 나서 놀자.

040 〈보기〉는 '한'의 활용에 대한 설명들이다. 다음 중 보기에 나타나 있지 않은 '한'의 쓰임은?

> **보기** **한**
> • 관형사: 수량을 나타내는 말의 앞에 쓰여 '대략'의 뜻을 나타내는 말.
> • 명사: 공간이나 시간, 수량, 정도의 끝을 나타냄. 주로 '있다, 없다'의 앞에 쓰임.
> • 명사: 극단적인 상황의 뜻을 나타내는 말.
> • 타동사: 사실이 특별한 범위나 수준에 제한하고 그 밖으로 미치지 않는다는 뜻.
> • 접두사: 일부 명사 앞에 붙어서 '바로, 정확한'의 뜻을 더하는 말.

① 나는 그 여름, 이별의 한가운데 서 있었다.
② 이번 휴가는 예상보다 길어서 한 열흘쯤 될 것 같다.
③ 지금이야 유명세를 탔지만 어린 시절 그는 경상도 어느 한 마을에서 평범하게 자라났다.
④ 내가 죽는 한이 있어도 이번 일은 비밀에 붙이기로 했다.
⑤ 이번 행사는 수량이 한정되어 있어서 선착순 100명 한한다.

041 어법에 맞고 자연스러운 문장은?
① 현 정부의 복지 정책은 앞으로 손질이 불가피할 전망입니다.
② 이번 기회에 우리 사회의 병폐를 뿌리 뽑아야 합니다.
③ 한결같이 어려운 이웃을 돕는 사람들이 많습니다.
④ 통신 기기의 발달은 거리와 시간을 구애받지 않고 우리 생활에 필요한 정보를 입수하게 해 줍니다.
⑤ 다음은 고은 시인의 '눈길'을 감상해 보도록 하겠습니다.

042 문장 부호의 사용 규칙과 그 예로 적절하지 않은 것은?

① 온점(마침표)은 서술, 명령, 청유 등을 나타내는 문장 끝에 쓴다. → 황금 보기를 돌같이 하라.

② 물음표는 반어나 수사 의문문을 나타낼 때 쓴다. → 이것이 내가 너에게 베푼 은혜에 대한 보답이냐?

③ 느낌표는 강한 명령문 또는 청유문에 쓴다. → 부디 행복한 삶 이어 가기를!

④ 쉼표(반점)는 앞말이 바로 다음의 말을 꾸미지 않을 때 쓴다. → 나는, 솔직히 말하면, 그 말이 별로 탐탁하지 않아.

⑤ 가운뎃점은 특정한 의미를 갖는 날을 나타내는 숫자에 쓴다. → 4 · 19 혁명

043 외래어 표기가 옳은 것은?

① 프리젠테이션　　② 바비큐　　③ 클라이막스　　④ 호치케스　　⑤ 콜라보레이션

044 지명의 로마자 표기가 틀린 것은?

① 극락전　Geukrakjeon　　② 촉석루　Chokseongnu　　③ 합정　Hapjeong

④ 압구정　Apgujeong　　⑤ 별내　Byeollae

045 밑줄 친 단어의 발음이 옳은 것은?

① 산업 전반에 걸쳐 생산 시설을 확충하여 생산량[생산양]을 늘여야 한다.

② 내복약[내:봉냑]만으로는 질병 치료에 한계가 있다.

③ 지난번 3 · 1절[삼일쩔] 행사에 우리 학교가 참가하여 방송에도 나오게 되었다.

④ 갈무리해 둔 창고의 고구마를 생쥐가 야금야금[야금야금] 다 먹어 치워 버렸다.

⑤ 어느새 봄이 성큼 다가와 꽃나무에 꽃망울[꼼망울]이 맺혀 있다.

쓰기(46~50)

[046~047] '출산율 저하의 원인과 그 해결 방안'이라는 주제로 보고서를 작성하려고 한다. 제시된 물음에 답하시오.

046 보고서를 작성하기 위하여 계획한 내용으로 적절하지 않은 것은?

연구 목적	출산율 저하의 원인 분석과 해결 방안 마련
연구 내용	• 금년도 출산율을 조사한다. • 출산율의 저하 원인을 조사한다. • 가임 부부들의 출산에 대한 의식 구조를 조사한다. • 정부의 출산율 장려 정책을 분석한다. • 출산율을 높이기 위한 방안을 모색한다.
연구 방법	• 가임 여성 1인당 평균 자녀 수를 조사한다. ·············· (가) • 정부에서 지원하는 출산 장려금의 액수를 조사한다. ·············· (나) • 신혼부부들의 출산에 대한 가치관의 변화를 조사한다. ·············· (다) • 여성의 사회 활동 참여율과 평균 출산 연령을 조사한다. ·············· (라) • 육아와 양육비가 가정에 미치는 영향을 조사한다. ·············· (마)

① (가)　　② (나)　　③ (다)　　④ (라)　　⑤ (마)

047 〈보기〉의 자료 활용 방안으로 적절하지 않은 것은?

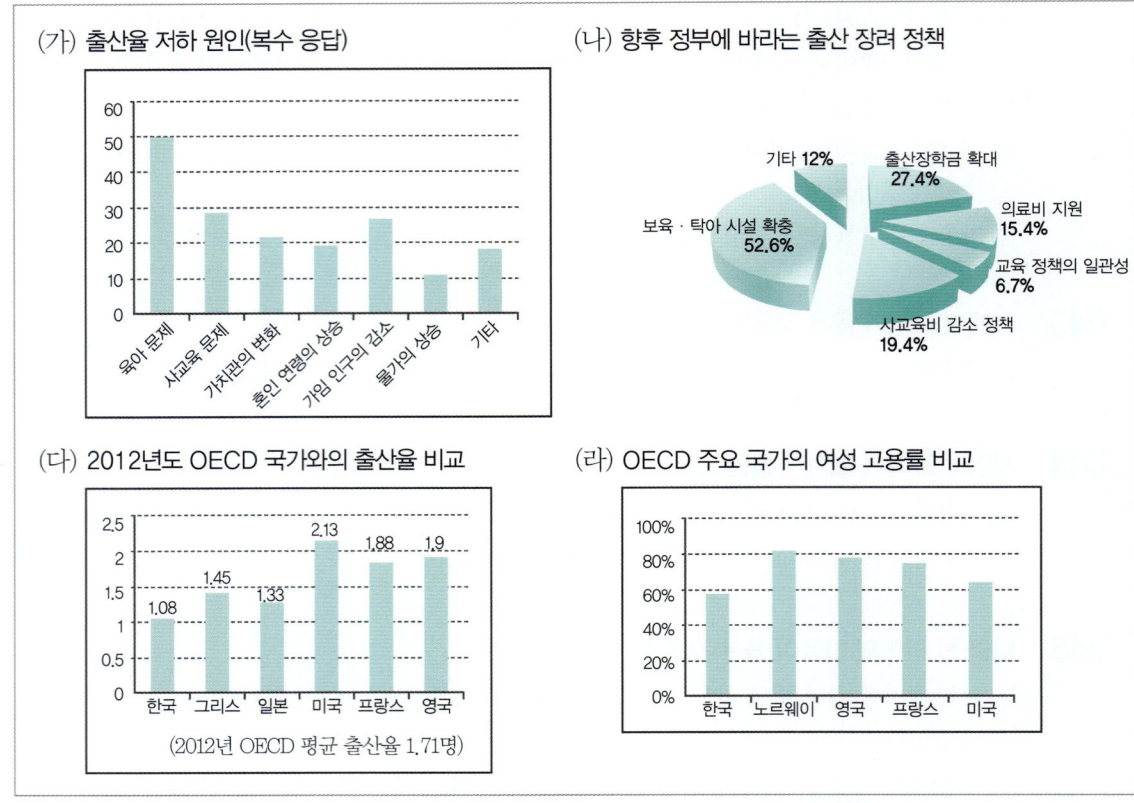

(가) 출산율 저하 원인(복수 응답)

(나) 향후 정부에 바라는 출산 장려 정책
- 기타 12%
- 출산장학금 확대 27.4%
- 의료비 지원 15.4%
- 교육 정책의 일관성 6.7%
- 사교육비 감소 정책 19.4%
- 보육·탁아 시설 확충 52.6%

(다) 2012년도 OECD 국가와의 출산율 비교
- 한국 1.08
- 그리스 1.45
- 일본 1.33
- 미국 2.13
- 프랑스 1.88
- 영국 1.9
- (2012년 OECD 평균 출산율 1.71명)

(라) OECD 주요 국가의 여성 고용률 비교
- 한국
- 노르웨이
- 영국
- 프랑스
- 미국

① (가)를 활용하여 저출산의 문제는 결국 사회적, 제도적 문제에서 기인되고 있음을 밝힌다.

② (나)를 활용하여 정부의 출산 장려 정책이 실질적 효과를 거두지 못하고 있음을 밝힌다.

③ (가)와 (다)를 활용하여 향후 10~20년 후에는 저출산의 문제가 결국 노동력 부족, 세수 부족 등 국가 경쟁력 약화의 원인이 될 수 있음을 밝힌다.

④ (다)와 (라)를 활용하여 여성 고용이 높은 나라일수록 출산율이 높음을 들어 여성 일자리 창출이 곧 출산율 상승으로 이어짐을 밝힌다.

⑤ (가)와 (나)를 활용하여 출산율 저하의 원인과 해결책이 어긋나고 있음을 밝힌다.

048 위의 계획을 바탕으로 개요를 작성하였다. (가)~(마)를 구체화한 내용으로 적절하지 않은 것은?

I. 서론 ··· (가)

II. 저출산의 원인 분석 ··· (나)
   1. 사회적 측면
   2. 가치관의 변화 측면

III. 저출산에 대한 정부의 지원 실태 ··· (다)
   1. 불임 부부 시술비 지원
   2. 출산 장려금 지원
   3. 보육 시설 확충

① (가)에서 저출산의 현황과 문제점을 제시한다.

② (나)에서는 저출산의 원인을 사회적 측면과 개인적 측면으로 나누어 분석한다.

③ (다)에서는 정부 지원 실태와 아울러 정부의 홍보 부족으로 가임 부부들이 정책을 잘 알지 못하는 현실을 제시한다.

④ (라)에서는 정책의 만족도가 낮음을 들어 실효성 문제를 재고해 본다.

⑤ (마)에서는 저출산의 해결 방안의 하나로 여성 고용의 확대 정책과 공교육의 내실화를 제시한다.

049 다음은 학생이 쓴 자기 소개서의 일부이다. (가)~(마)를 수정하려고 할 때 그 내용으로 적절하지 않은 것은?

> ※ 남들보다 뛰어나다고 생각하는 자신의 장점(특성 혹은 능력)과 보완, 발전시켜야 할 단점(특성 혹은 능력)에 대하여 기술하십시오.
>
> 저는 결단력이 부족해 어떤 결정을 내려야 할 때, 시기를 놓쳐 좋은 기회를 잃는 일이 많습니다. 이는 모든 경우의 수를 너무 깊이 생각하다가 저지르는 잘못이었습니다. (가)그래서 저는 아주 깊이 생각하는 태도를 지향하고 객관적 상황에 맞추어 과감하고 결단력 있게 문제를 해결하려고 노력하고 있습니다. (나)그래서 저는 추진력과 성실함을 지니고 있어 일단 결정된 일은 미루지 않고 실천해 나가는 장점을 지니고 있습니다. 조별 학습 과제를 풀어야 하는 수업 시간이나 과학 동아리 실험 평가 때에는 (다)항상 조의 리더가 되어 솔선수범 앞장서서 조원들을 이끌어 나갔습니다. (라)우리 학교 조별 학습 과제는 어렵기로 유명합니다. 그들이 힘들어하는 부분은 솔선수범하여 제가 맡아 해결함으로써 조원들의 신뢰를 받곤 하였습니다. 또한 초·중·고 12년간 지각이나 결석, (마)조퇴뿐만아니라 성적도 꾸준히 상위권을 유지하는 성실한 태도를 인정받았습니다.

① (가): 먼저 '아주'의 경우는 뒷말이 긍정적 의미일 경우에 사용하므로 부정적 의미가 연결되는 '지나치게'로 고치고 '지향'은 '그치거나 멈추다'의 의미인 '지양'이라고 고쳐야 한다.

② (나): 접속 조사 '그래서'는 인과의 접속 조사이므로 첨가의 접속 조사인 '또한'으로 고쳐야 한다.

③ (다): '솔선수범'과 '앞장서다'의 경우는 의미가 중복되었으므로 '솔선수범'을 삭제해야 한다.

④ (라): 장단점을 소개하는 내용에 학교 학습 과제의 내용을 말하는 것은 논점 일탈이므로 삭제해야 한다.

⑤ (마): 문장 전체의 주어, 서술어 호응 관계를 고려하여 '조퇴를 한 번도 하지 않았고'로 고쳐야 한다.

050 제시문의 괄호 안에 들어갈 말로 가장 적절한 것은?

> 현대인들의 소비 형태를 분석해 보면 첫째 (   )(이)라는 것이 있다. 소득 수준이 높아질 때에는 쓸 수 있는 돈도 풍부해져 소비 수준도 같이 높아지게 마련이고 생활에 대한 만족도도 높아진다. 그러나 경기가 나빠지고 돈벌이가 안 될 때라고 해서 소득 수준이 낮아지는 만큼 소비 수준을 낮추기 어렵다. 왜냐하면 잘 살던 버릇을 고치기가 어렵기 때문이다. 다시 말해서 소비 수준을 낮추면 만족도도 떨어지는데, 만족도가 높아질 때는 즐겁지만, 만족도가 떨어지면 참기가 힘들기 때문에 종전의 소비 수준을 낮추려고 하지 않는다.

① 소비 과시성의 원리　　　② 소비 지향성의 원리　　　③ 소비 불가역성의 원리
④ 소비 의존성의 원리　　　⑤ 소비 비논리성의 원리

창안(51~60)

051 그림을 활용해 전달할 수 있는 내용으로 가장 적절한 것은?

① 수많은 정보를 마구 수집하는 것은 잡동사니를 모으는 것과 같습니다.
② 귀는 언제나 열어 놓되 감성으로 판단하고 이성으로 행동해야 합니다.
③ 몰입은 열정이지만 중독은 무서운 집착입니다.
④ 언제나 정보의 주체가 되어 세상과 소통하여야 합니다.
⑤ 하나의 잘못된 정보가 우리 모두를 힘들게 할 수 있습니다.

052 그림을 활용하여 만든 광고 문구로 가장 적절한 것은?

책 속에는 지식의 나이테가 있습니다.

① 자신의 능력에 알맞은 책 읽기를 통해 독서 능력을 함양하자.
② 교양 쌓기는 삶의 체험에서 비롯되어 경험으로 완성된다.
③ 우리의 잘못된 독서 습관은 정신을 오염시키는 것과 같다.
④ 글은 생각을 담는 그릇이고, 마음을 비춰 주는 거울이다.
⑤ 독서는 우리의 지식을 키우는 가장 큰 자양분이다.

053 〈보기〉를 바탕으로 이끌어낼 수 있는 의견으로 적절하지 않은 것은?

보기

속을 알려면
내면을 들여다보아야 합니다.

겉으로 보기에 괜찮다고
속까지 온전한 것은 아닙니다.

① 양두구육(羊頭狗肉)을 일삼는 사람이 많아. 사람의 속마음은 쉽게 알 수가 없는 법이지.
② 구밀복검(口蜜腹劍)이라고 사람에 따라서는 겉으로는 친절한 척해도 속내는 모르지.
③ 열 길 물속은 알아도 한 길 사람 속은 모르는 법이니 사람의 내면을 알기는 참 어렵지.
④ 이현령비현령(耳懸鈴鼻懸鈴)이라고 무조건 자기 마음대로 생각하고 행동하는 사람들이 우리 주위에는 너무도 많아.
⑤ 조삼모사(朝三暮四)를 일삼는 정치인들이 너무 많아. 그 사람들의 말을 그대로 믿으면 안 돼.

054 그림을 통해 연상할 수 있는 내용으로 가장 적절한 것은?

① 주객전도(主客顚倒). 지금의 교육현실은 형식이 내용을 지배하고 있구나.
② 괄목상대(刮目相對). 입시전형이 과거와는 판이하게 다르게 발전했구나.
③ 백년대계(百年大計). 교육은 우리의 미래이므로 정책은 신중하게 만들고 결정해야 한다.
④ 무용지물(無用之物). 아무리 제도가 좋아도 방법을 모르면 쓸모가 없다.
⑤ 고진감래(苦盡甘來). 결실이 맺어지기까지는 고난의 과정이 반드시 수반된다.

055 〈보기〉의 내용을 바탕으로 〈조건〉을 충족시키는 의견으로 적절한 것은?

조건	• 현 세태를 비판할 것
	• 설의법을 사용할 것

① 솔선수범(率先垂範)하는 자세는 어디 가고 모두 복지부동(伏地不動)이란 말인가.
② 언제나 제도가 먼저이고 사람이 나중이란 말인가.
③ 지키는 열이 도둑 하나 못 당한단 말인가.
④ 일당백(一當百)이라고 한 사람이 열 명의 몫을 해야 한단 말인가.
⑤ 갈수록 태산이라더니 이제는 핑계만 늘었단 말인가.

056 〈보기〉를 통해 연상할 수 있는 내용으로 적절하지 않은 것은?

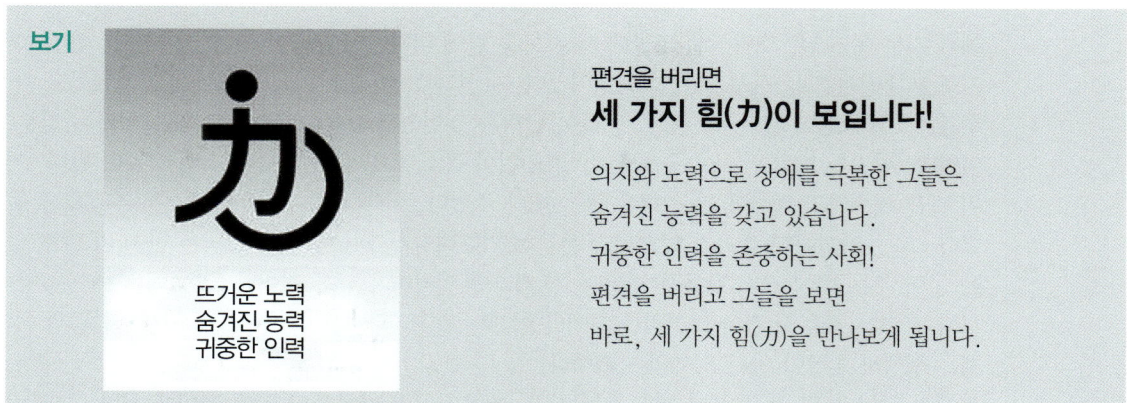

보기

뜨거운 노력
숨겨진 능력
귀중한 인력

편견을 버리면
세 가지 힘(力)이 보입니다!

의지와 노력으로 장애를 극복한 그들은
숨겨진 능력을 갖고 있습니다.
귀중한 인력을 존중하는 사회!
편견을 버리고 그들을 보면
바로, 세 가지 힘(力)을 만나보게 됩니다.

① 우리의 편견도 극복해야 할 장애입니다.
② 재활의 길을 위해 우리가 양보해야 합니다.
③ 한 걸음 다가가면 그들의 미래가 다가옵니다.
④ 편견을 버리면 잠재력이 보입니다.
⑤ 힘 모아 마음 모아 하나가 되는 세상

057 〈보기〉의 그림을 바탕으로 '인간의 삶의 모습'에 관한 글을 쓰기 위해 떠올린 생각을 정리한 것이다. 적절하지 않은 것은?

보기

① 높이가 다른 연 – 삶은 다양한 사람들과의 관계 속에서 이루어진다.
② 연싸움 – 인간은 누구나 경쟁을 피해 살아갈 수 없다.
③ 서로 다른 연 – 인간은 누구나 자기 나름의 개성이 있다.
④ 연을 묶은 줄 – 인간은 현실을 벗어나서 살아갈 수 없다.
⑤ 높이 나는 연 – 인간은 누구나 이상을 꿈꾸며 살아간다.

〈조건〉을 활용하여 수필의 제목을 정할 때, 가장 적절한 것은?

해가 저문 어느 날, 오막살이 토굴에 사는 노승 앞에 더벅머리 학생이 하나 찾아왔다. 아버지가 써 준 편지를 꺼내면서 그는 사뭇 불안한 표정이었다. 사연인즉, 이 망나니를 학교에서고 집에서고 더 이상 손댈 수 없으니, 스님이 알아서 사람을 만들어 달라는 것이었다. 물론 노승과 그의 아버지는 친분이 있는 사이였다. 편지를 보고 난 노승은 아무런 말도 없이 몸소 후원에 나가 늦은 저녁을 지어 왔다. 저녁을 먹인 뒤 발을 씻으라고 대야에 가득 더운 물을 떠다 주었다. 이때 더벅머리의 눈에서는 주르륵 눈물이 흘러내렸다. 그는 아까부터 훈계가 있으리라 은근히 기다려지기까지 했지만, 스님은 한 마디 말도 없이 시중만을 들어 주는 데에 크게 감동한 것이다. 훈계라면 진저리가 났을 것이다. 그에게는 백, 천 마디 좋은 말보다는, 따사로운 손길이 그리웠던 것이다 이제는 가고 안 계신 한 노사(老師)로부터 들은 이야기다. 내게는 생생하게 살아 있는 노사의 모습이다.

산에서 살아 보면 누구나 다 아는 일이지만, 겨울철이면 나무들이 많이 꺾이게 된다. 모진 비바람에도 끄떡 않던 아름드리 나무들이, 꿋꿋하게 고집스럽기만 하던 그 소나무들이 눈이 내려 덮이면 꺾이게 된다. 가지 끝에 사뿐사뿐 내려 쌓이는 그 가볍고 하얀 눈에 꺾이고 마는 것이다. 깊은 밤, 이 골짝 저 골짝에서 나무들이 꺾이는 메아리가 울려 올 때, 우리들은 깊은 잠을 이룰 수 없다. 정정한 나무들이 부드러운 것 앞에서 넘어지는 그 의미 때문일까.   – 법정, '설해목(雪害木)' 중에서

조건	• 대구의 표현을 사용할 것
	• 교훈적인 내용을 담을 것
	• 비유적으로 표현할 것

① 부드러운 혀는 살아남아도 딱딱한 이는 부러진다.
② 훈계보다는 사랑을, 미움보다는 용서를 배우다.
③ 무관심했던 어제의 삶, 배려하는 오늘의 삶
④ 누구나 내면에는 천사도 악마도 다 있다.
⑤ 용서의 밤과 깨달음의 환한 아침

059 〈조건〉을 활용하여 신문 기사의 제목을 정할 때, 가장 적절한 것은?

야당은 당초 공개 청문회가 어려우면 정보위 차원의 비공개 청문회라도 열자고 주장했으나 여당의 '절대 불가' 방침에 부딪혀 자료 확보와 증인 출석을 강제할 수 없는 현안 보고로 대체하게 됐다. 27일 정보위는 이날 전체 회의를 열고 국정원장과 간부들이 참석한 가운데 문제의 해킹 프로그램을 구매·사용한 국정원 OO 과장이 스스로 목숨을 끊기 직전 삭제한 파일의 복원 결과를 보고할 예정이다. 앞서 삭제된 자료를 디지털포렌식 방식으로 일주일 안에 100% 복구할 수 있다고 주장해 온 △△△ 정보위 새누리당 여당 간사는 24일 "(국정원 간부를 통해) 삭제된 자료를 모두 복구했다고 들었다."라고 밝혔다. 그러나 국정원의 '셀프 복원'에 따른 보고가 어느 정도의 설득력을 가질지는 미지수다. 국정원이 OO 과장이 유서에 쓴 대로 삭제된 파일에 내국인 사찰이나 선거 개입 정황이 없다고 발표해도 야당은 삭제된 데이터 원본과 로그 파일 등을 받아 직접 분석하지 않는 한 의혹 제기를 계속할 가능성이 높다. 야당의 의혹 제기가 무리한 정치 공세라며 비판해온 여당은 이번 정보위 보고를 통해 의혹을 말끔히 씻겠다는 입장이지만 야당 의원들 설득엔 실패한 채 국정원의 일방적인 해명에 그칠 수도 있다는 우려도 나온다.

아울러 안행위에서는 OO 과장의 죽음을 둘러싼 각종 의혹이 도마에 오를 전망이다. OO 과장이 실종된 뒤 이례적으로 신속하게 발견되기까지 국정원의 개입 여부와 OO 과장이 스스로 목숨을 끊은 정확한 경위, OO 과장의 마티즈 차량의 바꿔치기 및 폐차 의혹 등이 쟁점이다.   – ○○신문 기사 중에서

• 풍자의 방법을 사용할 것
• 설의법을 사용할 것

① 여야 싸움. 고래 싸움에 새우 등만 터질 것인가.

② 국정원은 언제까지 진실을 덮을 수 있다고 보는가.

③ 알 권리, 진실을 말할 권리. 누가 주인인가.

④ 국정원의 정보(情報)는 과연 정보(正報)인가.

⑤ 진실과 정보의 차이, 그 진실은 무엇인가.

060 〈보기〉의 내용을 다큐멘터리로 제작하려고 한다. 〈조건〉을 모두 활용한 제목으로 가장 적절한 것은?

보기 동굴의 우상은 각 개인의 우상이다. 즉, 모든 개별 인간은 인류에게 공통된 잘못 외에도 자기 자신의 굴, 동굴을 가진다. 이 자신의 동굴이 자연의 빛을 굴절시키고 파괴한다. 이 동굴은 한편으로 개인적 성향으로부터, 다른 한편으로는 교육과 교재로부터 비롯되고, 또 한편으로 그가 읽은 책들과 그가 존경하고 경애하는 사람들의 견해로부터, 또 다른 한편으로 그의 정신이 선입견을 가지고 있거나 혹은 평온하고 조용하거나에 따라서 각각 서로 다르게 받아들여지는 인상들 등등으로부터 비롯된다. 인간의 정신은 그 개인적인 구조에 있어서 분명히 가변적인 것이고 전적으로 혼란된 것이며, 말하자면 계산 불가능한 것이다. 따라서 인간은 자신의 조그마한 세계 안에서 지식을 추구하지, 커다란 공동의 세계 안에서 지식을 추구하지 않는다고 한 헤라클레이토스의 말은 옳은 것이다.

조건 • 교훈적인 내용을 담을 것
• 현대 사회의 우리들을 계도하는 내용을 담을 것
• 긍정적인 내용을 제시할 것

① 동굴 속에서 고뇌에 몸부림치는 현대인들이여, 번민과 고뇌를 벗어나 자유로운 영혼이 되십시오.

② 동굴 속에 갇힌 현대인들이여, 기존의 틀을 벗어나 고정 관념을 깨트리고 밝은 내일을 맞이하십시오.

③ 소극적이고 수동적인 삶에 길들여진 현대인들이여, 동굴에서 일어나 주체적으로 행동하십시오.

④ 순수한 영혼의 소유자였던 현대인들이여, 타락과 혼탁에서 벗어나 새로이 아름다운 영혼의 노래를 들어 보십시오.

⑤ 본능적 감각과 직관의 노예들이여, 탐욕과 무지의 동굴에서 나와 밝은 빛을 찾아가십시오.

[061~062] 다음 글을 읽고 물음에 답하시오.

(가) 관(棺)이 내렸다.
　　깊은 가슴 안에 밧줄로 달아 내리듯.
　　주여.
　　용납하소서.
　　머리맡에 성경을 얹어 주고
　　나는 옷자락에 흙을 받아
　　㉠좌르르 하직(下直)했다.

　　그 후로
　　그를 꿈에서 만났다.
　　턱이 긴 얼굴이 나를 돌아보고
　　형님!
　　오오냐. 나는 전신(全身)으로 대답했다.
　　그래도 그는 못 들었으리라.
　　이제
　　네 음성을
　　㉡나만 듣는 여기는 눈과 비가 오는 세상.

　　너는 어디로 갔느냐
　　그 어질고 안쓰럽고 다정한 눈짓을 하고.
　　형님!
　　부르는 목소리는 들리는데
　　내 목소리는 미치지 못하는
　　다만 여기는
　　열매가 떨어지면
　　툭 하는 소리가 들리는 세상.
　　　　　　　　　　　　　－ 박목월, '하관'

(나) 지난해 귀여운 딸아이 여의고
　　올해 사랑하는 아들을 잃었네.
　　㉢서러워라 서러워라 광릉 땅이여
　　두 무덤 나란히 마주하고 있구나.
　　사시나무엔 쓸쓸한 바람 불고
　　숲속 도깨비불 희미하게 빛나네.
　　종이돈 살라 너희 넋을 부르며,
　　무덤에 술잔 따르며 제를 올리네.
　　너희 넋이야 오누인 줄 알고
　　밤마다 서로 어울려 놀겠지.
　　비록 아기를 다시 가졌다고 한들
　　어찌 잘 자라길 바랄 수 있으리오.
　　부질없이 황대사를 읊조리다
　　애끓는 피눈물에 목이 메는구나.
　　　　　　　　　　　　　－ 허난설헌, '곡자'

(다) 까닭 없이 마음 외로울 때는
　　㉣노오란 민들레꽃 한 송이도
　　애처롭게 그리워지는데

　　아 얼마나한 위로이랴
　　소리쳐 부를 수도 없는 이 아득한 거리(距離)에
　　그대 조용히 나를 찾아오느니
　　사랑한다는 말 이 한마디는
　　㉤내 이 세상 온전히 떠난 뒤에 남을 것

　　잊어버린다. 못 잊어 차라리 병이 되어도
　　아 얼마나한 위로이랴
　　그대 맑은 눈을 들어
　　나를 보느니　　　　　－ 조지훈, '민들레꽃'

061 **(가)~(다)의 공통점으로 가장 적절한 것은?**

① 시적 화자와 시적 대상 간의 거리가 비교적 가깝게 나타나 있다.
② 시적 대상의 부재로 인한 상실감으로 절망하고 있다.
③ 시적 대상과의 만남과 재회를 확신하고 있다.
④ 그리움의 정서를 환기시키는 소재가 나타나 있다.
⑤ 객관적 거리 두기를 통하여 슬픔을 심화시키고 있다.

062 ㉠~㉤에 대한 설명으로 옳지 않은 것은?

① ㉠: 중의적 표현으로 세상이 무너져 내릴 것 같은 슬픔의 심화된 표현이다.

② ㉡: 혼자만이 이승에 존재한다는 의미로 죽은 아우와의 거리감을 표현했다.

③ ㉢: 어린 자식을 잃어버린 비운과 절망의 공간을 나타내고 있다.

④ ㉣: 의인화된 화자의 분신으로 죽어서도 변함없이 임을 따르겠다는 의미이다.

⑤ ㉤: 자신의 사랑이 영원할 것을 다짐하는 내면의 의지를 나타내고 있다.

[063~064] 다음 글을 읽고 물음에 답하시오.

밤 깊어 뜰에 나가니, 날씨는 흐려 달은 구름 속에 잠겼고, 음풍(陰風)이 몸에 선선하다. 어디서 쏴쏴 소란히 들려오는 소리가 있기에 바람 소린가 했으나, 가만히 들어 보면 바람 소리만도 아니요, 물소린가 했더니 물소리만도 아니요, 나뭇잎 갈리는 소린가 했더니 나뭇잎 갈리는 소리는 더구나 아니다. 아마 바람 소리와 물소리와 나뭇잎 갈리는 소리가 함께 어울린 교향악인 듯 싶거니와, 어쩌면 곤히 잠든 산의 호흡인지도 모를 일이다.

뜰을 어정어정 거닐다 보니, 여관집 아가씨는 등잔 아래에 외로이 앉아서 책을 읽고 있다. 무슨 책일까? 밤 깊은 줄조차 모르고 골똘히 읽는 품이, 춘향(春香)이 태형(苔刑) 맞으며 백(百)으로 아뢰는 대목일 것도 같고, 누명(陋名) 쓴 장화(薔花)가 자결을 각오하고 원한을 하늘에 고축(告祝)하는 대목일 것도 같고, 시베리아로 정배(定配) 가는 카추샤의 뒤를 네프 백작(伯爵)이 쫓아가는 대목일 것도 같고. 궁금한 판에 제멋대로 상상해 보는 동안에 산속의 밤은 처량히 깊어 갔다.

자꾸 깊은 산속으로만 들어가기에, 어느 세월에 이 골을 다시 헤어나 볼까 두렵다. 이대로 친지와 처자를 버리고 중이 되는 수밖에 없나 보다고 생각하며 고개를 돌이키니, 몸은 어느새 구름을 타고 두리둥실 솟았는지, 군소봉(群小峯)이 발밑에 절하여 아뢰는 비로봉 중허리에 나는 서 있었다. 여기서부터 날씨는 급격히 변화되어 이 골짝 저 골짝에 안개가 자욱하고 음산(陰散)한 구름장이 산허리에 감기더니, 은제(銀梯), 금제(金梯)에 다다랐을 때, 기어이 비가 내렸다. 젖빛 같은 연무(煙霧)가 짙어서 지척을 분별할 수 없다. 우장(雨裝) 없이 떠난 몸이기에 그냥 비를 맞으며 올라가노라니까, 돌연 일진광풍(一陣狂風)이 어디서 불어왔는지, 휙 소리를 내며 운무(雲霧)를 몰아가자, 은하수같이 정다운 은제와, 주홍 주단 폭같이 늘어놓은 붉은 진달래 단풍이, 몰려가는 연무 사이로 나타나 보인다. 은제와 단풍은 마치 이랑 이랑으로 섞바꾸어 가며 짜 놓은 비단결같이 봉에서 골짜기로 퍼덕이며 흘러내리는 듯하다. 진달래는 꽃보다 단풍이 배승(倍勝)함을 이제야 깨달았다.

오를수록 우세(雨勢)는 맹렬했으나, 광풍이 안개를 헤칠 때마다 농무(濃霧) 속에서 홀현홀몰(忽顯忽沒)하는 영봉(靈峯)을 영송(迎送)하는 것도 과히 장관(壯觀)이었다.

산마루가 가까울수록 비는 폭주(暴注)로 내리붓는다. 만 이천 봉이 단박에 창해(滄海)로 변해 버리는 것일까. 우리는 갈데없이 물에 빠진 쥐 모양을 해 가지고 비로봉 절정(絕頂)에 있는 찻집으로 찾아드니, 유리창 너머로 내다보고 섰던 동자(童子)가 문을 열어 우리를 영접하였고, 벌겋게 타오른, (가)장독 같은 난로를 에워싸고 둘러앉았던 선착객(先着客)들이 자리를 사양해 준다. 인정이 다사롭기 온실 같은데, 밖에서는 몰아치는 빗발이 어느덧 우박으로 변해서 창을 때리고 문을 뒤흔들고 금시로 천지가 뒤집히는 듯하다. 용호(龍虎)가 싸우는 것일까? 산신령이 대로(大怒)하신 것일까? 경천동지(驚天動地)도 유만부동(類萬不同)이지, 이렇게 만상(萬象)을 뒤집을 법이 어디 있으랴고, 간장(肝腸)을 죄는 몇 분이 지나자, 날씨는 삽시간에 잠든 양같이 온순해졌다. 변환(變幻)도 이만하면 극치에 달한 듯싶다.

비로봉 최고점(最古點)이라는 암상(巖上)에 올라 사방을 조망(眺望)했으나, 보이는 것은 그저 뭉게뭉게 피어오르는 운해(雲海)뿐, ― 운해는 태평양보다도 깊으리라 싶었다. 내외해(內外海) 삼금강(三金剛)을 일망지하(一望之下)에 굽어 살필 수 있다는 한 지점에서 허무한 운해밖에 볼 수 없는 것이 가석하나, 돌이켜 생각건대 해발 육천 척에 다시 신장 오 척을 가하고 오연(傲然)히 저립(佇立)해서, 만학천봉(萬壑千峯)을 발밑에 꿇어 엎드리게 하였으면 그만이지, 더 바랄 것이 무엇일랴. 마음은 천군만마(千軍萬馬)에 군림하는 쾌승 장군(快勝將軍)보다도 교만해진다.

― 정비석, '산정무한' 중에서

063 윗글에 대한 설명으로 옳지 않은 것은?

① 여정, 견문, 감상을 바탕으로 추보식 구성 방식의 글이 전개되고 있다.

② 낭만적인 정서와 자연을 바라보는 외경심과 우아미를 드러내고 있다.

③ 섬세하고 아름다운 표현으로 자연에서 느낀 감흥을 잘 나타내고 있다.

④ 금강산에서의 단풍의 절경을 예리한 필치를 구사, 기행문의 단조로움을 극복하고 있다.

⑤ 선경후정의 일반적 구성을 바탕으로 애상적인 감성을 잘 담아내고 있다.

064 밑줄 친 (가)의 의미가 가장 잘 형상화되어 있는 작품은?

① 내 마음의 어딘 듯 한 편에 끝없는
　　강물이 흐르네.
　　돋쳐 오르는 아침 날빛이 뻔질한
　　은결을 돋우네.
　　　　　　　　　－ 김영랑, '끝없는 강물이 흐르네'

② 살구꽃 핀 마을은 어디나 고향 같다
　　만나는 사람마다 등이라도 치고 지고
　　뉘 집을 들어서면은 반겨 아니 맞으리.
　　　　　　　　　－ 이호우, '살구꽃 핀 마을'

③ 아이는 글을 읽고 나는 수(繡)를 놓고
　　심지 돋우고 이마를 맞대이면
　　어둠도 고운 애정에 삼간한 듯 둘렀다
　　　　　　　　　－ 이영도, '단란'

④ 물 먹는 소 목덜미에
　　할머니 손이 얹혀졌다.
　　이 하루도
　　함께 지났다고,
　　서로 발잔등이 부었다고,
　　서로 적막하다고,
　　　　　　　　　－ 김종삼, '묵화'

⑤ 저렇게 많은 별 중에서
　　별 하나가 나를 내려다본다
　　이렇게 많은 사람 중에서 그 별 하나를 쳐다본다
　　　　　　　　　－ 김광섭, '저녁에'

[065~066] 다음 글을 읽고 물음에 답하시오.

한 나라의 모든 사람의 공통 의식이 모이면 민족의식을 이룬다. 민족의식의 표현은 그 나라 말로 나타난다. 따라서 각 민족이 쓰는 말에는 우리 겨레의 세계상이 들어 있다. 우리 겨레가 쓰는 말은 그 민족 나름대로의 세계상을 담는 그릇이요, 우리 겨레의 공통적인 정신의 상징이다. 그러므로 '말은 겨레의 얼'이라고 한다. 이것은 겨레의 흥망과 말의 흥망이 기복(起伏)을 같이 하는 역사적 사실을 보아도 잘 알 수 있다. 말의 인식은 자기를 깨치는, 곧 자각(自覺)하는 일인 동시에 민족을 깨치는 일이요, 나아가서 민족을 결합하는 원동력이 된다. 이와 같은 사실은 스위스의 언어학자 소쉬르도 밝혀 "말의 공통성이 곧 같은 혈족을 뜻하는 것은 아니지만, 같은 말은 공통적인 민족성을 나타내는 것이므로 민족 통일을 이루는데 그것은 무엇보다도 우선한다"라고 말하였다.

말이 겨레의 얼의 상징이며 민족 결합의 원동력이라는 데에서 말이 얼마나 소중한 것인가를 깨닫게 된다. 이처럼 소중한 말의 순화를 들고 나올 때 문제되는 것의 하나가 들어온 말이다. 이 들어온 말은 우리 겨레의 참된 삶이나 정신이 투영된 것은 결코 아니다. 그것은 마땅히 (가)우리말에서 솎아 내야 할 말의 잡풀에 지나지 않는다. 밭의 잡풀은 뽑아내는 것으로 끝나지만 말의 잡풀은 뽑아낸 빈자리에 반드시 다른 말을 갈아 심어야 한다. 갈아 심은 말, 이것은 이미 쓰고 있는 말이거나, 혹은 옛말에서 찾아낸 것이거나, 아니면 주어진 천부의 창조력으로 새로이 만든 말이어야 한다. 새 말의 만듦, 이것은 언어의 자연 발생관에는 어긋나지만 우리 민족의 세계상을 담은 그릇인 말을 순화하는 데 피할 수 없는 창조 작업이다.

말의 순화에서는, 먼저 말의 잡풀이 어느 것인지를 확인하는 과정이 필요하다. 그 다음으로는, 이를 바로 고치는 작업이 뒤따라야 한다. 외국어가 우리말에 들어올 때나 이미 들어와 혼돈을 이루고 있을 때, 우리말은 이들에 대하여 중간 세계의 역할을 하여야 한다. 중간 세계로서의 말은 객관적 세계의 일과 물, 곧 사물을 인식하는 '체'로 비유할 수 있다. 이 체가 성글면 우리의 인식도 성글어지고, 이 체가 고우면 우리의 인식도 섬세하고 올바르게 된다. 이와 같이 본다면, 우리말은 우리의 올바른 인식과 가치를 판단하는 '자'가 되기도 한다. 중간 세계에서 (나) 인식을 걸러 주는 '체', 혹은 가치 판단의 '자'로서의 우리말에 확신이 서지 않은 사람은 들어온 말을 말의 잡풀로 인식하지 못한다. 인식 면에서 볼 때, 말의 잡풀이란 처음부터 있었던 것은 아니다. 우리말을 체로 하여 걸러지면서 비로소 그것이 잡풀로 확인되는 것이다.

우리말의 의식, 무의식은 민족의 자각, 자존의 사상과 함수 관계에 있다. 우리의 역사를 보면, 오랫동안의 자아 상실의 뒤나 국난을 겪은 뒤에는, 깨달음 사상이 고조되어 자각, 자존으로 나타나곤 했다. 한편 남, 곧 외국에 대한 이해가 역설적으로 자각, 자존의 사상으로 나타나기도 했다. 그리고 이 사상은 필연적으로 우리말, 우리글의 재발견과 그것의 갈고 닦음으로 나타났다. 세종대의 자각 시대나, 영·정조대의 실학 시대나, 개화기의 근대화 과정에서의 우리말, 우리글의 숭상은 그 역사적 실증이 된다. 그런데 이러한 자각, 자존의 사상이 나타나기 이전에는 역사적인 시련이 있었고, 그러한 시련 속에서 우리말의 심한 오염 현상이 있었음을 되새겨야 할 것이다.

오늘날, 우리는 깨달음의 때를 맞이하면서 우리말의 오염 현상을 다시 확인하게 된다. 그리고 오염된 말의 순화를 서두르고 있다. 그러나 우리 한쪽에서는 깨달음의 의식이 아직도 흐리다. 그래서 말의 오염 현상을 확인하지도 못하는 듯하다. 이는 우리말의 순화에서 제1차로 작용하는, 인식을 걸러 주는, '체'로서의 기능을 잃었음을 뜻한다. 오염 현상을 확인할 수 없다는 것은 그 제2차의 말 다듬는 과정이 뒤따르지 못함을 뜻한다. 여기에 인식을 걸러 주는 체로서의 우리말의 기능 회복이 국어 순화의 이유로 제기된다. 이 기능 회복의 근원적 치료는 겨레의 자존 의식의 회복에서만 가능하다.

065 윗글에 대한 반론으로 적절하지 않은 것은?

① 언어 정책을 낡은 관료주의에 묶어 두거나 보수주의의 편에서만 얽매이기보다는 시대에 맞게 변화하고 발전해 나갈 방법을 모색해야 하지 않을까?

② 오늘날은 과거와 달리 국가 간의 교류가 활발해지고 정보의 교류 또한 다양해지고 있는데 이 시점에서 우리말의 순수성만을 고집하는 것이 과연 정당성을 획득할 수 있을까?

③ 유럽의 몇몇 나라들은 자국어만을 사용하는 것을 당연히 하고 외래어는 꼭 필요한 곳에서만 사용하도록 하고 있는 걸 보면 우리도 본받아야 할 필요가 있어.

④ 우리말 속에 들어 있는 외래적 요소를 모두 제거해 버린다면 현실적으로 과연 우리말은 홀로 서기가 가능할지 의문이다.

⑤ 언어는 시대에 따라 변화하고 그 변화의 흐름은 누구도 역행할 수 없다. 우리말 속의 외래적인 요소를 필요하다면 수용하되 그 취사선택은 언중인 우리들의 몫이다.

066 (가)와 (나)에 대해 설명한 내용으로 적절하지 않은 것은?

① (가)의 대표적인 예로 순화하지 않고 마구 쓰는 일본어를 들 수 있다.

② (나)의 대표적인 예로는 어법, 어휘 범주가 이에 속한다고 볼 수 있다.

③ (가)의 또 다른 예로는 우리말이 있음에도 불구하고 굳이 외래어를 사용하여 현학적 자세를 뽐내려는 태도를 들 수 있다.

④ (가)를 해결하기 위해서는 이에 대처할 수 있는 신조어를 만들어 내는 작업이 선행되어야 한다.

⑤ (나)를 더 정밀하게 하기 위해서는 국가 시험에 더 엄격한 기준을 마련하여야 한다.

마지막으로 내게 저녁밥 한 끼를 지어 먹이고 당신과 하룻밤을 재워 보내고 싶어, 새 주인의 양해를 얻어 그렇게 혼자서 나를 기다리고 있었다는 것이었다. 언젠가 내가 다녀갈 때까지는 내게 하룻밤만이라도 옛집의 모습과 옛날의 분위기 속에 자고 가게 해 주고 싶어서였는지 모른다. 하지만 문간을 들어설 때부터 집안 분위기는 이사를 나간 빈집이 분명했었다.

한데도 노인은 그때까지 매일같이 그 빈집을 드나들며 먼지를 털고 걸레질을 해 온 것이었다. 그리고 그때 노인은 아직 집을 지켜 온 흔적으로 안방 한쪽에다 이불 한 채와 옷궤 하나를 예대로 그냥 남겨 두고 있었다. 이튿날 새벽 K시로 다시 길을 나설 때서야 비로소 집이 팔린 사실을 시인해 온 노인의 심정으로는 그날 밤 그 옷궤 한 가지나마 옛집 살림살이의 흔적으로 남겨서 나의 괴로운 잠자리를 위로하고 싶었음이 분명했던 것이다. 그러한 내력이 숨겨져 온 옷궤였다. 떠돌이 살림에 다른 가재도구가 없어서도 그랬겠지만, 이 20년 가까이를 노인이 한사코 함께 간직해 온 옷궤였다. 그만큼 또 나를 언제나 불편스럽게 만들어 온 물건이었다. 노인에게 빚이 없음을 몇 번씩 스스로 다짐하고 있다가도 그 옷궤만 보면 무슨 액면가 없는 빚 문서를 만난 듯 기분이 새삼 꺼림칙스러워지곤 하던 물건이었다.

이번에도 물론 마찬가지였다. 노인의 방을 들어선 순간에 벌써 기분을 불편스럽게 해 오던 옷궤였다. 그리고 끝내는 이틀 밤을 못 넘기고 길을 다시 되돌아갈 작정을 내리게 한 것도 알고 보면 바로 그 옷궤의 허물이 컸을지 모른다. 아내도 물론 그 옷궤에 관한 내력을 내게서 들을 만큼 듣고 있었다. 아내가 옷궤의 내력을 알고 있는 여자라면, 그 옷궤에 관한 나의 기분도 짐작을 못할 그녀가 아니었다. 더욱이 내가 바깥에서 두 사람의 이야기를 엿듣고 있는 걸 알고서 그랬을 수도 있었다. ―중략― "옷궤를 내 놓으면 몸에 걸칠 옷가지는 다 어디다 간수하고야? 어디다 따로 내놓을 데가 있는 것도 아니지만, 그걸 어디다 내놓을 데가 생긴다고 해도 그것 말고는 옷가지 나부랑일 간수해 둘 데는 있어야 할 것 아니냐." 알고 그러는지 모르고 그러는지 노인은 그리 그 옷궤 쪽에는 신경을 쓰고 있지 않은 것 같았다.

"옷이야 어떻게 못을 박아 걸더라도, 사람이 우선 좀 발이라도 뻗고 누울 자리가 있어야잖아요. 이건 뭐 사람보다도 옷장을 모시는 꼴이지 뭐예요." 아내는 거의 억지를 부리고 있었다. 옷궤에 대한 노인의 집착심을 시험해 보기 위한 수작임이 분명했다. 하지만 노인의 반응은 여전히 의연했다. "그건 네가 모르는 소리다. 그 옷궤라도 하나 없으면 이 집을 누가 사람 사는 집이라 할 수 있겠냐. 사람 사는 집 흔적으로 해서라도 그건 집안에 지녀야 할 물건이다." "어머님은 아마 저 옷장에 그럴 만한 사연이 있으신가 보군요. 시집오실 때 해 오신 건가요?" 노인의 나이가 너무 높다 보니 아내는 때로 그 노인 앞에 손녀딸처럼 버릇이 없어지기도 했지만, 이번에는 숫제 장난기 한 가지였다. "내력은 무슨…." 노인은 이제 그것으로 그만 입을 다물어 버리고 말았다. 옷궤 이야기는 더 이상 들추고 싶지가 않은 모양이었다. 하지만 아내도 이젠 그쯤에서 호락호락 물러설 여자가 아니었다. 노인이 입을 다물어 버리자 아내도 그만 거기서 할 말을 잃은 듯 잠시 침묵을 지키고 있더니 이윽고는 다시 공세를 펴기 시작했다. "하긴 어쨌거나 어머님 마음이 편하진 못하시겠어요. 뭐니 뭐니 해도 옛날에 사시던 집을 지켜 오시는 게 최선이었는데 말씀예요. 도대체 그 집은 어떻게 해서 팔리게 되었어요?" 다시 그 집 얘기였다. 그 역시 모르고 묻는 소리가 아니었다. 아내는 그 옷궤의 내력과 함께 집이 팔리게 된 사정에 대해서도 모두 알고 있었다. 하면서도 그녀는 다시 노인에게 그것을 되풀이시키려 하고 있었다. 옷궤를 구실로 그 노인의 소망을 유인해 내려는 그녀 나름의 노력의 연장이었다. 하지만 노인의 태도도 아직은 아내에 못지않게 끈질긴 데가 있었다. "집이 어떻게 팔리기는… 안 팔아도 좋은 집을 장난삼아서 팔았을라더냐. 내 집 지니고 살 팔자가 못 돼 그리 된 거제…."

— 이청준, '눈길' 중에서

067 '아내'의 역할에 대한 설명으로 적절하지 않은 것은?

① 사건을 차근차근 이끌어 나가는 인물

② 어머니와 나 사이의 중재자

③ 갈등 해소의 매개자

④ 나의 심리를 대신 전달하는 조력자

⑤ 어머니의 한을 풀어 주는 딸과 같은 존재

068 '옷궤'가 지니고 있는 의미로 적절하지 않은 것은?

① 과거 사건을 회상하는 매개물이다.

② 자식을 생각하는 어머니의 사랑의 상관물이다.

③ 어머니의 마지막 남은 자존심의 상징이다.

④ 아들을 향한 사랑을 확인시켜 주고자 간직했던 증거물이다.

⑤ 자식인 나로 하여금 부채 의식을 갖게 하는 소재이다.

[069~070] 다음 글을 읽고 물음에 답하시오.

열세 살의 소년으로서 읽은 '파우스트'는 애당초 이해와는 동떨어진 그냥 그대로의 책 한 권일 뿐이었다. ㉠그러므로 '읽었다'는 표현보다는 '보았다'는 말이 더 적절할는지 모른다. 그러나 나는 지금도 그것을 '읽었다'고 생각하고 있다. 왜냐하면 '보았다'고 옮길 경우, 지금까지의 나의 모든 독서는 필경 여기에 해당될 수밖에 없으며, 과연 몇 권의 책을 '읽은' 것인지 의아스럽게 되기 때문이다. 책은, 이해와 상관없이 무조건 읽는 것이다! 이것이 말하자면 독서에 대한 나의 지론이다. '파우스트'를 어쨌든 나는 열세 살의 소년으로서 읽었다. 그러나 사실 이 때부터 나는 '파우스트'를 읽기 시작한 것이다. 그 읽기는 그 뒤로 간단없이 계속되었기 때문이다. 파우스트는 유식한 사람, 좋은 사람, 그러면서도 고민이 많은 사람이며 메피스토펠레스는 무식하면서도 꾀만 많고 나쁜 사람이라는 도식이 그나마 첫 독서에서 얻어진 감상이었다. 그러나 그 밖의 것은 통 무슨 말인지 알 수 없었다.

두 번째의 '파우스트'는 대학교 일학년 때, 나를 다시 찾아왔다. 당시 나는 심한 불면증에 시달리고 있었는데, 별의별 방법을 모두 써 보아도 속수무책이던 때였다. 그때 문득 떠오른 것이 '파우스트'였다. 이 책을 읽으면 잠이 올 것 같은 예감이 든 것이다. 왜 있지 않은가, 어려운 책을 보면 잠이 온다는 일종의 진리 말이다. 이렇게 '파우스트'와 나는 또 만났다. 그러나 이번에도 실패였다. 이 실패는 어렸을 때와는 달리 여러 군데에서 왔다. 우선 잠을 자는 일에도 아무 도움이 되지 않았다. 정신은 더욱 맑아지고, 두 눈은 더욱 또렷해질 뿐이었다. 따라서 글의 내용도 더욱 분명하게 보이게 되었다. 파우스트 박사와 메피스토펠레스를 대립시키는 단순한 구조만이 아니라는 생각이 나를 혼미케 한 것이다. 메피스토펠레스와의 계약에 의해 파우스트가 젊어진다는 설정 자체가 갖는 신비주의에 대해서 먼저 혼란이 일어났다. 여주인공 그레트헨에 대해서도 잘 이해가 되지 않았다. 비극이라고 할 수 있는, 그녀와의 사랑도 의문투성이었다. 왜 두 사람은 결합될 수 없었는가. 그 상황이나 조건에도 현실감이 따르지 않았다. 더구나 살인까지 저지르는 그렌트헨의 행위는 너무나 부자연스러워 보였다. 아니, 무릇 이 정도의 내용으로 작품의 절반(전 2부 가운데 제1부이니까)이 채워지다니, 이것이 무슨 의미가 있는가. 잠은커녕 골치만 더 아팠다. 헬레나 비극이라고도 말해지는 제2부는 더더욱 모를 것 투성이었다. 이런 것들을 알기 위해서는 사랑도 해야 되겠고, 종교에 대해서 좀 더 알아야겠다는 생각이 들었다. ㉡실로 막연하고도 거대한 카오스에 휩싸이게 된 것이다.

– 김주연(독문학자, 숙명여대 교수)의 글 중에서

069 밑줄 친 ㉠의 '읽었다'와 '보았다'의 의미로 가장 옳은 것은?

① 글을 빠르게 읽었느냐, 그렇지 않고 음미하며 천천히 읽었느냐의 차이

② 글의 내용을 심도 있게 이해했느냐, 그렇지 않느냐의 차이

③ 시간을 많이 투자했느냐, 적게 투자했느냐의 차이

④ 독서 후 읽은 내용이 기억에 남았느냐, 그렇지 않느냐의 차이

⑤ 같은 작품을 그 작품의 배경 지식이 부족한 경우에 읽었느냐, 그렇지 않느냐의 차이

070 밑줄 친 ⓛ의 내용과 관계 깊은 말은?

① 역지사지(易地思之)라고 독자가 쉽게 볼 수 없는 작가의 주제 의식까지 파악할 수 있어야 해.

② 과거 없는 현재가 없다고 지난날에는 제대로 된 글 읽기를 하지 못한 셈이군.

③ 이런 고뇌의 과정이 있어야 반드시 독서 후 커다란 감동과 여운이 남게 되지.

④ 심하게 가지를 키웠군. 괜히 긁어 부스럼을 만들어 놓았어.

⑤ 산 넘어 산이군. 하지만 지혜와 앎은 스스로 품은 지적 호기심을 먹고 자라는 법이지.

071 글의 내용과 일치하지 않는 것은?

인류는 일찍이 식량과 화석 에너지가 한정되어 있다는 사실을 알고 있었지만 산업 활동이 지구에 끼치는 치명적인 영향에 대해서는 관심이 없었다. 그러나 금세기 후반에 와서야 문제의 심각성을 깨닫기 시작했다. 오존층의 파괴에 따른 자외선의 증가, 탄산가스 증가에 따른 기후 변화와 해수 재해, 고속도로 건설로 인한 남미 아마존 강 유역의 생태계 위협, 원자력 발전으로 인한 방사능 문제, 공해로 인한 산성비 등 헤아릴 수 없는 환경 문제로 지구는 더 견딜 수 없는 한계에 이른 것이다. 이에 지구 환경을 염려하는 범세계적 환경 회의가 지난 91년 12월 빈에서 개최됐다. 70개국에서 2백50여 명의 과학 기술자, 경제학자, 화학자가 참석해 지구 환경에 관한 16가지 테마를 놓고 세부적인 문제점을 검토했다. 이 내용은 지난 6월 브라질 리우 환경 회의의 기초 자료로 제공됐다. 이 회의와는 별도로 과학자들은 독일의 하이델베르크에 모여 환경 문제의 심각성을 각국 수반들에게 호소하는 선언문을 채택하기도 했다. −중략−

미국 테네시 주에 있는 거대한 규모의 화력 발전소에서는 거의 연기가 나오지 않는다. 모든 탄분이 집산기에서 회수되기 때문이다. 선진국의 레이온 섬유 공장에서는 이산화황을 용재로 쓰지 않으며 원자력 발전소의 방사능 관리도 완벽하게 이루어지고 있다. 인간은 삶의 질을 높이기 위하여 산업 활동을 한다. 그런데 동시에 이런 기술들은 환경과 우호적이어야 한다. 그렇게 될 때만 산업 사회의 지속적 발전이 가능하다. 지구 환경이 위기에 처해 있는 것은 사실이나 위험의 평가는 신중해야 하고 확실한 과학적 자료에 근거해야 한다. 선진국에서는 지구 환경의 컴퓨터 모의 실험이 이루어지고 있지만 여러 변수들이 많아 결과가 불확실하다. 심지어 근래에는 이산화탄소에 의한 온실 효과가 태양 복사를 가려 상쇄될 것이라는 주장도 나타나고 있으며 오존층과 프레온 가스의 관계에 대해서도 지금까지의 생각과 다른 주장을 꾀하기도 한다. 그리고 선진국이 환경 파괴 문제에 전적으로 책임져야 한다는 주장이 많다. 그러나 개도국이라고 해서 전 인류가 감당해야 할 환경 대책을 외면할 수는 없다. 우리나라도 프레온 가스 규제에 관한 몬트리올 협정에 가입한 바 있다. 이제 우리는 환경 문제의 우선순위를 정해 우리에게 가까운 것부터 해결해야 한다.

예를 들어 우리나라에선 자원의 재활용이 더욱 강조되어야 한다. 본래 자원이 없으니 재활용은 환경 문제도 해결하고, 자원 문제도 해결하는 효과를 올릴 수 있다. 그리고 과학 기술 없이는 환경 문제를 풀 수 없다는 생각을 지녀야 한다. 과학 기술이 적절히 사용돼야 환경 문제도 해결하고 삶의 질도 계속 향상시킬 수 있다. 그러나 무엇보다도 환경에 대한 책임 의식을 가져야 낭비와 소비의 절제가 가능하고 한정된 지구 자원을 우리 후손에게 남겨 주겠다는 양식이 싹트게 된다. 이럴 때 근본적인 문제 해결이 가능해 질 것이다.

① 우리 모두는 이제 환경 문제의 심각성에 위기 의식을 느껴야 한다.

② 환경 문제 해결을 위해서는 작은 것부터 실천해 나가야 한다.

③ 환경 우호적인 산업으로의 전환은 우리의 삶의 질을 높이는 차원에서라도 반드시 요구되고 있다.

④ 환경 문제는 선진국, 개도국 없이 범국가적, 범인류적 차원에서 해결해 나가야 한다.

⑤ 선진국에서는 이미 과학적 근거에 입각한 자료를 토대로 환경 문제를 발생시키는 주요 요인을 밝혔다.

[072~073] 다음 글을 읽고 물음에 답하시오.

인터넷을 기반으로 하는 정보 통신 기술의 발전에 순응하지 못하면 사회생활을 영위하지 못할 것이라는 주장이 나오고 있다. 그런가 하면, 디지털 격차(Digital Devide)의 문제도 제기되고 있다. 이런 상황에서 휘태커는 '개인의 죽음'이라는 화두로 정보 감시 기술을 활용한 통제 사회에 대해 강력한 우려를 제기하고 있다. 20세기의 국가 발달에서 정보의 역할에 대한 논의로 시작해, 감시에 따른 ㉠'원형감옥'의 탄생, 데이터베이스에 의한 데이터 이용 감시를 말한다. 동시에 새로운 감시 기술에 의한 개인의 사생활 침해와 권력의 데이터 이용 감시에 대해 대중들의 항의가 없는 이유 등에 대한 해답을 찾고 있다. 그리고 새로운 정보 기술과 네트워크 사회가 전 세계에 확산된 결과로 어떤 유형의 정치학이 생겨날 것인지에 대해 질문을 던지기도 한다. 이는 새로운 정보 기술이 정치권력에 미치는 영향에 대하여 특별히 초점을 맞추고 있다. 즉, 정보 통신 기술이 고도로 발전할수록 손쉽게 개인에 대한 자료를 수집하여 분석, 평가할 수 있게 되며, 방대한 정보를 축적할 수 있게 되고, 그 속에서 개인은 무방비 상태로 노출될 수 있음을 우려한다. 이것을 '개인의 실종' 또는 '개인의 종말'이라고 표현하고 있다. 또한 원형감옥이라는 용어를 사용하여 사이버 세상에서 개인들은 철저하게 인위적 통제하에 놓이게 된다고 말하고 있다. 그러나 모든 기술의 발전에는 명암이 존재하듯이 정보 축적, 공유와 활용이 부정적인 면도 있지만, 긍정적인 면도 많다. 이전에는 많은 제약과 한계에 눌려 있던 여러 사회 활동이 다양하고 폭넓게 확장되었으며, 새로운 네트워크 사회를 통하여 인간의 존엄성과 가치를 증대시킬 수 있게 된 것이다.

― 한근희(컴퓨터 바이러스 연구소 부사장), '개인의 죽음을 읽고' 중에서

072 ㉠의 '원형감옥'을 비유적으로 표현한 예로 적절하지 않은 것은?

① 구청이나 지자체에서 CCTV를 설치 운용하는 것
② 은행이 고객의 신상 정보를 임의로 열람하는 것
③ 경찰이 지역 주민 모두의 정보를 열람하는 것
④ 소방서에서 실종자의 위치를 관계 부처에 의뢰하는 것
⑤ 검찰이 용의자 신상을 수시로 열람하는 것

073 윗글의 내용을 바탕으로 이끌어 낼 수 있는 진술로 타당하지 않은 것은?

① 정보 감시 기술 발달이 주는 문제점도 있지만 기술의 발전에 따른 긍정적인 면도 도외시할 수 없어.
② 이러한 문제점을 해결하기 위하여 국가적 차원의 대책을 마련할 필요성이 있다고 생각해.
③ 정보 통신 기술을 통한 정보 활용에 있어 국민 개개인의 사생활 보호에 국가는 총력을 기울여야 해.
④ 정보 통신 기술에 의한 문제점 해결을 위해 국가적 차원의 대책도 필요하지만 각자 나름의 보호 대책을 수립하는 것도 중요할 것 같아.
⑤ 정보 통신 기술의 발달로 인하여 정보의 독점과 정보의 정치 권력화를 감시할 수 있는 사회적 대책 마련이 시급하다고 생각해.

대중 매체는 다음과 같은 공통적인 특성을 가지고 있다. 첫째, 매스 커뮤니케이션이 이루어지기 위해서는 기계 장치인 중간 전달자가 필요하며, 대중 매체가 바로 이러한 역할을 담당하고 있다. 메시지가 대중 매체의 종이, 전파, 수신기, 필름, 재생기 등을 통해 분산되어 있는 수용자에게 전달되고 있는 것이다. 이러한 점에서 여러 사람들에게 전달되기는 하지만 기계적인 장치를 이용하지 않는 강연이나 연설회, 연극은 대중 매체로 포함시키지 않고 있다. 둘째, 대중 매체는 불특정 다수의 사람들에게 메시지를 전달한다. 즉, 대중 매체의 수용자들은 대개 송신자로부터 멀리 떨어져 있고, 지리적으로 매우 넓은 지역에 분산되어 존재한다. 따라서 매스 미디어의 송신자와 수용자는 서로 모르는 사이인 경우가 많다. 이러한 점에서 기계적인 장치를 이용하지만 특정한 사람에게 메시지를 전달하는 전화, 전보 등은 대중 매체로 보지 않는다. 셋째, 대중 매체의 메시지는 공적(Public)이고, 수많은 사람들에게 전달되기 위해 만들어진 것이다. 이런 점에서 대중 매체는 사람과 사람이 직접 만나서 나누는 대화나 편지와는 매우 다른 성격을 갖는 것이다. 넷째, 뉴스나 정보, 오락을 만들고 전달하기 위해 대중 매체는 기업 조직을 가지게 된다. 즉, 대중 매체는 출판사, 신문사, 방송사와 같은 조직을 필요로 한다. 이러한 대중 매체 조직은 기업이 원활히 작동하기 위해 이윤 추구를 목적으로 운영된다. 또한 대중 매체는 많은 사람들에게 일자리를 제공하고, 상품과 서비스를 생산하여 판매하는 산업체의 성격을 가지고 있다. 다섯째, 대중 매체는 일반적으로 수용자에게 오락을 제공하려고 노력한다. 이는 신문이 기본적으로는 정보를 전달하는 매체라고 할지라도, 만화, 낱말 퀴즈, 게임, 연예, 스포츠 면과 같은 오락 기사가 차지하는 비중이 큰 것만 보아도 알 수 있다. 텔레비전, 영화, 음반, 소설, 라디오, 잡지 등에서 오락에 관련된 내용이 차지하는 비중은 더욱 높게 나타난다. 여가 시간이 증가하고, 일상의 스트레스에서 벗어나려고 노력함에 따라 대중 매체로부터 제공되는 오락 기능은 그 중요성을 더하게 되었다 여섯째, 오늘날 대중 매체와 대중 매체의 수용자는 점차 전문화, 세분화되어 가는 추세이다. 이러한 경향이 나타나는 주된 이유는 급변하는 현대 사회를 살아가기 위해 다양한 유형의 정보를 필요로 하는 수용자들이 점차 전문화된 매체를 선호하기 때문이다. 이렇게 전문화, 세분화 현상이 심화됨에 따라 수용자의 대중 매체 선택의 범위와 대중 매체가 수용자 층을 선택할 수 있는 폭이 한층 넓어지게 되었다. 이 외에도 대중 매체는 우리의 사고방식과 사회화되는 과정에도 많은 영향력을 미치며, 대다수의 사람들이 대중 매체가 제시하는 현실의 모습을 통해 자신이 처한 현실을 이해하게 된다. 또한 대중 매체가 전달해 주는 메시지는 우리가 일상생활에서 나누는 대화의 소재거리가 되기도 한다.

결론적으로, 대중 매체는 분산되어 있는 이질적인 수용자에게 정보와 경험을 신속하게 기록하고 전달하게 하는 커뮤니케이션의 도구이자 기구가 되고 있다. 또한 인간은 대중 매체를 사용하게 됨으로써 시간과 공간의 영역을 뛰어넘어 커뮤니케이션을 할 수 있는 능력을 갖게 되었다. (가)따라서 대중 매체 덕분에 우리는 커뮤니케이션을 할 수 있는 수단을 확장했으며, 거의 동시에 모든 사람이 메시지를 전달받게 됨에 따라 복잡한 현대 생활을 효율적으로 살아갈 수 있게 되었다.

074 윗글에 대한 설명으로 적절하지 않은 것은?

① 대중 매체가 지닌 다양한 특징과 사회적 기여에 대하여 설명하고 있다.

② 병렬식 구성으로 정보 제공자 즉, 매체의 기능과 특성을 밝히고 있다.

③ 대중 매체의 발달 과정을 통시적 관점에서 고찰하고 있다.

④ 대중 매체가 가지는 유용성은 시공간의 초월성에 있다.

⑤ 대중 매체가 발달하면 할수록 미래 사회의 수용자는 더 세분화될 것이다.

075 **(가)의 사례 중 성격이 다른 하나는?**

① 인터넷의 발달은 시공간을 초월하여 정보를 공유할 수 있게 함으로써 시간의 절약과 정보 수집의 효율성을 증대시켰다.

② 연속극에 등장하는 조직 폭력 장면이나 범죄를 모방한 청소년 범죄가 늘어나고 있다.

③ 영상 매체의 기술 발달로 더 이상 극장에 가지 않아도 영화를 감상할 수 있는 시대가 열렸다.

④ 국가의 정책 홍보, 정당의 선거, 광고 등 모든 분야의 다양한 정보를 실시간으로 보급, 수집하게 되었다.

⑤ 특히 교육 분야에서 TV 교육 프로그램이 교육 발전에 긍정적인 역할을 했으나 내용의 깊이나 다양성 면에서는 아직도 부족한 것이 사실이다.

076 **글에 대한 설명으로 가장 적절한 것은?**

> 범죄가 언론 보도의 주요 소재가 되고 있다. 그 이유는 언론이 범죄를 취재감으로 찾아내기가 쉽고 편의에 따라 기사화할 수 있을 뿐만 아니라, 범죄 보도를 통하여 시청자의 관심을 끌 수 있기 때문이다. 이러한 보도는 범죄에 대한 국민의 알 권리를 충족시키는 공적 기능을 수행하기 때문에 사회적으로 용인되는 경향이 있다. 그러나 지나친 범죄 보도는 범죄자나 범죄 피의자의 초상권을 침해하여 법적·윤리적 문제를 일으키기도 한다.
> 일반적으로 초상권은 얼굴 및 기타 사회 통념상 특정인임을 식별할 수 있는 신체적 특징을 타인이 함부로 촬영하여 공표할 수 없다는 인격권과 이를 광고 등에 영리적으로 이용할 수 없다는 재산권을 포괄한다. 언론에 의한 초상권 침해의 유형으로는 본인의 동의를 구하지 않은 무단 촬영·보도, 승낙의 범위를 벗어난 촬영·보도, 몰래 카메라를 동원한 촬영·보도 등을 들 수 있다. 법원의 판결로 이어진 대표적인 사례로는 교내에서 불법으로 개인 지도를 하던 대학 교수를 현행범으로 체포하려는 현장을 방송 기자가 경찰과 동행하여 취재하던 중 초상권을 침해한 경우를 들 수 있다. 법원은 '원고의 동의를 구하지 않고, 연습실을 무단으로 출입하여 취재한 것은 원고의 사생활과 초상권을 침해하는 행위'라고 판시했다. 더불어 취재의 자유를 포함하는 언론의 자유는 다른 법익을 침해하지 않는 범위 내에서 인정되며, 비록 취재 당시 원고가 현행범으로 체포되는 상황이라 하더라도, 원고의 연습실과 같은 사적인 장소는 수사 관계자의 동의 없이는 출입이 금지되고, 이를 무시한 취재는 원칙적으로 불법이라고 판결했다. 이 사례는 법원이 언론의 자유와 초상권 침해의 갈등을 어떤 기준으로 판단하는지 보여 주고 있다. 또한 이 판결은 사적 공간에서의 취재 활동이 어디까지 허용되는가에 대한 법적 근거를 제시하고 있다.
> 언론 보도에 노출된 범죄 피의자는 경제적, 직업적, 가정적 불이익을 당할 뿐만 아니라, 인격이 심하게 훼손되거나 심지어는 생명을 버리기까지도 한다. 따라서 사회적 공기(公器)인 언론은 개인의 초상권을 존중하고 언론 윤리에 부합하는 범죄 보도가 될 수 있도록 신중을 기해야 한다. 범죄 보도가 초래하는 법적·윤리적 논란은 언론계 전체의 신뢰도에 치명적인 손상을 가져올 수도 있다. 이는 범죄가 언론에는 매혹적인 보도 소재이지만, 자칫 부메랑이 될 수도 있음을 의미한다.

① 사회적 현상을 알기 쉽게 예를 들어 설명하고 있는 글이다.

② 일반적 개념 정의와 사건의 분석을 통하여 주장을 펼치고 있다.

③ 상반된 두 주장을 통하여 합리적 해결 방안을 모색하고 있다.

④ 기존의 가치관에 대하여 비판적 태도로 자신의 주장을 강화하고 있다.

⑤ 대상이 지닌 장·단점을 분석하여 합리적 대안을 제시하고 있다.

[077~078] 다음 글을 읽고 물음에 답하시오.

명서 처: 세상에 귀신은 못 속이는 게지! 오늘 아침부터 이상한 생각이 들더니, 이것이 올려구 그랬던가 봐. 당신은 우환이니 뭐니 해도…….

명서: (소포의 발송인의 이름을 보고) 하아 하! 이건 네 오래비가 아니라 삼조가…….

명서 처: 아니, 삼조가 뭣을 보냈을까? 입때 한 마디 소식두 없던 애가…….(소포를 끌러서 궤짝을 떼어 보고)

금녀: (깜짝 놀라) 어머나!

명서 처: (자기의 눈을 의심하듯이) 대체 이게 …… 이게? 에그머니, 맙소사! 이게 웬일이냐?

명서: (되려 멍청해지며, 궤짝에 쓰인 글자를 읽으며) 최명수의 백골.

금녀: 오빠의?

명서 처: 그럼, 신문에 난 게 역시! 아아, 이 일이 웬일이냐? 명수야! 네가 왜 이 모양으로 돌아왔느냐! (백골 상자 꽉 안는다.)

금녀: 오빠!

명서: (가)나는 여태 개 돼지같이 살아 오문서, 한 마디 불평두 입 밖에 내지 않구 꾸벅꾸벅 일만 해 준 사람이여. 무엇 때문에, 무엇 때문에 내 자식을 이 지경을 맨들어 보내느냐? 응, 이 육실헐 눔들! (일어서려고 애쓴다.)

금녀: (눈물을 씻으며) 아버지! (하고 붙든다.)

명서: 놓아라! 명수는 어디루 갔니? 다 기울어진 이 집을 뉘게 맽겨 두구 이눔은 어딜?

금녀: 아버지! 아버지!

명서: (궤짝을 들구 비틀거리며) 이눔들아, 왜 뼉다구만 내게 갖다 맽기느냐? 내 자식을 죽인 눔이 이걸 마저 처치해라! (기진하여 쓰러진다. 궤짝에서 백골이 쏟아진다. 밭은 기침! 한동안)

명서 처: (흩어진 백골을 주우며) 명수야, 내 자식아! 이 토막에서 자란 너는 백골이나마 우리를 찾아왔다. 인제는 나는 너를 기다려서 애태울 것두 없구, 동지섣달 기나긴 밤을 울어 새우지 않아두 좋다! 명수야, 이제 너는 내 품 안에 돌아왔다.

명서: …… 아아, 보기 싫다! 도루 가져 가래라!

금녀: 아버지, 서러 마세유. 서러워 마시구 이대루 꾹 참구 살아가세유. 네, 아버지! 결코 오빠는 우릴 저버리진 않을 거예유. 죽은 혼이라두 살아 있어, 우릴 꼭 돌봐 줄 거예유. 그때까지 우린 꾹 참구 살아가유. 예, 아버지!

명서: …… 아아, 보기 싫다! 도루 가지고 가래라!

– 유치진, '토막' 중에서

077 윗글의 설명으로 적절하지 않은 것은?

① 무대 상연을 전제로 한 것으로 등장인물의 대사와 행동으로 나타내는 간접 제시의 방법을 사용한다.

② 일제 치하의 시대 상황을 현재화된 시제를 사용하여 제시하고 있다.

③ 대립 구조의 갈등 양상과 우회적, 암시적인 내용으로 주제를 형상화하고 있다.

④ 등장인물과 무대 장치의 제약으로 인해 시공간의 제약을 받는 문학이다.

⑤ 급박한 호흡의 문장, 전체적으로 암울한 분위기를 제시해 당시 시대상을 반영하고자 했다.

078 밑줄 친 (가)에서 드러나는 심리를 나타내는 말로 가장 적절한 것은?

① 파사현정(破邪顯正)   ② 혼비백산(魂飛魄散)   ③ 자포자기(自暴自棄)

④ 발본색원(拔本塞源)   ⑤ 비분강개(悲憤慷慨)

인간은 생물학적 존재이면서 동시에 문화적 존재이다. 모든 생명체가 종족의 보존과 번영을 위해 이기적인 욕망을 추구하듯 인간 역시 생명체가 지닌 자연적 본성을 버리지 못한다. 그래서 인간 사회에 나타난 약육강식의 정글 논리로 인해 인간의 삶은 품위를 잃고 사회가 혼돈과 불안에 빠진다. 그러나 반대로 또 인간은 이기심과 욕망을 절제함으로써 인간답게 살아가기를 희망한다. 이렇게 욕망을 절제하고 순화하는 기능을 문화라 하며, 그 절제와 순화의 노력이 문화적 창조성으로 나타난다. 따라서 문화는 이기적 욕망이라는 생명체의 본성, 곧 자연의 반대 개념이라 할 수 있다.

문화는 인간의 산물이며 인간이 인간답게 살아가는 길이다. 한마디로 문화의 본질은 삶의 의미와 가치관에 있다. 인간이 그의 삶의 의미와 질서를 추구하는 한 그는 문화적 존재이며 이름하여 문화인이다. 삶의 가치관은 학문, 예술, 윤리, 정치, 경제, 그리고 종교 등 다양한 영역으로 표현되는 것으로 각 영역은 삶의 가치 맥락에 담겨진 한 부분이지 독립된 개별 분야가 아니다. 그러므로 문화 정책은 국가적인 차원에서 그 국가의 사회적 가치관에 의해 관리되어야 함이 마땅하다.

우리나라의 문화 정책은 예술, 그 가운데서도 공연 예술과 같이 가시적인 분야만을 중점적으로 다뤄 왔다. 대중 예술의 건전화, 한국 영화의 육성책, 왜색 문화의 범람 등 허다한 문화계 현안들은 오직 우리 사회에 건전한 가치관이 정립되었을 때에만 근본적인 해결책을 찾을 수 있는 것이다. 그러나 정부는 지금까지 각 분야의 현안을 개별적으로 접근하여 (가)문화의 근본적인 문제는 방치한 채 가시적이고 지엽적인 병마개식 정책으로 일관했다. 그것은 결과적으로 오늘 우리가 처한 사회적 가치관의 혼돈과 무질서를 초래했다. 이는 문화 정책의 부재에서 비롯된 것이다.

더욱이 정부는 거대한 아파트 건물과 같아서 아파트 입주자들처럼 전문 분야를 담당하는 실(室), 국(局)들이 자기 책임 분야에만 관심을 갖는다. 그렇기 때문에 사실상 국가 전체의 가치 체계를 관장하는 정부의 통합 주체는 존재하지 않는 것이다. 예술계를 포함한 각 전문 분야는 마치 복부인과 같이 해당 실, 국의 협조를 얻어 자기 영역의 이익만을 추구하는 데만 혈안이 되어 있기 때문에 전체 사회 질서에는 무관심할 수밖에 없다.

이러한 문화 현상을 극복하기 위해서는 먼저, 체계적이고 포괄적인 문화 정책의 수립이 필요하다. 그것은 바로 가치관을 정립하는 일이다. 민주주의 정부는 전체주의와는 달리 가치관을 만드는 일을 해서는 안 되고 할 수도 없다. 따라서 사회에 현존하는 다양한 가치 대 가치, 가치 단체 대 단체 사이에 관계 질서를 유지시키는 이른바 관리 기능이 정부가 해야 할 일이다. 그리고 각 전문 분야는 가치관 정립 안에서 자기 전문성을 전개하는 노력을 기울여야 한다. 이럴 때 비로소 모든 전문 분야가 문화의 의미 있는 통합에 기여하고, 사람답게 살 만한 사회를 건설하는 데 참여할 수 있다. 더불어 창조적인 문화 정책을 꾸준히 유지할 수 있는 장치를 마련해야 한다. 건강한 가치관의 정립에 참여할 광범위하고 힘 있는 여론 공중을 형성하고 그들에 의해 여론이 지속적으로 유지될 수 있는, 예컨대 전문 언론 매체와 같은 사회적 장이 서둘러 개발되어야 할 것이다.

079 윗글로 미루어 알 수 있는 내용이 아닌 것은?

① 문화 정책은 국가가 주도하는 것이 아닌 자율적, 자생적으로 유지되어야 한다.
② 건전한 가치관의 형성에 꼭 필요한 근간이 바로 올바른 문화 정책의 수립이다.
③ 정부는 문화 정책의 부재로 가시적이고 현안적인 정책으로만 일관하고 있다.
④ 문화란 인간이 만든 산물이며 삶의 본질을 추구하는 활동이다.
⑤ 문화를 활성화하기 위한 사회적 장이 속히 마련되어야 한다.

080 밑줄 친 (가)와 의미가 통하는 말이 아닌 것은?

① 상하탱석(上下撑石) ② 작심삼일(作心三日) ③ 칼로 물 베기
④ 동족방뇨(凍足放尿) ⑤ 눈 가리고 아웅

OOOO재단 신입직원 채용공고

우리 OOOO재단은 체육 발전과 국제적 위상 제고를 위해 민법 제32조에 의해 설립된 공공 기관입니다. 체육 분야 인재 발굴 및 육성의 활성화를 위해 우리 OOOO재단을 이끌어 나갈 창조적이고 유능한 인재를 다음과 같이 모집합니다.

1. 모집 구분 (교차 지원 불가)

모집 직군	분야	모집 분야 및 수행 업무	근무 지역	인원

정규직
(5급)
	일반	• 일반 행정 업무
		   – 체육 인재 육성 및 체육 분야 교육 프로그램 기획 · 운영
		   – 온라인(E-learning) 교육 콘텐츠 기획 · 운영
		   ※ 체육 계열 전공 우대
			재단
			(서울 소재)
				5

	전산
	및
	홍보
		• 전산 및 홍보 업무
		   – 공공 기관 정보화 관련 업무, 정보 보안(개인 정보 보호 및 시스템), 홈페이지 관리 네트워크, 전산 장비 및 유지 보수 업체 관리 등
		   – 온/오프라인 홍보(SNS, 블로그, 뉴스레터 기획) 운영
		   ※ 체육 계열 및 전자 정보 통신 계열 우대
			재단
			(서울 소재)	

2. 지원 자격 및 채용 조건

  가. 성별, 연령 등 지원 자격 제한 없음

  나. 국가공무원법 제33조의 결격 사유가 없는 자

  다. 각항 공히 OOOO재단 직원 임용에 결격 사유가 없어야 하며, 적격자가 없을 경우에는 채용하지 않을 수 있음

  라. 운전면허 소지 및 상시 운전 가능자 ※이력서 기입 시, 반드시 입력

  마. 실무 영어 능력 보유자(하나 이상 충족한 자)

    ㉠ 공인 어학 능력 점수 보유자(최근 2년 이내): 토익 800점 이상, 기타 토플, 텝스, IELTS, G-Telp 등의 점수는 토익에 상응하는 점수

    ㉡ 영어를 공용어로 사용하는 국가에서 4년 이상 체류하거나 학사 학위 이상 취득자

3. 근무 조건

  가. 근무 시간 : 09:00 ~ 18:00(주 5일 근무)

  나. 보수 규정 : OOOO재단 내규에 따라 결정

  다. 복리 후생 : 4대 보험 등 예산의 범위 내에서 적용

  라. 신입으로 임용 후 3개월의 수습 기간을 거침(부서장 평가)

  마. 근무 시작일 : 2015년 5월경(예정)

4. 전형 방법

전형 방법	세부 내용	비고
서류 심사	• 지원 자격 및 채용 조건 등 심사	
필기 시험	• 제시 주제 기술	• 대상 : 서류 심사 합격자 • 일시 및 장소 : 개별 통보
면접 심사	• 일반 면접 및 심층 면접	• 대상 : 필기 심사 합격자 • 일시 및 장소 : 개별 통보

5. 접수 기간 및 방법

　가. 접수 기간 : 2015. 04. 14.(화) ~ 2015. 04. 27.(월) 18:00까지

　　＊ 주의 사항 : 접수 마감 당일, 지원자동 시 접속으로 시스템 불안정이 우려되므로 사전 접수 요망

　나. 접수 방법 : 온라인 접수만 가능(우편 및 방문 접수 불가)

　　① 모집 직군별 중복 지원은 불가

　　② 이력서 첨부 사진 : 최근 3개월 이내 촬영한 탈모 상반신 사진

　　③ '성인용 직업 적성 검사', '직업 선호도 검사 L형' 검사 결과 사전 실시(결과표 별첨)

　다. 접수처 : abcde.co.kr(온라인 지원)

6. 제출 서류

　가. 제출 시기 : 필기 시험 참가 당일(서류 전형 합격자에 한함)

　나. 제출 서류

　　– 최종 학력 성적 증명서 1부 (발행일 1주일 이내)

　　＊ 고졸자의 경우 고등학교 졸업 증명서 및 생활 기록부 사본 1부

　　＊ 학사 이상 학위자는 대학교 성적 증명서 추가 제출

　　＊ 일반 편입, 학사 편입 해당자는 전적 대학교 성적 증명서도 추가 제출

　　– 주민 등록 등본 또는 초본(남자는 병역 사항 기재된 것) 1부

　　– 직업 선호도 검사 L형, 성인용 직업 적성 검사 결과표 각 1부

　　– 기타 우대받을 수 있는 서류(취업 보호 대상자 증명서, 자격증 사본, 공인 시험 성적표, 경력 증명서 등 해당자에 한함)

　　＊ 유효 기간은 공고일로부터 2년 이내(공인 인증 외국어에 한함)

① 전공이 체육 교육과인 사람은 전산 및 홍보 분야에 지원하면 유리하겠구나.

② 해당 분야에 적격자가 없는 경우는 다음 일정으로 채용이 연기되겠구나.

③ 영어를 공용어로 하는 국가에서 4년 이상 체류한 사람만 실무 영어 능력을 인정받을 수 있구나.

④ 서류 심사를 반드시 통과해야 필기 시험에 응시할 수 있구나.

⑤ 학사 이상 소지자는 최종 학교 성적 증명서만 제출하면 되는구나.

언어는 생성, 변천, 소멸과 같은 과정을 거치면서 발전해 간다. 또한 각 언어는 서로 영향을 미치고 영향을 받으면서 변천하여 간다. 그런데 어떤 언어는 오랜 역사 기간 동안에 잘 변동되지 않는가 하면 어떤 언어는 쉽게 변하는 것도 있다. 한 나라의 여러 지역 방언들도 이와 같은 차이가 일어날 수 있다. 즉 어떤 지역의 방언은 빨리 변천하여 옛말을 찾아보기 어려운 반면, 어떤 지역 방언은 그 변천의 속도가 느려서 아직도 옛말의 흔적이 많이 남아 있는 경우가 있다.

방언의 변천은 지리적, 문화적, 정치적인 면에서 그 원인을 찾을 수 있다. 지리적으로는 교통이 원활히 소통되는 곳이 그렇지 않은 곳보다 전파가 빨리 이루어진다. 문화적으로는 문화가 발달한 곳에서 발달하지 못한 곳으로 영향을 미치게 된다. 이는 대개의 표준말이 수도를 중심으로 결정되며 도시의 언어가 시골의 언어에 침투됨이 쉽다는 말과 같다. 또한 정치적으로는 정치의 중심지가 되는 곳에서 지배를 받는 지역으로 전파된다.

이러한 여러 요인으로 인한 방언의 전파에도 불구하고 자기 방언의 특성을 지키려는 노력을 하게 되는데 이것이 방언의 유지성이다. 각 지역의 방언은 그 유지성에도 불구하고 서로 영향을 끼쳐서 하나의 방언일지라도 사실은 여러 방언의 요소가 쓰이고 있다. 따라서 각 방언을 엄밀히 분리한다는 것은 어려운 일이다.

방언은 한편으로는 통일되려는 성질도 가지고 있다. 즉 국가, 민족, 문화가 동일한 지역 내에 살고 있는 주민들은 원활한 의사소통을 위하여 방언의 공통성을 추구하려는 노력을 하는 것이다. 그 대표적인 결과가 표준어의 제정이다.

082 윗글의 내용과 일치하지 않은 것은?

① 표준어의 제정에 이르게 된 원인은 방언의 공통성 추구이다.
② 방언에는 다른 지역 방언의 요소들이 함께 혼재되어 있다.
③ 방언의 유지성과 통합성에 관계되는 가장 큰 요소는 지리적, 문화적 요인이다.
④ 방언의 변화 모습은 언어의 역사성과 유사한 측면이 있다.
⑤ 방언이 유지되려는 힘이 클수록 방언의 통일성은 강화될 것이다.

083 윗글에 나타난 언어의 특성을 바르게 말한 것은?

① 인간의 언어 능력 중 합리주의적 언어관으로 설명할 수 있다.
② 언어와 문화의 관계는 불가분의 관계이다.
③ 언어는 자의적인 기호의 상징이다.
④ 언어는 타 문화와의 교류 속에서 성장하는 것이다.
⑤ 인간은 누구나 한번 익힌 언어는 쉽게 잊어버리지 않는다.

[084~085] 다음 자료를 보고 물음에 답하시오.

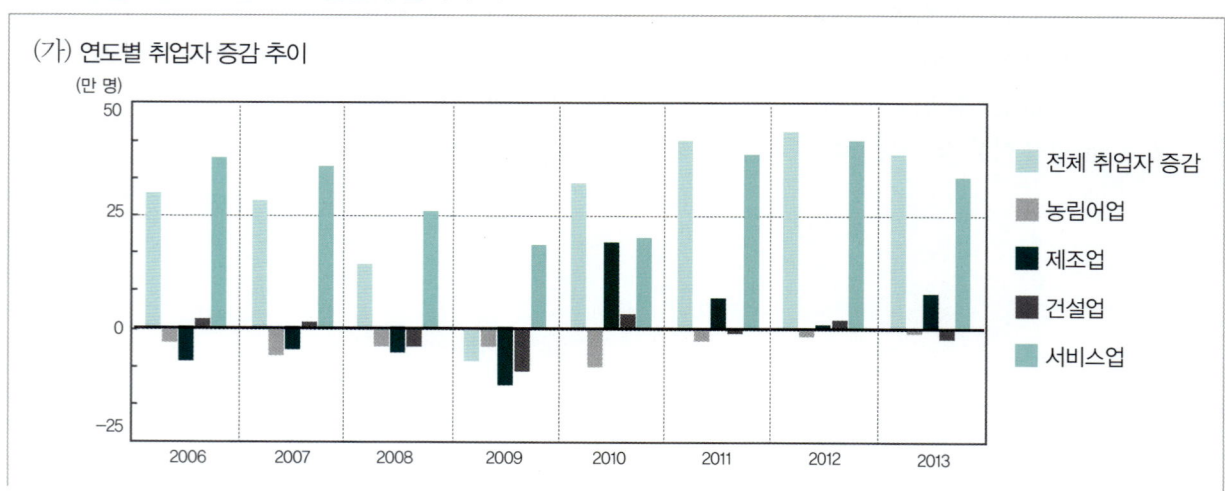

(나) 실업자 및 실업률 추이

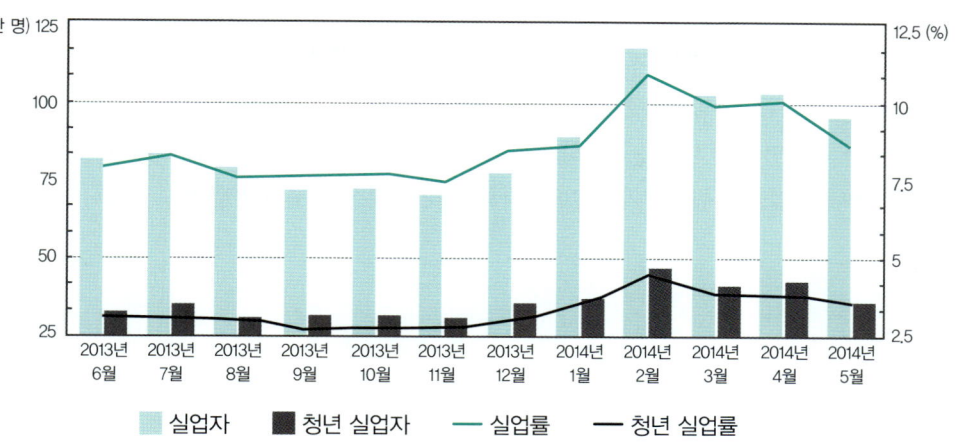

(다) 산업별 및 연도별 취업자 증감 추이

가구원수	2013	2014	2015년 1월	2015년 2월	2015년 3월	2015년 4월	2015년 5월	2015년 6월
취업자 증감	38.6	53.3	34.7	37.6	33.8	21.6	37.9	32.9
농림어업	−0.8	−6.8	−10.4	−8.7	−7	−13.5	−12.3	−12.7
제조업	7.9	14.6	14.1	15.9	11.6	16.7	14	14.7
건설업	−1.9	4.2	7	6.8	7.9	6.3	4.2	4.4
서비스업	31.7	42.6	24.2	23.1	19.6	10.8	31.5	23.5
실업자	80.7	93.7	98.8	120.3	107.6	105.3	102.2	105
실업률(%)	3.1	3.5	3.8	4.6	4	3.9	3.8	3.9
청년실업자	33.1	38.5	39.5	48.4	45.5	44.5	40.6	44.9
청년실업률(%)	8	9	9.2	11.1	10.7	10.2	9.3	10.2

084 자료를 해석한 것으로 적절하지 않은 것은?

① (가)의 자료를 보면 건설업과 농림어업 분야는 취업자 수가 지속적으로 감소하고 있다.

② (나)의 자료를 보면 전체 실업률 대비 청년 실업률이 급격히 증가하고 있다.

③ (다)의 자료를 보면 제조업의 취업률에는 특별한 변화가 없다.

④ (나)와 (다)의 자료를 보면 청년 실업자들이 그나마 취업에 유리한 분야는 서비스업이다.

⑤ (가)와 (다)의 자료를 보면 특히 제조업과 건설업 분야는 취업률이 지속적으로 하락하고 있다.

085 자료를 바탕으로 추론한 내용으로 옳지 않은 것은?

① 2009년도 이후 일자리는 조금씩 늘어나지만 주로 서비스 분야에 국한되어 있군.

② 최근 들어 2014년 1월부터 청년 실업율이 빠르게 증가하고 있어서 청년들의 취업이 점점 힘들어지겠군.

③ 앞으로 청년 실업 해소와 일자리 창출을 위한 기업의 노력이 무엇보다 중요해.

④ 농림어업이나 건설업의 일자리가 급격히 줄어들고 있는 것은 향후 전체 산업에 미칠 영향이 클 것 같아.

⑤ 실업률 중 청년 실업률이 높은 원인을 다른 자료를 찾아 분석해 보아야겠어.

[086~087] 다음 자료를 보고 물음에 답하시오.

(가) ○○학교 진학 인원 및 학업 중단 인원 그래프

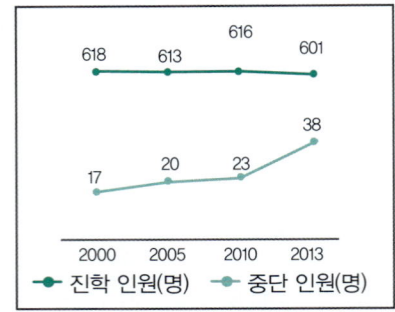

(나) 학업 중단 사유별 분포(2000년~2013년)

연도	학교 부적응	조기 진학	자발적 중단(방송 출연)	질병	가사(경제 사정)	계(%/명)
2000	64.2	8.6	5.2	5.2	16.8	100(16,289)
2005	76.1	6.3	4.3	4.6	8.7	100(23,150)
2010	80.7	4.2	1.6	3.0	10.5	100(38,244)
2012	82.6	3.6	1.4	1.8	10.6	100(41,543)
2013	85.2	2.9	1.2	1.8	8.9	100(41,511)

086 자료를 활용하여 '청소년(13세~18세) 학업 중단율을 줄여야 한다'라는 주장의 글을 쓰려고 한다. 그 내용으로 가장 적절한 것은?

① 학업 중단 인원이 급속히 증가하고 있으므로 이에 대한 가정 내에서의 관심과 가족들 간 유대감이 절실히 요구된다.

② 소수자에게 가해지는 사회적인 냉대와 차별이 학업 중단율의 주된 증가 요인이다.

③ 사회적 불평등, 특히 경제적 빈곤으로 인해 학업 중단율이 크게 문제가 되고 있다.

④ 진학률의 증가와 아울러 학업 중단율 또한 증가하고 있으므로 이 문제를 해결하는 교육 프로그램이 개발되어야 한다.

⑤ 학업 중단의 다양한 요인이 있지만 그중에서도 학교 부적응의 문제가 크게 부각되고 있으므로 공교육 차원의 대책 마련이 시급하다.

087 (가)와 (나)의 자료를 해석한 것으로 옳지 않은 것은?

① (가)에서 진학 인원은 2000년 이후 10년 넘게 거의 변화가 없다.

② (나)에서 학업 중단의 원인 중 자발적 중단보다는 조기 진학의 영향이 더 크다.

③ (나)를 보면 학업 중단의 원인 중 하나인 학교 부적응의 문제를 제외하면 나머지 요인들은 모두 감소 추세에 있다.

④ (가)와 (나)를 바탕으로 학업 중단의 가장 큰 사유는 바로 학교 부적응임을 알 수 있다.

⑤ (가)에서 2000년도에 비해 2013년도의 학업 중단 인원이 두 배 이상 증가했다.

088 보도 자료를 바탕으로 이끌어 낸 생각으로 적절하지 않은 것은?

최저임금위원회는 7월 8일(수) 오후 7시 30분부터 제12차 전원 회의를 개최하여 2016년도 적용 최저 임금안 시간급 6,030원을 의결하였다.

역대 최고의 최저 임금 인상액

이는 2015년 적용 최저 임금 시간급 5,580원에 비해 450원(전년 대비 8.1%) 인상된 수준으로 역대 최고 인상액이다.

〈연도별 최저 임금 인상액〉

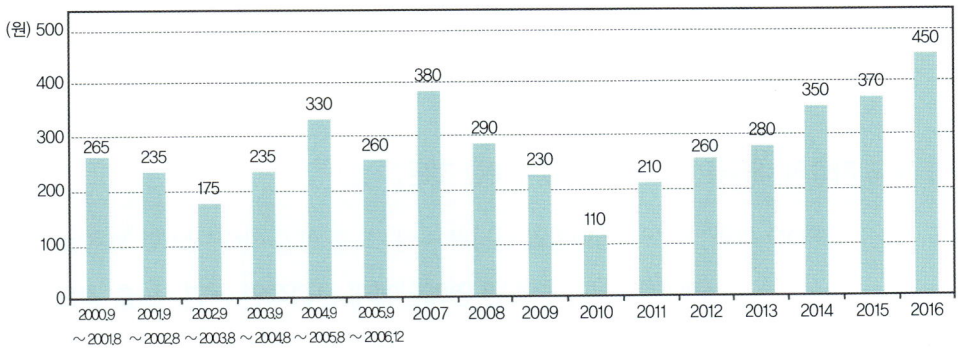

이를 월 단위로 환산(주 40시간 기준 유급 주휴 포함, 월 209시간)하면 1,260,270원으로 전년 대비 94,050원 인상된다. 이번에 의결된 최저 임금안의 영향을 받는 근로자는 3,420천 명으로 추정되며 영향률은 18.2%이다.

최저 임금 심의 경위

올해 최저 임금 심의는 노동계의 높아진 기대감과 사회적 관심으로 2015년 3월 31일 고용노동부 장관의 심의 요청 이후 총 55차례의 회의를 개최하는 등 그 어느 때보다 힘든 과정을 겪었다.

심의 과정에서 최초 요구안으로 근로자 위원은 시급 10,000원(전년 대비 79.2% 인상)을, 사용자 위원은 시급 5,580원(전년 대비 동결)을 요구하여 양측의 요구안에 큰 입장 차가 있었고, 3차례의 수정안이 제출되었으나 노사 간 인상률에 대한 간극은 42.8%p로 여전히 커 쉽게 접점을 찾지 못하고 난항을 거듭하였다.

제11차 전원 회의(7월 7일)에서 근로자 측이 추가 수정안 제출이 어렵다는 입장을 밝힘에 따라 2015년 7월 8일 공익 위원들이 노·사의 심의를 촉진하고자 심의 촉진안(5,940~6,120원)을 제시하였으나, 근로자 위원은 수용할 수 없다며 전원이 퇴장하였다.

제12차 전원 회의에서 근로자 위원이 불참한 가운데 사용자 위원의 요청으로 2015년 7월 9일 오전 1시경 공익안 6,030원을 표결에 부쳐 2016년 적용 최저 임금안을 최종 의결하게 되었다.

제도 개선 등 추진

올해는 예년과 달리 위원회 운영 방식과 제도의 개선에 대한 합의도 도출하였다.

최저 임금 심의 참고 자료인 소득 분배율의 지표에 '평균 임금 대비 최저 임금 수준'을 추가하고, 시간급과 월 환산액을 병기하여 고시하도록 요청하기로 하였으며 매 회의 직후 회의록의 홈페이지 게재, 회의 결과에 대한 보도 자료 배포, 회의 배석자 확대 등 회의 과정을 폭넓게 공개하는 한편 노사가 건의한 단기 및 중·장기 제도 개선 과제를 논의하기 위해 하반기에 월 1회 회의체를 운영키로 합의하였다.

향후 절차

이번에 의결한 2016년도 최저 임금안을 고용노동부 장관에게 제출하면, 고용노동부 장관은 즉시 최저 임금안을 고시하여 근로자를 대표하는 자와 사용자를 대표하는 자에게 10일 이상의 이의 제기 기간을 부여하고, 2015년 8월 5일까지 2016년 적용 최저 임금을 최종 결정, 고시하게 된다.

① 연도별 최저 임금 인상액 추이를 보니 2010년 이후 꾸준히 인상 폭이 커졌군.

② 앞으로는 최저임금위원회의 회의 결과를 더 빠르고 자세히 알 수 있겠군.

③ 심의 과정에서 노사 간의 간극이 크다는 것은 그만큼 양측의 이해가 첨예하게 엇갈린다는 뜻이 아닐까?

④ 최저임금위원회가 최저 임금안을 의결한 후에도 한쪽이 이의를 제기할 가능성이 있어.

⑤ 양측의 입장차가 컸지만 다행히 조금씩 양보하여 원만한 합의를 도출했구나.

089 보도 자료의 내용을 바르게 파악하지 못한 것은?

최○○ 의원, 청소년 연예인의 선정적 공연·노출 방지 위해 '청소년 보호법' 개정안 대표 발의

연예 기획사, 청소년 연예인에게 선정적인 공연·노출 강요 못해

청소년 연예인의 선정적인 노출에 대해 청소년보호위원회가 강압 유무 등을 심의

매체물에 대해서는 중단 요구할 수 있어

청소년 연예인 및 지망생의 의사에 반하는 선정적인 공연·노출 요구할 경우

2년 이하의 징역 또는 1천만 원 이하의 벌금

민주통합당 최○○ 의원(비례 대표, 문방위)은 사회적으로 문제가 된 청소년 연예인의 선정적인 공연과 신체 노출을 방지하고 이로 인한 인권 침해 문제 등을 해소하기 위해 『청소년 보호법』 개정안을 3월 5일 대표 발의했다. 최근 몇 년 동안 우리 사회에서는 걸그룹 등 아이돌 연예인들이 대중음악을 중심으로 한 대중문화 전반에서 큰 인기를 얻고, 한류의 중심축으로 등장했다. 이에 따라 아이돌을 동경하는 청소년 중에는 연예인을 지망하는 청소년이 크게 늘었고, 실제 공연이나 방송을 통해 걸그룹 등 연예인으로 활동하는 청소년도 적지 않다. 하지만 이 과정에서 연예 기획사가 비대칭적인 권력 관계를 이용하여 청소년 연예인에게 성적 노출 등 선정적인 공연을 강권하는 사례가 종종 발생하고 있다.

지난 2010년 여성가족부가 청소년 연예인 및 연예인 지망생을 상대로 면접 조사를 실시한 결과 청소년 연예인의 10.2%가 가슴과 엉덩이 등 신체 부위 노출을 경험했으며, 여성 청소년 연예인의 경우 60%가 '강요에 의한 노출'이라고 응답하기도 했다. 이로 인해 여성 청소년 연예인 및 연예인 지망생의 64.3%가 불면증을 겪고 있고, 14.3%는 우울증 약 복용, 14.5%는 연예 생활에 대한 회의 등을 경험하는 것으로 나타났다.

또한 아이돌 등 청소년 연예인의 사회적인 영향력을 감안할 때, 대중 매체가 보여 주는 청소년 연예인의 선정적인 공연과 노출을 거리낌 없이 받아들이고 모방하는 일반 청소년에 대한 악영향과 청소년 연예인 들을 관음증 등 성적 욕망의 대상으로 삼는 왜곡된 사회 현상이 발생하기도 한다.

따라서 청소년 연예인과 연예인을 지망하는 청소년을 보호해야 할 필요성이 제기되었지만 현재까지 대책은 미미한 수준이다. 2011년 공정거래위원회가 아동·청소년의 보호 조항을 신설하여 연예인 표준 전속 계약서를 개정했지만, 강제 사항이 아니어서 근본적인 해결책은 될 수 없었다. 최○○ 의원은 "노출 강요나 선정적인 공연 등 연예 기획사의 성 상품화로부터 청소년 연예인을 보호하는 조항을 신설하고, 청소년 연예인을 성 상품처럼 묘사하는 매체물을 제작·발행·송신하는 행위를 금지하여 일반 청소년을 대중 매체의 선정적인 콘텐츠로부터 보호하고자 하는 것이 이번 『청소년 보호법』 개정안의 주요 내용"이 라며 "법 개정을 통해 청소년 연예인과 청소년 연예인 지망생에 대한 인권 침해가 해소되고, 아이돌 연예 인에 대한 왜곡된 성적 인식이 개선됨은 물론 건강한 대중문화 형성을 기대한다."라고 밝혔다.

이번 개정안의 구체적인 내용을 살펴보면, 연예 기획사로 하여금 청소년 연예인에게 음란한 내용의 공연, 특정 신체 부위를 성적인 목적으로 지나치게 노출·강조하는 공연을 요구할 수 없도록 했고, 만약 그런 요구를 받은 경우 해당 청소년이나 친권자에게 청소년보호위원회에 심의를 요청할 수 있도록 했다. 또한 노출 등 강압에 의한 요구가 암암리에 일어날 상황에 대비해 특정 신체부위를 지나치게 노출·강조하는 공연 등이 있을 경우 청소년보호위원회로 하여금 그 과정에 청소년 연예인의 의사에 반하는 요구가 있었는지를 직권으로 심의하고, 해당 매체물의 제작자·발행자, 유통 행위자에게 제작·발행·송신의 중단을 요구할 수 있도록 하는 조항을 신설했다. 개정안이 통과될 경우 음란한 내용 또는 특정 신체 부위의 노출·강요하는 공연을 청소년 연예인에게 요구한 연예 기획사 등은 2년 이하의 징역 또는 1천만 원 이하의 벌금에 처하게 된다.

① 사회적 약자인 청소년 연예인들을 보호하기 위한 제도적 장치를 마련한다는 취지에서 공감이 가는군.

② 몇몇 연예 기획사의 횡포로부터 청소년 연예인의 권리를 보호하기 위한 목적이 법안의 취지이군.

③ 이 문제가 사회적 이슈가 되기 이전에 이미 이에 관한 많은 문제점이 잠재되어 있었던 것 같군.

④ 지금까지는 청소년 연예인에 에 관한 법적 보호 장치도 미비하고 표준 계약서조차 강제 사항이 아니어서 제도 자체가 유명무실했군.

⑤ 아쉬운 것은 청소년 연예인이 법적 미성년자이다보니 그 친권자만 청소년보호위원회에 심의 요청을 할 수 있군.

090 〈보기〉의 내용을 이용하여 글을 쓰려고 할 때, 그 중심 내용으로 가장 적절한 것은?

> **보기** 최근 정부는 담뱃값을 2,000원 인상한다고 발표했다. 앞으로 담뱃값이 오르면 하루 한 갑 흡연 자는 연 121만 원의 세금을 추가적으로 부담하게 된다. 이는 9억 원 상당의 강남 아파트 재산세 수준이며, 연봉 5,000만 원 근로자가 내는 근로 소득세 수준이다. 정부는 담뱃값의 인상으로 인 해 흡연자들이 3% 이상 감소할 것으로 예상하고 있다. 흡연자 중 가장 영향을 많이 받은 연령층 은 청소년들로, 특히 청소년의 흡연율은 14%나 감소할 것이라 예상하고 있다. 그 근거로 파푸아 뉴기니에서는 10%의 담배 소비세 인상에 청소년의 흡연율은 16.8%가 감소하였다. 홍콩에서는 1983년 인상 후 4년간 15~19세 청소년의 흡연율이 4.2%에서 2.3%로 감소되었다.

① 흡연율은 담배 소비세와 특별한 상관관계가 있다.

② 담배 소비세 인상은 흡연율을 낮추기 위한 적절한 방안이 아니다.

③ 담배 소비세 인상은 결국 정부의 주머니를 채우기 위한 꼼수일 뿐이다.

④ 담배 소비세 인상은 청소년의 흡연율을 감소시킬 수 있는 한 방안이다.

⑤ 금연 정책의 성공 여부는 오직 정부의 강력한 의지에 달려 있다.

091 온라인 카페 게시판에 올라온 글이다. 이를 지적하는 내용으로 적절하지 않은 것은?

> 제목: 요즘 게시판 사용에 대한 공지 사항
> 번호: 368　　　　글쓴이: 비만 돈가스　　　　날짜: 2015. 7. 26.
> 요즘 저의 상황은 '이보다 더 나쁠 순 없다.'라고 할 만하네요. 오늘은 그중에서도 가장 최악의 날로 손 꼽을 수 있을 것 같습니다. 개학한 지 겨우 2주 조금 너머가고 있을뿐인데 쌓이는 숙제에 하루가 어떻게 지나가는지도 모를 정도네요. 아무래도 이 모든 이유는 학교 코스웍이 무척 타이트한 것도 있겠지만 무엇보다도 제가 너무 부족하고 실력 없는 것 같습니다. 어쨌든 오늘 제가 무척이나 상심하고 있는 터라 약간의 넋두리를 한다고 생각하시고 그냥 스킵하세요. ^^
> 최근 게시판에 간간이 보이는 모임 제안에 대해 무척이나 고무적이라고 생각하고 있습니다. 저희 카페는 서로를 위해 자신을 희생할 줄 알고 다른 사람을 위할 줄 아는 사람들이 모여 함께 공부하는 곳입니다. 따라서 독불장군이나 나 혼자서 잘되겠다는 식의 이기주의에 빠져 있는 분들은 정중히 사양합니다. 서로의 친목 도모를 위해 적극적으로 나서 주시기 바랍니다. 혼자서 잘난 척 빠지거나 무관심해 있지 말고 특별한 이유가 없다면 언제든지 응원해 줍시다. 어느 날 누군가 갑자기 '우리 언제 뭐 뭐 하는 게 어때요?'라고 말하는 것은 대단히 용기 있는 행동입니다. 어느 누구도 나서지 않을 때에 누군가 다른 사람을 위해 한 발 앞으로 나선다면 우리 모두들 호응해 주고 격려해 줍시다. 영화도 보고, 차도 마시고, 야유회도 가고, 스포츠도 즐기고, 그런 여유 있는 세상을 여러분들이 만들어 주시기 바랍니다.

① 제목의 철자법이, 게시판이라고 표기해야 맞지 않을까요?

② '너머가고'가 아니라 '넘어가고' 아닌가요? 그리고 '있을뿐인데'는 '있을 뿐인데'로 띄어 써야 할 것 같습니다.

③ '제가 너무 부족하고 실력 없는 것 같습니다.'는 이유나 그 근거를 제시하는 문장이니 '제가 너무 실력이 없기 때문인 것 같습니다.'로 고치는 것이 좋을 것 같습니다.

④ 코스웍, 타이트, 스킵 같은 말은 우리말로 바꾸어 써 주는 것이 어떨까요.

⑤ '우리 모두들 호응해 주고 격려해 줍시다.'는 누구를 호응해 주고 격려해 주는 건가요? 대상이 모호하네요.

092 휴대 전화의 문자 입력 방식 중 훈민정음 창제 당시 합용의 원리에 해당하는 것은?

① 'ㄷ' 다음에 *를 누르면 'ㅌ'이 되고 'ㅅ' 다음에 *를 두 번 누르면 'ㅊ'이 된다.

② 'ㅇ' 다음에 *를 두 번 누르면 'ㅎ'이 되고 'ㄱ' 다음에 *를 누르면 'ㅋ'이 된다.

③ 'ㅗ' 다음에 'ㅏ'를 누르면 'ㅘ'가 되고 'ㅠ' 다음에 'ㅕ'를 누르면 'ㆌ'가 된다.

④ 'ㅁ' 다음에 *를 누르면 'ㅂ'이 되고 두 번 누르면 'ㅍ'이 된다.

⑤ 'ㄴ' 다음에 *를 누르면 'ㄷ'이 되고 'ㅇ' 다음에 *를 누르면 'ㆆ'된다.

093 다음 내용과 관계있는 작품은?

> 최초의 사설시조로 정철이 지은 작품이다. 일종의 권주가로, 삶의 허무함을 강조한 내용으로 현세주의
> 를 표방하고 있다.

① 탄로가   ② 견회요   ③ 만흥   ④ 장진주사   ⑤ 영매가

094 표준어에 대한 설명 중 적절하지 않은 것은?

> 가. 종래의 '깡충깡충'은 언어 현실에 따라 '깡충깡충'으로 했다.
> 나. 오뚝이는 명사나 부사에서 모두 '오뚝이'로 통일했다.
> 다. 경상도 마산 지방의 방언이었던 '멍게'는 서울로 올라와 언중의 지지를 얻어 사투리가 표준어가 된
>   경우이다.
> 라. '주착(主着)', '지리(支離)하다'는 한자어의 어원을 버리고 변화된 형태를 취한 것이다.
> 마. 금지사 '아서', '아서라'는 원뜻을 살려 발음대로 쓰기로 한 것이다.

① 가   ② 나   ③ 다   ④ 라   ⑤ 마

095 다음 중 용비어천가의 특징이 아닌 것은?

① 한글로 기록된 최초의 서사시이다.

② 장르상 명칭은 악장이다.

③ 조선 건국의 정당성을 획득하기 위한 글이다.

④ 한글 반포 이후 지어진 최초의 작품이다.

⑤ 역사적 배경과 설화가 있다.

096 다음 단어를 사전에 수록된 순서대로 바르게 나열한 것은?

부엉이	병풍	배신자	벨기에

① 벨기에 – 배신자 – 병풍 – 부엉이   ② 병풍 – 배신자 – 벨기에 – 부엉이

③ 부엉이 – 병풍 – 배신자 – 벨기에   ④ 배신자 – 벨기에 – 병풍 – 부엉이

⑤ 병풍 – 벨기에 – 부엉이 – 배신자

097 다음 중 작가와 작품의 연결이 바르게 된 것은?

① 서정주 – 동천, 눈길   ② 박두진 – 도봉, 청산도   ③ 신동엽 – 너에게, 낙화

④ 황동규 – 즐거운 편지, 오렌지   ⑤ 김남조 – 설일, 설날 아침에

098 남북한 언어의 차이를 설명한 내용으로 옳지 않은 것은?

① 어휘면에서 보면 표준어는 한자어를 다수 수용하는 반면, 문화어는 고유어 중심으로 사용한다.

② 외래어 표기는 표준어는 외래어를 그대로 사용하는 반면, 문화어는 외래어를 우리말로 바꾸어 사용한다.

③ 자모의 수는 표준어는 24자모를 중심으로 소리 나는 대로 적는 반면, 문화어는 40자모를 중심으로 단어에서 뜻을 가지는 매개 부분을 언제나 같게 적는다.

④ 표준어는 두음 법칙과 자음동화를 인정하는 반면 문화어는 한자를 원음 그대로 적는다. 즉 두음 법칙을 인정하지 않는다.

⑤ 표준어는 발음에서 'ㅣ' 모음 역행 동화, 전설 모음화 인정하는 반면, 문화어는 이를 인정하지 않는다.

099 〈보기〉는 독립신문에 실린 이중원의 '동심가'이다. 이에 대한 설명으로 틀린 것은?

보기

잠을ᄭᅵ세 잠을ᄭᅵ세.　　　　범을보고개그리고
ᄉᆞ쳔년이 쑴쇽이라.　　　　봉을보고ᄃᆞᆰ그린가
만국이 회동ᄒᆞ야　　　　　文명긔화ᄒᆞ랴ᄒᆞ면
ᄉᆞ희가 일가로다.　　　　　실샹일이뎨일이라

구구셰졀 다ᄇᆞ리고　　　　못셰고기불어말고
샹하동심동덕ᄒᆞ세　　　　그믈미ᄌᆞ잡아보세
늠으부강불어ᄒᆞ고　　　　그믈밋기어려우라
근본업시회빈ᄒᆞ랴　　　　동심결노미ᄌᆞ보세

① 'ᄭᅵ세', '쑴'에서 보듯 어두 자음군이 형성되어 있다.

② '회동ᄒᆞ야'에서 보듯 'ㆍ' 음의 표기가 남아 있음을 알 수 있다.

③ '뎨일이라'에서 보듯 구개음화가 일어나지 않았음을 알 수 있다.

④ '못셰 고기, 잡아 보세'에서 보듯 단모음화가 일어나지 않았음을 알 수 있다.

⑤ 모든 표기에서 끊어적기가 보편화되었고, 8종성법을 쓰고 있다.

100 보기에 나타난 국어의 경어법을 설명한 것으로 적절하지 않은 것은?

> **보기**   가. 철수야. 할아버지를 잘 모시고 병원에 다녀오너라.
>
> 나. 부장님, 그 업무는 제가 대신 하겠습니다.
>
> 다. 어머니께서는 사과를 맛있게 드신다.
>
> 라. 자네는 아직도 그 버릇을 버리지 못하고 있나?
>
> 마. 할머니, 어머니가 막 회사에서 돌아왔습니다.

① 가: 객체 높임법으로 목적어가 지시하는 대상, 즉 어휘 자체를 높이는 방법이다.

② 나: 상대 높임법으로 청자는 높이고 자신은 낮추는 표현법이다.

③ 다: 주체 높임법으로 행위의 주체를 직접 높이는 격식체 표현법이다.

④ 라: 상대 높임법, 비격식체로써 두루높임에 해당한다.

⑤ 마: 문장의 주체가 화자보다는 높고, 청자보다는 낮은 경우 주체를 높이지 않는다.

듣기 대본
정답 및 해설

1장 사실적 이해

(14~17쪽)

01 ⑤	02 ④	03 ①	04 ④	05 ④
06 ④	07 ④	08 ④		

01 강연을 들려 드립니다.

> 사물놀이는 주로 앉아서 치는데, 각 악기잡이들의 뛰어난 기량을 바탕으로 가락의 질이 결정됩니다. 즉, 같은 가락을 치더라도 꽹과리 · 징 · 장구 · 북이 서로 주고받으며 엉키고 밀치고 당기는 맛이 있어야 합니다. 또한 사물놀이는 즉흥적으로 연주되며, 따라서 악보가 없기 때문에 악기잡이들의 연주 능력이 매우 중요합니다. 원래 사물놀이는 우리나라 농악 놀이의 한 형태로, 극장은 물론, 빈 공터, 마을 회관 등 어느 장소에서나 공연하기가 쉽습니다. 그래서 농촌 마을에서는 이 사물놀이의 악기를 공동으로 보관하다 필요할 때마다 내어다 썼는데 이것이 오늘날 사물, 즉 꽹과리 · 징 · 장구 · 북의 네 가지 악기로 연주를 하게 된 것입니다. 이러한 사물놀이는 여러 가지 복잡한 리듬으로 연주되기 때문에 듣는 사람들로 하여금 저절로 흥겨움을 불러일으킵니다.

⑤ 강연에서는 사물놀이의 사물을 꽹과리, 징, 장구, 북으로 언급하고 있다. 보기 5번은 태평소이다. 태평소는 호적이라고도 하며 속칭 날라리라고도 한다. 조선 전기에는 궁중 음악에서 사용되었다가 그 후 농악이나 불가의 재(齋)에서도 연주되어 오늘에 이르렀다.

02 다음은 그림에 관한 설명을 들려 드립니다.

> 자동차는 크게 보디(Body)와 섀시(Chassis)로 나뉩니다. 보디는 주로 자동차의 외형을 말하며 보닛, 트렁크, 문 등이 이에 해당합니다. 반면 섀시는 프레임, 엔진, 동력 전달 장치, 조향 장치, 브레이크, 현가 장치 등으로 이루어집니다. 이는 차가 달리는 데 필요한 최소한의 기계 장치로, 섀시만으로도 주행은 가능합니다. 섀시의 구성 요소 중 먼저 프레임은 자동차의 뼈대를 말하며, 외부로부터 전달받는 힘을 지지해 내는 역할을 합니다. 다음으로 동력 발생 장치는 사람의 몸으로 비유하면 심장과 같은 것입니다. 이에 이어진 동력 전달 장치는 엔진에서 발생한 동력을 기계의 축으로 전달하는 장치입니다. 즉, 엔진에서 얻어진 회전력을 지면과 마찰하는 바퀴에 유효하게 전달시키는 것입니다. 동력 전달 장치는 엔진으로부터의 동력을 저속에서 고속까지 변환하여 전달하는 기능을 하기 때문에 자동차가 원활하고 효율성 있게 주행하도록 하게 합니다. 동력 전달 장치는 크게 클러치, 변속기, 추진축, 최종 감속 및 자동 기어 장치, 구동 바퀴 등으로 구성됩니다. 그 다음 조향 장치(Steering)는 앞바퀴의 회전축 방향을 조절하는 장치, 즉 자동차의 진행 방향을 좌우하는 장치입니다. 다음은 제동 장치로서 운전 속도를 조절하고 제어하거나 차체를 정지시키는 장치입니다. 마지막으로 현가 장치는 노면의 충격이 차체나 탑승자에게 직접적으로 전해지지 않도록 하는 완충 장치입니다.

④ 자동차의 섀시의 명칭들은 아래 그림을 참조하면 된다.

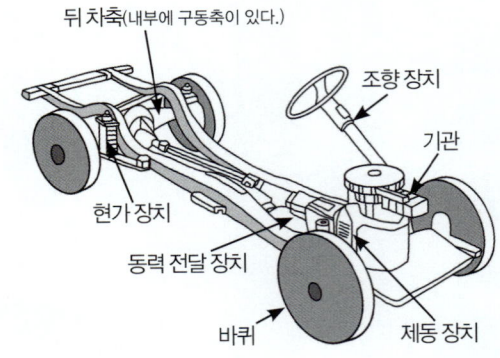

03 그림에 대한 설명을 들려 드립니다.

> 막사발의 '막'은 '마구'라는 의미입니다. 즉, 용도에 따라 다양하게 사용되는 그릇이 막사발입니다. 우리에게는 조선 시대에 잠시 만들어진 담금분청발 종류의 밥그릇으로 인식되었습니다. 반면 일본 사람들은 이 막사발을 일본 제일의 보물로 여겼습니다. 일본은 임진왜란 이전에 조선과의 정상적인 상거래를 통해서, 혹은 해안가 민가의 약탈을 통해서 이 막사발을 일본으로 가져갔습니다. 이것이 일본의 상류층 무사들의 찻잔으로 사용되어 '이도차완'이라는 이름으로 불리게 되었고, 현재 일본의 1급 국보로 전해지고 있습니다. 조선의 이름 없는 지방에서 생산되었던 투박한 그릇이 왜 일본에서는 국보로 추앙받게 된 것일까요? 가난한 서민의 밥사발이거나 가난뱅이의 보통 사발이었던 막사발이 왜 일본에서는 보물이 되었던 것일까요? 그 이유로 먼저, 일본에서는 막사발이 밥그릇이 아닌 찻잔으로 사용되었다는 사실을 꼽을 수 있습니다. 당시 일본은 자기를 생산할 수 없는 나라였습니다. 이에 따라 일본 귀족이나 영주들이 막사발의 격을 높여 찻잔으로 사용함으로써 새롭게 의미를 부여하게 된 것입니다. 또한 찻물을 부으면 햇볕과 신비롭게 어우러져 시각적 환상을 불러일으켰기에 예술적 감흥 또한 느꼈던 것으로 여겨집니다.

① 막사발은 '밥그릇'이고 '투박한' 모양이라고 설명하였으므로 답은 ①이다.

04 다음은 그림에 관한 설명을 들려 드립니다.

> 이것은 조선 시대 여인들의 머리 장신구입니다. 여섯 모가 난 모자로, 겉을 검은 비단으로 감쌌으며, 위가 넓고 아래로 내려갈수록 좁아집니다. 속에는 솜이 들어 있고 그 가운데를 비게 하여 머리 위에 올려놓습니다. 이것이 사용되기 시작한 것은 원나라와의 혼인이 많았던 고려 후기로 볼 수 있습니다. 고려 시대의 것은 조선 시대의 것보다 모양이 크고 높이도 높았던 것으로 추정됩니다. 그러다 조선 시대에 들어와서는 그 양식이 점차 작아지고 위와 아래가 거의 밋밋하게 비슷해졌습니다. 그 이후로 국내의 부녀자들이 즐겨 써서 거의 국속(國俗)이

되었습니다. 특히 영조·정조 시대에는 가체(加髢) 사용이 금지되면서, 평민 부녀자들까지 사용하였습니다. 또한 남편의 관직에 따라 금권자(金圈子)나 옥권자(玉圈子)를 붙여서 등위를 표하기도 하였습니다. 현재는 신부가 신식 혼례를 마친 뒤 폐백을 드릴 때 원삼(圓衫)과 같이 쓰고 있습니다.

④ 여성들의 머리 장신구 중 족두리에 관한 설명이다.
  ① 조바위: 부녀자들이 쓰는 방한모의 일종. 상류 계층에서부터 평민 계층까지 폭넓게 사용
  ② 전모: 조선 시대 여자들이 나들이 때 주로 사용한 모자
  ③ 화관: 조선 후기 부녀자들의 머리 장신구로서 궁중의 내연(内宴)에서 주로 사용하고 민간에서는 사용할 수 없게 하였다.
  ⑤ 아얌: 조선 시대 부녀자들이 겨울 나들이 때 쓰던 방한모의 일종. 주로 평민층에서는 장식용으로 사용

05 다음은 그림에 관한 설명을 들려 드립니다.

처마는 첨하(檐下, 簷下) 또는 첨아(檐牙)라 표기하기도 하며, 단순히 첨(檐, 簷)·최려(崔櫚)·적(樀)·판첨(板檐)·우(宇)·헌(軒)으로 불리기도 합니다. 또한, 진해 지방의 방언으로는 '기스람'이라고 불리고 있습니다. 처마의 구성 요소는 서까래·부연(浮椽, 婦椽)·평고대·추녀·사래·박공 등이 있습니다. 처마는 넓은 의미에서 서까래가 이루는 부분을 통칭하고 있어서 맞배지붕의 경우는 합각 부분까지 포함합니다. 서까래가 이루는 부분 중에서 주심도리 안쪽을 천장이라 부르고, 천장에서 이어지는 주심도리 바깥쪽을 처마라 합니다. 처마는 서까래 사이가 앙토 없이 만들어진 삿갓천장과 앙토된 연등천장 등 두 가지가 있고, 서까래 끝에 다시 덧서까래를 걸어 처마를 깊게 하는 방법이 있습니다. 덧서까래 사이의 간격에는 널빤지가 덮여 막음이 되는데 이것을 '골개판'이라 하며, 이것이 산자처럼 건너지른 널빤지라면 '횡개판(横蓋板)'이라고 합니다. 그 구성 방법에 따라 홑처마와 겹처마로 크게 나눌 수 있으며, 지붕 모양에 따라 박공처마·합각박공처마, 처마 모서리 서까래의 배치 모양에 따라 귀처마·선자연처마·말굽연처마·평행서까래귀처마, 그 밖에 회첨처마 등으로 구분합니다.

④ 주심도리 안쪽은 천장이라고 하고, 바깥쪽을 처마라고 했다. 즉 기둥 밖으로 나와 있는 지붕의 일부분을 처마라고 칭한다고 했다. 또 처마는 흙으로 채워지는 경우와 그렇지 않은 두 가지 유형이 있는데 결국 처마는 넓은 의미에서 서까래가 이루는 부분을 통칭한다고 하였으므로 정답은 ④가 된다.

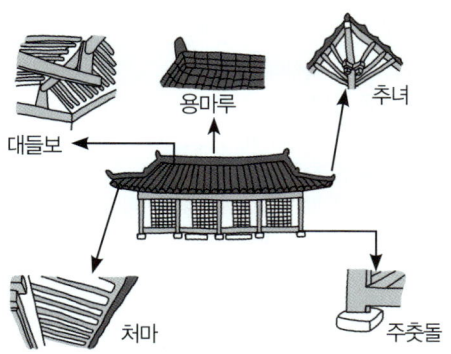

06 이번에는 강연을 들려 드립니다.

에어컨을 가동시키면 실내에는 찬 바람이 나오지만 실외에서는 따뜻한 바람이 나옵니다. 왜 그럴까요? 에어컨에서 찬 바람이 나오는 과정을 보면 먼저 냉매에 힘을 주어 실내외기를 순환하게 만듭니다. 즉 증발기에서 증발한 프레온 가스 냉매를 흡입, 압축하여 압력을 높여서 비교적 높은 온도에서도 액화, 즉 기체가 액체가 되는 상태로 만드는 것입니다. 다음은 압축기에서 나온 냉매 가스를 냉매 액체로 변하게 하는 과정입니다. 실외기 뒤를 보면 얇은 방열판이 보이시지요? 그곳에서 기체가 액체가 되면서 열을 방출합니다. 그 다음 과정은 증발기에서 증발이 쉽게 이루어지게 하기 위해 압력을 낮추어야 합니다. 만약 압력을 낮추지 못하면 냉매 액체는 증발이 안 되어서 실내에서는 따뜻한 바람만 나오게 되겠지요. 그러므로 감압 장치를 두어 액체 냉매의 압력을 낮추어서 쉽게 실온에서 증발이 일어나도록 하는 과정이지요. 그 다음 과정은 에어컨의 본연의 임무에 해당하는 찬 바람 만들기의 과정입니다. 즉, 실내기 쪽에서 찬 바람을 일으키려면 액체가 기체가 되는 과정이 필요한데 이때 주변 열을 빼앗아 가게 됩니다. 액체 냉매는 말이 액체이지 거의 수증기처럼 분무 액체이고 온도 또한 무척 차갑습니다. 이런 분무 액체가 증발기로 들어가 주변의 열을 빼앗아 기체로 변화하는 과정이 일어나게 되는 것입니다. 결국 이러한 과정들을 계속 반복함으로서 실내 온도가 낮아지게 되는 것입니다. 이것은 마치 야구에서 선수들이 사각 마운드를 계속 도는 것과 같은 원리입니다.

④ 응고란 액체가 고체가 되는 과정이다. 이러한 과정은 에어컨 작동 과정에서는 나타날 수가 없는 것이다. 제시문에서는 에어컨의 원리를 압축, 응축, 팽창, 증발의 네 단계가 반복되는 것으로 설명하고 있다.

07 다음은 그림에 관한 설명을 들려 드립니다.

우리나라 중요 무형 문화재 제17호인 봉산 탈춤은 크게 앞놀이·본놀이·뒷놀이로 구성되고, 작게는 본놀이만을 지칭하기도 합니다. 봉산 탈춤에서 쓰이는 탈은 기본 재료인 종이의 색채와 조형 감각을 활용하여 구성하였으며, 연극적인 상징성도 가득 담겨 있습니다. 사실성과 귀면성(鬼面性), 입체성과 회화성, 익살스러움, 천박스러움이 여러 측면에서 조화된 탈로 높이 평가받고 있습니다. 탈의 특징을 종류별로 하나하나 살펴보면, 먼저 취발이 탈은 이마에 네 개, 미간에 여섯 개, 양 입가에 두 개의 혹이 있습니다. 취발이의 붉은 얼굴은 환속과 욕망을, 버드나무 가지는 젊음과 생명력을, 방울은 귀신을 물리친다는 벽사의 의미를 상징하며 취발이의 세속적이고 현세 중심적 인물형을 부각시켜 줍니다. 가면은 매우 긴 편이며 얼굴 여기저기에 많은 혹이 달려 있고, 노총각임을 나타내기 위하여 소꼬리로 만든 백발을 이마 위에 드리우고 있습니다. 취발이는 원래 승려였으나 승가에 뜻이 없어 속세에 내려와 술에 취한 모습으로 떠돌아다니는 인물입니다.

④
① 무당 탈 ② 미얄 탈 ③ 노장 탈 ⑤ 말뚝이 탈

다음은 강연을 들려 드립니다.

> 먼저 마디가 없는 대나무를 반원형으로 다듬되, 껍질 쪽이 원형이 되도록 합니다. 그 다음 중살과 장살은 아래로 내려올수록 가늘게 다듬습니다. 그리고 나서 연 종이에 풀칠을 하여 다리미로 구김살 없이 다립니다. 그 다음 머리 살은 1~3cm 정도 연 윗부분을 접어서 붙이고 나머지는 중살, 허리 살, 장살의 순서로 살에만 풀칠하여 붙입니다. 종이에 대나무를 차례로 붙인 다음, 완성된 연에 색지 등을 붙이고 무늬를 넣습니다. 연이 완성되면 넓은 공터로 나와서 바람이 불어 가는 방향으로 약 2m 정도 연실에 여유를 두고 연을 올리면서 실을 당겨 연을 더욱 높이 올립니다. 연이 올라가면 연실을 50cm~1m 정도 풀고 난 뒤, 즉시 실을 당깁니다. 이러한 방법을 되풀이하여 연을 띄웁니다. 연을 날리기 적당한 바람은 지상 10m, 초당 2~5m 정도의 풍속이 적당합니다. 이는 나뭇잎이 흔들리거나 깃발이 펄럭이는 정도입니다.
> 이와 같은 조건이 갖추어졌어도 용지나 대나무가 좌우로 대칭이 되지 않을 때, 대나무가 나빠 구부러져 대칭이 되지 않을 때, 대나무가 연의 크기에 비해서 무거울 때는 연이 제대로 날지 못하게 됩니다.

④ 방패연을 띄우는 방법은 설명되어 있으나 멀리 날리는 방법은 설명되어 있지 않다.

2장 추론적 이해

(18쪽)

01 ⑤	02 ②	03 ③	04 ③	05 ④

01 다음은 이야기 한 편을 들려 드립니다.

> **여자:** 이웃에 장씨 성(姓)을 가진 사람이 살았습니다. 그가 집을 짓기 위해 나무를 베러 산에 갔을 때입니다. 우거진 숲 속의 나무들을 모두 둘러보았지만 꼬부라지고 뒤틀린 것이 대부분이었습니다. 그러다 산 꼭대기에서 한 그루의 나무를 발견했습니다. 정면에서 보나 좌우에서 보나 곧았습니다. 장씨는 쓸 만한 재목이라고 생각했는데, 뒤쪽에서 바라보니 형편없이 굽은 나무였습니다. 이에 도끼를 버리고 탄식했습니다.
> **남자1:** "아, 재목으로 쓸 나무를 보면 쉽게 드러나고 판단하기도 쉬운 법이다. 그런데 이 나무를 내가 세 번이나 바라보고서도 재목감이 아니었다는 사실을 몰랐었다. 그러니 겉으로 후덕해 보이고 인정이 깊은 사람일지라도 어떻게 그 본심을 알 수 있겠는가? 말을 들어 보면 그럴듯하고, 얼굴을 보면 선량해 보이고, 세세한 행동까지도 신중히 하므로 우선은 군자라고 말할 수 있다. 그러나 막상 큰일이나 중대한 일을 당하여서는 그의 본색이 드러나고 만다. 국가가 망하는 원인도 따지고 보면 이러한 사람으로부터 비롯되는 것이다. 마땅히 굽은 데 없이 곧아야 할 나무도 꼬부라지고 뒤틀려서 이처럼 쓸모없는 재목이 되고 마는데 하물며 사람의 일이란 오죽하겠는가? 물욕이 진실을 어지럽히고 이해가 판단력을 흐리게 하기 때문에 천성을 굽히고 당초에 먹은 마음에서 떠나는 자가 많다. 때문에 속이는 자가 많고 정직한 자가 적은 것을 이상하게 여길 일이 아니다."
> **남자2:** "그대는 정말로 잘 보았습니다. 공(公)과 경(卿)과 대부(大夫), 그리고 사(士)가 예복을 갖추어 입고 궁전에 드나드는데, 그중 정직한 도

리를 간직하고 있는 자는 보지 못했을 것입니다. 이런 것을 보면 굽은 나무는 항상 불행을 겪고, 사람은 정직하지 못한 자가 항상 행운을 잡는다는 것을 알 수 있습니다. 옛말에 '곧기가 현(絃)과 같은 자는 길거리에서 죽어 가고 굽기가 낚시 같은 자는 공후(公侯)에 봉해진다.'라고 하였습니다. 이 말은 정직하지 못한 사람이 굽은 나무보다 많다는 사실을 입증해 주는 것입니다."

⑤ 이 이야기에는 '겉과 속이 다른 자가 성공하며 부정과 비리를 저지른 자가 오히려 출세하여 영달을 누린다.'라는 의미가 담겨 있다. 즉, 굽은 나무처럼 심성이 바르지 못한 자가 세상에서 행세하고 있음을 꼬집고 있다. 곡학아세(曲學阿世), 교언영색(巧言令色), 표리부동(表裏不同), 조삼모사(朝三暮四)는 모두 겉과 속을 달리한 체, 자신의 이익이나 출세를 꾀하는 모습을 가리키는 말이다.

02 이번에는 대화 한 편을 들려 드립니다.

> 한 청년이 스승을 찾아가 물었다.
> **제자:** 스승님, 궁금한 게 있습니다. 제 주변을 보면, 가난한 사람들은 대개 서로 돕고 위해 주는 반면, 재물에 여유가 있는 사람은 자기 몫을 챙기느라 남을 돌보지 않습니다. 도대체 왜 그런가요?
> 그러자 스승은 청년을 창가로 데리고 갔다.
> **스승:** 창문을 통해 밖을 내다보아라. 무엇이 보이느냐?
> 청년은 눈에 보이는 것을 말했다.
> **제자:** 아이를 업은 여인 옆으로 자전거가 달려가고 있는데요.
> 스승은 다시 청년을 거울 앞으로 데리고 가 똑같은 질문을 했다. 거울 앞에 선 청년은 당연한 걸 묻느냐는 표정으로 대답했다.
> **제자:** 제 얼굴밖에 보이지 않는데요.
> 그제야 스승은 천천히 고개를 끄덕이더니 어리둥절한 표정으로 서 있는 청년에게 말했다.
> **스승:** 유리창과 거울은 똑같은 유리로 만든 것이다. 그런데 거울은 그 유리에 은칠을 했기 때문에 자기 모습밖에 보이지 않는다. 그렇듯 재물로 세상을 보면 자기밖에 보이지 않느니라.

② 내용에서 언급된 '유리에 은칠을 한 상태'는 돈으로 가치를 판단하는 사고를 나타낸다. 물질의 노예가 되어 사람의 가치를 돈으로만 평가하거나 가치 판단이 흐려져 오히려 남을 돕고자 하는 마음이 나타나지 않는 상태를 나타내는 것이다. 그러므로 남을 돕는 것은 물질적 여유의 문제가 아니라, 물질에 대한 태도에서 비롯된다고 할 수 있다.

03 다음은 현대시 한 편을 들려 드립니다.

> 해일처럼 굽이치는 백색의 산들,
> 제설차 한 대 올 리 없는
> 깊은 백색의 골짜기를 메우며
> 굵은 눈발은 휘몰아치고,
> 쪼그마한 숯덩이만 한 게 짧은 날개를 파닥이며
> 굴뚝새가 눈보라 속으로 날아간다.
>
> 길 잃은 등산객들 있을 듯
> 외딴 두메 마을 길 끊어 놓을 듯
> 은하수가 펑펑 쏟아져 날아오듯 덤벼드는 눈,

다투어 몰려오는 힘찬 눈보라의 군단,
눈보라가 내리는 백색의 계엄령.

쪼그마한 숯덩이만 한 게 짧은 날개를 파닥이며
날아온다 꺼칠한 굴뚝새가
서둘러 뒷간에 몸을 감춘다.
그 어디에 부리부리한 솔개라도 도사리고 있다는 것일까.

길 잃고 굶주리는 산짐승 있을 듯
눈더미의 무게로 소나무의 가지들이 부러질 듯
다투어 몰려오는 힘찬 눈보라의 군단,
때죽나무와 때 끓이는 외딴집 굴뚝에
해일처럼 굽이치는 백색의 산과 골짜기에
눈보라가 내리는
백색의 계엄령.

③ 이 시는 최승호의 '대설주의보'로 억압된 독재 정권을 현실을 자연 현상을 비유하여 비판하고 있다.

04 다음은 대화 한 편을 들려 드립니다.

여자1: 요즘 우리 주위를 보면 선망의 대상 영순위가 청소년 연예인들이야. 또 우리 또래의 아이돌 가수가 TV에 나와 노래하거나 연기하는 걸 보면 참 부러워. 그런 청소년 연예인들을 보면서 우리도 할 수 있다는 자신감도 생기기도 하고.

남자1: 하긴, 솔직히 그렇기는 해. 하지만 가수라면 노래 실력으로 승부하고 인정받아야지. 외모나 춤만으로 인기에만 영합하는 것 같아서 한편으로는 좋지 않게 생각돼. 더구나 화장을 진하게 하거나 선정적인 옷차림, 어른들 흉내나 내는 말투 하며. 아무튼 나는 학생의 신분에 어긋난다고 생각해. 나중에 어른이 된 뒤에 연예계에 진출해도 될 텐데.

남자2: 내 생각에는 어린 나이에 엄청난 명성과 부, 두 마리 토끼를 한꺼번에 잡을 수 있기 때문에 더 선망의 대상이 되는 것 같아. 어떻게 보면 로또를 기대하는 심리나 다름없지.

여자2: 꼭 그렇지만은 않을 수도 있다고 봐. 학생 혹은 청소년 신분이라고 해서 자신의 소질과 재능을 표출하는 데 제한을 받을 필요는 없다고 생각해. 어린 나이에 재능을 빨리 발견하고, 그것으로 자기 자신의 이상도 실현할 수 있다면 정말 좋은 선택 아닐까.

③ 남자2는 청소년 연예인들이 가질 수 있는 명성과 부를 로또를 기대하는 심리에 비유하고 있다. 통념상 로또를 기대하는 심리는 노력 없이 이뤄지는 기적 등 부정적인 의미로 쓰이고 있기 때문에, 남자2는 청소년의 연예계 활동에 대해 반대 입장에 서 있다고 추측할 수 있다.

05 다음은 교양 강의를 들려 드립니다.

우리나라는 남녀 전체 평균 고용 비율 격차가 무려 29.8%로, 남성에 비해 여성의 고용 비율이 현격히 낮습니다. 그 원인 중 하나는 바로 육아 문제와 보육 문제에 있습니다. 지금까지 여성들은 결혼과 동시에 직장을 퇴사하는 경우가 많았고, 채용 과정에서도 여성이 남성에 비해 차별받는 경우가 많이 있었습니다. 이 결과, 여성의 경제 활동 참여율은 갈수록 낮아지고 이로 인해 남녀 고용의 불균형은 더욱 심화된 것입니다. 그렇다면 이런 고용에 있어서 남녀 불균형을 해소하기 위한 방안은 무엇인지 생각해 보아야 할 것 같습니다. 먼저 남녀 고용 평등을 실현하기 위해서 채용 목표제를 도입할 필요가 있다고 생각합니다. 아울러 여성이 일자리를 가지게 되더라도 육아로 인한 직장 생활의 불편함을 해소하기 위한 방안으로 보육 시설을 확충하여야 할 것입니다. 이러한 법적·제도적 방안이 마련되지 않을 경우 현실적으로 노동 시장에서 여성의 고용 확대는 요원하다고 할 수밖에 없을 것입니다.

④ 강의 내용은 채용 목표제의 필요성과 이를 실행하기 위한 방안을 모색하고 있다. ④은 채용 목표제를 반대하는 입장의 논거이다.

3장 비판적 이해

(19~20쪽)

01 ②	02 ④	03 ②	04 ⑤	05 ④
06 ②	07 ②			

01 다음은 토론을 들려 드립니다.

사회자(여자): 요즘 중·고교에서 이루어지고 있는 학생들의 봉사 활동에 다소 문제점이 나타나고 있습니다. 이번 시간에는 전문가 선생님 두 분을 모시고 이 문제에 대하여 이야기 나누어 보도록 하겠습니다. 먼저 교육학 박사님의 말씀부터 듣고 이어 가도록 하겠습니다.

교육학 박사(남자1): 지금 학생들이 교내에서 하고 있는 봉사 활동은 사실상 형식적으로 이루어지고 있다고 생각됩니다. 잘 아시겠지만 이 봉사 활동이 입시에 영향을 미치기 때문입니다. 즉, 봉사 본연의 취지에서 다소 멀어진 면이 있는 것이죠. 물론 대다수 학생들이 봉사 활동에 그렇게 임한다는 뜻은 아닙니다만, 몇몇 학생들의 경우 시간 채우기식이나 보여주기식으로 봉사활동을 하고 있는 것이 문제입니다.

사회자(여자): 네, 그럼 이번에는 선생님의 말씀을 들어 보고자 합니다. 선생님께서는 이 문제에 대하여 어떻게 생각하시는지요?

선생님(남자2): 네, 일선 학교에서 학생들의 봉사 활동을 지켜본 제 입장에서 보면 분명 문제가 있는 것은 사실입니다. 실제로 봉사 활동에 임하는 학생들 스스로가 그 가치를 알지 못하는 경우가 대부분이에요. 또 봉사 활동에 대한 의지나 자긍심을 가지고 임하는 학생의 경우는 극소수에 불과합니다.

사회자(여자): 학생들이 이렇게 형식적인 시간 채우기식 봉사 활동을 하고 뚜렷한 봉사 활동의 취지도 갖지 못하는 이유는 무엇일까요?

선생님(남자2): 네, 학생들이 봉사 활동을 할 수 있는 분야가 극히 제한적인 것이 한 요인이라 할 수 있습니다. 즉, 다양한 분야에서의 봉사 활동을 경험할 수가 없다는 것이 문제입니다.

② 선생님(남자2)는 학생들이 봉사 활동의 가치를 느끼지 못하는 현실을 문제로 꼽고 있으며, 다양한 분야의 봉사 활동을 경험할 수 없음을 지적하고 있다. 여기서 봉사 분야를 늘리는 것을 장소를 늘리는 것으로 해석하면 오류가 된다. 시간 채우기 식의 단순한 봉사 활동에서 탈피하여 봉사 활동의 분야를 선별하여 봉사활동의 가치를 느끼게 해 주는 방향으로 접근하는 것이 적절하다.

02 다음은 대화 한 편을 들려 드립니다.

남자: 최근 우리 교육계에 고교 내신 절대 평가제의 전면 개편이 문제로 대두되기 시작했어.

여자: 이번에 논의되고 있는 고교 내신 절대 평가제는 10여 년 전에 시행했다가 상대 평가로 개편한 후 최근에 다시 논의되기 시작한 것으로 알고 있어.

남자: 고교 내신 성적 산출 방식을 절대 평가로 전환하게 되면 여러 부작용이 생길 것 같아. 우선 가장 먼저 일선 학교에서 성적 부풀리기가 암암리에 발생할 것 같아.

여자: 그렇다고 지금처럼 계속 상대 평가를 고집한다면 학생들 간의 지나친 경쟁과 그로 인한 사교육비 증가가 불 보듯 뻔해. 같은 학교 친구들끼리 서로 좋은 점수를 받기 위해 지나치게 경쟁하는 것은 너무나 비인간적인 면이 있어.

남자: 하지만 절대 평가를 실시하면 내신 성적에 대한 신뢰도가 하락하고 그 여파로 각 대학은 자기 대학만의 대학별 시험을 통하여 신입생을 선발하려 할 텐데, 그럼 그에 대한 사교육의 수요가 새롭게 증가하게 될 것은 불 보듯 뻔한 이치야.

여자: 그럼 그렇다고 지금처럼 계속 우리 아이들을 무한 경쟁 속에서 무조건 방치해 두어야만 한다는 거야?

남자: 만약 절대 평가로 전환하면 학생들의 학력은 지금보다 더 하락할 수밖에 없어. 그렇게 되면 학력의 하향 평준화가 될 수도 있어. 학교가 스스로 공부하지 않는 아이들을 길러 내고 있는 역설에 빠지게 되는 거지.

여자: 꼭 그렇게만 생각하면 안 돼. 고교 내신 절대 평가라는 제도의 근본적 취지와 제도적 장점도 생각해야지. 얼마든지 학교 자체 내에서 문제 난이도를 조절하고 변별력을 가진 문제를 만들어 평가한다면 충분히 가능하리라고 봐.

④ 여자는 고교 내신 절대 평가제 도입을 찬성하고 있다. 따라서 정답은 반대 의견에 가까운 것을 고르면 된다. '돌다리도 두들겨 보고 건너라'는 매사에 신중을 기하라는 의미이다. 이를 내용과 연계해 보면 제도를 신중하게 검토해 보자는 의미로, 제도 도입 반대 입장이나 유보 입장에 더 가까운 근거가 될 수 있다.

03 다음은 강연을 들려 드립니다.

관례 의식은 아득한 옛날 중국의 황제(黃帝) 임금이 처음 시작했다고 문헌에 나오고 있기는 하나, 그것과 후대 관례 의식과의 연관성을 가늠하기는 어렵습니다. 우리 역사에서는 '고려사'를 통해 광종, 예종, 의종 때 황태자의 관례를 행했다고 기록되어 있는 것으로 보아, 우리나라에서도 일찍부터 유가적인 관례 의식이 행해진 것을 알 수 있습니다. 이후 '주자가례'의 유입으로 인해 조선조 사대부 집안에서도 관례를 행하여 오다가, 1894년 갑오경장이 실시되면서 단발령으로 상투가 없어지게 되었고, 따라서 갓도, 갓을 쓰는 의식인 관례도 없어지게 되었습니다. 다만 전통 혼례에서 혼인을 하면 땋은 머리를 올려 비녀를 꽂는 것으로 보아, 계례(笄禮)는 혼례의 풍습 속에 흡수되었다고 할 수 있습니다. 그러다가 1973년에 와서 '성인의 날'을 제정하여 만 20세가 되면 성인식을 치르도록 하였으나, 약화된 혹은 사라져 버린 관례에 대한 불씨가 되살아나고 있지는 않고 있습니다.
관례는 아이가 성장하여 성인이 되었다는 것을 남들에게 알리는 의식입니다. 15세부터 20세까지의 총각에게 성인이 된 것을 상징하게 위하여 갓을 씌우는 의식이었습니다. 관례를 치르면 비로소 성인이 됨과 동시에 사회의 일원으로 참여할 수 있고, 결혼도 관례를 마친 후에 할 수 있었습니다.

② 강연 후반부터 성인이 되었다는 것을 알리는 관례의 의미를 살펴보고 있다. 마지막 문장에서는 사회의 일원이 되거나 결혼을 할 수 있는 자격이 언급되고 있다. 정답은 이 모두를 포괄하는 내용인 ②이 가장 적절하다.

04 이번에는 한문 수필 한 편을 들려 드립니다.

아나운서(여자): 이번 시간에는 한문 수필 한 편을 소개하고자 합니다. 조선 초 유명한 석학인 권근의 작품인 '주옹설'에 관한 내용으로 오늘날 우리들에게 깨우침을 전하고 있습니다. 이제 손과 주옹의 대화를 들려 드리겠습니다.

손(남자1): 그대는 배에서 기거하며 고기를 잡지도 않고, 장사도 하지 않고 다만 물에서만 생활을 영위하고 있군. 이런 변화무상한 물에서 작은 배 하나로 넓은 바다를 떠돌다 만약 태풍이라도 만나 돛대는 기울고 노까지 부러지면, 정신과 혼백이 흩어지고 두려움에 싸여 목숨이 경각에 놓일 수도 있을 터인데, 이런 위태로움을 알면서 그대는 도리어 이를 즐겨 오래오래 물에 의지하여 떠가고만 있으니 어찌된 연고인가?

주옹(남자2): 대개 사람의 마음이란 변화가 무상하니, 평탄한 땅을 디디면 안락하게 여기고, 험한 지경에 처하면 두려워 서두르는 법. 두려워 서두르면 조심하여 든든하게 살지만, 안락함에 젖어 느긋하면 반드시 흐트러져 위태로이 죽나니, 내 차라리 위험을 딛고서 항상 조심할지언정, 편안한 데 살아 스스로 쓸모없게 되지 않으려 합니다. 하물며 제 배는 정해진 꼴이 없이 떠도는 것이니, 혹시 무게가 한쪽에 치우치면 그 모습이 반드시 기울어지게 됩니다. 왼쪽으로도 오른쪽으로도 기울지 않고, 무겁지도 가볍지도 않게 내가 배 한가운데서 평형을 잡아야만, 기울어지지도 뒤집히지도 않아 내 배의 평온을 지키게 되나니, 비록 풍랑이 거세게 인다 한들 편안한 내 마음을 어찌 흔들 수 있겠습니까? 또, 무릇 인간 세상이란 한 거대한 물결이요, 인심이란 한바탕 큰바람이니, 하잘것없는 제 한 몸이 아득한 그 가운데 떴다 잠겼다 하는 것보다는, 오히려 한 잎 조각배로 만 리의 부슬비 속에 떠 있는 것이 낫지 않을까 합니다. 제가 배에서 사는 것으로 사람 한 세상

사는 것을 보건대, 안전할 때는 후환을 생각지 못하고 욕심을 부리느라 나중을 돌보지 못하다가, 마침내는 빠지고 뒤집혀 죽는 자가 많습니다. 손은 어찌 이로써 두려움을 삼지 않고 도리어 저를 위태하다 여기십니까?

⑤ '내가 배에서 사는 것으로 사람 한 세상 사는 것을 보건대, 안전할 때는 후환을 생각지 못하고, 욕심을 부리느라 나중을 돌보지 못하다가, 마침내는 빠지고 뒤집혀 죽는 자가 많다.'라는 문장을 통해 우리의 삶이란 알고 보면 물 위에 떠 있는 배와 같아서 언제나 마음을 쏟아 경계하고 조심해야 함을 역설하고 있음을 알 수 있다.

05 다음은 대화를 들려 드립니다.

> **남자:** 어제 신문 봤어? 앞으로 공무원 시험에서 군 가산점제 도입을 검토 중이라고 하더군.
>
> **여자:** 어머, 그래? 그럼 앞으로 공무원 시험을 준비하는 여성들은 상대적으로 시험에서 심한 불이익을 받을지도 모르겠구나.
>
> **남자:** 아니, 꼭 그렇게만 볼 것도 아니야. 남자들은 대부분 2년을 군에서 보내야 하기 때문에 사회 진출도 그만큼 늦고, 취업을 위한 준비가 부족하기 때문에 상대적으로 여성에 비해 시험에서 불리할 수밖에 없어. 이 경우 여성들이 모든 면에서 유리하지. 그래서 그와 같은 문제를 보완하기 위한 차원에서 이 제도를 시행하려고 하는 거야.
>
> **여자:** 그건 인정하지만 그래도 공무원 시험의 경우, 아주 미미한 1, 2점 차이로 당락이 결정되는데, 가산점 여부가 결국 당락을 결정짓는 절대적 변수가 될 수도 있어. 어찌 되었든 어느 시험이든지, 시험이라면 반드시 동등한 조건에서 공정한 경쟁을 거쳐 이루어져야 한다고 나는 생각해.
>
> **남자:** 꼭 그렇지만은 않아. 모든 시험에 똑같은 조건과 경쟁이 주어진다면 그것이 오히려 역차별적인 것이 아닐까 생각해. 군 복무를 이제 막 마친 사람에게 똑같은 조건에서 경쟁하라는 말은 상대적으로 여성에게 특혜를 주는 것은 아닐까? 이를 보더라도 군 제대자에게 가산점을 부여하고자 하는 취지는 옳다고 봐.

④ 남성은 군 가산점제를 찬성하고 있다. 그러나 보기 4번은 여성이나 군대에 가고 싶어도 신체적으로 해당 기준에 부합하지 않아 군에 갈 수 없는 남성들의 희생과 불이익을 담보로 군 가산점제가 시행되는 것이라는 내용으로, 반대 입장의 논거에 가깝다.

06 이번에는 대화를 들려 드립니다.

> **남자1:** 우리나라의 경우 전 세계적으로 유례없이 빠르게 고령화가 진행되고 있어. 일반적으로 고령화의 속도는 출산율, 사망률, 그리고 생존율을 고려하여 산출되는데, 지난 10월 통계청의 발표 자료를 보면, 지방의 모집단 30개 군(郡)의 경우 65세 이상 노인 인구가 20%를 넘어서는 초고령 사회로 진입한 곳이 대부분이라고 발표하고 있어.
>
> **여자:** 만약 이 추세대로 진행된다면 머지않아 농촌은 빠르게 인구가 감소하게 될 것 같아. 그렇지 않아도 오늘날 농업이 가장 취약 산업으로 낙후되어 가는데 이 여파로 농촌은 점점 더 몰락하겠어. 또 농촌에서 더 이상 출산이 이루어지지 않는다는 것도 커다란 문제 중에 하나라고 봐.
>
> **남자2:** 고령화 사회가 가속화되면 제일 먼저 일자리는 있어도 마땅히

일할 사람이 없어 결국 공장은 가동을 중단할 수밖에 없게 될 거야. 또 국가의 재정 확보는 세금이 그 재원이 되는데, 이 경우 세수의 부족으로 재원 확보에도 문제가 될 수 있겠어.
>
> **남자1:** 또 노인 인구의 증가로 인해 의료비 지출이 늘어나 국가 재정에 엄청난 부담으로 작용할 수도 있어.
>
> **여자:** 그래. 결국 국가 경쟁력 부분에서 저성장 일변도로 국가 경제 구조가 변화될 경우 총체적 위기에 직면할 수밖에 없어. 뿐만 아니라 국방 문제, 젊은 층의 노인 부양 문제 등 많은 문제가 연쇄적으로 발생할 수도 있겠어.

② 대화 내용은 고령화 사회로 진입하면서 사회 전반에 나타나는 문제점들을 지적하고 있다. 남자1은 의료비 지출로 인한 국가 재정의 부담을, 남자2는 노동 인력 부족, 세수 부족을, 여자는 국방 문제, 노인 부양 문제, 저성장 일변도의 구가 경제 구조를 우려하고 있다.

07 다음은 대화를 들려 드립니다.

> **남자:** 담뱃값 인상을 두고 관계 부처 간 신경전이 팽팽한 것 같아. 정부는 지난 달 담뱃값을 평균 2,000원 인상하기로 하고 다음 달부터 시행하기로 했어.
>
> **여자:** 지난번 정부 기관의 담뱃값 인상에 대한 조사 결과를 보면 이번 담뱃값 인상으로 성인 흡연율이 4.9%나 줄어들 것으로 보인다고 발표했어. 이 발표를 미루어 짐작해 보면 담뱃값 인상이 금연을 유도하는 데 효과를 줄 것 같아.
>
> **남자:** 하긴 담배의 폐해는 굳이 일일이 말하지 않아도 누구나 다 아는 사실이니, 이번 담뱃값 인상을 계기로 흡연자들은 단호하게 금연을 했으면 해. 왜 비싼 세금을 내면서까지 몸에도 해로운 걸 피우려고 할까. 조사 자료를 자세히 보니 현재 세계 흡연자 수가 무려 10억 명이나 되고, 매년 흡연으로 500만 명 이상 사망하고 있다고 하니, 정말 놀랄 일이야.
>
> **여자:** 그런데 정부는 이번 담뱃값 인상으로 마련한 세원을 도대체 어디에 쓰는 걸까?
>
> **남자:** 정부의 세금 징수 취지에 비추어 본다면 당연히 담배로 인하여 발생하는 환자들의 의료비 지원이나 흡연율 감소를 위한 금연 정책 사업에 써야 하지만 실상은 그렇지 않은 것에 문제가 있는 것 같아. 또 어찌 보면 술, 담배 등은 개인적 기호 식품일수도 있는데 국민 건강을 핑계로 서민들의 호주머니를 턴다는 느낌이 들어. 내가 보기에는 정부의 의도가 불순하게 여겨지는 것도 사실이야.
>
> **여자:** 맞아. 간접세의 비중을 늘리면 결국 그 부담이 서민들의 생활로 이어져서 생활이 더 팍팍해지는 것을 정부는 왜 모를까?
>
> **남자:** 그래, 맞아. 이번 정부의 인상은 머리로는 인정하지만, 가슴으로는 도저히 인정하기 힘들어.

② 두 사람 모두 담뱃값 인상이 흡연자들의 금연을 유도할 수 있을 것이라고 보고 있다. 그러나 담뱃값 인상을 통해 마련된 세원이 실질적인 금연 정책으로 이어질지는 의심하고 있다.

01 ④	02 ④	03 ④	04 ②	05 ④
06 ⑤	07 ④	08 ②		

01 먼저 토론을 들려 드립니다.

> **사회자:** 오늘은 '청소년들의 휴대 전화 사용 이대로 좋은가.'라는 내용으로 토론을 펼치고자 합니다. 아시다시피 요즘 청소년들은 대부분 휴대 전화를 소지하고 있습니다. 이 휴대 전화로 인하여 여러 가지 사회적 문제가 일어난다는 의견이 있는데요. 이를 진단하기 위하여 전문가 선생님 두 분을 모셨습니다. 먼저 최 박사님께서 이 문제에 대해 말씀해 주시기 바랍니다.
>
> **최 박사(여자):** 일부 청소년들은 학교는 물론, 가정, 공공장소 등 장소를 막론하고 무분별하게 휴대 전화를 사용하고 있습니다. 그로 인해 학업 성취도가 저하되고, 건강상에도 심각한 문제가 나타나고 있습니다. 저는 학생들의 휴대 전화 사용이 꼭 필요한 사안은 아니라고 생각합니다. 특히 교내에서만이라도 휴대 전화 사용을 제한할 필요가 있다고 생각합니다.
>
> **김 박사(남자):** 제 생각은 조금 다릅니다. 청소년들에게도 휴대 전화를 사용할 권리가 있습니다. 교내에서 무분별하게 휴대 전화를 사용하는 학생들은 몇몇에 국한되고 대다수는 쉬는 시간이나 귀가 시에 사용하는 경우가 많습니다. 소수의 학생들을 일반화시켜 이 사안을 크게 몰아가거나 심각하게 바라보아선 안 된다고 생각합니다.
>
> **최 박사(여자):** 휴대 전화의 무분별한 사용을 일부 청소년들의 문제로만 바라보아서는 안 된다고 생각합니다. 이미 많은 수의 학생들이 거의 중독 상태에 놓여 있습니다. 이제는 학교에서뿐만 아니라 가정에서도 지나치게 휴대 전화 의존도가 높아 가족 간에도 대화 단절, 나아가 소통의 부재를 경험하고 있습니다. 따라서 그 필요성은 인정하더라도, 적어도 학교나 공공장소에서는 청소년들의 휴대 전화를 차단하는 것이 타당하다고 생각합니다.
>
> **김 박사(남자):** 물론 일부 학생들의 경우 지나치게 휴대 전화 의존도가 높아 정신적, 사회적 문제를 불러오는 경우도 있습니다. 그렇다고 해서 전체 학생들의 권리를 침해해서는 안 될 것입니다. 무엇보다도 가정이나 학교에서 학생 스스로가 휴대 전화의 잘못된 사용에 대하여 반성하게 하고 휴대전화 사용 예절을 교육시키는 것이 더 중요하다고 생각합니다.

④ 두 사람의 의견은 휴대 전화 사용을 제한하자는 측과, 제한하는 것은 권리의 침해라는 측으로 양분되나, 무분별한 휴대 전화 사용은 부작용이 있다는 인식에 기반하여 논리를 전개하고 있다.

02 다음은 대화를 들려 드립니다.

> **우섭:** 선생님, 이 문법 문제 질문 있습니다.
>
> **선생님:** 응, 뭔데?
>
> **우섭:** '닭'하고 목적격 조사 '을'이 결합할 경우에 어떻게 발음해야 합니까? '닥글', '달글', '다글' 중에 어떤 것이 맞습니까?
>
> **선생님:** 너는 무엇이 맞다고 생각해?
>
> **우섭:** '다글' 아닐까요?

> **선생님:** 그럼 이제 본격적으로 알아볼까. 먼저 음절의 끝소리 규칙 중 대표음 법칙을 이해하고 있어야 해. 통상 받침으로 소리가 날 때는 모두 제 소릿값을 가지는 것이 아니라 일곱 개의 자음으로만 소리가 나는 것을 대표음 법칙이라고 해. 일곱 개의 자음은 모두 무엇일까?
>
> **우섭:** ㄱ, ㄴ, ㄷ, ㄹ, ㅁ, ㅂ, ㅇ입니다.
>
> **선생님:** 그럼 '닭'의 대표음은 무엇일까?
>
> **우섭:** 'ㄱ'이요. 그럼 '닥글'이라고 발음해야겠네요.
>
> **선생님:** 그렇지 않아. 뒤의 조사가 모음이므로 이와 같은 경우는 '달글'이라고 발음해야 한단다.
>
> **우섭:** 그럼 '닭'의 경우는 '달'로 발음합니까?
>
> **선생님:** 그렇지 않단다. 겹받침이 오는 경우 단독으로 사용되는 명사일 경우 뒤 자음을 소릿값으로 선택하는 경우에 해당한단다. 따라서 '닥'으로 발음해야 한다. 그럼 '흙'과 '흙을'의 경우는 어떻게 발음해야 할까?
>
> **우섭:** '흑', '흘글'로 발음합니다.

④ 겹받침의 경우는 단독으로 발음될 경우는 뒤의 음운을 취하기도 한다.

03~04 다음은 대담을 들려 드립니다. 잘 듣고 물음에 답하시오.

> **사회자:** 최근 정부는 사이버 범죄 대책 마련을 위해 인터넷 실명제를 검토하고 있습니다. 사이버상의 각종 인권 침해와 명예 훼손을 막기 위해서 실명제가 불가피하다는 입장입니다. 이에 대해 시민 단체들은 인터넷 문화가 꽃필 수 있었던 것은 익명성 때문이고, 부작용을 막는다는 명목 아래 실명제를 시행한다는 것은 명백한 사전 검열이라며 반대하고 있습니다. 이를 논의하기 위해서 인터넷 실명제에 대하여 전문가 두 분을 모셨습니다. 먼저 최 박사님의 말씀부터 듣겠습니다.
>
> **최 박사(여자):** 밝은 면이 발달하면 어두운 면도 따라 발달합니다. 인터넷 공간도 예외가 아니죠. 지금 가상 공간에서 일어나고 있는 각종 사이버 테러나 해킹, 무차별적 비난, 명예 훼손 등을 보면, 오프라인에서의 병폐가 가상 공간에서도 그대로 일어나고 있습니다. 이러한 일련의 일들을 보더라도 실명제가 실시되어야 함이 옳습니다. 인터넷 실명제를 반대하는 입장에서는 실명제를 사용하면 자유롭게 활동할 수 없다고 하는데, 욕설과 상대방을 향한 인격 모독 등 무차별적인 언어 폭력을 행사하는 것이 자유인지 묻고 싶습니다.
>
> **김 박사(남자):** 저의 생각은 조금 다릅니다. 물론 몇몇 사람들의 무차별적인 언어 폭력과 명예 훼손은 분명 범죄입니다. 당연히 그에 대한 사회적 비난과 법적 처벌이 내려져야 합니다. 그러나 정부가 이와 같은 상황의 논리만을 내세워 인터넷 실명제를 거론한다는 것은 시민 사회를 압도하려는 불순한 의도를 의심하기에 충분합니다. 인터넷상의 익명성 보장은 표현의 자유에 해당하는 헌법적 가치를 지니고 있습니다. 이 표현의 자유를 행정 편의적 사고로 규제하려는 것, 이것은 명백히 위헌적인 발상입니다. 또 당사자가 취해야 할 권리 행사를 국가가 대신할 수 있다는 이 발상은 무서운 국가주의입니다. 이 모든 행위와 절차는 국민 개개인들의 성숙한 인격과 자율적 판단에 맡겨야 한다고 봅니다. 문제가 있으면 법의 판단에 맡기면 되고 나머지는 성숙한 인터넷 환경과 개인들의 인격에 맡겨야 합니다.

03 ④ 두 사람 모두 언어 폭력, 명예 훼손 등 인터넷 공간에서 나타나는

문제점을 공감하고 있다. 그러나 여자는 인터넷 실명제 실시로, 남자는 개인의 인격과 자율적 판단을 통해 문제를 개선해야 한다고 주장하고 있다.

04 ② 남자는 인터넷 실명제 도입을 반대하고 있다. 헌법적 가치에 해당하는 표현의 자유가 지켜져야 함을 그 근거로 들고 있다. 이를 다르게 말하면, 인터넷상의 익명성이 표현의 자유를 보장한다는 의미이기도 하다. 보기 2번은 이에 반하는 내용이다.

05~06 다음은 대담을 들려 드립니다.

> **사회자:** 오늘은 우리 사회가 그동안 간과해 왔던 다문화 가정에 대하여 논의해 보고자 전문가 선생님 두 분을 모셨습니다. 먼저 최 박사님의 견해부터 듣겠습니다.
>
> **최 박사(남자1):** 짧은 시간 동안 우리 사회에는 결혼 풍습의 변화와 아울러 다문화 가정이 조금씩 생겨나기 시작했습니다. 이들 가정에서 겪는 문제들 중 언어적인 어려움을 지적하고 싶습니다. 다문화 가정 내에서 외국인 배우자는 언어의 장벽에 부딪히게 됩니다. 일상생활의 불편함뿐만 아니라, 자신의 자녀보다 한국어 의사소통 능력이 떨어지는 경우 부모의 역할을 제대로 할 수 없습니다.
>
> **정 박사(남자2):** 또 다른 문제 중 하나는 문화적 차이로 인한 소외입니다. 외국인 배우자는 불과 일주일 만에 혹은 더 짧은 시간 내에 결혼을 결심하고 한국으로 옵니다. 사랑이 없는 결혼과, 가족과 떨어진 외로움, 언어의 장벽으로 인해 외국인 배우자는 어려움에 겪게 됩니다.
>
> **최 박사(남자1):** 우리 사회의 편견과 차별 또한 문제입니다. 아시아 국가 출신이나 흑인 다문화 가정의 경우, 우리보다 못사는 나라라는 인식이 강해 더욱 무시를 받는 경우가 많다고 합니다. 특히 어머니가 외국인이어서 한국어를 잘 사용하지 못한다면 자녀 역시 한국어를 잘 사용하지 못할 가능성이 크고, 이는 결국 대인 관계의 문제로까지 이어질 수 있습니다.
>
> **정 박사(남자2):** 사회적 · 경제적 측면도 문제입니다. 농촌의 다문화 가정의 경우, 사회적 · 경제적으로 낮은 위치가 아이들에게 대물림되면서 악순환의 고리가 연결될 수 있음이 더 큰 문제라 볼 수 있습니다.

05 ④ 국제 결혼으로 인해 다문화 가정이 생기는 것은 맞지만, 다문화 가정을 둘러싼 여러 문제들의 시발점을 국제 결혼으로 국한시키는 것은 다소 억설이다. 내용에서도 우리 사회의 편견과 차별을 다문화 가정을 둘러싼 문제의 원인으로 꼽고 있다.

06 ⑤ 내용에서 언급된 문제를 해결하는 방향으로 정답을 모색해야 한다. 내용에서는 다문화 가정을 둘러싼 문제로 언어, 문화적 차이, 우리 사회의 편견과 차별, 낮은 사회적 경제적 위치의 대물림을 언급하고 있다. 보기 5번은 이 문제들과 적확히 대응시킬 수 없고, 연구 범위가 광범위하다.

07~08 다음은 대담을 들려 드립니다. 잘 듣고 물음에 답하시오.

> **사회자:** 오늘은 최근 우리 사회에 불고 있는 현상 중의 하나인 다이어트 열풍과 문제점에 대하여 논의해 보고자 이 자리를 마련하게 되었습니다. 초대 손님 두 분을 모신 가운데 말씀을 나누어 보려고 합니다. 어서 오세요. 이렇게 자리해 주셔서 두 분께 감사드립니다.
>
> **남/여:** 안녕하세요.
>
> **사회자:** 최근 우리 사회에 다이어트 열풍이 그 어느 때보다도 거세지고 있는데, 두 분은 이 현상을 어떻게 생각하시는지 궁금합니다.
>
> **여자:** 우리는 입버릇처럼 건강이 최고라고 말합니다. 그래서 건강한 생활을 영위하기 위하여 남녀노소를 불문하고 다이어트에 많은 투자를 하고 있습니다. 이렇게 꾸준히 다이어트를 하다보면 몸도 정신도 함께 건강해질 수 있다고 봅니다.
>
> **남자:** 물론 건강을 위한 다이어트는 해야 합니다. 하지만 우리 사회에서 통용되고 있는 다이어트의 개념은 대체로 체중 감량을 의미합니다. 주변을 살펴보아도 비만이거나 과체중인 사람들이 건강을 위해 하는 다이어트가 아니라, 보기에 적당하거나 오히려 말라 보이는 사람들이 더 다이어트에 관심이 많은 것을 알 수 있습니다.
>
> **사회자:** 그럼 왜 우리 사회가 이러한 다이어트 열풍에 빠져 있을까요?
>
> **남자:** 가장 큰 원인은 TV의 영향이라고 볼 수 있습니다. 최근 우리 사회는 지나치게 마른 여성을 선망의 대상으로 여기는 경향이 높습니다. 특히 TV에 등장하는 연예인들은 대부분 지나치다 싶을 정도로 마른 몸을 하고 있습니다. 이를 보는 시청자들은 그 연예인들처럼 아름다워지기 위해 너나없이 다이어트에 몰입합니다. 또 다른 원인으로 잘못된 사회적 풍토도 꼽을 수 있습니다. TV 쇼 프로그램을 보면 통통한 사람들은 놀림의 대상이 되고, 날씬한 여성들은 '몸짱'이라며 선망의 대상이 됩니다.
>
> **여자:** 아름다워지고 싶은 것은 인간의 가장 기본적인 본능이에요. 균형 잡힌 건강한 몸을 만드는 것, 이것은 결코 잘못된 것이 아닙니다. 오히려 자신의 삶에 대한 자신감과 긍정적인 사고를 만들어 내는 힘의 원천입니다. 또 건강한 생활을 보장하는 긍정적인 요소로도 작용합니다. 즉, 병원에 갈 일이 없다는 것이죠. 미국 공중 보건 저널에 실린 논문에 따르면 현재의 체중 10%만 감량해도 일생 동안 의료비를 평균 5,300달러, 우리 돈으로 약 560만 원 절감할 수 있다고 합니다.

07 ④ 여자는 다이어트를 통해 신체적 정신적, 건강을 영위할 수 있다고 주장하고 있다. 또한 다이어트를 통해 이뤄질 수 있는 아름다움을 인간의 가장 기본적인 본능으로 보고 있다. 보기 4번의 내적 욕망 억제는 이와 관련이 없거나 멀어진 내용이다.

08 ② 두 사람 모두 건강을 위한 다이어트는 해야 한다는 입장이다. 그러나 남자는 현재의 다이어트는 건강보다는 미용이나 심리적 만족감을 위한 것이므로 적절하지 않다고 보고 있는 반면, 여자는 아름다움을 추구하는 것 또한 정신 건강을 위한 것으로 보고 있다.

1장 고유어

(31~35쪽)

01 ⑤	02 ④	03 ③	04 ⑤	05 ④
06 ③	07 ④	08 ①	09 ⑤	10 ⑤
11 ⑤	12 ②	13 ④	14 ③	15 ①
16 ③	17 ⑤	18 ④	19 ②	20 ④
21 ③	22 ①			

01 ⑤ 몽니: 심술궂게 욕심을 부리는 것

02 ④ 푸네기: 가까운 자기 살붙이를 얕잡아 이르는 말
※손방: 아주 형편없는 솜씨

03 ③ 동티: 귀신의 노여움을 사서 재앙을 입는 것
※동살: 새벽에 동이 트면서 환하게 비치는 햇살

04 ⑤ 동뜨다: 다른 것보다 훨씬 뛰어나다.

05 ④ 앙바틈하다: 짤막하고 딱 바라지다.

06 ③ 잡도리: 잘못되지 않도록 엄하게 다룸.

07 ④ 무싯날: 정기적으로 장이 서는 곳에서 장이 서지 않는 날

08 ① 몰강스럽다: 인정이 없고 억세고 모질다.

09 ⑤ 막서리: 남의 집 막일을 해 주며 살아가는 사람

10 ⑤ 겯고틀다: 서로 지지 않으려고 맞서다.

11 ⑤ 언구럭: 말을 교묘하게 하여 남을 농락함
① 말장단: 말로써 상대방의 비위를 맞추어 아첨하는 것
② 가늠: 어떤 목표나 기준에 맞는지 안 맞는지 헤아려 봄
※갈음: 바꾸어 그것을 대신하다.
③ 한창: 어떤 상태가 아주 무르익은 때
※한참: 시간이 꽤 지나는 동안
④ 헤실바실: 자신도 모르는 사이에 없어짐

12 ② 버성기다: 관계가 서먹하거나 탐탁지 않다. 분위기가 자연스럽지
못하고 어색하다.
① 자발없다: 가볍고 참을성이 없다.
③ 듬쑥하다: 분량이나 수효가 매우 넉넉하다. 속이 깊다.
④ 미욱하다: 어리석고 미련하다.
⑤ 게저분하다: 너절하고 지저분하다.

13 ④ 옥셈: 잘못 생각하여 자신에게 불리하게 계산하는 셈
① 곁매질: 두 사람이 싸우는 중에 제3자가 개입하여 한쪽 편을 들어
상대를 때리는 행위

② 가납사니: 되잖은 소리로 자꾸 지껄이는 수다스러운 사람
③ 조바위: 부녀자들의 방한모의 하나
⑤ 쏘개질: 있는 일 없는 일 만들어 남에게 몰래 고자질하는 것

14 ③ 선불: 급소를 맞지 않고 설맞은 총알
① 군입정: 때 없이 음식으로 입을 다시는 일
② 반지기: 잡것이 섞이어 순수하지 못한 상태
④ 언턱거리: 남에게 억지로 떼를 쓸 만한 핑계
⑤ 능갈치다: 능청스럽게 둘러대는 재주가 있다.

15 ① 가년스럽다: 몹시 궁상스럽게 보이다.
② 재우치다: 빨리 일을 끝내도록 재촉하다.
③ 여탐: 어떤 일을 할 때 웃어른의 뜻을 살피는 일
④ 낫잡다: 수량이나 금액 따위를 좀 넉넉하게 치다.
⑤ 이르집다: 없는 일을 만들어 말썽을 일으키다.

16 ③ 어긋매끼: 서로 어긋나게 걸치거나 맞추는 것
① 벼름질: 여러 몫으로 골고루 나누어 주는 일
② 투미하다: 언행이 어리석고 둔하다.
④ 손씻이: 남의 수고에 대하여 주는 작은 선물
⑤ 지청구: 남을 원망하고 탓하는 것, 아랫사람의 잘못을 따져 꾸짖음

17 ⑤ 희붐하다: 날이 새려고 빛이 희미하게 감돌아 밝은 듯하다.
① 마수걸이: 하루 장사에서 맨 처음으로 물건을 파는 일
② 깨단하다: 어떠한 실마리로 인하여 바로 깨닫다
③ 발쇠: 남의 비밀을 알아내어 다른 사람에게 넌지시 알려 주는 일
④ 생무지: 어떤 일에 익숙하지 못한 사람

18 ④ 흥이야항이야: 남의 일에 마구 참견함
① 반둥건둥: 일을 마무리 짓지 못하고 중도에서 그만둠
② 시난고난: 병이 깊지는 않지만 오래 앓는 모양
③ 콩팔칠팔: 갈피를 종잡을 수 없게 마구 지껄임
⑤ 저춤저춤: 약간 절룩거리며 걷는 모양

19 ② 의초: 형제자매 간의 우애와 의리
① 매나니: 일하는 데 있어서 아무런 도구도 없는 맨손
③ 울가망하다: 마음이 편하지 못하고 근심스럽고 답답하다.
④ 생인손: 손가락 끝이 아리다가 끝내는 곪는 부스럼 병
⑤ 먹물: 공부깨나 한 사람들을 얕잡아 이르는 말

20 ④ 존조리: 조리 있고 친절하게
① 애오라지: 오직, 오로지
② 벼름벼름: 무슨 일이든 실행하려고 마음 속에서 기회를 엿보고 있
는 모양
③ 바지로이: 공교롭게도
⑤ 스멀스멀: 살갗을 벌레가 기어가는 것처럼 근질근질한 느낌

21 ③ 음전하다: 말이나 행동이 곱고 우아하다, 얌전하고 점잖다.

22 ① 이악하다: 자기의 이익을 위하여 지나치게 아득바득하는 태도가 있다.

② 허출하다: 허기가 지고 출출하다.

③ 천세나다: 물건이 잘 쓰이지 않아 귀해지다.

④ 에끼다: 서로 주고받을 돈을 서로 비겨 없애다.

⑤ 풀치다: 마음을 돌려 용서하다.

2장 한자어 · 사자성어
(42~47쪽)

01 ⑤	02 ④	03 ⑤	04 ⑤	05 ④
06 ①	07 ⑤	08 ⑤	09 ③	10 ④
11 ②	12 ①	13 ③	14 ④	15 ②
16 ⑤	17 ②	18 ①	19 ④	20 ④
21 ⑤	22 ②	23 ④	24 ⑤	25 ④
26 ②				

01 ⑤ 빈축(嚬蹙): 다른 사람들로부터 비난과 미움을 받음

① 미증유(未曾有): 아직까지 한 번도 있어 본 적이 없음

② 추파(秋波): 상대방에게 관심을 끌기 위한 은근한 눈길

③ 압권(壓卷): 문서를 누른다는 뜻으로 가장 뛰어난 작품을 이르는 말

④ 호사가(好事家): 사람들 사이에 일어나는 흥밋거리를 일삼아 좇는 사람

02 ④ 백일몽(白日夢): 밝은 대낮의 꿈, 즉 실현 불가능한 헛된 몽상을 이른다.

03 ⑤ 파천황(破天荒): 천지가 미개한 때 혼돈한 상대를 깨뜨린다는 뜻으로, 처음으로 그 일을 해냈음을 이르는 말

04 ⑤ 호도(糊塗): 어떤 사실을 얼버무려 넘김으로써 사실을 속이거나 감추다.

05 ④ 기우(杞憂): 쓸데없는 걱정. 옛날 기(杞) 나라 사람이 하늘이 무너질까 봐 걱정하였다는 데서 유래함.

06 ① 주마등(走馬燈): 무엇이 빠르게 지나쳐 감을 비유적으로 이르는 말

07 ⑤ 미생지신(尾生之信): 우직하고 융통성이 없이 약속만을 굳게 지킴

① 권상요목(勸上搖木): 나무에 오르라고 권하고는 흔든다는 뜻

② 구밀복검(口蜜腹劍): 입으로는 친절한 척하나 속으로는 해칠 생각을 함

③ 표리부동(表裏不同): 겉과 속이 다름

④ 경이원지(敬而遠之): 겉으로는 존경하는 체하지만 속으로는 멀리 함

08 ⑤ 주마간산(走馬看山): 사물을 자세히 보지 않고 겉만 대충 바라봄 – 갖바치 내일 모레: 가죽신을 만드는 사람이 자꾸 약속을 미룬다는 뜻

① 당구풍월(堂狗風月): 그 방면에 오래 머물면 지식이 쌓임 – 삼밭에 쑥대: 환경의 영향을 받아 함께 좋게 변화하는 것

② 득롱망촉(得隴望蜀): 만족을 모르고 계속 욕심을 부림 – 말 타면 경마 잡히고 싶다: 사람의 욕심이란 한이 없음

③ 후생가외(後生可畏): 뒤에 난 사람이 오히려 두렵다 – 나중 난 뿔이 우뚝하다: 나중에 생긴 것이 먼저 것보다 훨씬 나음

④ 고성낙일(孤城落日): 남의 도움 없이 고립되어 세력을 다함 – 무 밑동 같다: 보살펴 주는 사람 없이 신세가 쓸쓸함

09 ③ 散在(산재): 여기저기 흩어져 있음 – 所在(소재): 어떤 곳에 있음, 또는 있는 곳 – 偏在(편재): 한곳에 치우쳐 있음

10 ④ '결제(決濟)'는 '증권 또는 대금을 주고받아 매매 당사자들의 거래 관계가 끝나는 것'을 의미한다. 여기서는 '안건을 허가하다'의 의미 '결재(決裁)'로 써야 한다.

① 유세(遊說): 자기 의견 또는 소속 정당의 의견을 선전함

② 회자(膾炙): 널리 사람의 입에 오르내림

③ 갱신(更新): 법률적 관계를 새롭게 맺는 일

※경신(更新): 종전의 기록을 깨트림

⑤ 남용(濫用): 정해진 기준을 넘어서 함부로 마구 씀

※악용(惡用): 옳지 않게 쓰임

※오용(誤用): 잘못 사용함

11 ② 순탄(順坦) – 기탄(忌憚)

① 선금(先金) – 선창(先唱)

③ 이전(移轉) – 전가(轉嫁)

④ 집착(執着) – 착복(着服)

⑤ 조야(朝野) – 야권(野圈)

12 ① 추문(推問): 어떤 사실을 일일이 따져 가며 묻는 것

※추문(醜聞): 더럽고 좋지 못한 소문

② 도외시(度外視): 안중에 두지 않고 무시함

③ '반향(反響): 어떤 사건이나 발표 따위가 세상에 영향을 미치어 일어나는 반응

④ 소요(騷擾): 여러 사람들이 떠들썩하게 들고 일어남

⑤ 창궐(猖獗): 전염병 따위가 세차게 일어나 걷잡을 수 없이 퍼짐

13 ③ 방계(傍系): 자기와 같은 시조(始祖)에서 갈라져 나온 다른 계통

※직계(直系): 한 사람을 중심으로 직접 이어져 있는 계통

① 개발(開發): 자원 따위를 가지고 유용한 것을 만들어 냄

※계발(啓發): 재능이나 정신적인 영역을 깨우쳐 열어 줌

※보존(保存): 잘 간수하여 남아 있게 함

※보전(保全): 온전하게 잘 지키어 유지함

② 엄폐(掩蔽): 사물을 보이지 않게 가림

※은폐(隱蔽): 비리나 범죄 사실이 드러나지 않게 감춤

④ 힐난(詰難): 트집을 잡아 거북할 만큼 따지고 듦

⑤ 주인공(主人公): 어떤 일에 주도적 역할을 하는 인물. 주로 긍정적 결과를 만들어 낸 경우에 사용한다.

※장본인(張本人): 어떤 일을 만들어 낸 사람. 주로 부정적 결과를 만들어 낸 경우에 사용한다.

14 ④ 과정(過程): 일이나 상태가 진행되는 경로

※과정(課程): 일정 기간 중에 교육하거나 학습할 분량과 그 내용

① 시사(示唆): 미리 암시하여 넌지시 알려줌

② 고사(固辭): 남이 권유한 일이나 물건을 굳은 마음으로 사양함

③ 구축(構築): 어떤 조직이나 체계를 기초를 쌓거나 마련함

⑤ 사실(事實): 실제로 발생했던 일이나 지금 일어나고 있는 일

15 ② 희수(喜壽): 77세

① 백수(白壽): 99세

③ 상수(上壽): 100세 이상

④ 중수(中壽): 80~100세 사이

⑤ 하수(下壽): 60~80세

※이순(耳順): 60세, 회갑(回甲): 61세, 종심(從心): 70세, 망팔(望八): 71세, 산수(傘壽): 80세, 미수(米壽): 88세, 망백(望百): 91세

16 ⑤ 조작(造作): 일을 거짓되게 그럴 듯하게 꾸며 냄

※조작(操作): 기계나 기구 따위들을 다루어 자유롭게 움직임

① 신문(新聞): 세상의 새로운 사건이나 소식을 알려 주는 간행물

※ 신문(訊問): 법원이나 기타 국가 기관이 사건 관계자들에게 직접 물어 조사하는 것

② 용렬(勇烈): 용감하고 무서움

※용렬(庸劣): 사람이 변변치 못하고 졸렬하다

③ 이행(移行): 다른 상태로 옮아가거나 변함

※이행(履行): 어떤 일을 실제로 행함

④ 위기(危機): 위험한 시기

※위기(違期): 정해진 기간을 어김

17 ② 感傷(감상): 어떤 일이나 현상을 슬프게 느끼어 마음이 아픔 – 感想(감상): 마음속에 느끼어 일어나는 생각 – 鑑賞(감상): 예술 작품의 아름다움을 이해하여 즐기고 평가함

※감상(感賞): 마음속 깊이 감탄하여 칭찬함

18 ① 주지(周知): 여러 사람들이 두루 알고 있는 것 – 道場(도장): 불도(佛道)를 닦는 곳 – 扶養(부양): 생활 능력이 없는 사람의 생활을 돌봄

※주지(主知): 이성이나 지성, 합리성 따위를 중히 여기는 것

※주지(主旨): 중심이 되는 생각

※도량(度量): 사람이나 사물을 잘 포용할 수 있는 넓은 마음과 생각

※도량(跳梁): 거리낌 없이 함부로 날뜀

※부양(浮揚): 가라앉은 것이 떠오름

19 ④ 징역(懲役): 죄인을 일정 기간 교도소에 가두어 두고 노동을 시키는 형벌 – 역할(役割): 일정한 자격으로 자신이 행하는 일

① 여부(與否): 그러함과 그렇지 아니함 – 부패(腐敗): 개인이나 집단이 도덕적 정신적으로 타락함

② 연습(練習): 학문이나 기예 따위를 익숙하도록 되풀이하여 익힘 – 습윤(濕潤): 젖어서 물기가 촉촉함

③ 과시(坐視): 참견하지 않고 앉아서 바라봄 – 시험(試驗): 지식이나 재능을 일정 절차에 따라 평가함

⑤ 추세(趨勢): 어떤 일이나 현상이 변화하는 과정에서 일정한 방향으로 작용하는 힘 – 세파(世波): 모질고 거센 세상살이의 어려움

20 ④ 좌정관천(坐井觀天): 우물에 앉아서 하늘을 본다는 뜻으로, 견문이 아주 좁음을 이르는 말

① 고식지계(姑息之計): 당장의 편안함만을 찾는 꾀나 방법

② 동족방뇨(凍足放尿): 언 발에 오줌을 눈다는 의미로, 잠시 동안의 효력만 있을 뿐 곧 사라짐을 이르는 말

③ 하석상대(下石上臺): 아랫돌 빼서 윗돌 괴기. 임시방편

④ 임기응변(臨機應變): 그때그때 형편에 따라 즉흥적으로 일을 처리함

21 ⑤ 금슬지락(琴瑟之樂): 부부 사이의 두터운 정과 사랑

① 혼정신성(昏定晨省): 부모를 잘 섬기고 효성을 다함

② 풍수지탄(風樹之嘆): 효도를 다하지 못한 때늦은 후회

③ 호천망극(昊天罔極): 어버이의 은혜가 넓고 크다.

④ 동온하청(冬溫夏淸): 부모님을 여름은 시원하게, 겨울은 따뜻하게 모심

22 ② 격화소양(隔靴搔癢): 신을 신은 채 가려운 발바닥을 긁음과 같이 일의 효과를 나타내지 못함

① 누란지위(累卵之危): 계란을 쌓아 놓은 것같이 매우 위태로움

③ 초미지급(焦眉之急): 눈썹에 불이 붙었다는 뜻으로 매우 급함을 이르는 말

④ 백척간두(百尺竿頭): 백 자나 되는 높은 장대 끝에 올라가 있다는 뜻으로, 말할 수 없이 어렵고 위태로운 지경을 이르는 말

⑤ 명재경각(命在頃刻): 거의 죽게 되어 곧 숨이 끊어질 것 같은 지경에 이름

23 ④ 조령모개(朝令暮改): 아침저녁으로 법과 제도를 고침

① 삼순구식(三旬九食): 한 달에 밥 아홉 끼란 뜻으로, 집안이 몹시 가난함을 이르는 말

② 적빈여세(赤貧如洗): 마치 물로 씻은 것처럼 아무것도 없이 가난함

③ 가도벽립(家徒壁立): 사방에 벽만 있다는 뜻으로, 아주 가난함을 이르는 말

⑤ 적수공권(赤手空拳): 맨손과 맨주먹이란 뜻으로, 가진 것이 하나도 없음을 이르는 말

24 ⑤ 망양보뢰(亡羊補牢): 양을 잃고 나서 울타리를 수리한다. 즉, 일을 실패한 뒤 나중에 후회함 – 배 주고 속 빌어 먹는다: 큰 이익은 빼앗기고 사소한 것을 얻음

① 부화뇌동(附和雷同): 아무런 주관 없이 남을 맹목적으로 따라 함

② 마부위침(磨斧爲針): 도끼를 갈아 바늘을 만든다는 뜻으로, 아무리 어려운 일도 끊임없이 노력하면 이루어짐을 이르는 말

③ 빈계사신(牝鷄司晨): 남편을 제쳐 놓고 아내가 집안일을 혼자서 마음대로 처리함

④ 허장성세(虛張聲勢): 실력이나 실속은 없으면서 허세만 부리는 것

25 ④ 낭중지추(囊中之錐): 주머니 속의 송곳이란 뜻으로, 재능이 뛰어난 사람은 숨어 있어도 남의 눈에 띄게 됨을 이르는 말

① 한우충동(汗牛充棟): 책을 짐으로 실으면 소가 땀을 흘리고, 쌓으면 들보에 가득 찬다는 뜻으로, 장서(藏書)가 많음을 이르는 말

② 박이부정(博而不精): 여러 방면으로 널리 아나 깊이 알지는 못함

③ 위편삼절(韋編三絶): 공자는 〈주역〉을 끈이 세 번 끊어질 때까지 읽었다는 뜻으로, 책을 세밀하게 정독함을 이르는 말

⑤ 주경야독(晝耕夜讀): 낮에는 밭을 갈고 밤에 책을 읽음. 즉, 어려운 환경 속에서도 학문에 매진함

26 ⑤ 타산지석(他山之石): 남의 잘못을 바탕으로 내 잘못을 바로잡음 – 수박 겉 핥기: 실체를 보지 않고 겉만 대충 봄

① 등고자비(登高自卑): 일을 하는 데 있어서 반드시 차례를 밟아야 함

③ 당랑거철(螳螂拒轍): 사마귀가 수레를 보고 덤빈다는 뜻으로, 자기 분수를 모르고 행동함을 이르는 말을 이르는 말

④ 호가호위(狐假虎威): 여우가 호랑이를 등에 업고 행동한다는 뜻으

로, 남의 권세를 빌어서 위세를 부림을 이르는 말

⑤ 함흥차사(咸興差使): 일을 보러 나간 사람이 오랫동안 돌아오지 않을 때 이르는 말 - 강원도 포수: 옛날 강원도는 험한 산세로 인해 한 번 사냥을 나가면 돌아오지 못하는 경우가 많았다는 데서, 한 번 간 후 돌아오지 않거나 매우 늦게야 돌아오는 사람을 이르는 말

3장 속담 · 관용어구

01 ④	02 ③	03 ②	04 ③	05 ②
06 ⑤	07 ①	08 ①	09 ②	10 ①
11 ①	12 ①	13 ②	14 ⑤	15 ①
16 ⑤				

01 ④ 장님 코끼리 만지기: 일부분의 사실만 알면서 전체를 안다고 하는 어리석음
① 도갓집 강아지 같다: 도갓집은 동업자들끼리 모여서 장사에 관하여 의논하던 집으로 이 집에서는 강아지도 사람들을 워낙 많이 치러서 눈치가 아주 빠르다는 뜻
② 묵은 낙지 꿰듯: 일이 아주 쉬움을 비유적으로 이르는 말
③ 궁둥이에 비파 소리가 난다: 아주 바쁘게 싸대서 조금도 앉아 있을 겨를이 없다는 뜻
⑤ 입술이 없으면 이가 시리다: 하나가 망하면 밀접한 다른 하나도 따라 망한다는 뜻

02 ③ 바람 부는 날에 가루 팔러 간다: 하필 조건이 좋지 않을 때 일을 시작함을 이르는 말
① 고추장이 밥보다 많다: 본말전도(本末顚倒), 주된 것보다 그에 딸린 것이 더 많음을 비유적으로 이르는 말
② 허울 좋은 하눌타리: 속 빈 강정. 겉으로는 훌륭하나 속은 보잘것없다는 말
④ 북어 뜯고 손가락 빤다: 크게 이득도 없는 일을 하고서 아쉬워하는 경우를 비유적으로 이르는 말, 거짓으로 꾸미거나 과장되게 행동하는 경우를 비꼬는 말
⑤ 송장메뚜기 같다: 자기와 상관없는 일에 지나치게 나서는 사람을 비유적으로 이르는 말

03 ② 태연함: 어떤 외부적 자극을 가해도 결과적으로는 아무런 반응을 보이지 않는 경우를 이른다.
※호박에 침주기: 아무리 자극을 가해도 전혀 반응이 없음을 이르는 말
※개구리 낯짝에 물 붓기: 어떤 자극을 주어도 아무런 반응이 없이 태연함

04 ③ 배 먹고 이 닦기: 한 가지 일에 두 가지 이득이 생김
① 게 등에 소금치기: 아무런 효과를 거두지 못한다는 뜻으로 쓸데없는 짓
② 나루 건너 배 타기: 일의 순서가 뒤바뀜
④ 물 본 기러기 꽃 본 나비: 바라던 것을 얻어 득의양양함

⑤ 어혈 진 도깨비 개천 물 마시듯: 맛도 모르고 물이나 술 따위를 들이키는 모습

05 ② 작은 고추가 맵다: 몸집이 작고 어려도 하는 일이 야무지고 재능이 있다는 뜻이다. 본문의 내용은 사람의 외양을 평가 기준으로 삼는 것을 설명하고 있으므로 외모나 인상에 관한 속담을 고른다.
※ 산이 커야 골이 깊지: 사람됨이 커야만 가지고 있는 생각도 그만큼 크고 훌륭하다는 뜻
① 꼴뚜기가 뛰니 망둥이도 뛴다: 자신의 능력과 처지도 모르면서 남과 같이 행동함을 조롱하는 것
③ 얼굴보다 코가 더 크다: 중요한 것과 그렇지 않은 것이 바뀌어 사리에 어긋남
④ 바늘뼈에 두부살: 바늘같이 가는 뼈에 두부처럼 힘없는 살이란 뜻으로 몸이 아주 연약한 사람을 비유적으로 이르는 말
⑤ 국수 먹은 배: 먹은 음식이 쉽게 소화가 된다는 뜻으로 실속이 없고 낭비가 심함을 이르는 말

06 ⑤ 된장에 풋고추 박히듯 한다: 어떤 물건이 꼭 있어야 할 자리에 들어박혀 있음을 비유적으로 이르는 말

07 ① 부엉이 셈하다: 매사에 셈하는 것이 분명하지 않다.

08 ① 살강 밑에서 숟가락 줍는다: 살강은 시골집 부엌에 그릇 따위를 올려놓는 선반으로, 그 아래 숟가락이 떨어져 있어 주웠지만 알고 보면 실상은 바로 우리 집 것이니, 쉬운 일을 하고도 자랑하는 것을 이른다.

09 ② 눈에 설다: 자주 보지 못해서 익숙하지 않다. - 복병을 만나다: 뜻밖의 걸림돌, 경쟁자 - 입에 발리다: 남의 비위를 맞추기 위해 아부하다.

10 ① 국물도 없다: 돌아오는 몫이나 이득이 아무것도 없다.

11 ① 얼굴이 꽹과리 같다: 사람이 염치가 없고 뻔뻔스러울 때를 비유적으로 이르는 말

12 ① 입이 짧다: 음식을 적게 먹거나 가려서 먹는 버릇을 뜻한다. 보기1번의 경우 '발이 짧다'라고 해야 한다.
※발이 짧다: 모임에서 음식을 다 먹은 후에 나타남.
② 눈이 시다: 하는 짓이 거슬려 보기에 아니꼽다.
③ 꼭지가 물렀다: 이제 절호의 찬스가 왔다. 기회가 무르익었다는 뜻
④ 등이 터졌다: 상대방으로부터 치명적인 타격을 입다.
⑤ 머리를 얹다: 처녀가 결혼을 하다.

13 ② 귀를 재우다: 문제를 해결하여 평온하게 만들다.
① 끈 떨어진 망석중이: 망석중이는 나무로 만든 꼭두각시 인형을 이르는 말로, 의지할 곳이 없는 처지를 나타낸다.
③ 초라니 대상 물리듯: 언젠가는 해야 할 일을 미루고 또 미룬다는 뜻
④ 코에 걸다: 자랑삼아 내세우다.
⑤ 세월이 나다: 돈벌이가 잘되다.

14 ⑤ 소금을 굽다: 매우 춥게 잤다.
① 메기를 잡다: 하는 일마다 허탕을 치다.
② 머리를 깎다: 교도소에 가다.
③ 머루 먹은 속: 대강 짐작하고 있는 속마음
④ 손을 적시다: 부정한 일에 관여하다.

15 ① 입을 씻다: 이익을 혼자 가로채고서 시치미를 떼다.

　② 소 죽은 귀신 같다: 미련할 정도로 고집이 센 사람을 비유적으로 이르는 말

　③ 닭발을 그린 듯하다: 솜씨가 매우 서툴다.

　④ 머리가 세다: 하나의 생각에 너무 골몰하여 걱정하다.

　⑤ 밥이 얼굴에 붙다: 얼굴이 복이 있게 생겼다는 뜻

16 ⑤ 청안시(靑眼視)하다: 맑고 친밀한 눈으로 바라본다는 뜻. 이 경우는 '차가운 마음으로 바라보거나 업신여긴다'는 의미의 '백안시하다'로 써야 한다.

　① 오금을 못 쓰다: 마음이 끌리거나 두려워서 꼼짝 못함

　② 도마에 오르다: 다른 이들로부터 비난의 대상이 되다.

　③ 얼굴이 팔리다: 별로 좋지 않은 일로 세상에 알려지게 되다.

　④ 귀가 절벽이다: 세상의 소식에 어둡다.

4장 단어들의 의미 관계

(58~64쪽)

01 ③	02 ②	03 ②	04 ②	05 ③
06 ③	07 ④	08 ⑤	09 ④	10 ②
11 ⑤	12 ③	13 ①	14 ④	15 ②
16 ③	17 ⑤	18 ②	19 ③	20 ①
21 ①, ⑤	22 ①	23 ④	24 ⑤	25 ③
26 ①	27 ⑤	28 ③	29 ④	30 ③
31 ⑤	32 ③	33 ②		

01 ③ '높다'의 의미를 다의적으로 사용하는 용례이다.

　※안목이 높다: 사물의 좋고 나쁨, 옳고 그름을 판단하는 능력이 뛰어나다는 뜻

　※명성이 높다: 그 사람의 덕망이 사회적으로 널리 알려짐

02 ② 백중(伯仲): 실력이 거의 엇비슷함 – 호각(互角): 양쪽 역량이 엇비슷하여 기량을 구별하기 힘듦. ②은 유의 관계이고, 나머지는 모두 반의 관계이다.

　① 눌변(訥辯): 서툴게 더듬거리는 말솜씨 – 달변(達辯): 말을 매우 능란하게 잘하는 것

　③ 긴밀(緊密): 서로 틈이 없을 정도로 매우 가깝다. – 소원(疏遠): 서로의 사이가 거리가 있어서 서먹서먹하다.

　④ 수렴(收斂): 모아 하나로 정리하거나 받아들이다. – 발산(發散): 밖으로 퍼져 흩어지다.

　⑤ 간헐(間歇): 일정한 간격을 두고 되풀이하여 일어남 – 면연(綿延): 끊임없이 이어져 늘임

03 ② 보기 2번의 '다시'는 '새롭게'라는 의미이며, 나머지는 모두 '거듭해서'라는 의미로 쓰였다.

04 ② 모두 '나다'의 서술어가 들어가야 하는 문장들이다.

　※이골이 나다: 어떤 방면에 길이 들어 아주 익숙해지다.

05 ③ 난을 치다: 난초를 그리다. – 닭을 치다: 닭을 기르다. – 술을 치다: 술을 잔에 따라 붓다.

06 ③ 누명을 쓰다: 사실이 아닌 일로 이름을 더럽히는 억울한 경우를 당하다.

07 ④ 음식을 가리다: 싫어하는 종류의 음식을 먹지 않거나 꺼리다.

08 ⑤ 헤집다: 이리저리 젖히거나 뒤적이다. 무엇이 많이 몰려 있는 곳을 헤치고 들어가다.

　① 비집다: 벌려 틈이 나게 하다. 비벼서 억지로 크게 뜨다.

　② 헤치다: 좌우로 물리치다. 고난이나 역경을 이겨 나가다.

　③ 밀치다: 힘주어 세게 밀다.

09 ④ 논조를 펼치다: 자신의 의견이나 주장 따위를 말하다.

10 ② 받치다: 물건의 밑이나 안에 다른 물건이 넘어지거나 떨어지지 않도록 괴다. 단단한 물체를 밑에 놓다. – 바치다: 소중하고 가치 있는 것을 정중히 드리다. – 받히다: 세게 밀어 부딪힘을 당하다. – 밭치다: 체 같은 데 부어서 국물만 담아내다.

11 ⑤ 걷잡다: 일이 잘못 진행되어 가는 형세를 거두어 바로잡다. – 겉잡다: 겉으로 보고 대강 짐작하여 헤아리다.

　① 절이다: 소금기가 배어들게 하다. – 저리다: 감각이 둔해져 움직이기가 거북하다.

　② 졸이다: 마음이 안타깝고 초조해지다. – 조리다: 국물이 졸아들어 간이 스며들도록 바짝 끓이다.

　③ 늘리다: 이전보다 많아지게 하다. – 늘어나다: 부피나 분량 따위가 본디보다 커지거나 길어지거나 많아지다.

　④ 줄이다: 수효나 규모 따위를 적어지게 하다. – 주리다: 먹을 만큼 먹지 못하여 배를 곯다.

12 ③ (머리를) 붙이다: 사물에 신체의 일부를 닿게 하다.

　① (선생님을) 붙이다: 어떤 사람에게 도우미를 딸리게 하다.

　② (취미를) 붙이다: 마음에 흥미를 느껴 즐겨 하게 되다.

　④ (비밀에) 부치다: 더 이상 거론하지 않는 상태로 있게 하다.

　⑤ (밥을) 부치다: 식사를 정하여 두고 하다.

13 ① 곤혹(困惑): 곤란한 일을 당해 어찌할 바를 모름 – 곤욕(困辱): 참기 힘든 심한 모욕. 또는 그런 행동 – 모욕(侮辱): 업신여겨 욕되게 하다.

14 ④ 양산(量産): 일시에 많은 양을 만들어 내다. – 양성(養成): 가르쳐서 유능한 사람을 키워 냄 – 조성(造成): 어떤 시설이나 자금 따위를 만들어서 이룸 – 조장(助長): 일이나 경향이 더 심해지도록 도움. 주로 부정적인 뜻으로 쓰인다.

15 ② 가호(加護): 보호해 줌 – 비호(庇護): 어떤 개인이나 집단을 편을 들어 감싸고 보호함 – 방호(防護): 위험 따위를 막아서 보호함

　※수호(守護): 어떤 대상을 다른 것으로부터의 침해나 침입으로부터 보호하고 막아냄

　※보호(保護): 위험이나 곤란 등이 미치지 않도록 잘 지키고 보살핌

　※옹호(擁護): 어떤 대상을 두둔하여 편들어 지킴

16 ③ 매도(罵倒)하다: 심하게 욕하고 꾸짖음. 보기 3번을 제외한 나머지는 모두 유의 관계이다.
　※매도(賣渡)하다: 물건이나 집을 남에게 팔아넘기다.
　① 협착(狹窄)하다: 차지하고 있는 자리가 매우 좁다.
　② 질박(質朴)하다: 꾸밈이 없고 수수하다.
　④ 교사(敎唆)하다: 다른 사람에게 나쁜 일을 하도록 부추김 예 살인교사죄(殺人敎唆罪)
　⑤ 습습하다: 마음이나 성격 따위가 너그럽고 활발하다.

17 ⑤ 반색(斑色): 매우 기다리거나 보고 싶은 사람을 대했을 때 몹시 반가워함 – 질시(嫉視): 시기하고 질투함.
　※멍텅구리: 어리석고 멍청하여 사물의 본질을 제대로 파악하지 못하는 사람 – 머저리: 하는 짓이 얼뜨고 어리석은 사람을 얕잡아 이르는 말. 따라서 멍텅구리와 머저리는 유의어이다.
　① 간혹(間或): 어쩌다 드물게 – 왕왕(往往): 시간적 사이를 두고 가끔
　② 수시로: 시간 나는 대로 아무 때나 – 빈번히: 현상이 일어나는 횟수가 잦게
　③ 빈궁(貧窮): 가난하여 생활이 어려움 – 궁색(窮塞): 매우 가난함
　④ 도리질: 싫다거나 아니라는 뜻으로 머리를 좌우로 흔드는 행동 – 거절: 상대편의 요구, 제안, 선물, 부탁 따위를 받아들이지 않고 물리침

18 ② 아파트는 거주를 목적으로 하는 공간이며 비행기는 이동을 목적으로 하는 사물이다.

19 ④ 메다: 어깨에 걸치거나 올려놓다 – 매다: 끈 따위가 풀어지지 않게 만들다
　① 밭뙈기: 얼마 안 되는 자그마한 밭을 낮잡아 이르는 말 – 밭떼기: 밭에서 생산된 농작물을 통째로 사고파는 행위
　② 갈음: 어떤 것을 다른 무엇으로 바꾸어 대신함 – 가늠: 목표나 기준에 맞는지 헤아려 봄
　③ 넓이: 일정한 평면이나 곡면이 차지하는 범위 – 너비: 평면이나 물체의 가로를 잰 길이
　⑤ 부딪치다: 의도적 주체 스스로 움직이거나 작용한 결과적 현상. 일이나 업무 관계에 있는 사람들끼리 서로 충돌하거나 대립함. 능동사 – 부딪히다: 결과적으로 그렇게 되거나 당했을 때, 주로 다른 힘에 의해 그렇게 되었을 때. 피동사

20 ① 자물쇠를 '채우다'의 반의어는 자물쇠를 '열다'이다.
　※(옷을) 입다 / (모자를) 쓰다 / (양말을) 신다 / (장갑을) 끼다 등의 반의어는 '벗다'가 된다.

21 ① 앙등(仰騰): 물건값이 뛰어오름 ↔ ⑤ 하락(下落): 물건값이 떨어짐
　② 관철(貫徹): 자기의 의견이나 일을 끝까지 밀고 나가 이루어 냄 ↔ 좌절(挫折): 어떤 일에 의지나 기운이 꺾이게 되다.
　③ 퇴영(退嬰): 뒤로 물러나서 움직이지 않음 ↔ 진취(進取): 적극적으로 나서서 일을 이룸
　④ 폭등(暴騰)은 앙등의 유의어이다.

22 ① 예견(豫見): 앞으로 일어날 일을 미리 짐작함
　※탄광의 카나리아: 카나리아는 산소 부족에 가장 민감한 동물이다. 광부들이 탄광에 들어갈 때 함께 데리고 간 후 카나리아가 질식사하면 즉시 탄광을 탈출했다.
　※잠수함의 토끼: 토끼의 혈관은 압력에 매우 민감하다. 잠수함에 토끼를

함께 태운 후 토끼의 혈관이 높은 수압으로 인해 파열되면 즉시 잠수함을 물 위로 상승시켰다.
　※기미 상궁: 임금의 수라상에 독(毒)이 들어 있는지 감지하기 위해, 왕보다 먼저 음식 맛을 보던 상궁을 이른다. 오늘날 '기미를 보다'라는 말이 여기서 유래했다.
세 가지는 모두 불행한 일이나 재앙이 일어날 것을 미리 알아본다는 공통점이 있다.
　② 좌시(坐視): 참견하지 않고 앉아서 보기만 함
　③ 대리(代理): 그 직위나 임무를 대신함
　⑤ 결함(缺陷): 제대로 갖추지 못하여 흠이 됨

23 ④ 시인(是認): 어떤 사실이 옳다고 인정함 – 인정(認定): 확실히 그렇다고 여김(유의 관계)
　① 교묘(巧妙): 남달리 재치가 있고 묘하다. – 졸렬(拙劣): 옹졸하고 보잘것없다.
　② 합리(合理): 어떤 행동이나 주장 따위가 사리에 맞음 – 모순(矛盾): 어떤 사실이 이치에 어긋나서 서로 맞지 않음
　③ 상극(相剋): 두 대상이 서로 화합하지 못하고 충돌함 – 상생(相生): 두 대상이 서로 공존하며 살아감
　⑤ 명료(明瞭): 분명하고 뚜렷하다. – 애매(曖昧): 성질이나 태도 따위가 분명하지 않음

24 ⑤ 명월(明月): 밝은 달을 뜻한다. 관형사+체언의 형태로, 수식 관계에 있는 단어이다. 한자어의 대립 관계란 뜻이 서로 반대 또는 상반되는 한자어끼리 연이어 결합된 경우를 말하므로 ⑤는 해당되지 않는다.
　③ 가감(加減): 더하거나 빼다.
　④ 우열(優劣): 나음과 못함

25 ③ 제시문의 '두다'는 '어떤 사람이 다른 사람을 간섭하지 않다'의 의미이다.
　① (자동차를) 두다: 물건을 어떤 곳에 있게 하다.
　② (집에) 두다: 어떤 사람을 데리고 가지 않다.
　④ (악수를) 두다: 바둑이나 장기에서 좋지 못한 알을 놓거나 패를 펼치다.
　⑤ (육 남매를) 두다: 자식이나 친인척을 가지다.

26 ① 빈 몸: 아무것도 가진 것이 없음
　※손이 비다: 들거나 지닌 것이 없어지다.
　② (집이) 비다: 어떤 장소에 사람이 없다.
　③ (메시지가) 비다: 내용이 알차지 아니하다.
　④ (시간이) 비다: 할 일이 없어 한가하게 되다.
　⑤ (마음이) 비다: 마음이 외롭고 허전하다

27 ⑤ (위험 수위를) 지나다: 정도를 넘은 상태로 되다. ①부터 ④까지는 자동사로 쓰였으나 ⑤는 타동사로 쓰였다.
　① (시간이) 지나다: 일정한 기간이 넘어 흐르다.
　② (변명에) 지나지 않다: 그것에 불과하다.
　③ 지난 (2년): 일정한 시간이 흐르다.
　④ (공무원에) 지나지 않다: 그것에 불과하다.

28 ③ '(돈만) 보다'는 '추구하고 따르다'로 해석할 수 있다.

29 ④ 사위스럽다: 불길하고 꺼림칙하다.
　※옹골차다: 속이 꽉 차 실속이 있다.

① 알토란 같다: 속이 꽉 차서 실속이 있다.
② 여물다: 똑똑하고 빈틈없이 알뜰하다.
③ 듬쑥하다: 사람의 됨됨이가 속이 깊고 가득 차 있다.
⑤ 아귀차다: 뜻이 굳고 하는 일이 야무지다.

30 ③ 겁을 먹다: 어떤 생각이나 감정을 마음속으로 가지다.

31 ⑤ 돈을 놀리다: 돈을 사용하거나 투자하지 않고 그대로 묶어 두다.

32 ③ 입을 맞추다: 서로의 의견이 일치하도록 조정하다. – 발을 맞추다:

행동이 일치되도록 하다. – 눈을 맞추다: 서로 사랑하는 눈치를 보이다.

33 ② 착용(着用)은 한자어이고, 이에 대응하는 순수어가 '입다'이다. 나머지 항목은 모두 순수어 대 한자어의 조합이다.

3편 어법

1장 표준어 규정 (86~93쪽)

01 ①	02 ③	03 ⑤	04 ⑤	05 ③
06 ④	07 ②	08 ⑤	09 ⑤	10 ①
11 ①	12 ⑤	13 ②	14 ④	15 ②
16 ①	17 ④	18 ②	19 ②	20 ⑤
21 ⑤	22 ⑤	23 ②	24 ④	25 ⑤
26 ①	27 ⑤	28 ③	29 ⑤	30 ②
31 ①	32 ④			

01 ① 인삿말 → 인사말: 고유어와 고유어의 결합에서 'ㄴ' 소리가 덧나는 경우에는 'ㅅ'을 표기하는 것이 원칙이나, 이 경우는 두 단어가 결합되어도 음운의 변동이 일어나지 않음으로 사이시옷을 표기하지 않는다.
② 존댓말: 발음할 때 'ㄴ' 소리가 덧나는 경우 사이시옷을 표기한다.
③ 장맛비: 순수어와 순수어의 결합에서 뒷소리가 된소리로 발음될 때 사이시옷을 표기한다.
④ 고깃배: 물고기를 잡는 어선(漁船) / 고기 배: 생선의 복부
⑤ 뱃속: 순수어와 순수어의 결합에서 뒤가 된소리로 발음될 때 사이시옷을 적는다.

02 ③ 빈자떡 → 빈대떡: 방언이던 단어가 널리 쓰이고 기존 표준어의 사용 빈도가 낮다면 널리 쓰이는 방언을 표준어로 채택한다. 빈대떡이 표준어이다.
① 거시기 : 바로 생각나지 않거나 말하기 곤란한 사람 또는 사물을 가리키는 대명사
② 사글세: 월세, 월세방
④ 허우대: 겉으로 드러나는 사람의 몸집, 단모음을 우선적으로 표준어로 삼기 때문에 '허위대'보다는 '허우대'를 표준어로 삼는다.
⑤ 까치발: 발뒤꿈치를 들고 발꿈치로 서 있는 발의 모양

03 ⑤ 수양 → 숫양: 양, 쥐, 염소 세 동물의 수컷에게만 '숫'을 붙인다.
④ 수캐: 접두사 다음에 거센소리가 나면 거센소리를 그대로 적는다. 예 수탉, 수탕나귀, 수평아리

04 ⑤ 나무래다 → 나무라다: 지적하여 주의를 주며 알아듣도록 말하다.
① 미장이: 기술자에게는 장이를, 습관이나 버릇일 경우에는 쟁이를 붙인다. 예 석수장이, 유기장이 / 개구쟁이, 욕심쟁이
④ 냄비: 'ㅣ' 모음 역행 동화는 표준어가 아니지만 표기상 동화가 적용되어 표기된 경우는 그것을 인정한다.

05 ③ 봉숭화 → 봉숭아, 봉선화(鳳仙花): 복수 표준어이다. 봉숭화는 이 두 단어의 오기(誤記)이다.
② 허드렛일: 중요하지 않은 여러 가지 잡일

06 ④ 웃니 → 윗니: 위, 아래 짝이 존재하는 단어는 일반적으로 '위, 윗'으로 표기해야 한다. '윗니'는 발음할 때 'ㄴ' 소리가 덧나는 경우이므로 'ㅅ'을 표기하여 윗니로 쓴다.
② 윗당줄: 망건의 윗부분에 달아 상투에 동여매는 줄

07 ② 윗돈 → 웃돈: 본래 정해진 값에 덧붙이는 돈. 아랫돈이 없으므로 '웃돈'으로 표기해야 한다.
① 위채: 위, 아래가 짝이 되는 구조라 '위'로 표기하며, 뒤에 된소리나 거센소리가 오면 'ㅅ'을 붙이지 않는다. 예 위층, 위턱, 위짝. 반면 뒤가 예사소리가 오면 'ㅅ'을 붙여 표기한다. 예 윗바람, 윗벌
⑤ 웃비 – 아직 비가 올 듯한 기운은 있으나 세차게 내리다가 그친 비

08 ⑤ 글구 → 글귀: 구(句)가 붙어서 형성된 단어는 구로 모두 통일한다. 단, 예외적으로 '귀글', '글귀'만은 '귀'로 표기한다.
① 경구(驚句): 어떤 사상이나 진리 따위를 예리하고 간결하게 표현하는 어구
② 대구(對句): 비슷한 어조나 어세를 가진 것으로 짝 지은 둘 이상의 글귀
④ 구법(句法): 구를 만들거나 배열하는 방식

09 ⑤ 소리개 → 솔개: 매의 한 종류. 소리개는 비표준어이다.

10 ① 얌냠거리다 → 냠냠거리다: 음식을 맛있게 먹는 소리를 자꾸 내다.
③ 뻐기다: 우쭐대며 뽐내다.
⑤ 뺨따귀: 뺨을 비속하게 이르는 말

11 ① 천정 → 천장(天障): 지붕의 안쪽, 방 안의 위쪽 공간

  ② 맵자하다: 꼭 맞게 어울려 맵시가 있다.

12 ⑤ 담배꽁추 → 담배꽁초: 단수 표준어이다.

  ① 거슴츠레하다, 게슴츠레하다: 복수 표준어이다.

  ② 고린내, 코린내: 몹시 퀴퀴하고 불쾌한 냄새. 발음이 유사한 두 단어가 다 같이 널리 사용될 경우 모두 표준어로 인정한다.

  ③ 뽀두라지, 뽀루지: 복수 표준어이다.

  ④ 꺼림하다, 께름하다: 마음에 걸리어 언짢은 데가 있다. 복수 표준어이다.

13 ② 낭떨어지 → 낭떠러지

  ① 솟을무늬: 천에 조금 도드라지게 놓은 무늬

  ③ 두껍닫이: 미닫이를 열 때, 문짝이 옆벽에 들어가 보이지 않도록 만든 것

  ④ 나부랭이: 어떤 사물을 하찮게 여겨 이르는 말

  ⑤ 밥소라: 밥이나 국 등을 담는 큰 놋그릇

14 ④ 다사롭다 → 다사스럽다: '다사롭다'는 조금 부드럽고 포근한 느낌이 있다는 의미이다. 여기서는 온갖 일에 간섭하기를 좋아하여 공연히 바쁘다는 의미의 '다사스럽다'가 적절하다.

  ② 면구스럽다: 남을 마주 대하기가 몹시 부끄럽다.

  ⑤ '멍게'는 원래 마산 지방의 사투리였으나 '멍게'가 널리 사용되어 '우렁쉥이'와 함께 복수 표준어가 되었다.

15 ② 부지깽이, 쌍동밤, 자배기, 상판대기

  ① 안스럽다 → 안쓰럽다 / 빙충이: 똘똘하지 못하고 어리석은 사람 / 등때기: 등을 낮잡아 이르는 말 / 칡범: 얼룩얼룩한 무늬가 있는 호랑이

  ③ 끄나불 → 끄나풀 / 세째 → 셋째

  ④ 수톨쩌귀: 문짝에 박는 쩌귀. 커다란 못 / 뻗장다리 → 뻗정다리: 마음대로 구부렸다 폈다 하지 못하고 늘 벋기만 하는 다리

  ⑤ 호루루기 → 호루라기

16 ① 딱따구리, 살쾡이, 겉고샅, 케케묵다

  ※ 겉고샅: 초가지붕을 일 때 이엉을 잡아매는 새끼

  ② 알타리무 → 총각무: 고유어가 생명력을 잃고 그 자리에 대응되는 한자어가 널리 쓰이면 한자어를 표준어로 삼는다. 따라서 총각무(總角─)가 표준어이다.

  ⑤ 언덕빼기 → 언덕배기: 일반적으로 '─빼기'는 앞말의 어형을 밝힐 수 있을 때 '─빼기'로 적고(예: 얼룩빼기, 이마빼기), 그렇지 못할 때는 배기로 적는다.(예: 뚝배기) 반면 언덕배기는 이와 같은 규정과 상반되는 경우로 이는 복수 표준어인 언덕바지와 형태적 유사성에 기인하여 언덕배기를 표준어로 취한 경우이다.

17 ④ 뒷갈망 – 뒷감당(뒷마무리 X): 어떤 일이 벌어지고 난 뒤에 그 일의 마무리를 맡아 처리함 / 딴전 – 딴청(딴짓 X): 앞에 닥친 일과는 전혀 관계없는 일이나 짓

  ① 책거리 – 책씻이: 학생이 한 권의 책을 다 끝냈을 때 선생과 친구들에게 한턱내는 일. 한 가지 의미를 나타내는 형태가 몇 가지로 두루 쓰이며 표준어 규정에 합치되면 그 모두를 표준어로 삼는다.

18 ② 까까중 – 중대가리가 복수 표준어이다.(까까중이 X)

  ⑤ 허섭스레기 – 허접쓰레기: 좋은 것이 빠지고 남은 뒤의 허름한 물건

19 ② 갑갑하다[갑까파다]로 발음해야 한다. 무성음 'ㅂ' 다음에 무성음이 오면 뒤 음운은 된소리로 발음해야 한다. 따라서 축약을 시켜 [갑까파다]로 발음해야 한다.

  ③ 밟고: 일반적으로 겹받침 'ㄼ'의 경우는 앞의 음운을 대표음으로 실현시켜 발음한다. 그러나 '밟고'의 경우는 예외로 [밥:꼬]로 발음해야 타당하다. 음향도 관계에서 도수가 높은 쪽을 택하여 발음하는 경우가 있는데 이를 언어학에서는 개구도 현상이라고 한다. 국어에서 모음(母音)의 위치와 순서 역시 모두 이 규정에 따라서 순서대로 배열되었다.

  ④ 꽃망울: 대표음을 실현하면 'ㄷ'으로 실현되나 다음 음절이 유성음이므로 앞 음운도 동화되어 'ㄴ'으로 실현된다. 따라서 [꼰망울]로 발음하는 것이 타당하다.

  ⑤ 광한루: 앞 음절의 'ㄴ'은 비음이지만 뒤의 음절 유음 'ㄹ'의 영향을 받아 유음인 'ㄹ'로 변하는 유음화가 일어난다. 따라서 [광할루]로 발음해야 한다.

20 ⑤ 넓게[널께]로 발음해야 한다. 겹받침 'ㄵ, ㄼ, ㄽ, ㅀ, ㅄ, ㄶ' 등은 음절의 끝에서는 앞 자음으로 발음되고 'ㄺ, ㄻ' 등은 뒷자음으로 발음된다. 단, '밟─'의 경우 자음 앞에서는 'ㅂ'으로 발음되고 'ㄺ'은 'ㄱ'으로 시작하는 어미가 오면 첫 자음인 [ㄹ]로 발음한다.

21 ⑤ 수많이[수:마니]로 발음해야 한다.

  ① 지혜[지혜]: 이중 모음은 이중 모음으로 발음해야 하나 'ㅖ'는 [ㅔ]로도 발음할 수 있다.

  ③ 우리의[우리에]: '의'는 2음절부터는 [ㅣ]로, 조사 '의'는 [ㅔ]로도 발음할 수 있다. 예 주의[주의/주이], 주의의 의무[주의의 의무/주이에 의무]

22 ⑤ 싫어도[시러도]로 발음해야 한다. 'ㄶ, ㅀ' 뒤에 모음으로 시작되는 어미가 오면 'ㅎ'은 탈락되어 발음되지 않는다. [ㅎ] 탈락 현상이 일어난다.

  ① 끌어[끄러]: 뒤에 오는 어미나 조사가 모음으로 시작되면 앞 글자의 받침을 그대로 뒷글자의 모음에 이어서 발음한다.(연음 법칙)

  ③ 넓죽하다[넙쭈카다]: 대표음 [넙]으로 실현시키고, 다시 된소리 [쭈]로 실현시키고 또다시 축약하여 [카]로 발음해야 한다.

23 ② 닳지[달치]: 겹받침 'ㅀ' 뒤에 'ㅈ'이 오면 뒤 음절은 [ㅊ]으로 발음해야 한다.

  ① 뚫는[뚤른]: 겹받침 'ㄶ' 다음에 'ㄴ'이 오면 'ㅎ'은 발음하지 않는다. 여기서 뚫는[뚤는](대표음 법칙), [뚤른](자음 동화) 중 유음화로 실현되어 [뚤른]으로 발음된 것이다.

  ③ 낮 한때[나탄때]: [낟한때](대표음 법칙), [나탄때](축약)으로 실현되어 [나탄때]로 실현된 것이다.

  ⑤ 낳은[나은]: 'ㅎ' 뒤에 모음으로 시작되는 어미가 오면 'ㅎ'은 발음하지 않는다.(음운 탈락 현상)

24 ④ 백리[뱅니]로 발음해야 한다. 자음 동화 중에서 상호 동화가 일어난 경우이다. 즉, 받침 'ㄱ' 뒤에 오는 'ㄹ'은 [ㄴ]으로 발음해야 한다.

  ② 겉옷[거돋]: 실질 형태소의 결합에서는 대표음을 실현시킨 뒤[걷], 뒤에 모음이 연이어 나오면 바로 연음을 시켜 발음한다.[거돋]

  ③ 몫몫이[몽목씨]: 이 경우는 대표음을 먼저 실현시키고[목목이], 다음으로 자음 동화가 일어나며[몽목시] 다시 된소리 되기가 일어난다.[몽목씨]

  ⑤ 항로[항:노]: 받침 'ㅇ' 뒤에 발음되는 'ㄹ'은 [ㄴ]으로 발음한다.(비음화)

25 ⑤ 앞마당[암마당]으로 발음해야 한다. 앞마당은 먼저 대표음으로 실현된 후[압마당], 다시 역행 동화, 완전 동화가 일어나 [암마당]이 되었다.
① 담력[담녁]: 순행 동화가 일어난 것이다.
② 속리산[송니산]: 상호 동화이면서 불완전 동화가 일어난 것이다.
④ 벼훑이[벼훌치]: 'ㄷ, ㅌ'이 'ㅣ' 모음의 영향을 받아 'ㅈ, ㅊ'으로 변하는 현상을 구개음화(口蓋音化)라고 한다. 먼저 [벼훌티]로 대표음 법칙, 연음 법칙이 일어난 뒤, 'ㅣ' 모음의 영향으로 구개음화가 일어나 [벼훌치]로 실현되었다.

26 ① 입원료[이붠뇨]로 발음해야 한다. 'ㄴ' 받침 다음의 'ㄹ'은 'ㄴ'으로 발음한다. 즉, 연음과 순행 동화가 일어난 것이다.
② 줄넘기[줄럼끼]: 'ㄴ'은 'ㄹ'의 앞뒤에서는 [ㄹ]로 발음한다. 즉, 유음화가 실현된 것이다.
③ 문법[문뻡]: 받침이 'ㄴ'(유성음)이고 연이어 'ㅂ'(무성음)이 오면 뒤 음운을 된소리로 발음한다[문뻡]. 단, 비음화는 일어나지 않는다. 즉, [뭄뻡]으로 발음하지는 않는다.
④ 옮긴대[옴긴다]: 피동 접미사 또는 사동 접미사 '기'는 된소리로 발음하지 않는다.
⑤ 젊지[점:찌]: 'ㅁ'(유성음) 뒤에 'ㅂ'(무성음)이 결합되면 뒤를 된소리로 발음한다.

27 ⑤ 젖먹이[전머기]로 발음해야 한다. 먼저 음절의 끝소리에 의해 [전먹이]로 발음되고 다시 연음이 되어 [전머기]로, 또다시 [전머기]로 실현되었다.
① 읊조린대[읍쪼린다]: 먼저 겹받침 'ㄹㅍ'에서 대표음으로 'ㅂ'이 선택되고 연이어 무성음 'ㅈ'이 오면 된소리로 실현되어 [읍쪼린다]로 발음된다.
③ 몰상식[몰쌍식]: 한자어의 경우 'ㄹ' 받침(유성음) 뒤에 'ㅅ'(무성음)이 오면 뒤를 된소리로 발음한다.
④ 얹고[언꼬]: 겹받침 'ㄴㅈ' 다음에 결합되는 어미의 첫소리 'ㄷ'(무성음)은 된소리로 발음한다.

28 ③ 검열[거:멸/검:녈]로 발음해야 한다. 합성어나 파생어의 경우 뒤 음절에 '이, 야, 여, 요, 유'가 오는 경우 'ㄴ'음을 첨가하여 발음한다.
① 문고리[문꼬리]: 표기상 사이시옷이 없어도 관형격 촉음의 기능을 지닌 경우, 휴지(休止)의 성립 뒤에 예사소리(ㄱ, ㄷ, ㅂ, ㅅ, ㅈ)가 오면 뒤를 된소리로 발음한다.
[참고] 휴지(休止): 주로 조음(調音)할 때 일시 정지를 이르는 말이다. 주로 단어와 단어, 어절과 어절 사이에서 발생한다. 예 문고리의 경우 사실은 '문의 고리'인 것이다.
④ 휘발유[휘발류]: 'ㄹ' 다음에 첨가되는 'ㄴ'은 [ㄹ]로 발음한다.
⑤ 직행열차[지캥녈차]: 먼저 축약이 일어나 [지캥]으로 발음되며 뒤의 음절이 '여' 모음으로 이어질 경우 'ㄴ' 첨가 현상이 나타나서 [지캥녈차]로 실현되는 것이다.

29 ⑤ 설익었대[설리걷따]로 발음해야 한다. 접두사 'ㄹ' 받침 뒤에 'ㅣ' 모음이 오면 첨가되는 'ㄴ'음은 [ㄹ]로 발음한다.
① 햇살[핻쌀/해쌀]: 예사소리(ㄱ, ㄷ, ㅂ, ㅅ, ㅈ) 단어 앞에 사이시옷이 올 때는 뒤의 자음을 된소리로 발음하는 것을 원칙으로 한다. 다만, 사이시옷을 [ㄷ]으로 발음하는 것도 허용한다.
② 콧등[코뜽/콛뜽]: '햇살'과 같은 경우이다.
③ 영업용[영엄뇽]: 합성어나 파생어에서 앞 단어의 끝이 자음이고 뒤 단어의 첫음절이 '이, 야, 여, 요, 유'이면 'ㅛ'가 오면 'ㄴ'을 첨가하여

발음해야 한다.
④ 툇마루[퇸:마루]: 사이시옷 뒤에 'ㅁ'이 결합되는 경우에는 [ㄴ]으로 발음한다.

30 ② 늑막염[능망념]으로 발음해야 한다. 자음 뒤 첫음절에 '이, 여, 야, 요, 유'가 오면 'ㄴ'을 첨가하여 [니, 녀, 냐, 뇨, 뉴]로 발음한다. 또한 비음화가 함께 일어나 [능망념]으로 실현된다.
① 물약[물략]: 'ㄹ' 받침 뒤에 첨가되는 'ㄴ'음은 [ㄹ]로 발음한다.
⑤ 송별연[송:벼련]: 'ㄹ' 받침 다음에 'ㅕ' 모음이 온 경우지만 예외적으로 [ㄴ]을 첨가하여 발음하지 않고 연음으로만 하여 실현한다.

31 ① 베갯잇[베겐닏]으로 발음해야 한다. 사이시옷 뒤에 'ㅣ' 모음이 오면 [ㄴ ㄴ]으로 발음한다. 즉, 먼저 대표음 법칙에 따라 [베겓인]으로 발음하고 연이어 'ㄴ' 첨가 현상을 적용하여 [베겐닏]으로 발음해야 한다.
② 깻잎[깬닙]: '베갯잇'과 같은 경우이다.
③ 식용유[시굥뉴]: 먼저 연음 법칙이 일어나고[시굥유], 연이어 모음 '유'가 오면 [ㄴ]음이 첨가되어 실현되는 것이다[시굥뉴].
⑤ 도리깻열[도리깬녈]: 먼저 대표음 법칙에 따라 [도리깯열]이 되고 '여' 모음이 연이어 오면 [ㄴ ㄴ]으로 발음한다[도리깬녈].

32 ④ 넓다[널따], 없다[업따], 넋과[넉꽈]
① 닭[닥], 앉다[안따], 외곬[외골]
③ 앎[암], 늙지[늑찌], 흙과[흑꽈]
② 핥다[할따], 맑다[막따], 얽거나[얼꺼나]
⑤ 값을[갑쓸], 밟고[밥:꼬], 삶[삼:]

2장 한글 맞춤법

01 ②	02 ④	03 ③	04 ⑤	05 ①
06 ②	07 ④	08 ⑤	09 ①	10 ②
11 ②	12 ⑤	13 ③	14 ②	15 ③
16 ⑤	17 ④	18 ③	19 ④	20 ④
21 ④	22 ①	23 ④	24 ②	25 ⑤
26 ③	27 ④	28 ④	29 ③	30 ①
31 ②	32 ②	33 ⑤	34 ⑤	

01 ② 다랑어–대통령–도요새–두유–드난살이 순서로 사전에 등재되어 있다.
③ 드난살이: 임시로 남의 집 행랑에 붙어살면서 그 집 일을 도와주며 사는 생활

02 ④ 'ㅌ'은 [티읕]이다.

03 ③ 해석하다 → 해쓱하다: 두 모음 사이에서 이유 없이 된소리로 발음

된다면 다음 음절의 첫소리를 된소리로 표기한다.

04 ⑤ 무치다 → 묻히다: '무치다'는 '갖은 양념을 섞어 버무리다.'라는 뜻이다. 여기서는 '무엇이 다른 것으로 덮이는 상태가 되다.'라는 의미의 '묻히다'가 더 적절한 표현이다.
 ① 해돋이[해도지]: ㄷ이 'ㅣ' 모음을 만나 [ㅈ]으로 변하는 구개음화가 일어나는 단어이다.
 ④ 틔다: 막히거나 거치적거리는 것이 없다.

05 ① 게시판 → 게시판: 게시판(揭示板)은 한자어가 지칭하는 원음 그대로 적어야 한다.
 ② 사례(謝禮): 단모음으로 소리가 나는 경우[사레]라도 원음을 밝혀 이중 모음으로 적어야 한다.
 ③ 유희(遊戱): 2음절에서 '희'가 비록 [히]로 소리가 나더라도 원음을 밝혀 '희'로 적는다.

06 ② 은익 → 은닉(隱匿): 두음 법칙의 경우 단어의 첫머리가 아니면 본음대로 적는다.
 ① 남존여비(男尊女卑): 합성어의 경우 뒷말의 첫소리가 'ㄴ' 소리가 나더라도 두음 법칙을 적용하여 적는다.
 ③ 연세(年歲): 한자음 '녀, 뇨, 뉴, 기'가 첫 단어로 올 적에는 두음 법칙을 적용하여 '연'으로 적는다.
 ④ 한국여자대학교: 고유명사는 단어별로 띄어 쓰는 것이 원칙이나 붙여 쓰는 것도 허용한다. 또한 뒷말의 첫소리가 'ㄴ' 소리로 나더라도 두음 법칙에 따라 적는다.
 ⑤ 공염불(空念佛): 한자어가 결합하여 이루어진 합성어의 경우 'ㄴ' 소리가 나더라도 두음 법칙에 따라 그대로 적는다.

07 ④ 쌍룡(雙龍): 한자음의 경우 '랴, 려, 료, 류, 리' 등은 단어의 첫머리가 아니면 두음 법칙이 아닌 본음대로 적어야 한다.
 ① 분열(分裂), ② 실패율(失敗率): 모음 또는 'ㄴ' 받침 뒤에서 '렬/률'은 '열/율'로 적는다.
 ③ 신립(申砬): 외자로 된 이름을 성과 함께 쓸 경우 본음대로 적을 수 있다.
 ⑤ 하류(下流): 단어의 첫머리가 아니면 두음 법칙이 아닌 본음대로 적어야 한다.

08 ⑤ 지레 → 지뢰(地雷)
 ① 협력(協力), ⑤지뢰 : 한자음의 경우 첫머리만 두음 법칙을 적용하고 2음절부터는 본음대로 적는다.
 ② 연이율(年利律): 한자 합성어의 경우 뒷말의 첫소리가 'ㄴ' 또는 'ㄹ' 소리가 나더라도 두음 법칙을 적용하여 적는다.
 ③ 육천육백만 원: 십진법에 따라 표기하는 경우도 두음 법칙을 적용하여 적는다.
 ④ 동구릉: 단어의 첫머리가 아니면 한자의 본음대로 적는다.

09 ① 내래월 → 내내월(來來月): 한자어 접두사의 경우 뒷말을 두음 법칙을 적용하여 적는다.
 ② 극락(極樂), ④ 낙뢰(落雷): 한자어의 경우 단어의 첫머리는 두음 법칙으로 적고 2음절에서는 본음대로 적는다.
 ③ 전율(戰慄), ⑤ 진열(陳列): 모음 또는 'ㄴ' 받침 뒤에서 '렬/률'은 '열/율'로 적는다.

10 ② 짭잘하다 → 짭짤하다: 한 단어 안에서 같은 음절이 겹쳐 나는 부분은 같은 글자대로 적는다.

11 ② 들어나다 → 드러나다: 속에 가려져 있거나 잘 보이지 않았다가 잘 보이게 되다.
 ① 되짚다: 거듭 곰곰이 따져 보다.
 ③ −이요: 연결형, ④ 이오: 종결형

12 ⑤ 끄 → 까: 기본형인 '끄다'를 활용할 때, 어간의 끝 'ㅜ, ㅡ'가 줄어질 적에는 줄어든 대로 적는다. 'ㅡ'를 탈락시킨다.
 ① 둥그오: 용언의 어미가 활용 도중 바뀔 때 원칙에서 벗어나면 벗어난 대로 적는다.
 ③ 그으니: 'ㅅ'이 탈락되면 탈락된 대로 적는다.
 ④ 까마면: 어간의 끝에 'ㅎ'이 줄어질 적에는 줄어든 대로 적는다.(ㅎ 탈락 현상)

13 ③ 아름다와 → 아름다워: 어간의 끝 'ㅂ'이 'ㅜ'로 바뀔 때는 [워]로 표기하며, 단음절 어간에 어미 '아'가 결합되어 '와'로 소리 나는 것은 [와]로 표기한다. 즉, 쉽게 말해서 모음 조화 현상과 관계없이 3음절 이상일 때는 모두 [워]로 통일하여 표기하면 된다.

14 ② 이러러 → 이르러: 어간의 끝 '르' 뒤에 오는 어미 '−어'가 '−러'로 바뀔 경우에는 [−러]로 표기해야 한다.

15 ③ 주검 → 죽음: 목숨이 끊어진 것, 명사형 접미사 'ㅁ'이 결합된 경우이다. 여기서는 '죽음'으로 표현해야 타당하다.
 ※주검: 죽은 시체. 접미사가 결합하여 품사가 바뀐 경우는 그 원형을 밝혀 적지 않는다.
 ① 목거리: 목이 붓고 아픈 병
 ② 낱낱이: 명사 뒤에 '−이'가 붙어서 된 말은 그 원형을 밝혀 적는다.
 ⑤ 땀받이: 어간에 '이'나 '−음, −ㅁ'이 결합하여 명사가 된 경우나 '이, 히'가 결합하여 부사로 파생된 경우는 어간의 원형을 밝혀 적는다.

16 ⑤ 얇팍하다 → 얄팍하다: 명사나 용언 뒤에 접미사가 결합된 경우 원형을 밝혀 적는다. 단, 겹받침 중 끝소리가 드러나지 않는 경우는 소리대로 적는다.
 ① 뜯적거리다: 어간 뒤에 자음으로 시작되는 접미사가 결합하는 경우 원형을 밝혀 적는다.

17 ④ 얼룩이 → 얼루기: '−하다, −거리다'가 붙을 수 없는 어근에 '−이'나 다른 모음으로 시작되는 접미사가 결합하여 명사가 될 경우는 그 원형을 밝혀 적지 않는다.
 ① 배불뚝이: '−하다, −거리다'가 결합 가능한 어근에 '이'가 결합하여 명사가 된 경우에는 원형을 밝혀 적는다.

18 ③ 일찌기 → 일찍이: 부사에 '−이'가 붙어서 뜻을 더하는 경우에는 그 어근이나 부사의 원형을 밝혀 적는다.
 ② 반드시: '−하다'가 붙지 않는 경우에는 소리대로 적는다.

19 ④ 어렴푸시 → 어렴풋이: '−하다'가 붙는 어근에 접미사 '히'나 '이'가 붙는 경우는 원형을 밝혀 적는다.
 ① 더욱이: 부사에 접미사 '이'가 붙어서 부사가 되는 경우 원형을 밝혀 적는다.
 ② 숱하다: '−하다, −없다'가 붙어서 된 용언은 '−하다'나 '−없다'를 밝혀 적는다.

20 ④ 꺾꼬지 → 꺾꽂이: 둘 이상의 단어가 결합하거나 접두사에 의해 만들어진 단어는 그 원형을 밝혀 적는다.(꺾+꽂+이)

① 머릿니: 이[齒, 虱]가 붙는 합성어의 경우 'ㄴ' 또는 'ㄹ'로 소리 날 때는 'ㄴ'로 적는다.

② 며칠, ⑤ 부리나케: 어원이 불명확한 것은 원형을 밝혀 적지 않는다.

21 ④ 쌀전 → 싸전

① 다달이, ④ 싸전: 받침이 'ㄹ'인 합성어와 딴 말이 결합될 때 'ㄹ'이 소리가 나지 않는 것은 'ㄹ'을 탈락시켜 표기한다.

③ 반짇고리, ⑤ 잗다랗다: 끝소리가 'ㄹ'인 말과 딴 말이 결합할 때 'ㄹ' 소리가 'ㄷ'으로 나는 것은 'ㄷ'으로 적는다.

22 ① 체바퀴 → 쳇바퀴

① 쳇바퀴, ② 우렁잇속, ③ 헛바늘: 순수어+순수어가 결합한 합성어에서 앞말이 모음으로 끝나고 뒤가 된소리가 되면 사이시옷을 표기한다.

④ 아랫니: 순수어+순수어가 결합한 합성어에서 뒷말의 첫소리 'ㄴ, ㅁ' 앞에서 'ㄴ' 소리가 덧나는 경우는 사이시옷을 표기한다.

⑤ 뒷입맛: 순수어+순수어가 결합한 합성어에서 뒷말의 첫소리 모음 앞에서 'ㄴ ㄴ' 소리가 덧나는 경우 사이시옷을 표기한다.

23 ④ 퇴간 → 툇간: 일반적으로 한자어+한자어로 구성된 합성어에는 사이시옷을 적지 않는다.(예 외과, 내과, 치과, 대구법 등) 단, 곳간, 찻간, 셋방, 숫자, 횟수, 툇간만은 사이시옷을 표기한다.

① 찻종, ② 촛국: 순수어+한자어의 합성어 결합에서 뒷말의 첫소리가 된소리로 나는 것은 사이시옷을 표기한다.

③ 양칫물: 순수어+한자어의 합성어 결합에서 뒷말의 첫소리 'ㄴ, ㅁ' 앞에서 'ㄴ' 소리가 덧나는 경우 사이시옷을 표기한다.

⑤ 가욋일: 순수어+한자어의 합성어 결합에서 뒷말의 첫소리 모음 앞에서 'ㄴㄴ' 소리가 덧나는 경우 사이시옷을 표기한다.

24 ② 살고기 → 살코기: 합성어에서 'ㅎ' 소리가 덧나는 경우 축약을 하여 적는다.(살ㅎ고기 → 살코기)

① 댑싸리, ④ 접때: 합성어에서 'ㅂ' 소리가 덧나는 경우 덧나는 대로 적는다.

⑤ 엊그저께: 단어의 끝음절이 줄어 자음만 남은 것은 그 앞 음절의 받침으로 적는다.(어제저녁 → 엊저녁, 가지고 → 갖고)

25 ⑤ 쇳다 → 쇘다: '쇠다'는 채소나 야채가 너무 자라 뻣뻣하다는 의미로, 과거형 '쇠었다'를 축약하면 '쇘다'로 표기해야 한다. 즉, 'ㅚ' 뒤에 '-어, -었'이 어울려 'ㅙ, -쎘'으로 될 경우 준 대로 적는다.

26 ③ 흔다 → 흔타

② 간편케, ⑤ 연구토록, ③ 흔타: 어간의 끝음절 '하'의 'ㅏ'가 줄고 'ㅎ'이 다음 첫소리와 어울려 거센소리가 되면 거센소리로 적는다.

27 ④ 깨끗치 않다 → 깨끗지 않다

① 넉넉지 않다, ③ 생각건대, ⑤ 섭섭지 않게: 어간의 끝음절 '하'가 아주 줄 적에는 준 대로 적는다.

28 ④ 어미를 적는 규정으로서 양성 모음은 양성 모음끼리, 음성 모음은 음성 모음끼리 어울리도록 적는 '모음조화 현상'을 말하고 있다.

29 ③ 땟깔 → 때깔: 천이나 물건 등이 눈에 선뜻 드러나 비치는 빛깔. '때깔'에서는 표기상 접미사가 이미 된소리로 표기되고 있으므로 굳이 'ㅅ'을 표기하지 않는다.

① 늠름하다: 원음을 기준으로 하면 '름름하다'가 되어야 하나 두음 법

칙을 적용시켜 '늠름하다'로 적어야 한다.

② 씁쓸하다: 한 단어 안에서 같은 음절이나 비슷한 음절이 겹쳐 나는 부분은 같은 음절로 적는다.

⑤ 깡총깡총: 모음 조화 현상을 지켜 표기할 경우 '깡총깡총'이 맞지만 현실에서 '깡충깡충'이 널리 사용되어, 이를 표준어로 취한 경우이다.

30 ① '- 대로/-만큼'은 앞에 체언이 오면 조사의 역할로서 붙여 써야 하고 앞에 용언이 오면 의존 명사의 역할로서 띄어 써야 한다. '아는 대로'는 '아는(용언(동사)의 관형사형)', '대로(의존 명사)'이므로 띄어 써야 한다.

31 ② 부썩 는 것

① 먹어 본지 → 먹어 본 지: '본(동사의 관형사형)', '지(의존 명사)'이므로 띄어 써야 한다.

③ 성공 할 수 밖에 → 성공할 수밖에: '성공할(동사의 관형사형)', '수(의존 명사)', '밖에(조사)'이다. 조사는 앞말에 기대어 써야 한다.

④ 아낌 없는 사랑 → 아낌없는 사랑: '아낌없는(형용사의 관형사형)', '사랑(명사)'이다. 각 품사는 조사를 제외하고 띄어 써야 한다.

⑤ 제공하는데 → 제공하는 데: '제공하는(동사의 관형사형)', '데(의존 명사)'이므로 띄어 써야 한다.

32 ② 정보영씨 → 정보영 씨: 성과 이름은 붙여 쓰고 호칭어나 관직명은 띄어 쓴다. 예 정보영 씨, 백무정 선생, 최동준 박사

③ 내릴 성싶다, ④ 아는 척을 하다, ⑤ 그 일은 할 만하다: 보조 용언은 띄어 씀을 원칙으로 하되 경우에 따라 붙여 씀도 허용한다.

33 ⑤ 그 수 밖에 → 그 수밖에: '-밖에'는 체언에 붙고 의미가 없는 경우에는 조사이므로 붙여 쓴다. '맨 먼저'의 '맨'은 관형사이므로 띄어 쓴다.

34 ⑤ 학생으로써 → 학생으로서: '-으로서'는 신분과 자격을 나타내는 부사격 조사이다. '-으로써'는 수단과 도구의 부사격 조사이다. 예 콩으로써 된장을 만든다.

① 그러므로: '그러다'의 어간에 이유를 나타내는 어미 '-므로'가 결합한 경우이다. 즉, '그러하기 때문에'라는 뜻을 담고 있다.

※그럼으로: '그러다'의 명사형 '그럼'에 조사 '으로'가 결합된 것이다. 수단과 목적을 의미한다.

④ 부치다: 어떤 문제를 공공의 논의 대상으로 내놓다.

3장 외래어 표기법

(118~121쪽)

01 ③	02 ⑤	03 ①	04 ②	05 ③
06 ③	07 ②	08 ③	09 ④	10 ①
11 ④	12 ②	13 ①	14 ③	15 ④

01 ③ 라이센스 → 라이선스(license)

④ 키드냅(kidnap): 받침에 'p'가 오면 'ㅍ'이 아니라 'ㅂ' 받침으로 표기한다. 받침에는 'ㄱ, ㄴ, ㄹ, ㅁ, ㅂ, ㅅ, ㅇ'만 쓸 수 있다.

02 ⑤ 레카차 → 레커차((wrecker車)

④ 레스토랑(restaurant): 영어 발음이 아니라 프랑스 어 발음을 따른다.

03 ① 몽타쥬 → 몽타주(montage): 'ㅈ'과 'ㅊ' 뒤에 이중 모음을 쓰지 않는다. 즉 'ㅑ, ㅕ, ㅛ, ㅠ'와 'ㅑ, ㅕ, ㅛ, ㅠ'가 발음상 구분이 쉽게 되지 않으므로 단모음인 'ㅏ, ㅓ, ㅗ, ㅜ' 중 선택하여 한 가지로 표기한다. **예** 텔레비전, 주스, 주얼리

04 ② 초콜렛 → 초콜릿(chocolate): 이중 모음이 아닌 단모음을 선택하여 적는다.

05 ③ 해드 트릭 → 해트 트릭(hat trick): 따로 쓸 수 있는 말의 합성으로 이루어진 복합어는 그것을 구성하고 있는 말이 단독으로 쓰일 때의 표기대로 적는다.

06 ③ 바디 → 보디(body)

① 로봇(robot): 받침의 표기는 실제로 발음되는 소리들을 적는다. 't'를 받침으로 적을 때는 'ㄷ'으로 적지 않고 'ㅅ'으로 적는다.

07 ② 컨닝 → 커닝(cunning)

① 케이크(cake): 이중 모음 뒤의 'k'는 '으'를 붙여 적는다.

④ 재즈(jazz): 어말 또는 자음 앞의 'ㅈ'은 '으'를 붙여 적는다.

08 ③ 시츄에이션 → 시추에이션(situation): 이중 모음이 아닌 단모음으로 적는다.

09 ④ 다큐멘트 → 도큐먼트(document)

10 ① 컨셉 → 콘셉트(concept)

② 불도그(bulldog): 어말과 자음 앞의 'p, d, g'는 '으'를 붙여 표기한다.

⑤ 케이크(cake): 어말과 자음 앞의 'p, t, k'는 '으'를 붙여 적는다.

11 ④ 오프세트 → 오프셋(offset): 짧은 모음 다음의 어말 무성 파열음 'p, t, k'는 받침으로 적는다.

① 커피 숍(coffee shop), ④ 오프셋(offset): 받침에는 'ㄱ, ㄴ, ㄹ, ㅁ, ㅂ, ㅅ, ㅇ' 7개의 음운만을 표기한다.

12 ② 탈렌트 → 탤런트(talent)

③ 플래시(flash): 어말의 [ʃ]는 '시'로 적고, 자음 앞의 [ʃ]는 '슈'로, 모음 앞의 [ʃ]는 뒤따르는 모음에 따라 '샤', '섀', '셔', '셰', '쇼', '슈', '시'로 적는다.

13 ① 포크레인 → 포클레인(poclain)

14 ③ 보이코트 → 보이콧(boycott): 짧은 모음 다음의 어말 무성 파열음 'p, t, k'는 받침으로 적는다.

15 ④ 캐리커쳐 → 캐리커처(caricature): 'ㅈ'과 'ㅊ' 뒤에는 이중 모음 'ㅑ, ㅕ, ㅛ, ㅠ'를 쓰지 않는다.

4장 로마자 표기법

(124쪽)

01 ②	02 ②	03 ⑤	04 ⑤	05 ④
06 ⑤				

01 ② 구파발 Kupabal → Gupabal: 'ㄱ'은 모음 앞에서 첫음절로 표기할 때는 'g'로 적고, 무성 파열음의 받침일 경우에는 'k'로 적는다.

02 ② 김밥 Gimbap

① 불고기 Bulgogi

③ 돼지국밥 Dwaeji-gukbap

④ 빈대떡 Bindaetteok

⑤ 비빔밥 Bibimbap: 일반적으로 음식은 첫음절을 대문자로 표기한다. 또한 파열음 'ㅂ'은 초성에서는 'b'로 표기하고 종성일 때는 'p'로 표기한다.

03 ⑤ 수원 Sueon → Suwon: 'ㅝ'는 'wo'로 표기하므로, 'Suwon'으로 표기해야 한다.

04 ⑤ 구개음화도 표기에 반영하여 표기한다. – 해돋이[해도지] haedoji

05 ④ 문제의 사례는 우리말 발음 그대로를 로마자로 적는 전음법이 지닌 한계를 지적한 예이다. 특히 정확히 붙임표(-)를 붙여 끊어서 표기하지 않을 경우 생기는 혼란을 지적한 좋은 예이다. (**예** 해운대 Hae-undae, 구산동 Gusan-dong) 하지만 ④의 '독립문 Doklibmun'은 로마자 표기가 표준 발음법에 맞지 않는 예이다. 독립문의 올바른 로마자 표기법은 소리 나는 대로 로 적은 독립문[동님문] Dongnimmun이다.

06 ⑤ 충청북도 Chungchongbuk-do → Chungcheongbuk-do: '청'의 'ㅓ'는 'eo'로 표기한다.

참고 도, 시, 군, 구, 읍, 면, 리, 동의 행정 구역 단위와 '-가'는 각각 'do, si, gun, gu, eup, myeon, ri, dong, ga'로 적고, 그 앞에는 붙임표(-)를 넣는다. '시, 군, 읍'의 행정구역 단위는 생략할 수 있다.

1장 쓰기

(128~142쪽)

01 ③	02 ①	03 ④	04 ②	05 ①
06 ③	07 ②	08 ⑤	09 ②	10 ④
11 ⑤	12 ③	13 ③	14 ①	15 ⑤
16 ⑤	17 ④	18 ⑤	19 ④	20 ②
21 ④				

01 ③ 이와 같이 외국의 가계 소비 형태를 비교 분석하면 연구 목적과 취지에 맞지 않는 논점 일탈이 된다.

02 ① 서론에 제시할 '현대 사회의 일상적 소비 실태'로 정보가 대량으로, 그것도 무차별적으로 소비자에게 공급된다는 분석은 타당하다. 하지만 누구나, 첨단 기술에 의존하는 소비 양상을 가지는 것은 아니며, 기사문의 취지인 '건전한 소비 생활'이라는 논점과도 거리가 먼 주제이다.

03 ④ 청소년들은 대부분 정치인이 국민을 중시하지 않는다고 생각하며, 존경스럽지도 않다고 답하였다. 그러나 두 가지 사실 사이에 어떤 인과 관계가 있는지는 조사에 드러나 있지 않다. 따라서 국민을 중시하면 존경받을 수 있다고 추론하는 것은 논리적으로 문제가 있다.

04 ② 손쉬운 오락 프로그램만 방영되면 시청자는 폭넓은 문화와 다양한 프로그램을 경험할 수 없게 된다. 따라서 방송사는 질 높은 프로그램을 다양하게 개발해야 한다.

05 ① 청·장년층의 흡연 실태와 폐해에 글의 초점을 맞추고 있으므로 청·장년층 내에서의 집단 간 차이를 부각시키는 것은 불필요하다.

06 ③ 제시된 자료를 보면 사회생활 또는 업무 과중으로 인한 스트레스에 대한 구체적인 언급은 찾아볼 수 없다.

07 ② 괄호 뒤에 이어지는 내용을 보면, 태국과 필리핀은 정부의 실효성 있는 금연 정책으로 흡연율이 낮은 반면 우리는 아무런 대안도 법적, 제도적 장치도 마련하지 못한 채 정책이 표류하고 있다는 내용이 제시되고 있다.

08 ⑤ 연구 내용에 맞는 연구 방법이라고 보기에는 무리가 있다. 연구 내용은 '연간 물 공급 현황 / 물 부족의 원인 / 물 절약 방안'이므로, 물 부족을 해결하는 대안으로 '물 절약'이라는 방식을 취하고 있음을 알 수 있다. '댐과 발전소 건설을 통한 수자원 확보'는 실제로는 적극적 대안이 될 수 있으나, 이 글의 연구 내용에는 맞지 않다.

09 ② 원인을 잘못 판단하여 발생한 자료 해석의 오류이다. 생활 수준 향상, 산업용수가 물 사용량 증가 원인 중 절반 이상을 차지하고 있다.

10 ④ '물 보관'을 위한 방법으로 '댐 건설'을 들 수는 있으나, 상수원 보호 구역 해제는 '수질 오염 방지'와 배치된다.

11 ⑤ 청년 실업과 복지 정책은 부분적으로는 서로 관련성이 있는 것은 사실이다. 그러나 이에 대한 인식을 조사하는 것은 연구 목적과는 관련성이 부족한 내용이다.

12 ③ 자료 (라)에서 제시한 3가지 주요 원인은 모두 사회적인 것으로, 해결 방안도 여기서 찾는 것이 합당하다. 개인적인 문제 해결 방법을 우선시하는 것은 자료 내용과 어긋난다.

13 ③ 대학 본래의 기능과 역할은 진리 탐구에 있는 것이지 직업 교육과 같은 취업에만 있지 않다. 역설적이게도 오늘날 그 취지에 벗어나 취업과 일자리 확보를 위해 대학이 오히려 변질된 것이 문제이다.

14 ① 괄호 뒤의 내용은 상시 근로자의 해고, 양질의 일자리 감소에 대해 이야기하고 있다. 이는 노동 시장이 지나치게 유연화 되어 나타난 현상이다.
② 복지의 트릴레마: 고용 증대, 소득 평등, 건전 재정 이 세 마리 토끼는 절대로 한꺼번에 잡을 수 없다. 즉, 하나를 포기해야만 다른 나머지가 성립하는 구조를 말한다.

15 ⑤ 정부 주도의 갈등 관리 시스템은 (ㄹ)의 갈등 극복 방안의 하나로 제안될 수는 있으나, 주요 연구 방법으로 삼기에는 연구 목적과 내용에서 벗어나 있다..

16 ⑤ 이념 갈등이 갈등 유형 중 높은 순위인 것은 사실이지만, 그것만을 결정적으로 보는 것은 논리가 약하다. 또한 다른 나라의 갈등 지수만 제시되어 있어, 이념적 대립이 다른 나라에는 없는 요인이라고 말할 수 없다.

17 ④ 16번의 (나) 자료를 통해 사회적 갈등의 원인은 소득 분배의 불공정, 기회의 불공정성에서 기인함을 알 수 있다. 이는 곧 빈부 격차의 심화와 일맥상통하며, 이를 단순히 소외 계층의 심리적 문제로 치환시키는 것은 맞지 않다.

18 ⑤ 각 통신사별 사용 요금 비교는 결국 통신사별 요금을 비교하여 더 싼 요금을 찾아가자는 취지이지, 과도한 통신 요금 지출을 합리적으로 줄이거나 개선하자는 취지의 연구 목적에서 벗어나는 내용이다.

19 ④ 이는 결국 다른 항목의 지출을 줄여서 통신 요금을 메우자는 취지이다. 이는 결국 다른 분야의 가계 소비를 줄여서라도 청소년들의 과도한 통신비 사용을 그대로 좌시하자는 얘기와 같은 것으로 괄호에 들어갈 수 없는 내용이다.

20 ② 상시 감시 기능으로서는 분명 효율적이다. 예를 들어 추운 겨울 취약 장소에 경찰관이 상시 근무하는 것보다는 장비가 그 기능을 대신한다면 훨씬 효율적일 수 있다. 그러나 실제 범죄가 그 사건 현장에서 발생하고 있다면 CCTV는 아무런 도움이 되지 못한다. 결국 그 범죄를 수습하고 사건 현장에서 범인을 검거하는 일은 경찰관이 현장 출동을 하여야 가능한 일이다. 따라서 '어떤 치안 시스템보다 효율적'이라는 주장은 맞지 않다.

21 ④ 설문조사 결과, CCTV를 찬성하는 경우와 반대하는 경우가 팽팽히 양립하고 있다. 이를 토대로 볼 때, CCTV는 그 운영상 순기능과 역기능을 동시에 가지고 있으므로 그 운영과 설치에 관한 전반적인

법규를 마련하여 개인 사생활을 보호하고 법이 허용하는 최소의 범위 안에서만 설치, 사용하여야 한다.

2장 창안

(144~154쪽)

01 ③	02 ②	03 ①	04 ②	05 ④
06 ②	07 ②	08 ①	09 ②	10 ⑤
11 ⑤	12 ④	13 ③	14 ③	15 ③
16 ④	17 ①	18 ③	19 ①	20 ②
21 ⑤				

01 ③ 그림은 남의 눈치나 강요된 생각과 삶을 거부하고 자신의 소신과 주관을 지키는 것이야말로 진정한 자기를 나타내는 것이라는 교훈을 이끌어 낼 수 있다. 부화뇌동(附和雷同)은 '줏대 없이 남의 의견에 움직인다.'라는 뜻이다.

02 ②

03 ① 제시된 내용을 바탕으로 종합하여 보면 스마트폰이 지닌 역기능에 대해 집중하고 있다. 따라서 이것을 극복할 수 있는 바람직한 사용 방안을 강구해 보면 될 것이다.

04 ② 그림을 보면 동아리 회원들 모두는 중구난방으로 자신의 생각과 각자의 대화에만 몰입해 있고 사회자의 말에는 전혀 관심을 기울이지 않고 있다.

05 ④ 위에서 아래로 흘러내리는 폭포를 통해 자연에 순응하는 삶이나 자연 친화적인 삶의 모습을 이끌어 내는 것은 타당하나 언제나 변하지 않는 강한 의지를 유추해 내는 것에는 다소 무리가 있다.

06 ② 이 그림을 보면 찌그러진 깡통이 있고 아래에는 콘센트에 꼭 맞는 두 개의 구멍이 있다. 이것으로 유추할 수 있는 것은 첫째, 찌그러진 깡통을 통하여 낭비와 재활용을 연상할 수 있으며 둘째, 플러그를 통하여 절약과 낭비를 연상해 낼 수 있다. 그러나 통하고 통하지 않음을 연상하기에는 유추의 과정상 논리적 비약이다.

07 ② 이 만화에서 주부는 공감적 대화를 통해 주변 사람들을 위로하고 있다. 마지막 장면을 보면 TV에서조차도 서로 하소연하고 위로하는 장면이 나온다. 그러나 정작 주부 자신은 어디에도 위로받을 곳이 없음을 알 수 있다.

08 ① 제시된 그림은 인터넷상에서 유언비어나 남을 함부로 비방하는 글을 남기지 말라는 취지에서 제작된 것이다. 즉, 잘못된 말이 타인의 삶에 치명적인 위해를 줄 수 있다는 경고성 광고로, '남을 해치려는 속셈으로 고자질을 하는 사람이 남보다 먼저 해를 입게 된다.'라는 의미의 ① 속담이 가장 적절하다.
② 익은 밥 먹고 선소리한다: 사리에 맞지 않는 말을 싱겁게 하는 사람을 핀잔하여 이르는 말

③ 녹비에 가로 왈자라: 일정한 주견 없이 이랬다저랬다 함
④ 황소 제 이불 뜯어 먹기: 우선 둘러대서 일을 해냈지만 알고 보니 자기 손해임을 이르는 말
⑤ 글 속에 글이 있고 말 속에 말이 있다: 말과 글은 그 속뜻을 잘 음미해 보아야 안다는 것.

09 ② 그림과 주어진 단어들을 종합해 보면 우리 삶에 놓여진 현실은 파도가 거센 바다에 비유되며 이를 젊음과 역동적인 도전 정신으로 헤쳐 나가는 것으로 연상할 수 있다.

10 ⑤ 자동차의 디자인과 기능은 소비자의 구매욕을 자극하고 소비를 촉진시키기 위하여 발전한 것이지, 소비자의 경제적 요구, 다시 말해서 소비자의 경제적 사정을 고려하여 차량 가격을 인하하고 기능과 디자인을 개선해 온 것은 아니다.

11 ⑤ 본 동아리는 독서 토론 동아리이므로 독서를 통한 효용적 측면과 아울러 세상 읽기를 동시에 경험해 보고자 하는 취지에서 결성된 것이다. 따라서 글보다는 말이 중요하다는 얘기는 결국 글 읽기보다는 화법에 중요성에만 주안점을 두었으므로 본 내용에 어긋난다.

12 ④ 그림을 통해 어떠한 시련과 고난에도 굴하지 않고 묵묵히 최선을 다하면 언젠가는 목표한 바를 이루어 낼 수 있다는 사실을 유추할 수 있다. 그러나 주어진 시기에 따라 목표한 결과가 달라진다고는 유추할 수 없다.

13 ③ 취업에 있어서 정보의 부족이 취업의 당락을 결정짓는다는 논리는 이 만화에서는 이끌어 낼 수 없다.

14 ③ 이 그림은 정부의 역할 부재와 정당의 분열로 인해 국민들의 생활이 어려워진 점을 풍자하고 있다. 기업이 그 역할을 다하지 못해 사회적 문제가 야기되었다고 유추하기에는 한계가 있다.

15 ③ 우리보다 소득 수준이 높은 일본의 경우 오히려 검약한다는 사실을 알 수 있으므로 이와 같은 취지의 말은 맞지 않다.

16 ④ 처음에는 표를 얻기 위해 유권자 앞에 머리를 숙였지만 결국 당선되고 나서는 자기의 정치 후원금에 관심이 더 많은 것으로 보아 지금까지 유권자 앞에서의 언행은 교언영색(巧言令色, 아첨하는 말과 알랑거리는 태도)이라고 볼 수 있다. 이 그림에서 공과 사를 구분하여 행동하고 있는 정치인을 떠올린다는 것은 무리가 있다.

17 ① 첫 번째 그림은 금연을 독려하는 그림이며, 두 번째 그림은 그 정당성을 부여하기 위해 금연은 개인의 건강권을 확보하는 것이 아니라 타인의 건강도 지켜 준다는 취지에서 금연은 반드시 행해야 한다는 광고 문안이다.

18 ③ 사형제도 존속의 찬성 측 논거를 들어 보면, 재범률이 증가하므로 재범률의 예방 차원에서, 그리고 국민들의 심리적 안정감과 범죄 예방 측면에서 반드시 필요하다는 것을 그 예로 들고 있다. 이를 제외한 설명들은 반대 측의 논거로 적절하다.

19 ① 그림 속 사업에 실패한 사람이 방송에서 사용하는 언어는 모두 표준어가 아니다. 아무런 생각 없이 무심코 일상생활에서 사용하는 말들이 때로는 잘못 쓰는 단어임을 보여주는 좋은 사례라고 할 수 있다. 이 글에서 풍지박산은 '풍비박산'으로, 홀홀단신은 '혈혈단신'으로, 억지 춘양은 '억지 춘향'으로 고쳐야 한다.

20 ② 물기 하나 없는 사막에서 메마른 현대 사회를 유추해 낼 수 있다. 또 고사해 버린 사막의 나무를 통해서 인정미가 상실되어 버린 우리 사회의 모습을 떠올릴 수 있다.

21 ⑤ 문제의 원인과 해결을 위한 방안을 통해 기부에 대한 의식 변화와 실천에 초점을 맞추고 있음을 알 수 있다. 기부란 기업과 개인과 단체가 자기의 능력과 뜻한 바에 맞게 행하는 선의의 활동이다. 그런데 기업과 개인과 단체, 즉 '국민 각자'가 주체가 되지 않고, 국가가 주체가 되는 것은 해결 방안으로 볼 수 없다

5편 읽기

(165~182쪽)

01 ②	02 ④	03 ③	04 ③	05 ⑤
06 ④	07 ④	08 ②	09 ④	10 ③
11 ⑤	12 ②	13 ②	14 ①	15 ③
16 ⑤	17 ①	18 ①	19 ②	20 ④
21 ⑤	22 ③	23 ①	24 ③	25 ②
26 ⑤	27 ④	28 ③	29 ③	30 ⑤
31 ⑤	32 ③	33 ⑤	34 ⑤	

01 ② 낯설게 하기: 친숙하거나 인습화된 사물이나 관념을 특수화하여 새롭게 느끼도록 하는 표현 방법
① 획일성: 모두 한결같아서 개성이 없는 것 / 다양성: 여러 가지의 성질을 가진 특성
③ 그리지 않고 그리기: 홍운탁월법(烘雲托月法). 구름에 의지하여 달을 나타내는 방법이라는 의미로 주제를 직접 부각시키지 않는 것
④ 문학의 개성: 문학 작품 하나하나가 모두 나름의 완벽한 형식과 완성도를 가지는 것을 이름
⑤ 즐거운 오독: 맞춤법이나 띄어쓰기 오류, 문장 부호의 오류, 숫자 혹은 기호의 오류 등이 때로는 우리에게 뜻밖의 웃음과 여유와 기쁨을 주는 것

02 ④ 소설 '역마'의 한 대목이다. 성기는 '화갯골'에서 나서 자라고 이곳에서 계연(연인)과 이별을 해야만 했다. 따라서 이곳은 이별의 공간이며 유랑의 시발지(始發地)이다. 보기의 시어 '목계 나루'가 이와 유사한 장소로, 떠남의 공간이자 시발지가 된다.

03 ③ 이 시는 임영조 시인의 '리모콘'이라는 제목의 시이다.

04 ③ '빈 공간의 충만', '홀로 있음으로 더불어 있게 되는'의 표현은 모두 역설법이다. '너를 기다리는 동안 나도 가고 있다'도 논리적으로 어긋나는 역설법이다.(황지우, 너를 기다리는 동안)
① 지리산이 의인화되어 표현된 의인법이다.(김용택, 섬진강)
② 시간이 또아리를 틀고 있다고 했으므로 추상적 개념의 시각화이다.(신동집, 오렌지)
④ '삼천리 화려 강산' 독재 정권의 실상을 화려 강산이라 말하고 있으므로 반어법이다.(황지우, 새들도 세상을 뜨는구나)
⑤ 삶의 무게에 눌려 사는 민중들의 모습을 이미 알고 있으면서 하느님께 반문하고 있으므로 설의법이다.(김혜순, 납작납작-박수근 화법을 위하여)

05 ⑤ 제시된 시는 죽은 누이에게 말을 건네는 내용이다. 여기서 강물은 바로 누이와의 재회의 공간이다. 즉, 살아 튀는 물방울처럼 재회할 것을 믿고 있다. 보기의 '제망매가'에서 누이와의 만남과 재회의 공간은 바로 미타찰(彌陀刹)이다.
① 예: 이승, ② ㄱ술: 누이가 죽은 계절 ③ 납: 죽은 누이 ④ 가재: 같은 핏줄·혈육

06 ④ 시의 흐름을 따라가 보면 산업화, 도시화로 농촌은 날로 피폐해지고 모두 도시로 떠나고 남은 농민들은 실의에 빠져 좌절하고 있다. 농민들 스스로도 이 산업의 변화나 시대의 흐름에 대처할 수 있는 적극적인 방안을 강구해 보지 못한 채 실의에 빠져 체념하고 좌절하는 태도를 보여 주고 있다.

07 ④ 제시된 글에서 눈물은 자신에게 가해진 정신적 고통과 아들의 죽음에 대한 자책감이 중첩되어 있다. 이광수의 '비둘기' 역시 병마로 고통스럽게 죽은 딸을 떠올리며 아버지로서 죄책감과 딸을 향한 그리움이 잘 나타낸 작품이다.
① 이상화의 '통곡': 일제 침탈기의 식민지 지식인의 비탄과 적개심을 노래하고 있다.
② 박두진의 '도봉': 화자는 가을 산 저물녘에 홀로 서서 누군가를 그리워하며 고독에 젖어 있다.
③ 김용호의 '주막에서': 인생의 애환과 슬픔을 노래하고 있다.
⑤ 신동엽의 '너에게': 독재를 벗어나 새로운 세상에 대한 소망을 열망하고 있다.

08 ② 제시된 글은 이 소설의 결말 부분으로 객관적이고 담담한 서술 태도를 통해 비극적 상황을 더욱더 고조시키고 있다. 가난으로 인해 화수분 부부는 끝내 얼어 죽는다. 그러나 그 속에서 어린 생명 혼자 살아남았다는 내용을 객관적 거리 두기로 표현하고 있으며, 이것이 비극성을 극대화하고 있다. 제목 '화수분' 역시 반어적 명명법으로 비극성을 더하고 있다.

09 ④ 가자니 태산이요 돌아서자니 숭산이라: 이러지도 저러지도 못하는 난처한 상황에 놓이게 되었다는 의미이다. 이 글에서 어머니는 철거 계고장을 받고 한없이 절망한다. 그러나 현실적으로 이들 가족이 해결할 수 있는 방법은 아무것도 없다.
① 돌절구도 밑 빠질 날이 있다: 아무리 단단한 것도 결딴날 때가 있다는 말
② 염통에 쉬 쓰는 줄 모른다: 눈에 보이는 작은 손해는 알면서도 눈에 보이지 않는 큰 손해는 모른다는 뜻
③ 태산을 넘으면 평지를 본다: 고생 끝에는 낙이 온다는 말
⑤ 허울 좋은 하눌타리: 속 빈 강정. 겉으로는 훌륭하나 속은 보잘것없다는 말

10 ③ 이 소설에서의 '천국에 사는 사람들'은 소외된 이웃이나 고통 받는

약자를 배려하지 않고 기득권을 이용하여 약탈적 경제 행위를 일삼는 가진 자들을 의미한다. 신동엽의 시 '누가 하늘을 보았다 하는가'는 구속과 억압의 시대에 대한 비판과 독재를 벗어나기를 갈망하는 내용의 시이다.

① 소외된 민중들을 향한 애정과 연민의 정이 나타나 있다.(최두석, 성에꽃)

② 현대 사회의 물질 만능주의가 인간의 고귀한 정신적 영역을 축출하고 있는 측면을 비판하고 있다.(김광규, 젊은 손수 운전자에게)

④ 정신적 가치를 상품화하고 물질적 가치만을 좇는 현대 사회를 풍자하고 있다.(오규원, 프란츠카프카)

⑤ '야초'는 고단한 삶을 살아가는 민중들의 삶의 모습이다. '돈 없으면 서울 가서 용변도 못 보는' 비정한 도시 문명과 가진 자를 향한 풍자가 내포되어 있다.(김대규, 야초)

11 ⑤ 이 소설의 큰 특징 중에 하나는 눈에 띄는 갈등 구조가 없다는 점이다. 또한 결말을 종결짓지 않고 열린 구조를 취함으로써 여운과 감동의 효과를 극대화하고 있다.

12 ② '방울 소리가 시원스럽게 딸랑딸랑 메밀밭께로 흘러간다'는 청각의 시각화 즉, 공감각적 심상이 표현되었다. 보기 2번은 어둠 속에서 보이지 않던 사물들이 아침 햇빛 속에 드디어 제 모습을 나타내는 것으로, 어둠을 일반적 관념상의 부정적 이미지가 아닌 생산적 이미지로 사용된 상거화, 즉 사물의 존재를 새롭게 해석한 '낯설게 하기'이다.
① 청각의 촉각화 ③ 촉각의 시각화 ④ 시각의 청각화 ⑤ 청각의 후각화

13 ② 제시된 글에 따르면 사영운은 세속적 탐욕 때문에 불문에 들지 못하고 버림을 받았다. 따라서 탐욕을 버리고 학문의 길에 매진하는 내용의 보기 2번이 적절하다.
① 세조의 왕위 찬탈을 비판하고 있다.
③ 사람의 도리와 배움을 강조하고 있다.
④ 표리부동(表裏不同)한 인물들을 풍자하고 있다.
⑤ 인생은 무상한 것이라 말하고 있다.

14 ① 마중지봉(麻中之蓬): '대마밭의 쑥'이란 뜻으로 선량한 사람과 사귀면 자연히 그 영향으로 선량하게 된다는 말. 즉, 사회적 환경에 따라 그 결과가 판이하게 달라질 수 있다는 것이다.
② 간운보월(看雲步月): 객지에서 고향을 그리워함
③ 거안사위(居安思危): 편안할 때 미리 위태로움에 대비하여야 함
④ 도청도설(道聽塗說): 길거리에 퍼져 돌아다니는 뜬소문
⑤ 언어도단(言語道斷): 어처구니가 없어 할 말을 잃다.

15 ③ 선택지의 시조는 모두 정철의 '훈민가(訓民歌)'이다. 보기 3번은 '향려유례(鄕閭有禮)'로 사람으로서의 도리와 예절을 지키라는 내용이다.
① 임금과 신하 사이의 의리(忠)
② 남녀유별
④ 도둑질하지 마라.
⑤ 도박과 소송을 함부로 남발하지 마라.

16 ⑤ '두꺼운 묘사'란 우리들의 삶 속에 깊이 숨어 있는 응축되고 심화된 삶의 두께들을 다양한 시각과 방향으로 쌓아서 함의적 의미로 표현한 것이다. 그러나 보기 5번은 해돋이의 장면을 실감 나게 묘사

한 인상적 묘사이다.

17 ① 밑줄 친 내용은 자신의 상황에 유리하게 편들기를 하는 언론, 자기의 보신을 위해서 거짓을 보도하는 언론을 비판하고 있다.
② 귀에 걸면 귀고리 코에 걸면 코걸이: 일정한 형식도 없이 둘러대기에 따라 이렇게도 되고 저렇게도 되는 것을 비유적으로 이르는 말
③ 나루 건너 배 타기: 일의 순서가 뒤바뀜
④ 떠들기는 천안 삼거리: 늘 끊이지 않고 떠들썩한 것
⑤ 쇠털 뽑아 제 구멍에 박는다: 고지식하여 조금도 융통성이 없다

18 ① 제시된 글은 조폭의 세계를 소재로 한 드라마로 인해 청소년들이 조폭을 영웅시, 우상화하는 측면을 우려하고 있다.

19 ② 제시된 글의 내용을 보면 대학가 앞에서 현실적으로 극심한 빈곤 문제가 발생하고 있음에도 대학과 그 지성인들은 아무런 대안도 제시하지 못하고 단지 이론적으로 연구만 하는 세태를 비판하고 있다. 즉, 실질적으로 빈자들의 생활에 아무런 도움도 되지 못하는 단지 학문으로서의 경제학을 비판하고 있다. '아무리 훌륭하고 좋은 것이라도 다듬고 정리하여 쓸모있게 만들어야 값어치가 있음'을 뜻하는 보기 2번이 적절하다.
① 벌거벗고 환도 찬다: 격에 어울리지 않음을 이르는 말(환도=칼)
④ 변죽을 치면 복판이 울린다: 눈치가 빠른 사람은 약간의 귀띔만 해 주어도 알아듣는다는 뜻
⑤ 숯이 검정 나무란다: 자기 흉이 더 큰 사람이 남의 작은 흉을 트집 잡는다는 뜻

20 ④ 제시된 글에서 그라민 은행 총재 무하마드 유수스는 사람들이 처해 있는 경제 상황을 정확히 파악하고, 변화를 꾀할 수 있는 행동으로 소액 신용 금융을 선보였다. 이와 더불어 필자는 IMF 사태 이후, 금융 기관이 쓰러진 상황을 언급하고 있다. 이러한 내용에 어울리지 않는 보기는 4번이다.

21 ⑤ 독서를 함에 있어서 책에 기록된 것을 무비판적으로 받아들이지 않아야 하며, 담화를 위한 독서는 금하라고 설명하고 있다.

22 ③ 우리나라는 에너지를 100% 수입에 의존하고 있어 절약을 통한 에너지 사용량을 줄이고 장기적으로는 산업 구조 전반을 개선하고 더 나아가 대체 에너지 개발에도 힘써야 한다고 역설하고 있다

23 ① 제시된 글에 따르면 사회화란 어떻게 보면 구성원 개개인들에게 적절한 행동을 하도록 강요하는 것이다. 따라서 구성원 개개인들은 사회 속에서 역할을 잘 연기하는 연기자인 셈이다. 기득권 세력들은 이를 이용, 교묘한 방법으로 민중을 통치하고 보이지 않게 지배하고 있으므로 기득권 세력을 끊임없이 감시하고 부정한 것에 철저히 저항하여야 한다고 했다. 또한 사회화는 민중들의 삶에 자유와 정의, 평화가 보장되는 쪽으로 사회화되는 것, 그것이 바로 가장 바람직한 인간화라고 역설하고 있다.

24 ③ 악어의 눈물: 위정자를 빗대어 말하는 통속어. 위선적이고 교활한 행동
① 콜럼버스의 달걀: 발상의 전환
⑤ 트로이 목마: 강적을 지혜로 제압함

25 ② 볼록거울: 부사가 명사를 수식했으므로 우리말의 어순과 일치하지 않는다. 이는 비통사적 합성법이며, 이를 제외한 나머지는 모두 통사적 합성법이다.

※통사적 합성법: 우리말의 어순과 일치하며, 두 어근의 결합에서 조사가 생략된 조어법을 말한다. 예 국과 밥 – 국밥(조사 생략)

※비통사적 합성법: 우리말의 어순과 불일치하는 말로 어미가 생략된 조어법이다. 예 오다+가다=오가다(어미 생략), 덮은+밥=덮밥(중간에 관형 사형 어미 생략)

26 ⑤ '이목을 끌다'는 '눈에 특별하게 띄거나 주위를 끌어 집중을 받다'의 의미로 '어떤 일을 이루려고 수단과 방법을 꾀하다'라는 의미의 '도모하다'와는 다른 뜻이다.

27 ④ 디히: 김치의 고유어 – 생각: '生覺'으로 알아 한자어로 인식하는 경우가 있으나 이는 잘못된 것이며 생각은 고유어이다. – 불현듯: 고유어이다.
① 사랑: '상대하여 생각하고 헤아리다'의 뜻인 사량(思量)이 변해 '사랑'이 되었다. – 삽시간(霎時間): 아주 짧은 동안 – 별안간(瞥眼間): 갑작스럽고 아주 짧은 동안
② 모두 몽고어에서 왔다.
③ 모두 만주어에서 왔다.
⑤ 고구마: 일본어에서 왔다 – 고무: 불어에서 왔다 – 담배: 포르투갈어에서 왔다.

28 ③ 주제가 서두에 제시되어 있다. 미디어 아트의 일반적 특질에 대하여 역설하고 있다. 디지털 지술에 대한 설명은 미디어 아트의 특질에 대한 부연 설명이다.

29 ③ '가'에서는 계층 간의 소득 증가의 차이를, '나'에서는 한국의 소득 분배율이 미국보다 나빠지고 있음을 알 수 있다. 따라서 시간이 경과하면 할수록 계층 간 소득 차는 점점 벌어질 것이고 분배 구조

또한 점점 나빠질 것으로 예견할 수 있다.

30 ⑤ 제시문은 FTA의 긍정적인 면과 부정적인 면을 함께 언급하고 있다. 소비자의 선택의 폭이 넓어지고 제품 가격이 하락하는 것은 긍정적인 면이지만, 부정적인 면도 많으므로 '무조건 일거양득'이라고 표현하는 것은 적절하지 않다.

31 ⑤ 제시된 글은 자유 무역 협상이 타결되어 향후 일어날 문제점과 예상되는 산업 분야의 득과 실을 분석하고는 있으나 현재 상황을 설명하고 있는 것은 아니다.

32 ③ 외교 안보 분야는 다른 항목에 비해 긍정적 평가가 많은 편이나 긍정적 평가와 부정적 평가 사이의 차이가 크지 않아 '압도적인 지지'라고 말하기 어렵다.

33 ⑤ 작품의 뚜렷한 선정 기준이 보이지 않으며, 독재 정권의 현실을 고발한 작품은 눈에 띄지 않는다.

34 ⑤ (가) 자료를 보면 원유 가격이 2배 이상 상승하는 동안 국내 휘발유 가격도 크게 상승했으나 상승폭은 원유 가격만큼 가파르지 않다. (나) 자료는 같은 기간 환율에 변동이 있었음을 나타내고, (다) 자료는 휘발유 가격에서 세금이 차지하는 비중이 높다는 내용이다. 이상 자료들을 모두 종합하면 ⑤이 된다.
① 환율은 원유 가격이 아니라 휘발유 가격에 영향을 주는 요인이다.
② (나) 자료를 활용하지 못한 결론이다.
③ 세금은 환율이 아니라 휘발유 가격에 영향을 주는 요인이다.
⑤ (가)의 원유 가격이나 (다)의 세금 문제를 활용하지 못한 결론이다.

6편 국어 문화

(189~196쪽)

01 ③	02 ④	03 ⑤	04 ④	05 ⑤
06 ⑤	07 ③	08 ④	09 ③	10 ③
11 ⑤	12 ④	13 ②	14 ④	15 ②
16 ③				

01 ③ 어리바리: 정신이 또렷하지 못하거나 기운이 없어 몸을 제대로 가누지 못하고 있는 상태
① 정구지: 부추의 경상도 사투리
② 게사니: 거위의 강원도, 함경도 사투리
④ 겨땀: 겨드랑이에서 나는 땀. 겨땀은 겨드랑이에서 나는 땀을 줄인 말로 알고 있지만 실은 비표준어로, '곁땀'으로 표기해야 한다.
⑤ 뺑돌이: 팽이의 전라도 사투리

02 ④ '주류 일체(酒類一切)'라고 써야 맞다. '일절'은 부사로써 '전혀, 도무지'의 뜻이며, '일체'는 '종류의 전부, 모두'의 뜻이다.

03 ⑤ 구비 문학: 입에서 입으로 전해 오는 문학으로, 설화, 민요, 무가, 판소리, 민속극이 이에 속한다. 후에 문자로 기록되었다.

⑤ 번안 문학: 외국 작품을 사건이나 줄거리는 그대로 두고 등장인물이나 장소만 자국의 것으로 바꾸어 개작한 문학
② 패러디 문학: 전통적인 사상이나 관념, 특정 작가의 문체를 흉내 내어 익살스럽게 개작한 문학
③ 규방 문학: 주로 양반 부녀자들이 그 삶의 고단함을 노래한 문학

04 ④ 북한에서는 원음 법칙을 사용한다. 문화어 규정 제 25항을 보면 한자어는 소리마디마다 해당 한자음대로 적는 것을 원칙으로 한다고 되어있다. 따라서 자음 동화 역시 인정하지 않는다. 또한 원순 모음화를 발음으로 인정한다는 점도 우리와 다르다. 예 전체 인민[존체 인민], 어머니[오마니]

05 ⑤ 언어 경제 원칙이란 최소의 노력으로 최대의 효과를 누리는 것이다. 외래어를 우리말로 바꾸어 사용하는 문화어의 경우, 엄청난 수의 외래어를 모두 우리말로 치환하여야 하며, 대체어로 사용할 우리말이 존재하지 않을 수도 있다. 또 다른 예로 '멸균'을 '균 깡그리 죽이기'처럼 사용할 경우, 그 취지는 훌륭하나 음절 수가 늘어나서 언어 경제 원칙에는 오히려 위배된다고 볼 수 있다.

06 ⑤ 당시(1896년) 표기법을 보면 단모음화가 일어나지 않았음을 알 수 있다. 예 귀쳔, 귀졀, 죠션 – 현대 국어에 와서야 대부분 단모음화되어 '귀천', '귀절', '조선'으로 바뀌었다.
① 이 당시 띄어쓰기는 의미상 띄어쓰기이다. 오늘날은 문법상 띄어쓰

기이다.

② 어두 자음군(語頭子音群): 단어의 첫머리(초성)에 두 개 이상의 자음이 뭉쳐져 있는 것 **예** ᄡᅩ, ᄢᅧ, ᄭᅡᄃᆞᆰ

③ 'ㆍ'(아래 아) 음가는 임진란 이후에 없어졌으나 표기는 1933년까지 남아 있었다.

④ 자기 나라 말보다는 한문을 더 능통하게 이해해야 한다는 당시 언어 사용의 잘못을 지적하고 있다.

07 ③ '쪽8린다, 지송'등은 아리바아 숫자나 영어, 한자의 혼용으로 생성된 단어이다. 또한 두 음절어의 축약도 아니다. 해당 내용의 적절한 예는 '냉무(내용 無), 노딩(늙은 사람)' 등이 있다.

08 ④ 언어의 사회성을 고려한다고 하더라도 언중의 약속과 규범화로 이루어진 언어 사용은 반드시 지켜야 한다. 언어 사용의 제일 첫 번째 원칙은 원활한 의사소통에 있기 때문이다. 소수의 집단이나 계층들만이 공유하고 소통하는 언어는 공용어도 표준어도 아니다.

09 ③ 일반적으로 한자어와 한자어의 결합에서는 사잇소리를 받치어 적지 아니한다. 즉, '개수, 초점'으로 써야 한다. **예** 외과, 치과, 대구법 다만, 두 음절의 한자어인 경우 예외적으로 다음 단어의 경우에만 사잇소리를 받치어 적는다. **예** 곳간(庫間), 셋방(貰房), 숫자(數字), 찻간(車間), 툇간(退間), 횟수(回數)

10 ③ 주로 일상적인 말로 당시 세태를 풍자하고 있으며(ㄹ), 주로 3음보의 율격을 가지고 불리어지는 선후창가 방식이다(ㅂ). ㄱ, ㄴ, ㄷ, ㅁ 노래들은 구전 민요로, 정확한 창작 연대를 알 수 없다. 1연은 민씨 외척의 세도 정치, 2연은 별기군 창설로 1870년대 상황이고, 3연은 전차 개통으로 1898년 이후 상황이며, 4연은 일제 수탈로 1910년 이후 상황이다. 각기 다른 시대 상황이 한 노래에 담겨 있다.

11 ⑤ 이 광고 지문에는 단모음화되기 전의 이중 모음이 존재하지 않는

다. 어두 자음군은 'ᄡᅩ'에서 확인할 수 있다. 그리고 'ㆍ'(아래 아) 음가는 임진왜란 이후에 소멸되었으나 표기만은 1933년까지 이어진다. 띄어쓰기가 현대 국어와 다른 이유는 당시의 띄어쓰기는 의미상 띄어쓰기이기 때문이다. 끊어 적기는 '각국 시계와', '이번에' 등에서 확인할 수 있다.

12 ④ 백 데이터 → 참고 자료, 단도리 → 채비, 단속

13 ② 친교적 기능이란 청자와 화자 사이에 친밀감을 형성하는 기능을 이른다. 즉, 언어의 사회성이 중요하게 다루어지지 않는 경우이다. 그저 안부를 묻거나 칭찬과 기원의 말을 해서 교감을 하는 기능이다.
① 지시적 기능: 사물이나 개념 등을 가리키는 기능
  ※정보적 기능: 정보를 전달하거나 보존하는 기능
③ 정서적 기능: 사람의 감정을 드러내는 기능
④ 명령적 기능: 듣는 사람에게 어떤 행동을 하도록 만드는 기능
  ※표출적 기능: 표현 의도와는 상관없이 본능적으로 놀람을 나타내는 기능
⑤ 미화적 기능: 시적 기능, 즉 듣기 좋고 쉽게 말하기 위한 기능

14 ④ 정지용은 서슬 시퍼렇던 일제 강점기, 문인들을 향한 일제의 혹독한 탄압의 시기에도 결코 시인은 붓을 꺾지 않은 지사였다. 특히 1935년 발표한 '향수'는 모국어를 한껏 격상시킨 눈부시게 아름다운 수작(秀作)이다. 또한 시인이 청록파를 탄생시킨 것은 우리 문학의 최대의 결실이라고 해도 과언이 아니다.

15 ② 원제(原題)는 〈분류두공부시언해(分類杜工部詩諺解)〉이다. 활자본으로 전 25권으로 간행되었고, 훈민정음과 우리말 연구의 귀중한 자료이다. 이 시들은 전쟁이 일어난 암울했던 시대를 배경으로 고도의 상징과 비유를 구사하여 사회의 해악을 적절히 풍자한 것으로 한시의 전범(典範)이 될 만한 작품들이다.

16 ③ 첨두시(尖頭時): 가장 붐빌 때

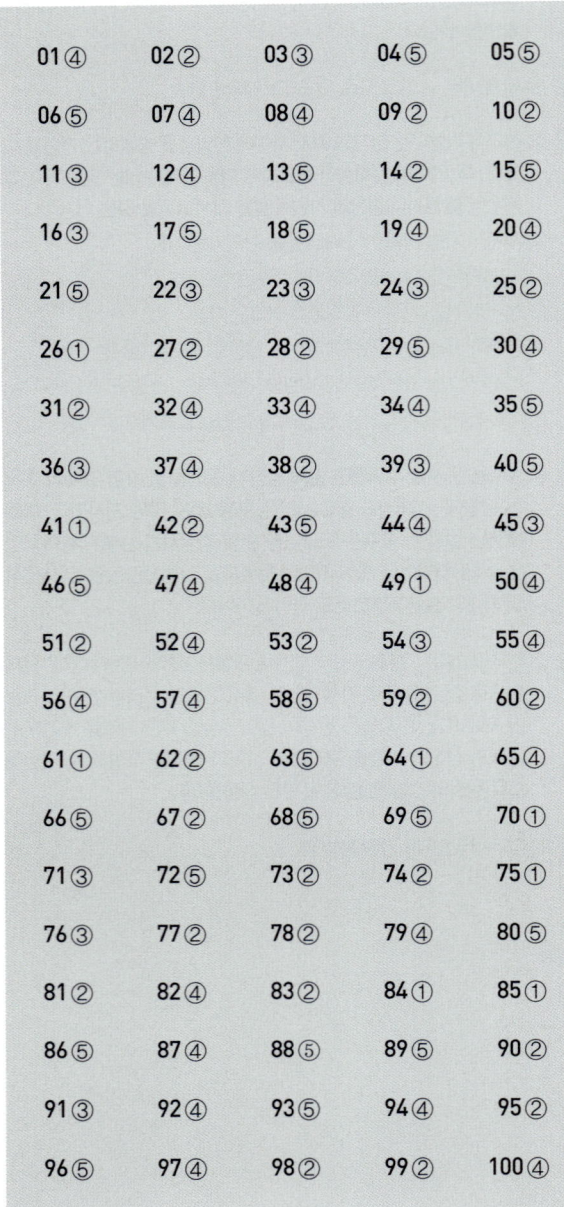

듣기·말하기(1~15)

01 먼저 그림에 관한 설명을 들려 드립니다.

> 먼저 쟁기입니다. 쟁기는 뒤지개[掘棒]에서 비롯되어 따비를 거쳐 완성된 연장입니다. 쟁기의 가장 중요한 부분은 보습으로, 철제가 나오기 전에는 나무를 깎거나 돌을 갈아서 썼습니다. 쟁기는 호리라 하여 흔히 한 마리의 소가 끌지만, 거친 땅에서는 두 마리를 나란히 세우는데 이를 겨리라 부릅니다. 다음으로는 써레가 있습니다. 써레는 흙덩이를 잘게 만들고, 작물 잔여물을 부수며, 잡초의 뿌리를 뽑고, 파종한 씨 위에 흙을 덮는 데 사용합니다. 이것은 긴 토막나무에 둥글고 끝이 뾰족한 이 6~10개를 빗살처럼 나란히 박고, 위에는 손잡이를 가로 대고, 토막나무에 대각을 이루도록 긴 나무를 박고 여기에 봇줄을 매어 소의 멍에에 잡아맨 형태입니다. 몸체는 보통 소나무로 만들며 써렛발은 참나무나 박달나무같이 단단한 나무를 깎아 쓰지만, 한두 해가 지나면 갈아 대어야 합니다. 다음으로는 따비가 있습니다. 따비는 중국에서 농업을 창시한 신농씨가 만들었다는 속설이 있듯이 매우 원시적인 농기구입니다. 따비는 본래 농경이 발생하기 전, 수렵 채집 때 쓰이던 굴봉(掘棒)에서 비롯되었으며 그 뒤 쟁기·극젱이 등으로 발달했습니다. 현재도 따비를 쓰는 곳이 간혹 있으나 쟁기에 비해 훨씬 힘이 들기 때문에 거의 사라졌습니다. 그러나 돌이 많고 협소한 산간 지역에서는 여전히 따비의 분화된 모습인 극젱이를 쓰는 곳이 많습니다. 다음 설명드릴 농기구는 도리깨입니다. 모양은 기름한 작대기나 대나무 끝에 턱이 진 꼭지를 가로 박아 돌아가도록 하고, 그 꼭지 끝에 길이가 1m쯤 되는 휘추리 서너 개를 나란히 잡아맨 형태이며, 자루를 공중에서 흔들면 이 나뭇가지들이 돌아갑니다. 휘추리로는 닥나무, 물푸레나무와 같이 단단한 나뭇가지를 쓰는데, 대가 많이 자라는 남부지방에서는 손잡이나 휘추리를 모두 대나무로 만들기도 합니다.

④ 홀태는 언급이 없다. 홀태는 '벼훑이'의 전라도 사투리이다. 벼훑이란 벼의 이삭을 훑어내는 농기구이다. 두 개의 나뭇가지나 수숫대 따위의 한 끝을 동여매어 집게처럼 만들거나 여러 개의 날을 세워서 만든 후 그 틈에 벼 이삭을 넣고 벼의 알을 훑는다.

① 따비 ② 써레 ③ 도리깨 ⑤ 쟁기

02 이번에는 대담을 들려 드립니다.

> **사회자:** 수준별 수업 도입의 취지는 고교 평준화 정책의 기본 틀을 해치지 않는 범위 내에서 하향평준화라는 비판을 피하기 위한 고육책이라는 비판이 있는데요. 오늘은 이 문제에 대해 전문가 선생님 두 분을 모시고 말씀 듣도록 하겠습니다.
> **최 선생(남자1):** 이전에도 일부 학교에서 수준별 수업을 실시하였습니다. 이를 교육 당국이 충분한 사전 준비도 없이 전면 실시로 정책을 밀어붙인 것이지요.
> **사회자:** 그렇다면 수준별 수업이 근본적으로 문제가 있다는 뜻입니까?
> **최 선생(남자1):** 아닙니다. 학생 개개인의 수준에 맞추어 수업을 한다는 것은 오히려 아주 이상적인 교육적 발상이지요.

정 선생(남자2): 그렇지만 이 수업이 제대로 이루어지기 위해서는 전제 조건이 있습니다. 학급당 인원수가 적어야 하고 교사와 교실이 더 많이 확보되어야 합니다.

최 선생(남자1): 네, 맞습니다. 수준별 수업을 할 수 있는 여건을 먼저 마련한 후 점진적으로 실시하는 것이 필요하지요. 그리고 이 수업이 기대만큼 학업성취도 향상으로 바로 이어지는 것이 아니라는 사실을 주지하고 있어야 합니다.

사회자: 수준별 수업이 기대만큼 학업 성취도 향상으로 이어지지 않는 이유는 무엇인가요?

정 선생(남자2): 일단 수준별 수업이 우열반처럼 운영되고 있기 때문입니다. 말로는 수준별 수업이 우열반이 아니라고 하지만, 공부를 못하는 학생 입장에서 보면 우열반과 크게 다를 바가 없습니다.

최 선생(남자1): 교사 입장에서 또 다른 이유도 들 수 있습니다. 학생들의 다양한 학습 수준 중 어디에 기준을 두고 수업을 준비하고, 해야 할지 매번 난감할 수밖에 없습니다. 지금보다 더 수준을 세분해서 운영하려면 그에 따른 막대한 예산을 감당해야 하는 것 역시 문제입니다.

정 선생(남자2): 학생 평가 문제도 풀어야 할 숙제입니다. 가르치는 내용과 평가 내용이 다르다면 원활한 교육 활동이 이루어지지 않습니다. 지금의 상대 평가 체제에서 수준별 평가 체재가 도입된다면 대학에서도 그 결과를 있는 그대로 받아들이기 힘들 것입니다. 대학 입장에서 볼 때 상반의 꼴찌와 중반의 1등 학생 중 누구를 선발하겠습니까?

② 교육적으로 좋은 제도이기는 하나 예산의 부족, 사전 준비 부족 등으로 운영상에 문제점이 발견되고 있는 것이다. 특히 마지막 세 단락은 모두 제도 운영상의 문제를 지적하고 있다.

03 다음은 방송 프로그램의 일부를 들려 드립니다.

사회자(남자): 최근 우리 사회의 학교 폭력이 위험 수위를 넘어 심각한 사회 문제로 대두되고 있습니다. 오늘은 정 박사님을 모시고 학교 폭력에 대하여 말씀 듣도록 하겠습니다. 박사님, 안녕하십니까? 지금의 심각한 학교 폭력에 대하여 한 말씀 부탁드립니다.

정 박사(여자): 대체로 청소년기는 다른 어떤 연령 단계보다도 위험 행동에 더 많이 가담합니다. 이는 청소년기의 보편적이며 정상적인 발달의 특성이기도 합니다. 하지만 최근 청소년들의 학교 폭력은 단순히 이 시기에 있을 수 있는 모험적, 반항적 행동이 아니라, 의도적이고 극단적인 형태로 나타나고 있습니다. 사실 청소년들이 학교 안이나 주변에서 친구들 간에 싸움을 하거나, 학교 주변의 불량배들이 학생들을 괴롭히는 것은 옛날에도 있었던 현상입니다. 그러나 최근 학교 내외에서 발생하는 폭력은 연령대도 점점 낮아지고 있고, 동시에 점점 더 극단적이며 난폭해지고 있어, 학교 폭력은 이제 우리 사회가 당면한 가장 위급한 사회 문제가 되었습니다.

사회자(남자): 주로 어떤 유형의 폭력들이 나타나고 있나요?

정 박사(여자): 우선 심한 욕설과 협박 등의 언어폭력이 대표적입니다. 여기에 집단 따돌림은 물론, 신체적 폭력인 주먹으로 때리기, 발로 차기, 꼬집기 등이 있겠지요. 이 외에도 금품 갈취, 심지어 성폭력까지 사태의 수위가 날로 심각해지고 있습니다.

사회자(남자): 박사님, 그럼 이러한 학교 폭력이 발생하는 이유는 무엇입니까?

정 박사(여자): 입시 위주의 경쟁적 교육 환경과 행정 위주의 학교 관

행, 여기에 더하여 교사들의 인식 부족 등을 원인으로 지적하고 싶습니다. 그리고 가정 교육의 부재도 한몫한다고 생각합니다.

사회자: 그럼 이러한 학교 폭력을 예방하거나 문제를 해결하기 위해서 우리 사회는 어떤 노력을 해야 할까요?

③ 정 박사는 학교 폭력의 원인으로 입시 위주의 경쟁적 교육 환경과 행정 위주의 학교 관행, 교사들의 인식 부족, 가정 교육의 부재를 들고 있다. 이 원인을 해결하는 방안으로 정답을 고르는 것이 적절하다. ①, ②, ④는 경쟁적 교육 환경을 개선하는 방안과 연계할 수 있고, ⑤은 교사의 인식 부족과 연계하여 의견으로 제시할 수 있다. ③은 현재 내용과 큰 관련이 없다.

04 이번에는 수업의 일부를 들려드립니다.

보영(여자): 선생님, 합성어와 파생어를 어떻게 구별하나요?

선생님(남자): 합성어란 실질 형태소와 실질 형태소가 결합된 경우, 즉 쉽게 말해서 단어와 단어가 결합된 단어를 합성어라 한단다. 합성어는 분리를 했을 때 본래 단어의 의미로 회복이 가능하지. 예를 들면 '김밥'을 분리하면 '김'과 '밥'이 각각 본래의 의미를 회복하고 있잖아. 그래서 합성어란다. 이에 비해 파생어는 단어의 어근에 접사가 결합된 경우이지. 즉, 어근의 앞이나 뒤에 파생 접사가 붙어 만들어진 단어로 '접두 파생어'와 '접미 파생어'로 나눌 수 있다. 접요사가 존재하나 한국어에서는 접요사로 파생되는 경우는 거의 없단다. 파생어는 어근과 접사가 결합된 경우로 어근과 접사를 분리시켰을 때 본래의 어근은 그 의미를 회복하지만 접사는 독립적 의미로서 기능을 가지지 못할 수도 있지. 이것이 합성어와 가장 큰 차이점이야.

보영: 그럼 합성어의 종류에는 어떤 것들이 있나요?

선생님: 통사적 합성법과 비통사적 합성법으로 나눌 수 있지. 통사적 합성법은 우리말의 일반적인 단어 배열법과 일치하는 합성법으로 현대 국어에서 새로운 단어를 만들어 내는 가장 생산적인 조어법(造語法)이란다. 여기서 중요한 사실은 두 단어의 결합 과정에서 어미는 생략되지 않고 조사만 생략된다는 사실이야. 예를 들면 '본받다'의 경우 '본을 받다'에서 조사만 생략된 경우이지. 합성어의 종류를 의미 관계에 따라 나눌 수도 있단다. 그중 대등 합성어는 어근과 어근이 대등한 관계를 가지는 합성어이지. 예를 들면 돌다리, 여닫다, 뛰놀다 등이 여기에 해당하지. 반면 종속 합성어는 앞 어근이 뒤 어근을 수식하는 형태를 띠는 합성어로 덮밥, 손수건, 강바람 등이 그 예란다. 마지막으로 융합 합성어는 어근과 어근이 결합할 때 원래의 의미를 잃어버리고 새로운 의미가 생성되어 사용되는 경우인데, 예를 들어 '춘추(春秋)'의 경우 봄, 가을이라는 단어가 합쳐졌지만 전혀 새로운 의미인, 어르신들의 나이를 높여 이르는 말이 되었지. 그럼 '그분은 밤낮없이 일만 한다.'고 할 때 이 '밤낮'은 어떤 종류의 합성어일까?

⑤ '뛰넘다'는 '뛰어넘다', '오가다'는 '오고 가다'에서 각각 어미가 생략되었다. 우리말 어순과 일치하는 통사적 합성법은 어미가 생략되지 않고 조사만 생략되므로 '뛰넘다', '오가다'는 비통사적 합성어이다.

선생님(여자): 이이번 시간에는 '부정부패를 묵인하지 말자.'라는 내용으로 수업을 진행해 보려고 해요. 최근 매스컴에 오르내리고 있는 '원전 비리'가 부정부패의 전형적인 예예요. 원전을 건설하고 이를 유지하는 데는 천문학적인 돈이 들어가는데 그 일을 맡은 담당자들이 검사 성적표를 위조하고 불량 부품을 쓰고, 그 돈을 몰래 자기 주머니에 넣었어요. 원자력 발전소는 한번 사고라도 나게 되면 엄청난 재앙을 가져오기 때문에 이는 어떤 범죄보다 더 심각한 범죄예요. 부정부패로 돈을 삼킨 당사자들이야 호의호식하고 살겠지만, 잘 생각해 보세요. 그 돈 모두 여러분 부모님이 낸 세금이에요. 하나의 사건을 더 들어 볼까요. '방산 비리 사건'도 부정부패의 전형입니다. 국가의 안위를 책임질 무기 구입에 쓸 자금을 몇몇 힘깨나 쓰는 사람들이 나누어 가진 것이죠. 한마디로 고양이에게 생선을 맡긴 격이라고나 할까요.

학생(남자): 선생님, 부정부패가 정확히 무슨 뜻인가요?

선생님(여자): 부정부패란 해당 구성원이 권한을 부당하게 행사하여 사회 질서에 어긋나는 행위로 자신의 이익을 취하는 것을 말합니다. 부패의 종류도 다양한데 그중 매스컴에 자주 오르내리는 정치 부패, 기업 부패, 지방 정부 부패, 심지어 경찰 부패까지 그 종류도 다양하고 수법도 가지가지예요.

학생(남자): 그럼 부정부패가 발생하는 원인은 대체로 무엇인가요?

선생님(여자): 네, 그 원인도 매우 다양해요. 우선, 우리만의 혈연주의도 그렇고, 무조건 하면 된다는 목표 지상주의도 한몫을 하고 있습니다. 또 행정에서의 지나친 규제도 요인 중의 하나로 꼽을 수 있어요. 지나치게 법을 만들어 묶어 놓으니 그것을 비정상적으로 풀기 위해 뇌물과 청탁이 필요한 것이죠. .

학생(남자): 선생님, 그러면 이 부정부패를 어떻게 하면 뿌리 뽑을 수 있을까요?

⑤ 이어질 내용은 부정부패 척결 대책으로 적합한 내용을 고르면 된다. 선생님은 부정부패의 원인으로 혈연주의, 목표 지상주의, 지나친 규제, 노물과 청탁을 통해 공무원들의 공복의식 결여를 꼽고 있다. ①, ②, ③, ④는 이러한 원인들을 제거하는 방안들이나, ⑤은 앞서 제시된 원인과 직접적으로 연계되지 않는다.

사회자(여자): 오늘은 최근 우리 사회에 서서히 일고 있는 쿼터리즘 현상에 대하여 전문가를 모시고 말씀 나누어 보겠습니다. 쿼터리즘이라는 말이 다소 생소한 청취자 분들도 계실 텐데요. 박사님, 쿼터리즘을 한마디로 정의하면 무엇일까요?

김 박사(남자): 네, 원래 영어 쿼터는 아시다시피 4분의 1을 뜻합니다. 쿼터리즘은 여기서 유래된 말로, 절제심과 인내심을 잃어버린 요즘 청소년들의 행동이나 사고방식을 일컫는 말입니다. 이는 순간적인 적응 능력만을 요구하는 현 세태를 반영한 것으로, 관심 사항이 금방 바뀌는 경우를 의미하기도 합니다. 그렇지만 쿼터리즘은 감각적이고 재치와 순발력이 요구되는 아이디어 분야에서는 유용성을 발휘하기도 합니다.

사회자(여자): 우리 일상에서는 어떤 면으로 나타나는지요?

김 박사(남자): 요즘 젊은 세대들을 보면 최신 전자 기기들을 아주 능숙하게 사용합니다. 얼리어 답터라고도 하지요. 이들이 바로 쿼터족입니다. 즉, 디지털 기기를 다루는 20~30대 젊은이들의 사고나 행동의 빠르기가 기성세대의 4분의 1밖에 걸리지 않는다는 것에서 나온 사회학적 용어입니다.

사회자(여자): 아~ 그럼 쿼터족의 의미가 긍정적인 측면도 다분히 있는 것인가요?

김 박사(남자): 부분적으로는 그렇습니다. 그러나 쿼터족들은 논리적 사고가 결핍되어 있고 그로 인해 문제 해결 능력을 상실한 측면이 있습니다. 또 인내심이 몹시 부족하기도 하고요.

사회자(여자): 그럼 이러한 젊은이들의 사회적 행동들은 사회 문화적으로 어디에서 기인한 것일까요?

김 박사(남자): 이러한 문화 사조는 어느 한 순간에 이루어진 것이 아니라 개인 간 경쟁이 점점 더 심해져 가는 세태에 적응하기 위한 인간의 몸부림이자, 인체 시계의 적응인 듯싶습니다. 이에 더해 대중 매체가 참을성을 저하시키고, 신중한 사고를 못하게 하는 촉매제 역할을 했습니다. 여기에 사람들이 점점 길들여진 측면이 있겠지요. 문제는 이러한 쿼터리즘 현상이 하나의 정형화된 습관을 형성하면서 긍정적인 면보다는 부정적인 면이 더 많이 보인다는 데 있습니다.

사회자(여자): 그럼 이러한 쿼터리즘 현상을 바로잡기 위해서 우리 사회는 어떻게 대처해야 할까요?

06 ⑤ 쿼터리즘은 우리말로 바꾸면 찰나적 감각주의라고 표현할 수 있다. 인내심의 결여와 아주 짧은 집중 능력, 이 모두는 사고를 통한 심오한 논리성보다는 감각적이고 다분히 즉흥적인 일상에 길들여져 나타난 문화적 결과이다. 김 박사 또한 논리적 사고 결핍, 문제 해결 능력 상실, 인내심 부족 등을 우려하고 있다. 그 대안으로 적절한 키워드는 '사색'이다. ③의 경우 사고, 판단력 결핍은 맞지만, 정보의 결핍이 쿼터리즘과 맞지 않아 답이 될 수 없다.

07 ④ 쿼터리즘이 지닌 긍정적 측면과 부정적 측면을 동시에 고찰하고 있다.

[8~9] 다음은 강연의 일부를 들려 드립니다. 잘 듣고 물음에 답하시오.

오로라(aurora)는 라틴어로 '새벽'이라고 합니다. 일명 극광이라고도 하고, 북반구에서는 노던 라이트라고 부르기도 합니다. 동양에서는 적기라고 합니다. 그렇다면 오로라는 어떻게 탄생하는 것일까요? 오로라는 태양으로 날아오는 대전 입자가 지구 자기장과 상호 작용하여 극지방 상층 대기에서 일어나는 대규모 방전 현상입니다. 오로라는 태양에서 날아온, 전하를 띤 입자가 지구 대기에 있는 입자들과 충돌하면서 일어나는 현상입니다. 하전 입자는 자기장에 민감하게 반응합니다. 지구 자기장과 만난 하전 입자는 남극과 북극으로 흘러들어 갑니다. 이 입자는 강력한 에너지를 갖고 있죠. 우주 공간에서는 에너지를 잃지 않고 고스란히 가지고 있다가 지구의 대기권에 들어온 순간부터 산소, 질소 분자와 충돌하며 지상으로 내려갑니다. 이때 잃어버리는 에너지가 오로라로 나오는 것입니다. 지상 90km쯤에선 에너지를 모두 잃게 됩니다. 이곳이 정확하게 오로라의 끝단입니다. 오로라는 지상에서 90~250km 상공에 거대한 커튼처럼 펼쳐지기 때문에 오로라 커튼이라고도 부릅니다. 가장 아래쪽이 색이 강하고 위로 올라갈수록 흐릿해 보이지만 실제로 커튼의 아래와 위쪽은 밝기 차이가 거의 없습니다. 그렇다면 어디에서 오로라를 볼 수 있을까요? 오로라는 북극권에 집중적으로 나타납니다. 물론 남쪽, 남극권에서도 오로라가 발생합니다. 단지 오로라를 관측할 수 있는 곳에 일반 사람이 가기 어려울 뿐이죠. 지구의 자전축이 기울어져 있기 때문에 여름의 북극은 하루 종일 낮이 계속됩니다. 이 현상을 백야라 하죠. 물론 낮에도 오로라는 발생합니다. 북극과 남극 상공에서는 1년 내내 오로라가 일어납니다. 다만 낮에는 햇빛이 강해 보이지 않을 뿐이죠. 그럼 사람들을 이렇게 애타게 만드는 오로라의 정체는 무엇일까요? 로마 신화에서는 새벽의 여신이 태양이 솟도록 하늘의 문을 여는 과정이라고 하며, 아리스토텔레스는 하늘에 생긴 틈으로 빛을 내는 공기가 빠져나오는 것이라고 주장했습니다. 오로라를 자주 목격한 알래스카의 에스키모 족은 오로라를 불길한 징조로 여겨 외출할 때 무기를 가지고 나갔다고 합니다. 흥미롭게도 우리나라에서도 오로라 기록이 있습니다. '삼국사기'나 '삼국유사', '고려사' 등에 기록돼 있습니다. 확률적으로 우리나라 같은 중위도에서도 1년에 하루 정도로 오로라가 나타날 가능성은 있습니다. 오로라를 관측하기에 가장 좋은 시기는 태양 흑점 활동이 활발한 시기입니다. 우리가 쉽게 갈 수 없는 지구 저 끝에서는 지금 이 순간에도 신비로운 자연 현상이 펼쳐지고 있습니다.

08 ④ 이 강연의 강연자는 우리에게는 다소 낯설고 생소한 자연 현상인 오로라를 설명함에 있어 청자의 관심과 주의를 유도하기 위해 질문을 통한 말하기 방식을 취하고 있다. '오로라는 어떻게 탄생하는 것일까요', '어디에서 오로라를 볼 수 있을까요', '오로라의 정체는 무엇일까요' 등의 질문을 통해 청중들에게 주의를 집중시키고 있다.

09 ② 오로라는 북극권에서 집중되는 현상이지만 남극권에서도 나타나는 현상이며, 단지 오로라를 관측할 수 있는 곳에 일반 사람이 가기 어려울 뿐이라는 설명이 나온다.

[10~11] 이번에는 라디오 대담을 들려 드립니다.

아나운서(여자): 이번 시간에는 그림에 상당한 식견을 가진 사람들조차도 어려워한다는 추상화에 대하여 알아보는 시간을 갖도록 하겠습니다. 그래서 오늘은 장형수 화백님을 모시고 추상화에 관하여 말씀 들어보도록 하겠습니다. 안녕하세요, 선생님.

장 화백(남자): 안녕하세요.

아나운서(여자): 선생님, 왜 우리들이 추상화를 어려워할까요?

정 화백(남자): 구상화에 비해 추상화는 우리가 인식할 수 있는 구체적 대상이 없으므로 어렵게 다가오지요. 또 구상화를 대하듯 추상화를 대하려는 것에도 문제가 있을 수 있습니다.

아나운서(여자): 그럼 추상화를 재밌고, 제대로 감상하기 위해서는 어떻게 해야 할까요?

정 화백(남자): 먼저 추상화에 대한 미술사적 지식이 필요합니다. 추상화를 최초로 시도한 화가는 칸딘스키입니다. 그가 처음 시도한 추상화는 지극히 우연의 산물이었습니다. 그는 어느 날 자신의 화실에서 눈부시게 아름다운 그림 한 점을 발견하고 감탄합니다. 그런데 실은 그것은 얼마 전에 그린 자신의 그림을 옆으로 잘못 놓아둔 것이었습니다. 그것이 착각임을 알게 된 후, 그는 더 이상 자신의 그림이 아름다워 보이지 않았습니다. 그리고 그는 그림 속의 대상이 오히려 색과 형태로만 존재해야 하는 작품에 방해 요소가 된다는 사실을 알게 됩니다. 이 때문에 그가 그린 최초의 추상화에는 구상 대상은 없고 여기저기 색과 선들이 제멋대로 흩어져 있게 된 것입니다. 사람들은 대체로 무엇을 그렸는지에 관심을 둡니다. 그리고 쉽게 알아볼 수 있어야 안심을 합니다. 그렇게 함으로써 자신이 그림을 안다고 생각합니다. 그러나 그것은 그림을 아는 게 아니라 그 그림의 소재가 무엇인지 아는 것에 불과합니다. 아주 친근한 일상의 예를 한번 들어 볼까요. 여러분들은 백화점에서 넥타이를 고를 때 어떻게 합니까? 옷이나 넥타이의 무늬는 구상이 아닌 추상의 경우가 훨씬 더 많습니다. 우리는 그 무늬나 색감을 보고 '아름답다'와 '아름답지 않다', '마음에 든다'와 '그렇지 않다'로 구분합니다. 추상화도 이와 같습니다. 바로 이러한 감상법이 추상화를 이해하고자 하는 시도입니다. 그 다음 더 많은 작품을 통하여 감상하고, 공부하면 됩니다. 추상화 작품 해석과 평가는 온전히 감상자의 몫입니다. 결국 해석이 중요하지 이해가 중요한 것이 아니라는 뜻입니다.

10 ② 작품을 지나치게 구상으로만 표현하려는 것에서 탈피하려는 시도가 바로 추상화의 시작이라고 말하고 있다.

11 ③ 추상화는 무엇을 그렸는지 알아보고 이해하는 것이 아니라 '아름답다'와 '아름답지 않다', '마음에 든다'와 '그렇지 않다'와 같은 감상자의 해석과 평가가 중요하다고 언급하고 있다. 이를 달리 말하면 눈이 아닌 마음으로 읽기이다.

> **학생(남자)**: 선생님 최근 '한중 FTA'가 타결되었다고 하는데, 구체적으로 어떤 내용인지 궁금해요.
>
> **선생님(여자)**: 응, 먼저 이 협상은 2012년 5월 협상이 개시되어 2년 6개월 동안 협상이 진행되다가 최근 그 결실을 보게 된 것이란다. 이 협상의 주요 현안은 상품, 서비스, 투자, 금융, 통신 등 22개 분야에 걸쳐 광범위하게 이루어진 것이지.
>
> **학생(남자)**: 아! 규모가 큰 협상이었군요. 그럼 실질적으로 우리나라에는 어떤 면이 유리한가요?
>
> **선생님(여자)**: 우선 우리에게 유리한 분야와 불리한 분야로 나누어 보기에 앞서 양허 제외 품목을 알아보아야 겠구나. 양허 제외 품목이란 각국에게 아주 민감한 분야로 차후에도 협상의 대상에서 제외되는 품목이란다. 우리는 주로 쌀, 고추, 마늘, 양파, 쇠고기 등이고 중국은 주로 자동차 관련 산업, 석유 화학, LCD 패널 등이 이에 해당하지. 그럼 우리에게 유리한 분야를 먼저 알아볼까? 먼저 식품과 패션 분야가 아주 큰 수혜를 보게 될 거야. 최근 한류 열풍을 탄 식품류, 즉 김치나 장류 분야라고 봐야지. 반면 우리에게 불리한 분야는 소형 가전 등의 공산품 분야란다. 중국산의 저가 공세뿐만 아니라 이 분야의 중국산 업의 빠른 성장세로 인해 향후 불리한 상황에 놓이게 될 거라고 전문가들은 예상하고 있지. 가장 문제가 되었던 농수산 분야는 제외 품목으로 분류되어 관세 방어에는 성공했으나, 여전히 시장 개방의 압박에서는 벗어날 수 없게 된 상황이라 안심할 수 있는 처지가 아니지. 더 큰 문제는 보이지 않는 손이 있지. 바로 전자 상거래 업종의 개방이야. 이 분야는 중국이 우리보다 열 배 더 큰 시장을 형성하고 있어서 개방이 진행되면 우리에게 불리할 가능성이 아주 높아.
>
> **학생(남자)**: 그럼 이 협상이 잘못된 것인가요?
>
> **선생님(여자)**: 꼭 그렇게만 생각할 건 아니란다. 우리 기업의 입장에서 보면 최대 소비국인 중국이 무한한 기회의 장이 될 수도 있지. 예를 들어 기술력이 앞선 우리 기업이 중국 시장에 진출하여 중국 시장을 무한히 넓힐 수도 있고, 한류 열풍을 몰아서 우리의 문화 산업을 통한 엄청난 부가 가치를 창출할 수도 있지. 하지만 밝음이 있으면 어둠도 함께 하는 법. 빠르게 성장하는 중국의 힘에 되레 우리 시장이 중국에 잠식당하는 상황이 전개될 수도 있단다.
>
> **학생(남자)**: 그럼 한중 FTA와 미국이나 EU FTA 협상 내용의 차이점은 무엇인가요?
>
> **선생님(여자)**: 우선 관세 제외 대상이 너무 많아 실질적 만족감이 낮다는 것을 꼽을 수 있지. 또 시장 규모가 크다는 장점도 있지만 시장 잠식을 당할 우려도 그만큼 높아서 독과 약을 동시에 지니고 있다고 볼 수 있지.

12 ④ 이 대화는 한중 FTA로 인해 수혜를 누리게 될 산업과 반대로 불리한 상황에 직면하게 될 산업을 소개한 후 협상의 장단점을 차례대로 설명하고 있다. 따라서 이 협상은 우리에게는 양날의 칼로 다가오고 있는 것이다. 중국은 무한한 기회의 땅이지만 동시에 가장 무서운 경쟁 상대라고 말하고 있다.

13 ⑤ 중국은 이미 우리나라의 교역 대상 국가로 볼 때 1순위이다. 이런 중국을 대수롭지 않게 여긴다는 것은 어불성설이며 또 중국의 자본력과 기술이 어느새 우리 뒤를 바로 추격해 오고 있으므로 긴장의 끈을 놓아서는 안 된다고 역설하고 있다.

> **사회자**: 지난해 9월 시한부 뇌종양 환자인 아버지를 목 졸라 숨지게 한 사건을 기억하십니까? 가족회의를 거쳐 상의한 끝에 아들은 시한부 판정을 받고 괴로워하던 아버지를 목 졸라 살해하고 자연사한 것처럼 위장해 장례까지 치렀습니다. 하지만 죄책감에 시달린 아들이 술에 취해 아버지를 살해한 사실의 문자 메시지를 작은누나에게 보내고 자살을 기도하다가 범행 일체가 경찰에 발각되었는데요. 이 사건은 안락사에 대한 사회적 논쟁을 불러일으키는 계기가 되었습니다. 오늘은 이 문제에 대하여 이야기 나누어 보도록 하겠습니다. 먼저 최 박사님의 말씀을 들어 보겠습니다.
>
> **최 박사(남자)**: 우선 참으로 안타까운 사실입니다. 인간에게 죽음의 문제는 스스로 선택할 수 있는 권리일까요? 또 누군가에게 자신의 죽음을 부탁한다면, 그래서 그것을 실행한 타인은 살인자가 되는 것일까요? 안락사에 관한 한 연구 결과에 따르면 우리나라 국민 69.3%가 의료진의 치료를 중단하는, 즉 안락사에 대하여 찬성하고 있습니다. 또한 환자 본인이 의식 불명의 상태에 놓였을 경우, 당사자가 사전에 치료 거부 의사를 밝혔다면 이를 존중해 주어야 하느냐의 질문에 대해 70.8%가 그렇다고 답하였습니다. 여기서 안락사의 가장 큰 쟁점은 인위적으로 가해질 인간 생명의 존엄성 훼손 여부입니다. 현대 의학의 입장에서 보면 단순한 생명의 연장은 오히려 인간의 존엄성을 파괴하고 그 가족들의 정신적, 경제적 고통만을 가중시킨다고 보고 있습니다. 또 환자 스스로가 인간답게 생을 마감할 권리를 인위적으로 박탈시키는 것으로 보기도 합니다. 물론 적극적 안락사의 경우, 무조건적인 안락사는 받아들여서는 안 됩니다. 그러나 현대 의학으로 치료가 불가능한 경우, 죽음에 임박한 환자의 고통이 극심한 경우라면 환자의 고통을 덜어 주기 위한 차원의 소극적 안락사는 허용해야 할 것입니다.
>
> **정 박사(여자)**: 안락사 찬성 측이 갖는 가장 큰 오류가 바로 안락사가 유일한 대안인 것처럼 말하는 것입니다. 서구의 안락사법을 보면, 네덜란드가 2001년 세계 처음으로 안락사 합법화를 추진하고 이를 이듬해부터 시행했는데요. 이후 한 해 약 3000여 건의 안락사가 이루어지고 있다고 알려져 있습니다. 그러나 이 시점에서 냉정하게 한번 되돌아 볼 필요가 있습니다. 만약 환자가 의식이 있다면, 그 상황에서 안락사가 시행된다면 이는 환자의 생명을 강제로 빼앗고 짓밟는 행위일 수 있습니다. 진정 환자의 복된 삶을 원한다면, 그가 단 1%라도 회복될 가능성이 있다면, 생명이 회복될 수 있도록 도와주어야 합니다. 왜냐하면 환자 본인이 스스로 안락사를 원한다 하더라도 엄격한 의미에서 보면 이는 환자의 자살을 방조하거나 동조하는 행위이기 때문입니다. 가족들의 심리적, 경제적 부담만을 부각시켜 안락사를 정당화할 수는 없습니다. 누구도 소중한 생명을 함부로 빼앗거나 죽음의 문제에 대하여 본인이 아닌 타인이 이를 대신할 수 없음을 다시 한번 말씀드리고자 합니다.

14 ② 두 사람은 모두 인간 생명의 존엄성을 존중해야 한다고 보고 있다. 다만 안락사를 옹호하는 최 박사는 단순한 생명 연장이 오히려 존엄성을 파괴한다고 보고 있으며, 이에 반대하는 정 박사는 안락사가 생명을 빼앗는 행위라고 보는 점이 다를 뿐이다.

15 ⑤ 보호자가 환자의 치료나 생명 연장의 선택에 깊숙이 개입하여 판단한다는 말은 결국 안락사를 환자 본인이 아닌 제3자가 결정하는 문제이다. 이 경우라면 보호자 입장에서 안락사를 옹호하거나 받아들일 수 있는 개연성이 있다. 안락사 옹호론에 대한 반론으로 적절하지 않다.

16 ③ 손방: 아주 할 줄 모르는 솜씨

17 ⑤ 함초롬히: 담뿍 젖어 있거나 어떤 기운이 차분하고 곱게 서려 있는 모양

18 ⑤ 남상: 큰 강물도 실상은 술잔을 띄울 정도의 작은 물에서 출발하였다는 뜻으로 모든 사물의 시발점을 이른다.

19 ④ 강다리: 장작을 세는 단위로 장작 100개비를 이른다.

20 ④ 날조(捏造): 사실이 아닌 것을 사실인 양 거짓으로 꾸민다는 뜻으로, 여기서는 문맥상 어떤 물건을 속일 목적으로 거짓으로 꾸며서 만든다는 의미의 '위조'라고 해야 한다.
  ① 발군(拔群): 기술이나 능력이 여럿 가운데 특히 빼어남
  ② 발명(發明): 죄나 잘못이 없음을 말하여 밝힘
  ③ 추선(秋扇): 가을의 부채란 뜻으로 쓸모없게 된 것을 가리킴
  ⑤ 갹출(醵出): 같은 목적을 가진 사람들끼리 각자가 얼마간의 돈이나 물건을 나누어 내는 것

21 ⑤ 엽기적: 기이하고 괴상한 일이나 사물에 호기심을 갖고 즐겨 쫓아다님

22 ③ 노파심 – 심심상인 – 후견인
  ※자괴심: 스스로를 부끄럽게 여기는 마음
  ※의구심: 의심하고 두려워하는 마음
  ※자굴심: 자신의 주장이나 의견 따위를 스스로 굽히는 마음
  ※의협심: 다른 사람의 어려운 마음을 스스로가 풀어 주려는 마음

23 ③ 세월만 낚는다: 뚜렷하게 하는 일 없이 시간만 보내고 있다는 뜻이다.

24 ③ 여기서 '이르다'는 어떤 행위를 하기에 아직은 시간상으로 때가 도래하지 않았다는 의미이다.
  ① 과거에서 지금에까지 미치다.
  ② 잘못을 말하여 알리다.
  ④ 말하거나 부르다.
  ⑤ 알아듣도록 말하다.

25 ② 손을 타다: 많은 사람들의 손길이 닿아 약해지거나 나빠지다.

26 ① 돈: 밑줄 친 재화는 돈과 값나가는 물건 등을 이른다.
  ※자원: 경제 생산에 이용되는 물적 자료 및 노동력과 기술 등을 이른다.

27 ② 원고(原稿): 인쇄하거나 발표하기 위해 쓴 글 – 퇴고(推敲): 완성된 글을 다시 다듬어 고치는 것 – 탈고(脫稿): 원고 쓰기를 끝냄

28 ② 가상(假想): 사실이나 실제 있는 것처럼 가정하여 생각함 – 嘉尚: 착하고 귀엽게 여기어 칭찬함
  ※嘉祥: 경사로운 일이나 징조
  ※假相: 헛된 현실 세계

29 ⑤ 교각살우(矯角殺牛): 소뿔을 고치려다 소를 죽인다는 뜻으로 사소한 잘못을 고치려다 큰 잘못을 저지르는 것 – 맥도 모르고 침통 흔든다: 사리나 내용도 모르고 무턱대고 덤빈다는 말

  ① 당랑거철: 사마귀가 수레를 보고 덤빈다는 뜻으로 무모한 행동을 이름
  ② 거익태산: 갈수록 태산. 점점 어려운 지경에 놓이게 됨
  ③ 동족방뇨: 언 발에 오줌 누기. 임시방편으로 일을 해결하려 함
  ④ 청출어람: 제자가 스승보다 뛰어남

30 ④ 치킨게임 → 끝장승부: 어느 한 쪽이 양보하지 않을 경우 양쪽이 모두 파국으로 치닫게 되는 극단적인 게임 이론을 이른다.

31 ② 맞추다 → 맞히다: '맞추다'는 '가지런히 하여 어긋남이 없게 하다'라는 의미이다. 예 발을 맞추다. 입을 맞추다. 여기서는 '옳은 답을 대다'라는 의미의 '맞히다'를 써야 한다.
  ① 이따가: 조금 지난 뒤에
  ※있다가: 어떤 동작이나 상태가 끝나고 다른 동작이나 상태로 옮겨진다.
  ③ 더욱이: '더우기'가 아니라 '더욱이'가 맞는 표현이다. '–하다'가 붙는 어근에 '–히'나 '–이'가 붙어서 부사가 되는 경우는 그 부사의 원형을 밝혀 적는다.
  ④ 며칠: 그 달의 몇째 되는 날. 어원적으로 '몇 월 몇 일'로 써야 하는 것처럼 인식하지만 이것은 오류이다. '몇 월 며칠'로 써야 한다.
  ⑤ 바람: '바라다'의 명사형은 '바람'이므로 바람이다. '바램'으로 표기하는 경우가 있으나 이는 명백한 오류이다. 예 나는 네가 착하게 자라기를 바라. 공부하기를 바란다.
  ※바램: 본래의 것에서 색깔을 잃어가다.

32 ④ 내노라는 → 내로라는: '나라고 내세울 만하다'라는 뜻으로 이해하면 된다. 즉, (나+이+로+라)로 원형 분석할 수 있다.
  ① 빌리다: 무엇에 의지하다
  ※빌다: 축복하다, 간절히 청하다, 용서를 바라다
  ② 가려고: 의도를 나타내는 어미의 경우 '–ㄹ려고'가 아니라 '–려고'로 표현해야 한다. 쓸데없이 'ㄹ'을 덧붙여 쓰지 않는다.
  ③ 끼어들다: 'ㅣ' 모음 역행 동화는 표기에 반영하지 않는다. '되었다', '하시오'로 표기하는 이유도 여기에 있다.
  ⑤ 백분율: 모음이나 'ㄴ' 받침 뒤에 이어지는 '렬과 률'은 '열과 율'로 적는다.

33 ④ 할려고 → 하려고: 의도를 나타내는 어미일 경우 '–려고'로 표현해야 한다.
  ※채: 동작의 일시 정지(의존 명사)
  ※채: '아직'의 뜻(부사)
  ※체: 거짓 행동(의존 명사) 예 본 체 만 체 하다.

> 우리 가족은 청평에서 열리는 '얼음 꽃송어 축제'에 참가하기 위해 여행을 떠났다. 경춘선 전철을 타고 청평 축제 현장에 도착해 송어 낚시를 <u>하려고</u> 입장료를 내고 행사장에 들어가니 넓은 축제장에는 수많은 사람들이 <u>빽빽이</u> 들어차서 얼음 구멍 송어 낚시에 열중하고 있었다. 송어보다 사람이 더 많은 것 같았다. 그날 온종일 우리 가족은 단 한 마리의 송어도 만나지 못했다. 화려했던 송어의 꿈은 얼음장 밑에 묻어 둔 <u>채</u> 돌아올 때는 온몸이 대관령 황태처럼 뻣뻣하게 굳어 있었다.

34 ④ 입학 한지도 → 입학한 지도: 입학한(동사의 관형사형) + 지(의존 명사) + 도(보조사). 따라서 동사의 관형사형 다음에 명사는 띄어 써야 한다.
  ⑤ 너도 할 수 있다: 너(명사) + 도(보조사) + 할(동사의 관형사형) + 수

35 ⑤ 콧배기 → 코빼기: 코를 비속하게 이르는 말
  ① 으스대다: '으시대다'로 잘못 표기하는 경우가 있는데, 이는 전설 모음화로 잘못 발음하여 발생한 오류이다. 참고로 전설 모음화는 앞 음절의 후설 모음 'ㅏ, ㅓ, ㅗ, ㅜ'가 뒤 음절에 전설 모음 'ㅣ'가 오면 이에 끌려서 전설 모음 'ㅐ, ㅔ, ㅚ, ㅟ'로 변하는 현상('ㅣ'모음 역행 동화)이다. 전설 모음화에 의해 변한 발음은 표준 발음으로 인정하지 않는다. 그러나 변하여 굳어진 것들은 표준어로 인정한 것도 있다. 예 서울내기, 시골내기, 풋내기, 냄비, 멋쟁이, 소금쟁이, 담쟁이, (불을) 댕기다.
  ② 쑥덕공론: 몇몇 사람들이 모여 자신의 드러내지 않고 의견을 내어 놓는 것
  ④ 몽우리: 아직 피지 않은 어린 꽃봉오리

36 ③ 고급지다: '고급지다'라는 표현은 사전에 없다. '품질이 뛰어나고 값이 비싼 듯하다'를 뜻하는 말은 '고급스럽다'이다. 물론 비표준어는 아니다. 왜냐하면 명사 다음에 '-지다'를 성질이나 모양을 뜻하는 단어로 만들 수 있다. 그래서 국립국어원에서는 2015년 이 단어를 신조어에 올렸다.
  ① 아따: 타인의 말이나 행동이 못마땅하거나 정도가 심하여 빈정거릴 때 내는 말
  ② 까지다: 지나치게 약아 되바라지다.
  ④ 삐대다: 오래 눌어붙어서 끈덕지게 굴다.
  ⑤ 씨부렁거리다: 쓸데없이 함부로 자꾸 지껄이다.

37 ④ '모름지기 ─해야 한다'로 표현된다.
  ① 바야흐로: '이제 한창' 또는 '이제 막'의 의미이다. 따라서 '─하려 한다'로 표현해야 한다.
  ② '─은 ─이라는 것이다'로 서술어가 사용되어야 한다. 따라서 '성실해야 한다는 것이다'로 표현해야 한다.
  ③ 과연: 알고 보니 정말로. 이미 들은 이야기나 알려진 내용이 사실로 확인될 때 쓰는 말이다. 따라서 부정의 서술어가 아닌 긍정적 서술어가 와야 한다. 즉, '과연 예쁘다'가 타당하다.
  ⑤ 시제의 오류이다. '충분히 검토했다'가 올바른 표현이다.

38 ②
  ① 아버지가 그린 그림, 아버지가 소유한 그림, 아버지를 그린 그림 등으로 해석이 가능하다. '내 동생의 그림' 역시 동일 선상에서 해석이 가능하다.
  ③ 다른 나라를 침략한 것인지, 다른 나라의 침략을 받은 것인지 모호하다.
  ④ '눈이 시리도록 바라보았다', '눈이 시리도록 푸르다' 등으로 해석할 수 있다.
  ⑤ 철수와 길동을 따로따로 배웅했는지, 두 명을 한꺼번에 같은 장소에서 배웅했는지 의미가 모호하다.

39 ③ 접미 파생이란 어근에 접미사가 붙어서 형성되는 것으로 '베개'의 경우 '베다(동사)'라는 동사의 어근에 기구를 뜻하는 접미사 '─개'가 첨가되어 '베개(명사)'가 된 경우이다. 나머지는 모두 '차─', '풋─', '맨─', '날─' 등 접두사가 결합하여 파생된 접두 파생어다. 접두사는 뜻을 한정하거나 수식하는 기능이 있다.

40 ⑤ '머리카락'이 옳은 표현이다. 참고로 제31항의 규정을 보면 두 말이 어울릴 적에 'ㅂ' 소리나 'ㅎ' 소리가 덧나는 것은 소리 나는 대로 적는다. 예 멥쌀(메ㅂ쌀) / 머리카락(머리ㅎ가락)으로 적는다. 즉, '머릿카락'으로 적지 않는다.

  ① 머릿기름: 순수어와 순수어의 합성일 때 뒷말의 첫소리가 된소리가 되는 경우
  ② 샛강: 순수어와 한자어의 결합에서 뒷말이 된소리가 되는 경우
  ③ 치과: 두 음절의 한자어에는 사이시옷을 표기하지 않는 경우
  ④ 뒷일: 뒷말의 첫소리 모음 앞에서 'ㄴㄴ' 소리가 덧나는 경우

41 ① ─던지 → ─든지: 지난 일을 회상해 막연한 의심, 추측, 가정을 나타낸다. 여기서는 '─던지(회상형)'가 아닌, '─든지(선택형)'를 사용해야 한다.
  ② 마치다: 끝내다. 마무리하다.
  ③ 안치다: 삶거나 찌거나 끓일 물건을 솥이나 시루에 넣다.
  ④ ─(으)러: 어떤 동작의 직접적인 목적을 나타내는 종속적 연결 어미
    ※ ─(으)려: 장차 그렇게 하려는 의도를 나타냄
  ⑤ 강수량(降水量): 비나 눈·우박 등으로 지상에 내린 물의 총량
    ※ 강우량(降雨量): 일정한 시간 동안 일정한 곳에 내린 비의 양

42 ② 한 문장에서 몇 개의 선택적인 물음이 겹쳤을 때에는 맨 끝에만 물음표를 쓴다. 즉, '너는 도대체 일본인이냐, 한국인이냐?'로 써야 한다.
  ① 강한 명령문 또는 청유문에 느낌표를 쓴다.
  ③ 짝을 지어 구별할 필요가 있을 때에는 쉼표를 쓴다.
  ④ 작은따옴표는 따온 말 가운데 다시 따온 말이 들어 있을 때에 쓴다.
  ⑤ 소괄호는 낱말의 다른 표기, 약어, 원어, 연대, 설명, 주석 등을 기입할 경우 사용한다.

43 ⑤ 맨해튼
  ① 솔루션 → 설루션
  ② 오엠알 → 오엠아르
  ③ 나레이션 → 내레이션
  ④ 앙콜 → 앙코르

44 ④ 학여울 Hagyeoul → Hangnyeoul: '학여울'은 발음을 하면 [항녀울]이 된다. 그러므로 'Hangnyeoul'로 표기해야 한다. 보기는 Hagyeoul[하겨울]로 잘못 발음한 경우의 표기법이다.
  ③ '해운대'를 'Hae─undae'로 표기하는 것은 붙여서 'Haeundae'로 표기하면 외국인들이 이를 발음할 때 자칫 [하은대]로 읽을 수 있기 때문이다.

45 ③ '겉옷'은 먼저 음절의 끝소리 규칙에 따라 대표음이 실현되어 [걷옫]으로 소리 나고, 다시 뒤 음절에 모음이 위치하기 때문에 연음되어 [거돋]으로 실현된다.
  ④ '닭 앞에'는 대표음으로 먼저 실현되어 [닥 앞에]가 된 후 연음이 되어 [다가페]가 된다.
  ⑤ '옷고름' [옫꼬름]의 경우 뒤 음절이 된소리로 발음되는 이유는 무성음과 무성음이 결합하는 경우 뒤 음절이 된소리가 되기 때문이다.

쓰기(46~50)

46 ⑤ 이 연구의 목적은 아동, 청소년의 스트레스 해소 방법 찾기에 있는 것이지 그로 인한 병원 내원 현황이나 의료비 지출의 증가, 감소를 문제 삼자는 것이 아니다. 연구 목적과 연구 내용은 같은 맥락에서 이루어져야 한다.

47 ④ 이 글의 요지는 장난처럼 시작하는 놀이가 큰 문제를 야기할 수 있는데 이는 아동 심리학적으로 청소년들은 생명에 대한 지각이나 현실 감각이 부족해서 나타난다는 점이다. 가정·학교·사회의 책임 문제와는 연관성이 부족하다.

48 ④ 고착(固着)시키다: 옮겨지거나 변하지 않고 같은 상태로 머물게 하다.
② 고양(高揚)시키다: 의식이나 감정 따위를 북돋우다.
③ 말살(抹殺)시키다: 존재하는 것들을 아주 없애버리다.
⑤ 와전(訛傳)시키다: 사실과 다르게 전하다.

49 ① 화자는 '차이'에서 존재 가치를 찾으며 문화적 다양성이 건강하고 이상적인 사회를 만든다고 말하고 있다. 이러한 맥락에서 획일화된 문화는 '문화적 빈곤'으로 표현될 수 있다.
③ 아노미 현상: 사회적 가치가 붕괴됨에 따라 겪는 무질서, 혼돈
④ 모럴 해저드: 도덕적 해이 현상

50 ④ 글의 내용상 앞 절이 뒷 문장을 수식하는 경우로 문장의 흐름상 별 하자가 없다.
※구분: 일정한 기준에 따라 나누다.
③ 금시: 바로 지금의 때
※금새: '금세'의 비표준어, 세상의 형편이나 흥정에 의하여 결정되는 물건의 값
※금세: 얼마 되지 않는 짧은 시간 안에. 지금 살고 있는 세상

창안(51~60)

51 ② 한자 孝를 보면 子가 뒤집혀 있다. 이는 오늘날 자녀 세대들이 효의 실천을 외면하고 등을 돌리고 있음을 풍자하고 있으므로, 그 반대로 효를 중시하는 내용이 적절하다.

52 ④ 영어 알파벳 'E'로 보았다면 이는 그동안 우리가 영어를 얼마나 맹신하고 일상 속에서 써 왔는지, 그리고 우리말을 얼마나 홀대했는지 반성하자는 취지에서 만든 광고이다. 자신도 모르는 사이에 무의식적으로 갖게 되는 영어 의존성과 모국어를 홀대하는 생각이 우리 생활 주변에서 팽배하게 자리 잡고 있다는 반증이기도 하다.

53 ② '문구와 사진을 통해 한 번 저지른 행동은 되돌릴 수도 없고, 오랫동안 악영향을 끼칠 수 있음을 유추할 수 있다. 그러나 ②는 실수가 때로는 좋은 스승이 된다는 것이므로 그림의 내용과는 상반된다.

54 ③ 이 광고는 자원을 무분별하게 낭비하는 모습을 비판하고 있다. 불필요한 만큼 남겨 둔다는 말은 있는 대로 마구 사용하여 자원을 모두 없애 버린다는 이 그림의 내용과는 맞지 않는다.

55 ④ 그림에서 TV에 흘러나오는 노랫말은 모두 영어 일색이다. 따라서 영어를 남용하는 세태를 풍자하는 문구이면서, 설의법으로 표현된 문장을 골라야 한다. 참고로, 설의법은 쉽게 판단할 수 있는 사실을 의문의 형식으로 표현하여 상대편이 스스로 판단하게 하는 수사법이다.

56 ④ 서로 다른 톱니바퀴가 맞물려 자기 자리에서 제 역할을 다할 때 결국 우리 사회 역시 조화와 화합의 성숙된 모습으로 발전할 수 있다는 뜻으로 유추할 수 있다.

57 ④ 인생의 성공과 실패의 기준은 지극히 주관적이며 따라서 절대적 기준은 없다. 따라서 개인은 심판이라기보다는 선수에 가까운 존재들이다.

58 ⑤
① 저임금 노동자의 애환을 담은 내용이다.
② 취업이 되지 않는 실업의 고통을 말하고 있다.
③ 노동자의 희망을 말하고 있다.
④ 사자성어나 속담이 없다.

59 ② 제시된 글에서 경제학은 노동 대상을 바탕으로 노동 도구를 이용하여 노동력을 효율적으로 투입하여 재화를 생산하는 과정을 이른다.

60 ② 첫 번째 그림에서는 절망을, 두 번째와 세 번째 그림에서는 고난과 절망 앞에 굴하지 않는 용기를, 그리고 마지막 그림에서는 무지개를 연상시키는 다양한 색의 원을 통해 희망찬 내일을 연상할 수 있다.

읽기(61~90)

61 ① 아내의 병도 공짜로 치료하고 덤으로 아내가 희귀병에 걸렸으므로 그 연구비 명목으로 병원 측으로부터 돈까지 타 낼 수 있다고 여기고 있다. 일거양득(一擧兩得)은 한 가지 일을 하여 두 가지 이익을 얻는다는 뜻이다.
② 과유불급(過猶不及): 지나침은 모자람보다 못하다.
③ 각주구검(刻舟求劍): 판단력이 둔하여 세상일에 무척 어리석다.
④ 지록위마(指鹿爲馬): 윗사람을 농락하여 권세를 마음대로 부림
⑤ 토사구팽(兎死狗烹): 요긴한 때는 소중하게 여기다가 쓸모없게 되면 가차없이 버림

62 ② 병으로 고통받고 있는 아내의 처지와 수술비마저 마련할 수 없는 극도의 궁핍한 삶을 땡볕을 통하여 상징하고 있다.

63 ⑤ 이 시는 1989년 발표된 작품이다. 가난한 집안에서 태어난 시인은 29살이란 아까운 나이에 요절하고 만다. 그러나 시대적 아픔을 담아냈다고 보기에는 한계가 있다. 왜냐하면 이 시의 지배적 심상이 유년의 가난과 외로움으로 점철되는, 지극히 개인적인 맥락에서만 다루어졌기 때문이다.

64 ① 이 시나리오의 주제 의식은 한의 예술적 승화이다. 즉, 인간 본연의 한의 정서를 판소리의 형식을 빌어 예술적으로 풀어내고 있는 것이다. ①은 죽음을 담담하게 받아들이는 달관의 자세를 노래하고 있다.
② 가난한 노동자의 한을 노래하고 있다.
③ 판소리를 통한 인생과 예술의 조화
④ 가난한 농민들의 애환과 가난으로 인한 한
⑤ 인생의 유한성과 한을 노래하고 있다.

65 ④ 롱숏(Long Shot): 카메라를 피사체로부터 멀리 떨어지게 하여 넓은 장면을 촬영하는 기법이다.
① C.U.(Close—Up): 어떤 인물이나 사물을 집중적으로 확대하여 보여주는 방법
③ B.S.(Bust shot): 인물의 동작을 머리끝에서 가슴까지 잡는 화면

⑤ PAN: 카메라를 상하좌우로 흔드는 기법

66 ⑤ 엄지족이 고도의 디지털 소비문화가 유도하는 대로 정보와 문화 콘텐츠를 즐기는 단순한 '고객'으로 남을 것인지, 아니면 더 다양하고 신속하게 연대하는 '새로운 집단'이 될 것인지는 아직 알 수 없다고 말하고 있다.

67 ② 유추의 방식으로 글을 전개한 것이 아니며 삶의 과정에서 깨달음을 유도하기 위한 글도 아니다. 이 글은 전형적인 설명문으로, 통시적 관점에서 사물이나 현상이 지닌 과거와 현재, 그 현상의 차이점을 고찰하고 있다.

68 ⑤ 주관적이고, 타당성 있는 근거를 제시하여 자신의 생각을 표현하는 글은 설명문이 아니라 논설문이다. 이 글은 설명문이다.

69 ⑤ 춘원은 민족 개조의 방법이 지극히 현실적인 것으로 생각하고 있었던 것 같으나, 역시 그것은 하나의 이상론이라고 할 수밖에 없다. 보다 현실에 충실한 사람들은 그렇게는 생각하지 않았다고 본문에 언급되고 있다.

70 ① 밑줄 친 글의 취지는 인간 행위의 결과물은 그 사회의 인식과 통념의 산물이라는 것이다. 그러나 ①의 경우 무용과 이지의 발달사를 같은 선상에 놓고 볼 경우 유추적 해석으로 문제가 있을 수 있다는 것이므로 글의 취지를 약화시키는 진술이라고 할 수 있다.

71 ③ 이 글은 하나의 사실을 바탕으로 다른 유사성의 사실을 미루어 짐작하는 유비 추리를 통하여 결론을 이끌어 내고 있다. 참고로 유비 추리에서는 자칫 논리적 인과성이 결여될 경우 타당성과 필연성을 잃어버리는 오류에 빠질 수 있다.

72 ⑤ 마른 논에 물을 댄 것은 절실히 요구되는 시점에 꼭 필요한 조치를 취한 것이니 이는 좋게 일을 적절하게 행한 경우의 예이다. 이 글은 주주와 경영진은 엄청난 이익을 취하면서도 종업원들의 몫은 쥐꼬리만큼 돌려주고 그것도 마치 커다란 혜택이나 주는 것처럼 배분한다는 것을 풍자하고 있다.

73 ② 경영학의 핵심은 기업 활동과 관련된 문제들을 연구하는 학문이다. 따라서 어떻게 하면 기업의 이윤을 극대화할 것인가에만 초점이 맞추어졌다고 해도 과언이 아니다. 설사 이윤의 발생과 그 성과에 대한 분배 문제가 다루어졌다고 해도 그것은 주주와 경영진의 편에서만 연구되고 논의되어 왔다고 역설하고 있다.

※지역 간의 갈등은 대체로 도시와 농촌 간의 갈등을 말하는 것이고 직종 간의 갈등은 정규직과 비정규직, 대기업과 하청 업체 간의 갈등을 이른다고 볼 수 있다.

74 ② 새로운 국민 국가의 등장은 결국 로마 교황청의 권위를 약화시켰고 그 결과 종교 개혁이 일어났다. 이는 가톨릭의 정통성을 부정하는 계기가 되었으며 이로 인해 정신적 가치 체계의 혼란을 야기시켰다. 기존의 모든 지식과 권위가 해체되었지만 이를 대신할 수 있는 사회적 패러다임은 당시에는 아직 새롭게 등장하지 못하였다.

75 ① 이 글은 중세 아리스토텔레스 자연관이 무너지고, 교회의 권위 상실과 타락, 농민들의 반란 등으로 인하여 중세의 지연관이 점차 그 설 자리를 잃고 서서히 근대 과학이 그 자리를 대신하게 되었다는 내용이다. 결국 이러한 근대 과학의 등장은 사회 전반에 걸쳐 새로운 패러다임을 낳게 되었고, 그 결과 과학의 사회적 위상과 지위가 상승하여 철학과 신학의 영역과 그 위치가 대등해지거나 오히려 더 높은 위상을 갖게 되었다고 설명하고 있다.

76 ③ 읍참마속(泣斬馬謖): 큰 뜻을 실행하기 위해 사사로운 정을 버리는 것

① 환골탈태(換骨奪胎): 용모나 태도가 완전히 전과 달라짐

② 점입가경(漸入佳境): 경치나 문장, 사건 등이 갈수록 재미있게 전개 됨

④ 일취월장(日就月將): 나날이 진보함

⑤ 객반위주(客反爲主): 손님이 오히려 주인이 된다는 뜻

77 ② (가)팥시루떡은 백화가 영달이의 배려에 감사를 표하는 감정을 전달하는 매개체이다. (나)삼립빵 두 개와 찐 달걀은 영달이가 백화에게 자신의 마음을 전달하는 매개체이다.

(다) 삼포: 영원한 마음의 고향, 안식처

(라) 이점례: 잠시나마 마음을 준 상대에게 진실해지기 위해 한 행동이다. 즉, 인간적인 유대감을 형성하고자 하는 의도가 담겨 있다.

(마) 관광호텔: 산업화, 도시화를 상징

78 ② 이 소설에서 자신의 고향이자 마지막 안식처를 찾아 떠나는 인물은 오직 정 씨뿐이다. 영달은 공사판 일거리를 찾아 떠돌고 있고 백화는 술집을 탈출하여 잠시 고향에 가 지내려 한다. 그러나 정 씨 역시 고향이 판이하게 달라진 것을 듣게 됨으로써 고향을 잃고 떠도는 처지로서는 영달이와 다를 바 없는 처지가 되고 말았다.

③ 정씨는 영달에게 백화를 따라 백화의 고향으로 가기를 종용하나 영달이는 스스로 능력이 되지 않는다고 말하는 것으로 보아 자신의 처지를 안타까워하고 있다고 볼 수 있다.

79 ④ 이 글은 초심자가 독서에 임할 때 유의할 점과 올바른 독서 자세에 대하여 역설하고 있는데, 특히 반복하여 정독하기를 권하고 있다. 글을 읽을 때는 반드시 의문이 생기게 마련인데 그 의문은 스스로 궁구하고 탐구하는 가운데 축자적 의미가 아닌 심오한 의미를 발견해 내어야 한다고 말하고 있다.

80 ⑤ 몸소 독서의 방법론을 체득하여 그것에서 얻을 수 있는 독서의 기쁨을 말하고 있다.

81 ② 오늘날의 독서 환경은 다양한 매체와 다양한 독서 환경의 영향으로 하나의 방법론으로는 설명할 수 없는 상황에 이르렀다. 이런 현실에서 초심자에게 천편일률적인 독서 방법론을 일깨워 준다고 해서 큰 설득력을 가지기에는 부족하다.

82 ④ 급여 혜택을 볼 수 있는 경우는 가구원 수와 수입이 모두 해당 항목에 충족되어야 하는 것으로 하나라도 해당 조건에 부합하지 않으면 급여를 지급받을 수 없다. ④의 경우, 교육 급여는 받을 수 없다.

83 ② 소득은 적고 자녀의 수가 많을수록 교육 급여에서 받을 수 있는 혜택은 커진다.

84 ① 스타벅스의 판매 전략은 오직 이윤을 극대화하기 위한 가격 결정이다. 이 같은 차별화된 판매 전략은 유통과 수요를 고려한 전략일 뿐, 생산을 고려한 전략이라고는 볼 수 없다. 즉, 동일한 제품을 시장의 여건에 따라 가격을 탄력적, 인위적으로 조절한 경우이다.

85 ① 스타벅스의 판매 전략을 통하여 기업이 추구하는 이윤의 극대화 전략과 이면에 감추어진 경제 논리를 풀어서 말하고 있다.

86 ⑤ 밑줄 친 내용은 고가 전략을 통해 구매력이 있는 소수에게 집중하

여 적게 판매하고도 고수익을 추구하겠다는 전략이다. 이 경우 그 소비 계층은 지불 능력이 있어야 함은 물론 제품 선택에서 고품질을 지향하는 계층이어야 한다.

87 ④ 자료 (가), (나)를 바탕으로는 차량의 설계가 우리의 안전을 고려하여 설계되었다고 추론할 근거가 부족하다.

88 ⑤ 대중교통과의 연계에 대해서는 언급되지 않고 있다. 오히려 교통비 절감, 교통난 해소, 대기 오염 억제 등 교통 수단의 대체 수단으로 자전거가 이야기되고 있다.

89 ⑤ 일반 사무 영어 담당의 경우는 그 지원 자격이 관련 업무 경력 1년 이상자이다.

90 ② 2번의 경우라면 굳이 국가가 나서서 체감 효율과 표시 효율의 괴리를 보정할 수 있는 방안을 찾을 이유도, 소비자의 올바른 권리를 찾아 줄 이유와 명분도 없어지고 만다.

국어 문화(91~100)

91 ③ 보기의 설명에 해당하는 작가는 정비석이다. 참고로 작가의 수필 '산정무한'은 작가 특유의 화려하고 섬세한 문체가 담겨 있어 수필 문학의 백미로 꼽힌다.

92 ④ '청구영언(靑丘永言)'의 '청구'는 본래 우리나라를 뜻하는 말이고, '영언(歌永言)'은 노래를 뜻한다. 우리의 노래가 구전으로만 읊어지다가 없어짐을 한탄하여, 기록을 후세에 전하고자 이 책을 편찬하였다고 한다. 곡조별, 작가별, 내용별, 시대별 분류가 망라되어 있다.
① 해동역사: 한치윤이 집필한 역사서이다. 조선 후기 실학파의 비판적이고 고증적인 역사 의식·서술을 이해하는 데 가장 대표적인 역사책의 하나이다.
② 용재총화: 성현은 예문관·성균관의 최고 관직을 역임한 학자·관료로서 폭넓은 학식과 관직의 경험을 바탕으로 하여 이 책을 정리하였다. 당시의 문화 전반을 이해하는 데 많은 도움을 준다.
③ 시용향악보: 고려 시대나 조선 초기에 봄과 가을[春秋]로 환시(宦侍)나 무당(巫堂)을 보내어 명산대천에 제사 지내면서 부른 무가를 악보로 정리한 것이다.
⑤ 해동가요: 조선 영조 때 김수장이 엮은 시조집. 영조 22년(1746년)에 편찬을 시작하여 영조 39년(1763년)에 완성한 2권 1책의 사본이다. '청구영언', '가곡원류'와 더불어 조선 시대의 3대 가집으로 꼽힌다.

93 ⑤ 이중 피동: '-되어지다'처럼 사용된 경우로 이 기사문에서는 없다.
① '귀추가 주목된다'라는 표현에서 한자어가 사용되었다.
② '전문가 간담회를 갖기로 한 것'이라는 표현에서 주어가 생략되었다.
③ 전문가 등의 참가를 예상한다: '전문가 등의 참가가 예상된다'로 고친다.

94 ④ 나: 개나리 – 접두사, 걸어가는 사람 – 관형절을 안은 문장, 아버지입니다 – 합쇼체
마: 높이 – 접미사, 새는 몸집이 작습니다 – 서술절을 안은문장, 작습니다 – 합쇼체
가: 지우개 – 접미사, 깨끗하군요 – 두루 높임
다: 어머니께서 – 주체 높임법, 사동 표현
라: 들어가는 사람 – 관형절을 안은 문장, 처한다고–인용절을 안은 문장, 하였습니다 – 합쇼체

95 ② 언어유희란 '말장난' 또는 '말 재롱'으로서 발음의 유사성이나, 동음이의어, 도치법 등을 이용하여 말의 재미를 노리는 방법이다. 여기서는 도치법에 의한 언어유희가 아니라 동음이의어나 발음의 유사성(돼지)에 의한 언어유희를 사용하였다.

96 ⑤ 발화자가 이야기의 내용을 미처 준비하지 못했을 때 시간적 여유를 가지기 위한 일종의 휴지(休止, 말을 잠시 멈추어 쉬는 것 **예**에, 음, 또)에도 사용한다.
③ 표출적 기능: 말하는 사람에게 초점이 맞추어진 것으로 의사소통을 전제로 하지 않는 기능을 말한다.

97 ④ 위의 과장의 업무 지시 사항을 시간 순대로 요약해 보면 1. 협력 업체 박 과장이 가지고 온 견적서 받아 놓을 것 2. 내일 업무 보고서 한 부 더 만들 것 3. OO상품 설명서 복사해 놓을 것 4. 거래처에서 나(최 부장)를 찾는 전화가 오면 메모를 하여 남겨 둘 것.

98 ② 문화어는 언어를 공산주의의 이념을 담는 도구로 인식하여 높은 데서 낮은 데로 떨어지는 억양으로 힘차고 강하게 발음한다.

99 ② 신사체면에: 구개음화가 일어나지 않는 음운이다.
⑤ 7종성법: 근대 국어에서 받침으로는 'ㄷ'대신 'ㅅ'을 사용하였다.

100 ④ 머리를 삶으면 귀까지 익는다: 한 가지를 해결하고 나면 부차적인 것은 저절로 된다는 뜻이다.
① 큰 것을 잃고 하찮은 것을 얻게 됨
② 과유불급(過猶不及): 지나침은 오히려 미치지 못함보다 못함
⑤ 교왕과직(矯枉過直): 잘못을 바로잡으려 하다가 더 나쁘게 됨

01 ⑤	02 ④	03 ②	04 ⑤	05 ③
06 ③	07 ④	08 ⑤	09 ③	10 ②
11 ④	12 ④	13 ④	14 ④	15 ⑤
16 ③	17 ⑤	18 ④	19 ④	20 ①
21 ③	22 ④	23 ⑤	24 ①	25 ②
26 ③	27 ⑤	28 ②	29 ④	30 ④
31 ④	32 ③	33 ①	34 ⑤	35 ④
36 ④	37 ④	38 ④	39 ⑤	40 ③
41 ②	42 ④	43 ②	44 ①	45 ②
46 ②	47 ⑤	48 ③	49 ②	50 ③
51 ③	52 ⑤	53 ④	54 ①	55 ①
56 ②	57 ①	58 ①	59 ④	60 ②
61 ②	62 ④	63 ⑤	64 ②	65 ③
66 ⑤	67 ④	68 ④	69 ②	70 ⑤
71 ⑤	72 ④	73 ④	74 ③	75 ②
76 ②	77 ③	78 ⑤	79 ①	80 ④
81 ⑤	82 ⑤	83 ②	84 ⑤	85 ⑤
86 ⑤	87 ③	88 ⑤	89 ⑤	90 ④
91 ⑤	92 ③	93 ④	94 ⑤	95 ④
96 ④	97 ②	98 ⑤	99 ⑤	100 ④

듣기·말하기(1~15)

01 먼저 그림에 관한 설명을 들려 드립니다.

> 구름떡은 여러 가지 견과류를 섞은 찰떡에 볶은 팥 앙금 가루를 묻혀 불규칙한 층이 생기도록 틀에 넣어 굳히는 떡입니다. 이 떡은 찹쌀의 차지고 늘어지는 특징을 이용했습니다. 찐 찰떡을 틀에 넣어 굳히면 층이 자연스럽게 만들어지는데, 썰어서 그릇에 담으면 떡의 단면이 마치 구름이 흩어져 있는 모양과 같다 하여 이름 붙여졌습니다. 만드는 과정을 보면, 우선 찹쌀은 깨끗이 씻어 물에 충분히 불린 다음 소쿠리에 건져 물기를 뺀 후 빻아 가루를 체에 내려놓습니다. 팥은 미리 깨끗이 씻은 후 물에 푹 삶아 체에 걸러 껍질을 버린 다음 자루에 넣어 물기를 짜 버리고 앙금을 만들어 놓습니다. 찹쌀가루에 식힌 설탕물과 대추, 호두, 잣 등을 넣고 나무 시루에 안쳐 30분 정도 찝니다. 쪄낸 떡을 조그맣게 뜯어 붉은팥 앙금을 묻히고, 다시 팥 앙금 가루를 뿌립니다. 떡이 적당히 굳으면 그릇에서 꺼내 알맞은 크기로 썰어 냅니다. 아주 단단하게 굳은 떡은 팬이나 석쇠에 구워 먹으면 맛이 더욱 좋습니다. 원래 구름떡은 만드는 과정에서 손이 너무 많이 가고 또한 번거롭지만, 그 정성만큼 영양과 맛 또한 뛰어납니다. 특히 부재료로 쓰이는 밤, 호두, 잣 등의 견과류는 양질의 단백질과 지방, 무기질, 비타민 등이 고루 함유되어 있어서 남녀노소 누구에게나 권장할 만한 떡입니다.

⑤ 구름떡
① 절편 ② 설기 ③ 약식 ④ 인절미

02 이번에는 대담을 들려 드립니다.

> **전문가(남자):** 현재 우리나라에는 많은 외국인 노동자들이 들어와 있습니다. 그들과 관련된 산업 재해, 임금 체불, 폭행 등 심각한 사회적 문제가 양산되고 있습니다. 이에 정부는 고용 허가제를 도입하기로 했습니다. 이 제도는 2002년부터 시행하기로 했으나 중소기업협동조합의 반대에 부딪혀 '외국 인력 개선 방안'이라는 미봉책을 내놓기에 이릅니다. 외국인 고용 허가제는 한마디로 말해서 허가를 받은 외국인 노동자가 국내에서 최장 3년까지 일할 수 있게 하는 제도입니다.
>
> **전문가(여자):** 이 정책의 취지는 인력 송출과 관련된 비리를 척결하고 외국인 노동자들의 권익을 향상시키자는 것이 그 목적이었습니다. 그러나 현실은 너무나 다릅니다. 웃돈을 지불하고 입국하는가 하면, 불법 체류자가 오히려 증가하고, 기업은 인력 부족을 호소하기에 이르렀습니다. 이런 상황인데도 노동부는 자체 조사를 통해 기업이 원한다느니, 비용 지출이 줄었다느니, 기업이 산업 연수제 폐지를 선호한다는 등 뜬구름 잡는 소리로 자체 통계 자료를 내세워 여론 몰이를 하고, 책임을 모면하려는 목적으로, 졸속으로 이 법안을 시행하려 하고 있습니다.
>
> **전문가(남자):** 이 제도가 시행됨으로써 나타나는 긍정적인 측면도 무시할 수 없습니다. 우선 기업의 입장에서 보면 중소기업의 인력난 해소에 도움이 되어 양질의 노동자를 상시 채용할 수 있습니다. 아울러 불법 체류자를 더 이상 고용할 필요가 없게 됩니다. 외국인 노동자의

입장에서 보면 공인된 취업이 가능하고, 인권이 보장되며, 근로 조건 악화를 미연에 방지할 수 있습니다.

전문가(여자): 그러나 기업 입장에서 본다면 한시적 고용 상태에 있는 외국인 노동자에게 국내 근로자와 동등한 처우를 해 주어야 한다는 것과 법적 요건이 모두 외국인 노동자의 권익에만 맞추어져 있다는 사실이 부담이 될 수 있습니다. 또한 국내 노동자들의 일자리를 잠식할 우려 또한 예견되고 있습니다.

④ 전문가(남자)의 경우, 외국인 노동자들과 관련된 산업 재해, 임금 체불, 폭행 등 심각한 사회적 문제를 언급하고 있고, 전문가(여자) 또한 노동 현장의 실태를 언급하고 있어, 두 사람 모두 외국인 노동자들의 열악한 처우에 공감하고 있음을 알 수 있다.

03 다음은 논평을 들려 드립니다.

현재 한국어의 가장 큰 문제는 가장 생산적인 조어 체계를 가진 언어가 본래의 기능에 충실하지 못하고 있다는 사실입니다. 가까운 중국은 외국에서 유입되는 언어를 수용할 때 반드시 자국어로 걸러서 사용하며, 그 사용 또한 국가가 강제하고 있습니다. 이는 우리에게 시사하는 바가 크다고 볼 수 있습니다. 주지하다시피 한글은 사용하기에 아주 편하고 익히기에도 쉬운 문자입니다. 따라서 외래어를 그대로 표기하여 써도 표현이 가능하니 굳이 우리말로 순화할 필요성이 없었기 때문일 수도 있습니다. 그나마 불행 중 다행으로 왕따, 은따, 빵셔틀 등 이런 신조어조차 없었다면 우리는 이웃 나라의 이지메라는 단어를 쉽게 빌려와 사용하게 되었을지도 모릅니다. 또한 삼포세대, 민달팽이세대, 점오족, 이태백, 노무족 등 젊은 세대들이 역설적이게도 신조어를 생산하는 주축이 되고 있습니다. 일부 인터넷 신조어 역시 우리말을 풍부하게 하는 1등 공신 중 하나가 아닐까 생각합니다. 물론 이런 일차원적인 단어가 아니라 고급의 언어, 학술용어, 전문용어 같은 이차원적인 단어들이 새롭게 만들어진다면 금상첨화겠지만, 지금과 같은 언어 환경 속에서 그런 고급의 신조어를 만들기란 어려울 수 있음을 십분 인정합니다. 오히려 슬픈 현실은 더 이상 새로운 단어를 탄생시키기보다는 있는 단어를 우려먹거나 외래어를 쉽게 흡수하여 자국어로 사용한다는 데에 문제가 있습니다. 심지어 기존 단어들조차 외래어로 서서히 교체되고 있는 현실입니다. 우리말이 단어에서 문장까지 새로운 것을 창조해나가는 능력은 잃고 오히려 설상가상으로 점점 외래어 속에 녹아들어 가고 있다는 느낌을 지울 수가 없다는 사실입니다.

② 신조어를 생산하는 것도 미미하고 더구나 기존의 단어들 또한 외래어로 바뀌어 가고 있는 현실이 너무나도 안타깝다는 내용의 강연이다.

04 이번엔 강연을 들려 드립니다.

벌새는 아메리카 대륙에서만 서식하는 아주 작은 조류입니다. 주로 사막이나 해안가, 설산 등 가혹한 자연환경에 잘 적응하여 살아가고 있습니다. 벌과 같이 작은 몸집에 꿀을 먹고 산다 하여 벌새로 불리는 이 새는 아름다운 깃털과 함께 빠른 날갯짓으로 탁월한 비행 능력을 지니고 있습니다. 벌새는 1초에 50~80번 정도의 엄청난 속도로 날개를 젓기 때문에 벌새가 날 때는 윙윙 하는 소리가 들립니다. 이 작은 새는 평소에는 시속 90km로 날아다니며, 특히 밑으로 낙하할 때는 시속 100km의 엄청난 속도로 비행합니다.

또한 벌새는 아래위 두 날갯짓 모두 추진력을 내는데, 이는 정지해 있을 때도 마찬가지입니다. 또한 앞으로, 뒤로, 수직으로도 날 수 있으며 공중에서 정지해 있을 수 있는 유일한 새입니다. 벌새가 이렇게 빨리 날기 위해서는 엄청난 에너지를 필요로 합니다. 조류학자인 요한 몰텐 박사는 만약 사람이 벌새와 같은 에너지를 사용한다면 하루에 1,300개의 햄버거를 먹어야 하며, 심장은 1분에 1,260번 뛰어야 하는데, 결과적으로 체온은 385℃로 올라가 우리의 몸은 다 타 버리고 말 것이라고 설명했습니다.

벌새는 에너지원으로 가장 효율적인 꽃의 꿀을 이용합니다. 뿐만 아니라 그 꿀을 효율적으로 채취하기 위해 부리는 바늘처럼 생겨 꽃 속으로 깊숙이 파고들어 갈 수 있습니다. 또한 혀는 1초에 13번을 핥아 짧은 시간에 많은 양의 꿀을 섭취할 수 있습니다. 그리고 하루에 12시간의 긴 잠을 통하여 체내의 노폐물과 대사의 부산물을 제거합니다. 벌새는 처음부터 활발한 대사 활동을 하고 긴 잠을 자도록 창조된 새입니다.

⑤ 벌새는 하루에 12시간의 긴 잠을 통하여 체내의 노폐물과 대사의 부산물을 제거한다고 언급하고 있다.

05 이번에는 대담의 일부를 들려 드립니다.

아나운서(여자): 이번 시간에는 '중국 내 신한류 열풍'에 관하여 전문가를 모시고 말씀 나누는 시간을 갖도록 하겠습니다. 1990년대 후반부터 나타나기 시작한 이 '한류'라는 이름은, 처음에는 중국 내에서 한 인이 운영하던 한 방송 기획사에서 출발하여 중국 전역으로 확산, 오늘의 '한류'로 발전했습니다. 요즘은 다시 '신한류'라는 이름으로 한 차원 높은 관광, 쇼핑, 패션 분야에 걸쳐 새로운 사회 현상으로 이어지고 있습니다. 오늘은 전문가 선생님을 모시고 '중국 내 신한류'에 대하여 말씀 나누도록 하겠습니다. 강 교수님 안녕하세요?

강 교수(남자): 예, 안녕하세요?

아나운서(여자): 교수님, 중국 현지에서 '신한류' 문화가 빠르게 확산되는 이유는 무엇일까요?

강 교수(남자): 우선 중국의 급속한 산업화로 인한 문화적 충격과 혼란을 한류 문화가 대신 흡수 수용한 결과라고 볼 수 있습니다. 즉, 우리의 한류 문화가 중국의 기존 문화와 섞여 완충 작용을 한 것이지요. 또 다음으로는 기존의 아시아 문화, 즉 일본 문화와 홍콩 문화와는 차별화된 요소가 한류에는 있기 때문입니다. 다시 말해 서구의 세련되고 고급스러운 문화가 일차적으로 우리 문화에 수용되고 이것이 다시 중국의 기존 문화에 그대로 흡수되는 과정에서 조금의 거부감 없이 그대로 수용된 결과이지요. 대중 매체와 인터넷의 급속한 확산으로 시공간을 초월하여 중국 시장에 침투할 수 있었다는 것도 하나의 요인입니다. 또한 여기에 중국의 발 빠른 개방 정책 역시 외국 문화의 접촉을 용이하게 하여 한류 문화의 확산 속도를 더 배가시켰습니다. 중국의 꾸준한 경제 성장에서도 그 답을 찾을 수 있습니다. 중국 경제의 폭풍 성장으로 먹고 사는 문제가 해결된 많은 중국의 소비자들이 즐길 거리에 눈을 돌리게 되었고, 때마침 한류 문화가 이에 적절히 호응하게 된 것입니다.

아나운서(여자): 그럼 교수님, 이 신한류 문화가 가지는 장단점은 무엇일까요?

강 교수(남자): 우선 우리나라 연예인들의 중국 시장 진출의 기회와 폭이 넓어진 것을 장점으로 들고 싶습니다. 아시다시피 최근 우리나라 연예인들이 중국 시장에 대거 진출하여 각 분야에서 열심히 활동하고 있지 않습니까. 그분들의 활동이 외화벌이는 물론 국가 이미지 제고에 상당히 기여하고 있는 것이 사실입니다. 더불어 우리나라의 위상이 상당히 높아진 것을 느낄 수 있죠. 하지만 약간 우려스러운 면이 있다면 그분들 중 몇몇이 문제를 일으킬 경우 하루아침에 그동안 쌓아온 국가의 위상이 실추될 수도 있다는 사실입니다. 더불어 문화의 왜곡 현상 또한 심화될 수도 있겠지요.

아나운서(여자): 교수님, 그럼 이러한 신한류 열풍이 앞으로도 계속 이어질 것으로 예상하시나요?

강 교수(남자): 네, 한류는 커다란 사회적 현상임에는 틀림이 없습니다. 하지만 영원한 것은 없겠지요. 1980년대 우리가 홍콩 문화에 열광했으나 지금은 어떻습니까? 그러나 당분간은 신한류 현상이 쉽게 사라지지는 않을 것입니다. 경제적 관점에서 접근해 보아도 상당한 부가가치가 있는 산업이라는 걸 중국도 알고 우리도 알고 있으니까요. 그러나 목전의 이익에 좌우되지 말고 새로운 한류 문화를 연구·개발하여 중국 시장에 도전할 때, 그 가치는 날로 배가될 것입니다. 우리의 문화 상품이 중국에서 '하급 문화, 저급 문화'의 대명사로 전락하지 않기 위해서는 국가적 차원에서의 지원과 노력 또한 있어야 할 것입니다. 아울러 중국과 한국이 자주적이고 호혜적인 관계를 형성, 발전시켜 나갈 때 한류의 미래는 한층 더 밝아질 것으로 예상됩니다.

③ 한층 더 발전적인 한류 문화를 위하여 '국가적 차원에서의 지원과 노력', 즉 정부의 지원 또한 있어야 한다고 언급했지만 정부의 지원이 절대적으로 요구된다는 말은 아니다.

[6~7] 다음은 인터뷰 내용의 일부를 들려 드립니다.

기자(남자): 교수님, 조선 후기까지만 하더라도 다양한 수용층을 거느리고 확대되었던 우리의 전통 음악이 최근에 이르러 대중화되지 못한 원인이 무엇이라고 생각하시는지요?

교수(여자): 우선 요즘 대중들은 전통 음악이라고 하면 고리타분하고 느린 곡들로만 가득하다고 오해하여 흥미를 잃어버린 것 같아요. 이렇게 된 원인은 두말할 것도 없이 잘못된 학교 교육에서 기인한 것입니다. 우리 학교 교육에서의 음악은 주로 서양 음악 일변도이며, 그나마도 이론 교육에 치우쳐 있지요. 다시 말해 우리 전통 음악을 접할 기회를 원천적으로 봉쇄당한 것이지요. 또 하나의 원인은 국악계 내부에 있습니다. 일부 국악인들은 전통을 지켜야 한다고 변화를 거부했지만 또 다른 국악인들은 현대의 흐름에 발맞추어 변화를 시도했습니다. 전통과 현대, 동양과 서양, 고전과 대중 예술의 만남 등 사실상 국악은 다른 예술 장르와 수없이 많은 만남을 시도 했어요. 그러나 결과는 어찌 되었을까요? 애석하게도 다른 장르의 들러리가 되거나 퓨전이라는 이름의 국적 불명의 음악으로 돌아앉고 말았다고 해도 과언이 아니에요. 이는 국악인들 스스로가 국악에 대한 자신감이 결여된 것에서 비롯되었습니다. 오죽 자신이 없었으면 재즈나 대중음악, 서양 음악에 기대어 우회로를 찾으려 했을까요? 참으로 안타까울 따름입니다.

기자: 그럼 교수님, 어떻게 하면 전통 음악이 고유성도 지키면서 대중성도 획득할 수 있을까요?

교수: 사실 우리의 전통 음악이 서양이나 유럽에서는 극찬을 받고 있어요. 역설적이지만, 그만큼 음악성이 높다는 증거겠죠. 그런데도 정작 우리 무대에서는 다가갈 대중도 없고 다가설 장소도 없습니다. 가슴 아픈 현실이지요. 이제 우리의 전통 음악을 새롭게 인식할 필요가 있어요. 통신 기술의 발달을 이용하여 수요층을 극대화하고, 대중들 속으로 다가가야 해요. 오늘날 대중문화는 이제 보편화되었고 사회적 비중 또한 증가하고 있습니다. 나라 간의 왕래도 잦아져서 상호 간 긴밀한 이해관계가 증진되고 있죠. 이에 우리의 전통 음악도 사회 보급과 함께 세계화 속에서 그 대안과 실천 방안을 모색할 때입니다. 또한 관객들을 정공법으로 훈련시켜 그들로 하여금 진정한 국악의 참맛을 알도록 해야 해요.
이제 우리의 전통 음악이야말로 세계 어느 나라도 가지지 못한 독창적인 아름다움으로 무장할 때입니다. 문화적 자긍심과 자부심을 방패삼아 다시 한 번 도약할 시점이라고 생각해요.

06 ③ 조선 후기까지 대중성을 획득했던 우리의 전통 음악이 대중들로부터 소외된 가장 근본적인 이유는 대중들 속으로 다가갈 기회를 잃은 것과 아울러 대중들에게 음악으로서의 친근감을 느낄 기회를 제공하지 않았다는 것이다. 이에 전통 음악이 나름의 독창성과 고유성은 지닌 채 대중 속으로 다가가야 한다고 말하고 있다.

07 ④ 전문가는 우리의 전통 음악이 그 고유성과 독창성을 무기로, 국내는 물론 세계 무대에 당당히 나아가야 한다고 역설하고 있다. 그러나 진정 변화도 변혁도 없이 고유성과 전통성만을 추구하는 것, 다시 말해 우리의 것만을 지키는 것이 세계화인가에 대한 반론을 제기할 수 있겠다.

[8~9] 이번에는 라디오 다큐멘터리의 일부를 들려 드립니다.

콜로라도 고원(Colorado Plateau)으로 불리는 높은 고원 지대. 이곳을 가로질러 흐르는 콜로라도 강에 의해 만들어진 거대한 협곡이 바로 그랜드 캐니언입니다. 협곡의 폭, 즉 양쪽 가장자리 사이의 간격은 좁은 곳은 180m, 넓은 곳은 30km에 이르러 다양한 변화를 엿볼 수 있습니다. 계곡의 깊이는 1.6km, 계곡을 깎아 가며 흘러가는 콜로라도 강의 길이는 무려 443km입니다. 강이 계곡으로 들어가는 입구에는 파월 호(Lake Powell)를 만든 그랜드 캐니언 댐(Glen Canyon Dam)이 있습니다. 여기서부터 강물은 무려 443km의 장거리 계곡을 흘러서 후버 댐(Hoover Dam)에 의해서 만들어진 미드 호로 들어갑니다. 콜로라도 강이 가장 깊은 계곡을 만드는 90km의 구간이 바로 그랜드 캐니언 국립 공원의 중심부입니다. 공원은 북쪽 가장자리(North Rim)와 남쪽 가장자리(South Rim)로 구분되는데, 북쪽 가장자리는 해발 2,438m로, 남쪽 가장자리보다 400m정도 더 높고 기온도 남쪽보다 더 낮아 겨울에는 눈이 많이 내려서 공원 출입이 제한됩니다. 남쪽 가장자리는 평탄한 지형이며 기온이 북쪽보다 따뜻하여 일 년 내내 관광할 수 있고 교통도 편리하여 그랜드 캐니언을 찾아오는 관광객의 90% 이상이 이곳을 찾아옵니다.

그랜드 캐니언에는 차별 침식으로 인해 계단 모양의 계곡이 형성되어 있습니다. 북쪽 림에서 내려오는 빗물이 더 많아서, 결과적으로 캐니언의 폭은 남쪽보다 북쪽이 더 넓어졌습니다. 지질학적으로 볼 때 그랜드 캐니언에 노출된 지층의 연령은 상당히 넓은 폭을 가집니다. 이 지층은 2억7천만 년 전에 형성되었고 암석 색깔은 크림 색깔 또는 회색을 띠고 있습니다.

또한 계곡에 노출된 암석을 통해 약 40개에 달하는 암석층을 볼 수 있어서 지구의 지질학적 역사를 연구하는 학자나 학생들에게 인기 있는 전시장이 되고 있습니다. 지질학자들의 연구 대상이 된 지 150여 년이 지났지만 새로운 발견이 계속 발표되고 있으며 풀리지 않은 수수께끼가 아직까지도 많이 남아 있습니다.

그랜드 캐니언 안에는 약 350여 종의 새가 서식하고 있고, 포유류 동물 90여 종과 양서류 동물 57종이 살고 있으며, 강물에는 17종의 어종이 살고 있습니다.

08 ⑤ 지질학자들의 연구 대상이 된 지 150여 년이 되었고, 현재에도 새로운 발견이 계속 발표되고 있다고 말하고 있다.

09 ③ 이 글은 그랜드 캐니언이 형성된 과정을 지질학적 관점에서 과거 2억7천만 년 전에 차별 침식으로 형성되었다고 설명하고 있다. 또, 정확한 수치를 제시하여 글의 사실성을 확보하고 있다. 그러나 비유나 예시는 없다.

[10~11] 다음은 토론의 일부를 들려 드립니다.

사회자: 미국은 이미 2004년에 '북한 인권 법안'을 제정하였습니다. 이에 비해 우리는 아직도 제자리걸음만 하고 있는 실정입니다. 오늘은 '북한 인권 법안 제정'에 관하여 전문가 두 분을 모시고 말씀 나누어 보도록 하겠습니다. 먼저 김 박사님께 여쭈어 보겠습니다. 박사님, 이 법안의 입법 취지에 대하여 한 말씀 부탁드립니다.

김 박사(남자): 네, 이번 법안은 북한 주민들의 생존권과 인권을 보장하고 개선하자는 취지에서 2005년 당시 한나라당 김문수 의원이 처음 발의한 법률안입니다. 이후 10년째 팽팽한 대립만을 이어 오다 2015년 7월 새누리당 김영우 의원이 대표 발의하여 현재 국회 외교통일위원회에 상정돼 있는 상황입니다.

문 박사(여자): 새누리당 안은 통일부가 주축이 되어 본 계획을 수립하도록 하자는 입장이고, 새정치민주연합은 인도적지원협의회를 두어 북한 주민에 대한 인도적 지원 사업을 협의, 조정하도록 하자는 입장입니다.

사회자: 그럼 본격적으로 이 법안에 대한 두 분의 견해를 들어 보도록 하겠습니다. 먼저 문 박사님 의견부터 들어 보도록 하겠습니다. 문 박사님.

문 박사(여자): 네, 저는 이 법안이 왜 지금까지 국회에서 잠만 자고 있었는지 심히 안타깝게 생각하고 있어요. 먼저 우리 사회 전반에 걸쳐 이 법안이 통과되어야 한다는 목소리가 높습니다. 또 이 법안의 통과로 북한의 인권 침해의 실상을 알리고, 필요하다면 압박용 카드로도 사용해야 한다고 생각해요. 또한 인도적 대북 지원을 할 경우에도 인권 개선이 이루어지는 감시적 차원에서라도 반드시 제정되어야 마땅하다고 생각해요. 더구나 정치적 이슈를 떠나서 같은 동포로서 북한 이탈자를 돕고 그들의 삶을 지원하기 위해서라도 이 법안은 반드시 통과되어야 한다고 생각하고 있어요.

사회자: 그럼 이번에는 김 박사님의 견해를 들어 보겠습니다. 김 박사님 말씀해 주시죠.

김 박사(남자): 네, 제 생각에는 과연 이 법안이 통과된다고 해서 얼마만큼의 실효성이 있을까에 대하여 솔직히 회의적입니다. 일부에서는 벌써부터 이 법안이 북한에 대한 내정 간섭이며, 실효성에 있어서도 의문을 제기하는 시각이 많습니다. 실질적으로 북한 주민들의 삶과 인권의 개선보다는 그동안 쌓아 온 남북한 화해 분위기에 찬물을 끼얹는 게 아닌가 하는 우려의 목소리 또한 많습니다. 또 이산가족 문제, 금강산 관광 등 민간 교류 문제, 수년간 추진해 온 경협 문제 등이 하루아침에 물거품이 될 수도 있다고 우려하고 있습니다. 따라서 이번 법안은 매우 신중히 판단해야 한다고 생각합니다.

10 ② 구더기 무서워 장 못 담글까: 다소 방해되는 것이 있어도 마땅히 할 일은 하여야 함을 비유적으로 이르는 말이다. 김 박사(남자)는 이 법안의 실효성이 의문스럽고, 남북 관계에 부작용을 가져올 수 있다는 이유로 신중론을 펴고 있다. 이에 대한 반론으로는 과감한 실천의 중요성을 나타낸 속담이 적당하다.
① 바지랑대로 하늘 그리기: 도저히 불가능한 일을 하려고 함
④ 고양이 목에 방울 달기: 제안은 쉬우나 그 실행은 심히 어렵다는 뜻

11 ④ 북한 인권 법안은 북한 사회를 향한 최소한의 견제 장치와 인권 유린의 감시 기구로써 필요한 조치라고 말하고 있다.

이번에는 라디오 대담의 일부를 들려 드립니다.

> **아나운서(여자):** 청취자 여러분, 안녕하세요. 오늘은 최근 우리 사회 전반에 일고 있는 정치인과 정치권력에 대한 국민들의 불신과 냉소주의에 대하여 전문가 선생님을 모시고 말씀 나누어 보도록 하겠습니다. 이 자리에 정치학 박사 최 교수님을 모셨습니다. 교수님, 안녕하세요?
>
> **최 교수(남자):** 네, 안녕하세요?
>
> **아나운서(여자):** 정치인들을 향한 불신과 냉대가 그 어느 때보다 요사이 더 팽배해져 있는데요. 그 원인이 무엇일까요?
>
> **최 교수(남자):** 우선 권력의 속성을 짚고 넘어가야 할 것 같습니다. 권력은 일종의 힘입니다. 이는 경제력, 기술력과 차별화되는 사람과 사람 사이의 힘이지요. 정치권력은 그 속성상 부정한 냄새를 풍기고, 반윤리적이라고 자위하는 사람들도 있지만 이것은 정당성을 가지는 평가가 아닙니다.
>
> **아나운서(여자):** 교수님, 그럼 이러한 정치의 부정적 측면이 한국 정치사에만 존재하는 것인가요?
>
> **최 교수(남자):** 꼭 그렇다고 단정할 수는 없지만 유달리 한국의 현대사에서 부정적인 속성을 지니게 된 사실을 부인할 수는 없습니다. 먼저, 광복 이후 맞게 된 정치적 혼란과 곧이어 불어닥친 남북 분단의 고착화, 동족상잔의 비극, 그로부터 파생된 수많은 비극과 고통, 이러한 것들이 복합적으로 작용하여 만들어 낸 결과물입니다. 이것이 다시 부정부패를 낳았고, 권력 지향적인 사고를 양산해 낸 것입니다. 이는 다시 독재와 권력형 부조리, 비자금 문제, 민중들의 학살 등을 불러오게 된 것이죠. 이런 연유로 우리 주변에서는 그 누구도 정치인을 존경의 대상으로 보지도, 대표로 여기지도 않습니다. 오히려 약삭빠른 무리들은 정치권력의 중심부나 주변에 기생하여 부와 권력을 나누어 가지는 법을 체득했고, 의식 있는 지식인들에게는 피와 희생을 치러 내야 하는 고통스럽고 처절한 시간을 안겨 주었습니다. 최근 여론 조사에 따르면 한국 사회에서 정치인은 가장 신뢰받지 못하는 집단으로 평가받고 있습니다. 물론 어느 나라에서든지 정치인이나 정치권력이라고 하면 긍정적인 평가보다는 부정적인 인식이 작용하는 것도 사실입니다만, 유독 한국 사회에서 '정치적'이라는 말은 비도덕적, 그것도 부정적 결과물의 집합체로 평가되고 있는 것이 바로 오늘을 사는 우리들의 슬픈 자화상입니다. 정치적 행위 뒤에 따르는 용어는 언제나 부정, 부패, 비리, 배신, 권모술수 등의 단어들이 나란히 함께 가고 있음을 생각하면 참으로 개탄스럽습니다.

12 ③ 독재, 권력형 부조리, 비자금 문제, 민중 학살 등 한국 근대 정치사에서 일어난 다양한 부정적인 사례를 들어, 한국 정치권력이 지닌 부정적인 측면을 역설하고 있다.

13 ④ 비록 권력의 시녀가 된 세력들은 동조하고 동참했으나 나머지 민중들과 지식인들은 희생을 강요당하거나 불의에 저항하였다고 언급했으므로, '암묵적 동조'라는 표현은 잘못이다.

다음은 대화를 들려 드립니다.

> **사회자(여자):** 부양 능력이 없는 부모가 아이를 방치해 사망에 이르게 하는 반인륜적 사건이 점점 늘어나자, 2009년 서울 난곡의 모 교회의 목사님께서 처음으로 베이비 박스 운영을 시작했다고 합니다. 베이비 박스는 가로, 세로 약 70cm 공간에 '미혼모의 아기, 장애를 갖고 태어난 아기를 유기하거나 버리지 말고 여기에 넣어 주세요.'라고 적혀 있는 시설물인데요. 오늘은 이 베이비 박스의 설치와 운영에 관하여 자유롭게 의견을 나누어 보고자 합니다.
>
> **남자1:** 베이비 박스는 버려지는 영유아의 생명을 구하기 위해 마련된 최소한의 장치라고 볼 수 있어요. 더구나 아기를 맡길 시설이 부족한 우리나라의 실정에 비추어 볼 때 신분의 노출을 꺼리는 부모가 있는 이상 이와 같은 시설은 반드시 필요하다고 봐요. 이것은 불행하게 버려지는 아이의 생명과도 직결되는 문제이기도 하고요. 또한 영유아의 타살률 감소에도 그 역할을 충분히 할 수 있다고 봐요. 이 제도는 우리나라를 비롯하여 미국, 독일, 체코, 폴란드, 일본 등 20여 개국에서 운영되고 있다고 해요. 이 제도는 아기와 산모 모두에게 최악의 극단적인 선택을 막아 주는 마지막 보루라고 생각할 수 있어요.
>
> **남자2:** 저는 그렇게 생각하지 않습니다. 한 조사에 따르면 베이비 박스가 설치된 곳에서 유기되는 영유아가 갑자기 늘어나는데, 만약 이 시설이 없었다면 이 중 일부의 아기는 부모가 길렀을 수도 있지 않을까요? 결국 이 시설이 자발적으로 아기를 버릴 수 있는 환경을 만들어 준 셈입니다. 또 청소년들의 경우, 쉽게 영유아를 버릴 수 있다는 전제하에 무책임한 행동을 할 가능성이 높아질 수도 있습니다. 또한 생명을 무참히 버리는 것에 대해 죄책감이나 죄의식이 결여될 수 있다는 지적도 많이 있습니다. 또 해마다 버려지는 영유아의 숫자가 증가하고 있는 만큼 이 시설물을 늘려 간다는 데에는 신중을 기해야 한다고 생각합니다.

14 ④ 남자의 경우 어린 생명이 무책임하게 버려질 것을 우려하고 있고 여자의 경우는 영유아가 함부로 유기되어 사망에 이르게 될 것을 심히 우려하고 있다. 따라서 두 사람 모두 생명의 존엄성에 기반하여 이 사안을 바라보고 있다.

15 ⑤ 정부가 앞장서서 문제를 해결하거나 예산을 편성하는 등 정부의 역할에 대한 언급은 전혀 없다. 주로 부모의 책임감과 사회 제도적 장치의 필요성 등에 초점이 맞춰져 있다.

어휘 · 어법(16~45)

16 ③ 오사바사하다: 사근사근하고 부드러우나 줏대가 없어 변하기 쉽다.

17 ⑤ 여반장(如反掌): 손바닥 뒤집기처럼 아주 쉽다.

18 ④ 방년(芳年): 20살 전후의 여성의 나이를 이른다. 남자의 경우는 약관(弱冠)이라고 해야 한다.

    ① 소강(小康): 병이 조금 나아진 기색이 있음. 소란이나 혼란이 그치고 조금 잠잠함

    ② 해태(懈怠): 행동이 몹시 느리고 일을 하기 싫어하는 성미나 버릇

    ③ 반제(返濟): 빌려 쓴 돈이나 물품을 모두 다 갚음

    ⑤ 엄선(嚴選): 엄격한 기준으로 가려 뽑음

19 ⑤ 게재(揭載) → 계제(階梯): '게재(揭載)'는 '글이나 그림을 신문, 잡지 등에 올린다'는 의미이다. 여기서는 '일의 진행이나 순서나 절차. 어떤 일을 할 수 있게 된 형편이나 기회'를 뜻하는 '계제(階梯)'로 써야 한다.

① 고답적(高踏的): 현실과 동떨어진 것을 고상하게 여기는 것

② 낭설(浪說): 아무 근거 없이 널리 퍼진 소문

③ 편각(片刻): 매우 짧은 시간, 수유(須臾): 매우 짧은 시간

20 ① 설면하다 → 뜨악하다: '설면하다'는 '자주 보지 못하여 낯설다.'라는 의미이다. 여기서는 '선뜻 끌리지 않아 언짢고 싫어서 꺼림칙하다.'라는 뜻의 '뜨악하다'로 고치는 것이 타당하다.

② 곁두리: 농부들이 끼니 외에 먹는 새참

③ 무릎맞춤: 두 사람 사이의 말이 서로 어긋날 때 제삼자 앞에서 옳고 그름을 따지는 일

④ 사품: 어떤 동작이나 일이 진행되어 가는 때

⑤ 더위잡다: 의지할 수 있는 든든한 것을 움켜서 잡다.

21 ③ 눈/귀에 설다: 익숙하지 않아 서먹서먹하고 어색하다. – 잠이 설다: 잠이 모자라거나 깊이 들지 못하다.

22 ④ 딱지를 떼다: 그것을 면하거나 벗어나다. – 학을 떼다: 말라리아를 고치다. 즉, '학질을 떼다'에서 나온 말로 곤란을 겪는다는 뜻 – 입을 떼다: 속내를 털어 놓기 시작하다.

23 ④ 부언(附言): 덧붙여 말함 – 종언(終焉): 없어지거나 존재가 사라짐

※정언(定言): 어떤 주장이나 판단을 조건을 붙이지 않고 단정하여 말함

※발언(發言): 자신의 의견 등을 드러내어 말함

※유언(流言): 터무니없이 떠도는 소문

※제언(提言): 생각하여 의견을 제출함

24 ① 막연한: 아무런 관계가 없는

③ 돈독한: 인정이나 마음이 매우 도탑고 신실한

④ 자별한: 가까이 사귄 정도가 남보다 특별한

⑤ 막역한: 서로 허물없이 썩 친한

25 ② 단속(團束) → 단속(斷續的): 끊어졌다 이어졌다 함

※단속(團束): 법과 규칙 명령 등을 어기지 않게 통제함

① 면연: 끊임없이 계속됨

③ 귀물: 귀중한 물건

④ 연통: 통하여 연락함

⑤ 검열: 언론이나 출판, 영화, 예술 우편물 따위를 미리 살피고 조사하여 통제함

26 ③ 더러: 전체 가운데서 얼마쯤 – 부러: 실없이 거짓으로 – 똑: 조금도 틀림없이 아주 비슷하게

※꼭: 있던 일이 있더라도 반드시

※종종: 물건이나 성질이 다른 가지가지

※하필(何必): 달리 하거나 달리 되지 않고 어찌하여

27 ⑤ 사표: 학식과 덕망이 높아 모범이 될 만한 사람 – 후견인: 역량이나 능력이 부족한 사람의 뒤를 돌보아 주는 사람 – 압권: 서책 가운데 가장 잘된 대목 – 효시: '우는 화살'이라는 뜻으로, 온갖 사물의 맨 처음을 이르는 말

※본보기: 어떤 사물이나 현상을 설명해 주는 대표적인 것

※조력자: 도움을 주는 사람

※명문: 훌륭한 문장

※파천황: 아직도 아무도 하지 못한 것을 맨 처음 해 낸 경우

※시금석: 어떤 사물이나 사람의 역량을 판단하는 기준이 되는 것

※대리인: 법률상 자신의 법률 행위를 대신하는 사람

※지표: 어떤 사물의 기준이 되는 것

※총아: 인기가 좋은 사람

※남상: 모든 사물의 시발점

※전형: 가장 일반적이고 본질적인 특성

※집행안: 실제로 일을 처리하는 사람

※총체: 있는 것들을 통틀어서 말하는 전부

28 ② 止揚(지양): 더 높은 단계에 이르기 위해 어떤 것을 하지 아니함 – 지향(志向): 어떤 목표나 뜻을 향해 나아감

※지향(指向): 정한 방향으로 나아감

29 ④ 시앗 싸움에 요강 장수: 시앗은 첩을 이르는 말로 첩끼리 싸우면 요강이 깨지고 요강 장수만 또 요강을 팔게 된다는 뜻이니, 두 사람 싸움에 다른 사람이 이익을 보게 됨을 이르는 말 – 설상가상(雪上加霜): 불행에 불행이 겹침

① 함흥차사(咸興差使): 심부름 가서 소식이 두절됨

② 탁상공론(卓上空論): 현실성 없는 허황된 이론

③ 권상요목(勸上搖木): 나무에 오르라고 하고 흔든다는 뜻으로, 남을 부추겨 놓고 낭패를 보도록 방해함을 이르는 말

⑤ 호가호위(狐假虎威): 남의 권세를 빌려 위세를 부림

30 ④ 본문의 시가(詩歌)에서 매운 것은 시집살이의 고통을 의미한다. ④의 매운 것도 시련과 고난의 의미이다.

① 바람결이 맵다: 날씨가 춥고 쌀쌀하다.

② 손이 맵다: 상대방을 몹시 아프게 때리다.

31 ④ 메이커는 '제조사'로 순화하여야 타당하다.

32 ③ 또아리 → 똬리: 준말을 표준어로 삼는 경우이다.

① 깡충깡충: 양성 모음이 음성 모음으로 바뀌어 굳어진 단어는 음성 모음 형태를 표준어로 삼는다.

② 괴팍하다: 단모음 형태의 단어를 표준어로 삼는 경우이다.

④ 맵자하다: 본말이 표준어가 된 경우로, '꼭 맞게 어울려 맵시가 있다.'라는 뜻이다.

⑤ 부지깽이: 방언이던 단어가 널리 쓰이게 됨에 따라 방언이 표준어가 된 경우이다.

33 ① 치렬 → 치열: 모음 또는 유성음 'ㄴ' 다음에 이어지는 '렬'과 '률'은 '열'과 '율'로 적는다.

② 토픽난: 외래어나 한자어의 뒤에는 '난'으로 적고 고유어 뒤에는 '란'으로 적는다.

④ 연연불망: 한 단어 안에 같은 음절이나 비슷한 음절이 겹쳐서 나는 부분은 같은 글자로 적는다.

⑤ 널찍하다: 용언의 어간 뒤에 자음으로 시작되는 접미사가 오면 겹받침 끝소리가 드러나지 아니하는 것은 소리대로 적는다.

34 ⑤ 형 만한 → 형만 한: 형(명사) + 만('그러한 정도에 이름'을 뜻하는 보조사) + 한(동사의 관형사형)이므로 명사 다음에 조사는 붙여 쓰고 보조사 다음은 띄어 써야 한다. 따라서 '형만 한 아우 없다'가 옳은

정서법이다.

①, ② 띄어 쓰는 의존 명사 '바'와 붙여 쓰는 어미 '-ㄴ바'를 구별하는 방법: 의미상 차이가 있지만 구별이 어렵다면, 의존 명사 뒤에는 격조사를 붙일 수 있으나 어미 뒤에는 붙일 수 없으므로 격조사를 붙여서 자연스러운지 본다. ① '본바' 뒤에는 '가' 또는 '를' 등의 격조사를 붙였을 때 문장이 어색해지므로 붙여 쓰는 어미이며, ② '느낀 바'는 뒤에 이미 격조사 '를'이 있으므로 띄어 쓰는 의존 명사임을 알 수 있다.

③, ④ 띄어 쓰는 의존 명사 '지'와 붙여 쓰는 어미 '-지'를 구별하는 방법: 띄어 쓰는 의존 명사 '지'는 시간의 경과를 나타낸다. 시간의 경과와 상관없는 '-지'는 어미의 일부이므로 붙여 쓴다.

35 ④ 떠나는걸 → 떠나는 걸: 떠나는(동사의 관형사형) + 걸(의존 명사)이므로 띄어 써야 한다.

①, ② '대로, 만큼'의 용법: 체언 다음의 '대로, 만큼'은 붙여 쓰고, 용언 다음의 '대로, 만큼'은 띄어 쓴다.

③ 두 말을 이어 주거나 열거할 때 쓰이는 말은 띄어 써야 한다. **예** 서른 내지 마흔, 선생님 및 학생들, 사과, 배, 포도 등의 과일

⑤ 그때 그곳: '그때'와 '그곳'은 각각 하나의 단어이다.

36 ④

① 얼굴이 까만 주체가 누구인지 불분명하다. 이 경우 '연탄장수의 얼굴이 까만 아들이'로 문장을 다시 배열하면 어법에 맞는다.

② 소리를 지르는 주체가 불분명하다. '용감한 국군이 도망가는 적군을 소리를 지르면서 추적하고 있다.'로 표현하면 맞는 어법이 된다.

③ 팬들이 일부만 왔다는 것인지, 모두 오지 않았다는 것인지 의미가 모호하다.

⑤ 동생이 나와 게임 중 게임을 더 좋아하는 경우, 나도 게임을 좋아하지만 동생이 나보다 더 게임을 좋아하는 경우 중 어느 쪽인지 의미가 불분명하다.

37 ④

① '과속을 하는 것을 금지합니다'로 고쳐야 한다.

② '노래를 부르거나'로 고쳐야 한다.

③ '서울 대공원입니다'로 고쳐야 한다.

⑤ '전시물을 파손하는'으로 고쳐야 한다.

38 ④

① 여러 가지=제반, 어렵고=난처(처신하기 어려움)

② 새로이 다시=회복(원래의 상태로 다시 돌아감)

③ 남은=여생(남은 생애)

⑤ 공기=환기(공기를 바꿈)

39 ⑤ 끝내고의 '-고'는 연결 어미이다.

①, ③ 주로 '-기, (-으)ㅁ' 등으로 실현되는 명사형 전성 어미이다. **예** 먹기, 어려움

② '-게', '-도록' 등으로 실현되는 부사형 전성어미이다. '십 년이 넘게'는 부사처럼 동사 '살았다'를 수식한다.

④ 주로 '-는, -(으)ㄴ, -던, -(으)ㄹ' 등으로 실현되는 관형사형 전성 어미이다. **예** 지난달 산 차

40 ③ 관형사로서 '어떤'이라는 뜻을 나타내는 말이다.

① 접두사로서 '정확한 가운데'라는 의미이다.

② 관형사로서 '어림짐작, 대략'의 의미이다.

④ 명사로서 '극단적인 상황'에 직면해서도 그 뜻을 버리지 않겠다는 의미이다.

⑤ 타동사로서 '100명까지만 그 자격을 제한한다'는 의미이다.

41 ②

① '불가피할 것으로 전문가들은 전망하고 있습니다'가 바른 표현이다.

③ '어려운 이웃을 한결같이 돕는 사람들이 많습니다.'가 바른 표현이다.

④ '시간을 구애받지 않고'가 아니라 '시간에 구애받지 않고'가 바른 표현이다. 즉, 처소격 조사를 써야 한다.

⑤ '-을 감상해 보도록'은 군더더기가 있는 표현이다. '-을 감상하겠습니다'가 바른 표현이다.

42 ④ 예문은 문장 중간에 끼어든 어구(솔직히 말하면)의 앞뒤에 쉼표가 사용된 예이다. 앞말이 바로 다음의 말을 꾸미지 않을 때 사용되는 예로는, '치욕의 역사를 간직한, 경기도 광주의 남한산성'을 들 수 있다.

43 ② 바비큐

① 프리젠테이션 → 프레젠테이션

③ 클라이막스 → 클라이맥스

④ 호치케스 → 호치키스

⑤ 콜라보레이션 → 컬래버레이션

44 ① 극락전 Geukrakjeon → Geungnakjeon: '극락전'은 발음을 하면 [긍낙쩐]이 되므로 'Geungnakjeon'으로 표기해야 한다. 'Geukrakjeon'은 [극락쩐]으로 잘못 발음하여 표기한 경우이다.

45 ② 내복약: 비음화가 일어나서 [내:봉약]으로 발음해야 한다.

① 생산량[생산냥]으로 발음해야 한다.

③ 3·1절[사밀쩔]로 발음해야 한다. 우선 연음이 되어[사밀-]이 되고 다시 앞 음절이 유성음 'ㄹ'이므로 뒤에 오는 무성음 'ㅈ'은 된소리가 되어 [사밀쩔]로 발음해야 한다.

④ 야금야금[야금냐금]으로 발음해야 한다.

⑤ 꽃망울: 먼저 음절의 끝소리에 의해 [꼳망울]로 발음된 후, 다시 비음화가 일어나서 [꼰망울]로 발음된다.

쓰기(46~50)

46 ② 연구 목적은 원인 분석과 해결 방안 모색이다. 정부의 출산 장려금의 액수가 적다고 출산을 기피하거나, 반대로 장려금 액수가 커진다고 하여 출산율이 늘어날 것이라고 뒷받침할 수 있는 근거는 찾아볼 수 없다.

47 ⑤ (가)와 (나)를 토대로 출산율 저하의 원인과 정부에 바라는 국민들의 요구는 같으나 이를 시행할 제도나 그 정책적 역할이 미비하다고 볼 수 있다. 문제의 원인과 그 해결책은 같다고 볼 수 있다.

48 ③ 정부의 홍보 부족으로 가임 부부들이 정책을 알지 못한다는 것은 논리적 비약이다. 이 항목은 정부의 저출산 정책의 정확한 지원 실태만 거론하면 된다.

49 ② 앞의 내용은 자신의 단점을 역설하고 있고 바로 이어서 장점을 내세우고 있다. 역접의 접속 조사인 '그러나'를 쓰거나 '반면'을 써야 한다.

50 ③ 일반적으로 소비 형태는 과거 수준을 그대로 유지하려는 습성의 지속이다. 즉, 소비에 있어서 기존의 소비 패턴을 환경이 변화 되었다고 하여 쉽게 바꿀 수 없는 경우를 불가역성이라고 한다.

51 ③ 이 공익 광고는 스마트폰의 중독에서 벗어나지 못하는 현대인들에게 경각심을 불러일으키기 위하여 만들어진 광고이다.

52 ⑤ 이 광고는 독서의 효용성을 강조하기 위하여 만들어진 것이다. 독서는 지식을 축적하고 사고를 키우는 가장 좋은 밑거름이라는 내용의 문구가 적당하다.

53 ④ 속내를 감추거나 교묘하게 꾸며 타인이나 대중을 속이려 한다는 것에 대하여 비판하고 있는 광고이다. 이현령비현령(耳懸鈴鼻懸鈴)은 코에 걸면 코걸이 귀에 걸면 귀걸이 식으로 자기 입맛에 맞추어 해석한다는 의미이다.

54 ③ 교육 정책은 그 어떤 분야보다도 신중하게 정책을 결정하고 그리고 거시적으로 정책을 시행해야 한다. 그럼에도 불구하고 그림은 근시안적으로 그때그때 임시방편으로 입시 제도를 만들어 시행하고 있는 현실을 비판하고 있다.

55 ① 이 만화에서 말하고자 하는 것은 금리가 내렸음에도 불구하고 물가가 오르고 그로 인해 서민들이 고통 받고 있는데도 해당 공무원들이 그 역할을 다 하지 못함을 꼬집어 풍자하고 있다. 그에 해당하는 내용은 ①이다.

56 ② 장애인을 대함에 있어 우리의 편견을 극복하고 그들의 잠재력과 능력을 발견하여 함께 할 수 있는 일을 찾아보고 능력에 맞는 일자리를 제공하자는 취지의 광고이다. 장애인을 위해서 우리가 양보하자는 내용을 이끌어 내기에는 논리적 비약이 심하다.

57 ① 높이가 다른 연을 통해 우리의 삶이 다양한 인간 관계를 형성하는 것으로 유추하기보다는 사람들은 모두 서로 다른 능력과 개성, 그리고 서로 다른 이상을 추구하는 것으로 유추하는 것이 옳다.

58 ① 이 글은 훈계와 가르침으로만 사람을 계도하는 것이 능사가 아니며 마음에서 우러나오는, 너그럽고 부드러운 가르침이야말로 상대방에게 진정한 반성과 자기 성찰의 기회를 제공한다는 의미이다. 이러한 내용을 표현하면서 대구, 교훈, 비유의 조건에 맞는 것은 ①이다.

59 ④ 기사문의 핵심은 국정원 자체의 복원이 과연 얼마나 신뢰할 수 있을까 하는 것이다. 더구나 자료의 열쇠를 가진 사건의 중심축인 국정원 직원의 죽음으로 사건은 꼬여 있는 상태이며, 국정원 직원의 죽음 역시 의혹을 씻지 못하고 있는 상태이다. 따라서 이 모두가 정보(情報, 관찰이나 측정을 통해 수집한 자료를 실제 문제에 도움이 될 수 있도록 정리한 지식이나 자료)를 바탕으로 한 정보(正報, 정확한 정보)인지, 무엇이 진실인지 밝혀야 한다는 내용이다.

60 ② 동굴 우상이란 개인이 가진 이기심과 고정 관념 등으로 동굴에 갇혀 밖을 보지 못하는 것이다. 즉, 개인이 자신이 가진 기존의 지식에 묶여 진실을 제대로 파악하지 못하는 것을 이른다. 주관적인 가치 판단에서 벗어나 객관적 가치를 추구하여야 한다는 뜻이다.

61 ②
(가) 아우의 죽음, 꿈속에서의 해후, 현재의 그리운 심정을 순차적으로 배열하여 아우의 죽음을 애도하고 있다. 특히 '하직'했다는 것은 '흙을 아래로 떨어뜨렸다.'도 되고 '이승과 저승 간의 이별을 했다.'라는 의미도 된다. 즉, 중의적 의미로 사용된 것이다.
(나) 제목 그대로 죽은 자식 앞에 목놓아 통곡하고 있다. 자식을 잃은 슬픔을 표현한 작품으로는 손꼽는 수작이다.
(다) 이 시는 연가풍의 고백적 어조로 의인화한 민들레꽃 한 송이(죽은 임의 넋)를 통해 애틋한 그리움의 마음을 노래하고 있다. 즉, 잊을 수 없는 임에 대한 외로운 화자의 그리움을 나지막이 고백하고 있다.

62 ④ 민들레꽃은 화자에게 위안과 위로를 주는 존재로, 사랑하는 임의 현신(죽은 뒤의 모습)이다. 즉, 임을 떠올리게 하는 매개체이다.

63 ⑤ 서경과 서정을 조화를 이루어 표현한 것은 사실이나, 선경후정의 일반적 구성 방식을 취하는 것은 한시의 구조적 특성이다. 또한 애상적 감성은 나타나지 않는다. 이 글은 대자연에서 느끼는 감회와 자연을 향한 외경심, 화려한 수사를 통하여 기존의 기록성이 강한, 다소 딱딱하고 보고서 같은 느낌의 기행문의 한계를 극복해 내고 있다.

64 ② (가)는 먼저 온 산행객들이 비를 맞아 추위에 떠는 필자의 일행들을 따스하게 맞이해 주고 자리도 양보해 주는 인간미가 물씬 풍기는 내용이다. 이와 유사한 의미로 ②은 봄날 고향을 방문하면 마을 사람들이 자기를 인정스레 맞이해 줄 것이라고 말하고 있다.
① 마음속 평화를 열망하는 내용의 작품이다.
③ 모녀간의 단란한 한때를 그림처럼 나타낸 작품이다.
④ 할머니가 고단한 하루의 노동을 끝낸 소를 위로함으로써 서로 동질감을 형성하고 있다.
⑤ 인간관계의 소중함을 역설하고 있다.

65 ③ 이 글은 외래어를 무분별하게 수용하여 그 오염의 심각성을 알지 못한 채 언어 생활을 한다는 것은, 민족의 얼과 자존감을 내려놓는 것이라 역설하고 있다. 언어를 사용하는 태도보다는 말의 내용과 모국어 사용에 대한 중요성을 강조하고 있다.

66 ⑤ 단순히 학교 평가, 대입 수능이나 기타 국어 관련 시험의 평가 기준이나, 시험의 난도 조절 실패로 촉발되는 문제가 아니라 우리 사회 전반에 걸쳐 언어 사용에서 일어나는 총체적 문제이다.

67 ④ 아내는 어머니의 입을 통해 과거 당신의 한스러운 삶을 당신 스스로 하나하나 풀어내도록 유도해 내고 있다. 그러나 어머니를 향한 나의 마음을 대신 전달하려고 하지는 않는다. 오히려 나로 하여금 자식의 도리를 일깨워 주려고 하고 있다.

68 ④ 옷궤는 자식인 나에게는 자식의 도리를 다해야 한다는 일종의 무언의 압력이고 부채 의식을 갖게 하는 소재로 볼 수 있지만 어머니는 단 한 번도 자식을 향한 당신의 마음이 얼마나 극진했는지 드러내고자 하지 않았다. 따라서 아들을 향한 사랑을 확인시켜 주기 위해 간직해 왔던 물건은 아니다.

69 ② 눈으로 읽는 했지만 제대로 이해하지 못했다는 의미로 '보았다'라

는 단어를 사용했다. 앞 문장의 '이해와 동떨어진 그냥 그대로의 책 한 권일 뿐이었다.'라는 말로 알 수 있다.

70 ⑤ 성인이 된 후에 읽었을 때 오히려 혼란과 의문에 싸이게 된 것을 '카 오스'로 표현하고 있다. 글을 깊이 이해할 수록 지적 호기심이 커지 고 더 많은 지식과 견문이 요구된다는 점을 표현한 보기를 고른다.

71 ⑤ 선진국에서는 지구 환경의 컴퓨터 모의 실험이 이루어지고 있지만 여러 변수들이 많아 결과가 불확실하다고 말하고 있다. 또 다양한 변수와 실험 결과의 다양성으로 새로운 주장들이 대두되고 있는 실정이다.

72 ④ 원형감옥(파놉티콘)은 전자 기기를 이용한 감시 체계를 이르는 말 이다. 이는 기존의 시선을 통한 감시에서 정보의 파놉티콘으로 그 양상이 진화해 왔음을 나타낸다. 컴퓨터를 통해 국가적이고 전 지 구적으로 개인 정보가 무차별적으로 수집되는 것이다. 더욱이 이 러한 정보의 감시 체계는 국민 개개인들이 인지하지 못하는 경우 가 대부분이다. ④의 경우는 실종자 구출을 위한 긴급한 사안이고 반드시 정보 시스템을 작동시켜야 하는 바 단순히 감시나 정보 수 집의 차원의 맥락은 아니다.

73 ④ '개인의 실종, 개인의 종말'이라는 말에서 알 수 있듯이 개인들 스스 로가 자기 정보를 감시자(예 국가 권력)로부터 지켜 낸다는 것은 현 실적으로 거의 불가능한 일이다. 예를 들어 우리가 일상생활을 위해 거리를 걸어가는 그 순간에도 이미 수십 개의 CCTV에 노출되고 자 신도 인지하지 못하는 사이에 감시를 당하고 있기 때문이다.

74 ③ 통시적 관점이란 과거에서 현재까지의 흐름 속에서 사회 현상이나 특정한 사실들이 변화해 온 과정을 바라보는 것으로, 이 글의 내용 에서는 찾을 수 없다.

75 ② (가)는 매체가 갖는 긍정적 요인, 즉 수단의 확장이나 효율성을 언 급하고 있다. ②은 매체가 갖는 역기능을 말하고 있다.

76 ② 비록 범죄 사실이 있는 범죄자라 하더라도 사생활 보호와 초상권 침해로부터 개인을 보호하기 위해서는 언론은 언론 윤리에 부합하 는 신중한 보도를 하여야 한다는 취지의 주장이 담긴 글이다. 또한 판결 사례를 구체적으로 제시하며 이해를 돕고 있다.

77 ③ 이 작품에서 주제를 나타내는 방법은 상징적이며, 사실적으로 드 러내고자 했다.

78 ⑤ 비분강개(悲憤慷慨): 슬프고 분하여 의분이 북받침
　① 파사현정(破邪顯正): 사악한 것을 깨트리고 바른 것을 드러냄
　② 혼비백산(魂飛魄散): 몹시 놀라 정신이 없음
　③ 자포자기(自暴自棄): 마음에 불만이 있어 자신을 스스로 돌보지 않음
　④ 발본색원(拔本塞源): 잘못의 근본을 아주 뽑아서 없애 버림

79 ① 문화에 대한 관리 기능은 정부에 있으며 따라서 정부는 질서 유지 기능의 주체가 되어야 한다고 역설하고 있다.

80 ③ 칼로 물 베기: 다투었다가도 시간이 조금 지나 곧 사이가 다시 좋아짐
　① 상하탱석(上下撑石): 아랫돌 빼서 윗돌 괴기

81 ⑤ 학사 학위 이상 소지자는 고등학교 졸업 증명서와 생활 기록부 사 본에, 대학교 성적 증명서를 추가로 제출해야 한다.

82 ⑤ 방언이 유지되려는 보수성이 크면 클수록 통일성은 약화될 수밖에 없다. 즉, 각각의 지역이나 문화적 맥락에서 자기 권역의 방언을 구 사한다면 통일성은 약화될 수밖에 없다는 의미이다.

83 ② 방언 변천의 원인으로 지리적, 문화적, 정치적 요소를 꼽고 있다. 한 편 마지막 문장에서 원활한 의사 소통을 위해 방언의 공통성 추구 노력도 언급하고 있다. 이를 포괄할 수 있는 보기는 ②이다.

84 ⑤ 제조업 분야는 2010년도 이후에는 증가세로 접어들고 있다.

85 ③ 제시된 자료는 각 분야별 취업자, 실업자, 실업률을 통해 거시적인 측면에서 사회 현상을 분석하고 있다. ③의 기업 중심의 해결방안 은 제시된 자료에서 추론하기 어렵다.

86 ⑤ (가)는 청소년들의 학업 중단율이 증가하고 있음을 나타내고 있고, (나)는 학업 중단율의 대부분의 원인이 학교 부적응의 문제이므로 그에 따른 대안을 제시하는 것이 타당하다.

87 ③ (나)에서 가사(경제 사정)의 요인으로 학업을 중단하는 경우는 증 가와 감소를 반복하고 있다.

88 ⑤ 3차례 수정안이 제출되었지만 여전히 입장차가 컸고 결국 근로자 위원이 불참한 가운데 의결되었다고 하였으므로, 원만한 합의와는 거리가 멀다.

89 ⑤ 해당 청소년 연예인과 아울러 그 친권자 모두가 청소년보호위원회 의 심의를 요청할 수 있다.

90 ④ 담배 소비세를 인상하면 청소년들의 흡연율을 낮출 수 있다고 역 설하고 있다. 그 근거로 외국의 경우를 예를 들어 제시하고 있다.

국어 문화(91~100)

91 ⑤ 직접적으로 '누구를'에 해당하는 목적어는 없지만 앞의 내용으로 미루어 '다른 사람을 위해 한 발 앞으로 나선' 사람을 호응하고 격 려하자는 의미임을 알 수 있다.

92 ③ 합용의 원리란 글자와 글자가 합쳐진 것을 이른다. 나머지는 모두 가획의 원리에 의해 형성된 글자이다.

93 ④ 장진주사는 죽음과 인생무상을 노래한 작품으로, 작가의 호방한 성격을 엿볼 수 있다.

94 ⑤ 어원에 해당하는 '앗아', '앗아라'는 '빼앗다'라는 원뜻에서 멀어져 '하지 말라'라는 금지의 뜻이 쓰이므로 발음대로 쓰기로 하고, 다시 언어 현실에 따라 음성 모음을 취하여 '아서', '아서라'로 표기한 것 이다.

95 ④ 용비어천가는 1445년(세종 27년) 지어 1447년에 간행된 문헌이다. 따라서 1446년 한글 반포 이전에 지어졌다.

96 ④ 단어 배열 순서를 모른다면 국어사전을 사용할 때 시간이 많이 걸 리고 계속 사전을 뒤적거리게 된다. 제시된 단어들은 첫소리 자음 이 모두 'ㅂ'이므로 첫소리 모음의 배열 순서에 따라 나열하면 된다.

첫소리 (19자)	ㄱ, ㄲ, ㄴ, ㄷ, ㄸ, ㄹ, ㅁ, ㅂ, ㅃ, ㅅ, ㅆ, ㅇ, ㅈ, ㅉ, ㅊ, ㅋ, ㅌ, ㅍ, ㅎ
가운뎃소리 (20자)	ㅏ, ㅐ, ㅑ, ㅒ, ㅓ, ㅔ, ㅕ, ㅖ, ㅗ, ㅘ, ㅙ, ㅚ, ㅛ, ㅜ, ㅝ, ㅞ, ㅟ, ㅠ, ㅡ, ㅢ, ㅣ
끝소리 (27자)	ㄱ, ㄲ, ㄳ, ㄴ, ㄵ, ㄶ, ㄷ, ㄹ, ㄺ, ㄻ, ㄼ, ㄽ, ㄾ, ㄿ, ㅀ, ㅁ, ㅂ, ㅄ, ㅅ, ㅆ, ㅇ, ㅈ, ㅊ, ㅋ, ㅌ, ㅍ, ㅎ

97 ② 박두진 – 도봉, 청산도
※고은 – 눈길, 조지훈 – 낙화, 신동집 – 오렌지, 김종길 – 설날 아침에

98 ⑤ 문화어는 'ㅣ' 모음 역행 동화(지팽이 – 지팡이, 실오래기 – 실오라기), 전설 모음화(부시다 – 부수다, 두루뭉술하다 – 두리뭉실하다), 된소리 사용(복쑤 – 복수, 손뜽 – 손등) 모두를 인정한다. 반면 표준어에서는 예외적인 경우를 제외하고는 인정하지 않는다.

99 ⑤ '근본업시'에서 보듯 아직도 이어적기가 남아 있다. 또한 근대 국어의 받침 규정은 7종성법으로 'ㄷ' 대신 'ㅅ'을 적는다.(예 그물 밋기)

100 ④ (라)는 상대 높임법, 격식체로써 예사높임(하게체)에 해당한다.
(마)는 통상적으로 압존법이라고 하며 일상생활에서는 정확히 지켜 말하기보다는 주체나 화자를 모두 높이는 것이 현실이다. 따라서 이는 국가 고시 수준의 시험에서는 출제되지 않는다. 또한 회사나 단체의 경우는 상호 존중의 원칙에 따라 주체나 화자 모두를 높여 말하고 있다.

실전 모의고사 1회

답 안 란(ANSWER SHEET)

문항	1 2 3 4 5	문항	1 2 3 4 5	문항	1 2 3 4 5	문항	1 2 3 4 5	문항	1 2 3 4 5
1	① ② ③ ④ ⑤	21	① ② ③ ④ ⑤	41	① ② ③ ④ ⑤	61	① ② ③ ④ ⑤	81	① ② ③ ④ ⑤
2	① ② ③ ④ ⑤	22	① ② ③ ④ ⑤	42	① ② ③ ④ ⑤	62	① ② ③ ④ ⑤	82	① ② ③ ④ ⑤
3	① ② ③ ④ ⑤	23	① ② ③ ④ ⑤	43	① ② ③ ④ ⑤	63	① ② ③ ④ ⑤	83	① ② ③ ④ ⑤
4	① ② ③ ④ ⑤	24	① ② ③ ④ ⑤	44	① ② ③ ④ ⑤	64	① ② ③ ④ ⑤	84	① ② ③ ④ ⑤
5	① ② ③ ④ ⑤	25	① ② ③ ④ ⑤	45	① ② ③ ④ ⑤	65	① ② ③ ④ ⑤	85	① ② ③ ④ ⑤
6	① ② ③ ④ ⑤	26	① ② ③ ④ ⑤	46	① ② ③ ④ ⑤	66	① ② ③ ④ ⑤	86	① ② ③ ④ ⑤
7	① ② ③ ④ ⑤	27	① ② ③ ④ ⑤	47	① ② ③ ④ ⑤	67	① ② ③ ④ ⑤	87	① ② ③ ④ ⑤
8	① ② ③ ④ ⑤	28	① ② ③ ④ ⑤	48	① ② ③ ④ ⑤	68	① ② ③ ④ ⑤	88	① ② ③ ④ ⑤
9	① ② ③ ④ ⑤	29	① ② ③ ④ ⑤	49	① ② ③ ④ ⑤	69	① ② ③ ④ ⑤	89	① ② ③ ④ ⑤
10	① ② ③ ④ ⑤	30	① ② ③ ④ ⑤	50	① ② ③ ④ ⑤	70	① ② ③ ④ ⑤	90	① ② ③ ④ ⑤
11	① ② ③ ④ ⑤	31	① ② ③ ④ ⑤	51	① ② ③ ④ ⑤	71	① ② ③ ④ ⑤	91	① ② ③ ④ ⑤
12	① ② ③ ④ ⑤	32	① ② ③ ④ ⑤	52	① ② ③ ④ ⑤	72	① ② ③ ④ ⑤	92	① ② ③ ④ ⑤
13	① ② ③ ④ ⑤	33	① ② ③ ④ ⑤	53	① ② ③ ④ ⑤	73	① ② ③ ④ ⑤	93	① ② ③ ④ ⑤
14	① ② ③ ④ ⑤	34	① ② ③ ④ ⑤	54	① ② ③ ④ ⑤	74	① ② ③ ④ ⑤	94	① ② ③ ④ ⑤
15	① ② ③ ④ ⑤	35	① ② ③ ④ ⑤	55	① ② ③ ④ ⑤	75	① ② ③ ④ ⑤	95	① ② ③ ④ ⑤
16	① ② ③ ④ ⑤	36	① ② ③ ④ ⑤	56	① ② ③ ④ ⑤	76	① ② ③ ④ ⑤	96	① ② ③ ④ ⑤
17	① ② ③ ④ ⑤	37	① ② ③ ④ ⑤	57	① ② ③ ④ ⑤	77	① ② ③ ④ ⑤	97	① ② ③ ④ ⑤
18	① ② ③ ④ ⑤	38	① ② ③ ④ ⑤	58	① ② ③ ④ ⑤	78	① ② ③ ④ ⑤	98	① ② ③ ④ ⑤
19	① ② ③ ④ ⑤	39	① ② ③ ④ ⑤	59	① ② ③ ④ ⑤	79	① ② ③ ④ ⑤	99	① ② ③ ④ ⑤
20	① ② ③ ④ ⑤	40	① ② ③ ④ ⑤	60	① ② ③ ④ ⑤	80	① ② ③ ④ ⑤	100	① ② ③ ④ ⑤

기 록 란(DATA SHEET)

성 명	한 글
	한 자
	영 문

응시일자 : 20   년   월   일

주 민 등 록 번 호

① ② ③ ④ ⑤ ⑥ ⑦ ⑧ ⑨ ⑩ (각 칸)

수 험 번 호

① ② ③ ④ ⑤ ⑥ ⑦ ⑧ ⑨ ⑩ (각 칸)

수험생이 지켜야 할 일

1. 답안지에는 반드시 연필을 사용하여 표기해야 합니다.
2. 표기란에는 "●"와 같이 바르게 표기해야 합니다. (잘못된 표기 예시 → ⊙ ⦸ ⊘ ◑ ◖)
3. 표기란 수정은 지우개만을 사용하여 원전(깨끗하게 수정해야 합니다.

감독관 확인

문항	1 2 3 4 5	문항	1 2 3 4 5	문항	1 2 3 4 5	문항	1 2 3 4 5
1	① ② ③ ④ ⑤	21	① ② ③ ④ ⑤	41	① ② ③ ④ ⑤	61	① ② ③ ④ ⑤
2	① ② ③ ④ ⑤	22	① ② ③ ④ ⑤	42	① ② ③ ④ ⑤	62	① ② ③ ④ ⑤
3	① ② ③ ④ ⑤	23	① ② ③ ④ ⑤	43	① ② ③ ④ ⑤	63	① ② ③ ④ ⑤
4	① ② ③ ④ ⑤	24	① ② ③ ④ ⑤	44	① ② ③ ④ ⑤	64	① ② ③ ④ ⑤
5	① ② ③ ④ ⑤	25	① ② ③ ④ ⑤	45	① ② ③ ④ ⑤	65	① ② ③ ④ ⑤
6	① ② ③ ④ ⑤	26	① ② ③ ④ ⑤	46	① ② ③ ④ ⑤	66	① ② ③ ④ ⑤
7	① ② ③ ④ ⑤	27	① ② ③ ④ ⑤	47	① ② ③ ④ ⑤	67	① ② ③ ④ ⑤
8	① ② ③ ④ ⑤	28	① ② ③ ④ ⑤	48	① ② ③ ④ ⑤	68	① ② ③ ④ ⑤
9	① ② ③ ④ ⑤	29	① ② ③ ④ ⑤	49	① ② ③ ④ ⑤	69	① ② ③ ④ ⑤
10	① ② ③ ④ ⑤	30	① ② ③ ④ ⑤	50	① ② ③ ④ ⑤	70	① ② ③ ④ ⑤
11	① ② ③ ④ ⑤	31	① ② ③ ④ ⑤	51	① ② ③ ④ ⑤	71	① ② ③ ④ ⑤
12	① ② ③ ④ ⑤	32	① ② ③ ④ ⑤	52	① ② ③ ④ ⑤	72	① ② ③ ④ ⑤
13	① ② ③ ④ ⑤	33	① ② ③ ④ ⑤	53	① ② ③ ④ ⑤	73	① ② ③ ④ ⑤
14	① ② ③ ④ ⑤	34	① ② ③ ④ ⑤	54	① ② ③ ④ ⑤	74	① ② ③ ④ ⑤
15	① ② ③ ④ ⑤	35	① ② ③ ④ ⑤	55	① ② ③ ④ ⑤	75	① ② ③ ④ ⑤
16	① ② ③ ④ ⑤	36	① ② ③ ④ ⑤	56	① ② ③ ④ ⑤	76	① ② ③ ④ ⑤
17	① ② ③ ④ ⑤	37	① ② ③ ④ ⑤	57	① ② ③ ④ ⑤	77	① ② ③ ④ ⑤
18	① ② ③ ④ ⑤	38	① ② ③ ④ ⑤	58	① ② ③ ④ ⑤	78	① ② ③ ④ ⑤
19	① ② ③ ④ ⑤	39	① ② ③ ④ ⑤	59	① ② ③ ④ ⑤	79	① ② ③ ④ ⑤
20	① ② ③ ④ ⑤	40	① ② ③ ④ ⑤	60	① ② ③ ④ ⑤	80	① ② ③ ④ ⑤

문항	1 2 3 4 5
81	① ② ③ ④ ⑤
82	① ② ③ ④ ⑤
83	① ② ③ ④ ⑤
84	① ② ③ ④ ⑤
85	① ② ③ ④ ⑤
86	① ② ③ ④ ⑤
87	① ② ③ ④ ⑤
88	① ② ③ ④ ⑤
89	① ② ③ ④ ⑤
90	① ② ③ ④ ⑤
91	① ② ③ ④ ⑤
92	① ② ③ ④ ⑤
93	① ② ③ ④ ⑤
94	① ② ③ ④ ⑤
95	① ② ③ ④ ⑤
96	① ② ③ ④ ⑤
97	① ② ③ ④ ⑤
98	① ② ③ ④ ⑤
99	① ② ③ ④ ⑤
100	① ② ③ ④ ⑤